博士论文
出版项目

美国精英高校录取决策机制研究

The Decision-Making Mechanism in Undergraduate Admissions at Elite Colleges and Universities in the United States

万 圆 著

中国社会科学出版社

图书在版编目（CIP）数据

美国精英高校录取决策机制研究 / 万圆著．—北京：中国社会科学出版社，2022.3

ISBN 978-7-5203-9673-8

Ⅰ．①美…　Ⅱ．①万…　Ⅲ．①高等学校—招生制度—研究—美国
Ⅳ．①G649.712.2

中国版本图书馆CIP数据核字（2022）第017771号

出 版 人　赵剑英
责任编辑　高　歌
责任校对　李　琳
责任印制　戴　宽

出　　版　中国社会科学出版社
社　　址　北京鼓楼西大街甲158号
邮　　编　100720
网　　址　http://www.csspw.cn
发 行 部　010-84083685
门 市 部　010-84029450
经　　销　新华书店及其他书店

印　　刷　北京君升印刷有限公司
装　　订　廊坊市广阳区广增装订厂
版　　次　2022年3月第1版
印　　次　2022年3月第1次印刷

开　　本　710×1000　1/16
印　　张　40.75
插　　页　2
字　　数　609千字
定　　价　238.00元

出版说明

为进一步加大对哲学社会科学领域青年人才扶持力度，促进优秀青年学者更快更好成长，国家社科基金2019年起设立博士论文出版项目，重点资助学术基础扎实、具有创新意识和发展潜力的青年学者。每年评选一次。2020年经组织申报、专家评审、社会公示，评选出第二批博士论文项目。按照“统一标识、统一封面、统一版式、统一标准”的总体要求，现予出版，以飨读者。

全国哲学社会科学工作办公室

2021年

序

全国普通高校统一考试招生制度是我国一项具有重大社会影响的教育制度，也是一个关乎考生及其家庭切身利益的重要民生问题。自1952年建制迄今，统一高考走过了70年的风雨历程。除了“文革”期间一度中断，高考发展与改革的脚步从未停歇。进入21世纪后，高考驶入了改革的快车道。尤其是2014年《国务院关于深化考试招生制度改革的实施意见》（以下简称《实施意见》）颁布后启动了高考综合改革试验，并逐渐由试水区进入深水区，改革范围之广、力度之大前所未有。为什么要进行高考综合改革试验？《实施意见》一语道破，指出高考制度“总体上符合国情，权威性、公平性社会认可，但也存在一些社会反映强烈的问题，主要是唯分数论影响学生全面发展，一考定终身使学生学习负担过重，区域、城乡入学机会存在差距，中小学择校现象较为突出，加分造假、违规招生现象时有发生”。有鉴于此，《实施意见》提出“形成分类考试、综合评价、多元录取的考试招生模式”这一高考综合改革总体目标，希望通过综合改革更好地贯彻党的教育方针，全面实施素质教育，增加学生的选择，分散学生的考试压力，促进学生全面而有个性的发展。

从国家层面高屋建瓴的改革指导意见或是试点省份层面具体落地的改革实施方案，可以提炼出诸如“自主选择”“多元录取”“综合评价”等关键词，旨在破除以往“唯分是取”的片面做法，实现从“看分”向“看人”的转变。与此同时，也一如既往地致力于提升考试的公平性，在公平与效率之间寻求相对的平衡。高考制度进行如此大的变革，除了要消除“唯分数论”长期以来的不良影响，也是对教育本质的理性回归和对教育规律的基本遵循。这其中，强调考生与高校双向的自主选择权、重视高校在招生中的主体性地位，便是回归教育本质、遵循教育规律的重要体现，也是世界高等教育发达国家的基本经验。

回顾高考70年历程不难发现，尽管高考制度具有鲜明的中国特色，但它从来就不是“闭门修行”，而是“海纳百川”渐进发展。中国与域外固然在历史、传统、文化、观念、体制、经济以及社会结构等方面有诸多不同，但是，在教育理念上，中外同多于异；在办学实践上，中外都必须遵循基本的教育规律与育人原则。事实上，目标明确、理念先进、方法科学、程序公正、机制健全、社会认可，也是中外大学招生的共同诉求。因此，域外大学尤其是一流大学的招生制度非常值得我们深入研究。

美国作为世界上高等教育最发达的国家，其大学招生制度经过三百年多的运作已十分成熟，形成了“标准多元、综合评价、招生自主”等典型特征。近年来，美国一些高校又开始试行“可免试入学”（Test-Optional）改革，逐渐取消招生中对SAT、ACT等大规模标准化考试成绩的要求，改以学生高中成绩作为主要录取依据，并辅以课外活动、特殊才艺、社会服务、推荐信、作文、面试等多方面考核。随着参与改革高校尤其是精英高校数量的逐年增多，“可免试入学”改革的影响逐年扩大，也进一步丰富了美国高校招生的多样化内涵。美国高校“多样化招生”模式为许多国家或地区所仿效，也颇值得我国高考多样化改革有选择地学习与借鉴。

改革开放以来，我国统一高考制度在与各国教育的相互交流中不断吸收他国的先进经验与教育理念，并结合国际国内教育形势的发展变化，与时俱进地不断修正与完善。当然，以往的高考改革中，也存在囫囵吞枣的“拿来主义”，事实证明，生搬硬套必然会带来“水土不服”，甚至与改革目标背道而驰。因此，在借鉴他国经验时，对其高校招生制度进行“解剖麻雀”式的研究，并升华为具有普适性的理论、提炼出切实可行的经验，才能形成真正有价值的研究成果，从而有助于政策制定者开阔改革思路、提高决策理性，为建立具有中国特色的高校考试招生制度、提高考试招生的科学性提供重要的理论参考，继而使高考更好地发挥为国选才育才、维护社会公平的积极作用。

万圆博士的《美国精英高校录取决策机制研究》便是这样一份有厚度、有难度、有高度的优秀成果，在我看来，也是目前国内研究美国精英高校招生制度最有深度的学术著作。该著基于万圆的博士学位论文删改而成，以“录取决策机制”为切入点，通过对美国精英高校选拔生源时使用的考量因素、申请材料审阅方式以及质量控制手段的考察，分析其录取决策的目标及达成方式。从研究内容看，该著明显不同于此前多侧重对美国高校招生制度进行“科普式”研究的著作，而是透过现象探究本质，力图构建起驱动录取决策行为的多重逻辑作用模型，具有重要的理论意义与学术价值。

“千淘万漉虽辛苦，吹尽狂沙始到金。”为了高质量地完成博士论文，万圆在学期间前往美国学习和调研近两年时间，修读了多门相关专业课程，阅读了海量的英文文献，深入十余所美国高校对数十位招生工作相关人员进行访谈调研，收集了大量宝贵的一手资料，最终构建解释美国精英公立大学、私立大学和文理学院等不同类型院校录取决策行为的多重逻辑作用模型，实现了理论的创新，正所谓“学问勤中得，萤窗万卷书”。也因此，论文被“中国高等教育学会学术创新计划——高等教育学博士学位论文文库”收录，并分别获得“第二届全国教育实证研究优秀学位论文奖”和2018年“福建省优秀博士学位论文”。此次出版亦是以“2020年国家社科基金后期资助暨优秀博士论文项目”面世。一篇博士论文能同时获得数个重要奖项很是罕见，其质量不言自明。

“佳句三年得，一吟泪双流。”每篇博士论文的背后都有一个心酸苦涩的故事。圆圆以四年半的不懈努力完成了长达40多万字、相当于正常两篇博士论文体量的学位论文，答辩过程中得到专家们一致的高度评价，获得了全优的好成绩，给自己的博士学习阶段画上了圆满的句点。然而，其间的苦与累、病与痛、痴与狂，只有她自己体会最深。我作为导师虽全程陪伴，见证了她撰写博士论文期间跌宕起伏的心路历程，并竭尽所能帮她逐字逐句修改论文，但更多的时候，只能以苍白的话语给她以精神支持，“痛苦着她的痛苦”。好在，一切的煎熬与痛苦都已成为她实现学术乃至人生“凤凰涅槃”的助燃剂，留下的只有甘甜的回味与无穷的力量……

圆圆的硕博士阶段均跟随我学习，8 年的朝夕相处、甘苦与共，让我们既成了无话不谈的师生，也成了牵念甚深的亲人。圆圆毕业离校那天我亲自驾车送她去机场，记得临别时她动情地说我的送行才是她博士生涯真正圆满的句点。作为导师，我深以为荣。圆圆在博士论文后记中写道，“自博士阶段入学起，写出一篇令导师满意的博文、‘犯其至难而图其致远’，就成为我的执念”。面对如此勤奋自律、品学兼优、乐观上进、重情重义的好学生，愚师怎能不满意？转眼圆圆毕业已近四载，赏其雏凤清声，睹其班行秀出，愚师喜不自禁。今又闻其博士论文即将付梓，邀我做序，自欣然应允。

是为序。

郑若玲
厦门大学教育研究院教授、博士生导师
2021 年 8 月 10 日于英国南安普顿大学

Preface

It is a privilege to be able to write a statement in honor of Dr. Yuan Wan. Dr. Wan was introduced to me by her dissertation chair, Dr. Ruoling Zheng. Dr. Zheng is currently the Chinese Director of the Confucius Institute at the University of Southampton, but in 2013 – 14, she was a visiting research professor in my Department of Sociology, Wake Forest University. During a very productive year, Dr. Zheng translated into Chinese two previously published articles of mine, and under her guidance and thanks to her translation skills, I published an original article in China comparing the Gaokao with the SAT. Upon her return to China, Dr. Zheng recommended Yuan Wan to me, and I was confident that Yuan would be a valued addition as a visiting research scholar to my department. My hopes were exceeded when Yuan arrived for the academic year of 2015 – 16 and quickly became a trusted collaborator on our mutual area of scholarly research, admissions to higher education. Our email correspondence began I believe in May 2015, when Yuan reached out to navigate the challenges of getting her documents and permits in place for her year with us in North Carolina; our email correspondence has happily continued forward to the present day.

When Yuan Wan first joined us at Wake Forest University, she participated in my weekly seminar on the sociology of education. In addition, she would come to my office for regular working meetings on our shared research interests always prepared with stimulating questions and ideas, and with a cheerfulness and optimism that were infectious. I was able to be of some assistance to Yuan by introducing her to some of the important national advocates of test-optional college admissions, in particular Bill Hiss at Bates College and Bob Schaeffer of Fairtest. org. Yuan pursued interviews and the gathering of data from the field with vigor and thoroughness that spoke volumes about her scholarly professionalism.

Yuan's work brilliantly uses qualitative narratives, drawn from her extensive interviews of key actors in university admissions. Yuan collaborated with me to construct and publish in Chinese two original articles on admissions in higher education. Although I am second author on each of these pieces, Yuan did the lion's share of the research and writing. I have worked with many graduate students at Yale University, where I was an associate professor before joining Wake Forest University. I have never published more or worked better with any of them than with Yuan. If every PhD candidate worked as diligently, creatively, and energetically as Yuan, the world of scholarship would be a far better place.

After Yuan returned to China, we have maintained an email correspondence on both scholarship and world events. I hope that we have contributed in some small ways to enhancing mutual respect and positive relations between our two nations. It would be a joy at some future point to have another opportunity to collaborate either in person or through the convenience of the internet. I give my heartfelt congratulations to Dr. Yuan Wan on the publication of her first book.

Dr. Joseph A. Soares

Professor of Sociology, Wake Forest University

August 16, 2021

摘　　要

本研究以“录取决策机制”为切入点，基于对美国精英高校选拔生源时使用的多元考量因素、整体性审阅路径以及质量控制手段的考察，分析其招生目标及达成方式，进而构建驱动录取决策行为的多重逻辑作用模型。通过以美国三所精英公立大学、两所精英私立大学、两所精英文理学院为关键案例，运用质性取向下的多个案比较法，基于与52位招生官及利益相关者的访谈数据和大量文本的分析，本研究发现：

一是，美国精英高校均遵循目标导向、服务自身利益和使命的原则来选拔生源。共同招生目标为以公正、透明的方式，塑造一个卓越且多样化的年级。录取决策的铁律包括服务机构的利益，如达成注册目标、满足财政需求、提高声望、增加选拔性、促进族裔多样化、保持校园体育实力，但各校录取决策服务的利益诉求和优先项不尽相同。同时，各校的录取决策实践均受到培养公民、培养公民领导者以及服务社会三大办学使命的驱动。

二是，为了达成各项招生目标，美国精英高校在录取决策中都采用了基于多个标准的综合评价和兼顾公平与效率的整体性审阅路径，并通过质量检查技术、组建专业评价团队、投入大量资源、接受教师和董事会监督等多种手段进行质量控制。

在综合评价上，招生官通过查看学业表现、个人成就和个人背景三类维度下的多个具体因素，基于三个标准——大学成功潜能、贡献潜能以及获益潜能，来判断申请者与高校的匹配程度。综合评价中的决策规则体现为：学业成就是几乎所有申请者参与录取竞争的必要条件，其中学业杰出者基本都会被录取；个人成就有助区分大量属于中间群体的“不错的学生”；加号因素有助学业表现和个人成就相似的中间群体和少量“合格的学生”赢得竞争，也可能使得极少数“不合格的学生”以降低学业标准的形式被录取。

在整体性审阅路径上，美国精英高校均使用背景考察、个体考察和集体评议，保证录取决策的公平与效率。（1）背景考察指招生官将每位申请者取得的成就置于所处的高中教育背景和个人成长背景中考察，考虑其拥有的资源和机会，并基于申请者如何尽力地利用机会来做出评价。同时，将每位申请者置于申请者库中考察，即分别与来自同一高中的申请者、与平均水平以及与录取标准之间进行比较，而非脱离背景直接对不同申请者开展横向比较。（2）个体考察指招生官将每位申请者视为“一个整体”和“一个个体”，没有阈值、没有公式、没有单一的决胜因素，是一种具体情况具体分析的灵活度高的评价策略。个体考察是最高法院批准的考虑族裔身份的合法方式和州禁令下达成族裔多样化的必要方式，也是保证决策自由度、区分申请者和达成各项招生目标的最佳方式。（3）集体评议的模式具体分为委员会讨论模式和团队审阅模式，但产出一届新生的路径均始于单名读者对每份申请材料实施基于量化评级的分项评价或基于质性评语的整体评价，并经历至少两名读者的评价以及委员会讨论或高级 AO 审查，止于确定录取名单的招生季末审核。集体评议是一种高度依赖人为经验的协作式决策路径。

本研究的结论为高校的相对招生自主权以及外部力量的牵制，导致学术逻辑、文化逻辑、市场逻辑、政治逻辑、伦理逻辑、成本逻辑交织形塑着美国不同类型精英高校的录取决策实践，但不同逻辑的作用及其强度存在差异。（1）在考量因素的使用上，学术和文化逻辑是导致各校存在相似性的逻辑，市场、政治、伦理、成本逻辑则是导致差异性的逻辑。（2）在评价策略的选择上，采行背景考察和个体考察主要是政治和伦理逻辑的效能，采行集体评议主要是成本逻辑的效能。（3）从办学类型的角度看：学术和伦理逻辑的作用强度均在公、私立维度有细微差别，并在公立大学体现更明显；文化逻辑的作用强度在公立大学、私立大学和文理学院之间有细微差别，其中在文理学院体现最明显；市场和政治逻辑的作用强度在公、私立维度均有显著差别，其中市场逻辑的效能在私立高校尤为明显，政治逻辑的效能在公立大学尤为明显；成本逻辑的作用强度不存在办学类型的差异。

关键词：录取决策；综合评价；整体性审阅路径；质量控制；多重逻辑

Abstract

From the perspective of "decision-making mechanism", this researchanalyzes the admission goals and the ways of their realization based on multiple consideration factors, holistic review approach and quality control means adopted by American elite colleges and universities in undergraduate admission, and then proposes a multi-logic function model which drives admission decision-making behavior. Through comparative case studies in a qualitative approachinvolving three elite public universities, two elite private universities and two elite liberal arts colleges, and the analysis of interview data with52 admission officers and stakeholders as well as a large amount of relevant documents, this research findsas follows:

First of all, the principle of being goal-oriented, institutional interests-served and institutional mission-served is commonly abided by American elite colleges and universities in admission decision-making practices. Common goal is to craft an excellent and diversified class in a fair and transparent way. The iron law of admission decision-making include serving the interests of the institution, such as reaching enrollment goals, meeting financial needs, enhancing institutional prestige, improving institutional selectivity, promoting race diversity, and maintaining sports strength. However, the specific interests and priorities in admission decision-making are not the same in different institutions. Meanwhile, admission decision-making practices in each collegeare all driven by the three missions—cultivating citizens, cultivating leaders of citizens and serving the society.

Next, in order to achieve various admission goals, elite colleges and universities not only have conducted multiple-criteria based comprehensive assessment and holistic review approach characterized by equity and efficiency, but also have applied multiple means for quality control, including quality check techniques, establishment ofprofessional evaluation team, investment of a large amount of resources, supervision from faculty and board of trustees.

As for comprehensive assessment, those universities or colleges judge the fitness of applicants on the basis of three criteria, which are potential of achieving success in college, potential of making external contribution and potential of benefiting from college education, through reviewing various factors under three dimensions of academic performance, personal achievements and personal background. The decision rules in comprehensive assessment are: academic achievement is an essential requirement, those with excellent academic performance being generally admitted; personal achievements help distinguish those many "good students" in the middle; plus factors help those "good students" in the middle and those few "qualified students" to win the competition, as well as make it possible for the tiny minority "unqualified students" to get admitted due to lower academic standards.

With regard to holistic review approach, American elite colleges and universities all have applied contextualized review, individualized review and collective review in order to ensure the equity and efficiency in admission decision-making. Firstly, contextualized review means that each applicant is reviewed withinhis or her high school educational background and personal family background by admission officers, who consider the availability of resources and opportunities offered to him or her and make decisions based on how he or she make effort to use the opportunities. Meanwhile, each applicant is reviewed in the applicant pool, namely being compared with the applicants from the same high school, with average achievement, and with admission standards, rather than being compared directly with other applicants without considering context. Secondly, individualized review means that each applicant is regarded as "a whole" and "an individual", with no cutoff, no formula, no single tie-breaking factor, which is a case-by-case and highly flexible review strategy. It is a legal practice approved by the Supreme Court when considering race and ethnicity identities, and an essential way of realizing race diversity under the state ban of Affirmative Action. It is also the best way to ensure decision-making freedom, distinguish applicants and reach various admission goals. Lastly, although there are two modes to implement collective review, namely committee discussion mode and team reading mode, but the process of forming a new class through collective review both start with a single reader doing an analytical assessment of each application based on numerical rating or a holistic assessment based on qualitative notes, then goes through two readers' assessment and committee discussion or the review of senior admission officers, and ends with the end-of-season review which determines the name list of the new class. Therefore, the collective review is a collaborative decision-making approach which highly relies on human judgment.

This research has reached conclusions that due to the relative admission autonomy of colleges and universities and the restraint of external forces, academic logic, culture logic, marketing logic, political logic, ethical logic and cost logic co-shape the admission decision-making practices in different types of American elite colleges or universities, but differentiating in their function and the degree of effect. Firstly, in terms of the use of consideration factors, academic logic and culture logic are the logics that lead to similarities that institutions apply in the use of various factors, while marketing logic, political logic, ethical logic and cost logic are the logics that lead to differences. Secondly, in terms of evaluating strategies, the adoption of contextualized review and individualized review is mainly due to the effectiveness of political logic and ethical logic, and that of collective review is mainly due to the function of cost logic. Lastly, in terms of school types, the influence of academic logic and ethical logic differs in public and private higher educational institutions, and manifests more obvious in public universities. The effect of culture logic differs subtly among public universities, private universities and liberal arts colleges, while manifesting the most obvious in liberal arts colleges. The effect of marketing logic and political logic varies significantly in public institutions and private ones, with marketing logic manifesting most obvious in private universities and political logic in public universities. The effect of cost logic does not differ among different types of universities.

Key Words: admission decision-making; comprehensive assessment; holistic review approach; quality control; multiple logics

目　　录

第一章　绪论 ………………………………………………………… (1)

第一节　选题缘起与研究意义 …………………………………… (1)

第二节　相关概念与研究问题 …………………………………… (6)

第三节　研究背景……………………………………………………… (15)

第四节　文献述评与概念框架……………………………………… (34)

第五节　研究方法与设计…………………………………………… (63)

第二章　多元考量因素（一）：学业表现类因素 ……………… (93)

第一节　高中学业记录之学业严格度…………………………… (97)

第二节　高中学业记录之课程成绩与年级排名 ………… (111)

第三节　考试分数之不可或缺 …………………………………… (127)

第四节　考试分数之可免试入学改革 ………………………… (148)

第五节　写作和推荐信 ……………………………………………… (175)

第三章　多元考量因素（二）：个人成就类因素 ……………… (194)

第一节　面试 ……………………………………………………………… (194)

第二节　课外活动与才能 …………………………………………… (209)

第三节　个人品质 ……………………………………………………… (227)

第四章　多元考量因素（三）：个人背景类因素 ……………… (246)

第一节　族裔身份 ……………………………………………………… (246)

第二节 社会经济地位 …………………………………………… (267)
第三节 家庭联结 ……………………………………………… (292)
第四节 地理位置 ……………………………………………… (300)
第五节 其他因素 ……………………………………………… (309)

第五章 整体性审阅路径（一）：背景考察 …………………… (319)
第一节 整体性审阅的要素 ………………………………………… (319)
第二节 背景考察的维度与实施 …………………………………… (326)
第三节 实行背景考察的多重动因 ………………………………… (349)

第六章 整体性审阅路径（二）：个体考察 …………………… (383)
第一节 个体考察的内涵与特征 …………………………………… (383)
第二节 个体考察的实施 …………………………………………… (400)
第三节 实行个体考察的多重动因 ………………………………… (407)

第七章 整体性审阅路径（三）：集体评议 …………………… (436)
第一节 集体评议的模式 …………………………………………… (436)
第二节 集体评议的路径 …………………………………………… (455)
第三节 录取决策的艺术性 ………………………………………… (473)

第八章 录取决策的质量控制 …………………………………… (477)
第一节 开展质量控制的原因 ……………………………………… (477)
第二节 质量检查技术 ……………………………………………… (482)
第三节 专业的评价团队 …………………………………………… (495)
第四节 大量的审阅投入 …………………………………………… (509)
第五节 教师和董事会的监督 ……………………………………… (523)

第九章 多重逻辑作用模型的建构 ……………………………… (533)
第一节 研究发现 …………………………………………………… (533)

第二节 研究结论 …………………………………………………… (553)
第三节 研究讨论 …………………………………………………… (573)

结 语 …………………………………………………………………… (583)

参考文献 ……………………………………………………………… (586)

索 引 …………………………………………………………………… (617)

附 录 …………………………………………………………………… (619)

后 记 …………………………………………………………………… (623)

Contents

Chapter 1　Introduction …………………………………………… (1)

Section 1　Reasons for Choosing Topic and Significance of Research …………………………………………… (1)

Section 2　Relevant Concepts and Research Questions ……… (6)

Section 3　Research Background …………………………… (15)

Section 4　Literature Review and Conceptual Framework …… (34)

Section 5　Research Methods and Design …………………… (63)

Chapter 2　Admission Factors (Ⅰ): Academic Performance Factors ……………………………… (93)

Section 1　High School Academic Record: Academic Rigor ………………………………………………… (97)

Section 2　High School Academic Record: Course Grades and Class Rank ………………………… (111)

Section 3　Indispensible Standardized Test Scores ………… (127)

Section 4　Reform of Test-Optional Admissions …………… (148)

Section 5　Application Essay and Letters of Recommendation ……………………………… (175)

Chapter 3　Admission Factors (Ⅱ): Personal Achievement Factors ……………………………… (194)

Section 1　Interview ………………………………………… (194)

Section 2 Extracurricular Activities and Talents ………… (209)
Section 3 Personal Qualities ………………………………… (227)

Chapter 4 Admission Factors (III): Personal Background Factors ……………………………… (246)
Section 1 Raceand Ethnicity Identity ……………………… (246)
Section 2 Socioeconomic Status …………………………… (267)
Section 3 Family Connection ……………………………… (292)
Section 4 Geographical Location ………………………… (300)
Section 5 Other Factors ………………………………… (309)

Chapter 5 Holistic ReviewApproach (Ⅰ): Contextualized Review ……………………………… (319)
Section 1 Elements of Holistic Review …………………… (319)
Section 2 Dimensions and Implementation of Contextualized Review ………………………… (326)
Section 3 Multiple Motivations of Implementing Contextualized Review ………………………… (349)

Chapter 6 Holistic ReviewApproach (Ⅱ): Individualized Review ……………………………… (383)
Section 1 Connotation and Characteristics of Individualized Review ………………………… (383)
Section 2 Implementation of Individualized Review ……… (400)
Section 3 Multiple Motivations of Implementing Individualized Review ………………………… (407)

Chapter 7 Holistic ReviewApproach (Ⅲ): Collective Review ……………………………………………… (436)
Section 1 Modes of Collective Review …………………… (436)

Section 2 Approach of Collective Review …………………… (455)
Section 3 The Art of Admission ……………………………… (473)

Chapter 8 Quality Control of Admission Decision-Making ……………………………………… (477)
Section 1 Why Quality Control Is Necessary ……………… (477)
Section 2 Quality Checking Techniques …………………… (482)
Section 3 ProfessionalReview Team ………………………… (495)
Section 4 Abundant Investment on Review ……………… (509)
Section 5 Supervision by Faculty and Board of Trustees … (523)

Chapter 9 Construction of Multiple-Logic Function Model …………………………………………………… (533)
Section 1 Research Findings ………………………………… (533)
Section 2 Research Conclusions …………………………… (553)
Section 3 Research Discussions …………………………… (573)

Conclusions ………………………………………………………… (583)

References ………………………………………………………… (586)

Index ……………………………………………………………… (617)

Appendices ………………………………………………………… (619)

Postscript ………………………………………………………… (623)

第一章

绪　　论

一直以来，世界上许多国家和地区都在积极探索适合本国的高校本科招生录取机制，美国和中国都不例外。在美国，基于申请者多方面的信息来授予录取资格的模式虽然早已确立，但其具体操作多有演变，以回应社会和高校自身的需求。在中国，高考制度在坚守与改革之间走过了近 70 年，1977 年恢复高考至今业已超过 40 年，进行了从单一考试走向多元评价的探索，形成了富有中国特色的考试招生制度。在我国的多元评价探索中，美国经验是主要参照系之一，本研究旨在为寻求可供借鉴的理念与举措奠定认识论基础。

第一节　选题缘起与研究意义

生源选拔不仅关系着新生的质量，更关系着高等教育本身的质量。在我国致力于建设高等教育强国的当下，如何选拔好的“种子”进行培育是值得探究的课题。研究者的个人生平经历是提出研究问题的来源、灵感和最初方式之一，具体的经历可能促发了最初的研究好奇心。在质性研究中，个人生平经历的影响通常是被明确说明的。① 另外，研究问题在研究过程中未必是一成不变的，可能随着资料收集的情况和作者的反思而进行调整。本节基于高校招生制度的重要性，结合笔者个人的生平经历和研究历程来阐述选题缘起，并解释本研究的意义。

一 选题缘起

考试招生制度是国家基本教育制度。② 高校招生制度建设不仅事关我国高等教育人才培养和社会发展之大计，而且是一个与民众的高等教育入学机会紧密相关的重大民生问题。2020 年，我国基本形成了分类考试、综合评价、多元录取的考试招生模式，但这一模式作为新兴事物仍有待不断完善。“它山之石，可以攻玉。”在寻求域外借鉴时，美国常常被提及，对美国高校的生源选拔机制进行深入研究是服务于现实改革的有效途径。

笔者与美国大学招生制度研究的结缘始于 2013 年博士生涯的开启。导师郑若玲教授当时正主持一项名为“世界一流大学多样化招生政策研究”的教育部人文社会科学重点研究基地重大项目，并建议笔者可以考虑将“美国一流大学多样化招生政策研究”作为博士论文的研究范畴。导师的建议颇中笔者下怀，因为笔者在硕士阶段的研究便已涉猎我国的统一高考制度，并基于不同身份的立场对这一制度产生了复杂情感和诸多困惑。作为一名初出茅庐的研究者，笔者已然意识到它的重要性，上连高等教育人才培养，下接基础教育教学实践，旁触阶层流动和社会公平。高考制度的发展一直是学界和业界关注的焦点问题之一，其改革也因“牵一发而动全身”成为我国教育改革的“牛鼻子”。作为一名亲历者，笔者体验过它的高

---

① ［美］凯瑟琳·马歇尔、格雷琴·罗斯曼：《设计质性研究：有效研究计划的全程指导（第 5 版）》，何江穗译，重庆大学出版社 2015 年版，第 72 页。

② 国务院：《国务院关于深化考试招生制度改革的实施意见》，http：//old. moe. gov. cn//publicfiles/business/htmlfiles/moe/moe_ 1778/201409/174543. html，2014 年 9 月 3 日。

利害性：高三一年的复习时间；题海战术；一周一小考、一月一大考；文娱、体育课被取消；目睹亲朋好友中不乏复读者；等等。作为一名社会观察者，笔者认可它在促进社会流动上的益处，使得许多寒门子弟拥有相对公平的竞争机会，也发现它带来的一些弊端，比如应试教育盛行、高考移民和作弊现象屡禁不绝，有些高分考生的人生发展不如低分者或者说许多成功人士的高考分数并不出色甚至偏低。感性和理性的认识夹杂，让笔者经常思考如此重要的高考制度在何种程度上是科学的？高考分数是大学成功和人生成功的有效预测指标吗？高考制度又在何种程度上是公平的？它考虑了多少因起点不同导致的成就差距？美国精英高校在招生中历来以综合评价闻名，那么它们如何通过多样化的手段来选拔人才？又如何保证招生的科学性与公平性？国情的不同会影响经验的借鉴吗？为了解答心中的疑惑，不管是研究需要，还是兴趣使然，笔者都想全面、深入了解美国精英高校的招生政策与实践。

以此为契机，笔者开始阅读相关文献，并于2014年暑期拜读了导师的两篇译文——《私立大学招生模式抑制公共部门应对21世纪的挑战》和《为了强预测力无偏见性的考试》。译文重点阐述了SAT分数对美国大学生在校成绩的预测价值有限，且带有很强的社会偏见，美国越来越多的选拔性高校、包括部分排名靠前的精英高校因此开展了“可免试入学”（test-optional）改革。这些观点让笔者颇感震撼，可免试入学改革也因此成为彼时的研究兴趣。2014年8月，笔者获得国家公派赴美联合培养的机会，进入宾州州立大学（Penn State University，以下简称“PSU”）教育学院学习，师从教育测量学教授孙开键（Hoi K. Suen）。在美国接触更多的一手文献后，笔者发现可免试入学改革并非最初想象的那么简单，背后夹杂着复杂的动因。与中美导师商榷后，笔者将博士论文的选题锁定在可免试入学改革上，拟通过探究其实施机制、改革动机和改革效果等，最终阐明大规模标准化考试在招生中的价值和合理使用方式。

根据研究问题，笔者拟采用混合研究范式，以多个案比较法作为研究策略，获取多所可免试和非可免试入学高校招生官的访谈数据和录取学生的量化数据等来开展研究。由于 PSU 是一所要求申请者提交考试分数的公立研究型大学，因此笔者欲利用在地便利，将该校作为参照系个案之一。得知 PSU 有供全校使用的、记录学生详尽信息的数据仓库（Data Warehouse）后，笔者向该校数据管理部门申请获取学生层面的具体数据（机构层面的整体数据官方已有公布）。遗憾的是，由于并非 PSU 的正式学生，笔者最终没有获得数据访问权限。笔者也通过各种途径联系该校招生办公室（以下简称“招办”）询问访谈的可能性，包括给招办主任和招办官方邮箱写邮件、去招办现场询问，最终只有一位负责数据分析、但没有参与录取决策的招办人员愿意接受访谈。

由于 PSU 数据获取的挫败，也为了得到可免试入学高校的内部资料，在导师郑若玲教授的帮助下，笔者于 2015 年 6 月转学至可免试入学运动的先锋高校之一——维克森林大学（Wake Forest University，以下简称“WFU”），师从社会学系主任、亦是该校可免试入学改革的倡导者——约瑟夫·索尔斯（Joseph Soares）教授。然而，在与索尔斯教授讨论获取 WFU 数据的可能性时，笔者被再次告知不能得到学生层面的数据，也无法观察 WFU 的实际录取决策过程，但可以访谈该校招生官。缺乏学生层面的量化数据，验证和深入探讨可免试入学政策的实施效果便难以为继。同时，失败的数据获取经历让笔者初次感受到招生数据的敏感性和录取决策的神秘性。另外，在开题报告会上，导师组几位教授一致认为对可免试入学政策的分析可能过于聚焦，对我国改革的启发性和借鉴意义有限，从而建议笔者扩展研究范围，纳入更多招生实践的分析。意识到关键量化数据获取的不可为，加上导师组的提点和个人的经世致用情结，笔者在广泛阅读文献后，决定转向对当下美国精英高校的录取决策机制进行探究。

二　研究意义

笔者之所以确定以美国精英高校的录取决策机制为选题，缘于它是一个需要探讨的知识和实践领域，具备重要的研究意义。就理论意义而言，本研究在大量一手资料的基础上形成实质理论，有助丰富和深化国内外关于该主题的学术讨论。已有相关文献中质性研究并不多，比如培泽学院（Pitzer College）前代理招办主任杰米拉·埃弗雷特（Jamila Everett）在笔者参与的一场座谈会中就曾表示缺乏对可免试入学政策的质性研究。本文使用大量的文本资料和访谈素材呈现美国精英高校录取决策机制的细节，可以丰富相关讨论。同时，无论是美国学界的讨论，还是中国学者的关注，少有研究从多重逻辑的视角进行系统分析。本文试图通过探讨录取决策行为的驱动逻辑，构建多重逻辑作用模型，可以推动理论发展。

就实践意义而言，笔者进行此项研究的主要动机，在于加深我国各界人士对美国精英高校录取决策机制的了解，做到知其然并知其所以然，进而为经验借鉴奠定认识论基础。一方面，虽然美国精英高校对申请者的多方面表现进行综合评价已众所周知，但我国不少公众对其录取决策机制的认识可能偏片面和模糊甚至有误，比如只知其综合评价、不知其整体性评价路径，或者以为其实践操作公平高效，是可以照搬的模式。事实上，美国精英高校的录取决策过程，看似简单透明、实则复杂隐秘，在美国已然被视为“黑匣子”，我国对其的了解更为有限。同时，其评价实践既有先进性，也有不可避免的缺点，比如过分偏爱富家子弟和关系子弟①。本文致力于打开黑箱，勾勒美国精英高校选拔生源的真实图景，从而为国内探知域外真相打开一扇窗，并有助于读者自身建构基于特定情形的理解。

另一方面，在知晓美国精英高校录取决策机制真实状况的基础

① ［美］丹尼尔·金：《美国顶级大学招生标准及其对中国教育的启示》，姜天海、张潇方译，《中国教师》2011 年第 23 期。

上，我国高校、特别是高水平大学可以有选择性地借鉴一些经验。国内不少高水平大学近年来不断探索基于高考的综合评价方式。自 2003 年清华大学、北京大学等校启动自主招生以选拔具有创新潜质和学科特长的学生伊始，到 2006 年中南大学率先试点综合评价方案，2011 年南方科技大学实施“高考成绩、高中学业成绩和高校自主能力测试成绩”三位一体的综合评价体系，2015 年上海交通大学、复旦大学先行实施“依据统一高考成绩、高中学业水平考试成绩，参考高中学生综合素质评价信息”的“两依据一参考”综合评价，再到 2020 年 36 所“一流大学”建设高校开展“强基计划”招生试点，均突破了传统高考制度以分取人的局限性。这些高校基本都纳入了学业和个人维度的考察，考量因素涉及高中学业水平考试成绩、高中课程成绩或排名、大学自主笔试成绩、面试表现、推荐信、个人自述、课外活动、科研经验、才能、个人品质等等，但是对于为什么使用与如何使用各因素以发挥其价值，还有待厘清。对美国精英高校录取决策机制及其驱动逻辑具备完整、深入的认识后，我国可以取其精华、去其糟粕，选择借鉴超越而非依附发展的路径来不断提升选才的科学性与公平性。

第二节　相关概念与研究问题

一　相关概念

本研究涉及的核心概念有精英高校、录取决策机制和整体性录取等。由于这些概念的内涵较为丰富，有必要对其进行界定，并明确其外延。

（一）精英高校（elite colleges and universities）

美国的高等教育体系以大规模和多样化著称，在生源选拔上也存在不同的形态。根据竞争程度，可将美国高校分为开放入学高校和选拔性高校，前者接受所有的申请者，基本没有准入门槛，后者则会基于自身的录取标准淘汰部分申请者。当然，在选拔性高校中，选拔程度亦存在差别。录取率是衡量“选拔性”（selectivity）的直接指标，录取率越低，获得入学资格越难，则高校的选拔度越高。在2014至2015年，美国共有4207所学位授予高校招收大一新生，包括2603所授予学士或更高学位项目的四年制高校（占62%）和1604所授予副学士学位的两年制高校（占38%）。多数两年制高校为开放入学，四年制高校中有29%为开放入学，28%接受3/4以上的申请者，30%接受多于1/2、少于3/4的申请者，13%的录取率低于50%。[①] 除了录取率，新生的学业成就也是反映高校选拔性的指标。换言之，越具选拔性的高校，学术声誉往往越好。因此，尽管有多个指标（比如教学质量、科研成果等）可以衡量一所高校“精英”与否，基于研究目的，本文以录取率和新生的学业成就为尺度，将“精英高校”等同于“被录取的学生需要具有杰出的学业成就、拒绝了大量申请者的相对小部分的高竞争性院校”[②] 或者“合格的报名人数太多，处于录取边缘的好学生也要被拒之门外”[③] 的高校。

在美国，类似我国报考指南的“巴伦档案”（Barron’s profile）对高校选拔性的划分得到较为普遍的认可。它使用“竞争性”（competitiveness）一词指代“选拔性”，每年根据上一年新生的年级排名、高中GPA、SAT和ACT分数等信息对美国高校进行分类，包

---

① National Center For Education Statistics, *The Condition of Education* 2016, May 26, 2016, http://nces.ed.gov/pubsearch/pubsinfo.asp? pubid=2016144, p. 212.

② 在大学委员会的报告中，该概念为“选拔性高校”的定义，并未区分是否为精英高校，但其含义与本文界定基本相同。详见：College Board, *Toward a Taxonomy of the Admissions Decision-Making Process: A Public Document Based on the First and Second College Board Conferences on Admissions Models*, College Board’s Admissions Models Project Report, 1999, p. 4.; College Board, *Admissions Decision-Making Models: How U. S. Institutions of Higher Education Select Undergraduate Students*, College Board’s Admissions Models Project Report, 2003, p. 1.

③ ［美］亨利·罗素夫斯基：《美国校园文化：学生·教授·管理》，谢宗仙、周灵芝、马宝兰译，山东人民出版社1996年版，第48页。

括“最具竞争性”（most competitive）、“高度竞争性”（highly competitive）、“很有竞争性”（very competitive）、“竞争性”（competitive）、“低竞争性”（less competitive）、“不具竞争性”（noncompetitive）六个类别。在2015年的巴伦档案中，选拔度最高的“最具竞争性”高校共93所，占美国四年制高校的3.6%。该类高校录取率低于33%，新生的年级排名一般位于所属高中毕业生的前10%—20%，高中GPA为A至B+，SAT词汇和数学各部分的中位数为655—800（各部分的满分为800），ACT总分的中位数不低于29（满分为36）。①加州大学洛杉矶分校（University of California-Los Angeles，以下简称“UCLA”）高等教育研究中心主持的“全美新生调查”（American Freshman Survey）也基于新生的学业成就对高校的选拔度进行了划分，具体依据为基于新生的平均SAT（词汇+数学）总分的平均中位数：分值在1190—1600分为高选拔性公立大学；在1185—1339分为高选拔性私立大学；在1340—1600分为超高选拔性私立大学；在1190—1600分为超高选拔性私立学院（指四年制私立非宗教学院，其中文理学院占大多数）。②

另外，美国高校在类型结构、办学理念、院校文化等方面呈现出多样化的特点，个别招办主任甚至夸张地将该特点描述为“美国的大学和学院拥有的唯一共同点是我们都是不同的”③。就类型结构而言，美国的高等教育机构基于不同的维度可分为：公立、私立非营利和私立营利性高校；宗教性和世俗性高校；男女同校和单一性别高校；全国性和区域性高校；研究型大学、文理学院和社区学院；

① Barron's College Division. Profiles of American Colleges 2016. Hauppauge, NY: Barron's Educational Series, 2015.

② Kevin Eagan, Ellen Bara Stolzenberg, Abigail K. Bates, Melissa C. Aragon, Maria Ramirez Suchard, and Cecilia Rios-Aguilar, *The American Freshman: National Norms Fall 2015 - Expanded Edition*, CIRP Report, February, 2015.

③ Judy Mandell, "What College Admissions Officers Say They Want in a Candidate", Washington Post, August 30, 2016.

授予博士学位的院校、授予硕士学位的院校、授予学士学位的院校、授予学士学位和副学士学位的院校、授予副学士学位的院校、专业学院和部落学院①。虽然仅依据录取率和新生的学业成就，各维度都存在精英高校，但美国学界、业界和媒体谈及的精英高校通常指非营利性的、世俗性的、男女同校的、全国性的研究型公立大学、研究型私立大学和文理学院，其中研究型的公立大学和私立大学均授予博士学位，文理学院授予学士学位，这也是本文的研究范畴。私立营利性高校和授予副学士学位的社区学院往往属于开放入学高校，宗教性高校、单一性别高校、专业学院和部落学院是主要面向特定群体的特色高校，区域性高校则声望有限。

概言之，尽管“精英高校”的界定在美国没有统一的标准，本研究所指的“精英高校”是录取竞争颇为激烈（录取率一般低于33%）、录取学生往往学业成就优秀、具有高声望的全国性研究型公立大学、研究型私立大学和私立文理学院②。该类精英高校在美国四年制高校中的占比不到4%（100 所左右），基本属于巴伦档案中“最具竞争性”高校范畴，也属于全美新生调查中界定的“高选拔性公立大学”“超高选拔性私立大学”或“超高选拔性私立学院”。

（二）录取决策机制（admission decision-making mechanism）

英文语境下的“admission”一词可以从广义和狭义两个层面来理解：广义层面指向宏观的招生机制，包括开展一系列的招募活动吸引高中生申请、在申请者库（applicant pool）中进行选拔、等待被录取的学生注册③三个环节；狭义层面专指中间的录取环节。录取决策过程，也是我们通常所说的生源选拔过程，即发生在中间环节，

① U. S. News & World Report, “Frequently Asked Questions: 2017 Best College Rankings”, September 12, 2016, https://www.usnews.com/education/best-colleges/articles/rankings-faq.

② 由于文理学院绝大部分为私立性质，基于研究目的，本文仅探讨私立文理学院的情况。

③ 美国高校招生为双向选择，学生可被多所大学录取，但需择一而入。

关乎招办如何选中学生授予录取资格，包括“决定录取谁、排斥谁的衡量标准（学业的、文化的、个人的标准等），评估申请者的过程以及招办最终的行动——这些行动与官方宣称的标准与程序可能并不相符”[①]。换言之，录取决策过程指向招办在实践中使用什么因素和什么标准来评价申请者，以及如何使用确定的因素和标准来审阅申请材料，并形成最终的录取名单。

根据大学委员会（College Board）的说法，四个基本因素足以确定在特定高校实施的选拔性录取决策模型的本质：（1）高校关于其社会使命的哲学理念，即高校在社会中应该扮演什么角色；（2）选拔过程中考量信息的本质，即高校认为期望的生源应具备哪些特征；（3）选拔过程中考量信息的重点；（4）期望的特征如何被测量、评价和证实。[②] 四个因素中，第一个因素为指导录取决策实践的理念和目标，后三个因素均属于录取决策实践的范畴，包括录取标准、考量因素、评价路径、验证和保障录取决策效果的手段等。录取决策的理念、目标和实践共同构成完整的录取决策机制。另外，入学政策（access policy）和招生政策（admission policy）是两个不同的概念：前者是站在学生的立场，指向“什么样的人应该进入高等教育机构学习？多少人？为了什么？学习多长时间？以多大的成本？在他们生命的哪个阶段？进入哪一种类型的高等教育机构?”；后者是站在高校的立场，指向招办“为了实现入学政策的宏大目标而采用的技术型程序和过程”,[③] 包括拓展策略和录取决策机制等。

（三）整体性录取（holistic admissions）

美国选拔性高校的录取决策，也被称为“选拔性录取”（selec-

---

① ［美］杰罗姆·卡拉贝尔：《被选中的：哈佛、耶鲁和普林斯顿的入学标准秘史》，谢爱磊、周晟、柳琳等译，中国人民大学出版社2009年版，第11页。

② College Board, *Toward a Taxonomy of the Admissions Decision-Making Process: A Public Document Based on the First and Second College Board Conferences onAdmissions Models*, College Board's Admissions Models Project Report, 1999, pp. 4 – 5.

③ 魏姝：《政策中的制度逻辑——美国高等教育政策的制度基础》，南京大学出版社2007年版，第119页。

tive admissions），存在资格性模型和竞争性/选拔性模型两种基本模型。纯粹的资格性模型指录取标准是客观和公开的，是任何人都可以用来作为决定申请者能否被录取的依据。也就是说，所有的申请者达到资格即被录取，没有达到资格即被拒绝，没有任何的模糊性，选拔过程本身并不具有真正的“选拔性”，但其结果也很可能导致获得一届高质量的经“选拔”的生源群体。与资格性模型中申请者被评价的坐标为公开客观的标准相比，选拔性模型中被评价的坐标在于彼此的竞争力。① 资格性模型是最简单的录取模式之一，需要招生人员的个人干预最少。例如，一些根据公式决定录取资格或基于年级排名的自动录取方案即为资格性模型。然而，这些简单的模型在证明其录取标准的功效上有待验证。而且，在许多高校、主要是公立高校，资格性标准尽管存在且公开，但满足这些标准不一定被自动录取，只是保证申请者可以在后续的竞争阶段被考虑。这些模型就不是真正的资格性模型，而是竞争性模型。

在实践中，几乎所有的招办都使用要求最低资格标准（不管是公开的还是内隐的）的录取决策过程，申请者若不满足最低要求则基本不会得到进一步考虑。在选拔性环境中，资格功能的主要区分在于资格标准公开和客观的程度，而非主观的程度，跨越一定范围内的阈值，申请者可能会、也可能不会被进一步考虑。大多数情况下，满足最低学业资格标准的申请者并不会得到被录取的保证，而是进入后续的竞争性评价过程中。因此，选拔性录取是一个决定在大量合格的申请者中谁最终将被录取——以及更重要的是，谁将被拒绝——的过程。② 大部分选拔性招生的录取决策依赖使用学业合格

① College Board, *Toward a Taxonomy of the Admissions Decision-Making Process*: *A Public Document Based on the First and Second College Board Conferences onAdmissions Models*, College Board's Admissions Models Project Report, 1999, pp. 3 – 4.

② College Board, *Toward a Taxonomy of the Admissions Decision-Making Process*: *A Public Document Based on the First and Second College Board Conferences onAdmissions Models*, College Board's Admissions Models Project Report, 1999, p. 4.

标准对申请者进行初步筛选，再决定谁将进入后续竞争性评价中，可称为“合格后选拔”（eligibility-then-selection）的路径。在该路径中，申请者首先需达到最低的合格标准，才可能进入竞争阶段。该模式远远超出资格性标准，依赖多项指标，包括学业表现、个人成就和背景特征等等，并部分基于高校自身的目标、需求和能力选拔生源。①

美国学者、招办人员和媒体经常使用“整体性录取”这一术语描述选拔性录取中的竞争性模型，因为“整体性”（holistic）一词的含义为“整体的”、“全盘的”，意味着对申请者资格的整体和全面考虑，并非仅依据学业标准或公式进行筛选。一般来说，高校考虑的因素越多，其评价理念被视为更具“整体性”。例如，美国最大的招生专业咨询协会——全美高校招生咨询协会（The National Association for College Admission Counseling，简称“NACAC”）表示私立选拔性高校的录取比公立大学更具“整体性”，在录取决策中考虑一系列范围更广的因素②。尽管对“整体性录取”没有明确的界定，但人们通常认为它主要包括“综合评价”（comprehensive review）和“整体性审阅”（holistic review）路径两部分，前者指向评价什么，后者指向如何评价。

在美国，精英高校对生源资质的考察具备不局限于单一维度、而是考虑综合情况的传统，是故“综合评价”本身是历史遗产。当然，在整体性录取机制中的“综合评价”在内涵上较之最初大有拓展。由于美国精英高校对生源的筛选实际上是基于申请者提交的申请材料的筛选，而非直接对申请者本身的筛选，也就是说评价起步

① College Board, *Toward a Taxonomy of the Admissions Decision-Making Process: A Public Document Based on the First and Second College Board Conferences on Admissions Models*, College Board's Admissions Models Project Report, 1999, p. 9.

② National Association for College Admission Counseling, State of College Admission 2014, May, 2015, http://www.nacacnet.org/research/PublicationsResources/Marketplace/research/Pages/StateofCollegeAdmission.aspx, p. 29.

于对申请材料的阅读，因此在评价路径上具备阅后再审/再评的特征，阅读申请材料并做出评价的人也被称之为“读者”（reader）。与“综合评价”相比，“整体性审阅”是美国精英高校生源选拔机制中的新兴产物，与近年来高校录取决策面临的内外部环境变化休戚相关，也成为整体性录取机制的核心体现。一份调查报告就指出：“整体性审阅为在使用高中成绩和考试分数等传统的学业成就评价指标之外，评价申请者独特经历的一种录取决策策略。它旨在帮助大学考虑反映申请者学业准备程度、对新生群体的贡献、在大学取得成功以及未来作为成功专业人士的可能性等一系列因素。整体性审阅与大量其他基于办学使命的招生实践共同构成了整体性录取的过程。”①

二　研究问题

欲打开黑匣子，全面和深入地了解美国精英高校的录取决策机制，离不开对实践操作层面的描述，也离不开对驱动逻辑层面的探究，可免试入学改革的多重动因使笔者意识到驱动录取决策行为的原因往往不是单一的。实践操作描述指向“怎么做”，即美国精英高校的录取决策机制是如何运转的。驱动逻辑探究指向“为什么”，即美国精英高校为何选择整体性录取机制，而没有如我国一般依赖分数选拔生源。另外，录取决策机制及其驱动逻辑是否因办学类型的不同而存在差异，也是本研究关注的重点。因此，研究问题如下：

第一，录取决策过程中考虑哪些因素？各因素的使用方式和决策规则是什么？驱动各因素决策规则的逻辑又是什么？例如，哪些因素被用于决定录取或者拒绝某位申请者？哪些因素只被纳入考虑范围？又是什么原因导致各因素受重视程度的差别？

---

① Greer Glazer, and Karen Bankston, Holistic Admissions in the Health Professions: Findings from a National Survey, Urban Universities for Health Research Report, September, 2014, p. 2.

第二，录取决策过程中使用何种评价路径？包括如何审阅每份申请材料、如何形成录取名单、驱动各评价步骤背后的逻辑又是什么？

第三，如何控制录取决策的质量，使其产出高校期待的结果？

第四，录取决策实践想要达成的目标是什么？

第五，不同类型的精英高校在录取决策机制上具备哪些相似之处？又存在哪些差异？造成异同的原因何在？

基于以上研究问题，本文的章节架构如下：第一章为绪论，通过阐述选题缘起、研究背景、文献述评、研究方法等内容，奠定本研究的基础；第二、第三、第四章聚焦多元考量因素，对各因素的内涵、决策规则、不同类型高校实践的异同及其驱动逻辑等进行解读；第五、六、七章关注整体性审阅路径，对如何了解申请者的具体情况、如何塑造一级新生群体、为何采用相应的评价策略等进行探讨；第八章展现美国精英高校为何对录取决策的质量进行控制以及使用的相关策略；第九章在总结研究发现的基础上，建构解释美国不同类型精英高校录取决策行为的多重逻辑作用模型，并讨论在生源选拔上面临的挑战；结语为回顾研究内容，揭示本文的研究创新与展望。

三　研究的重点与难点

通过回答研究问题，本研究旨在从微观层面提供对美国不同类型精英高校的录取决策机制这一社会现象及情境的完整描述，并呈现因果关系的信息，说明各项录取决策行为背后的驱动力，进而以经验事实为依据，从宏观层面提出具备解释力的实质理论——影响录取决策实践的多重逻辑作用模型。因此，本研究的重点在于对因果关系的探寻，比如致使不同高校在考量因素、评价路径、质量控制上的相似性和差异性的驱动逻辑，以构建多重逻辑作用机制的理论模型。

上述研究重点也是本研究的最大难点，因为笔者需要抽丝剥茧地挖掘驱动不同类型高校录取决策中各项行为的逻辑动因，并进行整合分析，才能形成概括性的和有说服力的理论。同时，对录取决策过程的准确描述具备一定难度：第一，美国精英高校的录取决策机制是看似熟悉、实则陌生的领域，笔者需要先行阅读大量的研究文献和事实资料（并根据需要翻译不少内容），了解美国的高等教育体系以及作为整体的美国选拔性高校生源选拔的变迁历史、发展现状等相关背景，从而为本研究奠定基础。第二，案例校招办提供的信息存在一些不准确和不一致的情况，笔者需要仔细斟酌和比对，尽力避免描述的偏差。

第三节　研究背景

了解当下美国精英高校的录取决策机制，需要将其置于美国高等教育体系的宏观背景和选拔性高校录取决策机制的历史发展脉络中，也需要对选拔性高校录取决策过程的隐秘性有基本的认识。

一　美国不同类型高校的信念与院校文化

美国高校的信念和院校文化都体现了美国高等教育系统的特征，并形塑着录取决策机制的形成。

（一）美国不同类型高校的信念

伯顿·克拉克（Burton Clark）指出有四种不同的信念反映并影响着高等教育系统的性质，包括入学信念、专业信念、就业信念、研究信念①，其中前三种信念与录取决策机制存在关联。不过，在入学信念上，伯顿·克拉克的描述较为简单，而约翰·道格拉斯（John Douglass）提出了公立大学的社会契约理论，详细揭示了公立

① ［美］伯顿·克拉克：《高等教育系统：学术组织的跨国研究》，王承绪等译，杭州大学出版社 1994 年版，第 105 页。

大学的入学信念，并论述了与私立高校的差别。下文将结合二者的观点进行阐述。

1. 入学信念

在入学信念上，公立高校意味着“向所有的合格者开放”，私立高校（包括私立大学和文理学院）则没有义务招收所有学业合格的学生，这与各自的建立历史和社会使命有关。私立高校是美国历史上根底最深的高校类型①，在 19 世纪 70 年代以前主导着美国的高等教育体系。例如，直至 1860 年，美国共有 246 所小型学院和所谓的大学，其中州立高等教育机构仅有 17 所。② 由于私立高校的最初建立者为小部分持有宗教信徒的社会领导者，且雇佣志趣相投的教师，其忠诚度和课程都致力于满足供养它们的宗教团体的需要，教育对象为在社会和宗教上可以接受的有限的学生。历经时代变迁，大部分私立高校、特别是文理学院主要依靠学费生存，仍然首先忠诚于供养群体而非公共需求。因此，私立高校的录取决策长期以来都不仅仅关乎学业潜能，也是为了建立一个可持续发展的、富裕的、对高校忠诚并愿意捐赠以实现自身可持续发展、维持办学质量和声望的共同体。③

尽管私立高校类似于富人俱乐部，但公立高校并非如此。虽然大规模兴建公立高校的原因很复杂且因地而异，但其中较有共识的解释是尽管当时的私立高校很有价值，却不能满足政府对于扩展入学机会的需求。如果美国想要成为世界上受教育程度最高、最民主、最具创造才能、最富裕的国家，它需要能提供广泛入学机会的公立中小学和大学。因此，美国政府于 1862 年出台《赠地

---

① ［美］伯顿·克拉克：《高等教育系统：学术组织的跨国研究》，王承绪等译，杭州大学出版社 1994 年版，第 64 页。

② John Aubrey Douglass, *The Conditions for Admission*: *Access*, *Equity and the Social Contract of Public Universities*, Stanford, CA: Stanford University Press, 2007, p. 10.

③ John Aubrey Douglass, *The Conditions for Admission*: *Access*, *Equity and the Social Contract of Public Universities*, Stanford, CA: Stanford University Press, 2007, p. 257.

法案》，建立服务各州的公共高等教育体系（包括州立大学、州立学院和社区学院），以在使个体受益的同时，也能满足地方的社会和经济发展需要，塑造一个更先进、更有效率的社会。公立高校作为一个伟大的均衡器和开放的、向上流动的社会的保护者，旨在提供“面向普通人的卓越教育”（an uncommon education for the common man），广泛传播知识，对州内所有证明了学业和公民才能的人开放，生源选拔脱离了宗教和精英政治的影响[①]。公立高校也因此被称为“人民的大学”（People's University），在提供教育机会、为人民打开大门以及从实质上推动高等教育的需求和提供供给上义不容辞。

20世纪初，在“威斯康星理念”（Wisconsin Idea）[②] 的影响下，公立高等教育体系的发起者及学术领导者共同发展出公立大学在入学机会上应该承担的五条相互关联的核心社会责任，形成了社会契约（social contract）的内涵：主要服务于本州；作为更大公立教育系统的一员和合作者帮助其他教育机构发展的责任；为满足标准的所有学生提供入学机会；提供学术和专业教育项目；注册学生的容量以及学术项目随本州人口的增长和变化来增长。其中，第三条指公立大学必须通过设立明确的录取标准（或条件）鼓励高等教育参与，即为满足学业标准、无论社会经济地位（Socio Economic Status，简称“SES”）如何的公民提供入学机会，以及作为辅助，公立高校应该主动缓解入学机会障碍，寻求组建反映社会广阔范围的包括低收入和弱势人群的学生群体。[③] 社会契约每一条原则的定义都影响着

---

① John Aubrey Douglass, *The Conditions for Admission*: *Access*, *Equity and the Social Contract of Public Universities*, Stanford, CA: Stanford University Press, 2007, p. 8.

② “威斯康星理念”由美国威斯康星大学校长查尔斯·范海斯于1904年提出，即威斯康星大学在教学和科研的基础上，通过培养人才和输送知识两条渠道，打破大学的传统封闭状态，努力发挥大学为社会提供直接服务的第三职能，使大学与社会生产、生活实际联系更紧密，从而积极促进全州的社会和经济发展。

③ John Aubrey Douglass, *The Conditions for Admission*: *Access*, *Equity and the Social Contract of Public Universities*, Stanford, CA: Stanford University Press, 2007, pp. 8 – 9.

公立大学的招生实践，并随着公立大学和社会的不断变化而有轻微变动。虽然公立高校的数量约为私立高校的一半[①]，但却承担着普及高等教育的重任，注册学生数约占全美本科生的75%。[②]

2. 专业信念

在专业信念上，美国公、私立高校的组织模式中有两个层次占统治地位，包括四年制本科阶段的普通教育层次和由研究生院与专业学院组成的专门化教育层次。由于美国高校普遍强调本科生涉猎广泛的知识领域，公立大学和私立大学一般都设有类似文理学院的文理学部（the College of Letters and Science），是典型的综合性教学单位，提供跨越人文科学、社会科学和自然科学领域的丰富课程。学生在本科前两年主要接受通识教育，并在大二上学期末选择专业，到后两年才通过选修主科获得有限的专门化。学士学位“往往不证明任何特定的专业能力，而只为大多数学位获得者提供一种一般性的和模糊的与就业市场的联系”[③]。在这种专业信念的影响下，公立大学、私立大学和文理学院的招办主要负责选拔生源入校而非直接进入专业。学生在申请时可以是否表明专业倾向，但专业倾向一般不影响录取资格。据笔者访谈的招办人员介绍，之所以采取这种方式，在于给学生探索专业兴趣的时间，而且专业导向太强导致学生只重视职业训练，忽视大学教育的其他作用。不过，高校一般都会询问申请者的专业倾向，以了解其学业兴趣，并平衡潜在生源的专业分布。对大学中专业性强的学院，比如数学学院、护理学院、艺

---

① 例如，在2014到2015年的2603所四年制高校中，664所为公立高校，1283所为私立非营利性高校，剩下656所为私立营利性高校。源自：National Center For Education Statistics, *The Condition of Education* 2016, May 26, 2016, http://nces.ed.gov/pubsearch/pubsinfo.asp? pubid=2016144, p. 212.

② Sandy Baum, Jennifer Ma, and Kathleen Payea, *Trends in Public Higher Education: Enrollment, Price, Student Aid, Revenues, and Expenditures*, College Board Report, May, 2012.

③ ［美］伯顿·克拉克：《高等教育系统：学术组织的跨国研究》，王承绪等译，杭州大学出版社1994年版，第47—48、54页。

术学院等等，其候选者的专业资质主要由专业教师评定，招办负责把关基本的学业资格。

3. 就业信念

在就业信念上，大部分美国高校视自身的角色是帮助学生为进入社会各行各业工作做好准备。[①] 不管办学类型如何，美国的高等教育机构都为政府部门和私人部门输送毕业生，不过在就业定位上略有区别：私立高校培养工业首脑和各种副职人员，也培养大使馆工作人员和公共事务官员；公立大学服务倾向更强烈，既为州和地方政府、又为工农业各部门输送毕业生。[②] 换言之，私立高校普遍更注重培养管理人才，但公立大学除此之外，还以培养技术性人才为目标，因为它一开始是作为技术性院校建立的，旨在为学生毕业后成为某领域的专业技术人员做准备。当然，除了直接进入就业市场，公、私立大学和文理学院也培养大量的学生进入研究生院和专业学院继续学习。不过，美国高校对成功毕业生的定义不尽相同，且多为宽泛的目标，比如为进入成人世界做好准备、塑造完整人格，也可能会列出对毕业生能力的具体期待，比如能够产生原创想法和解决方案、尊重和重视个体差异、适应跨文化环境等。[③]

（二）美国不同类型高校的院校文化

院校文化属于学术文化的范畴，指产生于并依附于高校自身的文化，其作用在于产生忠诚，给组织成员以归宿感，使组织被视为共同体。当高校进入困难时期，院校文化能够带来财政资金的帮助

---

① College Board, *Best Practices in Admissions Decisions*: *A Report on the Third College Board Conference on Admission Models*, College Board's Admissions Models Project Report, 2002, p. 12.

② ［美］伯顿·克拉克：《高等教育系统：学术组织的跨国研究》，王承绪等译，杭州大学出版社 1994 年版，第 107 页。

③ College Board, *Admissions Decision-Making Models*: *How U. S. Institutions of Higher Education Select Undergraduate Students*, College Board's Admissions Models Project Report, 2003, p. 47.

和信念支持。信念既是自我形象，也是院校的声誉。① 文理学院是院校文化的典型案例。美国之所以有与研究型大学抗衡、跃居顶尖高校之列的一流文理学院，“至关重要的因素是形成了强烈而统一的自我信念”，从而具备独特的竞争力。② 文理学院拥有充满活力的院校文化，办学规模一直较小，校内各单位和人员之间、师生之间、学生之间有密切的互动，校内各组成部分互相依存。文理学院不承担研究生教育，专注本科生教育，所以凝聚力和团结力强，以便实施其特定的自由教育任务，或至少使之成为可能。③ 为了吸引申请者，文理学院在机构介绍中会详细列举自身的许多特征，构成诱人的独特性。④ 相比之下，公立大学由于包含许多松散的、各自为政的学科专业，主要强调在特定的品质和服务方面以及在与外部支持群体的关系方面的独特性，对专业组织文化的营造往往不够重视。需要指出的是，尽管不同类型的院校文化追求存在差异，美国高等教育系统作为一个整体，仍然具备一些共同的特征，热衷运动便为其中之一。例如，“代表高校的足球队，为需要外部资源的注意、厚爱和支持以及需要克服内部各自为政的院校，提供了整体感和吸引力所需的整合象征物”⑤。

二　美国选拔性高校录取决策机制的演变

在 21 世纪之前，美国选拔性高校的录取决策机制大致经历了四个阶段，以 20 世纪初、20 世纪 20 年代、20 世纪 30 年代、20 世纪

① ［美］伯顿·克拉克：《高等教育系统：学术组织的跨国研究》，王承绪等译，杭州大学出版社 1994 年版，第 94 页。

② ［美］伯顿·克拉克：《高等教育系统：学术组织的跨国研究》，王承绪等译，杭州大学出版社 1994 年版，第 92 页。

③ ［美］伯顿·克拉克：《高等教育系统：学术组织的跨国研究》，王承绪等译，杭州大学出版社 1994 年版，第 93 页。

④ ［美］伯顿·克拉克：《高等教育系统：学术组织的跨国研究》，王承绪等译，杭州大学出版社 1994 年版，第 94 页。

⑤ ［美］伯顿·克拉克：《高等教育系统：学术组织的跨国研究》，王承绪等译，杭州大学出版社 1994 年版，第 96 页。

60—70 年代为时间节点，从最初的资格性录取模式转变为竞争性录取模式，如今的整体性录取模式中的综合评价框架也得以确立。进入 21 世纪后，美国的社会环境发生变化，整体性录取模式中的整体性审阅路径因应产生。

（一）17 世纪至 20 世纪初：学业成就决定录取资格

从 17 世纪至 19 世纪中期，哈佛大学（Harvard University）、耶鲁大学（Yale University）、普林斯顿大学（Princeton University）（简称“HYP”）等精英私立高校主要通过自行组织的、难度并不高的学科考试（希腊与拉丁文考试）录取私立预备学校的男生。为了获得充足的生源，HYP 给予学生多次考试机会，直至达到合格线。[①] 当时，基本上所有的公立高校都接受私立学院建立的选拔模式。[②] 但自 1871 年起，由密歇根大学（University of Michigan）发起建立的以高中学业表现为录取标准的“高中认证体系”（也被称为“高中文凭体系”）开始在中西部公立大学成为主要的录取方式。在该体系下，如果州内高中的课程经过大学认证，学生完成课程并通过课程考核、持有高中毕业证即可入学，不用再参加高校组织的考试。高中认证体系是如今美国公立高中成绩单的源头，旨在建立一个关于学生学业资格的可靠的、经认证的记录[③]，并搭建基础教育与高等教育的桥梁，为更多学生提供入学机会。到 1897 年，共有 42 所州立学院和大约 150 所其他高校采用了某种形式的高中认证体系。[④]

在 19 世纪晚期和 20 世纪早期，提供古典教育的精英私立高校提

---

① ［美］杰罗姆·卡拉贝尔：《被选中的：哈佛、耶鲁和普林斯顿的入学标准秘史》，谢爱磊、周晟、柳琳等译，中国人民大学出版社 2009 年版，第 12 页。

② Fredrick Rudolph, *The American College and University*, Athens, GA: University of Georgia Press, 1900, p. 282.

③ Harold S. Wechsler, *The Qualified Student: A History of Selective College Admission in America*, New York, NY: John Wiley & Sons, 1977.

④ Edwin Cornelius Broome, A Historical and Critical Discussion of College Admission Requirements, Ph. D. Dissertation, Columbia University, 1902, pp. 116 – 125.

出了一个问题："为何要在声望不再由数字衡量而是由选拔性衡量的时期扩张学生规模?"因此，这些高校开始设立更严格的录取标准，采用大学入学考试委员会（College Entrance Examination Board）——大学委员会的前身——开发的学科测验来限制注册规模，仅将大门向在测验上获得高分的学生开放。[①] 为了吸引更多来自公立中学的优秀学生，哈佛大学除了采用标准化测验和提供奖学金，还从1910年开始提出学生只需来自受认可的学校，或者学习受认可的课程，并在四个测验科目上获得令人满意的成绩便可入学，无需掌握拉丁文或希腊文，从而使得越来越多的公立学校学生开始能够参加该校的入学考试。[②] 同时，推出基于年级排名录取的"前1/7"计划，将在不专门组织学生准备大学考试的中学学习的年级排名位于前1/7且较好完成了受认可课程的学生，作为生源群体的一部分。[③] 耶鲁大学很快效仿了哈佛大学的举措，于1916年将高中学业表现纳入录取标准。[④]

（二）20世纪20年代：强调素质特长

20世纪20年代初是美国历史上最为保守的一个时期，精英私立大学对犹太人问题的反应却成为美国高等教育招生史上的重要转折。HYP的当权者们发现依赖传统的学业要求选拔新生的做法导致了校园中出现大规模的"不受欢迎"的"书虫"——犹太裔学生。例如，哈佛大学的"前1/7"计划意在限制犹太生比例，方便招收来自西部和南部等犹太人少聚居地区的白人学生，但并未达到效果。[⑤]

---

① Harold S. Wechsler, *The Qualified Student: A History of Selective College Admission in America*, New York, NY: John Wiley & Sons, 1977.

② ［美］杰罗姆·卡拉贝尔：《被选中的：哈佛、耶鲁和普林斯顿的入学标准秘史》，谢爱磊、周晟、柳琳等译，中国人民大学出版社2009年版，第50页。

③ ［美］杰罗姆·卡拉贝尔：《被选中的：哈佛、耶鲁和普林斯顿的入学标准秘史》，谢爱磊、周晟、柳琳等译，中国人民大学出版社2009年版，第114页。

④ ［美］杰罗姆·卡拉贝尔：《被选中的：哈佛、耶鲁和普林斯顿的入学标准秘史》，谢爱磊、周晟、柳琳等译，中国人民大学出版社2009年版，第57页。

⑤ ［美］杰罗姆·卡拉贝尔：《被选中的：哈佛、耶鲁和普林斯顿的入学标准秘史》，谢爱磊、周晟、柳琳等译，中国人民大学出版社2009年版，第118页。

为了防止犹太生数量不断增长，同时保证其他智力中等的学生能够被考虑，哈佛大学并没有提高学业标准，而是开始强调“品性”（character）和“领导力”等“无形”的个人品质。尽管普林斯顿大学、哥伦比亚大学或耶鲁大学遇到这一问题的时间各不相同，它们的反应却异乎寻常的统一：放弃原来的只依赖学业标准的录取体系，采用对犹太生不利的包含主观非学业要素的综合标准，因为品性和领导力是一个被认为犹太人少有、但几乎所有上层新教徒都具备的品质。而且，综合标准不仅允许各校拒绝学业突出的犹太生，也赋予了录取背景良好但学业成就弱的学生的极大自主权。①

出于严格限制犹太生数量增长的目的，精英私立大学采取的措施不仅是强调不能被量化的品性与领导力，还设立专门的招生办公室，设计了一套综合的、严格的选拔程序，使用申请表、面试、推荐信、建立标签或分类体系、限制规模、配额制等手段来识别和排斥犹太生。与此同时，各私立高校集体向运动员和校友子女倾斜，并通过标签体系和向私立高中提前发放录取通知的 ABC 制度②等方式，定向招收私立预备高中的富裕学生。换言之，从 20 世纪 20 年代开始，精英私立大学的录取机制普遍由以往的几乎完全按照学业成绩评价申请者，转向依赖学业和非学业因素的混合，选拔学识智慧和素质特长俱显的全面人才，综合评价机制初具雏形。相比之下，

---

① ［美］杰罗姆·卡拉贝尔：《被选中的：哈佛、耶鲁和普林斯顿的入学标准秘史》，谢爱磊、周晟、柳琳等译，中国人民大学出版社 2009 年版，第 155 页。

② 标签体系指哈佛大学将学生分为 22 类，从大（标签组 B，包括八个落基山脉州）到小（标签组 P，仅限于波士顿拉丁区；标签组 Q，包括波士顿除拉丁区之外的市区）都有，还包含 4 个专门为私立中学设置的独立类目以供其享有特权。这并不是一个配额体系，但对每个类别都设置了目标，目标与每年实际录取的学生数量惊人地接近。这一体系的结构使得竞争几乎都存在于各标签组之内，不在标签组之间。（p. 352）ABC 制度则由耶鲁大学首创，即“指定中学——几乎全部是私立中学——的申请者会提前受到 A（确定录取）、B（待定）、C（确定不予录取）的评级。源自：［美］杰罗姆·卡拉贝尔：《被选中的：哈佛、耶鲁和普林斯顿的入学标准秘史》，谢爱磊、周晟、柳琳等译，中国人民大学出版社 2009 年版。

在这一时期，公立高等教育机构得到相对稳定的增长[①]，更多的州立大学笼统地以高中学业记录作为评价标准，并几乎录取所有经认证的合格的公立高中毕业生。

（三）20 世纪 30 年代：SAT 考试被正式引入

虽然入学考试自美国选拔性高校成立之初就得到使用，统一的、成熟的标准化入学考试实际上始于当时命名为“学术倾向测试”（Scholastic Aptitude Test）的 SAT。SAT 于 1926 年第一次实施，并在 20 世纪 30 年代被正式引入至部分优秀生源的筛选中。1933 年，主张“机会均等，非奖赏均等”的詹姆斯·科南特（James Bryant Conant）入主哈佛大学，不久便推出了全国性的奖学金项目，以资助来自社会各阶层的最杰出生源。哈佛大学之前使用大学入学考试委员会提供的学科测验，导致许多富裕学生通过进入顶尖高中或参加考试辅导而获得高分。为保障机会平等，科南特在 1934 年要求奖学金项目申请者必须参加当时被视为测量智能和学业潜能而非家庭背景的 SAT。[②] 哈佛大学的尝试取得成功后，推动了 SAT 在东海岸精英私立高校招生中的广泛应用。[③] 1937 年，SAT 成为所有常春藤盟校使用的奖学金考试。1941 年，哈佛大学和其他一些精英私立大学达成一致，将流水线式的、更为“客观”的 SAT 由奖学金项目扩展至招生工作。这一改革为以标准化考试为基础的贤能主义在二战后的兴起埋下了种子。[④] 不过，哈佛大学仍然实行了未公开的将“有

① Eugene M. Tobin, “The Modern Evolution of America’s Flagship Universities”, in William G. Bowen, Matthew M. Chingos, and Michael S. McPherson, *Crossing the Finish Line: Completing College at America’s Public Universities*, Princeton, NJ: Princeton University Press, 2009, p. 241.

② 常桐善:《试述大学对入学考试发展与改革的影响——哈佛大学奖学金项目及加州大学综合评审制度之启示》,《中国考试》2008 年第 11 期。

③ ［美］杰罗姆·卡拉贝尔:《被选中的：哈佛、耶鲁和普林斯顿的入学标准秘史》，谢爱磊、周晟、柳琳等译，中国人民大学出版社 2009 年版，第 242 页。

④ ［美］杰罗姆·卡拉贝尔:《被选中的：哈佛、耶鲁和普林斯顿的入学标准秘史》，谢爱磊、周晟、柳琳等译，中国人民大学出版社 2009 年版，第 219 页。

才智的学生”的规模限制在新生总数10%以内的政策，同时公开宣称采用将相当一部分名额保留给在预备私立高中就读的成绩排名在后1/4、但某些方面表现出色的“快乐差生”政策，尤其是运动特长生和校友子女。[①] 其他精英私立高校同样实行了这种双重录取体系。

（四）20世纪60—70年代：确立综合评价框架

20世纪60年代是美国高校选拔性录取历史中的核心分水岭，除了标准化考试的普及，对录取决策机制同样有着深刻影响的弱势群体倾斜政策在这一时期被确立，塑造多样化年级成为公、私立选拔性高校共同且重要的招生理念，对生源资质进行综合评价的框架至此确立。

1. 标准化考试的普及

虽然SAT在大学招生中的基础地位较早被哈佛大学奠定，但直到20世纪60年代才成为大规模考试。[②] 二战后，《退伍军人权利法案》的出台鼓励大量军人退伍接受高等教育，以及婴儿潮时期出生人口成长为大学适龄者，导致全美范围内申请者数量空前增长，美国高校的选拔性开始拉开差距[③]，精英高校第一次真正拥有大量学业合格的生源供筛选。受“质量更好比人数更多更可取”的观念影响，象征学术质量的标准化考试取代高中学业表现，受到选拔性公、私立高校的共同青睐，SAT在东海岸及全美范围得到更大规模的应用。1959年，旨在评价学生的大学准备度、测量对高中课程知识的掌握而非原始智能的ACT（American College Testing）在爱荷华州面世[④]，

---

① ［美］杰罗姆·卡拉贝尔：《被选中的：哈佛、耶鲁和普林斯顿的入学标准秘史》，谢爱磊、周晟、柳琳等译，中国人民大学出版社2009年版，序言9—10页。

② Nicholas Lemann, *The Big Test: The Secret History of the American Meritocracy*, New York, NY: Farrar, Straus and Giroux, 1999.

③ Caroline M. Hoxby, “The Changing Selectivity of American Colleges”, *Journal of Economics Perspectives*, Vol. 23, No. 4, 2009, p. 97.

④ Margaret Rock, “The Future of Education: A Digital SAT and ACT”, 2015, http://2machines.com/183333/.

并为一些中西部高校所采用。然而，当时采用 SAT 的高等教育机构仍然明显更多，因为许多高校希望自身看上去和倚重 SAT 的常春藤盟校一样有声望，一样致力于拓展入学机会、发现更多不管家庭状况如何的有学术才能的“璞玉”①。这也是 1968 年加州大学采取 SAT 而非 ACT 的重要原因。② 随着加州大学成为使用 SAT 队伍的一员，并带动更多的公立大学加入其中，SAT 成为一项真正意义上的全国性考试。同时，受到 1957 年苏联人造卫星发射和 1958 年《国防教育法》颁布的影响，高校被期待能够更好地满足国家和社会对科技人才与知识的需求，学业标准在生源选拔中变得更为重要。因此，标准化考试作为学术质量和机构声望的双重象征，在美国不同类型的选拔性高校中得到全面普及和重视。SAT 甚至被称为“通往大学的黄金罗盘”③，由此成为一类高利害性考试。

2. 少数族裔倾斜政策的确立

由于 1954 年布朗诉教育局案（Brown VS Board of Education, 1954）终止“隔离但平等”的合法性，20 世纪 60 年代民权运动大规模的爆发，以及 1964 年美国国会通过《民权法案》（Civil Rights Act of 1964）禁止所有高校在教育活动中出现基于种族（race）和民族（ethnicity）（以下统称为“族裔”）的歧视，种族政治驱动着美国几乎所有的高校在录取决策中主动实施基于族裔身份的“肯定性行动”（Affirmative Action）。为了履行服务国家的义务，许多公立大

① Eric Westervelt, “College Applicants Sweat the SATs. Perhaps They Shouldn't”, February 18, 2014, http://www.npr.org/2014/02/18/277059528/college-applicants-sweat-the-sats-perhaps-they-shouldn-t.

② John Aubrey Douglass, “SAT Wars at the University of California”, in Joseph A. Soares, ed., *SAT Wars: The Case for Test-Optional College Admissions*, New York, NY: Teachers College Press, 2012, p. 58.；常桐善：《试述大学对入学考试发展与改革的影响——哈佛大学奖学金项目及加州大学综合评审制度之启示》，《中国考试》2008 年第 11 期。

③ ［美］约瑟夫·索尔斯：《为了强预测力无偏见性的考试》，郑若玲译，《中国考试》2014 年第 6 期。

学约于1965年开始积极招收在历史上被忽视的或者说“未被充分代表的少数族裔”（underrepresented minorities）（以下统称为“少数族裔”），包括黑人/非裔（Black/African Americans）、拉美裔/西班牙裔（Hispanics/Chicanos/Latinos）和印第安人/太平洋土著（American Indians/Pacific Islander）。其中，非裔经过民权运动后社会地位大为上升，成为少数族裔中最重要的群体。到20世纪70年代早期，“留意族裔身份”（race-conscious）政策不仅仅是被允许的，而且变成强制性的，因为联邦官员要求公立高校将少数族裔学生的注册情况纳入肯定性行动计划。① 私立高校基于“政治正确”的考虑，亦从“白人男性至上”转向了留意族裔身份，通过主动降低录取标准来吸纳更多的少数族裔。也就是说，少数族裔、特别是非裔学生不仅在公立大学获得倾斜，在私立高校也开始和校友子女、运动员一样，享受以较低的学业标准被录取的优惠政策——至少SAT的平均分更低。②

3. 塑造多样化年级理念的形成

美国的多元熔炉文化使得高等教育机构一直较注重招收差异化的生源。私立高校在这一时期依然要求培养全面发展的人，但在肯定性行动的影响下，一个新的理念——“塑造（craft）一个具备全面代表性的年级”——开始进入各校招生政策的架构中，更多来自不同背景的专才，包括少数族裔、犹太学生、女性、贫穷学生、“第一代大学生”、公立中学学生等，取代了一些擅长社交、多才多艺的富裕白人学生，成为学生群体的一部分，共同参与塑造学校的特征

---

① William G. Bowen and Derek Bok, *The Shape of the River*: *Long-Term Consequences of Considering Race in College and University Admissions*, Princeton, NJ: Princeton University Press, 1998, pp. 5, 8.

② ［美］杰罗姆·卡拉贝尔：《被选中的：哈佛、耶鲁和普林斯顿的入学标准秘史》，谢爱磊、周晟、柳琳等译，中国人民大学出版社2009年版，第506页。

和形象。[①] 相比之下，公立大学尽管自建校起便开放办学，没有任何刻意的歧视，但亦主动采取措施吸引和录取更多的少数族裔与贫困学生，以获得更为多样化的生源。为了实现塑造多样化年级的目标，私立高校率先反思 SAT 和学习机会对弱势群体、特别是少数族裔取得成就的制约，并拓宽对个人品质的评价范畴。个人品质的概念不再局限于领导力和上层修养，还包含克服机会不足的能力，从而成为揭示学生个人潜质和前途、吸纳弱势群体（以及特权阶层）的工具。常春藤盟校乐于见到个人潜质成为一个合理的考量维度，这使得向对未来社会可能做出最大贡献的各类青年人敞开大门成为可能。[②] 渐渐地，招生中寻求个人潜质的实践不仅在精英私立高校盛行，也成为高选拔性公立大学“招生宝典”的一部分。每所高校都会对申请者的学业表现以及个人品质、族裔身份、SES 等非学业素质进行综合评价，并给予各部分表现一个数值评级。当然，非学业素质在私立高校更受重视，许多情况下甚至决定了申请者能否被录取。

（五）21 世纪的新挑战

进入 21 世纪后，几乎所有类型和层次的美国高校都面临潜在生源在人口学上的快速变化带来的挑战，包括日益增加的移民、“第一代大学生”、成人学生和大量第一语言非英语的人群。而且，高中毕业生数量的增加、中学和大学财政的短缺，以及技术的变化使学生可以申请更多的高校等，导致选拔性高校的生源竞争日益激烈。[③] 同时，在精英高校：一方面，多数申请者的学业水平上升，使得录取

---

① ［美］杰罗姆·卡拉贝尔：《被选中的：哈佛、耶鲁和普林斯顿的入学标准秘史》，谢爱磊、周晟、柳琳等译，中国人民大学出版社 2009 年版，第 507 页。

② Joseph A. Soares, *The Power of Privilege: Yale and America's Elite Colleges*, Stanford, CA: Stanford University Press, 2007, p. 119.

③ College Board, *Admissions Decision-Making Models: How U. S. Institutions of Higher Education Select Undergraduate Students*, College Board's Admissions Models Project Report, 2003, p. 54.

决策中使用的学业标准更高；另一方面，学业上没有做好升学准备的少数族裔学生越来越多，对其的倾斜受到更为严格的审查。[①] 因此，许多院校被迫再次改造具体的录取方式，整体性录取模式的组成部分——整体性审阅路径应时而生。当然，整体性录取模式中的另一组成部分——综合评价仍被广泛运用，全美高校招生协会（NACAC）发布的《2019 年大学招生状态报告》就指出大多数选拔性高校会全面评估每位申请者，并考虑新生的整体构成，以确保获得一个拥有各种不同学术和课外兴趣的能够充实校园经历的多样化年级。[②] 但基于时代变化带来的新挑战，美国精英高校不再以打分等传统量化的方式开展综合评价，而是采取整体性审阅路径达成多重招生目的。

三　美国选拔性高校录取决策过程的隐秘性

美国选拔性高校的录取决策过程颇受学生及家长关注[③]，但并不透明，在精英高校尤甚，因此往往被视为“黑匣子”。例如，学者尼古拉斯·鲍曼（Nicholas A. Bowman）和迈克尔·巴斯特多（Michael N. Bastedo）指出“选拔性高校中招办的实践和招生人员通常位于‘黑匣子’中”[④]；南加州大学注册管理研究中心主任杰里·卢奇多（Jerry Lucido）指出“在个人化的选拔过程中，众多因素在录取决策中是如何被综合考虑的，对学生和家长而言看上去是一个神秘的

---

① College Board, *Best Practices in Admissions Decisions: A Report on the Third College Board Conference on Admission Models*, College Board's Admissions Models Project Report, 2002, p. 5.

② National Association for College Admission Counseling, *State of College Admission 2019*, NACAC 2019 SOCA, 2020.

③ Warren W. Willingham, *Success in College: The Role of Personal Qualities and Academic Ability*, New York, NY: College Entrance Examination Board, 1985, p. 190.

④ Nicholas A. Bowman and Michael N. Bastedo, "What Role May Admissions Office Diversity and Practices Play in Equitable Decisions?" *Research in Higher Education*, No. 59, June 2018, pp. 430 - 447.

‘黑匣子’”[1]；记者尼克·安德森（Nick Anderson）在了解乔治·华盛顿大学（George Washington University）的招生工作后表示“正如大多数选拔性高校，乔治·华盛顿大学将真实的录取决策过程——一个令人发狂的主观性领域——置于面纱之中”[2]；笔者访谈的一位招生官也提到“人们对于录取决策过程往往缺乏基本的信任，认为它非常神秘，有一些秘密的方式在运转”。

选拔性录取之所以被视为“黑匣子”，与高校发布信息的丰富度和真实性不足有关。一方面，尽管招办网站会发布关于申请和选拔的大量信息，但录取决策过程中的许多细节未被揭示。[3] 换言之，精英高校录取决策过程的多重实践是内隐式的，不会在正式的申请指导或者公开的描述中出现。缺乏透明度无疑使得非招办人员在尝试理解为什么有些学生被录取、有些被拒绝时，会感到困惑和挫折。[4]

---

① Jerome A. Lucido, “How admission decisions get made”, in Don Hossler, Bob Bontrager, and Associates, eds., *Handbook of Strategic Enrollment Management*, San Francisco, CA: Jossey-Bass Press, 2015, p. 162.

② Nick Anderson, “Inside The Admissions Process at George Washington University”, *Washington Post*, March 22, 2014, p. 2.

③ 例如，大学委员会的报告指出：“选拔性高校的录取决策过程看似非常简单：要么录取每一位符合资格的学生，要么拥有大量符合资格的申请者，高校从中选择‘最渴求的申请者’。然而，‘恶魔’似乎存在于细节中，从高校发布的笼统的信息里是看不到的。首先，符合录取资格意味着什么？‘资格性’保证录取吗？还是只用于后续竞争性选拔过程中筛选生源？在大多数情况下，选拔需要在一群合格的、具备录取资格的学生中进行，那么选拔的基准是什么？什么条件使得一位学生对这所高校比对另一所高校而言更好或更具吸引力或更渴求？谁最终负责录取决策的标准？谁来作出关于个体的录取决定？在选拔过程中什么信息被收集？这些信息又是如何被实际使用的？在竞争性的优先项中和潜在的选拔标准中存在什么折衷？最终，我们如何确保选拔标准和录取决策过程可以经受公众的检查和辩论？”引自 College Board, *Toward a Taxonomy of the Admissions Decision-Making Process: A Public Document Based on the First and Second College Board Conferences on Admissions Models*, College Board's Admissions Models Project Report, 1999, pp. 2 – 3.

④ College Board, *Toward a Taxonomy of the Admissions Decision-Making Process: A Public Document Based on the First and Second College Board Conferences onAdmissions Models*, College Board's Admissions Models Project Report, 1999, pp. 21 – 22.

另一方面，高校对外发布的官方政策，可能与实践行动并不相符。例如：有些高校表明倾向于拥有显著课外才能的学生，但实际上给予个人成就的权重比政策宣称的少得多，而且一所高校意欲给予特定指标的权重在实际录取决策中得到的强调程度在不同读者之间缺乏一致的意见①。宾州州立大学教育测量学教授孙开键指出美国大学的综合评价“其实是一些公共关系的宣传影像”，绝大部分申请者率先会被标准化考试分数淘汰。② 更有甚者，美国知名作家拉里·埃尔德（Larry Elder）表示“美国大学有腐败和不诚实的文化”③。因此，迈克尔·巴斯特多呼吁“需要仔细查看招办的实践与宣传所言是否一致”。④

选拔性录取的隐秘性，也与录取决策实践本身的多样化和复杂性有关。一方面，不同办学类型、规模、选拔程度的高校在录取决策实践上存在差异，没有形成关于“优秀”（merit）的内涵或谁应该上大学的共识。有些高校可能希望吸引全面发展的学生，有些则聚焦于具体的学业优势。“每所高校有自己的标准选拔申请者”⑤，没有一个适用于所有高校的最佳方式⑥。例如，NACAC 指出“不同学院和大学的入学要求比较多样化，使得概括本科招生中使用的通

---

① Warren W. Willingham, *Success in College: The Role of Personal Qualities and Academic Ability*, New York, NY: College Entrance Examination Board, 1985, p. 5.

② 陈为峰：《大规模高利害考试后效研究》，博士学位论文，厦门大学，2012 年。

③ Larry Elder, "Foreword", in Tim Groseclose, ed. *Cheating: An Insider's Report on the Use of Race in Admissions at UCLA*, Indianapolis, IN: Dog Ear Publishing, 2014.

④ Peter Schmidt, In Admission Decisions, the Deciders' Own Backgrounds Play a Big Role, *The Chronicle of Higher Education*, April 12, 2016.

⑤ CollegeXpress, "How do Admission Counselors Rank the Different Application Elements, Like GPA, Test Scores, Essay, and Recommendations?" http://www.collegexpress.com/articles-and-advice/admission/ask-expe…n-counselors-rank-different-application-elements-gpa-test-scores-/Page.

⑥ College Board, *Selection Through Individualized Review: A Report on Phase IV of the Admissions Models Project*, College Board's Admissions Models Project Report, 2004, p. 1.

用标准或过程变得很难”[①]，并表示在考试分数的使用上，以一刀切的路径使用考试分数与美国拥有众多存在差异的高校的事实不契合。[②]

另一方面，选拔性高校录取学生的依据很复杂，不仅考虑申请者的学业表现和个人成就，还考虑超过申请者控制范畴的个人特征，而且用以衡量学业和非学业表现的具体因素是不同的。除了一些被普遍使用的考量因素，有些高校会自主探索一些校本化的测量手段，比如戈切尔学院（Goucher College）从2014年开始鼓励申请者提交2分钟的展示视频，并以视频表现作为主要录取依据。[③] 同时，不同高校对各因素的重视程度存在差异（见表1－1），并随时间发展而变化（见表1－2）。另外，不同类型的高校在招生时对主要因素和背景性因素有不同的考量。在主要因素（包括表1－1中预备课程成绩至工作经历的所有因素）中：私立高校对申请者的考察通常比公立高校更全面，且更看重除高中学业记录和考试分数之外的综合表现；规模较小的高校比大型高校更重视面试表现、推荐信、就读兴趣、作品集和州高中毕业考试分数。在背景性因素中，私立高校更看重校友联结、支付能力以及就读高中；公立高校给予州内/郡内居民更多的权重；高竞争性院校对几乎所有的该类因素都很关注。[④]

---

① National Association for College Admission Counseling, *Report of the Commission on the Use of Standardized Tests in Undergraduate Admission*, NACAC ED502721, September, 2008, p. 16.

② National Association for College Admission Counseling, *Report of the Commission on the Use of Standardized Tests in Undergraduate Admission*, NACAC ED502721, September, 2008, p. 7.

③ 万圆、郭秀艳：《考量慕课表现：美国的探索及启示》，《中国教师》2016年第3期。

④ National Association for College Admission Counseling, State of College Admission 2014, *NACAC* 2014 *SOCA*, May, 2015, pp. 27－35.

表 1 – 1　　　　　　　　高校对考量因素的重要性评比

考量因素	样本量（份）	相当重要（%）	中等重要（%）	一般重要（%）	不重要（%）
大学预备课程成绩	231	79.2	13.0	6.9	0.9
所有课程成绩	229	60.3	31.0	8.7	—
课程优势	231	60.2	26.8	10.1	3.0
入学考试分数（SAT，ACT）	228	55.7	32.5	7.9	3.9
论文或写作样品	231	22.1	39.0	21.6	17.3
咨询师推荐信	231	17.3	42.4	27.3	13.0
注册兴趣	231	16.9	33.3	26.8	22.9
教师推荐信	230	15.2	43.5	27.8	13.5
年级排名	228	14.0	37.7	32.0	16.2
科目测验分数（AP，IB）	227	7.0	35.2	32.6	25.1
档案袋	229	6.6	10.0	30.6	52.8
课外活动	231	5.6	43.3	34.6	16.5
SAT 科目测验分数	226	5.3	8.4	23.0	63.3
面试表现	229	3.5	23.1	28.4	45.0
州高中毕业考试分数	228	3.5	11.0	25.4	60.1
工作经历	230	0.9	21.3	44.8	33.0
就读高中	297	2.0	20.2	34.3	43.4
族裔身份	298	3.4	11.1	18.5	67.1
本州或国内居民	297	2.0	7.4	22.9	67.7
“第一代大学生”身份	296	2.4	13.9	31.8	52.0
支付能力	296	0.7	4.7	12.5	52.1
性别	296	2.0	2.4	12.8	82.8
校友联结	296	1.0	8.1	41.6	49.3

注：引自 National Association for College Admission Counseling，*State of College Admission* 2015，NACAC 2015 SOCA，2016，p. 17，p. 21. 数据源自 NACAC2014 年和 2015 年的年度录取趋势调查（NACAC's annual Admission Trends Survey），2014 年参与该调查的高校为 335 所，2015 年为 687 所。

表1－2　高校视为“相当重要”的考量因素的趋势变化：2006—2014年　单位：分

考量因素	2006年	2007年	2008年	2009年	2010年	2011年	2012年	2013年	2014年
大学预备课程成绩	76	80	75	87	83	84	82	82	79
课程优势	62	64	62	71	66	68	65	64	60
考试分数	60	59	54	58	59	59	56	58	56
所有课程分数	51	52	52	46	46	52	50	52	60
论文或写作样品	28	26	27	26	27	25	20	22	22
年级排名	23	23	19	16	22	19	13	15	14
咨询师推荐信	21	21	20	17	19	19	16	16	17
注册兴趣	21	22	21	21	23	21	18	20	17
教师推荐信	20	21	21	17	19	17	15	14	15
面试表现	10	11	11	7	9	6	7	8	4
课外活动	8	7	7	9	7	5	7	10	6
工作经历	3	2	2	2	2	2	1	3	1
科目测验分数（AP，IB）	8	7	8	7	10	7	5	8	7
州高中毕业考试分数	6	4	4	3	4	4	2	3	4
SAT科目测验分数	5	6	7	5	5	5	4	6	5
档案袋	/	/	7	8	6	7	5	6	7

注：引自 National Association for College Admission Counseling，*State of College Admission* 2015，NACAC 2015 SOCA，2016，p. 20.

第四节　文献述评与概念框架

关于美国选拔性高校录取决策的研究，已有成果相当丰硕，涌现了大量的著作、学术论文和研究报告。由于本研究的目的不仅仅是对社会现象进行理论探讨，还包括揭示录取决策实践的“真相”，因此梳理文献的范围涵盖理论研究和实践研究。本节首先综述关于选拔性录取的理论学派，展示在入学机会和录取决策理念上的不同视角，其次综述关于选拔性录取的实践研究，介绍与录取决策操作相关的核心结论。本节也将介绍概念框架，以展现本文的理论基础和研究思路。

一 关于选拔性录取的理论学派

入学机会是研究大学招生政策的重要议题及理论研究的聚焦点。探讨选拔性高校的录取决策问题，其本质即是探讨入学机会授予谁的问题。虽然相关研究甚多，但概括而言，学界关于入学机会的观点可归属于贤能主义学派、阶层优势学派、利益腐败学派、政治斗争学派和复合学派五个学派，述评如下。

（一）贤能主义学派：入学机会是对个人能力的奖励

美国著名教育社会学家麦克·杨（Michael Young）是“贤能主义”一词的创造者，其经典著作《贤能主义的兴起》（The Rise of Meritocracy）提出在一个理想的社会，社会地位的提升不再依赖于个人的出身，而应当取决于天分和成就。[①] 依据这一思想，贤能主义学派认为选拔性高校的入学机会是对个人能力和成就的奖励，即不管申请者的个人身份和背景如何，只要足够优秀，就能够或者应该被录取，个人能力而非出身决定入学机会。换言之，选拔性高校需要秉持择优录取的原则，公平选拔最优秀、最能在大学取得成功的生源。该学派不主张使用任何形式的倾斜，无视经济需求、无视族裔身份等中立的招生政策是贤能主义的核心体现。持这一观点的学者包括托马斯·埃斯彭沙德（Thomas J. Espenshade）、塔拉·沃特福德（Tara Watford）、尼古拉斯·莱曼（Nicholas Lemann）、史提芬·布林特（Steven Brint）、拉尼·吉尼尔（Lani Guinier）等等。尽管都具有贤能主义情结，但该学派学者对于选拔工具出现两种观点：第一种是支持在录取决策中使用标准化考试分数及其他测量“优秀”的因素，主张基于考试进行选拔的贤能主义（test-score-selected meritocracy），也被称为“考试贤能主义”（testocracy）；第二种是反对考

---

① Michael Young, *The Rise of Meritocracy*, Abingdon, UK: Routledge, 1994.

试主义，希望查看更能揭示未来成功潜能的个人素质，主张以个人表现作为测量优秀的基本标准。代表性学者的具体观点如下：

1. 普林斯顿大学社会学教授托马斯·埃斯彭沙德认为美国最具选拔性、亦最富有的高校应该追求 SES 的中立性，即致力于保持其录取、注册和毕业学生的 SES 与申请者库 SES 的分布状况一致，不倾斜富裕学生。如果相较于申请者库，在录取至毕业的各阶段，高 SES 的学生比例没有增加，精英高校便做到了公平，也为社会弱势群体中学业优秀的学生打开了大门，保护了社会流动的通道。而且，精英高校处于为传统边缘群体创造机会的最佳位置，比如增加了少数族裔的入学机会，因为这些高校在选择哪些学生进行招募、录取、注册和毕业上有广泛的维度。①

2. 加州大学洛杉矶分校研究人员塔拉·沃特福德认为在没有肯定性行动的情况下，选拔性高校倾向于在录取决策中完全依赖 GPA 和考试分数。这些指标被视为是对优秀最准确和最“客观”的测量。GPA 和考试分数高的学生被认为更聪明，在学习上更努力、花费时间更多，毕业的可能性也更大。美国的教育体系是贤能主义的，这些学生值得拥有从精英高校提供的教育中获益的机会，也能最有效利用这种益处为社会做出贡献。②

3. 普利策新闻奖获得者尼古拉斯·莱曼认为二战后考试分数的广泛使用使得精英高校的录取标准从人品转向智力，学业标准决定着录取资格。不过他并非支持 SAT，相反，指出 SAT 最多不过是被美化的 IQ 考试，测量了智能而非“智慧、原创性、幽默感、抗挫折能力、同情心、共识、独立性或决心”等品质。他主张美国高中开设统一的课程，并基于课程知识测试学生，考试结果可作为高校选

---

① Thomas J. Espenshade and Alexandria Walton Radford, *No Longer Separate, Not Yet Equal: Race and Class in Elite College Admission and Campus Life*, Princeton, NJ: Princeton University Press, 2009.

② Tara Watford and Eddie Comeaux, *"Merit" Matters: Race, Myth & UCLA Admissions*, Bunche Research Report, September, 2006.

拔生源的依据。[①]

4. 加州大学河滨分校社会学教授史提芬·布林特支持考试，认为“SAT 是富裕的象征”这一陈述过于夸大其词。在个体层面，SAT 分数与 SES 的相关性并不高，原因之一在于一些成员并不富裕的群体在考试中的实际表现比理论假设更好。考试分数之所以在录取决策中是重要指标，在于精英高校的教师大部分是非常聪明和刻苦的人，是考试分数筛选机器的适者生存者。考试测量的是认真研究问题的能力、吸收复杂信息的能力、快速分析信息的能力和得出可信答案的能力，这是高效率教师每日工作的方式。教师往往并不介意轻微程度的考试辅导，学生在应试中的确学习了一些技能，比如快速识别明显的错误答案。教师也不介意 SAT 分数预测效度不强，其目标在于寻找到一些与自己类似的人，但不期待在任何一级学生中有过多这样的人。不过，他也指出贤能主义不意味着高校只基于高分录取学生，还应查看个人成就和素质。精英高校的学生不仅仅 SAT 分数优秀，还需要有丰富课外活动、特别是在大项目上的有效参与，需要通过在社区的志愿活动显示出对周围人群的关心，需要通过与校友的面试显示出在活跃氛围中具备一定的人际交往技能。精英高校的学生因为标准化入学考试分数所揭示的复杂综合能力而被选中，也因为高中成绩揭示的自觉学习和杰出的文化、服务成就而被选中。[②]

5. 哈佛大学法学院教授拉尼·吉尼尔是反对考试主义的代表者。她认为“考试贤能主义”存在一个特别令人恼怒的缺点，即家庭经济资源与考试分数的关联。因此，“考试才能”（test merit）应该被“民主才能”（democratic merit）代替。尽管“民主才能”的定

---

① Nicholas Lemann, *The Big Test*: *The Secret History of the American Meritocracy*, New York, NY: Farrar, Straus and Giroux, 1999.

② Steven G. Brint, *Merit Square-Off*: *The Fight Over College Admissions*, September 13, 2015, https://lareviewofbooks.org/article/merit-square-off-the-fight-over-college-admissions/.

义在其著作中并不明确，但至少包括以下素质：领导力、合作、韧性（resiliency）和学习驱动力。这些特征，而非 SAT 分数，可以揭示学生未来在美国民主社会中成功的潜能。而且，具备这些素质的学生将给世界带来不同，不管课程成绩是 A 还是 B。[①]

（二）阶层优势学派：入学机会受到家庭资本的限制

虽然贤能主义的初衷是为了促进社会阶层的充分流动，但麦克·杨发现在这种体系下，世袭和精英又渐渐开始融合。因为家庭资本雄厚的学生在“公平”的竞争中享有巨大优势，家庭条件不佳者在比赛开始前便被排除在外。[②] 法国社会学家皮埃尔·布迪厄（Pierre Bourdieu）将高等教育视为不同阶级之间斗争的战略场域，斗争结果是社会阶层复制而非重组。因为拥有文化、经济和社会资本的阶层的子女从出生的第一天起，其资本积累便是不平等的，而他们在学校场域里获得的成就和能力与出生时的身份是相对应的。[③] 阶层优势学派即以上述理论作为立论基础，提出选拔性高校即使对所有申请者使用同等的成就标准，拥有丰富资本的高 SES 家庭子女在竞争中仍然具备阶层内生性优势，缺乏资本的低 SES 家庭子女则处于弱势地位（有些学者甚至认为是最弱势的地位[④]），致使在学生群体中的代表性严重不足，贤能主义只是一种迷思。换言之，选拔性高校录取决策中使用的许多考量因素看上去是中立的，事实上却

---

① Lani Guinier, *The Tyranny of the Meritocracy*: *Democratizing Higher Education in America* , Boston, MA: Beacon Press, 2015.

② Michael Young, *The Rise of Meritocracy*, Abingdon, UK: Routledge, 1994.

③ Pierre Bourdieu, *The state nobility*: *Elite Schools in the Field of Power*, Stanford, CA: Stanford University Press, 1998. ; Pierre Bourdieu and Jean-Claude Passeron, *Reproduction in Economy*, *Society*, *and Culture*, Beverly Hills, LA: Sage, 1990.

④ 史提芬·布林特认为在精英高校的录取体系中最处于劣势地位的群体不是少数族裔，而是来自低收入家庭的学生。大部分精英机构的本科生来自家庭收入分布后 50% 的比例少于 15%，部分原因在于低收入学生不认为自己有录取竞争力，部分原因在于他们缺乏相应的证书，包括考试分数。引自 Steven G. Brint, *Merit Square-Off*: *The Fight Over College Admissions*, September 13, 2015, https://lareviewofbooks.org/article/merit-square-off-the-fight-over-college-admissions/.

偏向具备资本优势的家庭。因此，该学派的学者往往支持在录取决策中开展基于阶层的肯定性行动，因为成就本身受到 SES 的影响，绝对的竞争是不公平的。

约瑟夫·索尔斯教授是该视角的代表人物之一。他以耶鲁大学为例，论证了私立精英大学招办如何使用具备社会偏见的才能测量指标，从具备资本优势的特权阶层子女中选拔未来的领导者，并以实证数据揭示进入公、私立顶尖高校的生源主要出自高收入的专业阶层家庭，高 SES 人群的特权阻塞了低 SES 人群向上流动的通道。除了个性特征或者个人潜质被耶鲁大学用来作为践行社会歧视以及选拔未来领导阶层的手段，SAT 亦将社会淘汰粉饰为学业淘汰，固化了社会不平等。SAT 不仅存在不利非裔的文化偏见，也与家庭收入和父母受教育程度高度相关，而且在高中成绩对大学学业成就的预测水平基础上增值甚微。换言之，SAT 在选拔优秀生源方面价值有限，导致应试辅导带来的巨大社会成本损耗，更强化了 SES 和种族歧视。要改变这种局面，选拔性高校需要抛弃 SAT 作为测量才能的工具，开展可免试入学改革，并给予贫穷学生一定的倾斜，以招收族裔身份和 SES 更加多样化、学业能力更强的生源。①

其他相关学者的观点如下：詹姆斯·赫恩（James C. Hearn）、大卫·凯伦（David Karen）、鲍尔·金斯顿（Paul W. Kingston）等论

---

① Joseph A. Soares, *The Power of Privilege: Yale and America's Elite Colleges*, Stanford, CA: Stanford University Press, 2007.; Joseph A. Soares, "Private Paradigm Constrains Public Response to Twenty-First Century Challenges", *Wake Forest Law Review*, Vol. 48, No. 2, 2013, pp. 427 – 443.; Joseph A. Soares, *The Decline of Privilege: The Modernization of Oxford University*, Stanford, CA: Stanford University Press, 1999.; Joseph A. Soares, "Conclusion", in Joseph A. Soares, ed., *SAT Wars: The Case for Test-Optional College Admissions*, New York, NY: Teachers College Press, 2012, pp. 201 – 211; Joseph A. Soares, "The Future of College Admissions: Discussion", *Educational Psychologist*, Vol. 47, No. 1, 2012, pp. 66 – 70.

证了 SES 和选拔性高校录取率之间的紧密关联;[①] 安妮特·拉鲁（Annette Lareau）、帕特丽夏·麦克唐纳（Patricia M. McDonough）等均指出父母接受过高教育水平的富裕家庭，从子女的孩童时期起便有更多的人力、社会、文化资本助力其教育，使其在选拔性高校的录取竞争中获得优势;[②] 罗伯特·弗兰克（Robert H. Frank）及其合作者指出高 SES 家庭子女赢得一切竞争优势，比如更容易居住在富裕社区，就读办学水平更高的中学;[③] 迈克尔·巴斯特多和奥赞·杰奎特（Ozan Jaquette）发现虽然贫穷学生自 20 世纪 70 年代起便提升了学业成就，但富裕学生的成就更高（课程成绩和考试分数更好），确保了竞争优势。因此，即使贫穷学生的学业成就与高校完美匹配，精英高校生源的 SES 分布在很大程度上仍然没有改变[④]。前普林斯顿大学校长威廉·鲍恩（William Bowen）等则表明精英高校通过给予来自所有背景的申请者日益相同的考量，实现了作为“机会引擎”的承诺，但大量的毕业生来自上层社会使得这些高校仍然是“特权的堡垒”。因为在精英高校的申请者中，来自贫穷家庭、大学预备度高的学生只有很小一部分，这是“已控事实”。[⑤]

---

① James C. Hearn, “Academic and Nonacademic Influences on the College Destinations of 1980 High-School Graduates”, *Sociology of Education*, Vol. 64, No. 3, 1991, pp. 158 – 171. ; David Karen, “Changes in Access to Higher Education in the United States: 1980 – 1992”, *Sociology of Education*, Vol. 75, No. 3, 2002, pp. 195 – 210. ; Paul W. Kingston and Lionel S. Lewis, *The High-Status Track: Studies of Elite Schools and Stratification*, Albany, NY: State University of New York Press, 1990.

② Annette Lareau, *Unequal Childhoods: Class, Race and Family Life*, Berkeley, CA: University of California Press, 2011. ; Patricia M. McDonough, *Choosing Colleges: How Social Class and Schools Structure Opportunity*, Albany, NY: State University of New York Press, 1997.

③ Robert H. Frank and Philip J. Cook, *The Winner-Take-All Society*, New York, NY: Free Press, 1995.

④ Michael N. Bastedo and Ozan Jaquette, “Running in Place: Low-Income Students and the Dynamics of Higher Education Stratification”, *Educational Evaluation and Policy Analysis*, Vol. 33, No. 3, 2011, pp. 318 – 339.

⑤ William G. Bowen, Martin A. Kurzweil, and Eugene M. Tobin, *Equity and Excellence in American Higher Education*, Charlottesville, VA: University of Virginia Press, 2005, pp. 95 – 136.

（三）利益腐败学派：入学机会是对利益群体的回报

在利益腐败学派看来，选拔性高校并没有践行纯粹的贤能主义，而是注重招收知名校友、富裕人士、社会名流的下一代等相关利益群体，以保护机构的利益，包括获得捐赠、提高声望、保持校园体育实力等等。换言之，招办承受着来自诸如董事会、财政资助办公室、校友办公室、发展办公室的压力，需要录取有助高校发展的各类利益相关者。为了回报利益群体的贡献，招办以主观的个人品质来定义优秀，并降低学业标准、实施倾斜政策，从而导致了录取决策过程的腐败。利益群体中的大部分人一直享受优待的原因只关乎父母和出身，背离了贤能主义理念的基本信条。该学派的代表人物是普利策新闻奖获得者丹尼尔·戈登。他通过大量真实案例，证明依靠私人提供资金赞助的美国顶级大学的录取政策偏向有权势的群体，其“特权优先”原则体现为大额捐赠者优先、校友子女优先、发展人士优先（不是校友但学生父母或亲戚有助于学校募集资金或提高学校知名度者）、运动员优先、教师和管理者子女优先。在美国的教育领域，对富家子弟和关系子弟的优待很多，但上述优待是最典型的，不亚于肯定性行动中对非裔群体的优待。同时，精英高校存在对亚裔生的歧视。为了促进公平，丹尼尔·戈登提出以下建议：终止校友子女倾斜、在资金筹措与招生之间建立防火墙、建立招办职员利益回避政策、废除运动员倾斜和运动员奖学金、消除对教师子女的录取倾斜和学费资助计划、为亚裔生和需要资助的国际学生提供平等的入学机会。①

许多实证研究论证了利益腐败学派的观点。威廉·鲍恩等 1995

---

① Daniel Golden, *The Price of Admission: How America's Ruling Class Buys Its Way into Elite Colleges and Who Gets Left Outside the Gates*, New York, NY: Grown Publishers, 2006.; Daniel Golden, "The preferences of privilege", in Joseph A. Soares, ed., *SAT Wars: The Case for Test-Optional College Admissions*, New York, NY: Teachers College Press, 2012, pp. 13－22.；［美］丹尼尔·金：《美国顶级大学招生标准及其对中国教育的启示》，姜天海、张潇方译，《中国教师》2011 年第 23 期。

年基于对19所精英大学不同类型申请者的录取率数据，发现如果SAT分数相同，最有可能被录取的人是教练名单上列出的运动员，其次是少数族裔、校友子女，最后是这些群体之外的申请者。平均来说，假设一切条件相同，运动员的录取率比其他候选者高出30%，但一旦进入大学，他们的表现往往低于平均水平。[①] 托马斯·埃斯彭沙德等使用20世纪80年代到90年代三所精英私立高校12万多位申请者的数据，发现精英大学对SAT分数超过1500的非裔生和运动员给予额外的权重，一个更小但却很重要的倾斜拓展到了西班牙裔生和校友子女。非裔生得到的倾斜相当于SAT获得230分的加分（基于1600分的标准），西班牙裔生相当于获得185分的加分。其他条件等同的情况下，运动员得到的加分为200分，校友子女的加分为160分，亚裔申请者则降低了50分。在少数族裔获得的录取优待中，非裔和西班牙裔SAT分数在1200—1300区间的申请者得到的照顾最多，但SAT分值低于此区间的申请者并未获得优待。另外，运动员的优势持续增长，但少数族裔、特别是西班牙裔获得的倾斜一直在降低。[②] 理查德·卡伦贝格（Richard D. Kahlenberg）发现在常春藤盟校，校友子女和运动员的录取率为45%，远远超出其他申请者（15%）[③]。道格拉斯·梅西（Douglas S. Massey）和玛格丽特·穆尼（Margarita Mooney）[④] 等也对利益群体的倾斜政策进行了论述。

---

① James L. Shulman and William G. Bowen, *The Game of Life: College Sports and Educational Values*, Princeton, NJ: Princeton University Press, 2001.; William G. Bowen and Sarah A. Levin, *Reclaiming the Game: College Sports and Educational Values*, Princeton, NJ: Princeton University Press, 2003.

② Thomas J. Espenshade, Chang Y. Chung, and Joan L. Walling, "Admission Preferences for Minority Students, Athletes, and Legacies at Elite Universities", *Social Science Quarterly*, Vol. 85, No. 5, 2004, pp. 1422 – 1446.

③ Richard D. Kahlenberg, *Affirmative Action for the Rich: Legacy Preferences in College Admissions*, New York, NY: The Century Foundation, 2010.

④ Douglas S. Massey and Margarita Mooney, "The Effects of America's Three Affirmative Action Programs on Academic Performance", *Social Problems*, Vol. 54, No. 1, 2007, pp. 99 – 117.

（四）政治斗争学派：入学机会是政治压力的产物

政治斗争学派由布林茅尔学院（Bryn Mawr College）的社会学教授大卫·凯伦（David Karen）提出，核心观点是视入学机会为政治斗争的反映和政治压力的产物，社会群体的政治动员程度是解释不同族裔、性别和阶层的高等教育入学趋势的重要因素。基于对哈佛学院的研究，大卫·凯伦指出尽管学业成就是该校录取决策的主要决定因素，但对少数族裔（亚裔除外）、校友子女、运动员、工薪阶层男性的倾斜也起作用，因为社会政治斗争导致了录取过程中的分类竞争。受益于分类优势，部分群体在录取过程中成功地获得了官方身份。非裔生境遇的转变是最典型的案例：因为拥有民权运动和政治拥护者，非裔由以往的不受欢迎群体变为必须纳入的类别，从而在录取拼盘中获得了份额。贫穷白人和学业成就优秀的亚裔没有发起政治运动和诉求，也就没有获得招办为其提供的“配额”或“特殊位置”。[①]

杰罗姆·卡拉贝尔（Jerome Karabel）是该学派的推进者。他在借鉴大卫·凯伦思想的基础上，将录取过程概念化为一个体现出极强政治色彩的过程。在这个过程中，权力会影响到招办使用的候选者分类标准和具体的录取结果。族裔倾斜政策源于少数族裔政治权力的获得，贫穷学生没有被照顾的原因在于其政治弱势地位和不受重视。精英高校对弱势群体的倾斜在于营造不平等社会系统的合法性，营造坚持贤能主义、将入学机会向所有阶层开放的形象是为了掩饰事实上的不平等。通过对 HYP 自 20 世纪初以来采行的“优秀”

---

① David Karen, Who Gets into Harvard? Selection and Exclusion at an Elite College, Ph. D. dissertation, Harvard University, 1985.; David Karen, "The Politics of Class, Race, and Gender: Access to Higher Education in the United States, 1960 – 1986", *American Journal of Education*, Vol. 99, No. 2, 1991, pp. 208 – 233.; David Karen, "Toward a Political-Organizational Model of Gatekeeping: The Case of Elite Colleges", *Sociology ofEducation*, Vol. 63, No. 4, 1990, pp. 227 – 240.; David Karen, " 'Achievement' and 'Ascription' in Admission to an Elite College: A Political-Organizational Analysis", *Sociological Forum*, Vol. 6, No. 2, 1991, pp. 349 – 380.

定义的研究，杰罗姆·卡拉贝尔指出“优秀”一词大体反映占主导地位的社会群体的价值观，但并不总是如此，其定义权经常被争论和改写。在政治和社会动荡时期，边缘群体完全有可能对大学入学政策施加有力的影响，迫使其改弦易辙，反映自身的世界观和利益。并且，由于机会平等意识形态于美国社会秩序合法性具有头等意义，大学更是处在历次运动的中心。这些运动要求更为包容的社会政策，要求将美国人关于平等的最高理想付诸实践。例如，20 世纪 60 年代的民权运动将“优秀”与“多样化”相联系，肯定性行动开始实施。实行肯定性行动十年内，HYP 反犹太主义的终结和非裔生数量发生显著转变，与种族政治密切相关。HYP 录取政策变化的历史，是统治阶层的主宰与边缘群体的斗争相互交织的历史。因此，录取决定虽然由教育者作出，但并不能掩盖其政治性。精英大学录取名额的分配是稀缺资源分配的过程，必须调和不同利益群体以及外部团体的需要。在这一过程中，权力包括定义录取准则、应当倾斜哪些群体（如历史上受到歧视的少数族裔而非弱势白人群体）。①

除了以私立大学为例说明选拔性录取的政治性，还有一些学者揭示了公立大学和文理学院的录取决策与政治的关联。例如，约翰·道格拉斯通过透视加州大学招生历史的变迁，描述了公立大学在录取决策中面临的政治压力。他指出理解公立大学的社会契约，在于理解不断塑造其形成的政治和经济环境，这是与私立高校相当不同的特性。公立大学的招生政策受到多方面和多权威的影响：学校的教师和管理人员、监管理事会、州法律制定者和立法程序、联邦法案和总统行政令、法院、特殊利益团体和公众意见。多势力的交互作用很复杂，且随时代而改变，也不总以线性方式呈现，经常受到经济困扰、社会动乱、竞争需求、政治部门和区域文化特性的影响。因此，在组织和使命上，每所公立大学都在某种程度上反映

① ［美］杰罗姆·卡拉贝尔：《被选中的：哈佛、耶鲁和普林斯顿的入学标准秘史》，谢爱磊、周晟、柳琳等译，中国人民大学出版社 2009 年版，第 725 页。

了所在州的政治和文化环境。学生获得有质量教育的广阔的、平等的入学机会，以及政府使公立大学促成的角色，是美国政治文化不可分割的一部分。没有公立大学，美国的经济发展会有显著不同，社会流动渠道将局限得多。另外，SAT 在加州大学的政策变迁，比如在 1968 年被使用、在 2009 年被保留，都与研究者的建议无关。研究结果很少驱动招生政策的变迁，监管委员会的政治性和管理者的视野在录取决策中扮演的角色比教师或学术统计更为重要。① 伊丽莎白·达菲（Elizabeth Duffy）基于对两个州 16 所文理学院的研究，揭示其招生历史变迁是社会环境、外部力量与内部学院的使命和特定需求交互作用的高度复杂的过程，录取决策是对人口学、经济、政治和社会力量的回应。②

（五）复合学派

除了上述学派，还有一些学者以融合多种学派观点的态度看待选拔性录取。例如，卡罗琳·霍克斯比（Caroline Hoxby）和克里斯多夫·爱维（Christopher Avery）指出选拔性高校追求学生群体 SES 多样化的原因，包括对优秀的深度尊敬（不管个人经济状况如何）、对获得巨额资助的学生毕业有钱后会更倾向于捐赠的认知、生源多样化会使得教学和研究更有效的信念以及来自政客的压力③，体现了贤能主义学派、利益腐败学派和政治压力学派的交汇。丽莎·斯坦普尼特兹基（Lisa Stampnitzky）对个人素质在美国精英高校录取决策中

---

① John Aubrey Douglass, "SAT Wars at the University of California", in Joseph A. Soares, ed., *SAT Wars: The Case for Test-Optional College Admissions*, New York, NY: Teachers College Press, 2012, pp. 50 – 68.; John Aubrey Douglass, *The Conditions for Admission: Access, Equity and the Social Contract of Public Universities*, Stanford, CA: Stanford University Press, 2007.

② Elizabeth A. Duffy and Idana Goldberg, *Crafting a Class: College Admissions and Financial Aid* 1955 – 1994, Princeton, NJ: Princeton University Press, 1998.

③ Caroline M. Hoxby and Christopher Avery, *The Missing "One-Offs": The Hidden Supply of High Achieving, Low-Income Students*, 2013, https://www.brookings.edu/bpea-articles/the-missing-one-offs-the-hidden-supply-of-high-achieving-low-income-students/.

获得重要地位的原因分析，也融合了阶层优势学派和政治斗争学派的观点。她基于对哈佛学院1945—1965年招生政策文件的研究，发现个人素质之所以成为被广泛接受的选拔和排斥某些学生的合法基础，不仅仅是源于文化品性和占主导地位的精英阶层之间的紧密关联，也源于高校内部和外部的文化与制度性斗争，还源于权力和不平等之间的社会关联，包括性别和族裔身份。一方面，阶层对于高校录取标准的影响显著，因为品格和素质的定义（非直接地）源于精英阶层对什么素质应该被重视的理解，而且作为组织的大学有强烈的动机以吸引和生产社会经济精英和政治精英的方式来塑造自身形象。另一方面，文化资本并不简单地直接反映上流社会最重视或者最具备的品质，因为高校拥有一定程度的自主权，使得自身的利益和社会使命可以超越"文化专断"的影响，发挥控制作用。换言之，精英高校能够相对独立地塑造录取标准的内容，在选拔和评价过程中将重视的价值变成资本，比如开始接纳女性和少数族裔。①

丽莎·斯坦普尼特兹基还重点分析了高校内部不同"活动者"的斗争，说明了单一的学业贤能主义在解释录取决策逻辑上的不足。她指出，一些学者认为教师对于高中成绩和考试分数的拥护原因，在于他们自己及后代（专业中产阶层）往往在这些客观指标上表现更好。这可能是一个重要的因素，但是该解释模型忽略了教师的观念明显受到他们在高校内部的位置的驱使。高校并不是单一的组织，而是由许多不同的活动者组成。这些活动者对于高校的身份和办学目的有不同的理念，体现在对何为恰当的录取政策各持己见。因此，当20世纪精英高校从精英阶层中获得一定程度的文化和财政自主权后，录取政策和筛选依赖的个人品质部分便成为大学内部不同阵营之间斗争的结果。例如，教师拥护依赖高中成绩和考试分数的更为

① Lisa Stampnitzky, "How Does 'Culture' Become 'Capital'? Cultural and Institutional Struggles Over 'Character and Personality' at Harvard", *Sociological Perspectives*, Vol. 49, No. 4, 2006, pp. 461 – 481.

学术化的、更为客观的录取政策，大学领导管理层和招办则拥护一个依赖多项因素的选拔模型，不同立场的斗争导致对个性特征的倚重和对优秀的重新定义。

大学委员会发布的录取决策模型系列（Admissions Models Series）研究成果可能是复合学派的最典型代表。大学委员会于1998年、1999年、2001年、2004年四度召集多名来自不同类型选拔性高校的招办主任和负责人，其中不少来自精英高校，以会议形式分享在生源选拔上的超过一个世纪的丰富实站经验。同时，大学委员会通过访谈、拜访高校、检视内部材料和公开材料的方式，调查了超过100所高校的录取决策过程。基于会议分享和访谈所得，大学委员会发布了四份研究报告①，其中第一份报告总结了美国高校使用的不同录取决策模型。表1－3呈现了不同模型中相应的哲学视角和每一类视角下申请者应该如何被评价或比较的特征。

表1－3　　　　美国高校使用的录取决策模型分类

范畴	维度	哲学视角	内涵	主要评价标准
资格性模型	资格性	权利	高等教育是一项不可剥夺的权利，应该提供给每一个获得高中毕业证书的人	N/A
		开放入学	大学是高中后的自然延续阶段，应该提供给所有学业合格的人	

① 四份报告分别为：College Board, *Toward a Taxonomy of the Admissions Decision-Making Process: A Public Document Based on the First and Second College Board Conferences on Admissions Models*, College Board's Admissions Models Project Report, 1999.; College Board, *Best Practices in Admissions Decisions: A Report on the Third College Board Conference on Admission Models*, College Board's Admissions Models Project Report, 2002.; College Board, *Admissions Decision-Making Models: How U. S. Institutions of Higher Education Select Undergraduate Students*, College Board's Admissions Models Project Report, 2003.; College Board, *Selection Through Individualized Review: A Report on Phase IV of the Admissions Models Project*, College Board's Admissions Models Project Report, 2004.

续表

范畴	维度	哲学视角	内涵	主要评价标准
选拔性模型	大学表现优异的能力	贤能主义	高等教育入学机会是对学业最成功者的奖励	学业质量
		品性	高等教育入学机会是对个人美德、奉献、毅力、社区服务和辛勤工作的奖励	个人素质
	从学院式经历获益的能力	提高	高等教育的目标在于寻求有才能的学生并加以培养	获益的潜能
		流动	高等教育是“伟大的均衡器”，必须促进社会流动	克服教育障碍
	做出外在贡献的潜能	投资	高等教育入学机会应该促进更大的利益和社会进一步的发展	做贡献的潜能
		环境/高校利益	选拔过程旨在满足高校的注册人数目标和独特的组织需求，同时提高教育体验的整体质量	与学生群体需求的一致性
		财政	高等教育是一门生意，入学机会的授予必须先保持高校的财政完整性	支付能力

注：整理自 College Board，*Toward a Taxonomy of the Admissions Decision-Making Process*：*A Public Document Based on the First and Second College Board Conferences on Admissions Models*，College Board's Admissions Models Project Report，1999.

在表中，“大学表现优异的能力”维度与学生内在的品质有关，与外在环境影响无关，是作为对过去表现的奖励而授予录取资格。“从学院式经历获益的能力”更多的与高等教育如何影响学生有关，对学生可以从高校中获取什么最为重视，是故该维度将高等教育视为给被选中的学生带来最大益处的手段。“做出外在贡献的潜能”最关注潜在的生源对于高校本身以及长期来看对社会带来的贡献。该维度倾向于将选拔生源作为实现更普遍目标的手段，入学机会的授予是基于学生在校期间，或者更重要的是，毕业后做出显著贡献的可能性。在这三大维度中，大学表现维度是大多数选拔性高校录取决策的基础，许多使用综合性或整体性路径来选拔生源的高校还使用其他两个维度。学生从高等教育经历中获益的能力为许多高校次要的关注点。在做出外在贡献潜能的维度中："投资"视角主要关注给社会带来的长远益处，但高校有时也会基于一时需求做出一些录取决定；"环境视角"考虑如何满足社会目标，比如塑造一级多样化的新生；"财政"视角意识到经济需求的制约，因此录取决策将学生的支付能力考虑在内，这是许多高校赖以生存的简单事实。采纳整体性录取模式的精英高校使用的综合路径是由这些不同的、有时甚至是相互竞争的哲学理念集成的复杂综合体。

报告指出任何单一维度都不能用来描述一所高校的真实状况，只是代表录取决策考虑的某一方面。在每个维度内，尽管存在关于如何集成各种选拔标准以及还应考虑申请者的哪些次要特征的一系列替代方案，但是维度内所有视角都有源于高校使命的最典型特征和主要的选拔标准。而且，绝大部分招办在选拔过程中使用超过一个维度，或者在录取季的不同阶段使用不同的维度，或者为不同类别的申请者使用不同的维度，或者将不同的维度作为在单一的决策过程中衡量多种因素的手段。这种复杂性可以被视为更简单的录取决策过程的组合，源自于每个单一的基础的录取哲学视角。每所高校自身的需求、优先权和目标及其特定的约束条件，将最终决定这些不同的路径如何被集成为一个具体的选拔过程。除了不同的人对于选拔学生的基准应该是什么存在歧见以及特定的高校实践和传统有所差异，每个维度都有其拥护者，而且都是某些高校选拔生源的组成部分。申请者被评价的真实标准是基本维度下涵盖的不同视角。①

（六）理论学派观点评论

在选拔性高校的入学机会理念上，已有研究可被分属为五种学派。贤能主义学派聚焦于申请者的能力，强调基于考试分数或个

---

① College Board, *Toward a Taxonomy of the Admissions Decision-Making Process: A Public Document Based onthe First and Second College Board Conferences on Admissions Models*, College Board's Admissions Models Project Report, 1999, p. 7.

人表现的择优录取，是看似完美但很难完全实行的机制。阶层优势学派和利益腐败学派均聚焦于特权的力量，但二者的逻辑并不相同：前者强调特权源自拥有经济、文化和社会资本的精英阶层，其内生性优势致使录取结果服务社会阶层的复制而非流动；后者强调特权源自利益交换，为满足高校需求而降低录取标准的行为致使录取决策过程的腐败。政治斗争学派聚焦于政治压力的影响，指出政治权利帮助相应群体成功地获得官方身份和分类优势，不同类型高校的招生政策均是机构内外部不同力量斗争的产物。复合学派则融合了两种或者更多学派的观点来共同解释录取决策的驱动逻辑。需要说明的是，非复合学派中的学者并非认为只能以单一视角看待选拔性录取，比如政治压力学派的代表学者之一——杰罗姆·卡拉贝尔也认识到阶层优势的影响。笔者主要依据其核心主张的不同进行划分。

可以说，每个学派的观点都有其立论逻辑，也有坚实的证据作为支撑，有助于我们从不同角度理解选拔性录取机制的本质。然而，选拔性高校的录取决策实际上并不是一个技术问题，而是社会、政治和理念问题，录取资格由社会决定的成分多于由学业决定的成分。[①] 没有一种单一的学派观点足够综合、足以解释选拔性录取的全貌，比如贤能主义学派无法解释给予弱势群体倾斜的事实，利益腐败学派则忽视了对学业成就的重视。显然，复合学派的视角是打开黑匣子的唯一选择，但尽管复合学派的已有成果提供了更多维度的解释，却并未展现精英高校录取决策实践的全部驱动逻辑。其中，大学委员会的多重视角颇具启发意义，但它并未细究不同类型高校的录取决策差异，对宏观社会环境造成的影响的阐释也不够，而且关于招办资源本身对高校录取决策实践的影响的挖掘也不充分，这为笔者的研究留下了空间。由于不同类型精英高校录取决策本身的

① B. Alden Thresher, *College Admissions and the Public Interest*, New York, NY: College Entrance Examination Board, 1966.

复杂过程，使得对其做出一个普适性的结论非常难[1]。本研究基于复合学派的分析思路，利用一手数据，尽可能建构全面揭示精英公立大学、私立大学和文理学院录取决策驱动逻辑的理论模型，以期对美国高校招生领域的研究做出一定的理论贡献。

二　关于选拔性录取的实践研究

美国选拔性高校的录取决策过程虽然隐秘，但并非没有研究打开黑匣子，展现其中的运作机制。从相关成果看，既有对普遍意义上录取决策实践的概括，也有对具体高校录取决策过程的调查，下文分而述之。

（一）录取决策实践的概括

美国高校评价和选拔申请者的标准是什么？录取决定到底以什么样的方式做出？对于这些问题，不同学者和组织均给出了回答。威廉·鲍恩等人表明招生人员必须决定申请者中的哪些学生——无论是从个体层面还是从集体层面——被录取后，将会最充分地利用大学提供的资源、对大学教育过程做出最大的贡献、在使用所学服务社会利益时最成功[2]。美国医学院校联盟（Association of American Medical Colleges）的研究报告指出一个完整的整体性录取过程——筛选、面试和录取阶段——拥有四个核心原则：（1）选拔标准是广泛的，与高校各自的办学使命和目标明确相关，并以促进多样化作为实现高校卓越的必要元素；（2）整体性录取是在申请者的经历、特性和学业表现三者之间的平衡，包括以创造一个丰富的、多样化的面试和选拔对象群体以及新生群体为目的来评价申请者，在所有

---

① Jerome A. Lucido, "How admission decisions get made", in Don Hossler, Bob Bontrager, and Associates, eds., *Handbook of Strategic Enrollment Management*, San Francisco, CA: Jossey-Bass Press, 2015, p. 156.

② William G. Bowen and Derek Bok, *The Shape of the River: Long-Term Consequences of Considering Race in College and University Admissions*, Princeton, NJ: Princeton University Press, 1998, p. 26.

候选者中平等应用平衡原则，以及基于数据提供支持选拔标准不局限于高中成绩和考试分数的证据；（3）招办人员和招生委员会成员就每位申请者将对学习环境可能做出的贡献给予个体化考虑，同时斟酌和平衡为达到高校追求的招生结果而需要的选拔标准与范围；（4）在录取决策中，只有当与使命相关、与学生多样化的教育利益和目标相一致，以及考量一系列诸如个人特性、经历、人口学特征等混合的广泛的因素时，族裔身份可以被纳入考量因素范围。[①] 哈罗德·韦克斯勒（Harold S. Wechsler）从历史的角度描述了选拔性录取实践的演变过程[②]，杰罗姆·卢奇多（Jerome A. Lucido）则对选拔理念、录取标准、招生方案等录取决策的相关实践做了全面的介绍。[③]

对于普遍意义上录取决策实践的揭示，大学委员会的录取决策模型系列报告仍然最为完整和最具解释力。这些研究报告不仅梳理了美国选拔性高校使用的不同录取决策模型和决策理念，还总结了录取标准、考量因素、材料的分流与阅读过程、评价路径、选拔模式、读者的组织和培训、财政投入等全方位的信息。报告以一幅分层树形图描绘了不同类型录取决策模型的运作本质和机制，树的结构显示决策路径，树枝的宽度和长度显示不同选拔标准的权重，将申请者库分类后对应相应的选拔过程，见图 1－1。树的主干表示学业资格得到较多的权重，即所有人必须满足最低的学业标准才能得到进一步评价。但一般来说，只有资格性因素不足以获得录取资格，因此“权利”模型和“开放入学”模型对应非常小的枝干。一旦满

① Alicia D. H. Monroe and Jim Scott, *Roadmap to Excellence: Key Concepts for Evaluating the Impact of Medical SchoolHolistic Admissions*, Association of American Medical Colleges Research Report, 2013, p. ix.

② Harold S. Wechsler, *The Qualified Student: A History of Selective College Admission in America*, New York, NY: John Wiley & Sons, 1977.

③ Jerome A. Lucido, "How admission decisions get made", in Don Hossler, Bob Bontrager, and Associates, eds., *Handbook of Strategic Enrollment Management*, San Francisco, CA: Jossey-Bass Press, 2015, pp. 147－173.

足最基本的学业资格后，申请者的学业质量将成为主要的分类标准，申请者库被分为优异学业表现、中等学业表现、较弱学业表现的三类群体：（1）对学业表现优异者而言，录取决策过程进入的分树枝对于获益能力、贡献潜能或满足其他的表现标准或品性考虑较少。此类学生基本都会被录取，除非品行有问题或者在利用已有的机会上有明显的失败。（2）对学业表现中等者而言，他们会得到主要基于个人素质和成就的进一步评价，同时获益潜能会得到一定的考虑，贡献潜能也会被考虑、但程度更低。与学业表现优异者相比，这些次要因素在评价中等学业表现的学生时占据更大权重。此类学生大部分很有可能被录取，但有一些会被拒绝。（3）对学业表现相对较弱者而言，他们会得到进一步的评价来决定是否应该获得录取资格。尽管一般认为此类学生不应被录取，但实际上有一小部分会被录取，因为他们具备从大学教育机会获益的巨大潜能。例如，也许他们成长于一个资源非常稀缺的环境，但已显示出能够最大限度地利用给予的有限教育机会。另外，此类学生中还有一小部分可能因体育部门或发展办公室的强力支持而被录取。①

（二）具体高校的录取决策实践

除对选拔性高校普遍实践的概括外，也有不少成果探讨了具体高校的录取决策情况。一方面，一些民族志研究展示了单所或多所高校的具体选拔过程：学者玛西娅·辛诺特（Marcia G. Synnott）、

---

① 该报告给出了具体例子：对于 GPA 不低于 3.5 以及 SAT 总分不低于 1300 的申请者，招办可能标记为自动录取，不再查看申请材料提供的其他信息；对于 GPA 在 3—3.5 或 SAT 分数为 1000—1300 的申请者，招办会仔细查看申请材料，并在选拔过程中强调个人品质；对于 GPA 低于 3 和 SAT 分数低于 1000 的申请者，招办可能更多关注他们的教育经历和机会，以识别克服了教育和社会障碍、达到录取资格的学生，并从这些学业资格处于边缘状态的申请者中录取一小部分，因为他们满足特定的机构需求，比如体育能力或被发展办公室指定为“非常可取”的生源（即捐赠者）。引自 College Board，*Toward a Taxonomy of the Admissions Decision-Making Process*：*A Public Document Based on the First and Second College Board Conferences onAdmissions Models*，College Board's Admissions Models Project Report，1999，pp. 21 - 22.

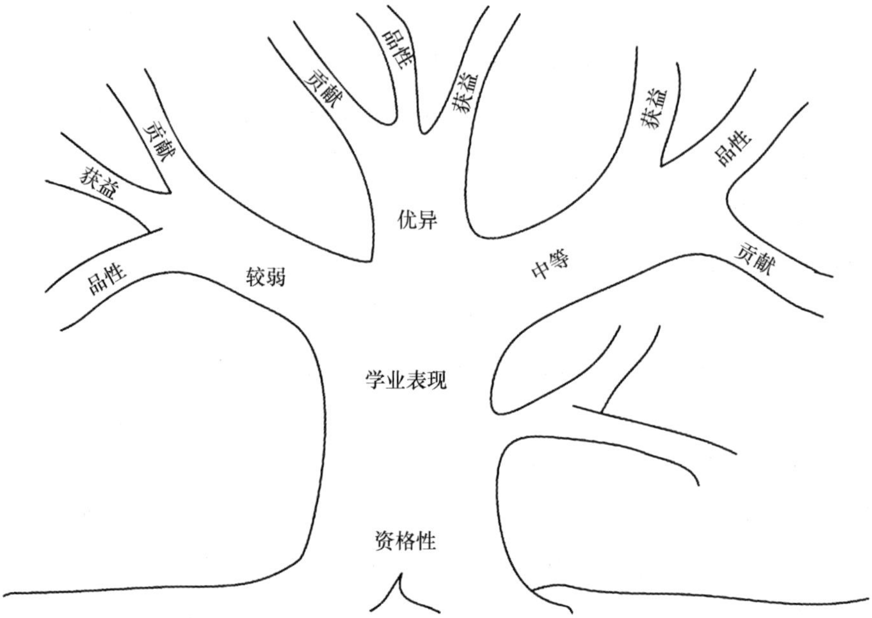

图 1－1　中等复杂度的录取决策模型

注：引自 College Board, *Toward a Taxonomy of the Admissions Decision-Making Process: A Public Document Based on the First and Second College Board Conferences on Admissions Models*, College Board's Admissions Models Project Report, 1999, p. 23.

杰罗姆·卡拉贝尔等从历史的角度论述了 HYP 的录取决策变迁历程[①]，罗伯特·克利特加德（Robert Klitgaard）、彭妮·费尔德曼（Penny H. Feldman）等展示了哈佛大学如何选拔生源[②]，米切尔·史蒂文斯（Mitchell L. Stevens）基于在招办的体验描述了一所私立文理

---

① Marcia Graham Synnott, *The Half-Opened Door: Discrimination and Admissions at Harvard, Yale, and Princeton, 1900 - 1970*, Westport, Connecticut: Greenwood Press, 1979.；［美］杰罗姆·卡拉贝尔：《被选中的：哈佛、耶鲁和普林斯顿的入学标准秘史》，谢爱磊、周晟、柳琳等译，中国人民大学出版社 2014 年版。

② Robert Klitgaard, *Choosing Elites: Selecting the "Best and the Brightest" at Top Universities and Elsewhere*, New York, NY: Basic Books Inc., 1985.；Penny Hollander Feldman, *Recruiting an Elite: Admission to Harvard College*, New York, NY: Garland Publishing, 1988.

学院的招生全过程[①]；记者雅克·斯坦伯格（Jacques Steinberg）和比尔·保罗（Bill Paul）同样基于在招办的观察经历分别揭示了卫斯理大学（Wesleyan University）和普林斯顿大学的录取决策过程[②]；杜克大学前招办人员雷切·图尔（Rachel Toor）、达特茅斯学院（Dartmouth College）前招办助理主任米歇尔·埃尔南德斯（Michele A. Hernandez）、斯坦福大学前招办主任琼·费特（Jean H. Fetter）等则从内部视角解读了各校如何选拔生源。[③]

另一方面，一些学者使用质性研究或混合研究方法对多所高校进行了调查，揭示了录取决策的运行机制。沃伦·威林厄姆（Warren W. Willingham）和亨特·布里兰（Hunter M. Breland）在 20 世纪 80 年代探讨了个人素质在九所文理学院录取决策中扮演的角色，是对录取决策实践的早期代表性实证研究。研究指出九所高校主要关注学业因素，学业评分得到的权重整体来看是个人评分的三倍，其中年级排名和考试分数在学业评分中的权重大致相等。不过，在高选拔性的威廉姆斯学院（Williams College），学业素质与个人素质同等重要。每所高校的申请者被分为三类：不太可能被录取的申请者；录取命运未知的中间群体；很有可能被录取的申请者。对这三类人群的选拔过程非常不同，其中个人素质对中间群体的影响最大。背景性特征（比如校友子女、少数族裔身份）是在不太可能或不确定

---

① Mitchell L. Stevens, *Creating a Class*: *College Admissions and the Education of Elites*, Cambridge, MA: Harvard University Press, 2007.

② Jacques Steinberg, *The Gatekeepers*: *Inside the Admissions Process of a Premier College*, New York, NY: Viking, 2002.; Bill Paul, *Getting in*: *Inside the College Admissions Process*, Cambridge, MA: Da Capo Press, 1997.

③ Rachel Toor, *Admissions Confidential*: *An Insider's Account of the Elite College Selection Process*, New York, NY: St. Martin's Press, 2001.; Michele A. Hernandez, *A Is for Admission*: *The Insider's Guide to Getting into the Ivy League and Other Top Colleges*, New York, NY: Grand Central Publishing, 2009.; Jean H. Fetter, *Questions and Admissions*: *Reflections on* 100, 000 *Admissions Decisions at Stanford*, Palo Alto, CA: Stanford University Press, 1997.

的类别中实行录取倾斜的基础，其中少数族裔获得的倾斜最大。但是该研究没有支持课外成就可以提高在选拔性高校的录取概率这一假设。到校面试也不一定提高录取概率，但在某些高校，拥有杰出面试表现的申请者明显获得优势。①

莱斯利·基尔戈尔（Leslie Killgore）和雷切尔·鲁宾（Rachel Rubin）的研究亦颇具代表性。莱斯利·基尔戈尔研究了17所私立选拔性高校的录取决策实践。基于对34位招生人员的访谈，她发现招办既从“优秀”视角测量学生的学业和非学业成就，也从“竞争”视角依据高校需求评价学生的特征。因此，在精英高校，学生成就决定录取资格是一种幻觉，录取实践的设计目的在于维持高校的精英地位。高校需要通过录取更多支付全额学费的申请者、增加注册率和降低录取率，来维持声望，并回应财政需要。② 雷切尔·鲁宾则结合问卷和访谈调查，对公立研究型大学、私立研究型大学和私立文理学院的录取决策机制进行了研究，调查对象分布于75所最具选拔性的高校。基于63人的问卷回答和18人的访谈数据，雷切尔·鲁宾发现精英高校普遍对申请者的情况进行分门别类的评价，分类依据为个人特征和杰出才能，包括少数族裔身份、运动员、资助需求、与高校匹配一致的其他变量等等。招办只对分类后的申请者进行所属类别内的比较，不同类别的申请者并不互相竞争，而且有些类别整体得到的录取倾斜明显更多。例如，在留意申请者是否具备支付学费能力的精英高校，如果学业成就和高校匹配度类似，则不需要财政资助者的录取率更高。在将申请者分流至不同的类别之前，76%的精英高校首先基于能够胜任大学学业的学业资格阈值

---

① Warren W. Willingham and Hunter M. Breland, *Personal Qualities and College Admissions*, New York, NY: College Entrance Examination Board, 1982.; Warren W. Willingham, Success in College: The Role of Personal Qualities and Academic Ability, New York, NY: College Entrance Examination Board, 1985.

② Leslie Killgore, "Merit and Competition in Selective College Admissions", *The Review of Higher Education*, Vol. 32, No. 4, 2009, pp. 469 – 488.

缩小申请者范围，21%的精英高校则通过检视高校需求和申请者素质之间的匹配度来淘汰部分申请者。①

（三）实践研究评论

关于选拔性高校录取决策实践的已有研究均颇具价值，其中大学委员会系列报告的归纳结果详尽地展现和概括了选拔性录取的普遍实践，是本研究尤为重要的参考资料，为笔者对研究主题的了解和分析奠定了坚实的基础。不过，一如大学委员会自身所指出，其所归纳的录取决策模型本质上是理论性的，意在凸显做出录取决策的基础，不一定描述了招办的实践运作机制。最佳的录取模型必须由高校自己来“制作”，包括对高校使命、资源和文化的仔细考量。② 图1－1是将一个运作的录取决策模型中不同选拔因素互动机制进行概念化的量化图，但它只是描绘评价过程如何进行的质性指南，而不是一个完全的、明朗的量化模型。该图没有列举考量的所有标准（比如贡献维度中的支付能力）和它们的相对重要性，没有指明如何给每位申请者分配最终录取结果。因此，可以进一步完善该树形图，说明各维度包括的具体评价标准和考量因素，并指明每个评价标准的权重（比如以树叶的方式呈现）。不管是在质性描述水平上，还是在完全明确的量化水平上，该树形图都可以被改编，以描述多个同时采用的标准的实际考量过程。不过，真实世界中的录取决策模型远比图1－1复杂，同时对于模型图的差异化实践需要不同的方式来验证其效度、公平性和效率。③ 概言之，掌握录取决策的

① Rachel Rubin, “Who Gets in and Why? An Examination of Admissions to America's Most Selective Colleges and Universities”, *International Education Research*, Vol. 2, No. 2, 2014, pp. 1－18.

② College Board, *Toward a Taxonomy of the Admissions Decision-Making Process: A Public Document Based on the First and Second College Board Conferences onAdmissions Models*, College Board's Admissions Models Project Report, 1999, p. 25.

③ College Board, *Toward a Taxonomy of the Admissions Decision-Making Process: A Public DocumentBased on the First and Second College Board Conferences on Admissions Models*, College Board's Admissions Models Project Report, 1999, pp. 23－24.

实际运作，需要落脚到特定高校的细化研究，这也是笔者开展本研究的出发点。

对具体高校录取决策实践的研究成果虽然视角不同，但研究者或通过历史材料，或基于自身体验，或基于实证调查，揭示了各校录取决定出台的真实过程和细节，包括申请材料阅读、申请者分类、委员会讨论、考量因素的使用等。这些成果使笔者在开展研究之前即对“黑匣子”有一定的理解。但是，已有研究很少对公立大学、私立大学和文理学院的录取决策全过程同时进行全面、详尽的展示和比较分析，大学委员会的录取决策模型也没有区分高校类型。雷切尔·鲁宾的研究对象虽然覆盖不同类型高校，但并未细究实践操作的细节，同时主要关注高校的共性而非差异性。事实上，不同类型的高校在微观实践上既有共同点，也存在差异，对其进行比较可以一窥美国高等教育机构的多样化，以及更好地了解影响录取决策实践的驱动逻辑。本研究即以此为目的，以期做出理论和实践贡献。

三 概念框架

概念框架是应用相关理论对研究问题的一种逻辑分析，是构思和具体化研究思路的过程，展现的是研究者的初步理论设想[①]。本研究在借鉴已有文献成果的基础上，应用以下理论来辅助对美国精英高校录取决策机制的探究。

（一）“国家—大学—市场”铁三角模型

作为更大社会系统的一员，高校的行为显然受到外部环境的影响，伯顿·克拉克的“国家—大学—市场”铁三角模型即有力地揭示了外部影响机制。他将铁三角整合的自然过程分为官僚、政治、

① ［美］凯瑟琳·马歇尔、格雷琴·罗斯曼：《设计质性研究：有效研究计划的全程指导》，何江穗译，重庆大学出版社 2015 年版，第 97 页；陈向明：《质的研究方法与社会科学研究》，北京教育科学出版社 2000 年版，第 91 页。

专业和市场四个方面[①]。一方面，国家权力可以划分为官僚制的协调和政治协调：前者包括分层、扩大管辖权、扩大编制、行政专业化、条例泛滥等发展途径；后者通过立法赋予行政管理部门以合法统治权，其发展途径包括上升的政治优先、政治卷入的深化、内部利益的强化等。另一方面，来自大学学术的专业性协调，表现在学科专长的扩充、中央学术团体的扩充、教师利益组织的扩大。专业协调虽然没有官僚制的协调和政治协调形式显著，但一直有效且有力，以对抗国家权力的影响。最后，市场协调模式与前三种协调模式不同，没有正式的场所和权威命令，而是通过“无形的手”起协调作用。高等教育中有效的市场模式，包括消费者市场、劳动力市场和院校市场。

由于本研究关注美国精英高校的录取决策机制，铁三角模型中关于政治协调和市场协调的观点是重要的理论基础。就政治协调而言，伯顿·克拉克提出上升的政治优先体现为：“公众对高校入学机会有比较广泛的兴趣，使立法者和行政部门的最高层变得更加重视，选举人希望知道立法者在入学机会问题上的立场。立法者和行政首脑被迫提出缓和或压制学生不满的政策和法律。”[②] 政治卷入的深化体现为：“由于高等教育问题表现出作为争端的高度重要性，它们比较容易流经正式的政府政治渠道和在其中生存的有关的政党结构。由于这些工具使对这种问题的处理制度化，它们又转过来有助于提高高等教育问题的地位。”[③] 就市场协调而言，美国采行的是最具自主选择和市场交换特征的制度，消费者市场和院校市场是美国高校招生所处外部环境的典型特征。消费者市场的特点是消费选择，学生缴学费是消费者市场的最典型例子。美国的高等教育是典型的消

---

① ［美］伯顿·克拉克：《高等教育系统：学术组织的跨国研究》，王承绪等译，杭州大学出版社 1994 年版，第 162—186 页。

② ［美］伯顿·克拉克：《高等教育系统：学术组织的跨国研究》，王承绪等译，杭州大学出版社 1994 年版，第 167 页。

③ ［美］伯顿·克拉克：《高等教育系统：学术组织的跨国研究》，王承绪等译，杭州大学出版社 1994 年版，第 168—169 页。

费者市场，学生具有广泛且多样化的选择。[①] 院校市场指各高校彼此相互影响而不是与消费者或管理者相互作用的场所，“各院校之间的关系主要由消费者和内部劳动市场的性质以及各校当时所处的地位来决定，声誉是主要的交换商品”[②]。相对的声望不仅指导着消费者和工作人员，而且影响着各高校，致使美国不同大学出现声望竞争和趋同行为。

（二）两种自由理论

以赛亚·柏林（Isaiah Berlin）在《自由论》中提出政治学中与人权有关的两种自由概念——“消极自由”和“积极自由”：前者指“没有人或人的群体干涉我的活动”，即“不受别人阻止地做出选择的自由”；后者指“我希望我的生活与决定取决于我自己，而不是取决于随便哪种外在的强制力”，即“成为自己的主人的自由”。[③] 正如皮埃尔·布迪厄表明文化和教育领域相对自主，拥有特定的独立的逻辑，并不仅仅反映社会秩序[④]，美国的高等教育机构拥有自治地位，属于具有独立法人地位的社团，[⑤] 可以主动控制自身的行为。美国最高法院法官费力斯·法兰克福特（Felix Frankfurter）指出高等教育机构具有就教育做出自身判断的学术自由，具体包括决定谁来教、教什么、如何教以及谁来学的四项基本自由。[⑥] 就“招生自

---

① ［美］伯顿·克拉克：《高等教育系统：学术组织的跨国研究》，王承绪等译，杭州大学出版社 1994 年版，第 178 页。

② ［美］伯顿·克拉克：《高等教育系统：学术组织的跨国研究》，王承绪等译，杭州大学出版社 1994 年版，第 181 页。

③ ［美］以赛亚·柏林：《自由论》，胡传胜译，译林出版社 2003 年版，第 186—246 页。

④ Pierre Bourdieu, *The Rules of Art: Genesis and Structure of the Literary Field*, Cambridge, UK: Polity Press, 1996; Pierre Bourdieu, *The state nobility: Elite Schools in the Field of Power*, Stanford, CA: Stanford University Press, 1998.

⑤ ［美］德里克·博克：《走出象牙塔——现代大学的社会责任》，徐小洲、陈军译，浙江教育出版社 2001 年版，第 41 页。

⑥ ［美］罗纳德·德沃金：《原则问题》，张国清译，江苏人民出版社 2008 年版，第 393 页。

由”领域而言，笔者认为也存在“消极自由”与“积极自由”两种自由：前者指招生业务受到处于高校外部的社会组织或政府权威的干预和保护，具体的招生活动受到他人的制约；后者指代表招生专业化的招办具有自由选择的权利，获得招生自由是为了能够自由地达成招生目标。①

（三）“多重制度逻辑”的分析框架

“多重制度逻辑”的理论分析框架由斯坦福大学社会学系教授周雪光及其合作者提出，用以揭示村庄选举体现出的中国社会制度变迁过程。周雪光等指出制度变迁很少只有某一机制在起作用，常常涉及多重制度逻辑（比如市场的效率机制、科层制组织中的权威关系、乡村中的家族制度等等）和过程，着眼于单一机制的理论模型可能得出片面甚至错误的结论。以多重逻辑作为分析着眼点，可以有效地认识和解读制度变迁的过程，并引导我们从更为广阔丰富的社会背景来认识、理解制度变迁的渊源。虽然不同制度逻辑是稳定存在的，它们所诱导的具体行为方式却依赖特定的历史背景和初始条件。“多重制度逻辑”的分析框架强调不同制度逻辑的微观基础，即它们在某一领域中相应群体行为方式上的体现，从而建立宏观制度逻辑与微观群体行为之间的联系。② 虽然这一分析框架源于社会学中对社会制度变迁的解释，但也适用于对教育现象的研究。例如，王富伟指出在社会转型的基本制度背景下，政府、市场、家庭和教育多重制度逻辑的动态变迁以及相互作用，造成了独立学院的制度

---

① 笔者的观点借鉴了徐岚关于“学术自由”的论述。她认为“学术自由”领域存在“消极自由”与“积极自由”，前者指“学术专业需要受到其他社会组织或权威的干预和保护，学者个人的活动要受到他人的制约”，后者指“代表学术专业的个人具有自由选择的权利，获得学术自由是为了能够自由地履行学术责任”。参见徐岚《中国大陆大学教师的学术责任建构：两所研究型大学之个案研究》，博士学位论文，香港中文大学，2008 年，第 19 页 。

② 周雪光、艾云：《 多重逻辑下的制度变迁：一个分析框架》，《中国社会科学》2010 年第 4 期。

化困境。[①] 本文借鉴这一分析框架的理念与思路，试图从不同类型精英高校录取决策过程的操作细节中概括其多重驱动逻辑。

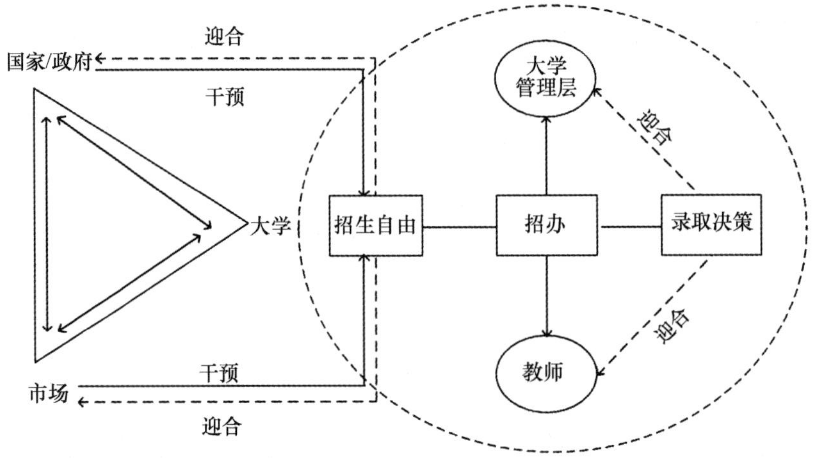

图 1－2　本研究之概念框架

注：改自徐岚：《中国大陆大学教师的学术责任建构：两所研究型大学之个案研究》，博士学位论文，香港中文大学，2008 年。

（四）本文概念框架

基于研究背景、研究问题、文献述评和相关理论，本文用于指导数据收集和分析的概念框架图如下。圆圈外的宏观层次表示影响高校招生实践的外部环境：大学与国家/政府之间以权力为媒介进行合作，联邦政府以及州政府通过法律和拨款的手段干预招生实践，同时大学主动承担政治和社会责任，以迎合政府需求；大学与市场之间以金钱为媒介发生联系，市场通过学费和声望竞争干预招生实践，同时大学在获得收入、塑造自身形象的强烈动机下主动迎合市场游戏，以满足自身利益。连接圈外和圈内的中介是招生自由，招办是行使招生自由权的实体机构。圆圈内的微观层次指向本文的研

① 王富伟：《独立学院的制度化困境——多重逻辑下的政策变迁》，《北京大学教育评论》2012 年第 2 期。

究基点，即招办使用的具体录取决策机制。在大学内部，录取决策行为受到不同阵营的影响，教师往往坚持以学业标准为上，以董事会、校长、发展办公室、校友办公室等为载体的大学管理层则更为看重机构利益的实现。招办的录取决策行为既需要迎合教师的诉求，亦需要迎合大学管理层的需求，双方阵营共同决定着招生自由的实施。观察宏观层次和微观层次中不同组织和阵营的互动，不难发现高校录取决策中多重逻辑作用机制的存在，如何选拔生源不仅仅是招办内部的事情，也不仅仅是大学内部的事情，与社会环境亦密切相关。

第五节　研究方法与设计

博士学位论文不仅要求体现研究者“做研究”的过程，而且要求是“科学方法贯穿其中的过程”。[①] 为了体现本研究的严谨性，本节首先阐述使用的研究方法，进而引出资料的收集与分析技术，最后讨论本研究的可靠性、研究伦理与研究限制。

一　研究方法

本部分解释为何选择质性取向的多个案比较法作为研究方法，描述具体个案的确定过程，并介绍个案的基本情况。

（一）研究方法的确定

研究方法的适切与否，必须考量研究目的和研究问题。[②] 研究一般具备四个目的，包括对社会现象进行探索、解释、描述和预测，

① 朱志勇：《教育研究方法论范式与方法的反思》，《教育研究与实验》2005 年第 1 期。

② ［美］埃文·塞德曼：《访谈研究法》，李政贤译，台北：五南图书出版股份有限公司 2009 年版，第 18 页。

其中前三者是质性研究的主要目的。[①] 本研究旨在对美国精英高校的录取决策机制进行描述和解释，而且研究问题聚焦于“怎么做”和“为什么”，是故质性取向为契合之选。在质性研究中，研究者深入社会现象之中，借由亲身体验，或研究对象的经验分享，可以构建情境化的意义诠释。[②] 同时，“案例研究是质性研究实施的策略之一，通过对典型个案的分析，可以获得关于研究问题深入、细致的认识。”[③] 罗伯特·殷（Robert K. Yin）指出，案例研究适用于以下三种情形：（1）需要回答“怎么样”“为什么”的问题；（2）研究者几乎无法控制研究对象；（3）关心的重心是当前现实生活背景下的实际问题。[④] 显然，本研究三种情形都满足，案例研究是贴切的研究策略之选。另外，从研究对象的特点来看，美国高等教育机构的多样化导致录取决策实践存在差异，扎根于具体案例更能以小见大，并准确把握研究问题。

基于案例数量的多少，案例研究可进一步分为多个案研究和单个案研究，其中多个案研究中的多个案比较法擅长通过对不同个案的异同进行比较来建构或展示解释性理论，具体为“选取数个案例（通常不超过 10 个）进行深入分析，通过对不同个案的反复比较，以揭示社会现象或社会过程的因果机制”[⑤]。罗伯特·殷指出多案例研究设计比单案例研究设计更有效，因为“从多个案例

---

① ［美］凯瑟琳·马歇尔、格雷琴·罗斯曼：《设计质性研究：有效研究计划的全程指导》，何江穗译，重庆大学出版社 2015 年版，第 81—82 页。

② 陈向明：《质的研究方法与社会科学研究》，北京教育科学出版社 2000 年版。

③ ［美］凯瑟琳·马歇尔、格雷琴·罗斯曼：《设计质性研究：有效研究计划的全程指导》，何江穗译，重庆大学出版社 2015 年版，第 113 页。［美］罗伯特·殷：《案例研究方法的应用》，周海涛、李永贤、李宝敏译，齐心校，重庆大学出版社 2012 年版，第 12 页。

④ ［美］罗伯特·殷：《案例研究方法的应用》，周海涛、李永贤、李宝敏译，齐心校，重庆大学出版社 2012 年版，第 2，4，12 页。

⑤ 蔺亚琼：《多个案比较法及其对高等教育研究的启示》，《高等教育研究》2016 年第 37 期。

中推导出的结论往往被认为更具说服力，整个研究常常被认为更能经得起推敲”。[①] 另外，根据研究目的，罗伯特·斯特克（Robert E. Stake）将案例研究分成内在的个案研究、工具性个案研究和多个案研究：“在工具性个案研究中，研究者更多地将个案当作探讨某种议题、提炼概括性结论的工具，对于个案本身的兴趣退居次要地位。多个案研究实际上是一种更为极端的工具性个案研究，研究者旨在研究某个总体或一般情况，对于特定的个案本身则没有什么兴趣。”[②] 由于笔者试图建构能够解释驱动美国不同类型精英高校录取决策行为的多重逻辑作用模型，而且研究兴趣更多的在于从个案中概括出共性，而非关注个案本身，因此多个案比较法是本研究的不二之选。

（二）具体案例的选择

选择具体样本作为案例研究的对象时，抽样类型包括以下几种：“将多样性最大化（目的为记录多样的变化，确认重要的共同模式）；关键个案（目的为允许逻辑上的普遍化，并将信息最大化地应用于其他个案）；典型个案（目的为强调个案属于常态或者一般情况）；有目的随机抽样（当潜在的目的样本太大时，在样本中加入可信度）；分层目的抽样（详细描述亚群体，有助于比较）。”[③] 同时，多个案比较法中样本的大小取决于许多复杂的因素，除了研究目的，还包括数据获取的可能性、资金和时间限制等现实考虑。基于本文关注高校的办学类型与录取决策实践之间的关系，并聚焦考量因素、评价路径和质量控制手段，笔者在样本选择时主要采用分层目的抽样和多样性抽样，抽取能够为研究问题提供最多信息的研究对象，

---

① ［美］罗伯特·殷：《案例研究：设计与方法》，周海涛、李永贤、李虔译，重庆大学出版社 2010 年版，第 61 页。

② 卢晖临、李雪：《如何走出个案——从个案研究到扩展个案研究》，《中国社会科学》2007 年第 1 期。

③ ［美］凯瑟琳·马歇尔、格雷琴·罗斯曼：《设计质性研究：有效研究计划的全程指导》，何江穗译，重庆大学出版社 2015 年版，第 135 页。

并兼顾样本的可接近性考虑。

具体而言，样本选择的总体是具备高选拔性的美国精英高校，亚群体是公立大学、私立大学和文理学院，并包括采用了可免试入学政策的高校。笔者原本计划将研究范围确定在两个州的六所高校，从精英公立大学、私立大学和文理学院各选择两所，其中私立大学和文理学院各包含一所可免试入学高校（彼时精英公立大学中没有实行可免试入学者）。之所以选择两个州，在于美国高等教育实行分权制管理，由州政府而非联邦政府负责。不同州的高校办学往往存在一定的差异，包含跨越两个州的个案高校可以增加本文研究结论的概括度。之所以每种办学类型选择至少两所高校，目的在于避免单个案例的独特性，从而为理论建构寻找重要的共同模式。基于接受访谈意愿的反馈，最终的研究对象确立为七所精英高校，包括三所公立大学、两所私立大学和两所文理学院，其中两所公立大学近年来经历了评价路径的变革，一所私立大学和一所文理学院均采用了可免试入学政策。个案的确定过程和依据如下。

（1）笔者访学所在的维克森林大学（Wake Forest University，以下简称 WFU）首先成为案例之一，因为它既是高选拔性的私立大学，也是可免试入学运动的领头羊。而且，笔者在 WFU 学习近一年的时间，跟随的合作导师为该校可免试入学改革的倡导者，与招办关系密切，可以为笔者与招办建立联系提供保障。

（2）WFU 所处的北卡罗来纳州（North Carolina）还拥有三所精英高校，包括杜克大学（Duke University，以下简称 Duke）、北卡罗来纳大学教堂山分校（University of North Carolina at Chapel Hill，以下简称 UNC）、戴维森学院（Davidson College，以下简称 Davidson），分别属于私立大学、公立大学和文理学院，且都未实行可免试入学。同一个州的地理位置为笔者前往调研提供了便利，而且同一个州在宏观的政治、经济、法律、教育、文化等方面的环境较为一致，有助于更好地了解影响案例校办学的外部影响。由于该州的私立大学中笔者已有 WFU 作为个案，且在 Duke 仅获得与一位招办人员 15 分钟访谈的机会，对其录取决策实践了解不深入，故未将 Duke 纳入本研究的案例范畴。而笔者在 UNC 和 Davidson 均获得访谈权限，因此成为本研究中的两个案例。

（3）笔者曾于 2015 年 10 月参加在加州圣地亚哥召开的 NACAC 年会时，获得位于加州洛杉矶附近城市的培泽学院（Pitzer College，以下简称 Pitzer）一位招办高级管理者愿意接受访谈的回应。Pitzer 属于高选拔性的文理学院，亦是实行可免试入学的高校，笔者在后续联系中也得到更多受访对象，因而成为个案之一。

（4）考虑到北卡没有更多合适的研究对象，而且加州拥有不少精英高校，加上已经确定 Pitzer 这所加州高校作为案例，因此笔者决定将加州作为第二个研究州，从中寻找剩余的个案。根据最初的研究设想，笔者还需要寻找一所实行可免试入学的公立大学和一所没有实行可免考试入学的私立大学。在私立大学中，南加州大学（University of Southern California，以下简称 USC）符合要求，且笔者获得该校多位招办人员愿意接受访谈的回应，因此 USC 成为又一个案。在公立大学中，加州大学洛杉矶分校（University of California-Los Angeles，以下简称 UCLA）属于高选拔性大学，虽然没有实行可免试入学，但它在评价路径上从三维矩阵路径走向整体性审阅方式，可以为本研究提供关键信息，是理想的案例。

（5）由于笔者只获得一位 UCLA 招办人员愿意接受访谈的回应，且不同于 UNC 有许多包含录取决策过程陈述的公开材料可供参考，在了解到加州大学圣地亚哥分校（University of California-San Diego，以下简称 UCSD）也进行了整体性审阅改革后，笔者联系了该校招办人员并获得了颇有价值的访谈数据，对整体性审阅方式有更多、更深入的了解。同时，UCSD 是加州大学系统中选拔性仅次于伯克利分校和 UCLA 的分校，虽然在巴伦档案中属于“非常具备竞争性”等级的高校（其他案例校为“最具竞争性”高校），但是 UCSD 与

UCLA 同属“全美新生调查”定义的高选拔性公立大学[①]。另外，2015 年，UCSD 与其他高校一样位列录取率最低的 100 所高校之一[②]。综合考虑后，笔者将其列为个案之一。

（三）个案高校的基本情况

UCLA 和 UCSD 所属的加州大学系统坐落于美国人口最多亦最为多样化、政治环境颇为复杂的加州，是加州的三大公立系统之一（另外两大公立系统为加州州立大学和加州社区学院），目前拥有十所分校和超过 230000 名学生。加州大学于 1868 年在《赠地法案》的支持下正式成立，伯克利分校（UC Berkeley）为第一所分校。1919 年，UCLA 建立，使得加州大学成为美国第一个真正拥有多校区的大学系统。1960 年，UCSD 建立，成为第六所分校。加州大学是美国最大且最有声望的公立研究型大学系统，在选拔标准上也几乎最为严格，经常处于关于谁值得拥有优质高等教育资源的舆论中心[③]。加州大学九所提供本科生教育的分校按学术声望和选拔度可分为三个梯队，其中伯克利分校、UCLA 和 UCSD 属于第一梯队。[④] 从

① 据此标准，2015 年，UCLA、UCSD 和 UNC 均属于高选拔性公立大学，因为 UCSD2015 年的 SAT 中位数为 1330，UCLA 为 310，UNC 为 1295；USC、Pitzer 和 Davidson 均属于超高选拔性私立大学或学院，因为 USC2015 年的 SAT 中位数为 1385，Pitzer 为 1345，Davidson 为 1350。WFU 虽然 2015 年的 SAT 中位数为 1305，属于高选拔性私立大学，但 2016 年属于超高选拔性私立大学，因为 2016 年的 SAT 中位数为 1340。分类依据源自：Kevin Eagan，Ellen Bara Stolzenberg，Abigail K. Bates，Melissa C. Aragon，Maria Ramirez Suchard，and Cecilia Rios-Aguilar，*The American Freshman：National Norms Fall* 2015 – *Expanded Edition*，CIRP Report，February，2015.

② 详见 U. S. News & World Report 的前 100 名最低录取率高校排名：https：//www. usnews. com/best-colleges/rankings/lowest-acceptance-rate.

③ John Aubrey Douglass，The Conditions for Admission：Access，Equity and the Social Contract of Public Universities，Stanford，CA：Stanford University Press，2007，p. 6.

④ 综合本科新生的平均 SAT 分数（去掉前 25% 和后 25%）、平均高中 GPA、美国新闻与世界报道排名等指标计算。加州大学的第二梯队包括圣塔芭芭拉分校（UC Santa Barbara）（1944）、尔湾分校（UC Irvine）（1965）、戴维斯分校（UC Davis）（1959）；第三梯队包括圣塔克鲁兹分校（UC Santa Cruz）（1965）和河滨分校（UC Riverside）（1954）、默塞德分校（UC Merced）（2005）。旧金山分校仅提供研究生教育。参见：Robin Nicole Johnson，Cynthis Mosqueda，Ana-Christina Ramon，and Darnell M. Hunt，*Gaming the System：Inflation，Privilege，& the Under-Representation of African American Students at the University of California*，Bunche Research Report，January，2008，p. 10.

全美来看，UCLA 和 UCSD 在美国新闻和世界报道 2018 最佳公立大学排行中分别名列第一和第九，在最佳国家大学排行中分别名列 21 和 42。[①] 在招生政策的制定上，加州大学系统层面的招生政策，包括最低学业资格要求、录取标准等等，由招生与中学关系委员会（Board of Admissions and Relations with Schools，简称 BOARS）负责统一制定，并经大学董事会审批实施。[②] 分校需要遵守系统设定的章程和准则，但可制定适用本校的招生政策，并自主实施对申请者的选拔。2017 年，UCLA 的本科生教育由文理学部和 10 个专业学院的 109 个学术部门负责，UCSD 则由 6 个学院负责。

UNC 坐落于北卡教堂山，是美国第一所公立研究型大学，于 1789 年由北卡罗来纳州代表大会宣告成立，并自 1795 年开始招生。[③] 作为北卡罗来纳大学系统 17 个校区中的旗舰分校[④]，UNC 在美国新闻和世界报道 2018 最佳公立大学排行和最佳国家大学排行中分别名列第五和 30。与 UCLA 和 UCSD 一样，UNC 遵守北卡大学系统层面的要求，并自主负责本校生源选拔的政策和实施。UNC 的本科生教育由 14 个专业学院和文理学院负责。

USC 建立于 1880 年，主校区坐落于加州洛杉矶，是一所办学规模不亚于许多公立大学的顶尖私立研究型大学，在美国新闻和世界报道 2018 最佳国家大学排行中名列 21。USC 的文理学院和 21 个专业院系共同为学生提供本科教育。与 USC 不同，1834 年成立的 WFU 是一家规模更小的著名“学院式大学”，在美国新闻和世界报道 2018 最佳国家大学排行中名列 27。WFU 既拥有注重个体教学的文

---

① 详情请见 https：//www. usnews. com/best-colleges/rankings.

② 常桐善、李佳：《加州大学本科招生政策评价“涵盖性”指标体系探究》，《考试研究》2015 年第 1 期，第 18 页。

③ UNC-Chapel Hill，“What is the History of Carolina?” https：//unc. askadmissions. net/ask. aspx.

④ 旗舰分校指各州州立大学系统中声望最高、办学质量最好的那所分校。

理学院式学术活力，又拥有研究型大学中的诸多研究机会。[①] 正如校长内森·哈奇（Nathan Hatch）所言：“我们在教学上更像一个拥有诸多小班教学、注重关注学生个体的学院，但 WFU 同样可以为本科生提供医学、法律、商业、神学、体育方面的培养优势。”[②] 2017年，WFU 由文理学院——维克森林学院、研究生院和四个专业学院（商学院、神学院、法学院、医学院）组成。

Pitzer 建立于 1963 年，坐落于加州克莱蒙特（Claremont），是一所颇具艺术特色的著名私立文理学院。该校强调环境和跨学科学习、艺术、人文和社会科学、行为科学和自然科学领域的教育[③]，并有五条颇具特色的核心价值观影响其办学和录取决策实践。Pitzer 与另外四所高校共同构成克莱蒙特学院群，形成相互支持的网络，共享学术、体育和社会机会。[④] 享有学术盛誉的著名文理学院 Davidson 则建立于 1837 年，坐落于北卡的戴维森（Davidson），致力于培养人性本能和有自律性的、创造性的思想，“诚信准则”（Honor Code）是该校重视纪律性和诚信学术文化的体现。[⑤] 两校在美国新闻和世界报道 2018 最佳文理学院排行中分别名列第 33 和 10。

从表 1－4 可以看出，Pitzer 和 Davidson 作为文理学院，在校生规模远远低于公、私立大学，其中规模最小的 Davidson 的本科生数量仅为规模最大的 UCLA 的 1/28。UCLA 不仅是加州大学申请者最多的分校，目前也是全美第一所超过 10 万申请者的高校（2017 年

① Wake Forest University，“Academics”，http：//www. wfu. edu/academics/.

② Arika Herron，“Dynamic Decade：Hatch Reshapes University With Eye Toward Future”，*Winston-Salem Journal*，August 2，2015.

③ Pitzer College，“About Pitzer College”，June 15，2017，https：//www. pitzer. edu/about/.

④ Pitzer College，“Pitzer College At a Glance”，http：//pitweb. pitzer. edu/admission/explore/at-a-glance/.

⑤ Davidson College，“History & Traditions”，https：//www. davidson. edu/about/history-and-traditions.

收到超过102000份申请①)，但录取率只有17.3%，入学竞争颇为激烈。UCSD的申请者少于UCLA，但比其他案例校多出不少，同时录取率在所有高校中最高并超过30%，注册新生数量则与UCLA接近。私立大学USC的本科生规模略大于公立大学UNC，申请者数量多出约2万人，录取率则低12%。文理学院Pitzer和Davidson的申请者数量均没有超过6000人，但申请者数量最少的Pitzer录取率在所有高校中最低，入学竞争最为激烈。

表1-4　　　　案例校2015年的招录情况及相关数据

序号	高校	办学类型	所在州	申请者（人）	录取者（人）	录取率（%）	注册者（人）	录取注册率（%）	在校本科生数（人）	全美排名
1	UCLA	公立大学	加州	92728	16016	17.3	5679	35.5	29585	21
2	UCSD	公立大学	加州	78056	26509	34.0	5292	20.0	26590	42
3	UNC	公立大学	北卡	31953	9510	29.8	4076	42.9	18425	30
4	USC	私立大学	加州	51924	9181	17.7	2949	32.1	18810	21
5	WFU	私立大学	北卡	13281	3903	29.4	1284	32.9	4871	27
6	Pitzer	文理学院	加州	4149	559	13.5	267	47.8	1784	33
7	Davidson	文理学院	北卡	5382	1191	22.1	510	42.8	1067	10

注：因为第一批访谈是在2015年冬季实施的，为保持与访谈内容一致，本文所有数据（如无说明）均采用2015年的数据。该表中申请者、录取者、注册者、在校本科生的数据均源自各校2015—16年的常用数据集（Common Data Set，简称为CDS）②，即为2014年申请、2015年秋季入学学生的数据，或者说2015级学生的数据。其中注册者如有兼职上学的本科新生，亦包含在内。另外，全美排名为美国新闻和世界报道2018排行榜的数据，其中Pitzer和Davidson为最佳文理学院排名，其余高校均为最佳国家大学排名。

---

① University of California，Los Angeles，“Freshman Selection-Fall 2018”，http：//www. admission. ucla. edu/prospect/adm_ fr/frsel. htm.

② CDS是美国高等教育界中数据提供者（即高校）和发表者（以大学委员会和美国新闻与世界报道为代表）合作的产物，旨在为学生及家长和公众提供高校办学相关的准确和最新的数据，也被用于美国高等教育问责系统。

二　资料收集与分析

资料收集是否顺利，资料分析是否深入，都直接决定着研究的成败。即使有再好的研究设想，离开资料也成了无米之炊。有了资料后，分析如果停留于表面，没有进行充分挖掘和利用，亦往往造成浪费。本节主要介绍笔者收集和分析资料的具体技术。

（一）资料收集

质性研究一般依靠四种方法收集资料：参与到研究场景中；直接观察；深度访谈；分析档案文件和物质文化。[①] 由于笔者无法进入到录取决策现场，无法实地观察招办人员如何阅读申请、如何讨论申请者的资质或者如何进行面试，深度访谈和文件分析成为笔者依赖的资料收集技术。

1. 访谈

访谈是一种研究型交谈，是研究者通过口头谈话的方式从被研究者那里收集与建构第一手资料的方法。[②] 在确定案例校后，各校招办的录取决策者作为“局内人”成为笔者的关键访谈对象。由于本研究不仅试图描述案例校的录取决策实践，也包括挖掘和解释录取决策实践背后的动因，因此在选择访谈对象时以目的性抽样为原则，主要寻找在招办中处于管理者角色的职员，以便在了解具体实践的同时，了解招生政策或改革的设计、理念等。

美国高校的招办为科层制管理。高级管理者通常包括一位招办主任（有些称为“Dean”，有些称为“Director”）和/或一位主管招生或注册管理的副校长（Vice President），在有些高校二者为不同的人（此种情况下主管副校长一般不负责招办的日常工作），在文理学

① ［美］凯瑟琳·马歇尔、格雷琴·罗斯曼：《设计质性研究：有效研究计划的全程指导》，何江穗译，重庆大学出版社2015年版，第167页。

② 陈向明：《质的研究方法与社会科学研究》，北京教育科学出版社2000年版，第165页。

院中二者通常为同一人。有些招办还在主任之下设有执行主任（Director）[①]，比如 USC 和 Davidson。按照行政级别的高低顺序，中级管理者依次包括高级协理主任（Senior Associate Dean/Director）、协理主任（Associate Dean/Director）、高级助理主任（Senior Assistant Director）和助理主任（Assistant Dean/Director）。当然，不是每所高校都设有这些职位。据受访者介绍，中高级管理者都属于领导者范畴。初级职员一般指向咨询师（Admission Counselors）。另外，招办还设有负责行政杂务的操作人员（Administrative Support Staff/Operation Staff），比如主任秘书、助理主任秘书、校园参观协调员、前台接待等，以及负责招生数据分析的分析人员（Data Analyst），这些人员均不参与录取决策过程。本文以 AO（"Admission Officers" 的简称）指代招办中除操作人员和数据分析师以外的初级咨询师和中高级管理者，分别对应初级 AO 和中高级 AO。美国高校招办中录取决策者的完整科层结构以及案例学校的招办人员信息，分别见图 1-3 和表 1-5。

由于本研究的七所案例校分布于两个州，出于对访谈数据及时进行整理和分析、为下一步的资料收集提供方向和聚焦的依据以及调研便利的现实考虑，笔者将调研分为两轮实施：第一轮为 2015 年 12 月至 2016 年 1 月对加州高校的集中调研；第二轮为 2016 年 5 月对北卡高校的集中调研，此时各校招办结束了每年的审阅季，AO 工作较为轻松，同时对刚过去的录取决策过程印象最为深刻，是理想的受访时间。确定调研方案后，笔者根据案例校招办列出的职员信息[②]，首先发邮件联系各校的高级 AO 询问访谈的可能性，因为高级 AO 相当于招办的"守门人"。如果不取得高级管理者的同意，联系

① 当同时有"Dean"和"Director"时，笔者将"Director"译为"执行主任"，二者不同时存在则统一译为"主任"。另外，在美国，协理副校长为"Associate Vice President"，所以"Associate"译为"协理"，"Vice"译为"副"。

② 在寻找招办没有列出职员信息的 UCLA 和 UNC 受访者时，笔者通过 Google 输入"机构名 + 招办主任"、向招办官方邮箱写邮件、Google 搜索机构招生相关的新闻和文件等方式，挖掘两校的招办人员信息。

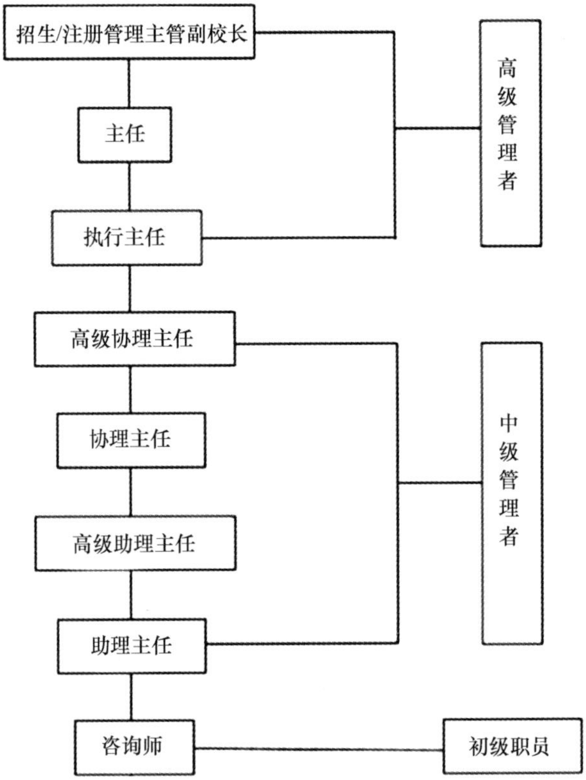

图1－3　美国高校招办录取决策者的科层结构

注：本图由笔者自行绘制。

招办其他人员也往往得不到回应。[①] 约访邮件内容是个性化的，而非通用的，除了都会介绍笔者的身份、研究内容和目的、参与研究的重要性，笔者会根据事先调查的受访者的个人经历或成就谈及相关的内容，目的在于通过这种个人化的请求方式提高成功获得访谈机会的可能性。在获得高级 AO 愿意接受访谈的回应后，笔者或通过滚雪球的

① 例如，在联系 UCLA 一位前中级管理者时，她表示最好的方式是让招办主任召集参与者，并拒绝了笔者的访谈请求。在 UCSD，笔者在参加宣讲会后向宣讲 AO 询问访谈的可能性，他表示需要先请示招办主任。

方式，或通过自行联系提出请求的方式①，获得了更多AO的受访许可。最终，笔者在案例校访谈了24位AO（访谈总时长约为22个小时），并以管理层为主（其中高级管理者10位），详见表1－6。

表1－5　　案例校的招办人员信息

办学类型	案例校	招办职位分类	AO数量（人）	其他人员（人）
公立大学	UCLA	招办无信息	约45	/
	UCSD	主管协理校长兼主任1人；协理主任3人；助理主任3人；咨询师21人	28	9位操作人员，5位数据分析师
	UNC	招办无信息	约40	约13人
私立大学	USC	主任1人；执行主任1人；高级协理主任2人；协理主任8人；地域管理执行主任1人；高级助理主任9人；助理主任23人；咨询师2人	47	网站未列出操作人员
	WFU	主任1人；高级协理主任1人；协理主任7人；助理主任3人；协调人员2人；咨询师4人	18	网站未列出操作人员
文理学院	Pitzer	招办&学生资助事务主管协理校长兼主任1人；执行主任1人；协理主任1人；助理主任1人；咨询师4人	8	4位操作人员
	Davidson	主管协理校长兼招办&学生资助办公室主任1人；高级协理主任兼招生事务执行主任1人；高级协理主任兼学生资助事务执行主任1人；高级协理主任兼多样化事务执行主任1人；优秀奖学金项目执行主任1人；协理主任2人；助理主任5人；招生咨询师3人；学生资助咨询师2人；国际招生咨询师1人	18	10位操作人员

注：除UNC和UCLA招办未列出该校职员信息、数据为受访者告知外（其中UNC受访者告知该校阅读申请材料者约40人，该校网站表明招办共有53名全职和兼职工作人员②），其他数据源自各校招办网站，数据获取时间为2016年12月，现在可能会有变动。另外，WFU的两位协调人员（Coordinator）也被视为咨询师，Davidson的招办与学生资助办公室合署办公。

---

① 例如，在UCSD，中级管理者为滚雪球的方式获得，即由高级管理者介绍笔者进行访谈；在WFU，多数中级管理者为笔者自行联系，并告知已取得高级管理者的访谈授权；在Davidson，笔者获得一位高级管理者的受访同意后，请求安排笔者指定的其他AO进行访谈。

② 数据源自：http：//provost. unc. edu/about-the-office/executive-staff/stephen-m-farmer/.

表 1－6　　　　本研究在案例校的取样情况（AO）

办学类型	高校	样本数（份）	职位	工作年限	访谈日期	调研阶段	访谈时长	访谈地点
公立大学	UCLA	1	高级管理者 1	近 20 年	2015/12/18	第一轮调研	63 分钟	各校招办
	UCSD	2	高级管理者 1 中级管理者 1	一人超过 40 年 一人近 5 年	2016/01/07		86 分钟	
私立大学	USC	4	高级管理者 2 中级管理者 2	两人近 30 年、 一人近 10 年、 一人近 5 年	2015/12/14－12/15		230 分钟	
文理学院	Pitzer	3	高级管理者 2 咨询师 1	两人近 20 年、 一人近 5 年	2015/12/17		155 分钟	
公立大学	UNC	1	中级管理者 1	/	2016/05/05	第二轮调研	45 分钟	
私立大学	WFU	9	高级管理者 1 中级管理者 7 前咨询师 1	一人近 30 年、 两人近 20 年、 四人近 15 年、 两人近 3 年	2015/09/01 2016/05/17－05/23		512 分钟	
文理学院	Davidson	4	高级管理者 2 中级管理者 1 咨询师 1	两人超过 30 年、 一人超过 10 年、 1 人近 5 年	2016/05/12		204 分钟	
公 3 私 2 文 2	7	24	高级管理者 9 中级管理者 12 咨询师 3	/	/	/	1295 分钟	

注：为了避免暴露受访者身份，笔者对管理者的职位不进行中、高级的区分，对工作年限也以四舍五入的计算为准，不表明精确年限。

此外，笔者还访谈了七位与案例校招生事务有一定关联的人员：WFU 有三人，包括一位招办操作人员、一位曾参与该校可免试入学改革的学生资助办公室管理者和一位黑人学生娜斯·梅尔斯（Neicy Myers）；UNC 有两人，包括副校长兼学生资助办公室主任奥特·雪莉（Ort Shirley）以及一位多样化评估办公室职员；UCLA 长期研究招生问题的法学院教授理查德·桑德（Richard Sander）；加州大学校长办公室招生评价负责人常桐善博士。通过与他们的访谈，笔者对案例校录取决策机制的运作、影响、效果等有了更客观和更全面的了解。

笔者利用在美的便利，还访谈了美国其他高校的 15 位 AO（其中高级管理者 10 位），访谈总时长约 14 个小时，包括同属精英高校的 Duke 和贝茨学院（Bates College，以下简称 Bates），以及录取率更高的五所高校，详见表 1－7。这些高校 AO 的阐述不仅使笔者了解到美国更多高校的录取决策实践，也因为提供了对比或更多的细节而加深了笔者对案例校录取决策的认识。笔者还通过面谈、Skype 等方式访谈了 6 位非案例校的相关人员，包括 Duke 法学院詹姆斯·科尔曼（James Coleman）教授（美国律师协会支援费雪案法律之友文件的撰写人）、长期关注各类教育考试的“公平考试”（Fair Test）组织负责人罗伯特·斯卡佛（Robert Schaffer）、长期研究大学招生的印第安纳大学伯明顿分校（Indiana University-Bloomington）前注册

表 1－7　本研究在非案例校的取样情况（AO）

办学类型	高校	样本数（份）	受访者	访谈日期	访谈时长	访谈地点
私立大学	Duke	1	管理者 1	2016/05/04	15 分钟	招办
	HPU	4	管理者 4	2016/05/24	120 分钟	招办
	Elon	2	管理者 2	2016/05/26	120 分钟	招办
文理学院	Bates	1	管理者 1	2015/10/01；2015/10/03	229 分钟	NACAC 会场旁酒店
	Guilford	5	管理者 3 咨询师 2	2015/10/02；2015/11/06	219 分钟	NACAC 会场；招办
	Lawrence	1	管理者 1	2015/10/02	58 分钟	NACAC 会场
	Puget Sound	1	管理者 1	2015/11/30	101 分钟	Skype
总计	7	15	高级管理者 10 中级管理者 3 咨询师 2	/	862 分钟	/

注：HPU 为海波特大学（High Point University），Elon 为依隆大学（Elon University），Guilford 为吉尔福德学院（Guilford College），Lawrence 为劳伦斯大学（Lawrence University），Puget Sound 为普及桑大学（University of Puget Sound）。2015 年，各校的录取率如下：Duke 为 11.8%，HPU 为 72.5%，Elon 为 57.2%，Bates 为 21.8%，Lawrence 为 68.2%，Puget Sound 为 79.2%。数据源自各校 CDS。2014 年，Guilford 的录取率为 62.2%（该校网站未给出 2015 年的 CDS）。

管理分管副校长兼教育学院教授唐·霍斯勒（Don Hossler）、Standout 升学辅导公司升学独立咨询师张郑倩、费尔法克斯郡公立大学（Fairfax County Public School）的高中咨询师以及 PSU 招办的数据分析师。

另外，笔者在参加招办人员及招生事务相关者云集的 NACAC 年会时，曾经参加 Bates 退休招办主任威廉·希斯（William Hiss）召开的可免试入学小组会议，聆听了多所高校招办高级管理者对招生政策的看法，并与斯坦福大学、康奈尔大学的 AO 等有简短交流，也与一位 ACT 工作人员进行了非正式交谈。笔者还参加了案例校的招生宣讲和校园参观，并与申请者及其父母交谈，询问申请的情况以及对招生的看法等等。这些经历都丰富了笔者对美国大学招生整体情况的认识。

关于访谈样本是否足够的判断，可以参考充足度以及资讯饱和度两个标准。充足度指是否有充足的人数，其涵盖的场域与人员属性范围足以充分反映母群体的全貌。资讯饱和度指到了某个阶段之后，访谈者听到的都已经是先前访谈听过的资讯，再也无从获知新的内容。① 尽管使用访谈法时应尽量避免出现任何特定范畴只有一位受访者的情形，受到现实条件的制约，笔者在 UNC 和 UCLA 只获得一位受访 AO。笔者曾经给两校多位 AO 发送约访邮件，均被拒绝或未得到任何回复，原因可能与两校均处于敏感时期有关：UCLA 面临两位学者控诉其违反加州政府颁发的肯定性行动禁令；UNC 面临一个非营利性组织发起的指责其歧视亚裔和白人的控诉。Bates 退休招办主任威廉·希斯也表示公立大学的资料的确难以获取②。这是一

---

① ［美］埃文·塞德曼：《访谈研究法》，李政贤译，台北：五南图书出版股份有限公司 2009 年版，第 78—79 页。

② 他谈道："我告诉你会很难得到公立大学的合作，因为我非常艰难地游说加州州立大学的某分校参与我们的研究，这所大学问'这个研究是强制执行的吗?'强制执行意味着是由政府官员或者立法者或者大学校长下达的命令。我说'不是，是一项私人开展的研究，不是政府强制的研究'，'不，我们不感兴趣'，这个回复就像'如果这是我必须做的工作，我会做'，许多公立大学职员的反应是'我只做我被指令做的事情，不做其他更多的事情'。"

个很有意思的现象，在美国，公立大学的信息本应更为公开、透明，AO 却屡屡拒绝受访，UCLA 和 UNC 招办也没有列出职员信息。私立高校更愿意接受笔者的访谈，应主要与其较少受到法律的约束有关。从这一点可以看出，政治环境对美国高校的招生事务具有影响。

不过，UNC 因两次面临诉讼，相关的法律文件揭示了许多内部信息，包括即使接受访谈也不一定会告诉笔者的信息，因而受访者数量为一人并不影响该校数据的丰富度。笔者通过挖掘，找到与该校录取决策有关的许多文本信息，可以弥补受访者少的缺陷，UCLA 亦是如此。相较于公立大学，私立高校在招生上的公开信息更少，但笔者有幸在各校获得不少的受访者，最少的有三人（Pitzer），最多的达到九人（WFU），且覆盖高级和中级管理者，因而从不同角度获取了有价值的信息。同时，由于笔者与每位 AO 的访谈时长大部分为一个小时，加上获取了大量文件资料，因此完成两轮调研后资讯基本上达到了“饱和点”。

根据安德里亚·丰塔纳（Andrea Fontana）和詹姆斯·弗雷（James H. Frey）对访谈类型的划分①，本研究主要采取半结构性访谈，既预先设计了主要的问题，也允许受访者自由发挥，访谈内容保持一定的开放性和灵活性。在访谈提纲的设计上，由于事先通过浏览文件、阅读研究成果等途径对美国高校普遍的录取决策实践有一定的了解，而且调研旨在获取案例的具体情况，因此笔者在访谈架构上采用干枝型访谈，即基于研究目的将访谈问题分为招生理念、高中学业记录、考试分数、个人素质、个人背景、评价路径等多个部分，并形成问题概要式的“粗线条”访谈提纲（见附录）。

考虑到案例校的特征、录取决策实践以及受访者的身份和背景不尽相同，笔者在每次进入田野之前，都会事先查阅与案例校招生

---

① Andrea Fontana and James H. Frey, “Interviewing: the Art of Science”, in Norman K. Denzin and Yvonna S. Lincoln, eds, *Handbook of Qualitative Research*, Thousand Oaks, CA: Sage Publications, 1994, pp. 361 – 376.

和受访者相关的信息，并结合初步了解的情况，对访谈提纲和提问重点进行针对性的调整（具体例子可参阅笔者已经发表的访谈文章[①]）。例如，在进入UCLA调研时，由于它对评价路径进行了改革，笔者便将提问重点放在了解该改革的理念和操作上。同时，该校受访AO在文理学院、私立大学和公立大学的招办均有工作经历，笔者也询问了其在不同类型高校工作的感受。在WFU，由于获得了九位受访者，为了避免访谈内容的重复，笔者根据各人的岗位责任，有侧重地询问其负责的内容，比如：在访谈高级AO时，重点询问采取可免试入学改革的动机、改革历程、达成效果等等；在访谈负责在家上学学生等非传统生源的中级AO时，重点询问对该类申请者如何评价；在访谈负责海外招生事务的AO时，重点询问如何甄别国际生的学业记录、高中背景、申请材料真伪等问题。通过对访谈问题的区分设计，笔者获取了与WFU录取决策机制有关的细致而全面的信息。在受访者包含不同级别招办人员的高校，笔者也会区分提问重点：针对高级AO，主要了解招生政策的设计、改革目的、对招生实践的思考等宏观理念层面的问题；针对中级AO或咨询师，主要了解与录取决策有关的微观操作层面的问题，因为招办网站或其他途径提供的信息往往不够具体和全面。当然，在访谈过程中，笔者必要时会进行追问，并尽量使用受访者的语言，以进一步询问其之前谈到的关键信息。

2. 文件

本研究收集了大量案例校的招生文件，包括高校本身提供的资料和外部组织发布的资料，几乎穷尽了与研究问题相关的公开材料。首先，案例校本身提供的资料按照功能划分，包括内部决策类、高校宣传类、招生政策类、数据报告类四类文件。第一类为内部决策类文件，指反映高校录取决策真实行为的内部文件，比如招生会议

---

① 万圆：《美国大学招生的考量因素及动向——美国加州伯克利认证升学咨询师张郑倩访谈》，《教育测量与评价》2016年第8期。

记录、评价准则、评价表等等。在案例校，笔者获得了 Pitzer 正在使用的学业评价准则和 USC 设计但未被完全使用的面试评价表。不过由于招生的敏感性，其他高校拒绝了笔者获取内部文件作为研究之用的请求。笔者在非案例校也获得了一些内部决策类文件（包括 Puget Sound 和 Guilford 的评价表以及 Guilford 的写作评价准则），可以为本研究提供一些背景和参考。第二类为高校宣传类文件，涵盖案例校招办网站的介绍、招办的博客、招办发布的宣传手册等等。同时，笔者还听了三场招生宣传网络讲座，包括 Pitzer 前代理招办主任杰米拉·埃弗雷特对该校申请和选拔过程的介绍、Pitzer 对面试的介绍和 UCSD2016 年的申请工作坊，并将其转录成文字稿，以供分析之用。第三类为招生政策类文件，即招办或者高校层面发布的相关招生政策，比如加州大学发布的 UCLA 和 UCSD 都需遵守的“董事会政策 2108”——《关于在本科招生中的个体考察和整体性评价的决议》（Regents Policy 2108：Resolution Regarding Individualized Review and Holistic Evaluation in Undergraduate Admissions）。第四类为数据报告类文件，主要指高校发布的新生档案、年度招生报告以及相关的招生数据描述文件，也包括美国高校每年都会公布的 CDS。CDS 公布了高校各方面的办学数据，其中第三部分为与本科新生招生有关的各项数据。

其次，外部组织发布的资料按照功能划分，包括调查报告类、法律控诉类、招生故事类、新闻报道类四类文件。第一类为调查报告类文件，主要指第三方对案例校招生实践开展的独立调查，包括美国教育部下属的民权办公室（Office for Civil Rights，以下简称 OCR）2012 年发布的对 UNC 族裔身份考量方式的调查报告、UCLA 教授对该校整体性录取运作的调查报告等等。第二类为法律控诉类文件，主要指名为“公平招生”（Students For Fair Admissions）的非政府组织指责 UNC 歧视亚裔和白人的控诉文件。第三类为招生故事类文件，包括书籍或者媒体对案例校招生改革或录取决策实践的相关叙事，比如《纽约时报》（*New York Times*）发布的 UNC 与 Davidson 的录取故事。第四类为新闻报道类文件，即各类媒体——包括社会媒体和高校媒体——发布的与高校招生实践相关的报道或新闻，比如《UCSD 卫报》（*UCSD Guardian*）发布的该校整体性录取过程的报道。

对案例研究而言，文件作为资料来源之一，具备的优点包括："稳定，可以反复阅读；自然、真实，不是作为案例研究的结果建立的；确切，包含事件中出现的确切的名称、参考资料和细节，覆盖面广，时间跨度长，涵盖多个事件、多个场景。"[①] 的确，本研究收集到的文件对于笔者了解案例校的实际录取决策过程大有裨益。除了许多文件本身提供了有价值的信息或数据，有些文件在访谈前为准备访谈提纲提供了背景信息和关注点，有些在访谈后验证了受访者提及信息的真伪，有些补充了受访者未提及或者简单谈及的内容，有些则证实或证伪了其他资料提供的信息。例如：笔者发现 UNC 的 CDS 显示考试分数被视为"非常重要"，但该校受访者和 OCR 调查文件均表明不会太重视考试分数，信息的出入令人玩味；UCLA 教授对该校整体性录取实践的调查报告描述了评价的不同阶段，这是 UCLA 受访者、招办网页和其他类别文件均没有揭示的信息。因此，文件对本研究而言，是与访谈同等重要的资料来源，并非只是访谈的补充。

（二）资料的分析

收集到资料后，研究者还需要通过逐步集中和浓缩的方式进行系统化、条理化的整理和分析，以达到对原始资料进行意义解释的最终目的。[②] 由于质的研究对资料整理要求比较严格，笔者首先将访谈录音逐字逐句地转录为文本资料，并及时记录这一过程中闪现的

---

① ［美］罗伯特·殷：《案例研究：设计与方法》，周海涛、李永贤、李虔译，重庆大学出版社 2010 年版，第 110 页。

② 陈向明：《质的研究方法与社会科学研究》，北京教育科学出版社 2000 年版，第 279 页。

灵感和想法。每份录音整理完毕后，笔者对转录文件进行编号，编号系统包括如下信息：（1）高校名称简写。（2）受访者身份，以“AO”表示招办中除操作人员和数据分析师之外的录取决策者，“AA”表示数据分析师，“P”表示“教授”（Professor），“FAP”（Financial Aid Professional）表示学生资助办公室的专业人士，“S”表示学生（Student），“AS”表示招办操作人员（Admission Operation Staff）。（3）如果同一高校招办存在多位受访者，则对受访者进行编号。例如，“3”表示高校招办的第3位受访AO。如有意愿公开身份者则以名和姓的首字母组合代替编号，如UNC的宣传负责人艾希礼·玛梦丽（Ashley Memory）愿意实名，则以“AM”表示，其他类型以此类推。如果某种类型受访者只有一人且保持匿名，或者网络讲座中的AO不属于受访对象，则该项空缺。例如，WFU招办操作人员中只有一位受访且不愿实名，则编号为“WFU-AS-150901”。如果是属于受访对象的AO主持的网络讲座，则此处为名和姓的首字母组合。（4）访谈日期简写，比如“160512”表示访谈时间为2016年5月12日。

由于本研究的目的在于使用获取资料描述七所案例校的录取决策机制，并建构解释驱动录取决策实践的多重逻辑作用模型，笔者选择使用尹恩·戴伊（Ian Dey）提出的三阶段六步骤法①开展文本分析，该方法与三级编码法②比较吻合，但更为具体：第一阶段为“使文本易于处理”，包括第一步——“显化地陈述研究的焦点和理论框架”（在这一步一般会初步通读文本并识记，突出相关的文本），第二步——“选择相关的文本进行更深入的分析”；第二阶段为“倾听文本说什么”，包括第三步——“通过相关文本的段落整

① Ian Dey, *Qualitative Data Analysis: A User-Friendly Guide for Social Scientists*, London, UK: Routledge and Kegan Paul, 1993.

② 即斯特劳斯和科宾提出的开放式、轴式和选择性编码。详见：Anselm Strauss and Juliet Corbin, *Basics of Qualitative Research: Grounded TheoryProcedures and Techniques*, Thousand Oaks, CA: Sage Publications, 1990.

合分组，记录重复的观点”，第四步——“将整合的重复观点纳入一致的种类来组织议题”；第三阶段为“生成理论”，包括第五步——“通过将分类主题建构为更抽象的与理论框架一致的概念来生成理论”，第六步——“通过重述在理论建构上参与者的故事来创造理论叙述”。[①] 换言之，笔者首先熟读资料，基于研究目的和概念框架抽取相关的文本。随后，笔者对相似观点进行整合并形成多个主题。最后，笔者将分类主题进行整合与抽象，并深入分析和阐释资料隐含的深层结构，从而构建能够解释研究问题的理论模型。

三 研究可靠性

由于质性研究具备不可避免的主观性，其研究结论会面临是否真实、可信的质疑，同时“将质性研究的发现推论到其他人群、研究场景以及处理安排上——也就是研究发现的外部效度——通常被传统规范视为质性研究取向的弱点。”[②] 尽管质性研究不太拘泥于量化研究的信、效度标准，而更为重视研究者对获取资料的意义构建，或者说对客观现实的理解和阐释，但质性研究者应尽可能保证研究结果的可靠性。笔者除了以尽可能详细记录和说明研究过程作为提高信度的一般方法[③]，主要采取以下策略最大限度地增加研究结论的可信度和推广性。

第一，访谈数据和文件均为一手资料。赫伯特·鲁宾（Herbert Rubin）和艾琳·鲁宾（Irene Rubin）提出“选择受访者，即当你的

---

① 转引自王晶莹《中美理科教师对科学探究及其教学的认识》，博士学位论文，华东师范大学，2009 年，第 126—127 页。

② ［美］凯瑟琳·马歇尔、格雷琴·罗斯曼：《设计质性研究：有效研究计划的全程指导》，何江穗译，重庆大学出版社 2015 年版，第 297 页。

③ 罗伯特·殷指出提高信度的一般方法，是尽可能详细地记录研究的每一个步骤，就如同有人在你背后监督着你的一举一动一样。通过记录研究过程，研究者时刻提醒自己，任何资料都要能经得起审核。就这一意义来说，审核者也是在进行信度检验。参见［美］罗伯特·殷《案例研究：设计与方法》，周海涛、李永贤、李虔译，重庆大学出版社 2010 年版，第 51 页。

谈话伙伴是有经验的人并且拥有关于研究问题的第一手资料时，你的访谈就获得了信度。”[①] 笔者的访谈对象均为美国精英高校招办的一线工作人员，其中不乏在招生领域工作多年、具备丰富经验和深刻见识的高级管理者（比如招办主任）。同时，笔者搜集的文件均为一手资料，有一些还揭示了个案高校的内部“机密”。另外，笔者查阅的文献基本上是美国学者或研究机构的研究成果。

第二，从不同来源收集资料，并采取多样的理论视角，以实现三角互证。“通过三角互证（不同的资料来源、不同的研究方法、不同的理论、不同的研究者），从研究中所获特定知识的效度就可能更坚实”，并使研究主题能够更准确、更客观、更中立地呈现。[②] 由于笔者没有采取混合研究设计，也没有邀请更多的研究者参与本项目，使用的三角互证技术以从不同来源收集丰富的资料和采取多样的理论视角为主。就不同来源收集资料而言，本研究的七所案例校跨越两个州和三种办学类型，在是否采用可免试入学政策上也存在差异。在收集资料上，一方面，访谈数据源自七所高校的 24 位 AO 且以管理层为主，在同一高校的 AO 也往往不止一人且职位不同，因此获取的信息既出自具备丰富经验的专业人士，也涵盖了不同的观点。笔者还有高校内部局外人（比如学术院系的教授）的视角[③]和其他高校的访谈素材，充实了与本研究相关的背景信息。另一方面，收集的文本覆盖七种类型，展示的信息颇为丰富，并与访谈素材相互补充和验证。概言之，多个案、多访谈对象的设计，以及多于一种

① ［美］赫伯特·鲁宾、艾琳·鲁宾：《质性访谈方法：聆听与提问的艺术》，卢晖临、连佳佳、李丁译，重庆大学出版社 2010 年版，第 55 页。

② ［美］凯瑟琳·马歇尔、格雷琴·罗斯曼：《设计质性研究：有效研究计划的全程指导》，何江穗译，重庆大学出版社 2015 年版，第 9 页。

③ 赫伯特·鲁宾和艾琳·鲁宾指出：“在确保你已经访谈了体现不同视角的人时，你的研究信度就强化了。响应式访谈的哲学表明真相是复杂的，为了详细地描述复杂性，你需要收集不同个体所持有的矛盾的或重叠的视角，以及微妙细腻的理解。”参见［美］凯瑟琳·马歇尔、格雷琴·罗斯曼《设计质性研究：有效研究计划的全程指导》，何江穗译，重庆大学出版社 2015 年版，第 57 页。

的资料收集方法，使笔者获得较全面的事实图景和关键信息，大大提高了本研究结论的信度和应用于其他场景的有效性。就多样的理论视角而言，本研究基于复合学派分析录取决策机制，因此在设计访谈提纲和提问时，注重从不同角度挖掘相关的信息。在分析资料时，笔者始终“秉持多重观点，设想多重假设，将各种不同观点予以对照，以评估彼此的效用与功能”①，从而达到理论的三角互证。

第三，力求访谈数据的准确性。笔者与案例校受访者的对话均在征得同意后进行了全程录音，转录为文字时也力求准确。在两位非案例校的受访者未同意录音的情况下，笔者做了详细笔记，并在结束后及时进行整理以保持记忆的准确性。在条件允许的情况下，笔者进行了参与者检验，将转录好的访谈稿发送给受访者过目。尽管访谈语言——英语非笔者母语，但笔者在访谈前阅读了大量研究文献和案例校的招生文件，对招生术语较为了解，同时笔者的听力较佳，且对每份录音一般都会听两遍甚至更多遍，因此基本可以保证转录的准确率（一些没有听懂且未获得受访者检验的内容，本文一律未引用）。至于翻译，尽管它本身绝不仅仅是技术工作，包括了对意义的建构②，但笔者尽可能真实地呈现受访者表述，并在没有充分把握的翻译中保留英文原文，以达到“信”的境界。

第四，将自身的反思贯穿于研究工作的始终。质性研究面临的两个威胁是偏见和感应性：前者指研究者对于研究问题所持的“前见”；后者指研究者对被研究者关于本研究的认识和评价所采取的态度。③ 就偏见而言，笔者在研究开始之前可能持有一种偏见，认为“美国精英高校的录取决策实践是完美的，我国应该大力度借鉴和模

---

① ［德］伍威·弗里克：《质性研究导论》，李政贤、廖志恒、林静如译，台湾：五南图书出版社 2007 年版，第 237—241 页。

② ［美］凯瑟琳·马歇尔、格雷琴·罗斯曼：《设计质性研究：有效研究计划的全程指导》，何江穗译，重庆大学出版社 2015 年版，第 205—207 页。

③ ［美］约瑟夫·A. 马克斯威尔：《质的研究设计：一种互动的取向》，朱光明译，陈向明校，重庆大学出版社 2007 年版，第 83—84 页。

仿”。在阅读大量文献后，笔者的偏见又转向“美国精英高校的录取决策实践具有很多阴暗面，在促进入学机会公平上的努力有限”。就感应性而言，笔者认为有时有些 AO 之所以接受访谈，是出于宣传的目的，以便获得更多来自中国的申请者，因此在访谈时表露的观点基本为正面和积极的信息，对于捐赠等敏感话题或一些负面信息则避而不谈。为了保证研究结果的真实性，笔者在调研和资料分析过程中，全程反思与受访者的访谈过程以及自身作为研究者的中立角色，以最大限度地减轻“前见”和感应性对研究结果的影响。

第五，进行同行汇报。同行汇报指与有相关知识且可以接触到的学界友人讨论研究者的编码、个案概述、资料分析过程中所写的分析性备忘录、逐渐成形的发现以及即将完成的报告草稿等等，并获得有价值的反馈①，是一种提高信效度的有效手段。在研究过程中，笔者除了与导师郑若玲教授交流，与外导约瑟夫·索尔斯教授、“公平考试”组织负责人罗伯特·斯卡佛、Bates 退休招办主任威廉·希斯、PSU 高教项目刘华聪博士（博士论文研究美国肯定性行动州禁令的实施效果）等均有过探讨，探讨内容涉及本研究的设计、调研过程、调研结果、初步研究发现等等。另外，笔者曾在会议展示初步的研究结论，并得到有益建议。

四　研究伦理

研究伦理关乎研究是否符合道德规范。在质性研究中，“作为和谈话伙伴所发展的关系的一部分，研究者承担着很深的伦理责任。”② 而且，本研究涉及的部分问题可能比较敏感，因此笔者尽可能小心谨慎地处理伦理道德问题。笔者在 PSU 学习期间通过了“研究伦理合作机构培训计划”（Collaborative Institutional Training Initia-

① ［美］凯瑟琳·马歇尔、格雷琴·罗斯曼：《设计质性研究：有效研究计划的全程指导》，何江穗译，重庆大学出版社 2015 年版，第 263 页。

② ［美］赫伯特·鲁宾、艾琳·鲁宾：《质性访谈方法：聆听与提问的艺术》，卢晖临、连佳佳、李丁译，重庆大学出版社 2010 年版，第 31 页。

tive，简称“CITI”）的考核并取得证书，为本研究遵守研究伦理提供了较好的知识储备。总的来说，笔者对研究伦理的考虑具体表现在以下方面：（1）在约访邮件中，向受访者表明身份，并详细说明研究的目的、访谈资料的使用等事项，确保受访者的知情权和自愿参与。同时，由受访者选择访谈时间和地点，以保证其在安全、舒适的环境中畅所欲言，以及对其表示尊重。（2）进行访谈时，在征得对方同意后才进行录音，并尊重受访者中途退出的权利。同时，认真、耐心地倾听受访者的表达，并对其看法持有共情的理解和完全的尊重。受访者有时会反过来询问中国的情况或者对美国大学招生的看法，笔者会给予回应，因为研究者要求被访者敞开心扉，互惠性原则也要求研究者袒露自己的一些经历或观点[①]。另外，在涉及敏感问题时，笔者把是否透露以及透露什么的选择权交给受访者，在请求诸如内部评价表的敏感材料时，也把是否给予的选择权交给受访者。（3）在访谈结束后，以当面感谢并赠送中国特色小礼物、再次发送感谢邮件、留下提供帮助的承诺和为受访者发声等方式，回报受访者在时间、精力以及情感方面的付出。同时，尊重受访者审阅、修改和撤除访谈资料的权利，在阐释访谈资料时也力求准确和公正。

是否对案例校和受访者身份进行保密处理，是研究伦理的一个核心问题。在案例研究中，匿名问题在两个层次上存在：整个案例（或案例群）的匿名以及案例（或案例群）中个人的匿名。近年来，每个案例都允许研究者有权选择匿名处理方式。[②] 在本研究中，案例校均以实名出现，因为笔者征得了各校受访者公开校名的同意，而且文中引用的大量资料都是案例校的公开信息，实难进行匿名处理。对于受访者身份保密或匿名的问题，学者也有不同的见解，比如理

① ［美］赫伯特·鲁宾、艾琳·鲁宾：《质性访谈方法：聆听与提问的艺术》，卢晖临、连佳佳、李丁译，重庆大学出版社 2010 年版，第 30 页。

② ［美］罗伯特·殷：《案例研究：设计与方法》，周海涛、李永贤、李虔译，重庆大学出版社 2010 年版，第 193 页。

查德·密西勒（Richard G. Mitchell）认为匿名并不一定就是件好事，因此主张受访者有权选择是否要公开自己的姓名或身份[①]；赫伯特·鲁宾等指出“有时被访者可能希望自己可以被认出来并借此为他们的群体做宣传，这时伦理关怀就是要明确被访者的身份，而不是为他们保密。”[②] 约瑟夫·索尔斯教授也表示许多人未必希望匿名，特别是具有一定声望和地位的专业人士，比如他本人接受美国媒体或研究者访谈时就保持实名状态。的确，笔者在查找案例校资料时发现有不少招办主任和其他高级 AO 实名接受媒体的访问，宣扬自身的招生理念和实践举措。出于尊重受访者意愿的考虑，笔者以不伤害受访者为原则（即确认公开身份及相应内容不会对受访者造成任何伤害），对部分期望公开身份者（主要是非 AO）进行实名处理。另外，尽管许多案例校的 AO 表示不介意公开姓名，笔者考虑到招生的敏感性，出于保护的目的还是进行匿名处理，并对可能暴露身份的线索进行技术性修改、匿名或不做引用。

五　研究限制

外在的客观因素和研究者自身的主观因素都会对研究产生限制。[③] 本研究的限制主要体现在以下几个方面。首先，由于招生的敏感性，笔者没有获取到预期的所有数据。在访谈数据上，针对捐赠者子女、高校财政投入、族裔身份考虑等敏感问题，笔者得到的信息有限。有些受访者并非知无不言、言无不尽，且可能有言行不一致的行为。例如，笔者在询问私立高校是否有针对巨额捐赠者子女的灵活指标时，有一位文理学院 AO 表示“零”，另一位私立大学

---

① 转引自［美］埃文·塞德曼《访谈研究法》，李政贤译，台湾：五南图书出版股份有限公司 2009 年版，第 96 页。

② ［美］赫伯特·鲁宾、艾琳·鲁宾：《质性访谈方法：聆听与提问的艺术》，卢晖临、连佳佳、李丁译，重庆大学出版社 2010 年版，第 92 页。

③ 尹弘飚：《课程实施中的教师情绪：中国大陆高中课程改革个案研究》，博士学位论文，香港中文大学，2006 年，第 74 页。

AO 则坦诚告知这是私立高校招办主任会追踪的利益之一。尽管笔者无法验证文理学院招办的真实行为，但捐赠者子女能够在录取竞争中获得倾斜在私立高校已经是公开的秘密，表示没有灵活指标的 AO 可能出于维护机构声誉的目的，选择回避真实答案。在族裔身份考虑上，由于美国最高法院（the Supreme Court）对公立大学的族裔倾斜政策有一定的约束，在加州更是实行了在大学招生中禁止考虑族裔身份的禁令，笔者在询问公立大学 AO 如何考虑族裔身份时，较难得到真实的答案。例如，有些文献已经基于实证证据表明了 UCLA 违反了州禁令，但 AO 对此不愿详谈或予以否认。

在文本数据上，尽管美国高校提供的招生数据比较公开、透明，但是在三方面仍然存在不足。第一，高校公开的招生数据为机构层面的数据，没有学生层面的（匿名）数据。当然，这一点可以理解，高校不可能公开所有的数据，但这制约了笔者进行更为深入的分析和验证。第二，分析高校录取决策过程的重点之一在于获取录取学生的数据（是否注册是被录取学生自身的选择，与高校的录取决策行为关联甚微），比如录取的不同学生群体在各维度的分布特征，但是高校公布的数据以注册学生为主（每所高校都有的 CDS 和新生档案都是指向注册学生）。UCLA、UCSD、Pitzer 和 WFU 四所高校虽然发布了一些录取学生的数据，但详尽程度不一，且不如注册学生的数据全面。第三，CDS 的信息有些不够准确，与 AO 的观点和其他文件存在出入，给笔者的理解和阐释带来一些困难。另外，笔者拿到的高校内部决策类文件甚为有限，亦无法观察或参与高校的真实录取决策过程，加上录取学生数据的缺失，均导致本研究无法完全打开案例校的“黑匣子”。不过笔者阅读了很多描述真实录取决策行为的文献，一定程度上抵消了在这一点上的不足。

其次，由于个人的经费、时间、精力和受访者的意愿等现实条件的制约，笔者没有联系录取率低于 10% 的顶尖大学（如 HYP），而是进入选拔性低一个梯度的七所案例校进行访谈。唐·霍斯勒教授即表示“WFU 属于第二梯队，是仅次于第一梯队的高校”。同时，在个案高校获得的访谈样本量可能不够大。例如，在加州调研时，由于加州的案例校彼此并不在同一城市（两所在洛杉矶、一所在克莱蒙特、一所在圣地亚哥）①，笔者不仅专程从北卡飞往加州，也需要在不同的城市奔波。在北卡调研时，除了笔者所在的WFU，另外两所案例校分布于不同城市（一所在教堂山、一所在戴维森）。加上笔者出行依赖公共交通，在田野逗留的时间便受到限制。除了WFU，其他每所高校的调研都尽可能安排在一天内完成，最多不超过两天，这在一定程度上影响了样本量。笔者已经尽可能增加访谈人数，向案例校许多AO都发送了约访邮件，但被拒绝或未收到任何回复。另外，在一天访谈三人或四人的情况下，笔者有时会感到些许精力不济，可能会影响部分谈话的质量。

最后，研究者的身份、自身经验和能力一定程度上影响着研究质量。就研究者的身份而言，笔者的“WFU访学生、厦大博士生”身份有利亦有弊。一方面，有些受访者理解开展博士论文的不易或者对研究工作持尊重和支持态度，而给予笔者对话机会。例如，USC某高级AO在访谈时即告知其妻子也曾撰写博士论文，理解收集资料的不易，因而在繁忙的工作中抽出一个小时与笔者交谈。有些受访AO则表示信任笔者的研究工作，因为中国有一些不大值得信任的中介公司的业务员会接近他们。另一方面，由于笔者是在中国攻读学位的博士生，一些数据开放政策或研究开放政策并不适用。比如，加州大学有向研究者开放数据供研究之用的政策，以及有一些美国学者获得进入招办观摩或参与实际录取决策过程的机会，但笔者囿于国内高校的学生的身份无法获得相应权限。另外，个别高校可能会担心本研究结果在中国的发布影响其招收中国学生，所以有选择性地分享信息。但有些高校乐于分享经验，为中国的招生改革提供借鉴，UNC的AO就表示：“我们想要提供最佳的招生宣传，

① 加州大学伯克利分校在奥克兰（Okland），离洛杉矶和圣地亚哥较远，出于现实考虑便没有联系该校。

想要影响其他高校，所以现在正在跟你交谈。这些信息会被反馈到中国，也会帮助你。这是我们想要达到的部分目标。”

就研究者的自身经验而言，笔者在国内并未从事过招生工作，遑论美国，在开展本研究之前也未曾在美国生活，因而对美国高校招生实践的理解可能比较表面，对美国的社会、文化背景了解可能不够深入。例如，在开展研究之前，笔者未曾料想种族问题对美国高校招生实践的影响力，但随着研究的深入，越来越发现它深刻影响着录取决策实践。

就研究者的能力而言，本研究中几乎所有的访谈都用英语进行对话，笔者的英语水平尚未达到与美国人交流毫无障碍的地步，在理解受访者一些本土化的表达上存在一定的欠缺。当然，如涉及重要的概念，笔者会请受访者加以解释。在翻译访谈内容和文本资料时，笔者阅读和理解英文文献的障碍较小，但是对文献的翻译常常令笔者感到有些头疼。尽管笔者尽最大努力保证翻译的准确性，但由于并非英语专业出身，难免有一些不足之处。

第二章

多元考量因素（一）：学业表现类因素

（学生在大学成功的）证据在成绩单中，即学生在高中的表现如何，还有写作和 SAT 分数。

——（Davidson 受访 AO）

考量因素是录取决策的核心要素，也是录取标准的落脚点。为了便于申请者和公众了解自身如何选拔生源，美国高校在招生网站和官方文件中都会说明使用的考量因素。尽管各案例校的表述和详尽程度不一（见表 2－1），考量因素涉及的维度却是一致的，包括学业类因素和非学业类因素（也被称为“个人因素”）两个宏观维度，这也是 CDS 使用的维度（见表 2－2）。CDS 采行统一的格式，要求美国高校对各考量因素的重要程度进行评价，以更好地向政府和公众公开录取决策信息。另外，非学业类因素的内涵较广，根据其特征和使用目的，可分为个人成就类因素和个人背景类因素。

无论美国高校的录取决策如何变迁，亦无论其多么复杂、多么具有隐秘性，学业表现一直是招办不变的重要考量范畴（尽管权重有所变化）。在所有的学业因素中，学业严格度、高中 GPA、课程成绩和年级排名等均属于记录在申请者成绩单上的高中学业信息，统称为高中学业记录。标准化考试分数在美国高校的招生史上扮演重

表2-1 **案例校官方宣传的考量因素**

高校类型	案例高校	考量因素
公立大学	UCLA	对生源的选拔基于对包括学业和个人在内的所有信息的全面评价。基于与优秀有关的宽泛概念，评价者使用以下八项没有预设比重的标准来选拔生源：1. 申请者在高中的大学准备中取得的所有成就，包括修读课程的数量和难度以及课程成绩；2. 申请者的个人品质；3. 为UCLA校园的学业活力和文化活力可能做出的贡献；4. 标准化考试分数；5. 在学业充实项目中取得的成就，包括但不局限于加州大学赞助的课程；6. 其他有关成就的证明；7. 拥有的机会；8. 曾面临的挑战
	UCSD	考虑以下的学业因素和个人因素：高中GPA；标准化考试分数；课程成就；个人素质；对校园学业和文化活力可能做出的贡献；在学业充实项目中取得的成就；在知识或创造性努力上获得的典范式的、持续的成就；曾面临的挑战、逆境和不寻常的遭遇
	UNC	考虑8个维度内的40多种因素，包括：学业表现（比如高中GPA、年级排名以及课程成绩的变化趋势）；学业项目（比如修读课程的难度）；考试分数（包括SAT分数）；课外活动（如工作经历和展现出的领导才能）；特长（包括体育和音乐方面的天赋）；写作（包括行文说服力、知识量和独特的视角）；个人背景（包括SES、校友联结、族裔身份和国别）；个人的发展前景（包括好奇心、整合能力以及克服困难的经历）
私立大学	USC	考虑个人境遇和杰出成就，包括：学业表现、课程严格度、写作能力、标准化考试分数、课外活动、领导力和社区服务
	WFU	高中课程和课堂表现，加上学生的写作能力、课外活动以及有关品格和才能的证据，是最重要的录取标准
文理学院	Pitzer	使用整体性路径考察学生的高中成绩、推荐信、领导职位、工作经验、在学校和社区活动的参与度以及对Pitzer核心价值的承诺
	Davidson	寻求学业成功的证据（高中学业记录、年级排名和标准化考试分数）以及在艺术、体育、领导力和服务方面的兴趣和才能。按重要性排列，Davidson在审阅申请材料时强调：1. 课程严格度（高中所选课程的难度）；2. 课程成功度（特定课程的成绩）；3. 写作能力和个人影响力（对短文和推荐信的评价）；4. 参与、领导力和服务（课外活动的深度和广度）；5. 考试分数（SAT和/或ACT）

注：除UNC外，其余高校寻求的考量因素均摘录自各校招办网站对于选拔过程的说明。UNC的考量因素摘录自Office For Civil Rights, *Compliance Resolution*: *University of North Carolina*, *Chapel Hill*, (*NC*), November 27, 2012, http://www2.ed.gov/about/offices/list/ocr/docs/investigations/11072016-a.html, p. 2.

要角色，近年来也出现了可免试入学改革，对美国高校录取决策机制的发展产生重大影响。申请表写作和推荐信亦是反映学业成就的重要因素。本章首先描述高中学业记录的内涵和使用情况，其次探讨考试分数的相关规则及可免试入学改革，最后论述写作和推荐信的相关情况。

表2-2　　案例校对考量因素重要程度的评价

考量因素	公立大学			私立大学		文理学院	
	UCLA	UCSD	UNC	USC	WFU	Pitzer	Davidson
学业表现类因素							
学业严格度	非常重要	非常重要	非常重要	非常重要	非常重要	非常重要	非常重要
高中GPA	非常重要	非常重要	重要	非常重要	非常重要	非常重要	重要*
年级排名	重要*	重要*	重要	考虑	非常重要	考虑	考虑
考试分数	非常重要	非常重要	非常重要	非常重要	考虑（如提交）	考虑（如提交）*	重要
申请表写作	非常重要	非常重要	非常重要	非常重要	非常重要	非常重要	重要
推荐信	不考虑	不考虑	非常重要	非常重要	重要	重要	非常重要
个人成就类因素							
面试	不考虑	不考虑	不考虑	考虑	重要	重要*	考虑*
课外活动	重要	重要	非常重要	重要	重要	重要	重要
志愿服务	重要	重要	重要	考虑	考虑	重要	非常重要
工作经历	重要	考虑	重要	考虑	考虑*	考虑	考虑*
才能	重要	重要	非常重要	重要	重要	重要	重要
个人品质	重要	重要	非常重要	重要*	非常重要	非常重要	非常重要
个人背景类因素							
族裔身份	不考虑	不考虑	考虑	考虑	考虑	考虑	考虑*
支付能力	不考虑	不考虑	不考虑	不考虑	考虑	考虑	不考虑
“第一代大学生”	考虑	考虑	考虑	考虑	考虑	考虑	考虑*
校友联结	不考虑	不考虑	考虑	考虑	考虑	考虑	考虑
居住地	考虑	考虑	考虑*	考虑*	考虑	考虑	考虑*

续表

考量因素	公立大学			私立大学		文理学院	
	UCLA	UCSD	UNC	USC	WFU	Pitzer	Davidson
本州居民	非常重要*	非常重要*	非常重要	不考虑	不考虑*	不考虑	不考虑
宗教信仰	不考虑	不考虑	不考虑	不考虑	考虑	不考虑	不考虑
注册兴趣	不考虑	不考虑	不考虑	考虑*	考虑	考虑	考虑*

注：1. 除“支付能力”为笔者根据各校政策自行添加外，其他因素数据基于各案例校院校研究办公室网站提供的2015—2016年CDS。2. 笔者对CDS各项因素的排列顺序有调整，以便利行文需要。3. 基于文献、各案例校的招办网站和访谈了解的情况，笔者发现CDS的描述与各案例校对一些因素的实际评价有出入，因此进行了一些修订（带“*”标记为修订处）①，以试图尽可能准确地呈现相关信息。为确保修订数据的正确性，笔者也比照了2016—2017年各高校的CDS（其中USC尚无2016—2017年的CDS，以2014—2015年代替）。

① 各处修订的具体理由如下：(1) 在UCLA和UCSD，“年级排名”由CDS中的“不考虑”改为“重要”，因为加州大学会重新计算学生的高中GPA得出加州大学版本的GPA，从而进行年级排名，并为各参与高中设定前9%的GPA基准。两校在其招办网页上均表明会考虑年级排名为9%的加州学生，笔者猜测两校的数据提供者认为“年级排名”指高中本身的年级排名。“本州居民”由CDS中的“不考虑”改为“非常重要”，因为加州大学所有分校都需要以招收本州学生为主，而且UNC将“本州居民”评为“非常重要”，笔者猜测UCLA和UCSD的数据提供者认为“本州居民”与“居住地”重复。(2) 在UNC、USC、Davidson，“居住地”全部由CDS中的“不考虑”改为“考虑”，因为这些机构都追求地理位置的多样化。(3) 在USC，“品格/个人素质”由CDS中的“考虑”改为“重要”，“注册兴趣”由“不考虑”改为“考虑”，依据为该校AO的回应。(4) 在WFU，“工作经历”在2015—2016年为“不考虑”，但2016—2017年为“考虑”且AO亦表示考虑该因素，所以由CDS中的“不考虑”改为“考虑”。“本州居民”由“考虑”改为“不考虑”，因为该校为私立大学。(5) 在Pitzer，“标准化考试分数”在2015—2016年CDS中为“不考虑”，但2016—2017年为“考虑”，且AO表示学生如提交考试分数则会纳入考虑，所以改为“考虑（如提交）”；“面试”2015—2016年CDS为“不考虑”，但据该校招办关于面试的网络讲座表示为“强烈推荐”，所以改为“重要”。(6) 在Davidson，“高中GPA”由CDS中的“考虑”改为“重要”，依据为表2-1列出的招办公布信息，且与访谈所获信息一致；“面试”由CDS中的“重要”改为“考虑”，依据为招办官网和AO访谈中提供的信息；“工作经历”由CDS中的“不考虑”改为“考虑”，依据为AO访谈信息；“第一代大学生”和“注册兴趣”的重要性评比在CDS中为空白，且CDS 2016—2017、2014—2015、2009—2010年的数据均如此，但受访者表示会“考虑”，故改为“考虑”；“族裔身份”在CDS显示为“不考虑”，但据受访者介绍为“考虑”，且该校招办有专门负责生源多样化的职员，故改为“考虑”。

第一节　高中学业记录之学业严格度

我认为所有因素都很重要。当然，最重要的因素仍然是学生的高中学业记录，包括课程成绩和得到的评语，以及修读课程的严格度。

——（USC 受访 AO）

学业严格度，也被称为“课程优势/严格度”（strength/rigor of curriculum）或者“课程质量”，是高中学业记录中的核心信息和案例校一致视为“非常重要”的因素（见表2－1 和表2－2）。学业严格度指申请者在高中修读的课程档案是否体现出严格度或难度，具体包括是否选择了高中提供的难度课程、选择难度课程的门数以及在难度课程上取得的成绩。美国不是所有高中生都有升学计划，所以高中开设的课程按功能划分有学术类课程和职业类课程，其中以升学为导向的学生主要修读学术类课程（可称为“大学导向课程”），这是本文涉及课程的范畴。就课程难度而言，美国高中课程体系采用选课学分制，设有容易的基础课程和不同难度的高级课程供学生选择①，前者往往可以满足高中的毕业要求，后者程则是招办重点查看的大学预备课程（college prep courses）。就课程门数而言，

① 以位于北卡的私立威彻斯特高中（Westchester Country Day School）2015—2016年的课程为例（https：//www. westchestercds. org/document. doc？ id＝1121），课程科目包括必修的英文（English）、数学、社会科学、自然与生命科学、外语、体育教育、艺术七类课程以及选修课。在多类科目下，学生可以搭配容易课程和难度课程进行学习。例如，学生修读的四年标准英文课程包括9 年级的《9 年级英文荣誉课》（English 9 Honors）、10 年级的《英国文学荣誉课》（British Literature Honors）、11 年级的《美国文学荣誉课》（American Literature Honors）和12 年级的《世界文学荣誉课》（World Literature Honors），但在10—12 年级，学生可以根据个人情况选择难度更高的《高级古典文学》（Advanced Humanities）、《英文语言AP 课》（AP English Language）、《英文文献AP 课》（AP English Literature）分别替代学校建议的标准课程。

招办既有要求学生修读课程的最低门数，也有推荐门数，但主要关注修读难度课程的数量。就课程成绩而言，不言而喻，招办对难度课程的重视不仅仅是申请者有无修读这些课程以及修读的门数，也包括在难度课程中取得的成绩如何。NACAC 开展的 20 年（1993—2013 年）招生动态调查结果显示，大学预备课程成绩一直是被高校评为第一重要的考量因素。[①] 笔者将难度课程成绩的相关讨论融入“课程成绩”部分的论述，本节主要探讨课程难度和课程门数的决策规则及其驱动逻辑。

一　课程难度

学业严格度首先体现在申请者是否修读了有难度的大学预备课程。根据 NACAC 的定义，大学预备课程包括 AP（Advanced Placement）课程、IB（International Baccalaureate）课程、高中——大学双注册课程（Dual Enrollment，简称 DE）和高中自身开设的荣誉课程（有些高校称为“强化课程”）。其中 AP、IB、DE 均属于大学先修课程（advance placement courses），[②] 原始的设计意图在于“帮助学生获得大学学分、为严格的大学课程做准备”[③]，后来成为录取决策中使用的主要标准之一。

（一）决策规则

案例校均看中申请者是否修读了所在高中开设的大学预备课程，因为敢于接受学业挑战以及在高中各年级保持严格的课程规划很重要。例如，由于 IB 项目的每一门课程分为高级和普通两个级别，公

---

① National Association for College Admission Counseling, *State of College Admission 2014*, NACAC 2014 SOCA, May, 2015, p. 28.

② National Association for College Admission Counseling, *State of College Admission 2014*, NACAC 2014 SOCA, May, 2015, p. 32.

③ Jen Kretchmar and Steve Farmer, “How Much Is Enough? Rethinking the Role of High School Courses in College Admission”, *Journal of College Admission*, Summer 2013, p. 29.

立大学 UCLA 和 UCSD 主要考虑其高级水平课程，反映了对学业难度的重视。在四类大学预备课程中：AP 课程属于美国大学委员会开发的大学先修课程项目下设的课程；IB 课程是由联合国教科文组织指导规划、总部设于瑞士日内瓦的国际教育组织 IB 专门为全世界优秀中学生统一设计的大学先修国际课程文凭项目下设的课程，学生可选择 IB 项目提供的整体课程包或者只修读某些课程；DE 课程指美国大学和社区学院（以社区学院为主）联合高中共同为高中生开设的课程；高中荣誉课程指美国高中自身开设的比基础课程难度更高的高级课程。由于美国高中提供的课程资源不尽相同，申请者修读的大学预备课程类型可能存在差异，有些是 IB 项目，有些则是 AP 课程或高中荣誉课程。

四类大学预备课程都反映了学业难度，但不同课程的难度存在等级之分。申请者修读的课程难度越高，课程优势越强，招办最注重学生是否修读了所在高中提供的最难级别课程。如果四类课程同时存在于一所高中，一般而言，IB 课程难度最大，其次是 AP 课程，最后是 DE 与高中自身开设的荣誉课程。不过，WFU 的受访者指出：修读完整课程包的 IB 文凭项目最具优势、最令 AO 印象深刻（这一点适用于所有美国高校），因为学生需要修读所有科目的 IB 课程，难度最大；单独的 IB 课程则与 AP 课程被一视同仁，二者课程成绩达到一定要求可转换成大学学分；DE 课程和高中荣誉课程分别因为社区学院的学位不受认证和挑战性不够、实施方式存在差异，而被认为严格度不够，不能转换大学学分。

（二）驱动逻辑

案例校之所以特别留意申请者修读高中提供的大学预备课程，尤其是最难课程的情况，在于其最有力地揭示在严格的大学学业环境中取得成功的潜力。也就是说，在 AO 看来，在高中完成了严格的大学预备项目并取得好成绩的申请者为胜任大学学业做了最佳准备，特别是追求最有难度的课程揭示了具备学习动力。多项实证研究支持了这一结论，比如大卫·麦考利（David McCauley）指出修读

AP 课程的学生最终完成大学学业的可能性更高[①]，大学委员会的研究报告表明修读了大学预备课程的学生大学 GPA 更高。[②] 许多学者提出任何形式的大学学业成功，包括保留率、大学成绩、毕业率等，均是认知技能（如学生是如何思考的）和非认知技能（如学生是如何做的）共同作用的结果。[③] 认知技能包括批判性思考、系统性思考、问题解决能力、学习能力、适应能力、创造性和元认知技能等等。非认知技能的内涵更为广泛，包括交流能力、情绪和社交智能、团队合作、领导力和文化敏感性等人际技能（interpersonal skills），以及自我效能、自我观念、职业道德、毅力、组织观念、时间管理、终身学习能力等内省技能（intrapersonal skills）。[④] 在高中成功修读大学预备课程者往往被视为具备胜任大学学业所需的知识深度和多项认知技能与非认知技能，具体如下。

首先，无论何种类型的精英高校，完成大学学业往往需要申请者在高中具备一定的知识与认知技能基础。在美国，大一学生主要修读入门课程。例如，UNC 的本科生课程分为入门课程、中级课程和高级课程，该校 2010 级学生中 82.6% 在大一修读入门课程，15.7% 修读中级课程。[⑤] 但是高中的基础课程知识偏容易，主要应付

---

① David McCauley, *The Impact of Advanced Placement and Dual Enrollment Programs on College Graduation*, May 8, 2007, https://digital.library.txstate.edu/bitstream/handle/10877/3597/fulltext.pdf? sequence = 1&isAllowed = y.

② College Board, *The 10th Annual AP Report to the Nation*, College Board Report, February 11, 2014, http://media.collegeboard.com/digitalServices/pdf/ap/rtn/10th-annual/10th-annual-ap-report-to-the-nation-single-page.pdf.

③ Terrell L. Strayhorn, "What Role Does Grit Play in the Academic Success of Black Male Collegians at Predominantly White Institutions?" *Journal of African American Studies*, Vol. 18, No. 1, 2014, p. 2.

④ Patrick C. Kollyonen, *Measurement of 21st Century Skills Within the Common Core State Standards*, May 7 and 8, 2012, https://cerpp.usc.edu/files/2013/11/Kyllonen_21st_Cent_Skills_and_CCSS.pdf.

⑤ Jen Kretchmar and Steve Farmer, "How Much Is Enough? Rethinking the Role of High School Courses in College Admission", *Journal of College Admission*, Summer 2013, pp. 29 – 33.

毕业要求，与大学入门课程的衔接度有限。大学预备课程则是仿大学入门水平的高级课程，更强调对话题的深度探讨和理解，比基础课程讲授的知识更为深入。同时，本科前两年通常推行博雅教育，设有大量的通识课程、特别是人文社科类课程，需要学生积极参与讨论和互动，并就问题提出质疑或个人的思考，养成批判性思考、创造性、分析问题等重要认知技能。大学预备课程的学习风格与之更为接近，训练了大学所需的认知技能，一如 AO 所言"AP 和 IB 课程发展了批判性思维、写作技巧，真正为学生读大学做好准备"（WFU 受访 AO）。在四类大学预备课程中，最受重视、也最具挑战性的 IB 文凭项目与大学的通识课程尤为类似，"是对博雅教育的充分承诺"（WFU 受访 AO），因为该项目知识面广，包括知识理论、创造性、活动、社会服务和拓展写作六类核心课程，且重点关注批判性思维的发展和对全球问题的认识。DE 课程则要么由高校教师直接当面授课或远程授课，要么由高校教师负责课程设置及考核评价、高中教师授课，也在一定程度上保证了知识的深度。

其次，美国精英高校的学业要求严格，完成学业需要学生勇于迎接挑战，并具备刻苦、时间管理、学习动力、自我效能等多项非认知技能。申请者在高中选择有难度的大学预备课程而非容易的基础课程，即揭示了具备走出舒适区挑战自我的意愿和动力，能够"在给定的资源中挑战自己"（USC 受访 AO）。而胜任大学预备课程，特别是在 AP、IB 项目上取得高成就，更需要努力学习，并付出大量时间和精力去阅读、讨论、写作、探索、辩论、吸收知识、发展技能等等。根据大学委员会 2016 年对至少参加过一门 AP 考试的 4 万名学生的调查结果，超过 80% 的学生认同修读过 AP 课程令他们对胜任大学学业更有信心，近 90% 的学生认同在 AP 课程中学到了未来在大学中会用到的技能[①]。事实上，非认知技能，尤其是学业自

① College Board, "2.7 Million Students Expected to Take Nearly 5 Million AP Exams in May", April 26, 2017, https://www.collegeboard.org/releases/2017/students-take-ap-exams-in-may.

我效能和成就动机，是对大学成功的显著预测指标①，比如指向为个人学业付出努力的多少和自认为的努力程度的指标——“学业自律性”对大学成绩的预测效度比考试分数更强②。USC 的 AO 呼应了这一点：“这是一所大型的综合性、高竞争性的大学，需要具备一定独立性的学生。我们不会敲学生的门说‘你今天旷课了’，而是希望你有学习动力。如果录取你但你不具备学习动力，那会降低你的成功概率。”

另外，在四类大学预备课程中，AP 和 IB 课程之所以比 DE 课程和高中荣誉课程更受重视，在于其课程内容和课堂结构设计具备标准化的优点，从而既保证质量，又便于招办比较不同学生之间的成就。具体而言，AP 和 IB 课程的标准化指课程的知识点和教学步骤事先由项目设计者确定，并在不同高中以相同的方式实施，而且拥有测量学生获得技能和知识的标准化手段，分别为 AP 考试和 IB 文凭测试（Diploma Programme Assessment）。每门 AP 课程都有对应的 AP 考试。IB 文凭测量则更为复杂，使用外部和内部评价相结合的方式，其中外部评价为考试，并因考试的客观性和信度成为多数课程评价的基础，内部评价为教师根据一定标准做出的主观评价，亦在多数课程得到使用。因此，有 AO 指出：“AP 项目至少有 AP 考试，也有标准化课程。AP 课程的教学质量会变化，但考试不会。IB 的评价非常标准化，是全球的项目。所以我们非常喜欢 IB 课程，AP 稍差一些。”（WFU 受访 AO）。不过，AP 考试和 IB 文凭都并非高校的硬性要求。DE 课程和高中荣誉课程不具备标准化的优点，其教学

---

① Steven B. Robbins, Kristy Lauver, Huy Le, Daniel Davis, Ronelle Langley, and Aaron Carlstrom, “Do Psychosocial and Study Skill Factors Predict College Outcomes? A meta-analysis”, *Psychological Bulletin*, Vol. 130, No. 2, 2004, pp. 261 – 288.

② Steven B. Robbins, Jeff Allen, Alex Casillas, Christina Hamme Peterson, and Huy Le, “Unraveling the Differential Effects of Motivational and Skills, Social, and Self-Management Measures from Traditional Predictors of College Outcomes”, *Journal of Educational Psychology*, Vol. 98, No. 3, 2006, pp. 598 – 616.

内容分别由各大学或社区学院、各高中自行确定，也没有标准化的测量手段，因而其课程难度被视为更弱。

二　课程门数

是否选修了大学预备课程是反映学业严格度的基准，修读几门大学预备课程则进一步体现申请者在学业严格度上的优势。课程门数的决策规则及驱动逻辑如下。

（一）决策规则

了解大学预备课程门数的决策规则之前，有必要先介绍一下案例校对课程修读的总体要求。表 2－3 为各校要求和推荐申请者修读的课程类别与门数，不同高校之间既有一致性、也存在差异。在课程类别上，英文、数学、自然科学、外语、社会科学/历史[①]科目的课程是各高校共同的要求，亦是美国高中的五类核心学术科目，其中文学最为重要，最低要求均为 4 门，需要学习四年[②]。学术选修课指核心学术科目中的高级课程，是三所公立大学和私立大学 USC 明确要求学生选择的课程类别，比如加州大学系统要求学术选修课如果从“A-F”课程中选择，课程难度需要更高。另外，加州大学每年更新认证的高中课程和高中名单。[③]

---

① 在案例校中，历史课程要么与社会科学课程合并表述、由学生自行选择，比如加州大学系统的 A-G 课程第一条为“历史/社会科学（a）——两年，包括一年世界历史、文化和历史地理，以及一年美国历史或者半年美国历史加半年的美国政府概况或公民学”，要么被纳入社会科学课程范畴，比如 UNC 要求两年社会科学课程（至少有一年美国历史课程），USC 则要求两年社会科学课（比如美国历史、美国政府概况、经济、地理）。

② 美国高中为四年（9—12 年级），9 年级为高一，10 年级为高二，11 年级为高三，12 年级为高四。五类核心学术科目课程的时长一般均为一年，并授予一学分，部分难度较高的学业课程可能为一年、1.5 学分。一些非核心学术类课程，如健康课或美国政府概况课，时长为一学期，并授予 0.5 学分。

③ California State Auditor, *College Readiness of California's High School Students: The State Can Better Prepare Students for College by Adopting New Strategies andIncreasing Oversight*, State Auditor Report 2016－114, January 28, 2017, p. 6.

在课程门数上，16 门课程往往是各校对申请者知识基础的最低资格性要求，20 门课程则是推荐门数，也是参与录取竞争的保证。例如，UNC 在 CDS 中虽未指明推荐门数，但其官网显示“感兴趣就读 UNC 的学生应该追求一个挑战性的高中课程项目。该项目通常包括每年至少修读五门学术课程，最好是在五门核心科目中各有一门”。[①] 另外，尽管 UCLA 和 UCSD 的官方要求更低，其最低要求为 15 门课程，原因在于其所属的加州大学系统要求州内申请者必须完成 15 门 A-G 课程[②]，其中 11 门须在高四开始前完成，推荐门数则不少于 18 门，但实际上被录取的学生远远超出该要求。以 UCSD2015 级新生为例，根据一学期课程为一门、一学年课程被视为两门的统计口径，注册学生在高中完成 A-G 学期课程的平均门数为 55 门，超过 50 门者占 47.8%，46—50 门者占 30.4%。[③] 而且 UCSD 的数据显示修读 A-G 学期课程门数越多者，录取率越高：7—12 年级修读 50 门 A-G 学期课程的申请者的录取率为 42.4%，40—49 门者的录取率为 27.3%，30—39 门者的录取率为 11.2%，30 门以下者的录取率为 17.0%。[④]

---

① UNC-Chapel Hill, “Undergraduate Admissions”, http://www.catalog.unc.edu/admissions/undergraduate/.

② 加州大学的 a-g 课程为：历史/社会科学（a）——两年，包括一年世界历史、文化和历史地理，以及一年美国历史或者半年美国历史加半年的美国政府概况或公民学；英文（b）——四年大学导向英文课，包括古典与现代文学阅读、频繁和常规写作以及听说练习；数学（c）——三年大学导向数学课，包括初等和高等代数，以及二维和三维几何；实验科学（d）——两年提供基础知识的实验科学，至少包括生物、化学和物理三门中的两门；外语（e）——两年同一门外语；视觉和表演艺术（f）——一年舞蹈、音乐、戏剧或观赏艺术（绘画、摄影、雕刻、建筑等）；大学预备选修课（g）——一年“a-f”课程类别中难度更高的课程，或经加州大学认证的选修课。引自 University of California, “A-G Guide”, http://www.ucop.edu/agguide/a-g-requirements/.

③ University of California, San Diego, “Student Profile 2015 – 2016”, http://studentresearch.ucsd.edu/_files/stats-data/profile/Profile2015.pdf.

④ University of California, San Diego, “Freshman Admission Profile-Fall 2015”, http://admission.universityofcalifornia.edu/campuses/files/freshman-profiles/freshman_profile_san_diego.pdf.

表 2－3 **案例校对申请者高中课程的要求** 单位：门

课程	公立大学						私立大学				文理学院			
	UCLA		UCSD		UNC		USC		WFU		Pitzer		Davidson	
	要求门数	推荐门数	要求门数	推荐门数	要求门数	推荐门数	要求门数	推荐门数	要求门数	推荐门数	要求门数	推荐门数	要求门数	推荐门数
总门数	15	18 +	15 *	18 + *	16	/	16	20	16	20	/	/	16	/
英文	4	4	4	4	4	/	4	4	4	4	/	4	4	4 *
数学	3	4	3	4	4	/	3	4	3	4	/	3	3	4
自然科学	2	3	2	3	3	/	2	3	1	4	/	3	2	4
* 在科学课程中，必须包含实验室的课程	2	3	2	3	1	/	2	3	/	/	/	/	/	/
外语	2	3	2	3	2	/	2	3	2	4	/	3	2	4
社会科学	2	2	2	2	1	/	2	3	2 *	4 *	/	3	2	4
历史					1	/	/	/			/	/		
学术选修课	1	1	1 *	1	1	/	3	3	/	/	/	/	/	/
电脑科学	/	/	/	/	/	/	/	/	/	/	/	/	/	/
艺术	1	1	1	1	/	/	/	/	/	/	/	/	/	/

续表

课程	公立大学						私立大学				文理学院			
	UCLA		UCSD		UNC		USC		WFU		Pitzer		Davidson	
	要求门数	推荐门数	要求门数	推荐门数	要求门数	推荐门数	要求门数	推荐门数	要求门数	推荐门数	要求门数	推荐门数	要求门数	推荐门数
其他（需指明）	要求的 2 门外语课为同一语种		要求的 2 门外语课为同一语种		历史课必须是美国历史；外语课必须是同一语种		/		要求的 2 门外语课为同一语种		/		要求的 2 门外语课为同一语种	

注：（1）数据基于各案例校院校研究办公室网站提供的 2015—2016 年 CDS，同时笔者比照了各校招办网站的声明，对数据做了一些修正①，以“*”表示，以确保数据的准确性。另外，笔者将各高校招办网站对“外语课”的具体要求列入“其他”项中。（2）“/”表示在 CDS 中为空缺信息，其中 UCSD 的“/”项在 CDS 中为“0”。（3）WFU 和 Davidson 的要求总门数为 16 门，除表中规定的各类科目课程外门数，剩下的门数由学生自行选择课程补齐，因此各项数据相加不等于总门数。（4）在 UNC，根据北卡大学系统招生政策要求，任何一个没有达到四年数学课程要求却被录取的学生在大一第一学期第一天起的 12 个月内，需要完成这个要求，同时任何没有达到历史课程要求却被录取的学生在大一必须要完成三个学期学时的历史课，才能继续进入大二就读。源自：UNC-Chapel Hill，*Response to SACSCOC—Comprehensive Standard* 3. 4. 3*Admission Policies*，January，2015，http://www.unc.edu/sacs/Jan2015/Reports/3.4.3 - Admission.html，p. 2.

① 修改说明如下：在 UCSD，要求总门数在 CDS 中为“16”，应为加州大学系统统一要求的“15”门。“学术选修课”在 CDS 中为“0”，但在其招办入学要求的说明中为“1”，这也是加州大学系统的统一要求。推荐总门数在 CDS 中为“21”，应为“18 +”，与 UCLA 一致，数据输入者误含实验室课程；在 WFU，其 CDS 的要求门数中“社会科学”为“2”、历史为“0”，推荐门数中“社会科学”为“4”、历史为“0”，但该校招办网页表明将“社会科学”与“历史”合并考虑，并非只要求“社会科学”，而是由学生在两类课程中自行组合；在 Davidson，“英文课”推荐门数在 CDS 中为空白，应为“4”。

案例校更为关心申请者修读的大学预备课程数量，五门是最基本的条件，门数越多，录取率往往越高（以成绩不差为前提）。首先，各校期待申请者在五类核心学术科目中均有至少一门大学预备级别的课程，比如，Davidson 受访者指明"在我看来，最优秀的申请者是高三或高四修读 AP 或 IB 英文、数学、自然科学、社会科学、外语的学生。如果缺少一门的话，通常是外语。有些中学不提供 AP 外语课程，许多学生也不修读 AP 外语"；UNC 鼓励申请者"在整个高中修读至少五门大学预备课程——AP、IB 或 DE……如果达到这个阈值，学生可以相信这在录取竞争中会成为优势。同时，我们不会劝阻学生修读更多数量的大学预备课程，如果他们有内在的兴趣和志向这么做。"① 在 UNC2010 年注册的学生中，修读的大学预备课程平均门数为 7. 51 门，其中少于 2% 的学生修读超过 15 门大学预备课程。② 在 UCSD，2015 级新生在 10 和 11 年级修读的大学预备课程平均门数为 4. 65 门，超过 8 门者占 4. 1%，7—8 门者占 4. 4%，5—6 门者占 11. 0%，1—4 门者占 40. 8%，0 门者占 39. 6%。③ 其次，UCLA 和 UCSD 的数据表明申请者修读的大学预备课程数量越多，录取率越高。UCLA 美国本土申请者中，在 10—12 年级修读的大学预备课程达 21 门及以上者录取率为 37%，10—20 门者录取率为 14%，低于 10 门者录取率为 5%；④ 在 UCSD，7—12 年级修读 15 门及以上大学预备课程者的录取率为 51. 6%，10—14 门者的录取率为 20. 9%，

① Jen Kretchmar and Steve Farmer, "How Much Is Enough? Rethinking the Role of High School Courses in College Admission", *Journal of College Admission*, Summer 2013, pp. 32 – 33.

② Jen Kretchmar and Steve Farmer, "How Much Is Enough? Rethinking the Role of High School Courses in College Admission", *Journal of College Admission*, Summer 2013, pp. 29 – 33.

③ University of California, San Diego, "Student Profile 2015 – 2016", http: //studentresearch. ucsd. edu/_ files/stats-data/profile/Profile2015. pdf.

④ University of California, Los Angeles, "Profile of Admitted Freshmen-Fall 2015", https: //www. admission. ucla. edu/prospect/Adm_ fr/Frosh_ Prof15. htm.

5—9门者的录取率为8.9%，5门以下者的录取率为7.8%。[①]

（二）驱动逻辑

根据受访者的一致解释，之所以对高中课程的类别和门数有要求，在于大学为博雅教育的学业环境，申请者在高中修读所有核心学术科目的课程，知识量达到一定广度，才能打好"地基"，为在大学取得学业成功做好准备。加州大学之所以要求州内申请者修读A-G课程，在于"不同的课程门类反映了不同学科领域的要求，其目的是考察学生的知识面"。UNC招办主任史蒂芬·法默（Farmer）指出该校修读20门课程的推荐要求与大学的学习风格有关，"我们期待申请者在高中每年修读至少五门学术类课程，因为这是他们在大学每个学期很可能需要修读的课程数量"。[②] WFU的AO同样表明"我们不希望学生在高中学习的知识过于狭窄，说'我不喜欢这门课，不会修它'，因为进入WFU后还是要修读相应课程"，而且学生接触所有不同的知识领域，能够彰显"热爱学习"的品质。从表2－4可以看出，除UCLA的课程领域要求比较简单外，其他高校的在校生均需要修读英文、自然科学、社会科学、人文和艺术等多个领域的课程才能毕业。更具体的情况以WFU为例，该校本科生毕业的课程要求包括三项："基本要求为修读大一研讨课、写作研讨课、外语课、健康与运动课；文化多样化和量化推理要求为修读一门文化多样化课、一门量化推理课；部门要求为修读人文部两门课、文学部一门课、艺术部一门课、社会科学部两门课、自然科学部两门课。"[③] 因此，在高中具备广阔的知识基础，是申请者做好从容应对大学层次学业

① University of California, San Diego, "Freshman Admission Profile-Fall 2015", http://admission.universityofcalifornia.edu/campuses/files/freshman-profiles/freshman_profile_san_diego.pdf.

② Jen Kretchmar and Steve Farmer, "How Much Is Enough? Rethinking the Role of High School Courses in College Admission", *Journal of College Admission*, Summer 2013, p. 32.

③ Wake Forest University, "Curriculum Requirements", http://newstudents.wfu.edu/academics/getting-started/curriculum-requirements/.

的准备之一。

表2-4　　案例校的毕业课程要求

大学必修课	公立大学			私立大学		文理学院	
	UCLA	UCSD	UNC	USC	WFU	Pitzer	Davidson
视觉艺术	×	×	×		×	×	×
计算机					×		
英文（包括写作）	×	×	×	×	×	×	×
外语	×	×	×	×	×		×
历史	×	×	×	×	×		×
人文学科	×	×	×	×	×	×	
数学		×	×		×	×	×
哲学	×	×	×		×		×
自然科学（生物或物理）	×	×	×	×	×	×	×
社会科学	×	×	×	×	×	×	×
其他	量化推理；多样化		美国多样化	多样化要求；艺术、文学或哲学任一类课程	量化推理；文化多样化	跨学科学习和跨文化探索；社会责任感	宗教；文化多样化

注：UCLA 的数据源自该校网站（http：//catalog. registrar. ucla. edu/ucla-catalog2017－58. html），其他高校数据源自各校 2015—16 年的 CDS，其中 WFU 的“其他”要求为笔者根据该校网站信息（http：//admissions. wfu. edu/academics/divisional-requirements/）添加。

UNC 的研究支持了申请者修读的大学预备课程门数与大学成功之间存在正相关，修读至少五门大学预备课程将为他们在 UNC 取得成功做最佳准备。招办主任史蒂芬·法默及其合作者在 2013 年发表的研究中指出当学生修读的大学预备课程（包括 AP、IB 和 DE 课程，不包括高中荣誉课程）数量为 0—5 门时，大一 GPA 与大学预备课程的数量存在强相关。在控制 SAT 和高中成绩两个变量后，没有修读大学预备课程的学生在 UNC 的平均大一 GPA 为 3.07，低于所有学生的平均大一 GPA（3.17），但修读了五门大学预备课程的学生的平均大一 GPA 最高，为 3.26。不过该研究发现大学预备课程的门数存在阈值效应，即修读超过五门大学预备课程，在大一 GPA 上的增长甚微或甚至无效，比如修读 10 门大学预备课程的学生平均大一 GPA 只有 3.25。换言之，研究结果与许多高校信奉的“大学预备课程数量越多总是越好”的观念有所出入，但是支持了“有比没有好”的观念。因此，他指出“我们曾以为学生修读的难度课程越多越好，但现在认为六到七门是合宜的数量”，到达阈值后，申请者其他的表现更为重要，一味强调大学预备课程数量会加重学生课业负担，而且并非每所高中都有高品质的学业辅导。① 哈佛大学教育研究生院在 2016 年 1 月发布的《扭转潮流：通过大学招生激励学生关心他人和公共利益》（Turning the tide：Inspiring concern for others and the common good through college admissions）（下文简称《扭转潮流》）报告对这一点表示认同，指出 AO 应该向学生传达每年修读大量的 AP 或 IB 课程不如在有限数量课程中取得持续成就重要。②

另外，案例校并没有指定的、细化的课程目录，而是允许申请者保持选课的弹性。这既关乎给申请者自由展现个人兴趣和专长的机会，也关乎与大学的学习方式保持一致，因为学生在大学需要自主安排课程。例如，UNC 表示学生可以自行选课，以保证在追求课外兴趣、生活和接受学业挑战之间能够平衡，因为“这是我们相信对学生最好的方式，也是组成更有活力的大学共同体的方式。”③

---

① Sam Shaw，“UNC's Head of Admissions Stephen Farmer Focuses on Opportunity”，*The Daily Tar Heel*，September 30，2014.

② Making Caring Common Project，*Turning the Tide：Inspiring Concern for Others and theCommon Good through College Admissions*，GSE of Harvard MCC TTT Report，January 20，2016.

③ Jen Kretchmar and Steve Farmer，“How Much Is Enough? Rethinking the Role of High School Courses in College Admission”，*Journal of College Admission*，Summer 2013，p. 33.

WFU 的 AO 做出了同样的回应。①

第二节　高中学业记录之课程成绩与年级排名

包括高中 GPA 在内的课程成绩和年级排名与学业严格度共同反映申请者在高中四年取得的学业成就。招办通过查看高中寄送的官方成绩单，了解申请者修读什么课程、课程是否有难度、取得什么成绩、年级排名如何等多项信息，对申请者的学业准备度做出初步的判断。本节先分别介绍课程成绩与年级排名的相关情况，再论述作为整体的高中学业记录。

一　课程成绩

AO 关注的课程成绩包括高中 GPA（所有课程的累积平均成绩），以及体现 GPA 背景的高中每门课程的成绩和四年成绩的发展趋势。如果说 GPA 反映跨越高中四年的课程成就，单门课程的成绩反映各门课程的具体成就，成绩发展趋势则体现高中生涯学习成就的变化。通过课程成绩，高校可以了解在每所高中的教育背景下学生达到教师期待、满足课程要求的程度。②

（一）高中 GPA

在高中 GPA 的使用上，UCLA、UCSD 和 Davidson 会重新计算

---

① 该 AO 谈道："学生可以选择，比如说'我的其他科目不如人文科目强，所以不会修读许多其他科目的 AP 课程，但是我会修读 AP 历史和英语，因为我知道自己的优势'……我们允许学生保持弹性，有时学生对艺术感兴趣，这是在大学校园里蓬勃发展的方式，拥有弹性的 AP、IB 和其他课程是更好的计划。所以他们仍然修读难度课程，但也可以追求其他的兴趣。"

② Jerome A. Lucido, "How admission decisions get made", in Don Hossler, Bob Bontrager, and Associates, eds., *Handbook of Strategic Enrollment Management*, San Francisco, CA: Jossey-Bass Press, 2015, p. 152.

GPA，一般对大学预备课程的成绩进行加权处理，比如 UCLA 和 UCSD 给予成绩为 C 及以上的认证大学预备课程 1 个额外的绩点（按学期计）。不过，UCLA 在录取决策时也会查看无上限的①、未加权的 GPA②。UNC、USC 和 WFU 都不重新计算 GPA，也不将 GPA 转换至 4.0 或 100 的量表上，而是使用申请者成绩单提供的原始 GPA。UNC 表示如果申请者不提供 GPA，UNC 不会进行估算，如果高中 GPA 的计算方式没有使用 4.0 的量表，UNC 也不会重新计算。③ 在 Pitzer，如果申请者的高中没有提供加权 GPA，AO 有权自行决定是否重新计算，但对不提交考试分数而且成绩单上的 GPA 未加权者需要重新计算其 GPA。如果高中提供加权 GPA，则不用重新计算。④尽管有研究指出使用原始 GPA 的做法有利于促进公平，使有条件拥有更多大学预备课程的学生获得的录取优势最小化，因为 AO 会了解原始的课程表现。⑤ 但 Davidson 的 AO 表示重新计算 GPA 有助促进公平，因为高中成绩评定方式存在差异，统一赋予大学预备课程额外分值可以规范 GPA，从而使用相似的基准评价所有申请者。⑥

---

① 无上限的 GPA 指 AO 评价的学期成绩的数量没有限制，申请者在所有课程中得到的全部成绩都会被用以计算他们的累积 GPA。

② Robin Nicole Johnson, Cynthis Mosqueda, Ana-Christina Ramon, and Darnell M. Hunt, *Gaming the System: Inflation, Privilege, & the Under-Representation of African American Students at the University of California*, Bunche Research Report, January, 2008, p. 16.

③ UNC-Chapel Hill Advisory Committee on Undergraduate Admissions, 2014 – 2015 *Annual Report*, UAD 2014 – 2015, February 19, 2016.

④ 源自笔者获得的该校 2014 年评价表。

⑤ Robin Nicole Johnson, Cynthis Mosqueda, Ana-Christina Ramon, and Darnell M. Hunt, *Gaming the System: Inflation, Privilege, & the Under-Representation of African American Students at the University of California*, Bunche Research Report, January, 2008, p. 21.

⑥ 该 AO 谈道："无论申请者来自北卡夏洛特，还是德国柏林或中国上海，我们都重新计算每一个 GPA。我们不使用学生原始的 GPA，因为许多中学计算 GPA 的方式不尽相同。在来到 Davidson 之前，我曾经就职于一所弗吉尼亚（Virginia）公立大学，所以非常了解弗吉尼亚。那里一所高中的成绩 A 为 4.0，但是在高一，学生修读荣誉课程，不是 AP 课程，便可得到额外的分值。学生如果在高中四年没有修读任何高级课程，成绩可能为全 B，但是如果有荣誉课程，成绩便为 A。这并不合理。这是为什么我们给予无论哪所中学的所有 AP 和 IB 课程成绩以额外分值，从而促进公平。"

另外，基于不同标准计算出的 GPA 被高校统一规范后，便于评价工作的开展，也便于直观衡量申请者库的整体学业水平。[①]

在 GPA 的具体要求上，只有公立大学对申请者的 GPA 有最低的资格性要求，私立大学和文理学院则保持审阅的灵活性。UCLA 和 UCSD 所属的加州大学系统要求申请者加权 GPA 达到 3.0（州内学生）或 3.4（州外学生），且没有一门课的成绩低于 C。[②] UNC 所属的北卡大学系统要求申请者加权 GPA 达到 2.5。[③] 尽管如此，UCLA 和 UCSD 仍然会录取没有满足最低要求的学生，比如 UCSD 录取的 2015 年秋季入学的学生中，有 30 位加权 GPA 低于 3.0（占 1%）[④]。UNC 所属的北卡大学亦允许各分校对一些特长生豁免最低要求（每年控制在申请者库 1% 的范围内），其中 UNC2015 级体育特长生有 9 人没有达到最低要求[⑤]。

不管办学类型如何，GPA 越高，录取概率往往越大，但是私立大学和文理学院注册学生的 GPA 分布范围更广。就录取概率而言，UCLA 和 UCSD 的数据均证实了这一点：在 UCLA，申请者中加权 GPA 为 4.30 及以上者（占 24%）录取率为 49%，3.70—4.29 者

---

① College Board, *Selection Through Individualized Review: A Report on Phase IV of the Admissions Models Project*, College Board's Admissions Models Project Report, 2004, pp. 10 – 11. 另外，大学委员会的报告指出与使用公式化路径的高校相比，使用阅读作为评价申请者的唯一方式的高校，重新计算 GPA 的可能性更低。重新计算 GPA 是定制学业记录（customizing the academic record）的步骤之一。

② College Board, *Selection Through Individualized Review: A Report on Phase IV of the Admissions Models Project*, College Board's Admissions Models Project Report, 2004, pp. 10 – 11.

③ UNC-Chapel Hill, *Response to SACSCOC—Comprehensive Standard* 3.4.3 *Admission Policies*, January, 2015, http://www.unc.edu/sacs/Jan2015/Reports/3.4.3 – Admission.html.

④ University of California, "Admission Requirements", http://admission.universityofcalifornia.edu/freshman/requirements/index.html.

⑤ UNC-Chapel Hill, *Response to SACSCOC—Comprehensive Standard* 3.4.3 *Admission Policies*, January, 2015, http://www.unc.edu/sacs/Jan2015/Reports/3.4.3 – Admission.html.

（占46%）录取率为9%，低于3.7者（占30%）录取率为4%。在录取者中，加权GPA为4.30及以上者占67%，3.70—4.29者占25%，低于3.7者占8%；[①] 在UCSD，申请者中加权GPA为4.00及以上者的录取率为68.1%，3.70—3.99者为18.9%，3.30—3.69者为4.1%，3.00—3.29者为1.1%，低于3.00者为1.0%。[②] 而且USC表明该校申请者和录取者的平均GPA（未加权）分别为3.57和3.82[③]，且注册学生中将近20%在高中各门成绩为全A[④]。WFU的AO也表示“更努力、成绩更好的学生比成绩不好的学生被录取的概率更高，他们学习上更优秀、更有热情”。另外，案例校注册学生的平均GPA均远高于全美高中毕业生的平均水平（3.0）[⑤]。就GPA分布而言，据表2－5显示，三所公立大学至少有94%的注册学生的GPA不低于3.75，且其余区间仅有零星分布。但在Davidson，GPA不低于3.75者占73%，在Pitzer和USC则不到60%，但三校GPA都分布于多个区间。这在一定程度上表明公立大学在录取决策中更为倚重GPA，私立大学和文理学院虽然重视GPA，但也录取许多GPA不高的学生。

---

① University of California, San Diego, “Freshman Admission Profile-Fall 2015”, http://admission.universityofcalifornia.edu/campuses/files/freshman-profiles/freshman_profile_san_diego.pdf.

② University of California, San Diego, “Freshman Admission Profile-Fall 2015”, http://admission.universityofcalifornia.edu/campuses/files/freshman-profiles/freshman_profile_san_diego.pdf.

③ USC数据源自https://about.usc.edu/files/2015/10/USCFreshmanProfile.pdf，GPA未进行加权计算，采用4.0量表。

④ University of Southern California, “USC Announces Class of 2019 Statistics”, September 30, 2015, https://pressroom.usc.edu/usc-announces-class-of-2019-statistics/.

⑤ 根据美国教育统计中心对2009年37700位高中毕业生的成绩单的研究，显示该年全美毕业生的平均GPA为3.0。引自National Center for Education Statistics, *America's High School Graduates: Results of the 2009 NAEP High School Transcript Study*, April 13, 2011, p. 13.

表2－5　　案例校注册学生的GPA情况

高中GPA	公立大学			私立大学		文理学院	
	UCLA	UCSD	UNC	USC	WFU	Pitzer	Davidson
GPA为3.75及以上（%）	94.6	94	97.4	59.2	/	59.62	73
GPA为3.50—3.74（%）	3.1	5	1.2	24.6		21.92	17
GPA为3.25—3.49（%）	1.3	1	0.7	9.6		13.08	6
GPA为3.00—3.24（%）	0.6	0	0.4	4.7		5.38	4
GPA为2.50—2.99（%）	0.3	0	0.4	1.9		0	0
平均GPA	4.33	4	4.63	3.73		3.86	4.00
提交GPA学生的比例（%）	95.3	91	88.27	99.8		100	91

注：（1）数据源自各校2015—2016年的CDS，其中WFU数据缺失；（2）在UCSD，加权GPA为4.0及以上的学生占75.0%，GPA为3.90—3.99的占13.3%。数据源自http：//studentresearch. ucsd. edu/_ files/stats-data/profile/Profile2015. pdf.；（3）在UNC，注册学生中原始GPA不低于4.0者占93.9%，GPA的中间50%为4.48—4.85。数据源自http：//faccoun. unc. edu/files/2010/10/UAD2014－15. pdf.；（4）USC申请者和录取者的平均GPA（未加权）分别为3.57和3.82。GPA未进行加权计算，采用4.0量表。数据源自https：//about. usc. edu/files/2015/10/USCFreshmanProfile. pdf.；（5）Pitzer录取者的平均GPA为3.93，该数据基于536位录取学生的情况计算所得，不含后来递补的学生。数据源自http：//pitweb. pitzer. edu/admission/explore/at-a-glance/class-of-2019－enrollment-data/class-2019－data/.

GPA是被UNC和Davidson视为“重要”、其他五所案例校视为“非常重要”的考量因素，相当于评价的基准线。UCSD就明确表示“最重要的考虑标准之一是高中GPA”。[①] 据UCLA受访者表示，之所以看重GPA，在于各校的院校研究显示其为预测本校学生在大学取得学业成功的最佳、最可靠的统计指标：“当然是高中GPA最具预测效度，这在我待过的任何一所高校都是如此。当你看大学第一学期学业的预测指标，高中GPA往往是最好的。”GPA一般会体现学业严格度的优势，因为其往往会对大学预备课程成绩进行加权处

① University of California，San Diego，“Freshman Application Review”，http：//admissions. ucsd. edu/freshmen/eval-process. html.

理。这一点连把GPA评为“重要”而非“非常重要”的UNC也表示认同，指出GPA“是目前为止预测大学学业表现的最佳指标”[①]。GPA的重要性之所以在UNC受到影响，是“因为不同高中的GPA计分方式存在差异，我们倾向于查看各门课程的成绩和成绩的变化趋势”。尽管如此，独立研究者、甚至是考试机构本身开展的实证研究均表明GPA对大学表现的预测效度比标准化的考试分数更强，例如：索尔·盖瑟（Saul Geiser）等研究发现在预测大一和大学四年GPA上，高中GPA是最佳指标；[②] 威廉·鲍恩等人的研究结果表明高中GPA对大学四年和六年毕业率的预测远比SAT和ACT分数更好，而且这一结论在控制高中的差异后仍然成立；[③] SAT考试的拥有者——大学委员会承认高中GPA与大一GPA之间的相关性远高于任何一门SAT考试每部分的分数及其总分。[④]

GPA的强预测效度源自它是高中四年累积成就的数字代表，不仅测量了标准化考试分数反映的知识和认知技能，还反映了三四个小时的考试难以全面测量、但取得大学学业成功所需的多项非认知技能[⑤]。具体而言，作为根据所有课程成绩（包括大学预备课程成

① Students For Fair Admissions, *SFFA-v. – UNC-Complaint*, November, 2014, https://studentsforfairadmissions.org/wp-content/uploads/2014/11/SFFA-v.-UNC-Complaint.pdf, p. 32.

② Saul Geiser and Veronica Santelices, *Validity of High-School Grades in Predicting Student Success Beyond the Freshman Year: High-School Record VSStandardized Tests as Indicator of Four-Year College Outcomes*, CSHEOccasional Paper Series 6.07, 2007.

③ William G. Bowen, Mattew M. Chingos, and Michael S. McPherson, *Crossing the Finish Line: Completing College at America's Public Universities*, Princeton, NJ: Princeton University Press, 2009, pp. 113 – 114.

④ Jennifer L. Kobrin, Brian F. Patterson, Emily J. Shaw, Krista D. Mattern, and Sandra M. Barbuti, *Validity of the SAT for Predicting First-Year College Grade Point Average*, College Board Research Report No. 2008 – 5, 2008.

⑤ Camille A. Farrington, Melissa Roderick, Elaine Allensworth, Jenny Nagaoka, Tasha Seneca Keyes, David W. Johnson, and Nicole O. Beechum, *Teaching Adolescents to Become Learners: The Role of Noncognitive Factors in Shaping School Performance—A Critical Literature Review*, Consortium on Chicago School Research, 2012.

绩）计算出的单个数字，GPA 有着丰富和综合的内涵，反映了学生对多种能力的掌握，包括习得并应用知识的学业能力，主动参与课堂讨论、认真学习和努力学习等积极的学习态度，在给定的时间内成功完成多项作业的时间管理技能、适应不同类型测验（比如多项选择和短文）的技能、在团队项目中与同伴合作的能力等实践技能。① 这些能力对于获得优秀的 GPA 都很重要，不仅体现在一门或一学期的课程，而是贯穿高中四年的学习生涯，一如某受访者所言："GPA 是累积的，显示增长的理念。" WFU 受访 AO 这些能力也是获得好的大学成绩和完成大学学业所需的技能，是对学生是否会"留在课程"可能性的测量。② 因此，高中成绩比考试分数更能测量学生"完成它"的能力。③ 而且，不管高中的质量如何，优秀的 GPA 是学生持续达到一定学业表现水平的证据。

（二）具体课程的成绩

"招生人员不仅考虑 GPA 的量化价值，也考虑组成 GPA 的课程情况，以揭示 GPA 本身难以反映的信息"④。一方面，AO 会查看申请者高中四年所有课程的成绩，包括容易的基础课程和有难度的大学预备课程，并希望整体表现不错。⑤ 另一方面，AO 一致表示课程

---

① Robert J. Sternberg, *College Admissions for the 21st Century*, Cambridge, Massachusetts: Harvard University Press, 2010, p. 36.

② William G. Bowen, Mattew M. Chingos, and Michael S. McPherson, *Crossing the Finish Line: Completing College at America's Public Universities*, Princeton, NJ: Princeton University Press, 2009, p. 124.

③ William G. Bowen, Mattew M. Chingos, and Michael S. McPherson, *Crossing the Finish Line: Completing College at America's Public Universities*, Princeton, NJ: Princeton University Press, 2009, p. 123.

④ Robert J. Sternberg, *College Admissions for the 21st Century*, Cambridge, Massachusetts: Harvard University Press, 2010, p. 40.

⑤ 有 AO 谈道："我们查看每门课程每年的成绩，大多数高中要么提供每年最终的成绩，要么提供两个学期各自的成绩"（Davidson-AO-4-160512）；"我们希望学生修读有难度的课程并取得好的成绩，同时不忽略容易的课程，比如高中要求必修的课程。尽管学生可能不太感兴趣，但我们希望看到学生在所有课程都有不错的表现……有些高校只查看核心学术课程，或者只计算 AP 课程成绩，不查看其他内容……我们查看整体学业记录，不仅仅是特定的课程。"

成绩需要包含大学预备课程的成绩才具备录取优势，因为不同难度课程的成绩在权重上有所差别。容易的基础课程的成绩与有难度的大学预备课程的成绩并不均等，比如一般数学课的成绩为 A 不如 AP 数学课的 A。由于学生挑战自我比成绩更重要，即使大学预备课程的成绩低于基础课程的成绩，也往往更具价值，比如“在 AP 课程的 C 比基础课程的 A 更好”（WFU 受访 AO）。换言之，GPA 再高，也需包含大学预备课程的成绩才有说服力，只有基础课程的成绩无法体现出个人成就和挑战自我的意愿。AO 更期待学生乐于走出舒适区，“希望看到的是课程的难度增加，甘冒风险修读挑战性课程，即使成功不能保证”（WFU 受访 AO），而非为求稳妥而避免修读难度课程得来的全 A 成绩。例如，“4.0 的成绩只有得到课程的相应支持才令人印象深刻。如果所在高中提供了荣誉课程、AP 和 IB，学生却没有修读多门这些课程，那么 4.0 也就一般”（UCLA 受访 AO）。

（三）成绩发展趋势

除了 GPA 和具体课程的成绩，成绩在高中阶段的发展趋势也是案例校共同关注的内容，比如是否随着年级的上升，申请者的成绩却处于下降状态？或者 9 年级成绩一般，但在 10 或 11 年级是否成绩更好，并计划在 12 年级继续提升？课程成绩一直保持优秀或者取得进步，是 AO 乐见的趋势。例如，与 9 年级为 3.9、10 年级为 3.7、11 年级为 3.5、12 年级为 3.3 的申请者相比，各年级成绩分别为 3.4、3.5、3.6、3.7 的申请者更具录取优势。如果申请者在高中初期阶段因遭遇了逆境而学业不佳，但能克服困难迎头赶上，高中后期的课程成绩有稳步或大幅度的改善，亦会得到 AO 的嘉许：“这很好地说明了学生的积极学习态度，因为可以扭转成绩。观察学生的所作所为真的非常重要，比如申请者成绩是否一直为 C。我希望 11 年级和 12 年级不再有 C，不然到大学扭转成绩的可能性非常小。”（UNC 受访 AO）

AO 之所以花时间阅读申请材料，从中了解成绩发展趋势，在于不仅仅把 GPA 视为一个数字，而是去了解 GPA 的背景，判断申请者是否具备完成有挑战性的大学学业所需的可持续发展能力。成绩上升趋势往往表明学生在学习上的成熟度和理解更难材料的能力在增长，下降趋势则可能揭示学习动力和理解具有挑战性的概念的能力在下降。如果成绩波动明显，招生人员会探究其中的原因，了解是申请者的个人主观因素还是家庭环境等客观因素影响成绩："我不认为成绩单的重要性完全在于成绩本身，也关乎成绩持续的表现。如果成绩时好时坏或往下走，这就需要重视。我们真正关注的是背景，关注学生生活中发生了什么，并将其与成绩的波动联系在一起。在提前招生中，有学生的成绩前两年几乎为全A，但到高三出现许多B和C，波动很明显。原因可能在于学生的父亲可能在高三突然病重，学业没有处理得很好。尽管许多中学给出的成绩为完美的A或4.0，但他们是16或17岁的少年，仍然处于智力发展中。所以我们并非在寻求完美，而是在寻求持续发展的能力，包括从错误中学习的能力、接受不同挑战的能力等。"（Pitzer 受访 AO）

美国高校使用资格预审体系，学生在高中毕业之前的高四第一学期即进行申请[①]，申请时提交的成绩单往往只包含高一至高三的成绩。大部分高校会考虑高一的成绩，但UCLA和UCSD在重新计算GPA时并不考虑高一成绩。而且高一成绩即使被考虑，受重视程度往往也最低，因为学生在高一可能学习动力不强、不够聚焦，后续努力更为重要。[②] 但是，案例校均要求学生在高四第一个学期成绩出来后即提交年中成绩单（mid-year school report/transcript），以判断申请者是否在毕业年级保持高水平的学业水准。对高四第一学期成绩的作用，AO有不同的看法：Pitzer前代理招办主任表示"高四第一学期的成绩对高三一年表现一般的学生尤其有用，也许学生的成绩

---

① 案例校常规申请截止日期如下：加州大学系统为11月30日，UNC和USC为1月15日，WFU和Pitzer为1月1日，Davidson为1月2日。

② The Collegiate Blog, "32 Colleges That Don't Consider Your Freshman Grades", October 2, 2012, http://www.thecollegiateblog.org/2012/10/02/32-colleges-that-dont-consider-your-freshman-grades/.

处于上升状态”[①]；Davidson 受访者却认为成绩上升如发生在高四而非高三，对录取不一定有帮助：“在以前工作过的录取率更高的高校，我更可能录取成绩有波动的学生。但当录取率只有 19% 的时候，如果看到申请者在高三因遭遇疾病或家庭变故或车祸等而成绩表现一般，在高四第一个学期成绩有所回升，我在这位学生身上冒险的概率更低。如果成绩下降发生在高二，后来成绩一直处于上升趋势，我们更容易给出录取的决定。”

学生被录取后还需提交最终成绩单，以供招生人员查看高四一年的成绩状况如何、是否仍然乐于学习，并确保其完成了具有挑战性的完整的高中学业。同时，可验证之前提供成绩信息的真伪，“如果最终成绩单与之前提交的信息不匹配，学生可能会接到询问发生了什么的电话”（Davidson 受访 AO）。如果高四成绩没有达到一定的标准，比如成绩为 D 和 F，录取资格可能会被撤销。

二 年级排名

根据大学委员会的定义，年级排名是“与同年级其他学生相比，学生课程成绩的数学式总结，通常将修读课程的难度和获得的成绩考虑在内”。[②] 因此，GPA 越高，学生的年级排名也越高。年级排名不仅能够揭示相对成就，使 AO 更好地了解申请者与同一所高中同年级学生相比表现如何，而且在某种程度上可以平衡不同高中在课程成绩评定严格性上的差异，因为年级排名通常是在年级里有多少学生以及学生所在高中的背景中被阐释的。例如，在一所高竞争性的中学，成绩为 B 或 3.0 可能使学生位于年级后 50%，但在一所学生学业成就偏弱的小型农村中学，成绩为 B 或 3.0 可能使学生位于

① Jamila Everett，“Agents of Change：A Look at Pitzer's Application Process”，October 7，2015，http：//pitweb. pitzer. edu/admission/tag/webinar/.

② College Board，“Class Rank & College Admission”，https：//professionals. collegeboard. org/guidance/applications/rank.

年级前1/3。[①] 也就是说，年级排名“会揭示学生在自身背景中表现如何”（Pitzer 受访 AO）[②]，并有助 AO“了解学生来自什么样的环境”（WFU 受访 AO），在申请者所处的高中背景中了解其 GPA 和课程优势，从而对其学业能力和努力程度有更准确的判断。基于这一优势，许多高校以往较为依赖将年级排名作为筛选大量申请者的重要指标。

然而，美国越来越多的高中，包括私立高中和公立高中，出于避免使学生在申请中处于不利地位等原因选择不提交年级排名，或者只给百分位而非具体名次，导致年级排名的重要性近年来呈下降趋势。受访者呼应了这一点：“许多美国中学不再报告年级排名，与以前相比少了许多。当年级排名存在时会被查看，但它在我们决策过程中的重要性降低了。”（USC 受访 AO）从表2－6可以看到，只有在公立大学 UCLA 和 UCSD，注册学生中提交年级排名者占100%，这与加州大学系统实行“前百分比计划”（top percent plan）的要求有关。在四所私立高校，注册学生中提交年级排名者均未到半数。根据 NACAC 的调查，将年级排名视为“相当重要”（considerable importance）的高校由 1993 年的 42% 降为 2013 年的 15%。[③] 而且，年级排名可比的优点主要在同一所高中有效，在跨越高中的横向比较上价值有限，因为它无法消除不同高中教学质量存在差异的问题，

---

① Robert J. Sternberg, *College Admissions for the 21st Century*, Cambridge, Massachusetts: Harvard University Press, 2010, p. 39.

② 该 AO 谈道：“你确实看到学生会说‘如果在另一所中学就读，我可能会在年级前 20 名’。但是对我们而言，你只在自己的学校，只存在于那个背景中。我们对你将在 Pitzer 的表现如何的预测方式之一为你在自身的背景中表现如何。如果在一所优秀高中就读，每位学生都修读 IB，你位于年级中等水平，我们有理由相信你在 Pitzer 的表现也将为平均水平，不会真正努力去做到更好。但是如果你属于追求更多的 AP 课程、想将成绩由 B 变 A 的学生，我们会认为你致力于做到最好。所以年级排名便于我们判断你愿意多努力去达成目标。”

③ National Association for College Admission Counseling, State of College Admission 2014, NACAC 2014 SOCA, May, 2015, p. 29.

排名相同但就读于不同高中的学生的实际能力可能会千差万别。例如，一所优秀高中的第三名与一所一般高中的第三名成就未必相同，对其过分倚重可能不利于在优秀高中就读的学生。因此，USC、Davidson 和 Pitzer 均视年级排名为“考虑”因素，三所公立大学则基于其可比优势评为“重要”而非“非常重要”。另外，如果高中本身没有报告年级排名的政策，如 Davidson 的一些高校可能会基于重新计算的 GPA 自行得出申请者的年级排名，① 或者要求咨询师进行估算。但在 UNC，“为保持录取数据的完整性，如果高中不提供年级排名，招办不会自行进行估算”②。

表 2 - 6　**案例校 2015 级学生的年级排名情况**　单位:%

年级排名	公立大学			私立大学		文理学院	
	UCLA	UCSD	UNC	USC	WFU	Pitzer	Davidson
前 10%	97	100	77	88	77	54	74
前 25%	100	100	96	97	93	80	97
前 50%	100	100	99	100	98	98	99
后 50%	0	0	1	0	2	2	1
后 25%	0	0	0	0	0	0	1
提交年级排名者	100	100	70	18	33	21	34

注：数据源自各校 2015—16 年的 CDS，其中 Pitzer 2015—2016 年的 CDS 中年级排名的数据为空白（2014—15、2013—14 年均缺失），该校新生档案也没有信息，因此以 2016—2017 年的 CDS 数据代替。

WFU 是案例校中唯一一所将年级排名评为“非常重要”的高校，原因在于该校实行可免试入学改革后区分申请者的相对成就变得更

① Robert J. Sternberg, *College Admissions for the* 21st *Century*, Cambridge, Massachusetts: Harvard University Press, 2010, p. 39.

② UNC-Chapel Hill Advisory Committee on Undergraduate Admissions, “Guidelines For Standardized Testing”, November 8, 2011, https://admissions.unc.edu/files/2013/07/Guidelines-for-Standardized-Testing-APPROVED-Updated.pdf.

难，需要借助年级排名对高中进行“标准化评估”，以甄别一所高中内部的优秀学生。其AO给出了解释：“查看学生与同伴相比之下的表现很有用，因为如果学生来自优秀的中学和有不错课程的中学那无所谓，但是在农村地区、公立中学、市区贫民窟的中学，好学生通常会表现拔尖。”该校申请表即声明“可免试入学政策使得我们更加注重课程和学业排名”，并希望高中咨询师提供申请者的高中GPA（表明是否加权）、年级排名（表明毕业生总数、申请者的位次、排名时间、同一排名的学生数量）。如果高中本身不提供年级排名，那么咨询师应该估算申请者的排名，或者向WFU提供以下信息辅助招办进行估算：申请者与成绩最高者的差距；毕业生中GPA的最高值、中间值和最低值；毕业生中计划进入四年制大学就读的比例。① Pitzer虽然也实行了可免试入学改革，但其申请者数量不到WFU的三分之一，因此筛选的压力更小，没有提出与WFU类似的要求。

尽管年级排名因素本身在录取决策中的重要性在下降，排名是否靠前仍然是精英高校授予录取资格的重要考虑，案例校录取的大部分学生年级排名均为前10%。例如，WFU录取至2015年入学的申请者中，62%的学生年级排名为前5%，88%为前10%②，Davidson该年则有85%为年级排名前10%③。其他高校缺乏录取学生的数据，但其注册学生的数据亦有所体现。表2－6显示除Pitzer外，其他案例校注册学生中年级排名前10%者均超过70%，在UCSD更是达到100%，而且各高校绝大部分学生位列年级排名前25%。另外，在UNC2015级新生中，年级排名第一者占7.8%，排名第二者占5.8%。④ Pitzer的

① Wake Forest University，“Undergraduate Admissions Application 2016”，http：//static. wfu. edu/files/pdf/admissions/application. pdf.

② Wake Forest University，“Wonderful Applications，Difficult Decisions”，March 26，2015，http：//fromtheforest. admissions. wfu. edu/2015/03/wonderful-applications-difficult-decisions/.

③ Davidson College，“Class of 2019 profile”，https：//www. davidson. edu/admission-and-financial-aid/class-of-2019 – profile.

④ UNC-Chapel Hill Advisory Committee on Undergraduate Admissions，2014 – 2015 *Annual Report*，UAD 2014 – 15，February 19，2016.

AO 即指出年级排名重要性下降的表现在于具体的名次，而非完全不关心排名区间："我不认为你将看到高校不关注学生排名为前 40% 还是前 60% 。这里有很大的区别，因为顶尖的文理学院和大学面对的是排名属于前 10% 的申请者。"

三　作为整体的高中学业记录

虽然笔者将学业严格度、包括 GPA 在内的课程成绩和年级排名分而述之，但 AO 在审阅材料时并不将各因素孤立看待，而往往将它们视为"高中学业记录"这一整体，用以共同测量申请者的学业成就。[①] 当然，在高中学业记录的组合包中，最重要的维度还是大学预备课程成绩，它也是美国高校录取决策中长期以来最重要的单个因素[②]，因为该指标尤其有利于精英高校"优中选优"。UNC 即指出"在评估挑战性课程项目的学业表现时，我们对年级排名和 GPA 的关注少于对大学预备课程成绩和成绩发展趋势的关注。"[③] 对于高中学业记录的重要性，尽管 AO 使用了不同的语言，包括"地基""最重要的因素""支柱""最有力的指标""基准"，但基本上都表明高中学业记录是体现申请者学业成就的关键。[④] 考试分数、课外活动、推荐信等再出色，也难弥补平庸的学业成就。这一点也体现在许多 AO 往往将高中学业记录与考试分数进行对比，以凸现其重要性，比

---

① 例如，受访者指出："学业严格度和 GPA 都很重要，是互相加强的，所以我不认为可以将二者分离。二者是测量学业成就的组合，是混合在一起的。有些学生可能 GPA 一般、但修读了非常难的课程，有些学生 GPA 很好但没有修读学校提供的难度课程，二者我们都需要。"

② National Association for College Admission Counseling, *Report of the Commission on the Use of Standardized Tests in Undergraduate Admission*, NACAC ED502721, September, 2008, p. 17.

③ UNC-Chapel Hill, "Undergraduate Admissions", http://www.catalog.unc.edu/admissions/undergraduate/.

④ 例如，某受访者指出："在学生建造申请屋时，高中学业记录是这座房屋的地基。如果地基不牢固，学生放在地基上面的所有其他内容，不管是课外活动还是推荐信等，都很难站得住脚。"（WFU 受访 AO）

如，“即使学生的 SAT 或 ACT 分数很高，如果在高中并不成功，那将是一面警告红旗，我们显然不会更重视考试分数”（Pitzer 受访 AO）。①

高中学业记录之所以占据学业成就的核心地位，主要在于与考试只需几个小时便可完成不同，它集合了高中四年的课程修读情况和多位课程教师对申请者不同科目表现的评价，不仅有量化指标，更反映了申请者在学习上的日常投入与积累、迎接挑战的意愿以及如何利用学校已有的资源努力取得成就等等，因而是体现申请者学业准备度的关键证据。同时，有 AO 指出高中学业记录更受重视的原因，还在于比考试分数更公平，“因为有些学生会接受考试辅导，有时这是一个不公平的优势”（UCSD 受访 AO）。许多研究证实了这一点，即尽管高中学业记录与 SES 有关联，但与考试分数相比要微弱得多。②

当然，高中学业记录通常被 AO 视为关键信息的原因，主要在于其体现出的学业准备度可以揭示申请者能否在精英高校严格的学业环境中取得成功。换言之，从申请者的高中表现可以推测其在大学的表现，高中学业不过关者，即使考试分数高，也往往不具备胜任大学学业的潜力从而被淘汰：“有些学生可能非常活跃，参与各类活动，但成绩为 D 和 F，这不是做好学业准备的学生。”（WFU 受访 AO）多位 AO 一致指出胜任大学学业需要一定的学识基础，而学生

① 其他受访者表达了类似观点：“有些努力学习、表现非常好的学生取得很高的 GPA，考试分数有点低，这是可以的。但相反的情况可能是一面红旗，因为我们知道学生在考试上表现不错，具备一定的天资，为什么在课堂上却没有表现出来？他们没有付出努力。”

② 例如：Saul Geiser and Veronica Santelices, *Validity of High-School Grades in Predicting Student Success Beyond the Freshman Year: High-School Record VSStandardized Tests as Indicator of Four-Year College Outcomes*, CSHEOccasional Paper Series 6.07, 2007.; William G. Bowen, Mattew M. Chingos, and Michael S. McPherson, *Crossing the Finish Line: Completing College at America's Public Universities*, Princeton, NJ: Princeton University Press, 2009.

在大学取得学业成功是公、私立精英高校的共同关切。学业是大学教育的主要任务，录取不能成功的申请者于学生自身无益，因此难以在大学毕业者很难获得入学门票。例如，有 AO 谈道：“判断学生能否在大学取得成功，是我们为什么审阅许多不同因素的原因……在申请中发现的任何揭示学生不会成功的因素将改变录取决定，比如没有优秀的 GPA，或者修读的全部科学课程成绩为 D。”（UCSD 受访 AO）[①] 另外，有 AO 指出由于学业优秀的申请者太多，高中学业记录可能不一定总是最重要的因素，招办会根据高校重视的价值选拔生源，但因为大学学业成功的重要性，高中学业记录仍然是核心的录取标准。

> 如果学生是运动员、校友子女、“第一代大学生”，对我们来说重点在于想知道或看到他们在这里是一名成功的学生，所以学业很重要。为什么会问许多问题，为什么申请表内容很多，因为我们想要确保学生来到这里会感到很兴奋，能够成为成功的学生，能够在多方面成长，不会被学业压倒。这是一所非常具有挑战性的高校，我们想确保这些学生在这里都能成功。（WFU-AO-6-160518）

至于为何强调大学学业成功，受访者指出不仅在于使学生受益，也关乎高校本身的利益，以及受到美国实用文化的影响。首先，学生在大

---

① 该 AO 还提到：“我们查看学生在课程中表现如何，课程的难度如何，他们是否修读了已有的 AP 或 IB 课程，即如果所在高中只有两门 AP 课程，他们是否修读了这两门 AP 课程。这个真的很重要，以及他们在 AP 课程中表现如何，是否参加了 AP 考试以及考试分数如何。这也是为什么有 SAT 的原因，SAT 是标准化考试，我们可以看学生在考试上的表现如何，他们不需要有完美的分数才能被录取。的确有一些学生 SAT 分数较低但也被录取了，这些学生在大学表现非常好。所以我们查看所有这些不同的因素，并从中判断他们能够在这里取得成功，因为不想录取不会成功的学生，那样也不是在帮助他们。他们最好去社区学院就读，修读一些传媒课程等‘应用课程’，做好在这里成功的准备后再转学。如果录取了他们，他们没有做好适应严格英语或微积分预备课程的准备，会落在后面、无法毕业。”

学顺利毕业、拿到学位本身即是受益，学业则是毕业的基本条件，而且雇主会评估学生在大学的经历及取得的成就，并招聘成功的学生。① 其次，学生在大学取得学业成功，使得高校达成了培养人才、充分发挥学生个人能力的社会使命，而且新生保留率和毕业率是影响机构声望和排名的指标之一。例如，某 AO 指出："一个更愤世嫉俗的视角是新生保留率等是美国新闻与世界报道排行榜中的指标。如果我们录取许多来到这里后不喜欢它并离校的学生，那将不利于我校大一新生的保留率，这就与排名有关。"（USC 受访 AO）。同时，成功的毕业生也代表了高校的形象："我们希望所有来到这里的学生有积极的体验，在进入社会后可以告诉他人'我是从 WFU 毕业的，WFU 帮助我取得成功'"（WFU 受访 AO）。最后，美国本身具备倡导成功和结果导向的实用文化，这一点适用于高校的人才培养工作。

第三节　考试分数之不可或缺

> 对于接收来自各种不同高中申请者的高校而言，标准化考试分数可以给予我们一些基准，在一定程度上有助比较来自不同教育背景的申请者……在很大程度上，"使用考试分数"还因为在预测模型中的价值。
>
> ——（USC 受访 AO）

标准化考试分数历来不是美国精英高校录取决策中最重要的因素，不依赖其作为判断申请者成就的唯一指标也是长期以来的共识。

---

① 一如受访者所言："在应聘工作时，如果你毕业于普林斯顿大学，就存在名校效应。但是当你毕业于名气不那么大的高校，雇主会对你在大学做了什么、付出多少努力、学到什么、获得什么成长更感兴趣，而非你毕业于哪里……我认为在美国，这在一定程度上是招聘时或选拔研究生时评价申请者的真实状况。你会更多地查看学生现在做了什么，而不是在 17 岁时为了获得优秀的标准化考试分数做了什么。我尊重考试分数，但它完全没有告诉我你今天会做什么。"（WFU 受访 AO）

但它作为测量学生学业才能的“传统智慧”①，受到的关注和争议可能比其他因素更多②，在考试分数的使用上也出现两个阵营。一方面，许多高校坚持使用考试分数作为录取决策的重要依据。另一方面，自21世纪以来，越来越多的高校采用不要求申请者提交考试分数的可免试入学政策，考试分数不再成为录取决策的必备因素。七所案例校的实践正好代表了两个阵营。本节先概述所有高校在考试分数上的决策规则，其次对五所高校视考试分数为不可或缺指标的原因进行分析，其余两所高校的可免试入学情况则留待下一节论述。

一 决策规则

案例校使用的考试分数主要指SAT推理测验分数、ACT加写作测验分数（如无说明，这也是AO和本文谈及考试分数时的所指），简称为SAT和ACT，但也包括各类科目测验分数。另外，UNC会考虑全州统考的期末考试分数或者毕业考试分数，但私立高校往往因其偏容易而不考虑。对国际生而言，高校还要求语言能力考试分数。本文仅对SAT、ACT分数和科目测验分数进行探讨。

（一）SAT和ACT分数

除了私立大学WFU和文理学院Pitzer由申请者决定是否提交考试分数，其他案例校均要求申请者提交旧SAT/新SAT或ACT分数，但在写作/短文部分的政策上存在差异。据各校招办网站显示：在公立大学，UCLA、UCSD要求学生提交SAT短文或ACT写作，UNC则没有要求、也不推荐提交；私立大学USC和文理学院Davidson均无要求。虽然SAT的设计初衷为测量考生本身的智能，历史更悠久、传统地位更高，ACT更倾向于测量对高中课程知识的掌握，但在招生实践

① ［美］约瑟夫·索尔斯：《为了强预测力无偏见性的考试》，郑若玲译，《中国考试》2014年第6期。

② National Association for College Admission Counseling, *Report of the Commission on the Use of Standardized Tests in Undergraduate Admission*, NACAC ED502721, September, 2008, p. 16.

中案例校没有偏好，也不进行区分，而是予以同等对待，申请者提交其中任何一种或两种均可。如果提交两种，AO 会使用更高的分数。[①]

由于测试机构寄送的 SAT 和 ACT 分数报告既包括总分，也包括各部分的分数，且学生可以参加多次考试，案例校在择分查看的理念上均“就高不就低”，但在具体操作上出现“超级计分”（super score）和“分数选择”（score choice）两种情况。“超级计分”指如果申请者提交了同一考试（旧 SAT 与新 SAT 不属于同一考试）不同日期的分数，AO 会选择各部分的最高分（不一定是同一日期），合成最高总分作为录取决策依据，以使申请者考试分数的优势最大化。[②] 除了 UCLA 和 UCSD，其他案例校均对 SAT 进行超级计分。但对 ACT，只有 UNC 和 Davidson 进行超级计分。例如，UNC 表示：“在评估提交多次 SAT 或 ACT 考试分数的候选者时，招生委员会只考虑获得的最高分数。对 SAT 而言，委员会考虑各部分在不同日期取得的最高分。对 ACT 而言，委员会考虑各科目在不同日期取得的最高分。如果候选者同时提交 SAT 和 ACT 分数，委员会考虑分数更高的那个考试；如果分数相当，两个考试都会被考虑。”[③]

“分数选择”指学生可以选择让测验机构只寄送自己最满意的一次分数报告，或者寄送多个考试日期的分数报告，但 AO 只考虑单个考试日期的最高总分，而不对各部分的最高分进行合成。例如，

---

① 受访者解释如下：“我负责科罗拉多（Colorado）州的学生，所有学生参加 ACT，类似州高中毕业考试，所以都熟悉 ACT 的格式。ACT 是他们可能会表现更好的考试，但对我们而言参加哪个考试是无所谓的”（USC 受访 AO）；“我们看到大概各 50% 的学生参加其中一门考试。这取决于学生，由学生自行决定哪个考试可以更准确地反映自身的水平或学业能力，这二者我们都接受。尽管它们是不同的考试，测量不同的能力，对我们来说是一样的”（Pitzer 受访 AO）。

② 例如，如果申请者在八月参加了一次 SAT 考试，数学部分为 670，阅读部分为 650，总分为 1320，在十月又参加了一次 SAT 考试，数学部分为 640，阅读部分为 710，总分为 1350，那么招生人员使用的 SAT 总分为 670 + 710 = 1380。

③ UNC-Chapel Hill Advisory Committee on Undergraduate Admissions，“Guidelines For Standardized Testing”，November 8，2011，https：//admissions. unc. edu/files/2013/07/Guidelines-for-Standardized-Testing-APPROVED-Updated. pdf.

UCSD 希望申请者报告参加的所有考试的总分，并从中寻求最高总分。[①] 据 UCLA 的 AO1 解释，加州大学不使用超级计分的原因，在于避免贫穷学生缺乏相应的考试机会和培训而被置于不利地位。尽管案例校会合成或选择 SAT/ACT 的考试总分，但也关注各部分的分数表现。其中，UNC 声明更为重视各部分的分数："在使用 SAT 分数时，招生委员会主要侧重于在各部分取得的分数，然后是总分。当批判性阅读和写作部分的分数差异较大时，委员会认为更高的分数更能预测候选者在 UNC 的表现。然而，委员会并不认为较高的分数可以简单取代较低的分数，或者完全忽略较低的分数。在使用 ACT 分数时，委员会主要聚焦于基于科目的各部分分数，其次关注总分。"[②]

> 我们处于一个有趣的状态，加州大学系统有较高的要求，不对考试分数进行超级计分。最具选拔性的高校往往采用超级计分，即如果参加三次 SAT，你在第一次得到最好的批判阅读分数，第二次得到最好的数学分数，第三次得到最好的写作分数，将三者加起来就是你的分数。对我们来说，三次中哪次你的总分最高，那就是我们使用的分数。所以我们不超级计分，这与你可能已经拜访的其他高校非常不同。这么做的原因在于<u>参加考试需要花钱</u>。有些学生虽然可以豁免考试费用，但是数据显示低收入家庭学生参加考试的比例更低。来自哈佛西湖中学（Havard—Westlake School）的学生可能至少参加三次考试，来自火箭中学（Rocket School）的学生很可能只在高年级参加一次。所以有资源的学生可以说"这次考试我将只关注批判性

① University of California, San Diego, "2016 Freshman Application Workshop (Online Webinar)", http://admissions.ucsd.edu/events/index.html.

② UNC-Chapel Hill Advisory Committee on Undergraduate Admissions, "Guidelines For Standardized Testing", November 8, 2011, https://admissions.unc.edu/files/2013/07/Guidelines-for-Standardized-Testing-APPROVED-Updated.pdf.

阅读，以取得好的分数，下一次再关注数学”，这给予他们利用多次参加考试的优势的机会。大学委员会说第二次或第三次参加考试时，基于你之前参加考试的经验，你的分数会更好。低收入学生可能没有多次参加考试的机会，以及获得考试培训的相同机会，等等。所以我认为我们的体系总是有考虑个体情况的理念。（UCLA-AO-1-151218）

与“分分必较”不同，案例校查看分数范围而非绝对分值，了解前者才是反映学生真实能力的指标，而且一定范围内的分差并不代表学业能力的差异。从测量学的角度来看，考试分数都存在测量标准误差（standard error of measurement），即报告的分数并不是对学业能力的精确测量，许多因素会影响学生某次考试的表现。如果在不同时间参加考试，取得的分数往往会在一定范围内波动，比如新 SAT 的分数波动范围通常为 30—40 分。SAT 和 ACT 的分数报告不仅显示分值，而且显示分数范围，以帮助高校了解申请者的真实水平。同时，比较两位学生的能力差异时，需要了解测验的差异标准误差（standard error of the difference），即“如果要真正反映能力的差异，两个分数的差异必须超过其差异标准误差的 1.5 倍”。[①] UNC 即表示：“SAT 分差少于 120 没有意义，因为这个差距在 SAT 考试的测试

---

① 大学委员会指出：“尽管考试分数为标准化的信息，对考试分数的解读不应该太精确。所有的考试分数，从定义上讲，存在测量标准误差，它显示达到的分数反映学生真实分数的范围，比如说某学生的 SAT 数学分数为 580，对该分数的解读应该为该生的真实分数为 550—610 之间，因为 SAT 数学部分的测量标准误差为 30 分。读者还应理解差异标准误差的概念，是关于两位不同的申请者的考试分数是否揭示了真正的能力差异的测量指标。如果要真正反映能力的差异，两个分数的差异必须超过其差异标准误差的 1.5 倍。比如说，物理学科测验的差异标准误差是 40 分，意味着考分为 600 的学生与考分为 640 的学生实际上拥有相同水平的物理科目成就。读者应该理解基本的测量学原则，在基于考试结果解读学生的能力差异时应该谨慎。”引自 College Board, *Selection Through Individualized Review: A Report on Phase IV of the Admissions Models Project*, College Board's Admissions Models Project Report, 2004, p. 12.

误差之内……一位在批判性阅读得分为620、数学得分为600、总分为1220的学生，与一位在批判性阅读得分为670、数学得分为650、总分为1320的学生，没有‘真实’的或测量上的差异。”[①] 受访者也强调了合理使用考试分数、了解其测量原理的重要性。

> 我们想要确保以恰当的方式使用考试，包括了解考试用以测量什么、不测量什么，了解分数的差异，了解测量标准误差和差异标准误差，然后在查看两个分数时会明白这个分数的预测效度是否与另外一个分数不同？如果不是，我们会对其展开恰当的讨论。如果一位学生的考试分数为2010，另一位为2090，二者并没有预测效度上的差异。我们经常展开这样的讨论。或者学生认为“我现在的考试分数是2200，希望能够得到2050”，我们知道这并不意味着任何不同。（USC-AO-2-151215）

在考试分数与录取资格的关联上，只有UNC所属的北卡大学要求SAT总分需达到800分或者ACT总分需达到17分[②]，加州大学和其他高校均没有最低要求。但考试分数越高，往往被录取的概率越大（见图2－1），而且案例校录取和注册学生的考试分数远远高于全国平均值。例如，在UCSD，2015级新生的SAT总分平均为1318分，阅读和数学部分分数的平均值分别为628分和690分[③]，

① Students For Fair Admissions, *SFFA-v. -UNC-Complaint*, November, 2014, https: //studentsforfairadmissions. org/wp-content/uploads/2014/11/SFFA-v. -UNC-Complaint. pdf, p. 28.

② UNC-Chapel Hill, *Response to SACSCOC—Comprehensive Standard* 3. 4. 3 *Admission Policies*, January, 2015, http: //www. unc. edu/sacs/Jan2015/Reports/3. 4. 3 – Admission. html.

③ University of California, San Diego, “Student Profile 2015 – 2016”, http: //studentresearch. ucsd. edu/_ files/stats-data/profile/Profile2015. pdf.

比全国平均值[1]分别高出133分、179分。另外，美国高校在考试分数上往往报告25百分位—75百分位[2]的区间，即中间50%的分数范围，从该计算口径亦可印证案例校录取和注册学生的考试分数优秀，且远高于全国平均表现，具体见表2-7和表2-8。表2-7显示：在SAT各部分分数上，USC和Davidson录取学生的考

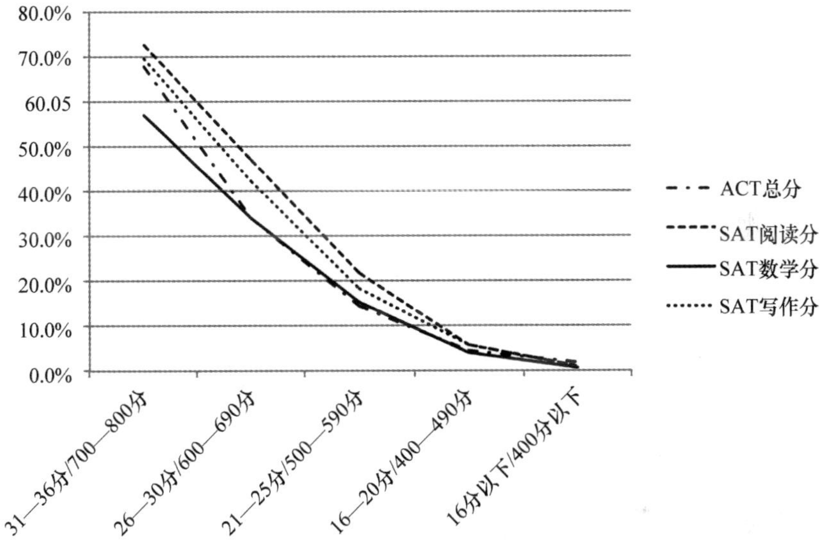

图2-1 UCSD录取学生考试分数不同区间的录取率

注：（1）36至16以下为ACT总分的区间，800—400以下为SAT各项分数的区间。（2）数据不包括未提交者的信息。（3）笔者只找到UCSD的相关数据，源自http：//admission. universityofcalifornia. edu/campuses/files/freshman-profiles/freshman_ profile_ san_ diego. pdf.

---

① 2015年，参加SAT考试的有1698521人，阅读、数学和写作的全国平均分分别为495、511和484（各部分满分为800，总分满分为2400）。引自College Board，*Total Group Profile Report*（2015 *College-Bound Seniors*），College Board Report，https：//secure-media. collegeboard. org/digitalServices/pdf/sat/total-group-2015. pdf，p. 1.

② 25百分位指25%的学生分数等于或者低于某分值；75百分位指75%的学生等于或者低于这个分数值，也就是说有25%的学生分数等于或高于某分值。以UCSD注册学生SAT阅读的分数分布为例，25%的学生分值等于或高于680，25%的学生分值等于或低于580，50%的学生分值为580—680之间。

试分数远高于全国表现，且各部分基本上均有25%的学生高于750分、25%的学生低于650分，而全国表现中75百分位的值最高不超过590分；在SAT总分上，UCLA和USC中25%的学生在2250分以上；在ACT总分上，三所高校25%的学生在33分以上。表2-8显示：从注册学生的考试分数区间来看，案例校SAT各部分的分数集中于600—800分的区间，ACT总分以30—36分者居多，24分以下者基本不超过10%。

表2-7　**部分案例校录取学生的考试分数分布**　单位：分

考试分数	UCLA	USC	Davidson	全国表现
SAT阅读分中间50%	/	650—750	650—750	410—570
SAT数学分中间50%	/	680—780	650—740	430—590
SAT写作分中间50%	/	670—770	640—750	400—560
SAT总分中间50%	1930—2250	2040—2260	/	/
ACT总分中间50%	29—34	31—34	30—33	/

注：USC数据源自https：//about. usc. edu/files/2015/10/USCFreshmanProfile. pdf；UCLA数据源自https：//www. admission. ucla. edu/prospect/Adm_ fr/Frosh_ Prof15. htm；Davidson数据源自https：//www. davidson. edu/admission-and-financial-aid/class-of-2020 - profile；SAT数据源自https：//secure-media. collegeboard. org/digitalServices/pdf/sat/total-group-2015. pdf. 笔者没有找到其他案例校的相关数据。

表2-8　**案例校注册学生的考试分数情况**

考试分数	公立大学			私立大学		文理学院	
	UCLA	UCSD	UNC	USC	WFU	Pitzer	Davidson
提交SAT分数者（%）	83	87	76	68	53	32	64
提交ACT分数者（%）	55	44	74	48	44	21	62
SAT阅读700—800分（%）	26. 9	19	24. 6	36. 4	23. 16	36. 14	35
SAT阅读600—699分（%）	40. 6	47	50. 3	47. 9	49. 26	50. 60	51

续表

考试分数	公立大学			私立大学		文理学院	
	UCLA	UCSD	UNC	USC	WFU	Pitzer	Davidson
SAT 数学 700—800 分（%）	43.6	51.0	29.0	57.1	37.76	32.53	40
SAT 数学 600—699 分（%）	32.3	36.0	51.2	31.6	42.63	55.42	47
SAT 写作 700—800 分（%）	36.8	26	25.2	50.4	29.79	/	35
SAT 写作 600—699 分（%）	34.8	38	46.9	38.0	47.75	/	47
ACT 总分为 30—36 分	57.0	55	51.8	75.1	53.52	61.82	62
ACT 总分为 24—29 分	29.2	39	42.2	21.1	38.73	34.55	36
SAT 阅读分中间 50%（分）	570—700	580—680	590—690	620—730	590—690	620—720	630—720
SAT 数学分中间 50%（分）	600—750	630—770	610—700	650—770	610—720	630—720	630—720
SAT 写作分中间 50%（分）	580—720	590—700	590—700	650—750	600—700	/	610—720
ACT 总分中间 50%（分）	25—33	27—32	27—32	30—33	27—33	29—32	29—32

注：数据源自各校 2015—16 年的 CDS。

（二）科目测验分数

如果学生提交 SAT 科目测验、AP 考试等分数，案例校也会查看，因为这些考试可以证明对某科目知识的精通，进一步体现个人的学业成就，从而优化申请材料，并可作为入学后分班的依据。案例校均欢迎或推荐申请者提交科目测验分数。例如，在 UCSD，SAT 科目测验分数、AP 或 IBHL 分数会得到额外的重视①，并推荐申请者参加 SAT 科目测验时在英文、数学（仅限于 Level 2）、外语、历

① University of California, San Diego, "Freshman Application Review", http://admissions.ucsd.edu/freshmen/eval-process.html.

史/社会科学五类核心科目中任选两类。① 需要指出的是，科目测验分数并非硬性要求，因为不是所有学生都可以负担这些考试，其预测效度的增值也有限。UCLA 就表示尽管“与大学课程关系紧密、反映学术评议会（Academic Senate）对新生能力期待的考试分数将得到优先考虑”，但“申请者如果没有机会修读 AP 或 IBHL 课程，或者没有选择参加相应的考试，不会处于劣势地位。”② 由于并非要求，案例校申请者中提交 AP 考试者占比并不高，最多不超过 20%，且平均门数均不超过三门，详见表 2 -9。加州大学实际上在 2012 年之前要求学生必须提交两门 SAT 科目测验分数，但经研究发现，在控制高中成绩和 SAT/ACT 考试分数的情况下，该类分数对大学成绩

表 2 -9　　案例校申请者的 AP 考试信息

	高校	提交 AP 考试的申请者（人）	提交 AP 考试者占比	提交 AP 考试门数（门）	平均门数（门）
公立大学	UCLA	9331	10.1%	23620	2.5
	UCSD	5267	6.7%	15023	2.8
	UNC	5306	16.6%	13633	2.6
私立大学	USC	4084	7.9%	9691	2.4
	WFU	907	6.8%	2493	2.7

注：数据源自：College Board. The 200 colleges and universities receiving the most AP scores-2015 [EB/OL]. https://secure-media.collegeboard.org/digitalServices/pdf/research/2015/2015-Top-200-Colleges.pdf. 2017 -06 -07. 由于该报告只列举收到 AP 考试数量排名前 200 的高校，Davidson 和 Pitzer 未在名单中，故缺乏信息。提交 AP 考试者占比指占该校申请者总数的比例，由笔者自行计算。

① 在 USC，其 AO 呼应了这一点：“我们不要求学生提交 AP 考试分数，但如果参加了考试并取得不错的分数，被 USC 录取后可以获得大学学分。所以参加 AP 考试可以获得两个好处。如果想读生物专业，你参加了 AP 生物考试而且分数很高，这会向我证明你在生物领域颇为精通，你的大学生物课程表现可能也会不错。”

② University of California, Santa Barbara, “Freshman Selection”, https://admissions.sa.ucsb.edu/applying/freshman/selection.

的预测效果不显著。[①] 鉴于其 SES 偏见和有限的预测效度，加州大学 2012 年之后取消了科目测验分数的要求。

二　不可或缺的原因

从案例校对考量因素重要程度的评价可以看到，公立大学 UCLA、UCSD、UNC 和私立大学 USC 均将标准化考试分数视为"非常重要"，文理学院 Davidson 则视为"重要"。下文对五所高校的评价逻辑进行分析。

（一）四所高校评为"非常重要"的原因

UCLA、UCSD、UNC 和 USC 之所以一致将考试分数作为录取决策中非常倚重的因素，主要与其为标准化的工具及具备的预测价值有关。

1. 提供比较基准

四校申请者数量远远多于其他三所高校，申请者范围也覆盖全美和全世界，考试分数的标准化优点在筛选大量高中学业记录存在差异的申请者上颇有帮助。一方面，考试分数可以用来比较来自不同教育背景的申请者，可以跨越不同高中、不同学区、不同州、不同国家的教育差异，以"相同"的标准"客观"测量学业能力。尽管高中学业记录是案例校一致最为重视的信息，但不足之处在于不同高中提供的教育存在差异，特别是"美国高中的教育标准由各州设定，不存在全国性的教育标准"（USC 受访 AO），无法进行全国性的比较。标准化的考试分数恰好能弥补高中成绩评定方式差异和不同中学教育机会不均等的不足，因而被视为"高中差异的均衡器"（Pitzer 受访 AO）。SAT 和 ACT 分数报告都提供了每位考生在全部考生中的相对位次，其中 SAT 报告提供"全国性代表样本百分位"（nationally representative sample percentile）和"SAT 考生百分位——全国"（SAT user percentile-National），揭示考生与全美 11 和 12 年级

① 常桐善：《大学招生的卓越性与公平性：美国加州大学的理念及其实践》，《考试研究》2012 年第 2 期。

学生相比的成就，ACT 报告则提供全美和各州排名。因此，受访者指出“考试分数是我们尝试将学生的学业能力标准化的最接近指标，也是一个不那么有效的指标，但它是我们目前拥有的最好的标准化指标”（UCLA 受访 AO）。另一方面，标准可比的优点在一定程度上保证了筛选效率，这对于申请者库规模至少比其他三校大两倍的 UCLA、UCSD、UNC 和 USC 而言颇为重要。

> 可免试入学没有意义，而且对我们庞大的申请者库——去年为 52000 人——而言是个挑战。有一些标准化的测量工具很重要。在了解它内在局限性的同时，有一些跨越整个申请者库差异的工具，特别是我们的申请者来自全国和全世界，很重要。如果是一所更区域化的高校，更容易只使用其他的学业测量工具。但我不认为我们会在近期内走向可免试入学。（USC-AO-2-151215）

高中成绩存在的膨胀或紧缩问题也在一定程度上凸显了考试分数的标准化价值。成绩膨胀即“学生的高中成绩有所提高，但其学业成就本身缺乏相应增长的现象”①，这是 AO 主要关心的问题：“许多高中的 GPA 日益膨胀，到高年级几乎每位学生的成绩都为 A。”（USC 受访 AO）成绩紧缩即学生的成绩没有反映出应有的水平。大学委员会的研究显示从 1998 年至 2016 年，GPA 为 A 的高中毕业生从 38.9% 上升至 47.1%，同时自我报告的 GPA 值从 3.27 增长至 3.38，但 SAT 的分数却略有下降。② 独立研究机构亦指出全美新生中报告 GPA 为 A 或 A^+ 的学生比例从 1985 年的 13.4% 上升至 2015

---

① Kelly E. Godfrey, *Investigating Grade Inflation and Non-Equivalence*, College Board Research Report 2011 - 2012, 2011.

② SAT 阅读的平均分从 509 分下降至 494 分，SAT 数学的平均分从 517 分下降至 508 分，SAT 总分从 1026 下降至 1002。详见：College Board, *Class of* 2016 *SAT results*, College Board 2016 State Reports, 2016, https://reports.collegeboard.org/sat-suite-program-results/class-of-2016 - results.

年的31.2%。[①] 在UCLA、UNC和弗吉尼亚大学（University of Virginia），新生中高中成绩为A或A^+者从1974年的约55%上升至2006年的90%左右。[②]

尽管在宏观层面，成绩膨胀不一定完全是坏事，可能源自评定标准、学生对知识的掌握、修读课程模式、学生特征等方面存在的差异[③]，但是在微观层面，成绩膨胀可能高估了一些学生掌握的知识和技能[④]，这在录取决策中便成为一个问题。在成绩膨胀的案例中，A或4.0不再如以前一样意味着杰出的学业表现。同时，成绩膨胀有损“机会公平”理念，因为可能只有部分申请者的成绩被膨胀。对于成绩膨胀问题，AO视考试分数为有效应对手段，因为它将学生放在同一量表中，有助了解高中成绩的含金量，但有受访者指出为公平起见，会通过研究高中情况来判断成绩膨胀现象是否存在并采取相应措施：“如果没有人成绩为C，那可能表明存在成绩膨胀。当感觉存在该现象时，我们可能会主观地降低给分。相反地，如果成绩分布显示A或B的成绩很少，还存在D的情况，我们也会提高给分，但这在审阅中起的作用非常小。”（Davidson受访AO）另外，尽管成绩膨胀问题存在，在同一背景中成绩优异的学生仍然会脱颖

---

① Kevin Eagan, Ellen Bara Stolzenberg, Joseph J. Ramirez, Melissa C. Aragon, Maria Ramirez Suchard, and Cecilia Rios-Aguilar, *The American Freshman: Fifty-Year Trends 1966–2015*, CIRP Report, 2016.

② William G. Bowen, Mattew M. Chingos, and Michael S. McPherson, *Crossing the Finish Line: Completing College at America's Public Universities*, Princeton, NJ: Princeton University Press, 2009, p. 16.

③ Daniel Koretz and Mark Berends, *Changes in High School Grading Standards in Mathematics*, 1982–1992, Rand MR 1445, 2007.

④ 美国有一个流行和令人信服的说法，即得到全A、在年级名列前茅的城市高中生进入大学后发现自身并没有做好充分准备。人们普遍认为表现更差的高中的成绩在很大程度上被膨胀，这些学校的学生完成更基本、质量更差的作业后，却比在更具选拔性的高中得到的成绩更高。源自：William G. Bowen, Mattew M. Chingos, and Michael S. McPherson, *Crossing the Finish Line: Completing College at America's Public Universities*, Princeton, NJ: Princeton University Press, 2009, p. 125.

而出，正如“奶油会浮在顶层”（WFU 受访 AO）。

2. 具备预测价值

四校之所以将考试分数视为“非常重要”，与其具备预测价值亦休戚相关。根据美国联合委员会关于教育和心理测验的最新标准，入学考试分数的用处在于辅助大学做出录取决定，其依据为一个学生在大学水平的工作中取得成功的可能性。[①] 考试开发机构亦声明 SAT 和 ACT 分数的设计目的在于预测大一 GPA[②]，即考试分数更高的申请者入学后应该取得更高的大一 GPA。选择大一 GPA 作为效标变量的主要原因是大一课程非常相似，均为通识教育课程，可以最大限度地降低由于学生选课不同造成的成绩可比性误差[③]。同时，大学后续三年的表现受到大学教育的影响，与标准化考试的相关性减弱。而且，考试分数不仅本身具备预测效度[④]，在高中学业的预测效度上也有增值。换言之，虽然前文提到高中 GPA 是对大一 GPA 的最佳预测指标，但在统计模型中加入考试分数这一变量后，往往更能解释大一 GPA 的差异，从而有助招办了解申请者在大学取得学业成功的可能性。例如，大学委员会研究结果显示在预测大一 GPA 上，高中 GPA 的决定系数为 13%，但结合 SAT 分数后决定系数上升至 21%[⑤]，

---

① American Educational Research Association, American Psychological Association, and National Council on Measurement in Education, *Standards for Educational and Psychological Testing* (*2014 Edition*), Washington, DC: Amer Educational Research Assn, 2014, p. 37.

② Krista D. Mattern, Brian F. Patterson, Emily J. Shaw, Jennifer L. Kobrin, and Sandra M. Barbuti, *Differential Validity and Prediction of the SAT*, College Board Research Report 2008 - 4, 2008.

③ 常桐善：《试述利用高中和标准化考试成绩确定大学申请学生的合格性——美国加州大学的经验与启示》，《考试研究》2008 年第 3 期。

④ Eric P. Bettinger, Brent J. Evans, and Devin G. Pope, "Improving College Performance and Retention the Easy Way: Unpacking the ACT Exam", *American Economic Journal: Economic Policy*, Vol. 5, No. 2, 2013, pp. 26 - 52.

⑤ Jennifer L. Kobrin, Brian F. Patterson, Emily J. Shaw, Krista D. Mattern, and Sandra M. Barbuti, *Validity of the SAT for Predicting First-Year College Grade Point Average*, College Board Research Report No. 2008 - 5, 2008.

表明二者的结合带来更强的预测效度，独立研究支持了这一结论①。因此，大学委员会强调高中 GPA 与考试分数的结合是评定学生学业表现的最佳方法，这得到了 UCLA 和 USC 招生人员的认同。

> 我们仍然要求 SAT 或 ACT，是因为我们每年都在做研究，研究结果显示 SAT 和 ACT 在 USC 仍然具备预测效度。如果发现考试分数不再具备预测性，当然我们便不会有所要求。我不认为这会发生。对我们而言，考试分数本身在预测大学第一年的学业成功上表现不错。（USC-AO-2-151215）

USC 尤为满意考试分数的预测效度。据其 AO 介绍，考试分数本身可以解释本校学生大一 GPA 差异的 40%，高中 GPA 可以解释 50%，两者相加则可以解释 60% 的差异。USC 也因此成为大学委员会展示考试分数统计价值的典范。与许多顶尖大学一样，考试分数的预测价值是该校没有走向可免试入学的原因之一。② 另外，UNC 尽管对本校是否应该实行可免试入学开展了很多讨论，但未必会进行改革，因为该校“对 SAT 很感兴趣”（UNC 受访 AO）。当然，基于 UNC 的申请者规模较大及其旗舰公立大学性质，UNC 讨论的应该是考试分数灵活提交的前百分比计划，而非如 WFU 一样采行纯粹的可免试入学（详见下一节）。

---

① Paul R. Sackett, Nathan R. Kuncel, Adam S. Beatty, Jana L. Rigdon, Winny Shen, and Thomas B. Kiger, “The Role of Socioeconomic Status in SAT-Grade Relationships and in College Admissions Decisions”, *Psychological Science*, Vol. 23, No. 9, 2012, pp. 1000 – 7.

② 笔者在参加 NACAC2015 年的年会时，曾经在大学展览单元询问耶鲁大学、康奈尔大学和加州大学伯克利分校的招生人员“为何不考虑走向可免考试入学”，他们给出的原因主要在于高中成绩的膨胀比以前更严重，考试分数是唯一的标准化工具。笔者也表示考试分数的预测效度在不同高校存在差异，有些招生人员回复称已经开展了本校的研究显示考试分数仍有预测价值，高中 GPA 和考试分数的组合是预测大学表现的最佳指标。

考试分数的预测效度源于其测量了大学教育需要的一些有价值的知识和技能，从而使 AO 了解申请者的学业成就，了解能否应付大学严格的学业。有 AO 就谈道："当谈论标准化考试时，首先需要知道它在测量什么。以 SAT 为例，当谈到 SAT 时，我们在谈论数学推理能力、使用数学概念解决问题的能力。SAT 也测量言语推理、量化和理解能力，即辨别写作意图和了解作者观点的能力。这些都是重要、有价值的大学技能，是考试可以揭示的构念（construct）[①]。"（USC 受访 AO）另外，有受访者指出考试是大学教育的考核形式之一，"学生需要在学期末参加考试，我想这是为什么考试分数具备预测性的原因之一"（USC 受访 AO）。SAT 和 ACT 报告即揭示了大学准备度的基准分，比如新 SAT 的数学基准分为 530 分，如果学生的数学分不低于 530，则表示在高中毕业时已经做好了读大学的准备。ACT 对基准分的阐释为如果学生某科目部分的分数不低于设定的基准分，则表示在相应科目的大一课程中至少有 50% 的机会取得的成绩为 B 或以上，或者 75% 的机会为 C 或以上。[②]

（二）Davidson 评为"重要"的原因

在七所案例校中，文理学院 Davidson 对考试分数的态度最为微妙。尽管该校基于其社会偏见及低预测效度降低了对考试分数的重视，但出于决策最优化的考虑和对声望的追求，仍然将考试分数视为不可或缺的因素。

1. 重要性有限之因

在 Davidson 招办公开的五个标准中，考试分数被置于重要性最低的位置（见表 2－1），其 AO 解释原因在于考试分数具有 SES 和文化偏见，同时在该校预测效度低。一方面，大量的研究已经证

① "构念"为测量学名词，表达的是测量看不见、摸不着、相对抽象的东西。

② 详见 College Board，*Class of* 2016 *SAT Results*，College Board 2016 State Reports，2016，https：//reports. collegeboard. org/sat-suite-program-results/class-of-2016－results.

实考试分数是一个传递社会偏见的指标[1]，不仅与家庭收入和父母受教育程度强烈相关，还不利于少数族裔[2]。将考试分数视为“非常重要”的案例校实际上都认识到考试分数的这一缺点，比如USC的AO表明考试分数并非完美指标，“有一些内在的局限性，存在一些偏见。如果查看家庭收入，它与考试分数紧密相关”（USC受访AO）。然而基于高校的需要，它仍然在录取决策中扮演举足轻重的角色。另一方面，考试分数的预测效度本身在美国学界存有争议。例如，有研究质疑了考试分数作为预测大学成功的指标的可靠性[3]，也有研究发现当SES和族裔身份被考虑在内，考试分数对大一GPA的预测不再有效。[4] UNC就表示“无论少数族裔和其他学生之间SAT分数的‘真实’差异如何，这种差异的意义是有问题的。如果SAT分数是对学业表现比较粗略的预测因子，那么即使在SES的影响被控制的情况下，预测少数族裔学生的表现也更不可靠”。[5]

考试分数之所以在预测效度上存有差异，与自变量、因变量、控制变量的选用等统计技术有关，与高校类型和取样人群也有关。有研

① ［美］约瑟夫·索尔斯：《为了强预测力无偏见性的考试》，郑若玲译，《中国考试》2014年第6期。

② Roy O. Freedle, “Correcting the SAT's Ethnic and Social-Class Bias: A Method for Reestimating SAT Scores”, *Harvard Educational Review*, Vol. 73, No. 1, 2003, pp. 1 – 43.; Eric Grodsky, John Robert Warren, and Erika Felts, “Testing and Social Stratification in American Education”, *Annual Review of Sociology*, Vol. 34, No. 1, 2008, pp. 385 – 404.

③ James Crouse and Dale Trusheim, *The Case Against the SAT*, Chicago, IL: University of Chicago Press, 1988.

④ Saul Geiser and Roger Studley, “UC and the SAT: Predictive Validity and Differential Impact of the SAT I and SAT II at the University of California”, *Educational Assessment*, Vol. 8, No. 1, 2002, pp. 1 – 26.; Jesse M. Rothstein, “College Performance Predictions and the SAT”, *Journal of Econometrics*, Vol. 121, No. 1 – 2, 2004, pp. 297 – 317.

⑤ Students For Fair Admissions, *SFFA-v. -UNC-Complaint*, November, 2014, https: //studentsforfairadmissions. org/wp-content/uploads/2014/11/SFFA-v. -UNC-Complaint. pdf, p. 29.

究指出考试分数的预测效度在精英高校比在低选拔性高校更强[①]。负责国际招生的UCSD受访者也指出国际申请者的SAT阅读和写作、托福、雅思等分数并非为预测他们大学学业表现的有效指标，“没有发现学生在这些考试上的分数与在大学课程（比如英语课程）表现之间的显著相关性”（UCSD 受访 AO）。

2. 仍然重要之因

尽管Davidson了解考试分数的弱点，但仍将其作为录取决策中的重要指标而非可免指标，除了标准优点，一部分原因与保证决策最优化有关（这一点适用于上述将考试分数视为“非常重要”的四所高校）。具体而言，录取决策质量的关键要素之一为信息是否充分。充足的信息可以减少决策的不确定性，而不确定性通常不能产出明智的、有效的决定。因此，AO注重尽可能多地查看不同因素，寻求减少不确定性，以增加做出最佳决策的概率。[②] 美国高校经常会面临对一些申请者的高中学业信息掌握不够的问题。一方面，AO对国际申请者高中成绩的了解不如本土申请者，需要借助标准化考试分数来判断其学业成就。负责国际生评价的UCSD受访者即指出“我们使用考试分数来辅助判断国际学生将在这表现如何，比如有些学生分数全部为70，有些学生分数全部为90，那么后者将比前者在大学学业表现更好”。另一方面，有些申请者的高中成绩是缺位的，比如所在的中学没有评定成绩。某AO即指出“美国有一些中学完全不给成绩，我们需要阅读书面材料来判断学生成绩大概如何”，在这种情况下，考试分数显然可以提供信息参考。更为常见的是在家上学学生（homeschooled students），因为没有接受规范的高中教育而

---

① William G. Bowen, Mattew M. Chingos, and Michael S. McPherson, *Crossing the Finish Line: Completing College at America's Public Universities*, Princeton, NJ: Princeton University Press, 2009, p. 128.

② Anna Mountford Zimdars, Challenges to Meritocracy? A Study of the Social Mechanisms in Student Selection and Attainment at the University of Oxford, New College DPhil thesis, University of Oxford, 2007, p. 219.

缺乏官方成绩。他们一般由父母进行教育，但具体情况和成绩单质量不尽相同。①

不管哪种情况，由于在家上学学生缺乏官方成绩和非父母的他人评价，且没有集体生活的经验，AO 对其的评价更具挑战，在授予录取资格上也更谨慎，往往视其为“风险决策”。因此，AO 往往需要该类学生提供更多的信息、特别是标准化考试分数，以了解他们的真实学业成就、相对位次和大学准备度，从而为录取决策提供有力的依据，增加决策信心。② Davidson 即强烈推荐在家上学学生提交 SAT 或 ACT 以及科目测验分数，其 AO 也指出：“由于缺乏对在家上学学生的成绩及其可信度的了解，我们的确更依赖标准化考试进行审阅。如果参加 AP 考试会更好，因为我们对 AP 考试分数有信心。”其他案例校有类似规定，比如 USC 要求提交三门 SAT 科目测验分数且其中一门须为数学，同时在申请表中回答相关的问题③，UCSD 亦要求提交 SAT 或 ACT 分数。当然，尽管有风险，AO 还是会录取在家上学学生，但由于该类群体申请者数量本身不多，在新生中占比也不大。案例校没有提供相应数据，但在麻省理工学院（Massachusetts Institute of Technology），在家上学学生在申请者库中占比小于

---

① 受访者解释如下：“有的学生只是在高中的第一阶段在家由父母进行教育。更具竞争性的学生是接受合作教育的学生，他们一周有一或两天在课堂中与其他 12 或 13 名学生一起学习，但更多时间是在家接受教育，他们也可能修读高中——大学双注册课程。我们更愿意见到这种学生，因为不希望推荐信由家庭成员所写。”（Davidson 受访 AO）

② 有 AO 谈道：“考试分数是一条信息，帮助我们了解背景，在一些情况下有价值。其中一种情况是有利于在家上学学生。作为一位在家上学学生，没有修读网络课程和社区学院的课程，由父母对其科目学习情况做出评价，成绩可能为全 A。在这种背景下，由家庭成员进行评价、指导，缺乏与他人的比较，考试分数、特别是相应领域的 SAT 科目测验分数很有帮助，因为考试分数会让我了解学生真正学到什么、吸收了什么，他们在大学课堂中会反馈什么，这是考试分数非常有用的证据……如果其他因素都具备，我们可以不太关注考试分数。”（Davidson 受访 AO）

③ University of Southern California，“Home-Schooled Students”，http：//www. usc. edu/admission/undergraduate/firstyear/prospective/homeschooled. html.

1%，在新生群体中也小于1%，但比例呈增长趋势。[①]

另外，当笔者询问“UCLA 是否会考虑走向可免试入学”时，该校 AO1 表示不会，因为掌握的信息越多越好，知晓考试分数可以对申请者在大学取得成功潜力的专业判断更为充分、更有自信。同时，所有申请者应该提供相同的信息以示公平，再由招办基于专业经验和获得的全部信息做出专业评价，决定考试分数的权重，而不是由申请者任性选择提交什么、不提交什么。例如，对部分高中 GPA 优异但考试分数低于平均值的申请者，该 AO 表示仍然会授予录取资格，因为有足够的证据使其相信该生的成功和贡献能力。非案例校 Duke 的 AO 也告知笔者表明希望拥有统一的信息，并会以一种负责任的方式使用考试分数，因而不会走向可免试入学。

Davidson 没有将考试分数作为可免指标的更重要原因，可能与维持声誉有关。在 2016 年，可免试入学高校以文理学院居多且不少属于位列前 200 的全国性文理学院，包括全美文理学院中排名第四的鲍登学院（Bowdoin College）。[②] 同为全国性文理学院且排名全美第 10 的 Davidson 却没有加入其中，原因在于大量可免试入学高校位于美国北方，北方的高中生对这项政策有足够的了解和文化认同，不会将可免试入学高校视为不优秀、仅仅想得到更多申请者的低竞争性高校。但是在 Davidson 所处的南方，高选拔性的文理学院很少采取这一政策，可免试入学改革的公平理念并未被普遍传播。基于接近一半的申请者来自南方，为了不混淆高校形象和声誉，维持对申请者的吸引力，Davidson 目前并没有计划进行改革。

---

① Massachusetts Institute of Technology，“Homeschooled Students”，http：//mitadmissions. org/apply/prepare/homeschool.

② FairTest，“950 + Accredited Colleges and Universities That Do Not Use ACT/SAT Scores to Admit Substantial Numbers of Students into Bachelor-Degree Programs”，https：//www. fairtest. org/university/optional.

> 我们查看了使用可免试入学的学院和大学采取这个政策后发生的转变，就此问题与这些高校的教师和招办人员直接沟通过，包括发生的申请者地理位置的变化。难处在于，南方没有一所采用了该政策的文理学院与我们的选拔程度相同。因此，我们需要根据采取了可免试入学的高校的地理抽样，了解政策带来的结果。我们的教师认为，就维持我校的选拔性以及我们对如今高等教育的看法而言，这目前不是最迫切需要的转变。我们一直在降低考试分数的重要性，它不是我们查看的最重要因素，但仍然是要求之一。在北方，大量采用可免试入学的高校位于同一区域，所以这个政策在那里众所周知，日益增长的不提交考试分数的学生也来自那个区域，可免试入学被理解为是一种观念。在南方，情况尚非如此……北方有更多的文化认同，在北方，采取可免试入学的高校不意味着其竞争程度更低。但在南方，它却被视为高校不够优秀。因此，我们不希望混淆Davidson的形象，进入可免试入学队伍对我们而言不是最佳选择。（Davidson-AO-1-160512）

当笔者追问："如果采取可免试入学，高校声望会降低吗？"其AO答道"是的，这是风险，所以我们目前不能这么做"（Davidson受访AO）。由此可见，Davidson将考试分数视为高校声望的"代理"（proxy），不想将其列为可免要求从而导致降低机构吸引力的风险。其他学校的AO也指出一些高校不走向可免试入学与排名有关："排名显然影响管理者的决策。"（WFU受访AO）"在微观层面，在每个具体的录取决定上，大学排名没有影响。但在宏观层面，大学排名绝对是招办主任考虑的问题。"（USC受访AO）事实上，在1990年至2001年，USC新生的平均SAT分数增加了240分，才最终摆脱"充满娇生惯养学生的大学"（University of Spoiled Children）的标签。[1] 唐·霍斯

---

① Steven G. Brint, *Merit Square-Off: The Fight Over College Admissions*, September 13, 2015, https://lareviewofbooks.org/article/merit-square-off-the-fight-over-college-admissions/.

勒教授在受访中亦表示精英高校都关注如何提高声望，比如“耶鲁大学不关心收入，但它关心声望以及如何使更好的学生注册，以使排名高于哈佛大学”（IUB 受访教授）。史提芬·布林特教授呼应了这一点：“如果我们将精英高校视为一个整体，很显然 ETS 的考试堡垒仍然很强大。我们可以仅基于新生的平均考试分数来预测美国新闻与世界报道的前 25 名全国性大学和文理学院。有雄心的大学校长知道如果想要提升学术声誉的话，得到的建议是提升新生年级的 SAT 分数。”[①] 罗纳德·艾伦伯格（Ronald Ehrenberg）的研究支持了这一结论。[②]

第四节　考试分数之可免试入学改革

我认为实行可免试入学有很好的理念，但是大学招生中的事情是多重共线性的，所以它也是市场策略和多样化策略。

——（USC 受访 AO）

目前美国超过 1785 所授予学士学位的经认证的大学和学院没有将 SAT 或 ACT 考试分数作为申请要求，有些高校不要求提交考试分数，甚至对提交了的考试分数予以无视，属于“纯粹的可免试入学”[③]，有些高校要求申请者达到一定 GPA 才可免于提交，还有些高校使用考试分数灵活提交政策，即可以使用 AP 考试分数代替 SAT

---

① Steven G. Brint, *Merit Square-Off*: *The Fight Over College Admissions*, September 13, 2015, https: //lareviewofbooks. org/article/merit-square-off-the-fight-over-college-admissions/.

② Ronald G. Ehrenberg, “Reaching for the Brass Ring: The U. S. News & World Report rankings and competition”, *The Review of Higher Education*, Vol. 26, No. 2, 2002, pp. 145 – 162.

③ William C. Hiss and Valerie W. Franks, *Defining Promise*: *Optional Standardized Testing Policies in American College and University Admissions*, May 2, 2014, p. 6. http: //www. nacacnet. org/research/research-data/nacac-research/Documents/DefingPromise. pdf, p. 6.

或 ACT 分数，或者采用前百分比计划[①]。WFU 和 Pitzer 属于纯粹的“可免试入学”机构，即几乎所有申请者都可选择是否提交 SAT 或 ACT 考试分数：在 WFU，包括国际学生和在家上学学生在内的所有申请者都可免于提交；Pitzer 要求国际学生、在家上学学生和高中没有给出具体课程成绩的学生提交。本节将首先介绍两校走向可免试入学的改革历程，其次探究改革原因，最后展示与改革相关的争议及两校的回应。

一　改革历程

两校可免试入学改革的推行都源自于教师的建议。在 WFU，在教师、大学管理层和招办的共识与共同努力下，该校于 2008 年开始实行可免试入学政策。一方面，约瑟夫·索尔斯教授的著作《特权的力量：耶鲁与美国一流大学》（The Power of Privilege：Yale and America's elite colleges）[②] 于 2007 年出版，“给招办带来了颠覆性的观点，比起充满文化偏见的三个小时的学术审问，学生高中四年的学业表现是预测学生能否适应大学生活的最佳指标”[③]，“促使我们采取更为整体性的路径来做决策”（WFU 受访 AO）。约瑟夫·索尔斯教授在教师会议上经常分享自己的研究发现，并提出使用可免试入学政策的建议，也与 WFU 当时的教务长吉尔·蒂芬塔勒（Jill Tiefenthaler）进行密切交流。她对推行可免试入学改革的想法表示欣赏，认为“这个想法很大胆，很有创新性”[④]，并与招办交换意见。

---

① Valeria Strauss，“The List of Test-Optional Colleges and Universities Keeps Growing—Despite College Board's Latest Jab”，*Washington Post*，April 12，2017.

② Joseph A. Soares，*The Power of Privilege*：*Yale and America's Elite Colleges*，Stanford，CA：Stanford University Press，2007.

③ Wake Forest University，“Admissions Viewbook 2015 – 2016”，http：//static. wfu. edu/files/pdf/admissions/2015 – 2016 – viewbook. pdf，p. 4.

④ Maria Henson，“Tiefenthaler's Take on Wake Forest”，*Wake Forest Magazine*，June 3，2011.

另一方面，WFU 招办主任玛莎·阿尔曼（Martha Allman）对标准化考试长期以来发挥的作用多有思考，比如："SAT 分数为 1250 与 1350 之间的差别到底意味着什么？"① 同时一直留意美国较早实行可免试入学政策的精英文理学院——Bates 及其他采用该政策的高校的实施效果。招办内部也进行了多番讨论和调查，因为考试分数曾经是录取决策中非常重要的考量因素，作为一线决策者放弃使用该因素被视为"冒险"之举。在她看来，对实行可免试入学改革，既感到害怕、又感到兴奋。② 索尔斯教授的想法、教务长的表态以及 Bates 在改革上取得的良好效果③，给了招办很大的鼓舞。因此，招办将改革意向与校领导和教师代表沟通，并获得了支持。于是，WFU 招办决定不再反思招生工作（rethinking admissions），而是重新开展招生工作（redoing admissions）④，于 2008 年 5 月发布声明宣称从 2008 年申请季开始，不再要求申请者提交 SAT 或 ACT 考试分数。2009 年 4 月，吉尔·蒂芬塔勒教务长拨付充足经费在 WFU 开展为期三天、主题为"招生反思"的全国性会议，以进一步推动改革的实施、提升改革的影响力。

> 我们对可免试入学考虑了很长的时间，参加了 NACAC 和许

---

① Cecilia Capuzzi Simon, "The Test-Optional Surge", *The New York Times*, October 28, 2015.

② Martha Allman, "Going Test-Optional: A First Year of Challenges, Surprises, and Rewards", in Joseph A. Soares, ed., *SAT Wars: The Case for Test-Optional College Admissions*, New York, NY: Teachers College Press, 2012, p. 171.

③ 贝茨学院于 1984 年开始实施可免考试入学政策，并一直追踪政策实施结果，表明该政策有助促进生源多样化同时没有降低学业质量，详见 William C. Hiss and Valerie W. Franks, "Defining Promise: Twenty-Five Years of Optional Testing at Bates College, 1984 – 2009", Stanford Graduate School of Business Presentation, June 3, 2011, http://www.npr.org/assets/news/2013/optionaltestingpaper19842009.pdf.

④ Martha Allman, "Going Test-Optional: A First Year of Challenges, Surprises, and Rewards", in Joseph A. Soares, ed., *SAT Wars: The Case for Test-Optional College Admissions*, New York, NY: Teachers College Press, 2012, p. 169.

> 多专业会议，听过（Bates 招办主任）希斯博士的报告，我多有思考。我们在办公室也有许多讨论。我们曾经在作录取决策时，不认为 SAT 的 20 分差距会有区分，但很关注考试分数。我们也阅读了索尔斯教授的《特权的力量》，他在教师会议上经常谈论可免试入学，把这个话题抛出来。教务长蒂芬塔勒到任后，她问招办主任‘你是否曾经想过走向可免试入学，你认为这是我们可以实施的改革吗？我的研究和想法认为这对 WFU 是一件好事，可以展现出领导者的姿态’。招办主任表示认同。当时是一个有趣的时间点，索尔斯的研究成果以及他在这里工作，我和同事在招办的工作经历，蒂芬塔勒博士的到来，所有人都同意改革，这一切使得当时是实施改革的非常好的时机。我们花了许多时间查看使用可免试入学的高校的情况，特别是 Bates，它使用该政策已经长达 20 年。索尔斯教授、蒂芬塔勒博士和其他一些人也做了研究，这些基本上是我们依赖的结果……我们与不同的教师委员会进行了沟通。我回想一下，已经很长一段时间了，我们与学术事务委员会、课程委员等不同的委员会和教师进行了沟通，与校领导、包括所有的副校长进行了沟通，与董事会也进行了沟通。我们与处于 WFU 领导职位和代表职位的所有人进行了沟通，但不是 WFU 所有的人。（WFU-AO-1-160518）

Pitzer 于 2003 年开始采用可免试入学政策，比 WFU 早五年，并经历了从考试分数灵活提交走向完全可免的阶段。据 AO 介绍，Pitzer 的改革源自教师而非招办的建议。一位心理学教授在教师委员会会议中提出开展可免试入学是“能够真正反映 Pitzer 追求的社会正义的运动，我们不应迎合一门不能为整个社会群体提供公平入学机会或教育益处的考试”，该建议得到了许多教师以及招办的支持。出于谨慎考虑，Pitzer 首先试行了两年的考试分数灵活提交政策，要求申请者的 GPA 达到 3.5 才免于提交考试分数。考试分数低于 3.5 者可能存在学业上不符合录取资格的风险，对这部分学生，招办需要查看其他类型的考试分数增加决策信心。由于院校研究证明了在 Pitzer 的学业成功与考试分数之间不直接相关[①]，而且没有提交考试分数者同样能够顺利毕业，Pitzer 于 2005 年[②]开始撤销 GPA 要求，走向完全的可免试入学。

二 改革原因之考试价值审思

WFU 和 Pitzer 实施可免试入学改革的原因是多重的，部分源自对 SAT 和 ACT、特别是 SAT 考试价值的审思，包括对预测价值的反思和对公平理念的追求。

（一）对预测价值的反思

两校都意识到考试分数在本校的预测价值有限。在 Pitzer，“没有发现任何线性相关或表明 SAT 反映大学 GPA 成功的迹象。所以教师投票表决不再要求学生提交考试分数”。这一指责也许过于严苛，因为考试分数在设计时对应的预测效标主要是大一 GPA 而非大学四年 GPA、保留率、毕业率等指标。在 WFU，该校声明“考试分数不是预测少数族裔学生能否在大学成功的有效工具”[③]，同时当笔者询问“对考试分数和高中 GPA 的结合是最佳预测指标有何看法”时，该校 AO 表示没有看到提交分数和不提交分数的申请者进入大学后学习成绩的差别，并指出“我们会注意到非常高的和非常低的分数，但对中间 50% 范畴的分数不那么关注……我们更关注简答题、成绩单上的成绩，然后才是考试分数”。换言之，在 WFU，考试分数在

---

① Pitzer College, “Test-Optional Policy”, June 9, 2014, http://pitweb.pitzer.edu/admission/test-optional policy/.

② Pitzer 2005—2006 年的 CDS（揭示 2004 年录取决策的情况）显示考试分数仍为“非常重要”，直至 2006—2007 年开始变为“考虑”，因此 2003—2005 年为使用考试分数灵活提交政策的试验阶段。

③ Anonymous, “Wake Forest Presents the Most Serious Threat So Far to the Future of the SAT”, *The Journal of Blacks in Higher Education*, No. 60, 2008, p. 9.

高中 GPA 的预测水平上并没有带来增值或增值甚微，同时对中间群体和少数族裔申请者的大学学业预测往往是无效的。这一点前文已有所论述，Bates 退休招办主任威廉·希斯也表示该校采用可免试入学政策的原因之一即为考试分数的预测价值不一致，因此不能依赖考试分数作为筛选所有申请者的工具。

> 我们开展了为期三或四年的效度研究。从 1979 或 1980 年开始，我们分析了不同因素的预测价值，结论是 SAT 分数虽然并非对所有学生都无效，但其预测价值非常不一致，对一些学生而言是完美的预测指标，对许多学生则完全没有预测价值，属于假阴性（false negative）错误，即有证据表明学生无法胜任学业是错误的信息，我们做了错误的负面决定，没有录取分数不够高的学生，实际上他们可以有成功的表现。这是我们如何开始可免试入学的过程，即查看哪些因素是好的、可靠的预测指标，结果发现考试分数并非是一个跨人群的、可靠的预测指标，对有些学生来说它的预测效度还可以，但对另一些学生来说它是虚假信息。(Bates-AO-WH-151001)

据两校 AO 解释，考试分数的预测价值之所以有限，在于没有充分测量胜任大学教育所需的非认知技能。尽管 AO 没有否认考试分数可以测量一些能力，但认为“它主要测量了应试能力”（WFU 受访 AO），“没有告诉我们许多学生的学业准备度和能力，也拥有内在的偏见”（WFU 受访 AO），同时与教育理念不符，一如某受访者指出：“教育中什么最重要？我们寻求什么？是寻求会考试的学生？还是那些更具创造性、更有想法但是在回答多项选择题上有难处的学生？”（WFU 受访 AO）美国非特色性的高校前两年提供的博雅教育注重写作和讨论，更需要创造性、学习动机、情绪和心理成熟度等非认知技能，而这些技能从计时性的纸笔考试中很难被测量，但高中学业记录可以：“有些高校认为考试分数揭示发展潜能，应该录取分数高的学生。但在 Pitzer，我们也可以识别潜能，高中 GPA 是我们需要报告的和校长、董事会查看的指标。”（Pitzer 受访 AO）。不过，有 AO 指出在注重数学和科学、强调考试的理工学院，考试分数往往是更有效的预测指标。

> 我之前工作的理工学院坚持使用考试分数在于他们注重数学和科学，那里的教师文化、校园文化非常注重科学、考试和精确性，学生需要能够应付非常严格的课程，微积分成绩达到 B 或 C 是最低的要求。理工学院提供的项目与 Pitzer 有所不同，非常注重考试，这是有道理的，是该校的课程强度、开展的研究类型决定的，每个人需要具备数学背景并成绩不错，所以我理解考试对该校是有用的，它真的需要有力的证据向教师展示学生已经达到的水平。我并非反对考试，考试对某些高校是有意义的，只是在 Pitzer 没有意义……但是如果是语言、历史或艺术专业，基于其教育结构，很难仅依赖于考试……如果考试可以测量情商，测量许多我认为在生活中取得成功所需的能力，那么对于大学招生工作来说是更有趣的。因为高校需要的不只是学业才能，还有情商，（目前）没有一种考试可以做到。如果有考试可以做到的话，评价过程将之包含在内会很有用和有趣。(Pitzer-AO-1-151217)

（二）对公平理念的追求

相对于反思考试分数的预测价值，两校走向可免试入学更重要的原因在于对公平理念的追求，具体体现在移除障碍和强调个人价值两方面。在移除障碍上，据两校 AO 一致反映，他们不认可考试分数是对学业成就和成功的客观测量，重视 SAT 分数的入学竞争对没有资本优势、缺乏教育机会但具备大学成功潜能的贫穷学生和少数族裔学生不公平，强化了社会不平等①，因而强调考试分数“不

---

① 郑若玲：《美国大学“可免考试入学”改革及启示》，《华中师范大学学报》（人文社会科学版）2016 年第 2 期。

是做出谁是适合高校的好生源的决策的最佳方式”（Pitzer 受访AO）。对考试分数的硬性要求，往往阻止了拥有优秀的高中学业记录但缺乏高考试分数的弱势群体和不擅长考试的高中生进行申请，在录取决策中对考试分数的过度重视也不利于这些学生赢得竞争，进而使得高校错失许多潜在的优秀生源①。移除考试分数这一障碍，可以发出欢迎所有学生的信号，鼓励和支持来自各种背景、特别是弱势背景的学生和缺乏应试能力者申请本校，并使他们获得公平的考虑机会。而且改革不仅有利于可能被其他非可免试入学高校轻视的学生，也符合学校的价值观，通过履行“支持来自各种背景的学生的社会责任”，“使得大学招生过程更具包容性”（Pitzer 受访AO）。WFU 的 AO 就表示可免试入学改革有助于延续该校向所有人开放大门的办学历史。

> WFU 在关心各行各业的人上有悠久的历史。WFU 是作为一所由北卡及其他南方小镇的医生、律师、学校教师、牧师等人的子女就读的高校建立的，一开始是一所区域性的学院。WFU 一直都追求最高层次的学术卓越。它不是一所大部分学生来自富裕家庭的学院，而是一个不管宗教信仰如何、家庭收入如何，所有人都可以就读的地方。所以我们积极推动任何使得 WFU 向更多不同类型的人开放的改革。（WFU-AO-7-150901）

在强调个人的价值上，可免试入学改革可以降低对考试分数的

① 有受访者举例：“我的大儿子非常擅长标准化考试，没有感到任何压力，分数也非常高，但他的高中成绩不如我的小儿子好。我的小儿子考试分数不高，因此非常有压力。当有时间限定要求，且需要四个答案中选一个时，他很难在短时间内完成，所以考试分数不高。但他是一位优秀的学生，所有的教师都喜欢，因为他的课堂表现非常好，他很努力地学习。所以个人而言，我认为不应依赖单一考试作为决定录取的标准。小儿子因为考试分数不高，在申请高校时没有考虑一所重视分数的大学。他是一位优秀的学生，那些重视分数的高校真的错失他了。”（WFU 受访 AS）

重视，使得评价更为关注学生的个人情况和整体情况。数字永远不能讲述完整的故事，过分依赖考试分数进行决策，难以了解完整的学生，难以深入探索学生的生活经历、激情、参与等所有使得学生成为独特的个人的信息。① 实施改革则可以向申请者传递“你不仅仅是一个考试分数”的理念，强调个体而非数字的价值，从而使得申请者感到自己更受重视，更加追求个人的全面发展，也使得录取决策更为公平。WFU 的受访者即指出“采取可免试入学在于希望整体性地查看申请者是谁，并作出相应的决策”，该校招办主任亦强调：“我们的录取决策是公平的、具有前瞻性的，致力于将 WFU 诠释为一所重视个人和人际交流价值的学校。”② Pitzer 同样表示：“我们感到不受限于数字评价学生的自由。”③

需要说明的是，两校并非完全否认考试分数的存在意义，但重点在于考试分数带来的不公平大于其有限的价值。一方面，在 WFU，两位心理学教授在招办提出改革时曾从测量学的角度辩护标准化考试是有价值的测量工具④。其 AO 也承认考试分数的确有利于弥补高中学业记录的差异性和成绩膨胀缺点，更有助于增加对国际学生的决策自信：“因为对我们来说很难了解所有的国际高中。”同时，考试分数对于没有官方高中成绩单的在家上学学生是有帮助的，但 WFU 并不像其他可免试入学高校一样硬性要求这类学生提交考试分数，因为不希望他们花费许多时间备考。在 Pitzer，该校 AO 呼应了标准化考试可以提供比较的基准，并表示考试分数的标准化价值

---

① Wake Forest University, “Test Optional”, March 26, 2015, http://admissions.wfu.edu/apply/test-optional/.

② Kurt Strazdins, “Wake Forest Leads Country in Test-Optional Policy”, November 22, 2014, http://uwire.com/2014/11/22/wake-forest-leads-country-in-test-optional-policy/.

③ Jamila Everett, “Agents of Change: A Look at Pitzer's Application Process”, October 7, 2015, http://pitweb.pitzer.edu/admission/tag/webinar/.

④ R. Michael Furr and Cecilia H. Solano, “On the Value of Standardized Admissions Tests”, 2008, http://www.wfu.edu/wowf/2008/sat-act/sat_ value.pdf.

仍然对国际学生、在家上学学生和高中没有给出具体成绩的学生有用，因为没有充分的信息判断这些学生的高中学业成就。不过，WFU 的 AO 强调高中差异的障碍与是否使用考试分数无关，同时虽然希望使用尽可能多的指标来准确预测学生在大学成功的潜能，但是“SAT 的标准化程度不如人们期待或认为的高”，高中学业记录则是更好的预测指标。这也反映了同一高校 AO 的录取决策理念并不总是一致的。无论如何，WFU 不要求教育背景与正常学生和美国本土学生迥异的在家上学学生和国际学生提交考试分数的做法，表明考试分数的标准化价值并非是不可或缺的存在。

另一方面，两校并不认为标准化考试是“魔鬼”[①]，“但问题在于谁更不完美”（WFU 受访 AO）。显然，考试分数被视为更不完美的指标。从利弊比较来看，考试分数在标准化、预测效度和增加决策信心上的价值被其副作用消除了。WFU 的 AO 即指出对于申请者中大量的中间群体学生而言，考试分数的差距并不会带来大学表现的差异。而且，对考试分数的强调使得学生投入时间和金钱到考试辅导中，并带来焦虑和应试教育现象，以及考试分数本身存在的 SES 和文化偏见，使得该校认为将考试分数作为硬性要求并不值得，并部分出于这个原因走向可免试入学。

> 把教育变成考试辅导将成为教育的终结，过于强调为了考试而学习、参加考试辅导课程，远离了教育的目的和学习本身的快乐。学生在学习考试内容和技巧上花费的时间，可以用来做更为重要的事情，可以是学习，可以是艺术，可以是服务等……心理学教授进行测量方面的教学并做研究，强烈感到考试是有价值的。我也认为考试是有价值的，问题在于价值与伤害的比较。考试分数非常低的学生，通常不能胜任这里的学业。

---

① Wake Forest University，“Test Optional”，March 26，2015，http：//admissions. wfu. edu/apply/test-optional/.

考试分数非常高的学生，除非有其他情绪上的问题或特殊情况发生，通常会取得成功。对处于中间的大部分群体而言，考试分数不会带来差异。我们考虑的是考试分数值得被如此重视吗？想想学生参加考试辅导课程花费的时间、金钱，考试分数带来的 SES 和族裔不公平，要求考试分数值得吗？我们认为不值得，所以选择将考试分数列为可免要求……我们不喜欢考试的副作用，副作用真的很大，它的关注点，对教育的影响，使得学生浪费时间和忍受焦虑。（WFU-AO-1-160518）

三　改革原因之服务高校利益

两校实施可免试入学改革，不仅仅是出于对考试价值的审思和对公平的追求，也是从高校利益出发，将改革作为达成多重目的的策略，包括吸引更多申请者、增加选拔性、追求领导者地位和促进生源多样化。

（一）吸引更多申请者

从两校 AO 的表述中，可以看出可免试入学改革的确被作为吸引申请者的市场策略使用。在美国的高等教育市场，由于高等教育资源丰富，大学招生被视为一门生意，生源竞争颇为激烈，高校需要采用多种手段吸引更多申请者。可免试入学政策为 WFU 和 Pitzer 申请者库规模的扩张做出了很大的贡献。有 AO 就言明该政策也是市场策略。① WFU 招办主任亦指出“当我们在面试中询问学生为何

① 该 AO 谈道：“我们与一些没有实行可免试入学的高校一起参加大学展览，当听到 Pitzer 不要求 SAT 分数，你一定会看到人群中的一些学生振作起来，许多学生会说‘我的分数比最好的朋友低 20 分，但我不需要向 Pitzer 提交分数’。所以许多学生抵抗考试分数，并因为 Pitzer 实行可免试入学而予以关注，也许还会关注我们的整体理念和核心价值观，意识到我们为何使用可免试入学政策，即演变为‘Pitzer 是一所好高校且实行可免试入学，但是可免试入学是引起注意的第一原因’。”（Pitzer-AO-2-151217）

对 WFU 感兴趣，许多次得到的回应是‘因为可免试入学政策’。”[①] 从表 2 - 10 可以看出，与改革实施前一年相比，WFU 和 Pitzer 的申请者数量在新政策实行的第一年便分别增加了 16.7% 和 5.7%，至 2015 年分别增加了 46.8% 和 27.6%，其中 WFU 少数族裔申请者的数量在改革第一年更上升了 70%[②]。

但是，两校并非仅仅将可免试入学改革作为吸引申请者的噱头、在实际操作上仍将考试分数作为决定录取资格的主导因素，而是真正在理念和录取决策实践上降低对考试分数的重视。例如，当笔者提及“许多高校采用可免试入学政策只是出于市场拓展考虑”时，Pitzer 的 AO 答道：“有些高校采取可免试入学，仅是将其作为得到更多申请者的市场策略，是市场拓展计划的一部分。Pitzer 绝非如此……当向董事会报告新生年级的数字特征时，我从来不给他们任何有关 SAT 或其他考试分数的信息，也没有人询问新生平均的 SAT 考试分数是多少以及多少人没有提交考试分数，这些不在谈话内容中。”如果申请者不提交考试分数，招办不会假设其分数不高，而是给予平等的考虑，同时在尤为注重学业成就的奖学金评比中也不要求考试分数。另外，Pitzer 的招生委员会在讨论时很少以 SAT 分数作为开始的话题[③]。WFU 亦公开表明相较考试分数，该校更看重个人的学业成就、学习主动性、才能和个性品质。如果申请者认为考试分数是对个人能力的准确反映，即可提交，并作为补充信息在评审过程中被考量。如果认为考试分数不能准确反映个人能力，则无需

---

① Martha Allman, “Going Test-Optional: A First Year of Challenges, Surprises, and Rewards”, in Joseph A. Soares, ed., *SAT Wars: The Case for Test-Optional College Admissions*, New York, NY: Teachers College Press, 2012, pp. 169 - 176.

② Joseph A. Soares, “Conclusion”, in Joseph A. Soares, ed., *SAT Wars: The Case for Test-Optional College Admissions*, New York, NY: Teachers College Press, 2012, pp. 201 - 211.

③ Jamila Everett, “Agents of Change: A Look at Pitzer's Application Process”, October 7, 2015, http://pitweb.pitzer.edu/admission/tag/webinar/.

提交，并且不会因此被置于不利地位。[1] CDS 的考量因素重要性评估亦显示 WFU 对考试分数的态度发生明显变化，由 2007—2008 学年的“非常重要”，从 2008—2009 学年起变为“若提交则予以考虑”。另外，从表 2－10 中可以得知两校录取的提交 SAT 分数者在第一年即有所下降，至 2015 年下降幅度更是明显。

表 2－10　　WFU 和 Pitzer 可免试入学改革的效果

相关指标	WFU			Pitzer		
	2008级新生	2009级新生	2015级新生	2005级新生	2006级新生	2015级新生
申请者（人）	9050	10553	13281	3251	3437	4149
录取率（%）	38.4	37.5	29.4	39.2	36.7	13.5
少数族裔占比（%）	11.5	14.4	12.9	24.9	20.0	19.1
国际学生占比（%）	1.4	1.9	10.1	0.8	3.3	5.2
年级排名前十者占比（%）	64.3	75.0	77.0	45.0	38.0	54.0
提交 SAT 分数者占比（%）	72.0	68.0	53.0	59.0	54.0	32.0
提交 ACT 分数者占比（%）	28	39	44	/	/	21

注：数据源自两校相应年份的 CDS。学生数据均指注册学生，录取学生的增长比例应该更高。少数族裔包括非裔、西班牙裔和美洲印第安人/阿拉斯加土著人，不包括未表明族裔身份者的数据。

也许体现考试分数并非录取决策主导因素的最有力证据，在于两校会录取不提交分数者。在 WFU，2009 级学生中有 26% 没有提交 SAT 和 ACT 分数。[2] 在 Pitzer，2015 级学生中 47% 没有提交考试分

① Wake Forest University，“Undergraduate Admissions Application 2016”，http：//static. wfu. edu/files/pdf/admissions/application. pdf.；Wake Forest University，“Test Optional”，March 26，2015，http：//admissions. wfu. edu/apply/test-optional/.

② Joseph A. Soares，“Conclusion”，in Joseph A. Soares，ed.，*SAT Wars：The Case for Test-Optional College Admissions*，New York，NY：Teachers College Press，2012，pp. 201－211.

数，而且提交者和不提交者的录取率基本相同①，从而表明该校的录取决策并非由考试分数驱动。需要指出的是，可免试入学政策不一定提高了没有提交考试分数者的录取可能性，在一定程度上，它反而使得申请者的高中学业成就需要达到更高。② WFU 即表示可免试入学改革使得录取标准更高。③ 另外，不提交者不一定是考试分数低或不优秀的学生，许多分数不错的学生会出于对可免试入学理念的认同而被吸引申请，并主动选择不提交分数。有 AO 就指出："实际上当看到这些学生的分数后，你会发现分数其实很高，但出于理念原因这些学生不希望自己的分数被录取决定者考虑。"④ 招办主任玛莎·阿尔曼也表示："我们预计被可免试入学政策吸引的申请者是在考试上表现不好的学生，然而让我们惊讶的是许多 SAT 分数为 1500 以上的学生表示'我被你们的理念所吸引，你们真正在试图理解我是谁。我希望就读于一所看到我是谁的高校，而非只是看到一个好分数'。"⑤

---

① 考试分数在 WFU 和 Pitzer 录取决策中的作用有待进一步考证，需要获得学生层面的数据，比如提交者和不提交者的总体录取率、同等条件下没有提交者是否和提交者的录取概率相同。但笔者未能拿到该类数据。

② Eric Hoover and Beckie Supiano, "Wake Forest U. Joins the Ranks of Test-Optional Colleges", *The Chronicle of Higher Education*, May 27, 2008.

③ Wake Forest University, "Test Optional", March 26, 2015, http://admissions.wfu.edu/apply/test-optional/.

④ 有 OA 举例："今年一位罗德学者申请时没有提交考试分数，她是一位非常优秀的学生，是年级第二名，她姐妹是年级第一名，有许多才能，包括舞蹈和小提琴。实际上，她的简答题之一与可免试入学有关，答案非常有创造性。她讲述了对我们采取可免考试入学理念的欣赏，最具创造性的内容在于讲述如何不仅仅是一个数字。你已经阅读了我们的宣传手册，知道我们的一些数字特征，而且有时候我们的字母看上去是相似的。所以她写了单词、选了数字，表明她不仅仅是数字，就像字母 E 不只有三横。总之，她以非常创造性的方式提出了她的观点。"

⑤ Martha Allman, "Going Test-Optional: A First Year of Challenges, Surprises, and Rewards", in Joseph A. Soares, ed., *SAT Wars: The Case for Test-Optional College Admissions*, New York, NY: Teachers College Press, 2012, pp. 169–176.

（二）增加选拔性

两校采取可免试入学政策，亦是出于增加选拔性的考虑。选拔性是象征高校声望的指标之一：选拔性越高，往往代表着高校对申请者的吸引力越强，高校声望也就越高。对于美国高校、特别是私立高校来说，申请者的需求超过供给是值得炫耀的现象，意味着生源质量提高和机构声望上升①，因此都很在意选拔性的高低。WFU 发布 2015 年的录取情况时，就自豪地表明“今年的选拔过程是本校历史上最具竞争性的，仅仅录取了 28% 的申请者”②。USC 也指出 2015 年“17.7% 的录取率是本校历史上最具选拔性的时刻”③，其 AO 亦表示“我们看到高校之间的招生竞争日益激烈，试图通过降低录取率来展示声望”。虽然申请者的数量与录取率的高低颇为相关，但高校也可能相应地扩大招生规模，吸引更多的申请者不必然带来录取率的降低。不过 WFU 和 Pitzer 实行可免试入学改革后，选拔性均变得更高，尤其是在改革多年后变化明显。表 2－10 即显示两校 2015 年的录取率较改革前一年分别下降 9% 和 25.7%。录取率的下降不一定全部是可免试入学改革本身的功劳，但不可否认二者之间颇为相关。另外，虽然改革增加了选拔性、提高了声望，但 WFU 的 AO 否认改革与提高排名无关，因为该校排名一直处于较稳定的状态。④ 为了表明

---

① John Aubrey Douglass, *The Conditions for Admission*: *Access*, *Equity and the Social Contract of Public Universities*, Stanford, CA: Stanford University Press, 2007, pp. 126－127.

② Wake Forest University, “Wonderful Applications, Difficult Decisions”, March 26, 2015, http://fromtheforest.admissions.wfu.edu/2015/03/wonderful-applications-difficult-decisions/.

③ University of Southern California, “USC Announces Class of 2019 Statistics”, September 30, 2015, https://pressroom.usc.edu/usc-announces-class-of-2019－statistics/.

④ 该 AO 谈道：“因为可免试入学，WFU 的声望得到了提升，我们从所有不同的群体中得到申请，通过口耳相传，更多的学生来申请，他们告诉朋友和同学，这是一个雪球……显然我们的申请者数量增加了，选拔性更高。但校园有更多低收入的学生，也有更明显的族裔多样化。我们的排名一直差不多，有时候上升一点，有时候下降一点，但它没有对排名造成消极影响。有时候它对申请者数量有影响，学生查看排名时会说‘我将从排名前 25 名的高校中选十所申请’。但招办做事情不会只为了排名。”

并非只向排名机构报告高分、隐藏低分，达到提高排名的目的，WFU 要求录取学生如果参加了 SAT 或 ACT 但在申请时没有提交分数，则需要在注册时告知分数①，以供 WFU 向排名机构提交生源分数分布的真实情况②，同时用于追踪改革效果的院校研究。

（三）追求领导者地位

两校均乐于通过采用可免试入学政策展现扭转应试文化、引领公平招生改革的领导者姿态，进而提高学校声望。在 WFU，前教务长吉尔·蒂芬塔勒曾表示实施改革可以扮演领导者角色，在改革实施后也指出“这项改革使得我们在美国高等教育上拥有一席之地”③。当笔者询问“走向可免试入学的最重要原因是什么?”，WFU 的 AO 即表示其中之一“关乎公平，考试文化在这个国家并不公平，我们希望成为领导者，向社会传达‘我们在开始解决这个问题’”。WFU 之所以能成为领导者，首先与可免试入学在当时仍属解放性的理念有关，因为考试分数、特别是 SAT 分数仍然被许多大学视为测量一届新生优秀程度的核心指标④。WFU 的改革使得美国高校认识到录取决策采用其他方式的有效性。WFU 领导者地位的获得，更主要与其在美国全国性大学的高排名有关。Bates 虽然是可免试入学运动的发起者，但属于办学规模小的精英文理学院。办学规模更大的全国性大学中采用可免试入学政策的高校在当时并不多，且往往学术声誉不高。WFU 是加入可免试入学队伍的“第一所排名靠前的全国性大学”，截止到 2017 年仍然是全国性大学中实行可免试入学政

---

① Wake Forest University, “Undergraduate Admissions Application 2016”, http: //static. wfu. edu/files/pdf/admissions/application. pdf.

② ［美］约瑟夫·索尔斯：《为了强预测力无偏见性的考试》，郑若玲译，《中国考试》2014 年第 6 期。

③ Maria Henson, “Tiefenthaler's Take on Wake Forest”, *Wake Forest Magazine*, June 3, 2011.

④ National Association for College Admission Counseling, *Report of the Commission on the Use of Standardized Tests in Undergraduate Admission*, NACAC ED502721, September, 2008, p. 44.

策排名最高者[①]。因此，WFU 的改革在全美受到广泛关注，得到纽约时报（New York Times）、夏洛特观察者（Charlotte Observer）等媒体的密集报道和社论赞扬[②]。最高法院赛缪尔·阿利托（Samuel Alito）法官在费雪案陈述中表示对可免试入学运动的支持时，即以 WFU 为例进行了详细阐述。[③] 在 Pitzer，虽然该校在可免试入学运动中的领导力不如 WFU 和 Bates，但是“西海岸第一个走向可免试入学的高校”[④] 和克莱蒙特学院集群唯一的改革先锋[⑤]，因此“董事会对 Pitzer 领导可免试入学运动也感到非常兴奋”。

无疑，两校在领导和促进对考试分数的反思上是成功的，更多的高校加入了可免试入学队伍，同时仍然要求考试分数的高校对这一指标的使用更为谨慎，这也是促使大学委员会进行新一轮 SAT 改革的部分原因。“随着许多高校走向可免试入学，关于标准化考试的价值，它是否不公平地偏向于特定人群”（USC 受访 AO），被越来越多的高校、专业组织、学者和公众审视。NACAC 在 2008 年 9 月发布的《标准化考试分数在本科招生中的应用报告》（Report of the Commission on the Use of Standardized Tests in Undergraduate Admission）提出应该有更多的高校可以在将 SAT 和 ACT 列为可免要求后做出恰当的录取决策，并鼓励高校如果发现考试分数的预测价值有限或高校的招生政策予以支持（以及如果高校相信考试分数对于分

---

① 排名更高的负有盛名的芝加哥大学于 2018 年 6 月 14 日才宣布采用可免试入学政策。

② Joseph A. Soares，“Conclusion”，in Joseph A. Soares，ed.，*SAT Wars：The Case for Test-Optional College Admissions*，New York，NY：Teachers College Press，2012，p. 2.

③ 详见：U. S. Supreme Court，*Fisher v. University of Texas At Austin et al.*，June 23，2016，https：//www. supremecourt. gov/opinions/15pdf/14 – 981_ 4g15. pdf，p. 37.

④ Jamila Everett，“Agents of Change：A Look at Pitzer's Application Process”，October 7，2015，http：//pitweb. pitzer. edu/admission/tag/webinar/.

⑤ 有受访者指出：“Pitzer 是一所实验性的学院，一所艺术导向非常强的学院，一所富有创造性的学院，美国有一些相对较新的学院，建校不超过 200 年，Bates 已经超过 150 年，但是 Pitzer 可能只有 50 年或 40 年，相当新。Pitzer 与另外四所学院一起处于克莱蒙特学院集群中，但是是唯一一所采取可免试入学的高校。Pitzer 是左翼学院。”

班、学业建议或研究不一定有用的情况下）时走向可免试入学改革。[①] 哈佛大学教育研究生院的《扭转潮流》报告也支持可免考试的理念，将其视为减少考试压力的方式之一。[②]

需要指出的是，尽管两校不倡导申请者过度重视考试，但在扭转考试文化的作用上尚待考证。Pitzer 的 AO 即指出 2014 年有更多的申请者提交考试分数，"不知道是因为考试压力文化的存在，或者是我们见到更多学业优秀的学生因为考得不错而想要提交分数。这是一个相当有趣的现象，学生仍然在选择参加考试。我们没有认真研究这一现象，但我认为原因在于更多学业优秀的学生参加了考试，以同时申请其他要求提交考试分数的高校。但这不是我们倡导的方向。这是去年发生的事情"，并表示"将与院校研究办公室合作，找出导致这个现象的原因，确保我们在宣讲会以及与学生见面时没有强调考试的重要性，没有要求学生必须提交考试分数"。在 WFU，从表 2－10 中可以看到注册学生中提交 ACT 分数者比例在增长，同时据 CDS 显示该校注册学生中提交 SAT 分数者的比例在 2008—2014 年期间一直呈下降趋势，其中 2008 年为 80%，2014 年为 45%，但 2015 年第一次上升至 53%。据该校 AO 解释，造成该现象的原因可能与宣传力度或者数据收集方式有关，也可能是学生的保险心态、高校之间交叉申请、可免试入学高校数量不够多、越来越多的州政府付费让学生参加考试等[③]。

---

① National Association for College Admission Counseling, *Report of the Commission on the Use of Standardized Tests in Undergraduate Admission*, NACAC ED502721, September, 2008, p. 21.

② Making Caring Common Project, *Turning the Tide: Inspiring Concern for Others and the-Common Good through College Admissions*, GSE of Harvard MCC TTT Report, January 20, 2016.

③ 笔者曾经试图检验可免考试入学改革在扭转考试文化上的影响，FairTest 的负责人斯卡佛在邮件中表示："我怀疑专门检验参加考试的行为如何受到可免考试入学改革的影响是不太可能的，因为有太多的因素在同时起作用，包括 ACT 日益成为一个全国性的考试，SAT 也开始有分数选择功能，以及越来越多的州将 SAT 或 ACT 考试作为所有公立中学高年级学生都需要参加的考试，因为联邦政府法律鼓励将这两门考试作为州设计的高中考试的替代。"

(四)促进生源多样化

生源多样化是美国不同高校共同追求的招生目标，也是WFU实行改革最重要的两个原因之一。招办主任表示希望通过免除提交考试分数的要求吸引更多的申请者，尤其是弱势学生群体以及有着糟糕考试经历的学生①，以促进生源的多样化、特别是族裔多样化。虽然该校所处城市——温斯顿-塞勒姆（Winston-Salem）拥有的黑人数量不少，但在改革前的生源群体长期以白人富裕学生为主。这一策略无疑是成功的，两校受访者一致反映可免试入学改革促进了生源在族裔身份、SES、地理位置等维度的多样化，比如“走向可免试入学的第一年，我们就收到了更多的贫困学生递交的申请材料”（WFU 受访 FAP）；“了解内部的多样化，以及看到外部展现出的多样化，这所高校变得不同”（WFU 受访 AO）②。WFU校长内森·哈奇亦表示改革使得学校被视为一个“欢迎多样化的地方”③。从数据上来看，自改革以来，Pitzer本科生的多样化增长了58%，其中来自低收入家庭的学生和“第一代大学生”翻倍；④ WFU 2008年至2015年期间本科生的多样化增长了54%⑤。需要指出的是，多样化数据

① Eric Hoover and Beckie Supiano, “Wake Forest U. Joins the Ranks of Test-Optional Colleges”, *The Chronicle of Higher Education*, May 27, 2008.

② 该AO谈道：“看到学生群体的改变，看到来自本以为没有可能来到WFU的学生的申请，使得我非常喜欢可免试入学。亲自看到校园变得多样化，也听到教授说课堂变得不同。了解内部的多样化，以及看到外部展现出的多样化，这所高校变得不同，我喜欢这样，喜欢继续使这所高校成为一个能够欣赏差异、分享差异的地方，因为欣赏和分享差异非常重要。我们看到学生在面试或者在申请材料中说‘我以前不曾认为像WFU这样的高校是一个可能性，直到认识到WFU实施可免试入学。我在教室努力学习，我是年级第一名，我修读了IB课程并在努力获得IB文凭，但考试却是路障。现在路障被移除了’。”另外，笔者在上WFU本科生课程时，有学生提到黑人校友在回校讲座中表示以前WFU黑人学生以前很少，现在变化比较明显。而且，修这门课程的14位学生中有近一半是少数族裔。笔者在校园里碰到的黑人也明显比在位于北部的宾州州立大学多出不少。

③ Arika Herron, “Dynamic Decade: Hatch Reshapes University With Eye Toward Future”, *Winston-Salem Journal*, August 2, 2015.

④ Pitzer College, “Test-Optional Policy”, June 9, 2014, http://pitweb.pitzer.edu/admission/test-optional policy/.

⑤ Wake Forest University, “Test Optional”, March 26, 2015, http://admissions.wfu.edu/apply/test-optional/.

还包括国际生，并非专指美国本土的少数族裔。这一点从表 2 – 10 可得到验证：在 WFU，注册学生中少数族裔占比在改革第一年有约 3% 的增长，同时 2015 年虽然较改革前一年有所增长，但并不比 2009 年的数据高。相比之下，国际学生占比在 2015 年较改革前一年和较 2009 年分别增长了 8.7% 和 8.2%；在 Pitzer，注册学生中少数族裔占比在改革第一年下降了 4.9%，但 2015 年较改革前一年增长了 5.8%，并略低于 2006 年。国际学生数量亦处于上升状态。这只是被录取后选择注册的学生的数据，从录取群体的情况看两校多样化的实际成效可能更佳。

四　改革争议与回应

可免试入学改革本身自实行以来一直具有争议性。有研究通过分析 180 家选拔性文理学院的数据，认为该政策平均而言提升了高校选拔度而非多样化①。更为客观的视角指出可免试入学改革的部分动机是出于市场考虑和提升入学竞争度②。其他非可免试入学的案例校 AO 对这一改革的态度不尽相同：持质疑态度者认为许多高校、特别是选拔程度较低的高校采用可免试入学政策主要是基于市场策略的选择（其中不乏一些高校完全出于这一考虑），“试图以声誉的方式进行博弈”（UCLA 受访 AO）③，体现为通过宣传改革博得关注

① Andrew S. Belasco, Kelly O. Rosinger, and James C. Hearn, “The Test Optional Movement at America’s Selective Liberal Arts Colleges: A Boon for Equity or Something Else?” *Educational Evaluation and Policy Analysis*, Vol. 37, No. 2, 2015, pp. 206 – 223.

② Jonathan P. Epstein, “Behind the SAT-Optional Movement: Context and Controversy”, *Journal of College Admission*, No. 204, Summer 2009, pp. 8 – 19.

③ 该 AO 谈道：“你想想哪些学校采用可免试入学？多为文理学院和选拔性不那么高的学校，选拔性高的学校并不多。可免试入学运动背后的部分原因来自大学委员会的失败。如果看可免试入学的高校，85% 或 90% 的学生仍然选择提交考试分数，谁不提交考试分数呢？考得不好的学生。所以背后的部分真相是，这是我愤世嫉俗的观点，如果从大学排名的角度来看这个运动，比如说中西部的文理学院，如果报告所有申请者的 SAT 分数，其平均 SAT 分数为 1900，如果将底端 15% 没有提交分数的学生剔除，1900 就变成了 1950，因为平均 SAT 分数是基于报告的分数。所以这个运动的原因不总是反对考试的理念，它可能关乎排名，是提升声望的策略。”

从而吸引更多申请者、但在录取决策时仍然倚重考试分数进行筛选，或者通过剔除考试分数差的学生数据来提高高校分数的平均值从而提升大学排名。换言之，这些出于市场原因进行改革的高校不一定发现考试分数缺乏对大学学业的预测效度或阻碍了弱势群体的入学机会；另外一些 AO 的态度更为综合，指出有些高校是基于合理追求进行改革，有些高校兼具市场策略、多样化策略和理念的多重考虑。

> 首先，即使考试不是完全客观的，对于大多数群体而言它的确具备预测效度，考试分数越高，对大学学业成功的预测效度越强。而可免试入学移除了一个重要的工具。我认为采取可免试入学的原因与预测学生的大学学业成功无关，与得到更大的申请者队伍和更强的多样化有关，因为［改革前］有些学生如果考试分数差便不会申请，同时与市场目标有关。有些高校基于不使用周六上午进行的考试作为单一测量手段的理念，走向可免试入学。我认为美国高校犯了一个错误，要么将考试看得太重，要么完全不重视。如果问招生人员和领导，大部分人会说考试可能占 10%，它是一个因素，但是课程难度更重要，了解学生在写作中表达出的才智更重要……可免试入学是得到更加多样化的生源的方式之一，至少它试图获得更强的族裔多样化。在美国，未被充分代表的群体通常是低收入者和少数族裔。我们有责任尝试教育社会中的每一个人，所以希望找到所有的潜在生源。可免试入学可以增加申请学生的数量，高校可以录取一些少数族裔。可免试入学也是内在的市场拓展手段，有些实行可免试入学的高校仍然会报告平均 SAT 分数，但只报告好分数，因为只有分数不错的学生会提交分数，所以这些高校的平均考试分数被膨胀。（USC-AO4-1-151215）

的确，采用可免试入学政策的队伍是庞大的，至少占据美国授予学士学位项目的四年制院校的三分之一，不同高校改革的原因存在差异性是不可避免的事实。作为在改革前即具备较高选拔性的 WFU 和 Pitzer（改革前一年的录取率分别是 38.4% 和 39.2%），显然不能简单地把它们的改革归类为单纯出于市场拓展目的的商业之举，上文也已论证为弱势学生和考试能力不强的学生提供机会驱动着两校的改革。不过两校实施可免试入学改革的确也是服务机构利益，包括吸引更多申请者、增加选拔性、追求领导者地位和促进生源多样化。值得指出的是，尽管可免试入学改革作为吸引申请者和增加高校选拔性的市场策略会受到外界批判，但是作为生源多样化策略并不会受到非议。笔者曾经询问“是否认为可免试入学在获得多样化的学生群体上扮演关键的角色？或者说是否有其他方式也可达到目的，不一定需要改革？”，WFU 的受访者均表示有其他方式，但采用可免试入学政策是对 WFU 的最佳方式，因为使得学校吸引了各种生源。但“将考试列为可免要求不是增加多样化的‘子弹’，只是移除障碍的第一步”。[①] 的确，WFU 的改革不仅是为了吸引弱势学生，亦为他们提供了更多的支持网络，包括增加额外的资助，以确保学生获得成长以及校园真正具备包容性。这反映出 WFU 对可免试入学改革的认真态度，并非仅仅止于得到更多申请者。这一点得到同行的认可。[②]

两校对改革的认真态度也反映在除了将考试列为可免要求，还采取了其他措施保证改革效果。WFU 采取的措施包括增加简答题、强烈鼓励每位申请者进行面试并评价面试表现、更加关注高中学业记录、增加职员、引入提前行动方案、使用意识需求政策，其中前

① Martha Allman, “Going Test-Optional: A First Year of Challenges, Surprises, and Rewards”, in Joseph A. Soares, ed., *SAT Wars: The Case for Test-Optional College Admissions*, New York, NY: Teachers College Press, 2012, p. 170.

② 有受访者就谈道：“WFU 招办将可免试入学运行得非常好、非常专业和认真，招办主任非常有能力、聪明和有经验，知道在做什么……我不认为采取可免试入学的高校想要增加申请者数量是一件坏事，这是招办应该做的事情。招办应该建立一个多样化的优秀的申请者库，这是能够更为多样化的必要的第一步……申请者的增多会产出好的结果，包括多样化。”

三项措施均与考量因素有关，以更好地评价申请者的智力和潜能。由于其他措施的相关情况笔者会在文中适当的地方论述，此处仅探讨“更加关注高中学业记录”和“增加职员”两项，这也是 Pitzer 采取的主要措施。

就更加关注高中学业记录而言，WFU 招办主任曾经在撰写的可免试入学改革故事中做了详细解释。[①] Pitzer 招办副主任圣地亚哥·伊巴拉（Santiago Ybarra）亦表示“我经常告诉学生不要提交考试分数。我会花费更多时间查看成绩单，包括成绩变化的趋势和修读的课程。查看 SAT 或 ACT 分数只用半秒时间”[②]，该校两位 AO 一致指出改革使得审阅更留意申请者的背景和高中表现：“咨询师更加留意高中提供的资源和高难度课程，因为我们没有类似 SAT 的人工均衡器。这使得录取决策更复杂。”“我们花费更多的时间查看成绩单、推荐信，试图找出就读学校的情况，比如课程的严格程度如何、是否为学生提供就读大学的准备。当然，我们在黑暗中摸索的时间更长，希望不会录取没有做好准备的学生。”需要说明的是，如 WFU 的 AO 解释，更加关注高中学业记录不表示改革之前不重视该信息，因为高中学业记录一直是比考试分数更好的大学学业成功预测指标，而且与 SES 关联不强。

就职员的增加而言，改革无疑使得工作量更大，因为依赖人力使用更为主观的方式寻找“最优秀、最有前途的学生”，需要更多的精

---

① 她谈道：“我们花费大量时间通过电话与高中咨询师进行沟通，以此来判定申请者与其周围的同龄人相比有什么特别之处。我们会询问学生的年级排名，还会问一些关于学生修读高难度课程的情况。我们尽力去了解之前不太熟悉的学校。我们公开声明四年的高中生活远比四小时的测试重要。事实证明这样说是对的，我们认真地评估学生的成绩单和材料，并且互相分享各自掌握的关于不同高中的信息。”引自 Martha Allman，“Going Test-Optional：A First Year of Challenges，Surprises，and Rewards”，in Joseph A. Soares，ed.，*SAT Wars：The Case for Test-Optional College Admissions*，New York，NY：Teachers College Press，2012，p. 174.

② Cecilia Capuzzi Simon，“The Test-Optional Surge”，*The New York Times*，October 28，2015.

力和时间投入。*WFU* 在改革第一年便增加了两位职员处理额外的工作量[①]，Pitzer 的职员规模也在扩张。当然，工作量的增加在办学规模更大的 WFU 体现得更明显，因为该校改革后第一年的申请者超过 1 万人，比 Pitzer 至少多出一倍："随着申请者数量的增长，我们看到来自世界和美国更多地方的学生。我们需要对高中有更多的了解，也有越来越多的访客。我们需要建立这座（新）办公楼[②]，以接待所有到访的学生。"WFU 还增加了对多项简答题的审阅以及面试这两项耗费人力和时间的措施。招办主任玛莎·阿尔曼即表示在当时，12 位 AO 一共面试4000 名申请者，有时候每位 AO 每天需要面试 10 人，不难想象这样的工作会有多筋疲力尽。[③] 因此，认真的、并非仅追求申请者数量提升的可免试入学改革是非常"耗费人力"的工作。[④] 基于资源和工作量的挑战，受访者指出"对某些形式的标准化的渴求会一直存在"（WFU 受访 AO），办学规模更大的高校难以如 WFU 一样深入了解不同高中的办学情况，可免试入学不一定适用于所有高校。

> 工作量会更大，因为需要对每份申请的各项信息进行更多的挖掘，以了解申请者的学业潜力。我们需要了解申请者的高

---

① Martha Allman, "Going Test-Optional: A First Year of Challenges, Surprises, and Rewards", in Joseph A. Soares, ed., *SAT Wars: The Case for Test-Optional College Admissions*, New York, NY: Teachers College Press, 2012, pp. 169 - 176.

② WFU 招办以前没有独立的办公楼。

③ Martha Allman, "Going Test-Optional: A First Year of Challenges, Surprises, and Rewards", in Joseph A. Soares, ed., *SAT Wars: The Case for Test-Optional College Admissions*, New York, NY: Teachers College Press, 2012, p. 171.

④ 某 AO 谈道："实行可免试入学后，开始面试学生、采用简答题，我们办公室的工作量更大，这是最大的挑战。如果我们能面试每位申请者，会很好，但这是不可能的。我们有四万份申请、17 位专业职员，而且时间非常有限，所以只能面试一半的申请者。工作量很大，很艰难，但最终是值得的。这是最难的部分，我们只能更辛苦地工作……我们付出更多的努力找到最优秀、最有前途的学生，面试、阅读简答题，将所有因素考虑在内以做出决定，而非只是使用考试分数、GPA 作决定。录取决策更为主观，工作量更大，我们花许多天与学生交谈。"（WFU 受访 AO）

> 中 GPA 和就读学校质量，了解高中成绩变化趋势和成绩单，将申请者生活中发生的事情与短文、推荐信的内容联系起来，整合所有零碎的信息后得出最终的结论。所以我的确认为对一所大型高校而言，采取可免试入学会要求更多的人力资源投入，对大量的材料进行阅读，而非简单的筛选。我们的申请者规模仍然低于 5000 名，虽然也要密集地阅读材料，但相对还好。(Pitzer-AO-1-151217)

两校对改革的认真态度还体现在并非以牺牲学业质量的方式进行博弈。在 WFU 实施改革的第一年，招办主任曾经收到过来自校友和教授反对改革的邮件①，担心采用可免试入学政策会降低本校的学术声誉和生源质量，同时“在大学外部有人一开始持怀疑态度，比如如果不使用考试，如何识别最优秀的学生。但这样的声音不太多，没有影响到大学及其成员”。WFU 本身亦存在顾虑，除了工作量，也担心如何做出有效决策，因为以往将考试分数作为决策支柱，而学生在大学能否拥有成功的学业表现是高校的重要关切。但事实证明不管是在 WFU，还是在 Pitzer，考试分数提交者和不提交者在高中学业成就和大学学业表现上基本没有差异，生源质量并未下降。在一项对包括 WFU 和 Pitzer 在内的 33 所公立和私立可免试高校的实证研究，就表明提交分数和未提交分数的申请者在累计 GPA 和毕业率方面没有显著的统计差异②。表 2－10 显示，与改革前一年相比，注

① Martha Allman, “Going Test-Optional: A First Year of Challenges, Surprises, and Rewards”, in Joseph A. Soares, ed., *SAT Wars: The Case for Test-Optional College Admissions*, New York, NY: Teachers College Press, 2012, p. 169.

② William C. Hiss and Valerie W. Franks, *Defining Promise: Optional Standardized Testing Policies in American College and University Admissions*, May 2, 2014, http://www.nacacnet.org/research/research-data/nacac-research/Documents/DefingPromise.pdf, p. 24. 另外，WFU 的 AO 提道：“我们参与了希斯博士的第一个研究，现在在参与他的第二个研究，我负责为他提供院校数据，我们持续关注录取学生第一年的学业表现，看是否与没有实行改革前存在差异。正如你所知，不存在差异。”

册学生中年级排名为前十名者的占比在 WFU 改革第一年和第七年分别增加了10.7%和12.7%，在 Pitzer 改革第一年虽然下降了7%，但到第十年则增加了9%。基于改革的实际成效，该校没有再收到负面反馈。

> 我们担心支持者会做何反应，他们会认为 WFU 将成为一所更差的高校吗？我们会流失学业优秀、可能成为罗德学者（Rhode Scholars）的学生吗？WFU 的质量会下降吗？我们担心如何作决策。在我们心中，知道可以通过高中学业记录、面试等方式作决定，但我们以前从来没有这么做过。我们改革前总是将考试分数作为支柱，也知道改革后申请者数量会上升，事实的确如此，所以我们担心如何应付增长的工作量，如何在没有考试分数的情况下选择最优秀的学生。有一些顾虑与实际操作有关，比如如何应付面试的工作量，如何应付增长的申请，有些顾虑则与公众的反应有关……在开始有许多反对之声。采用可免试入学政策后，我们已经有几届毕业生，他们在大学 GPA、保留率、毕业率上与此前的学生没有差异，特别是它带来了更强的族裔和 SES 多样化，我们得到了预期的结果。有些人提出“可免试入学将毁灭 WFU，我们不会再拥有罗德学者，我们会吓跑最优秀的学生”，这一切都没有发生，所以他们变得安静。事实胜于雄辩。现在可能还有反对的声音，但我们没有听到。在专业出版物中，仍然有一些争论，当然包括大学委员会仍然为考试的价值和效度争辩，但我们已经多年没有收到关于可免试入学政策的负面电话或信件。（WFU-AO-1-160518）

另外，Pitzer 教师和外界有声音指出既然反对考试分数的负面效应，为何不采用既不要求提交考试分数、同时考试分数被提交了也不会被查看的“不问，不说”的“无视考试”（test-blind）政策。

据WFU多位AO的解释，可免试入学是最具弹性的方式，可以让学生自由选择提交最能反映个人才能和潜力的信息，从而避免不利于考试分数高或擅长考试的学生（包括部分弱势群体），同时尊重学生的付出："我们实行可免试入学是将决定权交给学生。如果学生GPA低，也不用提交考试分数，我们仍然有做出录取决定所需的信息，所以不对不提交考试分数的学生做额外的要求。""有些学生如果考试分数很高，为此感到自豪，则希望提交。无视考试对这些学生有点消极。可免试入学是最具包容性、最能给学生选择权的方式。""尤其是来自弱势教育背景的学生，中学很差，在课堂中没什么优势，但参加标准化考试后表现非常好，他们应该展示出来。" Pitzer招办副主任圣地亚哥·伊巴拉也表示："不希望学生花费大量时间准备考试并提交分数后，却感觉我们不使用它。"[①] 因此，虽然WFU和Pitzer将考试分数列为可免因素，但并没有将其列为诸如本州居民的"不考虑"因素。申请者如果提交了考试分数，AO在审阅中仍然会查看，并可能影响录取决定，但这并不表示会将没有提交者置于不利地位。不过，Pitzer的AO表示喜欢无视考试的理念，因为对考试分数的关注本来就不多，除非高中成绩有大量的波动。[②]

---

① Cecilia Capuzzi Simon, "The Test-Optional Surge", *The New York Times*, October 28, 2015.

② 该AO谈道："我听到教师说出的一些传言，实际上就是一开始提议采取可免试入学运动的教师曾提过如果完全走向无视考试分数，将会很棒。这很有趣，在审阅申请材料时，我们几乎很少关注考试分数。即使学生提交了考试分数，它也真的没有在我们的招生委员会讨论中被提及。明年我们会有一位新校长到任，也许会关注此事。有时我们看到学生在高中转了几次学，GPA比较低。如果学生的成绩有大量的上下波动，我们可能会关注考试分数。显然，我们会记录考试分数，并在内部进行报告，但它不是决定录取决策的因素，除非我们碰到一些可能有问题的风险学生，这很罕见。即使学生提交考试分数，它也不是我们主要关注的因素。我的确喜欢这个理念，也许我们会最终走向无视考试分数，因为考试分数不是审阅内容……我认为有些学生可能在课程学习上有一定的困难，参加考试会觉得更舒适。也许他们在不同的中学就读，或者就读于一个与个人学习风格不匹配的中学，但是他们本身非常聪明，考试也许能够提供证明，这可能是一个方面。"

第五节　写作和推荐信

这些关于学生是谁的微观视角，是成绩单本身永远无法告诉我们的信息。

——（USC 受访 AO）

写作和推荐信是反映学业成就的重要指标，其中“推荐信是别人对学生的看法，写作则是学生可以谈论自己的途径”（USC 受访 AO），二者从不同的视角向 AO 揭示申请者的学业才能，同时反映申请者的个人特质和成就。

一　写作

写作是美国高校申请材料中不可分割的一部分，而且在竞争越激烈的高校，写作往往越重要。案例校对写作的具体要求大同小异，在录取决策中多将其视为“非常重要”的指标，写作因此成为区分申请者的有效工具。

（一）写作的具体要求

七校都要求申请者提交高校设计的命题写作，但在操作细节上不尽相同。在 UCLA 和 UCSD，加州大学系统使用统一的在线申请平台，其中“个人陈述”部分即为写作要求①。在 USC、UNC 和 Pitzer，三校只使用“公共申请平台”（Common Application）②，写作包

---

① 加州大学所有分校共用一个申请系统，申请者可以根据需要通过这个系统申请多所分校，申请的每所分校都会收到申请者提交的材料和官方考试分数。从 2017 年秋季申请开始，加州大学使用“个人见解”（Personal Insights）部分代替“个人陈述”（Personal Statement），包括更多更具体的问题，并给予学生在问题回答上更多的灵活性。

② Common Application 是美国老牌的本科申请平台，将近 700 所高校使用该平台，其他高校或使用自己的申请系统，或与其他的平台合作，比如 2007 年建立的 Universal College Application，或 2015 年成立的 TheCoalition for Access，Affordability，and Success Application（CAASP）。其中 CAASP 是由一些美国高校共同组建而非公司创办的大学申请系统。它的特点是学生从 9 年级开始在网上建立自己的申请档案，成立自己的储存档案。

括该平台中各校通用的短文和各校设置的补充写作两部分。在WFU和Davidson，两校既允许申请者使用公共申请平台，写作要求包括其通用短文和高校的补充写作，也允许申请者只使用自己的申请表、只提交高校补充写作。表2－11显示高校补充写作为字数较多的短文或字数较少的简答或二者兼具，比如UCLA、UCSD、UNC和Pitzer均为短文，WFU和Davidson为短文加简答，USC则为简答。写作题目类型基本都是开放题，一般会提供多个题目供学生选择，内容多为描述个人经历、成长环境、志向、才能、兴趣、阅读书目等等及其对学生造成的影响。有些高校也让学生发表对社会实践的看法、阐释为何对高校或意向专业感兴趣等。另外，USC和UNC还有类似"你喜欢看什么电影"的趣味性快答题，以释放学生在申请中的压力，同时让招生人员更好地了解真实的申请者。例如，UNC列出过27条快答，声称"这些问题纯属娱乐，是为了让UNC更多地了解申请者"①，USC受访者呼应了这一点：

> 快答为12个有趣的问答题，比如谁是你的偶像、以3个字描述你自己、你最喜欢的食物等。我们不基于快答信息做评价，它只是让学生在填写申请表中各种严肃的信息时获得片刻休息，也是我们对学生有更深入的了解的方式。这真的很有趣，因为在我们的办公室，人们［读到快答时会说'这位学生是我的最爱，他喜欢的电影明星是XXX'。这使得审阅过程更有趣，也使学生成为真实的人。我今天读到一位女生说她"梦想的工作是成为糖果店主"，这很棒。我很开心学生对生物感兴趣，同时还有其他兴趣，这是我非常乐意见到的。(USC-AO-3-151215)

① UNC-Chapel Hill，"The First-Year Application"，http：//admissions. unc. edu/apply/first-years/the-first-year-application/.

表 2 – 11　　**案例校 2015 年的写作题目及要求**

高校		写作题目	写作要求
公立大学	UCLA UCSD	(1) 描述你来自的世界——比如，你的家庭、社区或学校——并告诉我们你的世界如何塑造了你的梦想和愿望。(2) 告诉我们对你重要的某项个人素质、才能、成就、贡献或经历。哪项素质或成就使得感到自豪以及它如何与你是谁相关?	两题都需回答（250—1000 字）
	UNC	(1) 青年活动家以及 2014 年诺贝尔奖获得者玛拉拉·尤萨法扎伊（Malala Yousafzai）说过“我提高声音并不是为了大声讲话，而是因为这样做我就可以听不到声音了。”那么你曾经对谁提高过自己的嗓音呢?（2）学生不光在课堂上学习，还在课外学习。那么我校的其他学生可能会从你身上学到些什么?(3) 你的生命可以有那么一个时刻重新来过。你会重来一遍什么? 为什么?(4) 你被邀请去做一个演讲。你会讲些什么?(5) 美国宪法已经有 27 个修正案，第 28 个应该是什么?	五选一（400—500 字）
私立大学	USC	(1) USC 学生以参与活动著名。简要描述一项最能反映你是谁的非学术追求（比如服务社区或家庭，社团或运动，或工作等)。(2) 描述你的学术兴趣以及你计划在 USC 如何实现它们。请自由选择你的第一和第二意向专业选择	两题都需回答（每道题最多 250 字）
	WFU	(1) 列出五本你读过的引起你好奇心的书及作者名字。谈一下某本书中对你产生影响的某个观点。(2) 我们想知道什么能够使你展现自己的智慧? 一篇论文? 一个项目? 亦或是一种学术的热情? 请描述一下。(3) 许多话题都已经全球化了。请给出一项你希望会趋近全球化的话题以及为什么?(4) 列出你认为的十强清单（top ten list)。(5) 跨文化互动是一项全国性话题。像大部分高校一样，WFU 正处在讨论跨越差异的互动意味着什么的对话中。站在国家的角度，你觉得我们为什么到了这个地步?(6) 什么让你觉得愤怒? 为什么?(7) 使用以下短文向招生委员会展示你的品格和学识，浏览这个视频 http://go.wfu.edu/thisisaboutyou。看完告诉我们：你的独特之处是什么?	七题都需回答（题七不限字数；其中 1 题 100—300 字，4 题 75—150 字；“十强清单”没有要求）
文理学院	Pitzer	(1) 结合我们核心价值中的一个或更多，谈谈你将如何为解决一个你认为重要的地方性或全球性问题。(2) 回顾你在高中或社区的活动参与经历，它们如何与我们核心价值观的其中一个或更多相关?	二选一（最多 650 字）
	Davidson	(1) 为什么选择 Davidson?（2）列举你曾经应学习需要或出于休闲目的阅读过的书籍。对曾经修读课程要求阅读的书籍打上星号	两题都需回答（无字数限制）

续表

高校	写作题目	写作要求
Common Application	（1）有些学生具备非常有意义的背景、身份、兴趣或才能，如果不提及，则申请不够完整。如果你也这么认为，请分享你的故事。（2）我们从失败中学到的经验将奠定未来成功的基础。回忆你曾经经历的一次失败事件或时刻。它对你带来什么影响？你又从中学到什么？（3）回想你曾被某种信仰或理念挑战的时刻。是什么让你做出了这样的举动？你还会再次做出同样的选择吗？（4）描述一个你已经解决了的问题或是你希望解决的问题。它可以是一项智力挑战、一个研究调查、一个道德困境，即任何对你个人来说重要的事情，不管重要程度如何。解释它对你的重要性，以及在解决问题过程中，你采用了什么步骤？（5）描述一项在你的文化、社区或家庭中，标志着你从童年步入成年的正式或非正式的成就或者事件	五选一（250—650 字）

注：内容搜集自各校申请表或以下相关网站，https：//blog. collegevine. com/how-to-write-the-university-of-southern-california-application-essays-2015 – 2016/. ；https：//www. ivywise. com/ivywise-knowledgebase/newsletter/article/2015 – 16 – common-application-supplements-and-essay-prompts/. ；https：//college-kickstart. com/blog/item/common-app-extra-essay-requirements.

从表 2 – 11 可以看出，WFU 的补充写作题目最多，包括六道简答题和一道长答题。该校简答题的数量之多与实行可免试入学改革有关。尽管改革之前简答题就不止一道，但决定实行改革后，招办增加了更多题目，比如“什么让你愤怒？”“定义一下‘酷’这个词”“对于你不支持的某个观点进行辩论”“谈论一下你的学习感悟”，等等。[①] 而且，在改革之初，WFU 还试行了限时在线写作面试以考察学生的即时写作能力，但因实施效果与简答题类似，且占据招生人员的时间，便取消了这种形式。需要指出的是，受访者和 CDS 均表明写作在 WFU 一直是非常重要的因素[②]，与是否实行可免

① Martha Allman，“Going Test-Optional：A First Year of Challenges，Surprises，and Rewards”，in Joseph A. Soares，ed.，*SAT Wars：The Case for Test-Optional College Admissions*，New York，NY：Teachers College Press，2012，p. 169.

② 该校实施可免考试改革前一年的 CDS（2007—2008 年）即显示写作被评为“非常重要”的因素。根据招办网站显示，WFU 将写作视为招生和奖学金授予考量的重要因素。UNC 将写作视为核心因素，不仅仅用于招生，也用于学业奖学金和一些“卡罗莱纳杰出者”（Excel@ Carolina）荣誉项目的候选者评审，比如卡罗莱纳荣誉学生（Honors Carolina）。引自 UNC-Chapel Hill，“The First-Year Application”，http：//admissions. unc. edu/apply/first-years/the-first-year-application/.

试入学改革无关。不过，改革之前申请奖学金的学生需要提交单独的申请表并撰写四篇短文，后来出于避免流失申请者和考虑所有合格学生的目的取消了该要求。

> 即使在实行可免试入学前，我们也有补充性写作。我是从WFU毕业的，我记得写作中有多个问题。短文我们一直都有，在实行可免试入学前的简答题也超过一个，这很常见，许多高校都有包括简答题在内的补充性写作。所以在实行可免试入学前，补充性写作也很重要……不管我们是否知道考试分数，写作内容一直都很重要，有助于我们对学生有更多了解。有些高校在采取可免试入学时，如果学生不提交考试分数则需要提交额外的短文。我们不这么做，不管是否提交考试分数，学生都需要完成WFU的补充性写作。（WFU-AO-2-160523）

在补充写作的设计上，案例校每年都会进行讨论，题目和数量在不同年份可能会有变化，有些题目一直保留，有些题目则被替换，根据高校的需要而定。UNC受访者指出“每年都谈论审阅过程，现在是暑假，我们已经在对短文题目进行设计或思考”，且该校2017年的补充写作由2015年的短文改为两道简答题（四选二）①。WFU既有包含使用超过十年的“十强清单”的题库，也有会被更改的写作题目、类型及数量，比如某位受访者表示：“有时候我们的简答题更多，有时候更少，取决于在休假式培训中讨论的结果以及我们希望了解什么……没有规定简答题一定为六道或只能有六道。有些年份我们曾有十道题，但不一定全是简答题。有一些填空题，学生回答的时间更快，所以我们有更多更简短的问题”（WFU-AO-2-160523）。表2－11显示，2015年该校的短文题目为“你的独特之

① 详见 http：//admissions. unc. edu/admissions-blog/2016/06/02/fall-2017 – application-essay-prompts/.

处是什么”，但“你的学业兴趣是什么”也曾经是题目之一。当然，短文和简答题一般不会每年都频繁变动，具备一定的稳定性。公共申请平台写作在2015年即以一个新题目取代一个以幸福为中心的旧话题。①

（二）写作被重视的原因

写作在六所案例校均占据非常重要的地位，在Davidson也属于重要因素。写作之所以重要，原因是多重的，主要包括了解写作能力、认识真实的申请者和甄别申请者的注册兴趣。另外，写作是每位申请者都可以提交的信息，有助入学机会公平。

1. 了解写作能力，判断胜任大学学业的潜能

受访AO一致表示，大学教育非常注重写作，通过申请表写作可以判断申请者的写作能力能否满足大学的要求、能否胜任大学学业。WFU的AO更指出“写作很重要，提出论点、建立写作框架的能力，是我们认为一生受益的技能”。AO查看的写作能力包括是否有逻辑地、连贯地辩护个人观点的能力和推理技能，能否使用适当的句子结构进行表达等等。USC声明“写作的内容、组织、深度与语法、拼写和用词一样重要”②。写作能力在美国大学教育中的重要性体现为大学一般都设有专门的写作课程，比如USC的学生不管专业如何，均需修读两门写作课。而且，不管是在通识课程，还是在物理、历史或商业等专业性课程，教师往往布置大量的写作任务，期中和期末考核也以写作为主要形式。两位AO表明了这一点：“写作是大学教育的重要组成部分。如果申请者没有显示出写作能力，进入大学后将颇为挣扎，甚至可能无法毕业。”“在许多大学、特别是文理学院，即使是数学课、科学课、历史课、社会科学课，当然也包括英语写作课，都有写作要求。如果学生在高中不能写好短文，

---

① 详见 http：//www.commonapp.org/whats-appening/application-updates/2015 – 2016 – essay-prompts.

② University of Southern California Undergraduate Admission，“Application Components”，http：//admission.usc.edu/firstyear/prospective/components.html.

在大学也很难有好的表现。”因此，AO“希望看到学生进入大学后可以完成写作任务，或者他们做好了读大学的准备，即具备在注重写作的课堂环境中成功的潜力”（USC 受访 AO）。另外，AO 表示申请者可以花时间来准备，招办也会给出写作建议，并不担心作弊问题。但如果学生经过准备后的写作仍然出现许多错误，则揭示其可能大学学业准备度不足。①

以 WFU 为例，笔者曾参与该校社会学系开设的两门本科生课程——《文化社会学》（SOC 367）和《教育社会学》（SOC 334），其课程考核形式均以写作为主。比如，《教育社会学》的期中考核为课堂考试，试卷由三部分组成：第一部分为从十道关于美国教育事实的简答题中选择六道作答（不超过 12 分钟，分值为 12 分），第二部分为解释两个概念名词（不超过 20 分钟，分值为 20 分），第三部分为从三道题目中选择一道写一篇长的短文（约 45 分钟，分值为 68 分）。《教育社会学》的期末考核则为学生在课外完成一篇使用 ELS2002 教育数据库的数据进行分析的研究论文。另外，该课课堂经常组织对教育和社会话题的讨论，学生如果想要获得优秀的课程成绩，需要积极参与讨论，而写作能力与口头表达能力息息相关。因此，如果学生没有奠定写作基础，进入大学取得学业成功和毕业的可能性很低，也不利于未来职业的发展。从表 2－7 和 2－8 展示的案例校考试分数情况，亦可看出写作能力在录取决策中的重要性。因为申请者的 SAT 写作分数越高，被录取的概率越大。

由于标准化考试中的写作具有计时要求，可能可以更真实地反

---

① 有 AO 指出：“我们在七月一日发布申请表，学生一直到一月一日都有时间准备写作。我们不太担心学生有半年的时间来思考答案。这是深思熟虑的回答，不是 12 月 30 日才开始填写申请表、快速完成写作并交给我们。我们不希望学生找到以前我们使用的写作题目的答案，简单的复制到申请表中。对此，我们目前也没有很好的方式来识别。显然，我们记得去年的答案，如果学生抄袭，我们不会录取他。我们 WFU 有诚信准则，当学生填写申请表时，他们实际上表明了同意遵守它。既然学生有六个月准备，我不认为这是一个普遍存在的问题，应该鲜有发生。我们本身就是给学生写出经过修饰的、仔细考虑的简答题答案和短文的机会。如果写作中有许多错误，这实际上在告诉我们这不是一位我们期待的做好了大学学业准备的学生。”（WFU 受访 AO）

映学生的写作能力。“如果说个人陈述是一个被严重 PS（指修饰）过的自拍，SAT 或 ACT 的计时写作则像对个人写作能力的坦率快照。”① 前文提到案例校只有加州大学要求申请者提交 SAT 或 ACT 的写作分数，原因即可能与了解学生在计时压力下完成写作任务的能力有关，因为大学也有一些限时写作的考核。不过在大学，计时写作往往不是主要形式，多为学生自行完成论文，Pitzer 没有要求 SAT 写作即与此点有关：“学生有提示和时间为写作做好准备，这不是一项限时的写作。在大学写作要求也非限时写作。学生可以打几次草稿，直到拿出一篇最好的短文，在截止期限前提交即可。我们会提前给出写作提示，以帮助学生明确写作的内容。”当然，笔者认为加州大学的要求可能还与提高筛选效率有关，因为有更多揭示学生学业能力的标准化指标，更容易区分申请者。加州大学亦要求学生在新 SAT 短文中使用证据提出论点，② 这也与大学的写作要求一致。

2. 认识真实的申请者，判断贡献能力和匹配度

除了写作能力，AO 一致表示通过写作可以亲自聆听学生的声音，了解成绩单和考试分数无法体现的个人想法、爱好、经历、个性、特长等等，从而很好地了解作为个体而非作为数字的、真实的申请者。换言之，申请者可以通过写作表达自己，分享感兴趣的、自认为重要的内容或者个人故事或者对自我的评价，从而告诉 AO“我是谁”：“学生是什么样的人，对什么感兴趣，会为这个校园带来什么，都可以从短文中找到。我们的问题是为了解学生的内心、爱好和兴趣设计的。我们想要擅长于表达想法和写作的学生。”（WFU 受访 AO）写作也因此增加了申请材料的生命力，“使成绩单

① Mary Ann Barge，“Complete List：Which Colleges Require ACT Writing? 300 + Schools”，February 1，2017，http：//blog. prepscholar. com/complete-list-which-colleges-require-act-writing-all-schools.

② University of California，“Five Things You Should Know About the New SAT”，March 4，2016，https：//www. universityofcalifornia. edu/news/five-things-you-should-know-about-new-sat.

和考试分数变得丰满”①。这也是 WFU 实行可免试入学改革后增加简答题数量的主要原因，因为该校希望更好地了解申请者的为人，而“语言优美、表意清楚的文章可将申请者的现实生活跃然纸上，并体现出该学生的特质和人品”②。该校 AO 也质疑了有些大学依赖数字作决策、只使用一篇通用的个人陈述的行为，并指出虽然大量的长短文和简答题带来密集而繁重的阅读任务，但这项工作是“有成效且往往是令人愉悦的”。对于没有面试和推荐信的 UCLA 和 UCSD 来说，写作尤为重要，是了解申请者为人的核心途径。例如，UCLA 指出“学生在个人陈述中作为个体来展示非常重要”③，UCSD 亦表示“申请材料是了解你的生活和兴趣、了解你的人格的非常重要的工具”。④

通过写作了解真实的申请者主要服务于两个目的——揭示贡献能力与匹配度，这也是案例校为什么在公共申请平台短文之余还要设置高校的补充写作的原因。作为各校通用的公共申请平台短文，问题比较宽泛，与申请者有关，但与具体高校无关。高校补充写作则根据需要设题，从中可以了解申请者对高校的贡献及其与高校的匹配度。Pitzer 的 AO 就指出：“写作是通用申请中的个人陈述和 Pitzer 补充短文的结合，我不认为哪个更重要，二者反映的信息不同。就 Pitzer 补充短文而言，我们更关注匹配性，对你是否与我们的核心价值观匹配有更多的了解，我们通过它来了解你对 Pitzer 知晓多少，你会如何利用这里的优势。”

就贡献能力而言，从表 2 - 11 各校使用的写作、特别是短文题

① Martha Allman, “Top 10 Admissions Questions”, http：//admissions. wfu. edu/apply/top-10/.

② Martha Allman, “Top 10 Admissions Questions”, http：//admissions. wfu. edu/apply/top-10/.

③ University of California, Los Angeles, “Freshman Selection-Fall 2016”, http：//www. admission. ucla. edu/Prospect/Adm_ fr/FrSel. ht.

④ University of California, San Diego, “2016 Freshman Application Workshop (Online Webinar)”, http：//admissions. ucsd. edu/events/index. html.

目可以看到，案例校要么请申请者直接描述会给校园带来什么贡献，要么通过了解申请者具备的特性判断其独特的贡献。例如，UNC 的第二道写作题为："其他学生可以从你身上学到什么？"该校网站也指出短文应该说出"你是谁，你怎么想，以及你会为这所学校做出什么贡献"，[①] UCLA、UCSD 的题目关注申请者的背景和经历、才能等，USC 则聚焦于申请者的学业和课外兴趣。就匹配度而言，高校补充写作以及申请材料的其他部分可以促进申请者与高校的双向了解，其中申请者通过具体细节表露的学业兴趣、个人风格、已有实践，以及对高校的了解和认同、入校后的期待等，可以向 AO 展示其是否为与高校匹配的生源。有受访者就指出"对匹配的识别往往在于简答题"（USC 受访 AO）。[②] 因此，短文被 AO 视为是促进双向了解的载体，"我们了解学生，因为他们是回答问题的人。同时我们问的问题很具体，理论上说他们也会因为我们的问题而对 WFU 是一所什么样的大学、需要什么样的学生有所了解"（WFU 受访 AO）。

写作与匹配度之间的关联在 Pitzer 的补充写作上体现最为明显，因为该校通过写作重点考察申请者是否与其独具特色的核心价值观

---

① UNC-Chapel, "Fall 2016 Application Essay Prompts", June 1, 2015, http://admissions.unc.edu/admissions-blog/2015/06/01/fall-2016 - application-essay-prompts/.

② 该 AO 的解释如下："今年我们有两个简答题，第二个问题是'你的学习兴趣是什么？你计划如何在 USC 追求你的学习兴趣？'。这个问题对我们相当重要。比如我知道学生想学会计，但却不知道他们为何想在 USC 而不是在其他有会计的高校学会计，所以我想看到学生做了研究。他们已经思考了为何要申请在 USC 学 X、Y 或 Z，而非是其他的高校。这是我对匹配的解读。在一定意义上，匹配在于学生真的明白他们会如何给我们的课堂带来贡献，或者他们通过在 USC 就读而非其他高校能得到什么。因为我了解 USC 有的项目，学生申请的其他大部分高校也都有。这没有问题，但是是什么原因使得你想要在 USC 学这个项目？以及你想怎么样学？从申请的所有不同要素中，我可以对学生的选择有一个整体的了解，比如有学生在写作中谈论他为何喜欢 IB 课程，因为它是跨学科的，以及他在物理课程中学到了什么，并将之与在历史课程中学到的内容联系起来。那么我会认为这是一位真正喜欢参与跨学科学习的学生，这位学生也提到'我知道 USC 重视跨学科的参与'。所以我知道这位学生在 USC 就读会真正感到兴奋，因为我们所做的事情与他在高中的所做所想是一致的。这是为什么我们的职员或者读者也是招募者的原因。"

相契合。Pitzer 招办网站指出："许多学校谈论价值观，但我们以此为生……以下五个核心价值观使我们的教育方法独树一帜：社会责任感、跨文化理解能力、跨学科学习、学生参与能力以及致力于环境的可持续性发展。作为变革者，我们的学生利用这些价值观来找到迎接世界挑战的方法。"① 该校要求申请者在短文中反映其核心价值观，特别是会如何利用核心价值观来解决重要问题以促进社会变革的发生。从表 2－11 中 Pitzer 的写作题目和 AO 的回答即可看出，该校主要通过高校的补充写作（也包括其他因素），了解申请者的个性和价值观与其核心价值观的匹配程度。

> 对 Pitzer 而言，整体性审阅过程也与匹配密切相关，短文、考试分数以及成绩单等会向我们展示学生是否在文化、个性上和学业上与 Pitzer 匹配，学生在课堂的表现如何、在课外活动中与其他人如何互动，这些对于我们了解匹配都非常重要……在第二篇短文我们询问学生与五个核心价值观有关的问题，希望学生至少能将自身与其中一个价值观相连接，从中我们可以了解学生与 Pitzer 的匹配程度，包括校园活动、课堂讨论、与核心价值观相关的日常活动等。所以，写作是查看学生是否为 Pitzer 匹配的好参照……匹配在于查看学生的个性和价值观，如果学生的价值观与我们的一致，那么我们知道这是一个好的匹配，可以创造一届社会意识活跃的学生群体。（Pitzer-AO-3-151217）

3. 甄别注册兴趣

除了更好地了解申请者，高校补充写作的设置还可以帮助 AO 甄别申请者的注册兴趣，因为它需要申请者额外投入时间去完成。

---

① Pitzer College, "First-Year Applicants", http: //pitweb. pitzer. edu/admission/first-year/. ; Pitzer College, "Some of the First Members of the Class of 2019!" September 15, 2016, http: //pitweb. pitzer. edu/admission/explore/at-a-glance/class-of-2019 - enrollment-data/class-of-2019/.

公共申请平台的短文则是通用的，申请者准备一份即可申请所有意向高校。这一点在七所高校中写作题目最多的 WFU 体现最为明显。从表 2 - 11 可以看出，申请者除了需要完成公共申请平台的一道题，申请 WFU 还需回答七道题，申请其他高校基本只需要再回答两道题，申请 UNC 则只需再回答一道。该校 AO 就表明“清除了在最后一秒申请 WFU 的学生”，“每位申请者都很有竞争力，都对我们有真诚的兴趣，不是只因为声望而申请。如果不是真的感兴趣，申请者不会完成所有的要求”。的确，尽管申请者数量可能会由于新增的短文和其他问题使申请更加困难而受到限制或下降，但是这些变化往往会导致录取注册率的增加。[①]

（三）决策规则

由于写作的重要性，其被 AO 视为区分申请者的有效工具。例如，受访者指出：“如果没有实施面试和简答题，区分学生会很难。但学校有相应的改革，帮助我们极好地区分申请者，与学生的对话和简答题使一切变得不同。”（WFU 受访 AO）“Pitzer 的补充写作是我认为真正区分申请者的因素，让我们了解你是谁、展示你感兴趣的事情。”（Pitzer 受访 AO）一篇独特的、引人注意的短文，可能使得申请者在录取竞争中脱颖而出，甚至获得优秀奖学金。WFU 的 AO 以具体的例子说明了这一点：

> 今年优秀奖学金获得者中的一位学生，获奖的原因为他写的短文是这一年最优秀的。这篇短文很独特、很有趣、有创造性。许多短文没有任何优点，风格类似，讲述运动比赛、旅行等。我阅读了太多相同主题的短文，但这一篇讲述的是他写一部戏剧的创作过程，这部戏剧非常有趣。这篇短文使得他在今年众多的申请者中脱颖而出。简答题也可以使得学生脱颖而出，

① College Board, *Selection Through Individualized Review: A Report on Phase IV of the Admissions Models Project*, College Board's Admissions Models Project Report, 2004, p. 24.

以我们的“十强清单”为例，几年前有一位学生的十强清单为想在人生中完成的十部音乐作品，我们通过申请材料已经对他擅长音乐戏剧有一点了解。事实上他已经创作出了十部作品中的一部，去年在校园上映。他的戏剧非常具备创造性……“十强清单”是简答题中的一道，我们不告诉申请者十件事应该是什么，任由学生自行发挥……有些学生的答案是最向往的十所高校，或者最喜欢阅读的十本书，或者参观过的最喜欢的十个地方。这些答案都可以，我们可以对学生有更多的了解。但是“十部音乐作品”这个答案相当独特，从而脱颖而出，我们乐于见到它……当你阅读14000次时只会看到两三种写作回应，它变得有点多余，但也以一种有意义的方式帮忙区分申请材料。(WFU-AO-5-160518)

二 推荐信

除了UCLA和UCSD，其他案例校均需要申请者提交推荐信，且要求基本类似，但Davidson有额外的同伴推荐信要求。由于其他高校均使用公共申请平台，推荐者登录该平台填写相应内容即可。公共申请平台包括两封教师推荐信和内含在中学报告里的咨询师推荐意见/咨询师陈述①。在推荐信的数量和推荐者身份上，UNC、USC、

① 学生还可选择提交其他人填写的推荐信。另外，WFU和Davidson自己设计的申请表中推荐信部分的内容与Common Application的虽不完全一致，但基本内容相同，因此笔者不另行讨论。大学委员会的报告曾表示“尽管Common Application有固定的推荐信格式，许多高校制定了自身的推荐信表格。公立和私立高校使用的推荐信对于要求咨询师提供的信息有较多差异。同时，有些高中咨询师只是简单的提供学校档案和单独的关于学生的推荐信。尽管这种信息往往相当有用，提供关于学生的全面信息，这也意味着每位申请者的档案有不同的信息。有咨询师可能主要提及个人素质和学生在高中参加的活动，也有咨询师可能总结任课教师对于学生的求知能力和成就的评语，或者描述学生对大学的兴趣。”引自College Board, *Selection Through Individualized Review: A Report on Phase IV of the Admissions Models Project*, College Board's Admissions Models Project Report, 2004, p. 12.

WFU 都表明除了咨询师推荐意见，一封教师推荐信即足够（如果学生希望再提交一封也可），并且倾向于出自教过申请者核心学术科目课程、并熟识申请者的高年级教师。UNC 就直接提示“来自 UNC 校友或者有着‘牛气’头衔的人物的推荐信不会在录取决定中发挥显著作用，甚至如果这些推荐信没有体现出申请者的个性，还会对申请者的录取有一定害处。一封来自于大人物的索然无味的推荐信会贬低你的申请。来自真正了解你、对你的成就很熟悉的人的推荐会更有用”[①]，而且“能够提供新的信息以及个人见解的推荐信，而不仅仅说一些申请者已经在申请材料中提及的信息是最有帮助的”[②]。Pitzer 则要求两封教师推荐信和一封咨询师推荐信（如果咨询师不填写中学报告里的咨询师推荐意见），同时不提倡申请者提交更多的推荐信。原因在 Davidson，除公共申请平台外，还要求熟知申请者、能够评价申请者优势的同学或者亲密朋友完成同伴推荐信。[③]

根据各校 AO 的解释，UNC、USC、WFU、Davidson、Pitzer 五所高校之所以要求且重视推荐信，原因在于推荐信从他人的微观视角提供了申请者在学业和个人方面的真实信息，帮助 AO 对申请者是否具备高校寻求的特征形成更全面、更深入的认识，从而更有把握推断学生在大学的表现。如果推荐信内容不是标准的、平淡无奇的，可能表明申请者给教师或高中咨询师留下良好印象，那么在大学也往往会留下积极的印象[④]。虽然一封贫乏的推荐信不一定会对学生不

① UNC-Chapel Hill Undergraduate Admissions, “Admissions Mythbusters: Application Edition”, August 29, 2014, http://admissions.unc.edu/admissions-blog/2014/08/29/admissions-mythbusters-application-edition/.

② UNC-Chapel Hill, “The First-Year Application”, http://admissions.unc.edu/apply/first-years/the-first-year-application/.

③ Davidson College, “Peer Recommendation”, https://admission.davidson.edu/peerrec/.

④ 例如，有 AO 提道：“推荐信中有许多相关的评论，比如‘这位学生是我们的交际花，她很外向，积极参与课外活动。这位学生在发展他的社交技能，高一时他很害羞，但现在外向很多’。这些通常是从推荐信中看到的评论，对我们了解申请者很有用。”（USC 受访 AO）

利，但一封好的推荐信一般可以增加 AO 对申请者给大学校园生活带来贡献的把握。另外，推荐信可以印证或支持诸如短文等申请材料中其他因素显示的信息："当教师推荐信写的不错时，你可以了解到关于学生的许多信息和一些有趣的轶事，比如这位学生幽默感很强。这时该生的短文变得更有意义，因为他在短文和申请材料的其他内容中讲述了笑话。"（USC 受访 AO）

从表 2－12 可以看出，推荐信并非由推荐者自由发挥，而是包括结构化和开放化相结合的具体信息，比如教师推荐信需要填写结构化的"背景性信息"和"打分"部分，同时最后一部分为开放回答。"背景性信息"的题目亦颇为具体，比如需列举出教过学生的课程名字及难度级别。教师和咨询师推荐信都对学生的学业和个人方面做出评价，但侧重点有不同：教师推荐信更多地反映教师视角中学生在课堂的真实表现和成就，比如是否积极参与讨论、写作能力如何等等；咨询师的推荐意见则更多反映咨询师视角中学生在课外的活动以及相关背景信息，比如取得了什么活动成就、家庭状况如何、高中所在社区的环境如何①等等。通过教师和咨询师推荐信，AO 可以得到关于申请者更为丰满的真实图像，"得到一幅学生在学业上和个人上作为共同体的一部分的拼图"（WFU 受访 AO），不仅掌握其学业成就和个人素质的具体细节，也对影响学业和个人成就的背景情况有所了解（比如是否生病或者辍学一段时间），进而有利于预测申请者在大学取得成功的前景。

---

① 例如，有 AO 提道："除了教师推荐信，我们还要求咨询师陈述，虽然不一定那么有效。因为咨询师有可能需要应付 400 名学生，不会知晓所有的事情，但是仍然了解与学校有关的细节。他们可能会说'在这所学校'，是本州的学校，我忘记了名字，'从公交站走到学校的路上，仅仅是从公交站走到学校前门，学生的手机和电子设备就有被偷的风险。'这是学校教师和咨询师知道但我们不知道的事情，而且我们无从测量犯罪的情况。不是北卡的学校，不一定存在这种情况，所以我们不会对不同城市和地区的高中进行比较。"（UNC 受访 AO）

我认为推荐信经常使得学生的图像变得丰满。你对学生有一个初步了解，阅读推荐信后会往往会加强对学生的印象。推荐信真的有助于提供教师眼中学生在高中课堂中的表现的信息。当然我知道这些学生在这门课程的成绩为A，但是推荐信可以告诉我们更多关于他们在课堂中的真实表现。全A学生往往会举手提问，或者也许不是这样，他们有点安静、犹豫或者害羞。但当被召唤时，他们常常有完美的答案，使得课堂往不同的方向取得进展，或者他们是下课后第一个找教师提问的学生，或者有不同的想法、与其他的年级有互动。（USC-AO-2-151215）

表2－12　案例校使用的推荐信信息

机构	推荐者	推荐信内容
公共申请平台	教师	（1）填写背景性信息：认识学生多长时间，在何种情况下认识；描述学生时头脑第一反应的词；在几年级教过学生；列举教过学生的课程名字，包括课程难度。（2）从16个维度对学生进行打分，包括学业成就、学识潜力、写作质量、创造性和原创性想法、有效的课堂讨论、受教师的尊重、有纪录的工作习惯、成熟度、动机、领导力、诚实、对挫折的应对、关心他人、自信、主动性和独立性、总表现。评比共有七个等级：低于平均表现、平均表现、好（高于平均表现）、非常好（远远高于平均表现）、优秀（排名前10%）、杰出（排名前5%）、我曾遇到的少数极为杰出的学生（排名前1%）。（3）描述任何你认为对这个学生重要的信息，包括对其在你课堂中表现出来的学业和个人特征的描述。欢迎任何有助于区分申请者的信息
	咨询师	（1）填写背景性信息：认识学生多长时间，在何种情况下认识；描述学生时头脑第一反应的词。（2）从4个维度对学生进行打分（亦有上述七个等级），包括学业成就、课外成就、个人素质和品格、总表现。（3）提供有助区分申请者的评论。特别欢迎三方面的评价：申请者的学业、课外活动和个人特征；与申请者成就和参与相关的背景，比如家庭状况或责任的特殊性、课外工作职责、照顾兄弟姐妹或其他任何积极或消极的境遇；观察到的有问题的行为，也许是与学业表现无关、但招生委员会应该进一步探索的行为。（4）违规纪律情况。（5）推荐意见：没有依据、持保留意见、一般推荐、强烈推荐、极力推荐

续表

机构	推荐者	推荐信内容
Davidson	同伴	（1）认识申请者多长时间以及熟识程度如何？请给出你与申请者共同工作的机会或者观察申请者的机会的信息。（2）你在申请 Davidson 吗？（3）你对 Davidson 是否熟悉？（4）你认为申请者的优点是什么？请尽可能地给出具体的例子。（5）你认为申请者的弱点是什么？给出展现弱点的活动或项目的具体例子会很有帮助。（6）对品格和素质做出评价（以下评比将用以对申请者与其他非常优秀的学生之间的比较，请尽可能真实的与申请其他顶尖机构的学生进行对比）：领导力、精力和主动性、自信、独立性、品格和诚实、应对批判的能力、关心他人、受同学的尊重、总体表现。（7）想要阐述与申请者有关的任何额外陈述

注：公共申请平台内容源自其官网，Davidson 同伴推荐信内容源自该校招办。

推荐信的不同视角作用在 Davidson 使用同伴推荐信这一传统上体现得尤为明显。Davidson 使用同伴推荐信的原因即在于获得“朋友”这一不同于教师和咨询师的视角，特别是关于申请者的品格和素质方面的诚实评价。例如，该校指出“你，作为一个亲密朋友或同学，以与教师、咨询师、校长和导师不同的方式了解申请者。你的观点有助我们了解同伴给予申请者的尊重的性质和程度”，而且“同伴推荐信可以在确定申请者的竞争性上提供有用的信息。”① 当笔者询问“为何有同伴推荐信的想法”时，该校 AO 的回答呼应了这一点。另外，笔者猜测同伴推荐信的设立可能也与吸引更多的申请者有关，因为撰写推荐信会让同伴也了解 Davidson 的存在。AO 虽然承认有此功能，但强调使用同伴推荐信的动机是从朋友视角了解申请者：

> 你的朋友可以分享一些你可能做得不是很好、他不喜欢的事情，这是同伴推荐信，这是同伴会做的事情。我认为同伴会保持诚实，他们会对我们将得到的学生是什么样的保持诚实，

① Davidson College，“Peer Recommendation”，https：//admission. davidson. edu/peerrec/.

也让我们意识到这不是一件成品，比如他们说“这位学生相信自己的观点常常是正确的，没有很好地回应质疑。”同伴会告诉我们这些学生是真实的，所以我们很喜欢同伴推荐信，它提供了不同的视角……我们使用同伴推荐信的动机不是增加其他学生对 Davidson 的了解，而是从朋友视角了解申请者，因为我们通过咨询师和教师推荐信知道申请者作为学生是什么样的，但作为朋友是什么样的是不同的……同伴推荐信创造了更多的留意，但使用它的目的首先不在于促进申请材料的显著增长。当然，它创造了留意和朋友对学生的支持，因为你了解这是你朋友申请的地方、真正想进入的地方。(Davidson-AO-1-160512)

UCLA 和 UCSD 并不要求推荐信，据 UCLA 的 AO 解释，原因与加州大学对公平的追求有关，因为中学的教师和咨询师资源不同，导致推荐信质量不一，进而带来机会的不公平。由于在公私立大学和文理学院招办均有过工作经历，要求推荐信的高校会强调不因为申请者没有优秀推荐信而置其于不利地位，但这需要审阅者对高中有充分的了解。如果仅凭推荐信内容做出判断，很可能造成评价膨胀，有失公允。另外，笔者认为 UCLA 和 UCSD 不要求推荐信的原因亦与申请者数量多有关，因为阅读每一份推荐信都需要时间，两校的申请者规模远远大于其他高校，例如 UCLA 的申请者数量将近是同为公立大学的 UNC 的三倍，UCSD 也比 UNC 多出不止两倍的申请者。而且两校已有写作和其他信息，只缺少他人的视角不会对录取决策产生实质性的影响，加上公平理念的诉求，推荐信便成为不考虑的因素。

我了解为什么 UCLA 不收集。比如说你在一所这里一所非常著名的优秀高中就读——哈佛西湖中学，它有一整支高中咨询师队伍，他们的推荐信通常为两页、单倍行距、文笔优美。许多咨询师是博士，非常聪明，非常了解学生。另外一所火箭中学，坐落于本校右边，可能只有一名咨询师甚至没有。所以如果你就读于哈佛西湖中学，我就读于火箭中学，谁将得到一封更好的推荐信？你认为火箭中学的老师和哈佛西湖中学的老师是一样的吗？你认为他们写的推荐信质量一样吗？这不是一个均等的机会，这是问题所在。这里的挑战在于有一些学生拥有一封文笔优美、见解深刻、分享了许多细节信息的推荐信，另一些学生不太熟悉他们的咨询师、也不了解他们的老师，这些不同的学生在这个过程中能拥有均等的机会和支持吗？我认为大多数人的答案为“否”。现在回到我曾经工作的高校，我可以进行辩护，我可以说：“看，我们不是要伤害一个学生的机会。如果我们知道他们在学校缺乏相应的机会，我们不会将没有优秀推荐信视为弱点。”但这变得很微妙，你需要确保每位阅读申请的读者足够了解中学，以决定情况是否如此。如果没有足够的了解，那么你很有可能给予拥有优秀推荐信的学生过多的肯定，从而对没有优秀推荐信的学生不利。（UCLA-AO-1-151218）

第三章

多元考量因素（二）：个人成就类因素

与考试分数和高中 GPA 不同，个人品质和背景性特征不能以中位数和百分位数来计算或表现，但这些因素对学生和高校来说是真实而有价值的，是评审需要考虑的方面。

—UNC①

个人成就类因素涵盖申请者的个人品质（character/personal qualities）② 和才能（talent/ability），以及相关的测量因素，如面试、课外活动、志愿服务和工作经历，其中志愿服务、工作经历均属于广义的课外活动范畴。本章将分别对面试、课外活动与才能、个人品质进行探讨。

第一节　面试

面试可以与学生面对面的对话，它给纸质材料增加了生命力。

—（WFU 受访 AO）

---

① UNC-Chapel Hill Advisory Committee on Undergraduate Admissions, 2014 - 2015 *Annual Report*, UAD2014 - 15, February 19, 2016.

② CDS 中该栏包括品性/个人素质，笔者统称为“个人品质”。

如果说写作在于让申请者自己表达“我是谁”，推荐信在于由他人描述申请者“是谁”，面试则是 AO 亲自了解申请者“是谁”的途径。然而，案例校由于不同的原因在面试的使用上出现不一致的情况，有些高校不考虑面试，有些高校考虑面试，有些高校则强烈推荐面试，并视之为重要因素。① 下文将三种观点分而述之。

一　面试不重要的原因与体现

UCLA、UCSD 和 UNC 三所公立大学均不考虑面试，原因一方面在于受现实条件限制，申请者太多而人手有限，无法面试每一位申请者。不面试既可避免高校在人力资源利用上的分散，也可避免面试造成的学生之间机会的不均等。例如，UNC 表示“虽然很想见到你，不幸的是我们不能安排会见每一位申请者。为此，我们不使用面试作为评价的一部分”②。另一方面，三所公立大学均将写作等同于面试，面试需要获取的信息基本通过写作均可得到了解，而且每位申请者都可提交写作，这也强化了写作在录取决策中的地位。UCSD 就表示“个人陈述是在纸上的面试”③，UNC 亦指出“我们无法面对面见到申请者，因此写作给予我们倾听你的声音、了解作为

① 这也反映了全美高校招生中对面试的使用情况。比如大学委员会一份全国性的调查报告显示：“有些高校鼓励甚至要求面试，抑或在校园中实施，抑或由当地校友实施，使用面试报告作为审阅过程的部分。对有些高校而言，面试是可选的，只是用来确保学生有了解高校的机会以及作为学生注册兴趣的大致测量。许多高校不要求面试，要么因为他们没有足够的资源，要么因为他们认为所有的申请者都应该在提交信息上有相同的机会，而许多学生很难实施一场个人化的面试。还有些高校提出有些学生可能在面试中表现出彩，但也有学生，主要是来自弱势背景的学生，可能过于胆怯，或者在正式的访谈中局促不安。”引自 College Board，*Admissions Decision-Making Models：How U. S. Institutions of Higher Education Select Undergraduate Students*，College Board's Admissions Models Project Report，2003，p. 23.

② UNC-Chapel Hill，“The First-Year Application”，http：//admissions. unc. edu/apply/first-years/the-first-year-application/.

③ University of California，San Diego，“2016 Freshman Application Workshop（Online Webinar）”，http：//admissions. ucsd. edu/events/index. html.

一个人的你的机会"[①]。USC一位AO回应了这一观点："因为我们不能见到每位申请者，通过写作则可以亲自聆听学生的声音。我想写作类似于我们与学生之间的迷你面试。"

在私立大学USC和文理学院Davidson，面试均为考虑的可选项，即学生可以提交面试请求，但面试表现在录取决策中是信息性质，不起评价作用。具体来说，在USC，学生可以申请到校与招办或者学术院系进行面试，或者在校外面试，规定时长为30分钟（实际可能会缩减）。面试为对话性质，以了解申请者为主，对录取率基本没有影响，一如该校指出"历史记录显示面试和没有被面试的学生在录取率上没有显著差异"[②]。在Davidson，该校明确表示"面试既不是要求，也不作为申请材料的一部分"[③]。两校对国际生亦不要求面试[④]，即使进行面试也是用以了解信息。

> 没有正式的面试。当我出差时，如果我有时间，学生想要与我交谈15分钟并咨询一些问题，是没问题的。我认为这更多是一种对话，不是评价性的。我经常在对话开始前告诉学生"你可以放松，这是一个对话，是你问问题的时间。"我也会问学生一些问题，但诚实地说，我问问题在于想要了解学生，了解他们的环境，我可能询问他们的高中提供的教育环境、课程类型或家乡的情况。所以对话是学生问我问题、我更好地了解

---

① UNC-Chapel Hill，"The First-Year Application"，http：//admissions. unc. edu/apply/first-years/the-first-year-application/.

② University of Southern California Undergraduate Admission，"Application Components"，http：//admission. usc. edu/firstyear/prospective/components. html.

③ Davidson College，"Application Selection Process"，https：//www. davidson. edu/admission-and-financial-aid/how-to-apply/admission-policies/application-selection-process.

④ 国际生可选择第三方机构提供的付费面试服务向美国高校提供面试视频，比如USC与Vericant合作，Davidson、Pitzer与Initial View合作。但第三方机构只是代为面试，评价权在于高校。Davidson受访者表示："我们推荐第三方面试——Initial View，学生可以选择，不是要求。如果学生提交了Initial View，我便会审阅。"

学生的过程。（Davidson-AO-2-160512）

USC 和 Davidson 考虑面试的原因在于认同面试的优点，比如让高校和申请者彼此了解是否为好的匹配。USC 就指出“面试是可选项，但它可以帮助你确定 USC 是否为匹配的高校”①。但两校没有将面试评为“重要”因素，因为对面试的效用存疑，体现为：第一，高校资源有限，无法满足每位申请者的面试要求，而且不是每位学生都有条件进行面试，不给予面试过多权重可以避免造成不公。第二，有些学生会接受面试辅导，从而获得竞争优势。第三，其他考量因素已经揭示了许多信息，且有档案袋等其他途径可以提交额外信息，因此面试不是必要的。“只有在认为申请材料无法表达他们所想、亲自分享会更好时，他们需要面试。这确实是我给申请者的建议。”第四，不同学生的面试表现不一，有些可能超常发挥，有些则不擅长面试，或过于胆怯，在正式的访谈中局促不安，或在面试前遭遇突发状况影响面试发挥，因而面临被低估的风险。归纳而言，面试不重要的原因包括面试机会不公平、面试具备辅导效应、面试缺乏增值效应、面试表现存在差异。另外，在 USC，面试不重要的原因还与其申请者规模庞大有关，只能面试少部分的申请者，一如该校指出“申请者规模使我们不能面试每一位申请者，因此面试是严格意义上的可选项”②。

我们发现面试在录取过程中不一定有用。有些高校的确要求或者严重依赖面试。我认为许多高校采用面试是因为它是推测学生注册兴趣的方式之一，即高校会表示面试是可选的，但又是推荐选项，如果你不来面试，那么你可能没有就读的兴趣。

① University of Southern CaliforniaUndergraduate Admission，“Apply”，http：//admission. usc. edu/firstyear/prospective/applynow. html.

② University of Southern California Undergraduate Admission，“Application Components”，http：//admission. usc. edu/firstyear/prospective/components. html.

> 对我们而言，当我们表示面试为可选项，它是真的可选项。我们面试所有申请者中的15%。因为面试这么少的申请者，所以我们尽量不在录取决策中给予面试过多权重，以公平对待没有进行面试的学生。在这个意义上，面试类似有助于了解学生的一封额外的推荐信或进入申请材料的另外一项信息，但它本身绝不是决定录取或者不录取学生的原因……面试只有20—30分钟，而且学生往往有备而来，且经过辅导。他们事先准备好脚本，并尽力在面试中不偏离脚本。面试者应该尽可能询问脚本中可能没有出现的问题，以了解学生的真实面貌。有时学生可能经历了糟糕的一天，或者很疲劳，或者很害羞，因此你没办法提许多问题。我想我们可以通过面试了解学生的一些个性，但我不知道获取的信息是否都是准确的。（USC-AO-2-151215）

二　面试重要的原因与体现

私立大学WFU和文理学院Pitzer都将面试评为“重要”，并强烈推荐申请者预约面试，而且面试表现是录取决策中的评价内容。两校视面试为重要因素的原因在于倚重其优点，对其缺点则与其他高校有不同的看法。

（一）面试的设计

在面试形式上，WFU提供到校面试和网络面试两种选择，Pitzer还包括电话面试。据AO表示，不同的面试形式不会带来评价差异：“由学生自行选择到校面试还是网上面试，我们对到校面试和网络面试的评价没有差异。如果学生位于洛杉矶，告诉我们‘我无法飞过来面试，能否预约Skype面试’，这没有问题。如果温斯顿-塞勒姆的学生说‘我想要Skype面试’，这会很奇怪，因为学生可以骑自行车就可来到校园。”（WFU 受访 AO）在面试时长上，Pitzer一般为20分钟，WFU一般为25分钟。

在面试内容上，两校大同小异，都涉及学业和个人两个宏观维度，中观主题略有不同，微观问题则视情况而定，取决于学生，但面试者都会做记录供评价之用。WFU 受访者表示涉及的中观主题可归纳为“高中学习、对世界和新闻的看法、家庭信息、课外活动”四个方面，但没有面试题库，招生委员会每年共同设计面试问题，实际提出的微观问题往往根据学生和面试者变化，并注重引导学生谈论其感兴趣的话题。Pitzer 的面试主要围绕高中学业记录和大学学习计划、课外活动、注册兴趣三方面来开展。当然，实际上两校 AO 获取的信息基本上是一致的，WFU 面试者会了解学生的大学学习计划、注册兴趣等信息，Pitzer 面试者亦会得知家庭情况等背景信息：“主任或其他人问的问题与我问的问题是不同的，但查看面试记录你会发现主题是相同的，我们得到的信息是一致的，只是获得信息的方式可能是独特的。”

（二）面试被视为重要的原因

面试之所以在 WFU 和 Pitzer 占据重要地位，主要在于 AO 从 20—25 分钟的一对一、面对面互动中，与申请者有了个人的接触，不仅亲自获取了需要的原生态信息，还可亲自验证申请材料背后的真实的学生。在获取信息上，从面试内容的设计可以看到面试者会了解申请者多方面的信息，亦可深入挖掘特定的信息。据 AO 表示，这些信息可能起到印证或解释作用，即相关内容被再次描述或具体细节被进一步解释，从而“给纸质材料增加了生命力”（WFU 受访 AO）。同时，这些信息可能起到补缺作用，即提供尚未被反映的额外信息，因为 AO 可以询问或者学生可以在面试中主动说明影响学业成就的特殊原因等申请材料中没有包含的信息。通过获取的信息，高校可以对申请者有更多的了解，从而对其匹配度、注册兴趣、学业成就和贡献能力等有更好的判断，也让学生对高校有更好的了解，是一个双向受益的过程。WFU 招办高级副主任塔玛拉·布洛克尔（Tamara Blocker）亦呼应个性化的面试是了解申请者的最好方式，“可以了解申请者除学业表现以外的为人，以及有助于判断学生与

WFU 的匹配程度”①。

> 面试可以巩固我们在申请材料其他部分看到的内容。通常面试评论会支持我们在申请材料中看到的内容，不一致的情况非常少见。如果申请材料显示学生不是一个好的 Pitzer 匹配对象，通常也是我们的面试结论。如果谈论学生参与的活动，也许通过面试可以得到更多的细节，我们做好相应记录并加进申请材料的课外活动一栏中。我认为面试是学生表达对高校的兴趣、与招生咨询师建立联系的好方式，学生通过面试在申请过程中继续与高校建立联系。所以，面试对高校和学生双方都重要……你可以通过申请表看到学生的个性，通过推荐信、短文等在头脑中勾勒出一幅有关学生个性的图画，我会说这幅图画已经很完整，但面试有助于丰富它，比如填补空白。(Pitzer-AO-3-151217)

在验证学生上，通过面对面的对话（到校面试和网络面试）或者直接的对话（电话面试），AO 能够甄别申请者的真实表现，了解申请材料背后的人。换言之，高校可以考证申请材料提供信息的细节，比如在课外活动中取得成就的含金量或取得成就的原因，或对照申请材料中的个人自述、他人评价与亲眼所见是否一致，从而在判断学生能否取得大学成功上更有把握。有 AO 就指出：“我已经从事这份工作 12 年，面试变得日益重要。我们发现被面试过的学生比没有被面试的学生更容易取得成功。过去曾有个别学生之前没有被面试过，他的申请材料非常优秀，本应可获得奖学金，但是在面试后发现纸上看到的与亲自见到的有出入。”（WFU 受访 AO）。因此，面试被视为“一种神奇的工具，因为可以以完全不同的方式了解申

① Wake Forest University, “Wake Forest University Offers Virtual Interviews for Admissions”, December 10, 2008, http://www.newswise.com/articles/wake-forest-university-offers-virtual-interviews-for-admissions.

请者”（WFU 受访 AO）。

> 申请材料会揭示相关信息，但我们不知道学生成为社团主席是因为没有人愿意担任这个职务还是因为其他人认为他是一个好人选。我们不知道学生所获奖项是不是因为其父母给予授奖者压力。这些现象在全世界都存在。所以我们不会过度强调，但会关注，然后尽可能多地面试学生。WFU 与其他许多大学的不同之处之一在于我们面试学生的频率之高，包括本土学生和国际学生。面试给我提供许多信息，因为我可以以我的方式持续提问，直到找出想要了解的信息，或者找出学生没有分享、不能分享或不愿分享的信息，但通常是好的信息。我们不是总能做到这一点，我们不是完美的侦探。有时结束面试后，我会想“我不知道我了解到了什么信息”。但大部分情况下，我们做到了。（WFU-AO-7-150901）

（三）面试的决策规则

基于面试的优点，WFU 和 Pitzer 均将面试表现作为评价内容，而非只是搜集信息的途径。由于面试具备半信息、半评价性质[①]，因而被视为区分申请者的有效工具。例如，WFU 招办主任就提到：“我们发现面试真正帮助我们区分申请者。我们跟那些真正对思想生命感到好奇和兴奋并且真正渴望迎接挑战的人谈话……我们发现他们中有的人思想极其封闭，还有的人对于他们同龄人的热情仅仅是因为高中社区服务任务要求他们这么做。”[②] 也有 AO 指出“所有的

---

① Pitzer College, “Interviewing at Pitzer: Your Guide to a Successful College Interview! (Online Webinar)”, May 18, 2016, http://pitweb.pitzer.edu/admission/interviewing-at-pitzer-your-guide-to-a-successful-college-interview/.

② Martha Allman, “Going Test-Optional: A First Year of Challenges, Surprises, and Rewards”, in Joseph A. Soares, ed., *SAT Wars: The Case for Test-Optional College Admissions*, New York, NY: Teachers College Press, 2012, p. 172.

申请看上去都差不多，如果我们看到面试不错，那么会录取这些见过的学生。”一方面，好的面试表现能够帮助整体成就处于可录取或候补之间的申请者获得录取资格①，但不会使得高中四年学业不合格的学生被录取或弥补学业上的不足，一如受访者提到：“与我坐在这里20分钟的谈话不会比教过你一年的教师写的推荐信给出的信息更多，比如你在哪些方面挣扎、在哪些方面取得成功、与朋友的互动方式等。”（Pitzer 受访 AO）另一方面，差的面试表现不会使得学业合格的申请者失去录取资格或撤销学业的优势，因为在高中的学业表现是更为准确、稳定的指标。

（四）对面试缺点的回应

对于面试机会不公平、面试具备辅导效应、面试缺乏增值效应、面试表现存在差异四方面的缺点，WFU 和 Pitzer 认为前两方面可以尽力避免，在第三方面则属于对面试价值的认知差异，对第四方面表示认同，但并没有妨碍面试的重要性。

1. 对面试机会不公平的回应

针对并非每个人都有面试机会、面试会带来不公等问题，WFU 和 Pitzer 一方面提供比其他高校更多的面试日期和面试形式，为尽可能多的申请者创造面试机会，另一方面不将未参加面试的学生置于不利地位。就面试日期而言，两校招办的面试日期都比较长。USC 面试始于八月一日（到校面试）/九月初（校外面试），WFU 和 Pitzer 面试均从六月就提供面试②，面试时间大约有半年，比 USC 多

① 受访者举了一个例子：“有时候一位申请材料放在我们的桌上，属于可录取或候补之间，学生在半小时的面试中非常享受，正如今年我遇到的一位学生，他的阅读深度令我惊讶。福克纳是一位伟大的美国作家，通常学生只会阅读一本他的书，因为这是文学课的阅读要求，半数学生不喜欢阅读他的作品，因为很难。但这位学生不仅阅读了规定的一本，还自行阅读了四五本福克纳的作品。如果只是基于申请材料，我们不会知道他对福克纳作品的热爱，但30分钟的对话让我清楚文学院绝对希望录取他。”（WFU 受访 AO）。

② USC 一般在工作日下午 1：30—4：30 集中安排面试，Davidson 在夏季只在工作日面试（包括上午和下午），进入秋季后增加周六上午的面试选择。面试均实行预约制，预约名额有限，先到先得。三校面试都持续到冬季圣诞假期。

出两个月的时间。就面试场次而言，USC 和 Pitzer 每个工作日都提供五场，WFU 则有六场。因此，WFU 和 Pitzer 有更多的时间来与申请者对话。WFU 受访者表示："我们每个人一天开展六场面试，单日总计最多能面试 100 人。从六月一日至十二月底，我们与学生有大量的对话……作为在招办工作的人，我们知道从六月一日到冬季假期，我们有时间用来了解申请者中的许多人。"由此看来，有效利用面试的确需要时间投入，笔者在问及对其他机构不面试的看法时，WFU 受访者确认了这一点。

> 主要原因在于面试很费时。我认为大多数高校会承认面试很有用。我们只有5000 位本科生，UNC 有15000—20000，申请者规模比我们的大得多，所以面试对于那些比我们规模大的高校来说变得更难。可能面试的高校包括像 Davidson 这样规模比我们更小的高校，面试对他们更易于操作。密歇根大学（University of Michigan）可以像我们一样实施更大规模的面试，但他们会使用校友面试。我从来没有听到哪所高校的校友面试像我们的一样有意义。(WFU-AO-5-160518)

就面试形式而言，WFU 和 Pitzer 还提供了 USC 缺乏的网络面试，Pitzer 还有电话面试。提供网络或电话面试的原因在于为限于财力或其他条件难以到校参加面试的贫困或者偏远地区的学生提供便利，如受访者指出："我们也使用 Skype 面试，为因经济条件不能到校面试的学生移除障碍。"（WFU 受访 AO）不过"因为时差和人力的限制"（WFU 受访 AO），WFU 不对国际学生开展网络面试。就面试者身份而言，WFU 的面试由 AO 完成，Pitzer 的面试者则包括 AO 和在读的大四学生①，这一点与非案例校 Bates 一样："我们每年有被称为'招生伙伴'（admission fellows）的大四学生帮忙面试许多申请

---

① Jamila Everett，"Agents of Change：A Look at Pitzer's Application Process"，October 7，2015，http：//pitweb. pitzer. edu/admission/tag/webinar/.

者。招生人员不会亲自实施所有的面试，大多由这些大四学生完成。”Bates 认为大四学生实施的面试很有效，且可为专职人员节省时间和精力。WFU 和 Pitzer 曾经和 USC 一样使用校友面试，但现在不再使用该方式[①]。对于由校友和在校大学生代为面试，WFU 的 AO 表示面试应该由专业人士实施，以更好地作出录取决定，因为 AO 可以在招生委员会会议上讨论学生的表现。这一点得到了 Davidson 受访者的呼应[②]：“许多高校的确要求面试，但有些使用校友进行面试。校友接受了良好的培训吗？他们毕业了多少年，对母校有多少了解？我是从 X 大学毕业的，但离我是学生时已经很长一段时间，我不确定由我来面试申请者是一个好主意。我们不使用校友面试。”

> 如果没记错的话，我们曾经有校友分成两组帮忙面试一部分申请者，但我们认识到我们真的希望面试由阅读申请材料、做出录取决策的招办人员完成。校友做得不错，但假如面试由我们完成，便可以在会议上相互讨论学生的表现。有许多高校有非常好的校友网络，帮忙面试学生。我们做了一些研究，了解那些学校是怎么实施的，他们有非常好的校友网络，但我们在其他方面有好的网络，面试过程则仍然由招办负责。（WFU-AO-6-160518）[③]

---

① Pitzer 自 2016 年开始取消了校友面试。详见：http：//pitweb. pitzer. edu/admission/visiting-campus/alumni-interview-program/.

② 大学委员会亦指出“大部分情况下，校友面试者会得到关于录取年级的特征的背景性信息，但鲜有正式的培训。”源自：College Board，*Selection Through Individualized Review：A Report on Phase IV of the Admissions Models Project*，College Board's Admissions Models Project Report，2004，p. 13.

③ 该受访者还提到校友可以以其他多种形式帮助招办，但并不介入录取决策过程：“我们有一组校友志愿者，会以各种方式帮我们。他们可能与我们一起去高校展览，可能去我们不能去的高校展览，也在四月份联系被录取的学生，会给被录取的学生打电话、发邮件祝贺。他们就像招办的延伸。我们已经很好地利用了校友资源，我们也一直在想怎样更好地利用他们。我们在九个城市有延伸部门，在四月份开展录取学生招待会，校友会帮忙，这是另一种回馈的方式。校友让我们知道一些非常好的申请者，也帮助我们使这些学生注册，所以在开始、结尾、有时候在中间都有帮助……校友也可能帮忙写推荐信，或给我打电话，说‘这是一位优秀的学生，我支持他，希望你能留意’，所以他们也提高了许多意识。”

尽管 WFU 和 Pitzer 强烈推荐面试，且在面试上有很多的投入，但仍然存在高校资源有限的问题。特别是随着申请者人数的增长，面试每位学生的愿望更加不现实，因此两校均不将面试作为要求。在面试学生的数量上，WFU“面试的学生比例没有达到 80%，但超过 50%”，同时“如果学生主动，预约了夏天、八月、九月或十月早期的面试，大多数都会被面试。如果到十月底、十一月或十二月预约面试，学生能不能被面试取决于我们的档期和预约情况”。[①] Pitzer 则面试名额更有限，一如其 AO 指出：“特别是今年，我们有许多面试请求，已经超过能应付的工作量。我们拒绝了数百人的面试请求……我们没有足够的资源面试每一位申请者，也许更小的高校可以做到。所以面试形式已经存在不公平的优势，面试也不是一个完美的过程。”（Pitzer 受访 AO）由于不是每位学生都有面试机会，出于公平起见，没有面试也不会处于劣势。“每年，WFU 都会录取一些没有被面试的学生，也会淘汰一些已经接受面试的学生。”[②]

为了公平对待没有得到面试机会的申请者，AO 表示高校补充写作和对申请材料的深入阅读可以弥补没有面试学生的缺憾，了解许多有价值的信息。例如，WFU 的受访者提到：“面试是一个好方式，但不是唯一的方式。我们也录取和注册许多没有参加面试的学生。补充性写作也是一个很好的方式。有些没有面试的学生将许多想法写在补充性写作中，这是一个区分的好方式。”Pitzer 则为不能参加面试的申请者提供了以视频短片代替面试的选项，“学生可以提供照片、影像、研究摘要等，这些不会提交给我们的教师，而是交由招办咨询师审阅。如果没有机会面试，Slideroom 是一个好选择，是揭示你是谁的信息之一”。

---

① 对国际学生而言，受访者表示“因为时差和人力的限制，我们无法对国际学生开展网络面试。但是如果国际学生来到校园，他们可以提交面试请求。只有我们在录取决策过程中认为想要对国际学生有更多了解，我们可能会要求面试他们，但是学生提交面试请求的前提是他们来到这里。”

② Wake Forest University，“Personal Interview FAQS”，http：//admissions. wfu. edu/visit/interviews/faqs/.

WFU 尤为鼓励在家上学学生以及申请提前录取（Early Decision）、申请奖学金的学生预约面试。对在家上学学生而言，因为缺乏传统的高中学业记录，即使申请材料很出色，AO 也需要亲自与其互动，以把握其大学预备度、增加决策自信："我需要看到在家上学学生，对他们有更多的了解，相信他们有求知欲，有一定的教育背景，具备社交技能，即不只是在厨房、卧室和书桌前学习。他们需要与他人合作，知道如何与人互动。"（WFU 受访 AO）对申请奖学金的学生而言，作为"超级申请者"，申请材料表现出的信息各方面都很优秀，面试有助于 AO 做出区分："如果有两份申请材料看上去类似，数字上看都很优秀，也都积极地为所在共同体做出贡献，有面试会更安全。"（WFU 受访 AO）但需要指出的是，对这些学生的面试与常规面试并不相同，且可能给予两次机会，"比如某位学生第一次面试一般，但申请材料十分突出，我们会希望再给他一次机会，因为有些学生可能有一点紧张"（WFU 受访 AO）

2. 对面试辅导效应的回应

两校并不担心学生为面试做准备。实际上，许多高校都会为申请者提供如何准备面试的技巧。例如，Pitzer"提供学生如何为面试做准备的讲座，也提供如何写申请表、短文等辅导。大学不惧怕学生在这些内容上作弊，而是希望学生积极做好相应准备。当你为面试做准备时，你可以做的一件事是邀请父母陪你练习"。但如果申请者接受付费的面试辅导，则成为不公平的优势，这是导致面试不被重视的原因之一。同时，Pitzer 的 AO 指出申请者的高中背景会影响面试表现，亦属于不公平的优势："我认为也需要关注学生来自哪里。如果来自寄宿中学，他们进入寄宿中学时便已经被面试过，熟悉面试情况。"WFU 的 AO 一方面坦承由于面试的重要性，更多的学生为面试而面试，并非出于对其理念的认同，另一方面又表示可以区分学生是否被辅导过，并避免面试按照学生的脚本开展。

我们知道学生会为面试做准备。不幸的是，我们向这么大数量的申请者提供面试已经八年了，越来越多的学生要求面试仅仅是因为他们认为自己应该面试，因为他们知道这很重要，因为他们的咨询师，也许是私立咨询师告诉他们“你需要面试”。这是一个很不幸的副产品。我希望我面试的每位学生之所以要求面试是因为对 WFU 的真正欣赏，希望能够加入 WFU……许多学生都想在面试中告诉我们他们的课外活动、优秀的社会服务经历，因为他们知道自己的学业记录存在不足。当学生有预先准备好的流程，比如确保在面试中突出 A、B 和 C，我会让学生放松，我想要的是学生的想法，不需要学生以简历的形式告诉我他们做了什么，我会阅读申请档案。（WFU-AO-4-160517）

3. 对面试缺乏增值效应的回应

面试对于录取决策贡献的增值有限，没有提供其他因素、特别是写作不能提供的信息，是面试不被重视的另一原因。对此，上文已经论述了 WFU 和 Davidson 招生人员重视面试的原因之一为亲自验证申请材料背后的真实学生，这便是其他因素、包括写作都不能比拟的优点。WFU 的一位 AO 指出“面试的主要部分在于会与学生有一对一的互动。我们可以连续追问，实时提问并得到真实的答案。通过写作则无法实时得到答案”；另一位 AO 表示“面试在一定程度上可能变得比简答题更重要，因为学生在面试中可以展示对特定领域的热爱”；还有一位 AO 则指出“面试和写作使得关于学生的图像更充实，使我们能更好地预测学生的成功”。

值得指出的是，虽然 WFU 和 Pitzer 现在都将面试评为“重要”，且都实行了可免试入学改革，但面试的增值效应在 WFU 表现得更明显。Pitzer 作为文理学院，多年来一直将面试视为重要因素。据多位 AO 解释，面试在作为私立大学的 WFU 变得重要与可免试入学改革有关：“我 2001 年申请时，WFU 不面试，没有人告诉我应该面试。那时面试还是一个新兴因素。”“我们将继续实施面试，因为它在我们走向可免试入学后变成了评价过程中一个重要的因素。”（WFU

受访 AO）这也得到该校 CDS 数据的支持。WFU 实施可免试改革前一年的 CDS（2007—2008 年）显示面试被评为“考虑”，随后才变为“重要”。改革后，WFU 强烈鼓励每位申请者与招生人员进行面试且进行评价，同时在未来将继续倚重该因素。招办主任甚至表示“我们开始好奇如果没有面试，要怎么选出一届学生”①。面试的重要性增强，在于缺乏考试分数这一曾经颇为依赖的因素后，招办需要更多的途径来全面、深入地了解申请者，也需要亲自验证学生的真实表现以准确预测进入大学后的表现，从而增加决策自信：“一个好的面试会让我思考学生在课堂、在宿舍是否有好的表现，学生是否会在校园成为领导者。”（WFU 受访 AO）

4. 对面试表现差异的回应

不同的申请者可能因为多方面的缘故而在面试时紧张，导致表现不佳。Pitzer 的 AO 和 WFU 的 AO 对此表示认同：“我有过一些很好的面试，学生本身不错，但申请材料一般，面试表现很出彩。也有一些学生面试时非常紧张，之前从来没有被面试过。”（Pitzer 受访 AO）“有些学生进入面试室，会变得紧张，不再是他们自己。原因多种多样，包括学生可能感冒了，或祖父去世，或第一次面试等。我们了解这些情况可能发生。”（WFU 受访 AO）但是 WFU 的 AO 表示首先不期待申请者有成熟的表现，其次会尽量缓解申请者的焦虑。当然，申请者的面试表现如果不好，也不会被置于不利地位。②

---

① Martha Allman, “Going Test-Optional: A First Year of Challenges, Surprises, and Rewards”, in Joseph A. Soares, ed., *SAT Wars: The Case for Test-Optional College Admissions*, New York, NY: Teachers College Press, 2012, p. 172.

② 该 AO 的表述如下：“我们知道学生只有 17 岁，我们不期待每个 17 岁的人是伟大的作家或其他，但 17 岁的学生应该能够回答诸如‘你喜欢学习什么’的问题。如果学生在面试中说‘我真的喜欢美国历史课’，我会说‘OK，你能不能介绍一下这门课的情况’，学生回答‘我的教师很好’，然后学生开始紧张。我们许多人以前都是教师，我自己曾经是高中教师，我知道如何让一位年轻人放松，我会说‘告诉我你为什么喜欢了解内战’。有时一位特别害羞的学生说‘你是否想过监狱如何获得政府补贴？’，我会说‘不知道，你告诉我’，然后这位学生会开始放松，这是关键。我不期待学生坐下来，与我们握手，这不是一个工作面试。面试让学生伤脑筋的一个原因在于非常少的高校提供面试，所以学生锻炼的机会不多。”

第二节　课外活动与才能

课外活动会揭示他们的才能和兴趣是什么、对所在共同体是否在乎、是否通过自己的兴趣为共同体带来贡献。

——（WFU 受访 AO）

美国高校在录取决策中都会查看申请者的课外活动及从中体现出的才能。作为精英高校，案例校不仅注重学业成就，也看重申请者是否有效利用课外时间参与到不同形式的活动中，以及是否取得一些成就。本节先介绍课外活动与才能的内涵及其决策规则、驱动逻辑，后聚焦 UNC 的特长生录取改革。

一　内涵与决策规则

课外活动及其体现出的才能有着丰富的内涵和形式，二者在各校的决策规则基本相同，是占据重要地位的考量因素。

（一）内涵

课外活动的定义有狭义和广义之分：狭义的课外活动指向学生组织/社团（含文体组织）类活动，这也是传统意义和 CDS 所指的课外活动；广义的课外活动将学生在课堂之外参加的所有活动囊括在内，即除学生组织类活动外，还包括学业类、服务类和工作类活动。其中，学业类活动为课外学业竞赛、学业辅导或培训等相关活动，服务类活动包括在学校、教会、社区等场合参加的各类志愿服务，工作类活动包括学生出于兴趣参加的带薪工作和出于财政需要而兼职的工作，但后者是 AO 谈及工作经历时的主要类别。虽然 CDS 中将志愿服务和工作经历单列，但据多位 AO 解释，它们属于广义的课外活动范畴，因为申请者的背景各不相同，不是每位学生都有时间和精力参与传统的课外活动和志愿服务。贫穷学生往往需要照顾家庭或兼职工作补贴家用，公平考虑，工作经历、为家庭做贡献等与传统的课外活动一样也被视为课外成就。对此，UNC 有详细的解释：“我们理解学生的成长环境不尽相同，如果你做过兼职或者在课外需要照顾兄弟姐妹，这也是你可以告诉我们的事情。家庭责任和兼职工作的受重视程度等同于课外活动，请确保将这些职责写进你的申请表中。”①

> 审阅申请材料时，我们不仅要查看学生在课堂的表现，也要包括他们在课外做了什么。我必须对一天中只有这么多个小时的事实保持敏感，如果我看到学生有兼职工作，据申请材料显示他做兼职工作不是出于兴趣或挣零花钱，而是补贴家用，我认为这也是课外活动的一种，与考虑一位学生是否为任何社团的主席或成为运动队成员是一样的。后者往往是精英高校的申请者在课外的活动，因为他们有机会。但如果学生没有这种机会，录取决策过程需要保持敏感，我认为工作经历和参与三至四个社团、并成为社团领导者都属于课外活动。（WFU-AO-8-160518）

不同的高校和学者对广义意义上课外活动的类型划分有所差异。例如，加州大学将申请者的活动“根据性质归类为课外活动、义务工作、社区服务、教育项目及带薪工作。根据申请指南，课外活动包括高年级足球队队长、学生会主席、学生年度纪念册编辑、学校交响乐第一演奏员、学校话剧团主要演员、领导艺术教育培训员等。义务工作及社区服务活动包括无薪工作和为社区提供的各种服务，比如给小学生提供的数学辅导、在教会帮助看管小孩、在医院担任义务护工等。教育项目则包括加州大学以及其他有关机构提供的教

① UNC-Chapel Hill Undergraduate Admissions, “Admissions Mythbusters: Application Edition”, August 29, 2014, http://admissions.unc.edu/admissions-blog/2014/08/29/admissions-mythbusters-application-edition/.

育扶贫项目，如大学入学考试培训活动、大学申请辅导班等”。[1] 托马斯·埃斯彭沙德等学者则基于研究需要将课外活动类型划分为学业活动、表演艺术、体育、社区服务、文化多样性活动、职业导向活动和兼职工作七种类型。[2] Pitzer 在描述学生高中参与的课外活动时也很细化（详见图 3－1），具体事例包括：“花时间在集体农场学习农业；为在高中建立性别平等的浴室撰写资助提案；以专业的瑜伽教练为工作；在莫斯科弗格森拍摄关于活动家工作的纪录片；联合餐厅员工，为无证工人争取权利；创业销售重新设计的节俭衣物和商品；创造电动自行车，并努力创造更多便利使用自行车的基础设施；写作专注于健康饮食的烹饪食谱。”[3]

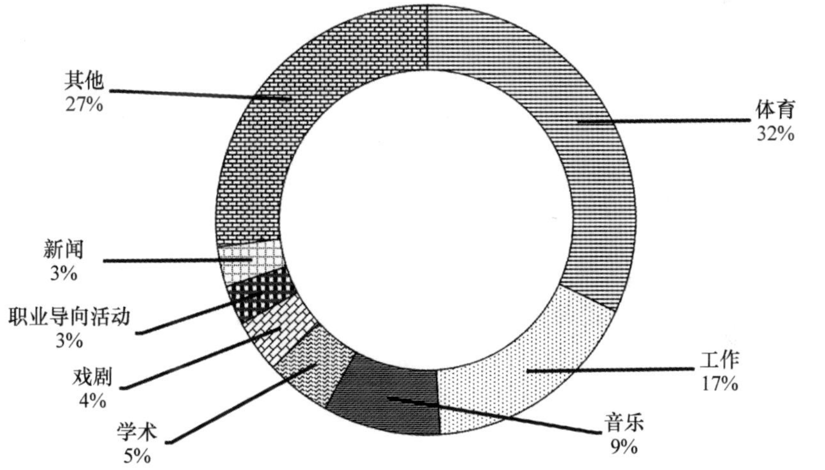

图 3－1　Pitzer 2015 级新生在高中参与的课外活动

注：引自 http：//pitweb. pitzer. edu/admission/explore/at-a-glance/class-of-2019 – enrollment-data/.

① 常桐善：《大学招生“综合评价”中审核学生课外活动参与程度的重要性》，《中国高等教育评论》2017 年第 1 期。

② Thomas J. Espenshade and Alexandria Walton Radford, *No Longer Separate, Not Yet Equal: Race and Class in Elite College Admission and Campus Life*, Princeton, NJ: Princeton University Press, 2009, p. 31.

③ Pitzer College, “Class Of 2019 Enrollment data”, September 15, 2016, http: //pitweb. pitzer. edu/admission/explore/at-a-glance/class-of-2019 – enrollment-data/.

才能指在广义课外活动中的任何领域和学业领域中取得的杰出成就，并主要指向特殊才能或者特长，比如学业特长、文体特长等。UCLA 就指出该校的“成就”标准认可“在任何知识性或创造性领域取得的典型且持续的成就；在艺术和体育上取得的成就；在工作经历中取得的成就；在高中或社区组织中展现的领导力；社区服务”①。如果申请者表现一般，仅仅是出于兴趣的参与，则被视为课外活动。

（二）决策规则

1. 课外活动的决策规则

案例校不追求申请者参加特定的课外活动，并查看课外活动的数量与质量，其中质量更为重要。第一，案例校都不指定具体的课外活动，而是鼓励学生参加感兴趣或擅长的活动，并乐于见到兴趣的多样化。例如，UNC 表示“学生应该参加他们喜欢并且表现优异的课外活动。”② UCLA 负责注册管理的高级副校长尤兰达·科普兰 - 摩根（Youlonda Copeland-Morgan）亦表示：“我认为社区服务应该来自内心。学生不应因为有人想要他们这么做而去参与社区服务。找到你热衷的事情，或者感兴趣的事情。”③ 值得指出的是，虽然案例校希望每一位成功的候选者都能全面发展，并展现自身具备的各方面优势，但并不寻求每位学生都是“全面突出的”，或者说在学业领域和各项课外活动都有优异表现。UNC 即指出“我们需要整体性地审阅学生，因为学生不可能所有方面都突出”，“一些学生有非常广泛的爱好并且参加许多不同类型的课外活动，另一些学生是只专注于一两件事的专家。大部分的人在两者的中间状态”④。两位 AO

---

① University of California, Los Angeles, “Freshman Selection-Fall 2016”, http://www.admission.ucla.edu/Prospect/Adm_fr/FrSel.ht.

② UNC-Chapel Hill Undergraduate Admissions, “Admissions Mythbusters: Application Edition”, August 29, 2014, http://admissions.unc.edu/admissions-blog/2014/08/29/admissions-mythbusters-application-edition/.

③ Jennifer Wallace & Lisa Heffernan, “Advice College Admissions Officers Give Their Own Kids”, *The New York Times*, March 17, 2016.

④ UNC-Chapel Hill, “Before You Apply”, http://admissions.unc.edu/apply/first-years/before-you-apply/.

呼应了这一点，比如“我们并不总是期待学生在每项课外活动中都表现杰出、都具备最优质的品质，而是希望看到学生拥有兴趣并且追求兴趣”（Davidson 受访 AO）。

第二，案例校会查看参与课外活动的数量。例如，Davidson 会考察课外活动的广度，加州大学的数据也显示该校申请者的课外活动数量与录取率呈正相关。在加州大学，从所有分校学生的数据来看，参加课外活动和从事义务劳动以及社区服务活动多的申请者被录取的概率高于参加活动少的学生：在课外活动上，被录取学生平均参加 3.52 项，被拒绝学生平均参加 2.93 项，二者存在显著差异且差异程度中等；在义务工作以及社区服务活动上，被录取的学生与被拒绝的学生平均参与次数分别为 2.51 项和 1.90 项，二者也存在显著差异且差异程度居中。这种差异同样存在于伯克利与 UCLA 两所旗舰分校，而且差异程度较高。[①] 不过《扭转潮流》报告指出 AO 应该向申请者明确传达大量的课外活动不会增加录取概率，参加两至三项课外活动即可，并聚焦于参与的质量。[②]

第三，相比数量而言，案例校更注重申请者参与活动的质量，包括申请者是否深度参与到活动中以及是否取得一定的成就。例如：USC 表示“我们有兴趣看到展现激情、潜力和投资了大量时间的活动。列举出大量粗略参与的活动摘要通常远不如那些表现出对少数活动的持续参与和领导力的一些活动”[③]；UCLA 指出其学业预备项目的成就标准“将衡量申请者参与项目的时间长度和深度，衡量申

① 常桐善：《大学招生“综合评价”中审核学生课外活动参与程度的重要性》，《中国高等教育评论》2017 年第 1 期。

② 该报告还建议申请表应该不鼓励学生报告没有意义的活动，并提供不超过四项活动的描述选择。AO 应该基于参与的深度而非数量来评价成就潜能，如果报告超过三项活动，申请者应该明确指出额外的活动优先权更低。参见 Making Caring Common Project，*Turning the Tide*：*Inspiring Concern for Others and theCommon Good through College Admissions*，GSE of Harvard MCC TTT Report，January 20，2016.

③ University of Southern California Undergraduate Admission，“Application Components”，http：//admission. usc. edu/firstyear/prospective/components. html.

请者在参与过程中取得的学业成就，以及特定项目的知识难度”[①]；WFU 的 AO 也表示“虽然我们乐于见到学生爱好一些事情，比如设计服装或演奏钢琴，但我们想要优秀的学生，已经取得优秀成绩和激励自己的学生”。

为了了解参与活动的质量，案例校都要求在申请表中填写具体和细致的信息。以 WFU 申请表为例，学生需指明参加活动的年级、大约花费的时间（每周多少小时、每年多少周）、担任的领导职位/获得的荣誉/演奏的乐器、在大学是否继续等，在“工作经历”一栏中需指明工作内容、雇主信息、工作期限和每周的工作时长。从填写信息可以看出参与深度以投入时间为衡量指标，即在一项活动上投入大量的时间比蜻蜓点水的参加几项活动更具录取优势[②]，一般两年或更长才能证明投入度[③]。Pitzer 在其新生档案中即自豪地指出该校 2015 级新生在高中花费超过 278000 小时参与课外活动[④]，人均超过 1000 小时。

取得成就的衡量指标一般为获得奖项/荣誉或担任领导职位[⑤]，也包括对社区造成的重大影响。在精英高校，仅仅是投入课外活动并不足以使得申请者脱颖而出，获得奖项和扮演领导者角色很重要，

---

① University of California, Los Angeles, “Freshman Selection-Fall 2016”, http://www.admission.ucla.edu/Prospect/Adm_ fr/FrSel.ht.

② 常桐善：《大学招生“综合评价”中审核学生课外活动参与程度的重要性》，《中国高等教育评论》2017 年第 1 期。

③ Michele A. Hernandez, *A Is for Admission: The Insider's Guide to Getting into the Ivy League and Other Top Colleges*, New York, NY: Grand Central Publishing, 2009.

④ Pitzer College, “Class Of 2019 Enrollment data”, September 15, 2016, http://pitweb.pitzer.edu/admission/explore/at-a-glance/class-of-2019 – enrollment-data/.

⑤ 根据 Espenshade 和 Radford 的研究，在 NSCE 数据库的申请者库中，将近四分之三的申请者报告至少担任一个领导职务或至少获得一个奖项，超过三分之一担任三个或更多的领导职务或至少获得三个奖项，超过 10% 至少有五个领导职务或奖项。参见 Thomas J. Espenshade and Alexandria Walton Radford, *No Longer Separate, Not Yet Equal: Race and Class in Elite College Admission and Campus Life*, Princeton, NJ: Princeton University Press, 2009, pp. 34 – 35.

而且申请者所获奖项或职务级别越高，越具录取优势。同时，为了获得足够的优势，申请者必须在全国水平上胜出，而非仅在当地水平上有杰出的表现。[①] 例如，HYP 之一的招生人员表示该校使用的评价表包括对课外活动的打分，分值范围从高到低为 1—5，获得全国级别的奖项得分为 1，获得州级别的奖项得分为 2，在高中担任领导职务为 3。[②] 达特茅斯学院招办的前助理主任米歇尔·埃尔南德斯（Michele A. Hernandez）也指出作为“一个或两个团队的指挥、乐团的音乐会女主角、班长”会使该申请者处于精英高校申请者库的中间水平，只有“在奥林匹克比赛中参加游泳项目，在卡内基厅演奏小提琴”才能使招办主任印象深刻。另外，许多申请者及其家庭相信参与社区服务会增加录取概率，埃尔南德斯认为深度参与任何一项活动得到的权重都与深度参与社区服务相同。[③] WFU 对额外材料的递交建议亦显示由于 AO 工作量大，提交在课外活动中取得杰出成就的材料才具备分量。[④]

2. 特长的决策规则

高中具备特长的申请者会得到录取优势。WFU 就表示“在艺术、体育或者其他领域的卓越才能或成就会在特定学院的录取决策中发挥显著作用。”[⑤] 特长生的录取优势，首先体现在招生计划单列。例如，UNC 的本科招生咨询委员会（Advisory Committee on Un-

---

① Rachel Toor, *Admissions Confidential: An Insider's Account of the Elite College Selection Process*, New York, NY: St. Martin's Press, 2001, pp. 24 – 25.

② 该招生人员属于哈佛大学、耶鲁大学或普林斯顿大学之一，作者并未指出具体属于哪所大学。引自 Anna Mountford Zimdars, *Meritocracy and the University: Selective Admission in Englandand the USA*, London, UK: Bloomsbury Academic, 2016, p. 97.

③ Michele A. Hernandez, *A Is for Admission: The Insider's Guide to Getting into the Ivy League and Other Top Colleges*, New York, NY: Grand Central Publishing, 2009, pp. 113 – 116.

④ Martha Allman, “Top 10 Admissions Questions”, http://admissions.wfu.edu/apply/top-10/.

⑤ Martha Allman, “Top 10 Admissions Questions”, http://admissions.wfu.edu/apply/top-10/.

dergraduate Admissions）批准了体育、戏剧艺术、音乐作为特长生培养项目，将每年特长生录取人数设定为不超过200人（占一届学生总数的3%到4%），其中体育特长生160名，戏剧艺术和音乐特长生各20名[①]。2015年秋季，该校共有172名特长生注册，其中体育特长生141人，音乐特长生20人，戏剧特长生11人，共占一届学生总数的4.2%[②]。

特长生的录取优势，其次体现在录取标准更低，即高校往往会降低高中GPA和考试分数的要求。在UCLA，招募运动员（recruited athletes）[③] 的申请材料由单独的运动员招生委员会审阅，尽管有一些运动员提交了常规的申请，但是对他们的审阅标准与其他申请者不同。[④] 2011年UCLA录取的运动员有170人，占录取学生的1.1%。[⑤] UNC所在的北卡大学系统亦表示："为了构建一届包括特长生的新生群体，并考虑到他们在学业方面可能表现较弱的事实，系统内各分校校长可给予一些特长生豁免最低录取要求的特权，但每年的名额要控制在申请者的1%的范围内。"[⑥] 哈佛大学2013级学生中有12.8%是作为招募运动员被录取的，其SAT分数平均而言比

---

① UNC-Chapel Hill, *Response to SACSCOC—Comprehensive Standard* 3.4.3 *Admission Policies*, January, 2015, http://www.unc.edu/sacs/Jan2015/Reports/3.4.3-Admission.html.

② UNC-Chapel Hill Advisory Committee on Undergraduate Admissions, 2014 - 2015 *Annual Report*, UAD2014 - 15, February 19, 2016.

③ 招募运动员指教练主动挖掘和招募的有运动特长的学生，其录取决策过程与常规申请不同。有运动特长的学生也可以走正常申请的途径。

④ Robert D. Mare, *Holistic Review in Freshman Admissions at the University of California-Los Angeles*（2012 *report*）, UCLA Report on Holistic Review in Freshman Admissions, January, 2012, p. 23.

⑤ 数据引自Robert D. Mare, *Holistic Review in Freshman Admissions at the University of California-Los Angeles*（2012 *report*）, UCLA Report on Holistic Review in Freshman Admissions, January, 2012, 表格3b。

⑥ UNC-Chapel Hill, *Response to SACSCOC—Comprehensive Standard* 3.4.3 *Admission Policies*, January, 2015, http://www.unc.edu/sacs/Jan2015/Reports/3.4.3 - Admission.html.

正常学生低173分。[①] 不过Davidson和USC的AO都表示对运动员不会降低学业标准，因为运动员需要与其他学生一样能够胜任大学学业。UNC的运动员录取改革亦是出于相同的原因，详见下文。全美大学体育联盟（National Collegiate Athletic Association）也出台了规定，要求招募运动员的学业水准不得低于最低要求。[②]

二　驱动逻辑

尽管WFU的招办主任指出“作为通用规则，学业表现比课外活动重要得多”[③]，但狭义的学生组织类课外活动和才能是案例校在CDS中一致视为重要、UNC更表明为“非常重要”的因素。USC声明“我们对申请者的课外活动特别感兴趣”[④]，UCSD亦指出“如果你没有参加课外活动，请给我们一些解释”[⑤]。UCLA某AO同样表示“如果一位学生有4.0的GPA，但是没有课外活动，不会得到好的分值，因为其申请显示聚焦于学业，并非一位全面发展的学生。你不能只有其中一项，而没有另一项”。[⑥] 二者重要的原因都与对高校的贡献有关，详见下文。广义课外活动中的要素——志愿服务和工作经历，在各高校的地位则不尽相同，在有些高校的录取决策中

---

① Anna Mountford Zimdars, *Meritocracy and the University: Selective Admission in England and the USA*, London, UK: Bloomsbury Academic, 2016, p. 82.

② 1981年，常春藤联盟为提高运动员的录取学业标准和增加各校间的可比性，创立了学业指标（Academic Index），是基于SAT分数、高中GPA和年级排名计算得出的一个阈值，如果运动员没有达到这个阈值，则不能被录取。转引自［美］杰罗姆·卡拉贝尔《被选中的：哈佛、耶鲁和普林斯顿的入学标准秘史》，谢爱磊、周晟、柳琳等译，中国人民大学出版社2014年版，第684页。

③ Martha Allman, “Top 10 Admissions Questions”, http://admissions.wfu.edu/apply/top-10/.

④ University of Southern California Undergraduate Admission, “Application Components”, http://admission.usc.edu/firstyear/prospective/components.html.

⑤ University of California, San Diego, “2016 Freshman Application Workshop (Online Webinar)”, http://admissions.ucsd.edu/events/index.html.

⑥ Rotem Ben-shachar, “Counselor Gains Insight into Admissions Process”, *Daily Bruin*, April 13, 2010.

起重要作用，原因在于奖励公民素质和坚毅品质（详见下一节），在有些高校则为考虑因素，可能由于并非所有申请者都有这些经历，同时许多高校将其融入课外活动中，因而未专门强调其重要性。

（一）课外活动被重视的原因

课外活动之所以在录取决策中占据重要位置，在于AO通过查看申请者在高中对课外活动的投入，可以预测其进入大学后是否会积极融入校园生活并做出贡献。具体而言，不管是何种类型的精英高校，都注重提供全方位的教育，学业只是大学生活的一部分，课外活动经历也是重要的学习方式。例如，UCLA指出“学习不仅发生在教室中，也产生于在校园生活、大学之外的社区和组织的参与”①。学生一般一周修五门课（大约15个小时在课堂），其余时间都在课外。而且大一学生基本上都住校，其中UNC、WFU、Davidson、Pitzer均要求大一学生必须住校，其他高校亦推荐住校。在强调校园为住宿式社区的文理学院式大学WFU和文理学院Pitzer、Davidson，大学四年住校比例也不低。WFU要求除了与父母同住的本地学生，其他学生在大学前三年都住校。Pitzer要求大学四年均需住校，指出“住宿生活使得学生能够在学习如何生活于一个多样化社区的同时，分享学识和教育的追求。通过社区参与、人际关系和社交互动，住宿生活提供个人成长的机会”②。UNC也指出“体验定义UNC的独特社区和归属感，没有比在校住宿更好的方式。通过住在校园，你可以更多地融入UNC。研究显示住校学生比不住校学生的成绩更好、学时更多、更容易毕业”③。

---

① University of California，Los Angeles，“Mission & Values”，http：//www. ucla. edu/about/mission-and-values.

② Pitzer College，“Residence Life”，http：//pitweb. pitzer. edu/student-life/residence-life/.

③ UNC-Chapel Hill Undergraduate Admissions，“Residence Halls”，http：//admissions. unc. edu/explore/campus-life/residence-halls/.

表3－1　**案例校与课外活动相关的指标**

相关指标	公立大学			私立大学		文理学院	
	UCLA	UCSD	UNC	USC	WFU	Pitzer	Davidson
大一学生住校比例	97.7%	95%	100%	98%	100%	100%	100%
本科生住校比例	44.7%	43%	52%	30%	77%	76%	94%
学生组织数量（人）	>1000	>500	800	>800	194	>200	>200

注：住校比例数据源自2015年各校CDS，学生组织数量源自各校网站（查阅时间为2017年6月15日）。

基于大量的在校时间和教育传统，案例校举办的校园活动都甚为丰富，学生组织（包括社团）数量繁多（见表3－1），远高于我国大学。例如，清华大学2016年底本科生规模为15570人，学生组织不超过254个①，案例校中学生组织数量最少（194个）的WFU本科生规模该年仅为4846人，但其生均加入学生组织数量是清华大学的四倍。同时，案例校的学生组织不仅数量众多，而且类型多样，比如Davidson包括学术组织、艺术&休闲组织、公民参与组织、文化和多样化组织、性别&性组织、运动队、健康组织、媒体组织（电视、报纸、广播）、兄弟姐妹会和饮食俱乐部、表演团体、政治组织、宗教组织②。其余高校颇为类似，此处不一一列举。案例校之所以存在这么多的学生组织，原因正如UCSD指出的："我们鼓励你专注于发展个人兴趣，因为平衡的生活对成功至关重要。校园有超过500个学生组织，不乏你表达自己、成长为领导者、建立有意义的联结的机会。"③ 研究也发现在大学参与服务活动可以提高学业成就（比如大学GPA、大学保留率、掌握知识的增长等）、人生技能

① 数据分别引自http：//www.sohu.com/a/136051186_635647；http：//www.sohu.com/a/129118337_635647。

② Davidson College，"Frequently Asked Questions"，http：//www.davidson.edu/admission-and-financial-aid/frequently-asked-questions.

③ 引自http：//ucsd.edu/campus-life/organizations/index.html.

发展（比如领导力、自信、交往技能等）和公民责任感。[①] 除了使学生受益，高校提供的课外活动经历也是吸引申请者的重要手段，比如Davidson在招生宣传中表明："你有自由时间。学生经常回顾在课外度过的光阴，计划资金筹集、交友、创作音乐、加入篮球比赛、辅导中小学生，这些是他们喜欢Davidson经历的原因。"[②]

案例校课外活动的组织和维持需要学生的参与，因此AO希望看到申请者在高中已经具备积极投入课外活动的习惯和参与精神，因为习惯和素质是可以迁移的。"如果学生在高中组建社团，来到这里后也很可能组建社团，这是我们期待的，期待学生能够为我们的校园、社区做出贡献。"（UCSD 受访 AO）换言之，如果申请者在高中就热衷课外活动，到了大学也往往会继续保持活跃，"成为共同体的一员"（Davidson 受访 AO、WFU 受访 AO），从而为丰富校园文化生活做出贡献。如果学业优异但兴趣面狭窄，几乎缺乏课外活动，则与高校全方位教育的理念与模式不匹配，入学后也难以带来贡献。UCLA即表示："除了广泛的学业兴趣和成就，UCLA还考虑申请者对这个重视文化、SES和学识多样化的校园做出贡献的能力或渴望做出贡献的迹象。这包括学生对在课内外与教师和同学的学识和文化交流做出的有意义的、独特的贡献的可能性。"[③] 另外，研究显示申请者在中学参加课外活动的程度与大学学业表现（包括大一GPA、毕业率、课堂讨论积极性等）和各项技能（比如领导力、社交技能、自我认知等）之间存在显著的正相关，而且这种关联存

① Alexander W. Astin, "Student Involvement: A Developmental Theory for Higher Education", *Journal of College Student Development*, Vol. 40, No. 5, 1990, pp. 518 - 529. ; Alexander W. Astin and Linda J. Sax, "How Undergraduates are Affected by Service Participation", *Journal of College Student Development*, Vol. 39, No. 3, 1998, pp. 251 - 263.

② Davidson College, "Frequently Asked Questions", http: //www. davidson. edu/admission-and-financial-aid/frequently-asked-questions.

③ University of California, Los Angeles, "Freshman Selection-Fall 2016", http: //www. admission. ucla. edu/Prospect/Adm_ fr/FrSel. ht.

在于所有家庭背景、种族以及教育背景的学生之间。①

任何像 WFU 一样的高选拔性机构，都希望拥有最优秀、最聪明的学生……但这些高校也对背景敏感，WFU 不仅想提供全方位的教育，更想把全方位的教育提供给在高中接受的教育与本校教育理念和模式相契合的学生，即不仅希望学生在课堂有优秀的表现，也希望在课外有所平衡。（WFU 受访 AO）

（二）“才能”被重视的原因

指向各领域杰出成就的才能之所以重要，在于它可以为高校带来各种有用的、独特的贡献，对外界产生影响，是体现优秀的重要指标，因此是高校录取决策中的优先项之一，是 AO“有意识去察觉的因素”（Davidson 受访 AO）。例如，在高中展示出杰出学业才能的学生很有可能在大学成为罗德学者，或者参加学业类竞赛获得奖项或荣誉，从而提高高校的学术声望，为共同体做出学业上的贡献。文体特长生通过分享带来的独特贡献更为多重，包括满足大学校园生活对音乐、艺术、体育等方面的需求，以及代表高校参加各类赛事，赢得荣誉。尤为受重视的体育特长生带来的贡献也最多，因为他们还可以带来经济收入、吸引更多申请者和有助达成办学使命。在经济收入上，体育特长生被称为“蓝筹运动员”（blue chip athletes），即在运动上已经取得高成就、入校后可以立即代表学校参加竞技比赛获得收入。竞技比赛往往是几百万美元的生意，而且有些高校承认当运动队赢得比赛时，校友捐赠也会增多。②

关于运动，首先它是学生在高中参与的课外活动的一部分，

① 常桐善：《大学招生“综合评价”中审核学生课外活动参与程度的重要性》，《中国高等教育评论》2017 年第 1 期。

② Anna Mountford Zimdars, *Meritocracy and the University: Selective Admission in England and the USA*, London, UK: Bloomsbury Academic, 2016, p. 80.

> 学生在申请表中会列出来。第二，我们在建立这个共同体，我一直回到共同体的概念。WFU 努力吸引有各种兴趣的学生，包括在体育上非常活跃、为学生报纸写作、参与学生治理等。我们会查看学生如何度过时间，体育也是对这个校园的贡献之一……优秀当然与学业有关，但更多与学生会做出的贡献有关。我们可以有非常聪明的学生，但除非他们进行分享，否则不会对外界产生影响。我认为优秀需要被分享，分享的方式有许多种，比如学生为国家航空航天局（NASA）做研究，或者为小提琴家谱曲，或者擅长舞蹈，或者对历史进行研究，这些才能都在更大的范围内被分享。所以不只是自私的优秀，而是传递出去，并乐于帮助他人，这是我们想要的学生。（WFU-AO-6-160518）

在吸引更多申请者上，美国大学校园历来盛行运动文化，“常春藤联盟”的起源即为美国东北地区八所大学组成的体育联盟，而非源于学术声望。哈佛大学招办主任威尔伯·本德（Wilbur Bender）曾经指出：“如果没有足球，哈佛将是一个非常令人可怜的地方。”①目前，全美大学体育联盟②的成员高校分为三类，其中 I 部（Division I）成员高校的体育活动最为活跃，美国高校也往往以属于 I 部感到骄傲，并以此作为吸引申请者的手段。Davidson 就表示：“我们在所有 21 个大学代表队运动中都属于 I 部，超过 25% 的学生参与大学体育运动。你会有机会参加俱乐部或各种运动队。杰出设施和学校精神的结合使得 Davidson 是一个全年令人兴奋的地方。”③ UCSD

① ［美］杰罗姆·卡拉贝尔：《被选中的：哈佛、耶鲁和普林斯顿的入学标准秘史》，谢爱磊、周晟、柳琳等译，中国人民大学出版社 2009 年版，第 226 页。

② 全美 347 所高校属于Ⅰ部，占 32%；309 所属于Ⅱ部，占 28%；442 所属于Ⅲ部，占 40%。参见 http：//www. ncaa. org/about/resources/media-center/ncaa-101/our-three-divisions.

③ Davidson College，“Frequently Asked Questions”，http：//www. davidson. edu/admission-and-financial-aid/frequently-asked-questions. 另外，UCLA、UNC、USC、WFU、Davidson 五校均属于 I 部，Pitzer 则属于Ⅲ部。

目前属于Ⅱ部（Division Ⅱ），但正在努力加入Ⅰ部。[①]

在为达成办学使命做贡献上，案例校都以培养公民和公民领导者为办学使命（详见下一节），其中培养公民也被称为培养德智体美各方面“完整的人”，而运动文化有助发展体能。例如，WFU 指出学校“认识到完整和最高水平的大学校际体育运动项目的好处。WFU 的核心使命在于相信完整的人的发展——学识、道德、精神和身体。”[②] 同时，运动特长与领导力之间存在关联，[③] 可以预测未来的成功。[④] 另外，文体等特长人才是公民的类型之一，为社会输送这些人才是高校的办学使命之一，体育部、艺术学院等部门的设置目的即在于此。高中具备特长的申请者得到录取优势的原因亦与此有关，即满足特长生培养项目的注册率[⑤]。

三　UNC 体育特长生的录取改革

2010 年春季，UNC 被曝光体育特长生近二十年来不用出现在课堂、但仍然可以保持学业资格并获得成绩的丑闻。为纠正以往的错误，UNC 开始实施改革，北卡大学系统设定的最低录取要求豁免政策在 UNC 不再有效，并逐年推出一些新的措施。虽然学业造假丑闻与招生没有直接联系，但“招生与大学预备”（Admissions & Pre-

---

① 参见 http://ucsdnews.ucsd.edu/feature/uc_san_diego_moves_forward_on_path_to_division_1.

② Wake Forest University，“Wake Forest：The Collegiate University”，http://strategicplan.wfu.edu/vision.mission.html.

③ Bates 退休招办主任希斯举例如下：“根据我的经验，许多橄榄球运动员会成为成功的商业人士，为什么？他们很坚强，习惯于碰撞、跳跃和快速做决定。如果你玩橄榄球，处于守方，但是你没有球，另一方有球，球很高，你需要在一两秒之内做出决定要怎么抢到球。”

④ James L. Shulman and William G. Bowen，*The Game of Life：College Sports and Educational Values*，Princeton，NJ：Princeton University Press，2001，pp. 183 – 186.

⑤ Jerome A. Lucido，“How admission decisions get made”，in Don Hossler，Bob Bontrager，and Associates，eds.，*Handbook of Strategic Enrollment Management*，San Francisco，CA：Jossey-Bass Press，2015，p. 154.

paredness）是改革的八大维度之一，并分三方面实施：完善录取决策过程；加强对 UNC 学业准备度的考察；改进招生结果的评估及透明度。[①] 透过 UNC 体育特长生的录取改革，我们可以更好地了解特殊才能的决策规则。

（一）改革措施

录取决策过程的改革始于教练对高中体育生的招募。教练和体育系不仅要审阅成绩单和考试分数，而且要使用奥德姆研究所（Odum Institute）开发的公式对体育生大学第一年的 GPA 进行预测，衡量是否达到录取的学业标准。然后，体育系将选中的申请者材料——包括达到标准者和例外者——转给招办。[②] 招办将其中不符合学业标准的申请材料提交给特长生招生委员会（Committee on Special Talent）审阅并开会讨论，该委员会为本科招生咨询委员会（Advisory Committee on Undergraduate Admissions）于 2010 年应改革要求组建的教师委员会。最后，特长生招生委员会将录取建议提交给招办，由招办最终决定录取哪些候选者，包括计划参与跨校体育生培养项目的候选者。[③]

伴随更加完善的录取过程，UNC 开始建立对特长生更严格、更清晰的学业期望，以保证他们可以从该校严格的学业环境中受益。本科生招生咨询委员会于 2012 年制定特长生录取原则，规定自 2013 年起，体育特长生的录取要求包括：（1）预测的大一 GPA 达到 2. 3 及以上；（2）满足北卡大学系统关于修读课程和其他方面的最低要

---

① 参见 UNC-Chapel Hill，“Our Commitment：Taking Action and Moving Forward Together ”， http：//carolinacommitment. unc. edu/actions-and-initiatives/admissions-and-preparedness/#1.

② Cole Del Charco， “UNC Reviews Admissions After Wainstein”，*The Daily Tar Heel*，October 22，2015.

③ UNC-Chapel Hill，*Response to SACSCOC—Comprehensive Standard* 3. 4. 3 *Admission Policies*，January，2015，http：//www. unc. edu/sacs/Jan2015/Reports/3. 4. 3 – Admission. html.

求；（3）满足与其他录取学生相同的行为标准。[1] UNC 曾声明："我们作为世界上最伟大的研究型大学之一，对于卓越有坚定的承诺。"[2] 为了履行这一承诺，除了审核候选人的资格，特长生招生委员会还审阅三个特长生培养项目提供的学业支持以及学业环境，包括项目在多大程度上为学生提供学业及私人支持做好了准备，在设定学业标准、学业表现监控以及干预方面采取了哪些举措，以确保产出令人满意的培养结果。[3]

在改进招生结果的评估及透明度方面，UNC 开展对特长生招生政策及实践的审阅、对每位候选者实施的个性化审阅的评估以及对特长生能否成功完成大学学业的追踪。[4] UNC 用于评估改革效果的证据来自三个方面：（1）没有达到学业要求、接受特长生招生委员会审阅的情况；（2）没有上课的特长生的情况；（3）与其他高校学生学业表现得比较。UNC 将评估证据、招生政策和实践以及每一届体育特长生录取情况的详尽年度报告（从 2014 年开始）都发布在招办网站上，并定期向学校教师委员会（Faculty Council）汇报。

（二）改革成效

UNC 对取得的改革成效感到满意。从表 3－2 中可以看出，自从 2013 年开始使用预测大一 GPA 评估候选者的学业资格，接受教师核查的学生人数降至不足 15 人。如果预测大一 GPA 的测算公式于 2006 年便生效，那么该年录取的体育特长生中有 29 名需要经过教师

---

① UNC-Chapel Hill Advisory Committee on Undergraduate Admissions, 2014 – 2015 *Annual Report*, UAD2014 – 15, February 19, 2016.

② UNC-Chapel Hill, "Mission", http://www.unc.edu/about/mission/.

③ UNC-Chapel Hill Office of Faculty Governance, "Committee on Special Talent", December 17, 2014, http://www.unc.edu/sacs/Jan2015/Document%20Repository/CS%203.4.3%20Admissions%20Policies/WEB-Committee%20on%20Special%20Talent%20%20UNC%20Office%20of%20Faculty%20Governance.pdf.

④ UNC-Chapel Hill, *Response to SACSCOC—Comprehensive Standard* 3.4.3 *Admission Policies*, January, 2015, http://www.unc.edu/sacs/Jan2015/Reports/3.4.3 – Admission.html.

的核查，其中11人的预测大一GPA在2.1以下。[①] 同时，自实行特长生录取新规的2011年以来，UNC再没有出现特长生不上课的情况。另外，与其他高校普通学生的学业成就相比，UNC体育生并不逊色。如表3－3所示，以SAT分数为衡量指标，UNC注册的所有体育生（包括通过特长生招生政策和正常渠道录取的体育生）的表现优于北卡大学系统其他分校的普通学生，与颇具学术声望的美国大学协会（AAU）成员中的公立大学相比也只是略有落后。

表3－2　UNC特长生接受教师核查以及课堂出勤的情况　　单位：人

入学年份	体育特长生		接受教师核查的体育特长生		艺术特长生	
	入学人数	在UNC就读期间缺席课堂的人数	入学人数和占比	在UNC就读期间没缺席课堂的人数	入学人数	在UNC就读期间缺席课堂的人数
2006	157	47	29（18%）	21	32	0
2007	156	34	28（18%）	21	30	0
2008	152	28	17（11%）	14	24	0
2009	159	13	30（19%）	10	28	0
2010	148	5	16（11%）	2	32	0
2011	163	0	23（14%）	0	27	0
2012	167	0	23（14%）	0	32	0
2013	154	0	14（9%）	0	21	0
2014	147	0	9（6%）	0	29	0
2015	152	/	9（6%）	/	/	/

注：（1）体育生的数量仅包括通过特长生招生渠道入学的学生，不包括那些通过正常竞争性审阅、体育才能没有得到特殊考虑的学生；（2）“/”表示数据不存在，经过教师核查的艺术特长生和戏剧特长生的数据亦缺失；（3）表中数据源自：http：//www. unc. edu/sacs/Jan2015/Reports/3. 4. 3 – Admission. html.

① UNC-Chapel Hill, *Response to SACSCOC—Comprehensive Standard* 3. 4. 3 *Admission Policies*, January, 2015, http：//www. unc. edu/sacs/Jan2015/Reports/3. 4. 3 – Admission. html.

表 3－3　　UNC 特长生和其他高校学生的 SAT 分数对比　　单位：人

SAT 分数	UNC 体育生（2013）	UNC 体育生（2014）	UNC 体育生（2015）	16 所北卡大学系统的学生（2013）	33 所 AAU 公立大学的学生（2012）
25 百分位	1030	1030	1030	960	1110
75 百分位	1290	1220	1270	1125	1340

注：数据源自相应的招生年度报告。

对于特长生改革，负责落实 UNC 体育特长生招生政策的体育生发展办公室管理者文斯·伊勒（Vince Ille）声称："这所大学正在不断改善其招生过程。"① 的确，该校对特长生的招募和录取进行了大力的改革。通过改善录取决策过程、提高录取学业标准和评估、追踪录取结果，UNC 选拔出了学业成就更高、更能适应本校严格学业环境的体育生和其他特长生，以保证他们能够获得成功，其 AO 即指出："我们的确知道必须要进行相关改革，因为不希望从 UNC 毕业的特长生找不到除特长领域外的工作。"

第三节　个人品质

Davidson 致力于最广泛意义上的知识和文化的增长。Davidson 以拥有全国最有才能的年轻人组成的学生群体而自豪，这些年轻人不仅因为学业前景被选中，也因为他们的个人品质被选中。

—Davidson②

个人品质是录取决策中主观的独立考察维度，也是核心的考量

① Cole Del Charco, "UNC Reviews Admissions After Wainstein", *The Daily Tar Heel*, October 22, 2015.

② Davidson College, "Class of 2019 profile", https://www.davidson.edu/admission-and-financial-aid/class-of-2019－profile.

因素。本节首先介绍个人品质的内涵与决策规则，其次分析作为整体的个人品质以及具体的公民素质、领导力、坚毅之所以重要的驱动逻辑，最后展示甄别个人品质上的相关讨论。

一 内涵与决策规则

个人品质的内涵甚广，指向一系列的素质。UNC 就声明：“我们寻求每一届学生具备的品质，是能够促进这个共同体的品质，包括：智力、才能、好奇心和创造力；领导力、善良和勇气；诚实、坚持不懈、视角和多样化。”① 对于个人品质的类型，学界有不同的界定。例如，ETS 的研究报告认为个人品质包括道德类品质和表现类品质，前者包括诚实、同情心等，后者包括坚毅、乐观等。② 根据各校阐述的内容，笔者认为得到一致重视的个人品质可被归纳为四类：第一类为创造力、独立思考、智力、学习热情等学业类技能；第二类为公民素质，包括诚实、同情心、责任心、关爱他人、参与精神等③；第三类为领导力；第四类为与克服人生和教育障碍有关的成长品质，比如成熟、坚持不懈、毅力、勇气等，可概括为“坚毅”（Grit）。

在诸多品质中，领导力和公民品质中的服务精神可能更为重要。UCLA 高级副校长科普兰—摩根在分享给子女的大学申请建议时，

---

① UNC-Chapel Hill Advisory Committee on Undergraduate Admissions，“Statement on the Evaluation of Candidates for Admission”，September 5，2007，http：//www. unc. edu/sacs/Jan2015/Document%20Repository/CS%203. 4. 3%20Admissions%20Policies/Statement_on_ the_ Evaluation_ of_ Candidates. pdf.

② Patrick C. Kollyonen，*The Research Behind the ETS Personal Potential Index*（*PPI*），ETS Report，2008.

③ 已经开展 50 年的美国大一新生调查（CIRP Freshman Survey）的“公民参与”（Civic Engagement）维度涵盖帮助处于困难中的人、提升自我对其他国家和文化的理解、影响社会价值观、帮助促进种族理解、关注政治事务、成为社区领导者、影响政治结构。源自：Kevin Eagan，Ellen Bara Stolzenberg，Abigail K. Bates，Melissa C. Aragon，Maria Ramirez Suchard，and Cecilia Rios-Aguilar，*The American Freshman*：*National Norms Fall* 2015 – *Expanded Edition*，CIRP Report，February，2015，p. 8.

仅提及了领导力和社区服务的重要性。[①] 特别是申请者是否具备领导力，为案例校在录取决策中寻求的核心品质。不管是在推荐信，还是在课外活动中，AO 都会寻求关于领导力的迹象。例如，教师、咨询师和同伴推荐信中需要包含对申请者领导力的评价（见表 2 - 12）。USC 指出“在审阅课外活动时，招生委员会寻求那些可以显示你的领导潜能和融入 USC 潜能的活动”[②]。加州大学声明“社区服务史证明你的领导能力，表明你在学业表现之外的其他兴趣和价值观”[③]。受访者也强调了“寻求投入和领导力”（WFU 受访 AO），并指出工作经历也可体现领导力，因而对领导力的重视不会使没有担任学生组织领导角色的贫穷学生处于劣势。

二　驱动逻辑

个人品质是被四所高校评为“非常重要”、其余高校视为“重要”的因素。个人品质作为整体之所以在录取决策中占据重要地位，与预测大学成功和以提升大学教育体验与质量的方式为大学做贡献有关。在具体的四类品质中，公民素质和领导力之所以得到强调，与高校达成培养公民和公民领导者、服务社会的共同办学使命有关。领导力被特别重视的原因与保持高校声望和受到美国文化的影响有关。坚毅被看重的原因主要与促进公平和预测大学成功有关。

（一）个人品质

个人品质占据“非常重要”或“重要”的地位，它既关乎预测大学成功，也关乎做出外在贡献。就预测大学成功而言，首先需要明确大学成功的内涵。尽管对大部分高校而言，学业成功是大学教

---

① Jennifer Wallace & Lisa Heffernan, “Advice College Admissions Officers Give Their Own Kids”, *The New York Times*, March 17, 2016.

② University of Southern California Undergraduate Admission, “Application Components”, http://admission.usc.edu/firstyear/prospective/components.html.

③ University of California, “Pathways to the University of California”, http://www.eaop.org/files/pathways-chinese-traditional.pdf.

育使命的核心，大学教育还有许多其他期望的结果。养成一些良好的个人素质，比如将自身融入所在社区的渴望、学生与社区其他人之间相互宽容和同情、对生活感到满意的态度，也很重要。反映成功的具体指标包括“按时毕业、获得竞争性奖项、获得自主研究的荣誉、就读研究生院等能够被量化的基准”，还有一些难以量化但相关的指标，包括“获得关于自身文化和他人文化的理解、获得社会自信、发展道德判断、因为服务赢得社会认可、展示有效的领导力、获得发展方向和自我意识、产出高质量的创造性作品”。[①] 换言之，大学生活由学业和校园生活两部分组成，学生同时具有社会人的身份，因此大学成功包括在学业上的成功和在个人上的成功，个人品质与这两个层面都密切相关。例如，UCLA 表明“将个人品质视为学生在本校以及社会上取得成功的积极指标”[②]，其他 AO 呼应了这一点：“我们真正寻找的个性是自律、想象力、团队合作、创造力等，帮助决定哪些人不仅拥有原始的智能，也具备能够继续发展并在大学取得成功的个性特征。”（Bates 受访 AO）。

具体来看，在预测大学学业成功上，学业表现类因素只能解释大学学业表现的部分差异，个人品质也具备预测效度。具备领导力和突出才能的学生更可能努力学习、更有组织性和自律，同时更可能取得学业成功。[③] UNC 即声明：“考试分数和高中 GPA 合起来只能预测少于三分之一的最终大学学业表现差异，其他因素、包括个人品质，可以解释剩下的差异。”[④] 在预测个人成功上，威林厄姆领

---

① College Board, *Best Practices in Admissions Decisions: A Report on the Third College Board Conference on AdmissionModels*, College Board's Admissions Models Project Report, 2002, pp. 11 – 12.

② University of California, Los Angeles, “Freshman Selection-Fall 2016”, http://www.admission.ucla.edu/Prospect/Adm_fr/FrSel.ht.

③ College Board, *Best Practices in Admissions Decisions: A Report on the Third College Board Conference on Admission Models*, College Board's Admissions Models Project Report, 2002, p. 11.

④ UNC-Chapel Hill Advisory Committee on Undergraduate Admissions, 2014 – 2015 *Annual Report*, UAD2014 – 15, February 19, 2016.

导的个人品质研究项目发现“贯彻”（follow through）品质，即持续致力于在一个或多个领域（学业活动、俱乐部、活动或爱好）取得成功，以及个人陈述的质量（即对个人有清晰的认知并能与他人用创造性的方式进行良好沟通）、完整的和漂亮的推荐信，与大学成功明显相关。具体而言，高中年级排名和SAT分数是甄别高校渴求的最成功学生的有力指标，高中荣誉课程数量、贯彻品质、个人陈述和推荐信是有用的附加预测指标。这四项附加指标能在预测谁是最成功的学生上增加25%的解释效度，对领导力、个人成就、大学成绩的预测则分别增加65%、42%、7%，其中贯彻品质的预测增值效应最强。因此，个人品质与大学四年的个人成功有所关联。[①] Pitzer的AO3即表明个人品质与校园核心价值观和共同体的匹配程度可以预测学生的成功。不过USC的AO也指出：“我们对非认知因素的预测效度的研究做得不够，因为这还是一个比较新的、但正在兴起的观念。” Pitzer的AO亦表明：“近年来，非认知因素变得很重要。”

另外，从就业的视角看，使毕业生能够在劳动力市场中取得成功和满足就业市场的需求，是大学成功的体现，也是美国高校面临的日益增加的办学压力之一，因此大学更加关注为毕业生提供胜任职场所需的个人品质和经历、并服务于所在大学的教育。为了实现这个目的，许多高校重视寻求拥有成功个人品质基础的申请者，以录取一届不仅学业上成功，而且拥有在工作环境中成功所需的品质的多样化新生。[②] 这也成为录取决策中考量个人品质的立论基础。Pitzer的AO呼应了这一点，强调了培养思考、交流能力等个人品质对于未来职业成功的重要性。

---

① Warren W. Willingham, *Success in College: The Role of Personal Qualities and Academic Ability*, New York, NY: College Entrance Examination Board, 1985, pp. 178 - 179.

② Greer Glazer, and Karen Bankston, *Holistic Admissions in the Health Professions: Findings from a National Survey*, Urban Universities for Health Research Report, September, 2014, p. 2.

> 作为一所文理学院，我们不是培养受过职前培训、进入真实世界后作为程序员负责编码的个体，我们培养的是仍然希望在职业发展中获得向上流动机会的个体。我们可以教育学生如何思考、如何互动、如何交流。我们认为这些技能更重要，学生工作后会再接受培训，因为许多工作有具体的要求。与医生职业需要一些具体的技能相比，许多工作没有那么专业化。招生工作真的关乎这个世界如何改变，科技趋势是什么。显然在招生实践中我们也改变了很多，比如在网上阅读申请材料、走向可免试入学等，其他领域也是如此。所以我们需要学生能够适应变化，而非只是对某一个特定的系统非常了解。成功并非只有一种类型，而是有多种不同的类型。（Pitzer-AO-2-151217）

就做出外在贡献而言，从 AO 的解释可以看出，作为共同体的大学需要具备多样化品质的混合，不同个性的学生聚在一起可以为课内外的讨论带来不同的观点，促进互相学习，从而提升大学教育体验和质量，同时具备良好品质的学生毕业后可以促进社会发展。UCLA 呼应了这一点："指导本校学习和教学的信念在于本科生、研究生和教师都属于学术共同体……UCLA 的多样化视角，使每个人都能得到蓬勃发展。"① UNC 也指出："具备本校寻求个人品质的学生，在校期间不仅自身会蓬勃发展，还会使 UNC 变得更好，并在很大程度上增加毕业后继续为世界做出贡献的可能性。"② 例如，具备坚毅品质、家庭情况特殊需要在学习之余兼职工作的申请者会带来不同的要素，从而做出贡献，而且不同的贡献有助构成差异。USC 的 AO 同样表明个人因素可以"加重录取的砝码"。

① University of California, Los Angeles, "Mission & Values", http://www.ucla.edu/about/mission-and-values.

② UNC-Chapel Hill Undergraduate Admissions, "Apply", http://admissions.unc.edu/apply/.

我们将 WFU 视为一个共同体，当授予录取资格时，是在允许被录取的学生进入这个共同体。这个共同体需要不同的人，需要多样化。我们为这个共同体感到骄傲，所以不是随机录取一批人，而是想要为这个共同体感到骄傲的人。我们在寻找有着不同兴趣、询问不同问题的学生，所以喜欢不同的短文和对简答题的回答，因为它们有助我们了解学生是谁、会为这个共同体带来什么贡献。（WFU-AO-9-150901）

（二）公民素质和领导力

公民素质和领导力之所以重要，与为案例校共同的办学使命——培养公民和公民领导者、为社会服务——做贡献有关。例如，UNC 指出招生政策致力于选拔通过该校培养变得更加优秀并对学校使命的达成有所贡献的学生。①

其一，各校均表明其本科阶段的办学使命在于培养公民和公民领导者（科学研究并非本科教育的使命），从而不仅使学生受益，也履行满足社会需求和服务社会的责任，其中公立大学主要是为本州服务。公民素质则是培养公民的主要任务之一。同时，直接为本州或社会提供服务也是各高校的核心办学使命，具体如下。

（1）UCLA 表示“UCLA 的核心使命简单地说在于三个词组：教育、研究、服务。作为公立研究型大学的主要使命在于创造、传播、保存和应用知识，以改善我们的全球化社会……公民参与（civic engagement）是我们作为一所公立大学的使命的基础。位于环太平洋地区的一个世界上最多样化、最有活力的城市，我们寻求通过教学和学术、通过教育成功的下一代领

① UNC-Chapel Hill, *Response to SACSCOC—Comprehensive Standard* 3.4.3 *Admission Policies*, January, 2015, http://www.unc.edu/sacs/Jan2015/Reports/3.4.3 - Admission.html.

导者、通过教会学生社会参与的一系列技能和献身精神来服务社会”①。同时，UCLA也指出“作为一所提供高等教育的公立赠地机构，UCLA通过培养研究、工业、艺术领域的未来领导者，履行服务加州的责任。加州的未来很大程度上取决于这份重任”②。

（2）UCSD的使命为“通过教育、通过生产、传播知识和创造性工作，通过参与公共服务，改造加州和多样化的全球社会”③。

（3）UNC的办学使命在于“作为一个集研究、学术和创造于一体的智力中心，为本州居民和整个国家提供服务，并向包括本科生、研究生以及专业学位学生在内的多样化学生群体提供教育，将他们培育成为本州、全国和全世界的下一代领导人”④。

（4）USC的核心使命在于“通过培养和提高人类思维和精神来发展人类和整个社会。达成使命的主要方式在于教学、研究、艺术性创造、专业实践和特定形式的公共服务……USC在多个领域提供公共领导力和公共服务”⑤。

（5）在WFU，其使命陈述指出“这所大学继续实现它作为一个更加多样化的学习共同体的理想、为学生提供他们将会被号召领导世界的例子。WFU通过广泛的服务和课外活动项目维

---

① University of California, Los Angeles, “Mission & Values”, http: //www. ucla. edu/about/mission-and-values.

② University of California, Los Angeles, “Freshman Selection-Fall 2016”, http: //www. admission. ucla. edu/Prospect/Adm_ fr/FrSel. ht.

③ University of California, San Diego, “About Admissions: Mission and Purpose”, http: //admissions. ucsd. edu/contact/mission. html.

④ UNC-Chapel Hill, “Mission”, http: //www. unc. edu/about/mission/. ; UNC-Chapel Hill Advisory Committee on Undergraduate Admissions, “Statement on the Evaluation of Candidates for Admission”, September 5, 2007, http: //www. unc. edu/sacs/Jan2015/Document%20Repository/CS%203. 4. 3%20Admissions%20Policies/Statement_ on_ the_ Evaluation_ of_ Candidates. pdf.

⑤ University of Southern California, “Mission Statement”, https: //about. usc. edu/policies/mission-statement/.

持一个充满活力的社区”①。同时，该校表明其建校的宗旨是“服务人类”（*Pro Humanitate*，即“For Humanity”），这也是长期以来的办学宗旨和机构座右铭（motto）②，“服务人类”是提倡利用知识、才能和激情使他人生活得更好的号召，也是提倡为社会贡献个人的时间和资源的号召，以及提倡致力于终身追求最佳自我的号召。③ 作为该校学术生命的基石，其本科学院——维克森林学院的自我意识源自于北卡罗来纳州南部鲜明的崇尚为社会服务的文化氛围。④ 维克森林学院一直认真履行其服务人类的承诺，并努力通过加强国际研究和国际理解来扩大其知名度和影响力。⑤

（6）Pitzer 通过强调“社会正义、跨文化理解和环境敏感性的、学业上严格的、跨学科的博雅教育，培养有参与精神的、有社会责任感的世界公民。学生、教师和职员在校园管治和学术项目设计的有意义参与是 Pitzer 的核心价值观之一”⑥。

（7）Davidson 声明其主要使命是“辅助学生发展领导力和公民服务所需的人类本能、自律和创造性思考”⑦。

---

① Wake Forest University，“Wake Forest：The Collegiate University”，http：//strategicplan. wfu. edu/vision. mission. html.

② WFU 自豪地声称自己是全美排名前 50 的大学中直接在高校座右铭（类似校训）中提及服务人类（service of mankind）的三大高校之一。

③ Wake Forest University，“Pro Humanitate”，http：//admissions. wfu. edu/our-philosophy/pro-humanitate/.

④ Wake Forest University，“Undergraduate College”，http：//college. wfu. edu/about/About.

⑤ Wake Forest University，“Undergraduate College”，http：//college. wfu. edu/about/About.

⑥ Pitzer College，“Pitzer College At a Glance”，http：//pitweb. pitzer. edu/admission/explore/at-a-glance/.

⑦ Davidson College，“College Aspirations”，http：//www. davidson. edu/about/aspirations.

其二，在高中即具备公民素质和领导力根基的申请者，可以迁移其经验和惯习至大学，从而为达成培养公民和公民领导者、为社会服务的使命做出贡献。一方面，案例校均注重学生投身于志愿服务活动中，以实践公民参与和关心他人等素质的培养。Pitzer 表示100% 的学生在校期间参与服务活动。[①] UCLA 亦有专门的志愿服务中心，为学生提供大量的志愿服务机会，包括写感恩信给士兵、参加校园内的每周食物筹款活动、清理国家公园、为学校绘画以及有益于社区的任何事情。[②] 因此 UCLA 表示：“当学生被录取时，他们不仅仅是在加入一所大学，也成为洛杉矶多样化社区的活跃分子。UCLA 通过提供参与机会并允许学生获得服务学习的学分加强了这种关系，使得学生和当地社区均受益。”[③] WFU 也表明：“在‘为了人类’办学宗旨的引导下，WFU 力求通过有效的招生政策来寻找求知欲强、品德高尚并有社会良知的学生。”[④] 另一方面，案例校提供大量的组织活动供学生锻炼领导力。UCLA 就表示“基于拥有超过1000 个社团和学生组织，UCLA 是文化和活动的马赛克。在 UCLA，我们不只是教领导力，而且实践它”[⑤]。因此，AO 一致指出希望寻求在高中即拥有丰富的志愿服务经历和领导经验的生源，这些生源进入大学也会迁移其品质，积极参与至校园活动中并扮演领导者角色，从而既使自身受益，也为高校使命的达成做出贡献。这一点从获得录取资格的学生的情况可得到反映，如 UCLA 高级副校长科普兰—摩根在描述该校 2015 级新生特征时表示：“我们的申请者和录取的学生是惊

---

① 引自 http：//pitweb. pitzer. edu/admission/explore/at-a-glance/class-of-2019 – enrollment-data/class-2019 – data/。

② University of California，Los Angeles，“UCLA in the Community Overview”，http：//www. ucla. edu/ucla-in-the-community/.

③ University of California，Los Angeles，“UCLA in the Community Overview”，http：//www. ucla. edu/ucla-in-the-community/.

④ Wake Forest University，“Undergraduate Admissions Application 2016”，http：//static. wfu. edu/files/pdf/admissions/application. pdf.

⑤ 引自 http：//www. ucla. edu/campus-life/clubs-organizations-and-recreation.

人的。他们不仅是拥有优异的学业成就、考试分数、高中成绩的杰出学者，而且是具有突出领导才能和致力于社区服务的杰出人才。”① 因此，有 AO 指出，“我认为 WFU 做了许多事情确保学生努力学习，成为一个好的公民，对社会做出贡献。这不全是招办的功劳，但是是从招办开始的。这是我喜欢这个招办的原因之一”（WFU 受访 AO）；“对我们而言，想要在大学校园拥有这些价值，但录取过程却没有认识到这些贡献的价值，将无法达成目的”（UCLA 受访 AO）。

> 当他们来到这里，将成为社团的成员、成为其他人的室友。我们想要他们成为集体需要的人，同时学业表现也不错……我认为许多高校寻求的生源特征彼此之间是类似的。就领导力而言，USC 是一个学生参与非常活跃的高校，我知道几乎没有学生不参与任何活动。所以我们希望看到学生在高中就已经积极参与课外活动。他们有经验后，知道如何行使领导力和承担责任。当他们来到这里后，我们知道他们也会参与活动，在这个校园留下印记。考察领导力是预测大学行为的最佳方式之一。（USC-AO-3-151215）

领导力在录取决策中之所以特别受重视，还与精英高校借助选拔和培养公民领导者来保持其声望有关，同时也受到美国文化的影响。首先，如果高校培养的学生毕业后成为政治、经济、文化、学术等社会各领域②的领导者越多，其对社会的影响力也越大。是故精

① University of California, Los Angeles, “UCLA Offers Admission to More Than 16000 Talented Students for Fall 2015”, July 2, 2015, http://newsroom.ucla.edu/releases/ucla-offers-admission-to-more-than-16-000-talented-students-for-fall-2015.

② 虽然某位常春藤的权威教授指出“在大学招生过程中的领导力往往限于政治或商业权力，招办人员没有将领导力定义为‘在解决数学问题上取得突破性进展’或‘是一个世纪中最好的诗人’”，但杜克大学受访者表示“我们寻求各方面的领导者，包括学者。”教授话语出处为 Susan Cain, “Not Leadership Material? Good. The World Needs Followers”, *The New York Times*, March 24, 2017.

英高校以选拔和培养下一代精英和领导者为己任，从而保持其作为对社会产生重要影响力的机构的地位。耶鲁大学曾表示为了保持作为一个“真正对世界重要的机构”，希望选择那些“不管最终从事什么都能成为领导者”的年轻人。[①] 其次，追求成为超越平凡的领导者是美国人 DNA 的一部分[②]，美式成功理念的核心即在于成为领导者改变世界。是故几乎所有的美国高校都将公民领导者作为培养目标，比如珍妮·斯坦福（Jane Stanford）声明她“资助建立新大学的主要目标在于培养学生具备成为科学和工业各领域的领导者的意识”[③]。加州大学校长办公室常桐善博士亦表示“不仅仅是精英大学重视领导力，所有通过选拔录取学生的大学都重视领导力”（UC-AA-C-170222，个人邮件）。基于高校声望的追求和美国文化的双重影响，以及达成培养领导者这一办学使命的需求，案例校特别强调领导力是申请者应该展示出的特征，并在录取决策中给予重要权重。不过，有学者指出对领导力的过分重视有时会导致与学术质量的交易，即为具备突出领导潜能的申请者降低录取标准。[④]

（三）坚毅

“坚毅”一词由宾州大学心理学教授安琪拉·达克沃斯（Angela Duckworth）于2007年提出，其定义为“为长期目标坚持不懈和充满激情的奋斗的特质”，即“尽管在进程中有失败、有逆境、有停

---

① ［美］杰罗姆·卡拉贝尔：《被选中的：哈佛、耶鲁和普林斯顿的入学标准秘史》，谢爱磊、周晟、柳琳等译，中国人民大学出版社2009年版，第475—476页。

② Susan Cain, “Not Leadership Material? Good. The World Needs Followers”, *The New York Times*, March 24, 2017.

③ William G. Bowen and Derek Bok, *The Shape of the River: Long-Term Consequences of Considering Race in College and University Admissions*, Princeton, NJ: Princeton University Press, 1998, p. 24.

④ 卡拉贝尔指出“美国主要机构的领导者，就理念而言，运营这些大学的人相信——跟大学教授的观点相反——申请者学业成就与他们将来在政经界获得领导地位的可能没有什么联系或关联很小。例如富兰克林·罗斯福总统或约翰·肯尼迪总统。”引自［美］杰罗姆·卡拉贝尔《被选中的：哈佛、耶鲁和普林斯顿的入学标准秘史》，谢爱磊、周晟、柳琳等译，中国人民大学出版社2009年版，第633页。

滞，也会尽力迎接挑战，保持努力和兴趣”。对坚毅的测量指标包括追求兴趣的持续性和付出努力的坚持不懈。[①] 在录取决策领域，“坚毅”主要体现为申请者在成长过程中遭遇困难/变故或者缺乏发展机会、但仍然通过努力取得相对优秀的成就。公立大学 UCLA、UCSD 和 UNC 在录取标准中明确表示考虑申请者曾面临的挑战、逆境以及在“应对和/或战胜逆境时表现出来的成熟、决心以及见解”[②]，其他高校亦重视该品质：“我们视学生的决心和毅力为揭示学生在这里取得成功的可能性的指标，这些会被考虑在内”（Davidson 受访 AO）；“类似坚持不懈、努力、坚毅，这些在我们的录取过程中都占据一席之位”（USC 受访 AO）。2015 年，UNC 即录取了一位学业成就本身并不出众、但具备坚毅品质的申请者。

> “这位学生的考试分数在申请者中属于靠后的位置，而且在高一和高二的课程成绩中有许多 D。但是到高三和高四，他的成绩有惊人的进步，尽管他家庭遭遇严重的灾难。UNC 招办主任法默和其他 AO 曾摇摆不定，一方面意识到“如果把学生放在对他们来说太难的学业环境中，会让他们面临失败”，另一方面，他们感到这位学生具备真正的坚毅。所以 UNC 暂时搁置了对这位学生的录取决定，以查看他的成绩在高四第一学期是否有所上升。结果的确如此，因此他们录取了这位学生。”[③]

从 AO 的回应可以看出，之所以寻求坚毅品质，与其可以预测

① Angela L. Duckworth, Christopher Peterson, Michael D. Matthews, and Dennis R. Kelly, “Grit: Perseverance and Passion for Long-Term Goals”, *Journal of Personality and Social Psychology*, No. 92, 2007, pp. 1087 – 1101.

② University of California, Los Angeles, “Freshman Selection-Fall 2016”, http://www.admission.ucla.edu/Prospect/Adm_fr/FrSel.ht.

③ Frank Bruni, “Hidden Gold in College Applications”, *The New York Times*, March 5, 2016.

大学成功有关。具备坚毅品质的申请者进入大学后不仅更可能取得学业成功，例如更能完成大学学业和取得更高的大学成绩，也更可能取得个人成功。迪堡大学（DePauw University）的副校长安东尼·琼斯（Anthony E. Jones）表示："大学可以为世界提供新知识，并使世界成为一个适应文化、见多识广的社会。这需要大学拥有最佳的毕业率，而对毕业率的主要贡献因素在于学生的毅力。不管是反映在短文中或是在课程数量或课外活动的交汇中，一位成功的申请者应该凸显克服困难和产出结果的能力。所以大学招生在于申请者能否证明自己可以对自身和对大学均产出积极结果。"① 实证研究已经证明坚毅是所有领域最杰出的领导者中多数人具备的共同品质，能够有效预测个人成就。达克沃斯的研究指出在美国西点军校，坚毅度更高的学生，辍学率更低，这一结果在控制 SAT 分数、高中年级排名和对尽责的测量后仍然有效。换句话而言，尽管坚毅与尽责高度相关（坚毅与 IQ 并不正相关），在对成功的预测效度上，坚毅具备在学业指标和尽责之上的增值效应。② 另一项研究显示在白人主导高校就读的黑人男性学生的成绩，坚毅与大学成绩正相关，学业因素（高中 GPA 和考试分数）、背景特征和坚毅共同解释了大学成绩差异的 24%，且坚毅本身增加了预测效度。③

坚毅之所以具备对大学成功的预测效度，在于拥有坚毅品质、拥有超越个人早年生活中人生和教育障碍的能力的学生，未来在面对障碍时也容易有相同的决心和毅力。比起拥有更容易的发展道路

---

① Judy Mandell, "What College Admissions Officers Say They Want in a Candidate", *Washington Post*, August 30, 2016.

② Angela L. Duckworth, Christopher Peterson, Michael D. Matthews, and Dennis R. Kelly, "Grit: Perseverance and Passion for Long-Term Goals", *Journal of Personality and Social Psychology*, No. 92, 2007, pp. 1087 – 1101.; Angela L. Duckworth, *Grit: The Power of Passion and Perseverance*, New York, NY: Scribner, 2016.

③ Terrell L. Strayhorn, "What Role Does Grit Play in the Academic Success of Black Male Collegians at Predominantly White Institutions?" *Journal of African American Studies*, Vol. 18, No. 1, 2014, pp. 1 – 10.

来说，他们倾向于更会自我激励、更成熟，在大学更有能力管理自己，也更能处理好高中到大学的过渡。[①] 不过 USC 的 AO 也指出虽然学生战胜困境可以显示其具备在大学成功的潜力，但一定程度上也是在“冒风险或者说是在伸出援手”，因此在该校录取决策中只占一小部分比重。

三　甄别途径

在个人品质的甄别上，AO 可以通过申请材料获取相关信息，但也承认许多质性素质难以被测量。

一方面，AO 通过仔细查看申请者提交的材料寻找个人品质并区分申请者。UCLA 即指出“这些品质可能难以通过对学业成绩的传统测量反映出来，可能在申请材料的其他地方找到。”[②] 当笔者询问“如何有效甄别个人品质”，许多 AO 指出写作、推荐信、面试、课外活动等内容均会有所体现，其中 USC 的 AO 表示阅读材料寻找个人品质“需要花费更多的时间，但是真的很有价值”。的确，许多高校对普遍的品格特征，比如成熟度、求知欲、诚实、动机等也感兴趣，但发现这些信息通常要求对整体材料非常细致的阅读。[③]

美国高校都允许申请者递交额外的材料证明自己的才能和个人品质，例如音乐、艺术或舞蹈作品等等。Davidson 受访者即指出“有些学生会上传音乐样品，我们更喜欢看视频，可以真实看到学生而非只是听录音”。除了文体才能，额外材料往往被申请者作为体现其创造力的主要手段。例如，在 UNC，有申请者将个人海报喷洒在

---

① College Board, *Toward a Taxonomy of the Admissions Decision-Making Process: A Public Document Based on the First and Second College Board Conferences onAdmissions Models*, College Board's Admissions Models Project Report, 1999, p. 16.

② University of California, Los Angeles, “Freshman Selection-Fall 2016”, http: //www. admission. ucla. edu/Prospect/Adm_ fr/FrSel. ht.

③ College Board, *Admissions Decision-Making Models: How U. S. Institutions of Higher Education Select Undergraduate Students*, College Board's Admissions Models Project Report, 2003, p. 14.

泡沫芯上，或者将个人肖像附在氦气球上，打开盒子时便会飞出来。[①] 不过，该校 AO 指出申请材料制作体现出的创造力“源自高中生感到在一所优秀大学获得一席之地的日益增长的压力”[②]，即可能不完全是内生的创造力。Pitzer 的 AO1 同样指出档案袋等额外材料可以为学生提供展现创造性的途径，但也表明以简单、不加重申请者负担的方式测量创造性和才能是个难题。

> 我们希望可以测量学生的创造性，所以办公室有一个大纸盒，学生可以放入任何自认为有趣的材料。这很棒，我们从学生那得到了非常具有创造性和有趣的材料。我们不对这些材料进行单独打分，只是将其视为申请的一部分。我希望录取的学生具备21 世纪重要的素质，比如创造性、创新、创业精神、独立性和开展独立项目的能力，并且在思考如何能够以一个更系统化的方式将这些素质纳入审阅过程。我们从 Slide Room 开始尝试，并与核心价值观挂钩，这对学生不是负担，而是另一个工具。我们不想因为更多的申请要求而给学生负担，而是希望得到大量可以展示学生创造性和才能的信息，但如何以简单的方式实施，避免让学生感觉到“这是我们申请这个学院不得不做的另一件事”，这是困难的地方。(Pitzer-AO-1-151217)

另一方面，尽管申请材料能够揭示申请者的个人品质，但相对学业成就而言，个人品质更难被定义和测量。在诸多品质中，领导力可能最容易衡量，查看课外活动、工作经历、社区服务等活动中担任的职务即可。但坚毅以及道德、伦理品性，比如同情、执着和社会意识等，均如 UNC 的 AO 指出属于质性素质，往往比领导力更

---

① Sam Shaw, “UNC's Head of Admissions Stephen Farmer Focuses on Opportunity”, *The Daily Tar Heel*, September 30, 2014.

② Sam Shaw, “UNC's Head of Admissions Stephen Farmer Focuses on Opportunity”, *The Daily Tar Heel*, September 30, 2014.

难定义和甄别。[1] 不过该 AO 也意识到已经有学者将这些质性素质量化开展相关研究。USC 和 Pitzer 的受访者则一致表明对非认知因素的甄别仍然是一项挑战，目前尚无有效的测量工具。如果拥有该类工具对于录取决策颇有价值，可以更好地选拔具备优秀素质的生源。另外，USC 的 AO 指出有更多人力资源的招办会更容易识别个人品质，因为可以有更多经过培训的专业读者审阅申请材料。

> 很难有效识别非学业因素。我们仍然在寻求有效的方式，因而拥有最好招办资源的高校比其他高校做得好得多。在 USC，如果需要，我们可以有 40 位读者阅读申请，可以开展如何在录取决策中使用包含录取标准的评审表格的培训，这在没有资源的高校实施起来要难得多……你可以推断一份好的学业记录表明学生具备持久的动力，但它也许只是意味着学生因害怕父母而努力学习，从而避免麻烦，或者也许成绩是膨胀的。（USC-AO-4-151215）

事实上，美国已经有不少学者和高校开发了标准化的非认知测验，解决甄别非认知因素的难题。例如，塔夫斯大学（Tufts University）心理学教授罗伯特·斯腾伯格（Robert J. Sternberg）先后开发了用于录取决策的彩虹项目（Rainbow project）和“万花筒项目”（Kaleidoscope project），主要采用包含多项选择题、开放题以及情景判断题的非认知测验来评估申请者的创造性和解决实际问题的能力。研究结果表明非认知测验分数对大一学业成绩的预测优于 SAT 分数和高中 GPA，对大一课外活动、领导力和公民参与也具备预测效度，而且测验分数没有显著的性别或种族差距。使用非认知测验后，塔

---

① College Board, *Toward a Taxonomy of the Admissions Decision-Making Process: A Public Document Based on the First and Second College Board Conferences onAdmissions Models*, College Board's Admissions Models Project Report, 1999, p. 13.

夫斯大学新生的SAT分数和高中GPA有所上升。[①] 马里兰大学（University of Maryland）教育学院咨询学教授威廉·塞德拉切克（William E. Sedlacek）提出录取决策不应过分依赖SAT考试，可以通过评价学生能做什么、如何在不同情境下处理一系列问题，来测量学生知道什么，并设计了相应的“非认知测量问卷”。[②] ETS也开发了“个人表现指数”（Personal Performance Index）[③]。

然而，当笔者问及对非认知技能测验有何看法时，不同机构AO基本上都没有持乐观态度。Davidson的AO在谈及这一问题时表现出的笑意及其观点，揭示了对在大学招生中使用该类测验的排斥心理：“我不了解为什么我们需要使用人格测验分数作为录取决策的一部分。我们的保留率是96%，我们目前的工作没有问题。”Pitzer的AO表示非认知因素在录取决策中的作用未来会更重要，但对其的甄

---

① 斯腾伯格教授认为21世纪的领导者和公民需要具备创造性、实践能力和智慧等传统大学入学考试无法测量的复杂的个人素质，从而提出集成智慧（wisdom）、智能（intelligence）、创造力（creativity）、整合能力（synthesized）的WICS模型。基于WICS模型，斯腾伯格教授开发了彩虹项目和“万花筒项目”。引自Robert J. Sternberg, Christina R. Bonney, Liane Gabora and Maegan Merrifield, “WICS: A Model for College and University Admissions”, *Educational Psychologist*, Vol. 47, No. 1, 2012, pp. 30 – 41.; Robert J. Sternberg, *College Admissions for the 21st Century*, Cambridge, Massachusetts: Harvard University Press, 2010.

② 非认知测量问卷包含八个非认知变量：积极的自我观念（positive self-concept）、现实的自我评价（realistic self-appraisal）、成功应对种族社会（successfully handling the racist system）、对长期目标的倾斜（preference for long-term goals）、强有力的支持网络（availability of strong support person）、领导经历（leadership experience）、社区参与（community involvement）和在某领域获得的知识（knowledge acquired in a field）。非认知问卷可以用来选拔一个在各维度上多样化的年级，识别有潜能、但考试分数和高中成绩不一定最高的学生，从而为更多学生提供公平的机会。当然，该问卷还可用于为学生提供咨询和建议、授予财政资助、评价高校在为多样化学生群体提供教育和服务的准备度等等。引自William E. Sedlacek, *Beyond The Big Test: Noncognitive Assessment in Higher Education*, San Francisco, CA: Jossey-Bass Inc., 2004.

③ 关于美国不同学者和机构开发的非认知技能测量工具，参见Tina Kafka, “A List of Non-Cognitive Assessment Instruments”, January, 2016, https://ccrc.tc.columbia.edu/images/a-list-of-non-cognitive-assessment-instruments.pdf.

别很难依赖一门考试解决，还需继续探讨。UNC 的 AO 对人格测验的效度表示怀疑，并指出录取的利害性会带来应试效应。USC 的两位 AO 表达了对应试效应可能造成无效测量的担忧。

> 当申请者了解我们是基于特定因素来评价他们时，这本身就引入了偏见。有些高校会说“好，我将要求你参加一个人格测验”。如果你不认为人格测验将产生大的影响，那么你会更诚实和真心地回答。但是如果你知道这将对录取结果产生影响的话，你就可能按照你认为招办想要得到的答案去回答。这本身就有问题，因为你可能被误判，所以这是一个讽刺。一方面我们想要能够更准确测量非认知因素，但当所有人都知道我们想要什么的时候，这个样本就被“污染”了。所以我们寻求能够反映成功、毅力等的标记和特征。（USC-AO-1-151214）

另外，由于慕课表现能够映射学生的求知欲、时间管理能力等学业类非认知技能，诸如麻省理工学院、哈佛大学等精英高校在录取决策中也会查看该因素。Davidson 校长卡罗尔 · 奎仑（Carol Quillen）曾表明该校通过 EdX 平台提供慕课的原因之一是从慕课注册者中搜寻可能的生源，从中甄别能够适应 Davidson 学业氛围并取得成功的候选者。[①] 但该校 AO 表示尚未从慕课生源中录取学生，而且没有主动利用该途径招募生源，因为不是所有的学生都有机会修读慕课，同时慕课学生规模太大。Pitzer 受访者表示尚未考虑过慕课表现。USC 的 AO 也告知笔者还没有碰到申请者提交慕课表现的情况。

---

① 万圆、郭秀艳：《考量慕课表现：美国的探索及启示》，《中国教师》2016 年第 3 期。

第四章

多元考量因素（三）：个人背景类因素

个人背景类因素主要指向申请者的各项地理——人口学特征，包括表 2 -2 中的族裔身份、支付能力、“第一代大学生”、校友联结、居住地、本州居民、宗教信仰以及注册兴趣，也包括一些未被列出的因素。其中，支付能力和“第一代大学生”均属于反映申请者社经地位的因素，居住地和本州居民均属于反映地理位置的因素，校友联结以及未被列出的捐赠联结等属于家庭联结因素。本章将分别对族裔身份、社经地位、家庭联结、地理位置及其他因素进行探讨。

第一节　族裔身份

家庭背景、来自哪个州、性别，对我们都很重要。族裔身份也是如此，我们努力塑造一届族裔多样化的学生。

——（Pitzer 受访 AO）

尽管多样化的内涵十分广泛，包括才能、个性、SES 等各维度，但族裔身份是最常被使用的维度。WFU 的 AO 指出“对大多数人而言，人们从族裔身份的视角来定义多样化，不管人们对性别、性取向和能力的兴趣如何。当人们谈论多样化时，十之八九立即出现在脑海的是少数族裔”。同时，族裔身份是多样化概念普及的缘起，全美范围对多样化的强调源自民权运动时期肯定性行动的推广，在案例校中则是五所高校考虑、但 UCLA 和 UCSD 不考虑的因素。

一　考虑原因

UNC、USC、WFU、Pitzer、Davidson 之所以考虑族裔身份，主要在于遵守和认同美国最高法院确立的理念——族裔多样化是对高校、国家和政府均有益的一项“令人信服的利益（a compelling interest）”①，具备多重教育和政治益处。具体而言，在民权运动的影响下，美国高校在招生领域中纷纷通过实施“留意族裔身份”政策来开展肯定性行动，但精英大学、特别是公立精英大学对少数族裔的录取倾斜自 1971 年德夫尼斯案②开始便一直遭受逆向歧视的质疑和诉讼，迄今为止最高法院裁决了四起相关案件。从表 4－1 中可以看出，尽管赢得险峻③，但自 1978 年贝基案中刘易斯·鲍威尔（Lewis F. Powell）法官指出追求一届多样化的学生群体对于高等教育机构而言是合宪性的目标，不会违反 1964 年《平权法案》的“第六条”

---

① U. S. Supreme Court, *Regents of the University of California v. Bakke*, June 28, 1978, https://supreme.justia.com/cases/federal/us/438/265/case.html.

② 1971 年马科·德夫尼斯（Marco DeFunis）起诉母校华盛顿大学法学院对少数族裔的倾斜导致自己未被录取，在大学招生范围的“逆向歧视”议题从此被推向法院。不过，最高法院未对德夫尼斯案做出裁决（DeFunis v. Odegaard, 1974）。源自：［美］杰罗姆·卡拉贝尔：《被选中的：哈佛、耶鲁和普林斯顿的入学标准秘史》，谢爱磊、周晟、柳琳等译，中国人民大学出版社 2009 年版，第 634 页。

③ 大学在贝基案、格鲁特案、费雪中都仅以一票之差获胜。2003 年当美最高法院以最小的边际在紧张的条件下批准基于种族的肯定行动（approved by the smallest of margins a continuation of race-based affirmative action under tightly drawn conditions），基于种族的倾斜经历了一个狭窄的逃生（a narrow escape）。源自 Thomas J. Espenshade and Alexandria Walton Radford, *No Longer Separate, Not Yet Equal: Race and Class in Elite College Admission and Campus Life*, Princeton, NJ: Princeton University Press, 2009, p. 5. 另外，费雪案赢得同样险峻，实际上结果出乎许多美国学者的预料，比如索尔斯教授指出“Fisher II 的裁决我没有预料到，几乎所有人都没有预料到最高法院支持了肯定性行动。”纽约时报报道也指出“4：3 的投票结果令人意外。多数人意见书撰写者安东尼·肯尼迪（Kenthony M. Kennedy）长期以来对意识种族的项目持怀疑态度，之前从未投票支持肯定性行动计划。他在格鲁特案中曾表示异议。”参见 https://www.nytimes.com/2016/06/24/us/politics/supreme-court-affirmative-action-university-of-texas.html.

以及《宪法第十四修正案》的“平等保护条款”①，最高法院历次都批准和维护了大学基于多样化的追求将族裔身份作为有限但重要的考虑因素之一的合法性。而且刘易斯·鲍威尔法官的意见成为宪法分析意识种族招生政策的试金石，全美各地的公立和私立大学都以其观点为指南制定了各自的招生政策。② UNC 就表示“自 1978 年贝基案以来，UNC 和大多数公立大学已经按照宪法在录取决策中将族裔身份作为一个有限但重要的众多因素之一来考虑。公立大学已经开始盛行留意族裔身份政策，没有明显的社会破坏或者教育质量的下降，免于受到来自失望的十八岁申请者或其父母发起的联邦诉讼的威胁。”③ 美国教育部和司法部也联合发布了《高等教育机构自愿使用族裔身份因素达成多样化指南》（Guidance on the Voluntary Use of Race to Achieve Diversity in Postsecondary Education），确认“高等教育机构令人信服的利益源自于多样化的学生群体带来的益处”④。总结历次最高法院法官在案件中的陈述，族裔多样化会带来的教育益处包括提升整体教育质量、为学生进入日益多样化的职场和社会做好准备、培养良好的少数族裔公民、培养杰出的少数族裔领导者、打破种族隔阂，其中前两项益处体现出教育价值，后三项益处除了

① 《平权法案》的第六条规定（Title VI of the Civil Rights Act of 1964，42 U. S. C. § § 2000d et. seq. ）是所有直接或间接受到美国教育部财政资助的高校必须遵守的法律，该法律要求高校为所有学生提供平等的入学机会，指出“没有一个人将基于种族理由被排斥在参加由联邦资助的任何计划之外，或者受到区分对待”，第 100 条 34 C. F. R. 规定禁止高校基于种族、肤色或国别歧视学生。同时，大学招生中使用族裔身份或国别若违反《宪法第十四修正案》（the Fourteenth Amendment to the Constitution）的“平等保护条款“（Equal Protection Clause），也是违反 Title VI。

② U. S. Supreme Court，*Regents of the University of California v. Bakke*，June 28，1978，https：//supreme. justia. com/cases/federal/us/438/265/case. html.

③ UNC-Chapel Hill，*Brief of Amicus Curiae*：*The University of North Carolina at Chapel Hill Supporting Respondents*，August，2012，http：//unc. edu/files/2014/04/Fisher-Brief-FINAL. pdf，p. 5.

④ U. S. Department of Justice and U. S. Department of Education，*Guidance on the Voluntary Use of Race to Achieve Diversity in Postsecondary Education*，October 28，2015，https：//www2. ed. gov/about/offices/list/ocr/docs/guidance-pse-201111. html，p. 1.

教育价值，还体现出政治价值，即创造一个更加民主、平等、具有包容性的美国。

表 4－1　美国最高法院处理的基于族裔的肯定性行动案件

时间	案件	裁决结果	法官票数
1978 年	加州大学董事会诉贝基案（Regents of the University of California v. Bakke）	美国宪政历史上罕见的双重裁决（Double Decision）：加州大学戴维斯分校医学院设立的少数族裔录取配额制违宪，但加州大学有权基于多样化的追求将族裔身份作为考虑因素之一	5:4
2003 年	格鲁特诉布林格案（Grutter v. Bollinger）	维护密歇根大学法学院在整体性审阅中不机械分配分值，而是将族裔身份作为申请材料中一个相关特征的做法	5:4
	格拉茨诉布林格案（Gratz v. Bollinger）	裁决密歇根大学本科招生系统的少数族裔自动加 20 分的政策违宪	6:3
2013 年、2016 年	费雪诉德州大学奥斯丁分校案（Fisher v. University of Texas at Austin）	该案经历 2013 年和 2016 年两次裁决，分别称为费雪 I 案（Fisher I）和费雪 II 案（Fisher II），其中第一次的裁决结果为对德州大学奥斯丁分校留意族裔身份政策的合宪性进行严格审阅，第二次的裁决结果为该政策符合宪法要求	第一次为 7:1；第二次为 4:3

备注：笔者自行整理。

就提升整体教育质量而言，族裔多样化被视为是一流教育的必备要素，可以丰富课堂讨论和课外经历，提供一个同质化环境无法带来的学习机会，并且产出更好的学习结果，从而使所有学生受益。刘易斯·鲍威尔法官在贝基案中基于哈佛大学关于族裔多样化为教育质量带来贡献的声明，指出"'推测、实验与创造'的氛围——对高等教育质量至关重要——被广泛认为会被多样化的学生群体所促进"①。多项研究已经证明更多样化、更具包容性的校园有助于来

① UNC-Chapel Hill, *Brief of Amicus Curiae: The University of North Carolina at Chapel Hill Supporting Respondents*, August, 2012, http://unc.edu/files/2014/04/Fisher-Brief-FINAL.pdf.

自所有种族背景的学生，提供对所有人更好的教育。[①] UNC 也表示："大学关乎新经历。这是一个遇到新同学、探索新想法、发掘新才能和培养新兴趣的地方。因为我们认为你从来自不同背景和视角的人学习很重要——事实上，这是我们的部分使命——UNC 每年致力于建立一届多样化的年级。"[②]

案例校 AO 在受访中一致表明在注重讨论的课堂和互动密切的住宿式校园中，多样化的学生可以彼此分享和了解各自的经历、视角、观点、素质、技能、知识储备等，使课内外讨论更活跃、更有启发性，也使得彼此互相学习，开阔思维和眼界，提高诸如问题分析和解决能力、创造力等技能，从而在学业和个人品质方面获得蓬勃发展。而且，汇集了不同生活经历、才能、视角的学生形成的团队，可以更好、更创造性地解决问题。另外，多样化是美国这一熔炉社会的特色身份标识和信念，美国社会对多样化的益处已基本形成共识。因此，不管办学类型如何的高校，均以通过提供丰富的、多样化的教育经历使学生获益最多为责任。这一点在没有政治责任的私立高校体现最为明显：私立大学 WFU 的 AO 即指出私立大学不需要遵守《平权法案》，但主动选择致力于获得族裔身份和各方面多样化的生源；文理学院 Davidson 也表示"我们相信大学经历应该汇集不同类型的人群，使得大家可以互相学习。我们致力于建立一个多样化的学术和社会共同体"。[③]

---

① 例如：Jeffrey F. Milem，"The Educational Benefits of Diversity：Evidence from Multiple Sectors"，in Mitchell Chang，Daria Witt，James Jones，and Kenji Hakuta，eds.，*Compelling Interest：Examing the Evidence on Racial Dynamics in Higher Education*，Stanford，CA：Stanford University Press，2003，pp. 126 – 169.；William G. Bowen and Derek Bok，*The Shape of the River：Long-Term Consequences of Considering Race in College and University Admissions*，Princeton，NJ：Princeton University Press，1998.

② UNC-Chapel Hill Undergraduate Admissions，"How Diverse is Carolina?" https：//unc. askadmissions. net/ask. aspx.

③ Davidson College，"Frequently Asked Questions"，http：//www. davidson. edu/admission-and-financial-aid/frequently-asked-questions.

> 我们致力于找出什么样的技能、素质、经历、视角会使得课堂和学生收获最多、最有趣，也最可能随着时间的推移使WFU和人类获益。这是我们的责任……私立大学不需要遵守《平权法案》，但我们选择这么做，希望这么做。因为随着时间的推移，我们开始认识到如果校园里只有来自康乃迪克州（Connecticut）富裕的白人学生，不会产生许多不同的观念。美国之所以具有创造性，是因为汇集了有完全不同生活经历的人。我们希望拥有来自中部农场的学生，虽然SAT分数不是特别高，但也很聪明，在大学预备课程中成绩优秀，会带来其他学生无法带来的贡献。我们也希望拥有像你这样的国际学生，因为会带来许多美国学生缺乏的视角，你生活在中国，看待问题的方式会有所不同。我们希望拥有各方面不同的学生，可以用不同的方式来解决同一个问题，而不是一批相同的学生，他们不会有不同的解决方案……对多样化的重视与美国是一个熔炉有关，即人们来自不同的国家。如今，几乎每个国家都有来自其他国家的人，但在美国是我们的身份标识，是美国建立的方式……我不知道具体是如何演变的，但我想我们最终都认识到拥有多样化的重要性，如果想要解决一个问题，我们想要各种不同的方式。你不会希望一位工程师解决一个工程问题，因为他们可能以同样的思维看待这个问题，你会希望四位工程师一起来解决这个问题，其中一人擅长经济、一人擅长物理、一人甚至可能擅长哲学，结果可能没有解决问题，但也可能会创造性地解决问题。（WFU-AO-7-150901）

就为学生进入日益多样化的职场和社会做好准备而言，相比局限于同质学习和生活圈的学生，在一个多样化校园接受教育的学生在毕业后往往适应力更强，并获得更好的发展。桑德拉·奥康纳（Sandra Day O’Connor）法官在格鲁特案陈述中表明：“美国的大部分企业已经明确指出当今日益全球化的市场所需的技能只能通过与广泛的多样化的人群、文化、理念和观点的接触得到发展。高级退休军官和军事领导人声称高素质的、族裔身份多样的军官对国家安全至关重要。”① UNC 亦声明：“作为世界上伟大的研究型大学之一，在致力于卓越和提升社会的双重使命的驱使下，UNC 承担着确保培养的有才能的医生、律师、药剂师、护士、公共健康人员、中小学教师、商业领导者、科学家、企业家、政治领导者和法官——所有这些人都能够在族裔多样化的环境中舒适地工作。这是最优先的令人信服的政府利益。任何不能为 21 世纪本科生提供充分浸润于多族裔环境的大学，将使他们未来在多样化的职场和非常需要他们专业的社会中面临失败。”② WFU 也表示：“迎接文化多样性以及各种形式的多样化主义带来的挑战，并致力于通过培养多样化的学生群体来应对挑战。”③ AO 纷纷指出学生在校期间即拥有与来自不同背景的人相处、互动的经历非常重要，除了学业受益，也习得跨文化交往能力、多样化视角等知识和能力，从而为未来在全球化、多样化的职场和社会取得成功做好准备。如果高校不能为学生提供置身于多样化环境的机会，则没有履行好培养责任，因为这个社会本身在族裔和各方面都呈现出多样化的局面。

> 我认为学生本科经历的质量与他们互动的学生群体的多样化直接相关。对学习和成长的测量不仅仅是考试分数，也关乎与你互动的人群的经历，他们可能与你完全不同。我们经常谈论这个社会几十年来已经变得日益全球化，所以想想在大学毕

---

① U. S. Supreme Court, *Gratz v. Bollinger*, June 23, 2003, https://supreme.justia.com/cases/federal/us/539/244/.

② UNC-Chapel Hill, *Brief of Amicus Curiae*: *The University of North Carolina at Chapel Hill Supporting Respondents*, August, 2012, http://unc.edu/files/2014/04/Fisher-Brief-FINAL.pdf, pp. 4 - 5.

③ Wake Forest University, "Undergraduate College", http://college.wfu.edu/about/About.

业后的生活中你可能与之互动的同事。如果你所在的单位更为全球化，你与来自不同背景的人互动的程度，可能与20或30年前很不相同。那么，从根本上而言，你在本科拥有与不同的人互动的经历，有助于你获得在全球化社会中成功所需的知识和能力。所以如果我们能在校园给予学生与来自不同族裔背景、社经背景、不同地方、不同国家、拥有不同的政治观点和宗教观点的同学互动的机会，这种挑战、互动和经历会使得学生受到更好的教育。我在弗弗吉尼亚（Virginia）长大，如果我前往一所全是白人、全部来自我出生地的人的大学就读，我不知道我是否会如现在一样以不同的视角看待世界。所以我认为高校想要提供这样一种经历，不仅让你在学习经济基础或其他意向专业上获得学业受益，而且给予你在校园与他人互动的经历，为你迎接将来做好准备。这是为什么我认为多样化是对本科教育质量的重要贡献之一。（UCLA-AO-1-151218）

就培养良好的少数族裔公民而言，高校以培养公民为使命，在招生中考虑族裔身份、将少数族裔纳入培养范围，不仅有益于该群体，也可满足国家的政治需求和社会利益诉求，同时使高校可以“代表整个社会”。最高法院即表明：“我们一再认识到为学生进入职场和成为公民做好准备的首要重要性，将教育视为‘维持我们的政治和文化遗产’的关键，在维护社会结构方面发挥重要作用。最高法院早就认识到‘教育是培养良好公民的基础’。因此，通过公立高等教育机构传播知识和机会，是无论族裔如何、所有人都必须享有的……确认公立机构向包括所有族裔在内的美国社会各阶层开放，这是政府的首要目标。这个开放性在高等教育中最为重要。如果要实现不可分割的一个国家的梦想，所有族裔的有效参与对我国的公民生活至关重要。”① 有研究即证明与通过纯传统学业指标录取的生

① U. S. Supreme Court, *Gratz v. Bollinger*, June 23, 2003, https: //supreme. justia. com/cases/federal/us/539/244/.

源相比，通过肯定性行动招进来的学生更容易对所在社区做出重要贡献，包括有更好的公共服务能力和领导力[①]。USC 的 AO 也指出美国的政治、经济需求使得教育少数族裔和社会所有成员变得尤为重要。UCLA 的理查德·桑德教授在访谈中亦表明政治压力促成了对族裔多样化的迫切需求，其重要性甚至超出了 SES 多样化。另外，如 WFU 的受访者指出，高校会争取录取所有族裔的学生，以“尽可能地代表整个社会，尽可能地拥有社会上各种不同的群体”，多样化贡献也因此成为高校录取决策中的优先项。

> 多样化之所以重要，有着多方面的原因。我们相信这个国家需要涵盖所有领导我们社会发展的专业人士，不管是国会还是政府人员，是传统体系工作者还是商业领导者，或是科学家，这是社会的利益诉求。如果你展望我们国家的未来，会明白未来社会需要大量接受过教育的群体。多样化不只是一个理念，而是一个政治经济的现实诉求。这个国家正在改变它看上去的样子。许多年前美国是一个白人主导的社会，加州更像一个四分之一亚洲人、四分之一白人、四分之一黑人以及四分之一拉丁裔组成的州，可能黑人和拉丁裔更多或更少，如今我们正在迈入一个完全不同的国家。教育社会所有的成员变得相当重要，因为我们不再是一个由白人主导的人群，我们不能只说“这样就可以了”。(USC-AO-4-151215)

就培养杰出的少数族裔领导者而言，大学是培养国家领导者的主要基地，美国政府需要高校培养来自不同族裔的领导者，从而维护社会稳定和发展，使少数族裔和非少数族裔学生共同受益。桑德

---

① William G. Bowen and Derek Bok, *The Shape of the River*: *Long-Term Consequences of Considering Race in College and University Admissions*, Princeton, NJ: Princeton University Press, 1998.

拉·奥康纳法官在格鲁特案中指出："在多样化的教育价值背后还有其他原因支持在招生中对族裔的'整体'考虑。国家需要少数族裔中出现有天赋的人：为行为、商业、学术界、军队和政府的领导职位准备大量的受过良好教育的少数族裔学生，这是采取留意族裔身份政策的一个重要原因。为了培养具有'公民眼中合法性'（legitimacy in the eyes of the citizenry）的领导者①，这个国家要求通往领导人的道路，必须明确地向所有族裔有才能、有资格的人才开放。"② 美国需要高校的帮助来建立一个获得领导者职位的机会比以往更少受到族裔身份限制的社会，这一点成为共识。③ 另外，刘易斯·鲍威尔法官在贝基案中提出："国家的未来取决于受过培训的领导人，即学生需要通过广泛接触'如这个国家一样多样化的学生的想法和习俗'。国家的未来取决于通过广泛接触到在'众多舌头中'探索真相的理念的强有力交流训练出来的领导者，而不是通过任何形式的权威选择出来的领导者。"④ WFU 的受访者呼应了这一点，指出多样化的环境可以帮助非少数族裔学生"做好成为 21 世纪领导者的准备"。USC 教务长迈克尔·奎克（Michael Quick）亦表示"全球研究型大学需要为所有人提供教育机会。新生的多样性证实了我们不断致

---

① 因为公众观念会形成对法律体系的印象，一个多样化的队伍创造更大的信任。如果法律专业队伍在种族上不具备包容性，公众可能推断法律体系不公平地由某一种族控制，没有代表整体人群的利益。源自：American Bar Association, *Brief of the American Bar Association as Amicus Curiae in Support of Respondents and Urging Affirmance*, ABA 14 – 981 – bsac-aba, November 2, 2015, p. 13.

② U. S. Supreme Court, *Gratz v. Bollinger*, June 23, 2003, https://supreme. justia. com/cases/federal/us/539/244/.

③ William G. Bowen and Derek Bok, *The Shape of the River: Long-Term Consequences of Considering Race in College and University Admissions*, Princeton, NJ: Princeton University Press, 1998, p. 280.

④ U. S. Supreme Court, *Regents of the University of California v. Bakke*, June 28, 1978, https://supreme. justia. com/cases/federal/us/438/265/case. html.

力于从各类人群中寻找下一代的领导者”。[①]

就打破种族隔阂而言，由于美国仍然是种族社会，高校需要带入“足够数量”（critical mass）的少数族裔以促进跨种族理解。如 USC 的 AO 指出，美国的种族隔离和偏见根深蒂固，一时难以消除。最高法院已经为族裔倾斜政策辩护了 40 年，而与校友子女、体育生、捐赠者子女等倾斜有关的申诉，至今未出现过。多样化的大学环境可以促进不同族裔的学生互相了解差异、学会彼此尊敬，并加强互动，比如乌玛·贾亚库马尔（Uma Jayakumar）发现在少数族裔本科生占比更小的高校注册的白人学生在种族脆弱性和与其他族裔的同伴的互动上更少。[②] 在格鲁特案中，最高法院表示“密歇根大学法学院通过参考多样性带来的实质性、重要和值得称赞的教育益处，包括跨种族理解和打破种族刻板印象等，使学生得以更好地了解不同族群的人”。[③] USC 的 AO 和 Davidson 的 AO 呼应了这一点，不过前者指出“确保多样化群体真正相互融合”是一个挑战。对此，最高法院提出“足够数量”原则，即“要消除对少数族裔的成见——包括假定少数族裔具备相同的特征，以及确保有充足数量的不同群体的少数族裔参与课堂但不感到被隔离或者不感到是各自族群的代言人，‘足够数量’是必需的”[④]。该原则也成为 UNC 及其他考虑族裔身份的公、私立高校衡量族裔多样化目标达成度的依据。作为打破种族隔阂的手段，“足够数量”并不代表使用被禁止的配额

① University of Southern California, “USC Announces Class of 2019 Statistics”, September 30, 2015, https://pressroom. usc. edu/usc-announces-class-of-2019 – statistics/.

② Uma M. Jayakumar, *Why are All the Black Students Still Sitting Together in the Proverbial College Cafeteria? A Look at Research Informing the Figurative QuestionBeing Taken By the Supreme Court in Fisher*, October, 2015, https://www. heri. ucla. edu/PDFs/Why-Are-All-the-Black-Students-Still-Sitting-Together-in-the-Proverbial-College-Cafeteria. pdf.

③ U. S. Supreme Court, *Grutter v. Bollinger*, June 23, 2003, https://supreme. justia. com/cases/federal/us/539/306/case. html.

④ U. S. Supreme Court, *Grutter v. Bollinger*, June 23, 2003, https://supreme. justia. com/cases/federal/us/539/306/case. html.

制或者具体的数字目标，而是根据“多样化带来的教育益处是否在校园中被认识到的有关信息”来测量，比如是否提升了非少数族裔学生的大学体验。因此，WFU 的 AO 指出这个概念“不仅仅关乎数量，也关乎方向，可以成为一个质性的理念”。

> UNC 对多样化的追求与格鲁特案件裁决中的“足够数量”原则一致。招办主任指出注册“足够数量”的少数族裔是 UNC 实现多样化带来的教育益处的必备途径，避免隔离、使得少数族裔学生不会感到他们代表特定的群体，“足够数量”是需要的。本科招生教师咨询委员会（Faculty Advisory Committee on Undergraduate Admissions）主席也强调了拥有充足数量的少数族裔的重要性在于避免隔离和创造“丰富多样”（rich mix）的视角。他们指出“足够数量”的概念和实现足够数量的目标也应用于非种族的多样化因素。在评价“足够数量”上，招办主任依赖于多样化带来的教育益处是否在校园中被认识到的有关信息。招办主任从多个渠道得到是否达到“足够数量”的反馈。校园中的每个单位，包括学术院系、体育部门和诸如财务和行政办公室的行政单位，会提交年度报告给多样化和多元文化事务办公室（Office of Diversity & Multicultural Affairs），每个单位都会对校园氛围做出评论，为大学在多样化相关的目标上取得的进展提供信息，包括“足够数量”的少数群体。招办主任会审阅这些报告，并通过教师委员会、与教师的单独互动以及本科招生教师咨询委员会，得到教师关于是否感受到校园氛围的变化和多样化带来的教育益处的额外反馈。招办主任揭示他也会与教务长谈论足够数量的目标是否达到并被维持，以及通过与学生的交谈得出个人的结论。招办主任和本科招生教师咨询委员会主席否认使用任何具体的数字达到“足够数量”的目标。根据招办主任所言，尽管“足够数量”不是个体决定中的考量因素之一，多样化带来的教育益处，包括达到和维持“足够数量”，为继续考量族

裔身份作为整体性审阅的一部分提供了论据。①

族裔多样化带来的多重教育益处得到了案例校的认同，也成为高校追求和维护生源群体在各维度上多样化的理由，族裔多样化被视为是对达成高校办学使命至关重要的手段。这一点在 UNC 有突出体现，该校在 2006 年和 2014 年两度遭遇诉讼，被控告其倾斜少数族裔的行为对白人和亚裔申请者不公平。但该校 AO 表示如果不考虑族裔身份，无法产出期待的年级，进而无法完成作为公立旗舰大学承担的社会使命。UNC 强调其将族裔身份作为众多因素之一的细微考虑，是基于“族裔多样化可以提高 UNC 所有学生的教育质量，并有助于建设更好的北卡、美国以及世界的学术判断”②，并表明“UNC 认为多样化带来的教育益处是令人信服的利益……UNC 的‘2011 学术计划’——Reach Carolina，以及更早的‘2003 学术计划’，均明确承认包括族裔多样化在内的多样化是其教育优先事项：‘我们校园达成平等和包容的路径必须从道德信念和社会承诺开始，高校的教育优先事项意识到 UNC 的学习环境通过来自多样化背景和族裔群体的学生、教师和职员之间的互动得到提高。’而且，全体教师委员会在 1998 年采用了《教师关于服务、多样化和询问自由原则的陈述》（Faculty Statement on Principles of Service, Diversity, and Freedom of Inquiry），确认了多种形式的多样化（包括族裔多样化）是‘卓越教育的基础’，也是 UNC‘达成使命的必要手段’”③。

① Office For Civil Rights, *Compliance Resolution*: *University of North Carolina*, *Chapel Hill*, (*NC*), November 27, 2012, http: //www2. ed. gov/about/offices/list/ocr/docs/investigations/11072016 – a. html, p. 3.

② UNC-Chapel Hill, *Brief of Amicus Curiae*: *The University of North Carolina at Chapel Hill Supporting Respondents*, August, 2012, http: //unc. edu/files/2014/04/Fisher-Brief-FINAL. pdf, pp. 4 – 5.

③ UNC-Chapel Hill, *Brief of Amicus Curiae*: *The University of North Carolina at Chapel Hill Supporting Respondents*, August, 2012, http: //unc. edu/files/2014/04/Fisher-Brief-FINAL. pdf, pp. 4 – 5.

WFU 的 AO 在受访中亦从不同角度阐述了族裔多样化重要的多重原因，包括“工具性的原因”，比如美国熔炉文化的诉求、美国贤能主义社会对于阶层流动的需要、公民平等教育权利的满足、高等教育作为伟大的均衡器在代表社会各类群体上的责任，以及教育性的原因，比如为学生未来进入社会做好准备和提升整体教育质量。

> 考虑族裔身份非常重要，有着多方面的原因，有些是工具性的原因。基本原因在于美国是一个代表差异、由移民组成的国家，同时高等教育的责任是培养有能力的公民，如果只有特定类型的人有入学机会，与美国文化和美国社会是不符的。从教育的基本观点来看，教育应该是所有人的权利。如果学生学业够格、能够胜任大学学业，都应该获得入学机会，不管外貌如何、来自哪里、属于什么族群，因为这些不是我们能控制的，我们没有权利改变。从基本的工具性视角看，大学入学机会是美国社会流动管道的一部分，每个人都应该享有。另外，当我们考虑高等教育如何契合人生的连续性时，在某种程度上，一旦你进入正规教育轨道，高等教育就是伟大的均衡器，接受良好教育的人可能有更好的人生成就。当我们开始在高等教育阶段获得分层的大学生活，高校有责任代表社会人群的组成，如今在 21 世纪，不再是美国社会，而是全球社会。即使我们仅关注美国发生的人口变化，到 2020 年大多数美国人将由传统上未被充分代表的人群组成，到 2050 年历史上的少数族裔将占据主导优势。如果大学的学生群体缺乏多样性，那便没有为学生做好进入未来社会的准备，教师和职员甚至可能伤害学生及其共同体，因为缺乏相应的技能，缺乏在多样化环境中生存的经历。从人类的角度来看，多样化使得大学产生更有意义的互动，使得学生互相学习，使得社会变得更好。从专业的角度来看，学生在差异中学习更有意义，以最大化地利用一个不仅欢迎族裔多样化、也欢迎每个不同个体的环境。（WFU-AO-8-160518）

需要指出的是，在日益激烈的市场竞争下，如今各校考虑族裔身份除了教育益处，也与吸引申请者有关。申请者都在追求族裔多样化的校园，所以高校不得不考虑学生的择校倾向。USC 在宣传时即声称该校“比大多数私立研究型大学注册了更多的少数族裔学生，今年秋季有超过 3400 名少数族裔本科生在读，占本科生总人数的 18%”①。受访者呼应了这一点：“现在几乎所有的学生，即使是富裕的白人学生也会说他们将同学的多样化作为择校时考虑的最重要的特征之一”（Bates 受访 AO）；“多样化和整体性审阅是导致许多外国学生选择就读美国大学的原因”（UNC 受访 AO）。前文关于 WFU 和 Pitzer 可免试入学故事的论述指出促进生源多样化是改革动因之一，WFU 非裔学生在向笔者说明选择该校的原因时，即表示“WFU（在招生阶段和宣传上）展示了校园的多样化，这对我来说真的很重要。我想要一个感觉自己被融入和接受的提倡多样化的空间，而不是一个把我看作外来者的地方”。Pitzer 的 2015 级新生帕克·比克（Parker Beak）在被问到“你进入 Pitzer 后最期待什么”时，也答道：“我非常期待通过与他人互动来更多地了解自己。我们的学生群体在各方面具备令人难以置信的多样性，Pitzer 提供的环境有利于我们在课内和课外成为更好的自己，这令我非常兴奋。”②

另外，尽管五校都在录取决策中留意族裔身份因素，数据显示少数族裔占比在各校的比例并不是很高，且均低于声称在录取决策中不考虑族裔身份的 UCLA。从表 4－2 可以看出，各校少数族裔占比都在 10% 以上，其中 UCLA 的比例最高，其次为 Pitzer 和 USC。值得一提的是，作为公立大学，UCSD 和 UNC 的族裔多样化程度并不高于每所私立高校。表 4－5（见下一节）的数据显示，在 UNC，作

---

① University of Southern California，“USC Announces Class of 2019 Statistics”，September 30，2015，https：//pressroom. usc. edu/usc-announces-class-of-2019 – statistics/.

② Pitzer College，“Some of the First Members of the Class of 2019！”September 15，2016，http：//pitweb. pitzer. edu/admission/explore/at-a-glance/class-of-2019 – enrollment-data/class-of-2019/.

为族裔多样化中高校最希望吸纳的群体——非裔学生的录取率在2011—2015年均低于白人、西班牙裔和所有学生，表明UNC在录取决策中对该类学生的倾斜力度可能不够。当然，新生的多样化程度不完全取决于录取决策本身，也与申请者库的特征有关。

表4-2　　　　案例校2015级新生的族群分布

族裔身份	公立大学			私立大学		文理学院	
	UCLA	UCSD	UNC	USC	WFU	Pitzer	Davidson
拉美裔（%）	20.7	13.3	7.0	13.1	6.2	12.7	8.2
非裔（%）	3.4	1.5	7.4	4.9	6.4	5.6	6.9
印第安人或太平洋岛民（%）	0.5	0.5	0.6	0.2	0.2	0.7	0.8
少数族裔（%）	24.6	15.3	15.0	18.2	12.8	19.0	15.9
白人（%）	26.8	17.3	62.9	39.7	69.5	46.4	67.8
亚裔（%）	30.4	34.3	10.8	20.7	4.3	16.9	4.3
国际学生（%）	11.1	24.5	2.9	14.6	10.1	5.2	6.5
两种或以上族裔身份（%）	5.2	0	4.1	5.5	3.3	7.9	3.5
未知（%）	2.0	8.7	4.2	1.2	0	4.5	2.0
总数（人）	5679	5292	4076	2949	1284	267	510

注：数据源自各校2015—16CDS。其中印第安人/太平洋岛民包括印第安人或安拉斯加土著以及夏威夷土著或太平洋岛民，少数族裔则包含拉美裔、非裔、印第安人或太平洋岛民。未知指申请者没有报告自身的族裔身份。

二　不考虑原因

UCLA和UCSD不考虑族裔身份的原因为美国的高等教育管理权在州政府而非联邦政府，而两校所在的加州颁布了肯定性行动禁令（State Ban on Affirmative Action，简称“州禁令”），禁止该州公立大学系统在招生中考虑申请者的族裔身份。具体而言，自20世纪90年代以来，尽管最高法院支持肯定性行动，但美国先后有许多州取消了《平权法案》的有效性[①]，加州颇受争议的《209 法案》（*Proposition 209*）就是其中之一。事实上加州大学的招生政策处于高度紧张的政治环境中，是美国历史上第一个通过公民投票的方式来决定停止在公立大学实行肯定性行动的州。《209 法案》禁止公立教育系统以及各级政府所属部门在大学招生、人员录用中使用族裔身份、性别等有关的个人背景信息，是故加州大学分别于 1997 年在研究生招生项目中、1998 年在本科招生项目中禁止使用族裔身份和性别作为考量因素。[②] UCLA 公开表明“关于个体申请者的族裔身份数据没有提供给读者。虽然申请者在个人陈述中可能自我报告族裔身份，但所有读者都得到明确的指示，在评价中不理会这些因素”[③]。UCLA 招办协理主任罗莎·皮门特尔（Rosa Pimentel）曾表示：“根据《209 法案》规定，加州的公立大学系统，包括加州大学、加州州立大学以及社区学院，都不能考虑族裔身份。我们可能在申请表中会询问申请者的族裔身份，但那仅仅是出于统计需要，当我们评审申请材料时，是不知道该信息的。”[④]

---

① 截至 2017 年，美国共有八个州发布了州禁令，包括加州（California's Proposition 209，1996）、华盛顿州（Washington State's Initiative 200，1998）、佛罗里达州（Florida-Executive Order 99－281，“One Florida”，1999）、密歇根州（Michigan's Proposition 2，2006），内布拉斯加州（Nebraska's Initiative 424，2008）、亚利桑那州（Arizona-Proposition 107，2010）、新罕布什尔（New Hampshire-House Bill 0623，2011）和俄克拉荷马州（Oklahoma's State Question 759，2012）均禁止了肯定性行动。引自 https：//web. archive. org/web/20170609060715/http：//www. ncsl. org/research/education/affirmative-action-state-action. aspx。

② 《209 法案》在 1995 年率先由加州大学董事会通过，1996 年由加州投票人通过并颁布实施。源自：Thomas J. Espenshade and Alexandria Walton Radford，*No Longer Separate*，*Not Yet Equal*：*Race and Class in Elite College Admission and Campus Life*，Princeton，NJ：Princeton University Press，2009，p. 347.

③ University of California，Los Angeles，“Campus Explains Holistic Review Admissions Process”，September 5，2008，http：//newsroom. ucla. edu/stories/080905_ holistic-admissions_ reed.

④ Renzo San Juan，“How Colleges Pick Who Gets in”，2012，http：//www. layouth. com/how-colleges-pick-who-gets-in/.

> 这在加州很微妙。在《209 法案》后，作为公立大学，我们在录取决策中不能考虑族裔身份。它是不被阅读材料的读者所知晓的，也不被我们的选拔过程所考虑。是的，我们重视多样化，但从选拔的角度而言，族裔多样化不是我们在录取决策过程中考虑的因素。(UCLA-AO-1-151218)

尽管两校不能在个体的录取决策中纳入族裔身份考虑，并不代表两校不重视族裔多样化。事实上，UCLA 和 UCSD 也视族裔多样化为令人信服的利益，认同其带来的教育价值和政治价值。UCLA 多次明确表示校园多样化——包括族裔身份、经济、社会地位和地理位置——是 UCLA 的核心价值①，是学术卓越的重要组成部分。例如，1998 年 UCLA 时任校长艾伯特·卡尼塞尔（Albert Carnesale）认识到《209 法案》将对校园学生群体的族裔多样化有显著影响，但他重申了致力于将多样性作为 UCLA 学术卓越的重要组成部分："多样化一直是 UCLA 珍贵的标志，大大丰富了我们学生的教育。学生不仅跟着教授中学，也互相学习。当同学具备许多不同的背景、经历和文化时，他们受益最多。"② 在关于整体性审阅的解释中，UCLA 指出"学生群体的多样化在 UCLA 是一项令人信服的利益，它有助于形成丰富的、相互促进的学习环境，这种环境为培养应对加州、全国乃至全世界的机遇与挑战的决策领导者提供最充分的准备"，"整体性录取过程试图评估候选者的真实情况以及组建由具备不同能力和经历的个体组成的年级，这个年级或多或少会使得候选者在 UCLA 取得成功"③。在使命陈述中，UCLA 表示："在所有的追

---

① Tara Watford and Eddie Comeaux, "*Merit*" *Matters*: *Race*, *Myth & UCLA Admissions*, Bunche Research Report, September, 2006.

② Diana De Carden, "Diversity Hit Hard, Fall Admissions Statistic Show", November 9, 1998, http://newsroom.ucla.edu/stories/981109diversity.

③ University of California, Los Angeles, "Campus Explains Holistic Review Admissions Process", September 5, 2008, http://newsroom.ucla.edu/stories/080905_holistic-admissions_reed.

求中，我们最追求的是卓越和多样化，认识到公开和包容产生真正的平等……我们相信多样化对于所有致力于维持卓越的努力至关重要……UCLA 共同体的原则之一是我们认识到现代社会存在基于族裔身份、性别、年龄、残疾、性取向和宗教的历史和分裂的偏见，我们寻求通过教育和研究来促进意识和理解，寻求协调和解决校内偏见引发的冲突。”①

两校重视族裔多样化的最主要原因在于，作为公立大学的首要使命是服务加州，而加州本身是美国族裔多样化程度最高的一个州，这就要求两校的生源群体必须能够代表加州人口的多样化。UCSD 表明招办的使命包括“吸引和注册有着高竞争性学业能力、并且代表加州人口多样化的本科生群体”②。UCLA 校长吉恩·布洛克（Gene Block）指出：“多样化一直是加州最显著的特色，过去、现在、未来都如此，因此 UCLA 的血液里流淌着多样化的因子。”③ 该校 AO1 呼应了这一点，表明新生的族裔多样化特征之所以鲜明，源于加州自身的多样化，并指出尽管非裔学生可能学业质量不符合期待，但可以为本科经历的多样化做出贡献。数据证实了在 UCLA 的申请者库中，少数族裔申请者的学业表现平均而言的确更弱，比如 2008 年，GPA 不低于 3. 34 者在申请者库中有 70%，但在拉丁裔申请者中只有 58%，非裔申请者中只有 44%。④

我校校园的确存在族裔多样化，这是加州本身的多样化带

① University of California, Los Angeles, “Mission & Values”, http://www.ucla.edu/about/mission-and-values.

② University of California, San Diego, “About Admissions: Mission and Purpose”, http://admissions.ucsd.edu/contact/mission.html.

③ 熊建辉、潘雅：《创建 21 世纪美国公立研究型大学的典范——访美国加州大学洛杉矶分校校长吉恩·布洛克》，《世界教育信息》2013 年第 24 期。

④ Robert D. Mare, *Holistic Review in Freshman Admissions at the University of California-Los Angeles: 2009 – 2011 update (2014 report)*, May 27, 2014, http://www.senate.ucla.edu/committees/cuars/documents/3G_ Mare text to CUARS.pdf, p. 18.

来的结果。加州是美国最多样化的一个州，拉丁裔学生是加州大学申请者中数量最大的群体，所以我们有一个相当坚实的基础。来自不同亚洲背景的亚裔学生也是加州人口众多的群体。在所有少数族裔中，非裔学生是加州大学系统挣扎录取的群体，他们很可能没有达到所期待的学业质量。但提供多样化的本科经历是我们的能力，坦率来说，这对加州大学比对爱荷华大学（University of Iowa）而言更容易，不是绝对的容易，而是相对更容易。因为从族群分布角度而言，我们州更加多样化。（UCLA-AO-1-151218）

另外，《加州教育法》曾明确规定加州大学应招收符合录取标准的所有学生，其招生政策应充分反映加州多样化的特征。[①] 加州大学系统在设定录取标准时，“牢记作为一所公立高校承担的社会使命，加州大学寻求在每所分校注册具备如下特征的学生群体：除了满足加州大学的资格性要求，证明高学业成就或杰出的个人成就，还具有包含加州在文化、族裔身份、地理位置和 SES 背景上的广泛多样化特征”[②]。UCLA 和 UCSD 作为分校均需要遵守州法律和加州大学系统的规定，比如 UCLA 表示“招生政策和实践严格遵守州法律和加州大学章程。UCLA 承诺在制定和维持录取政策时遵守最高的道德标准和保持开放性、透明性，遵守适用的法律和章程”[③]。因此，两校的使命超出了满足个体学生的需求，需要为所在州的社会福祉服务，即不仅为每一位学业合格的申请者提供入学机会，同时须反

① 周作宇、常桐善：《美国最大公立大学系统怎样招生》，《中国教育报》2009 年 2 月 17 日第 4 版，第 1 页。

② Tongshan Chang，“Inclusiveness Indicators（Introduction and Explanation）”，May 28，2007，http：//senate. universityofcalifornia. edu/_ files/committees/boars/boars. indicators. pdf.

③ University of California，Los Angeles，“UCLA Statement on Admissions Process”，August 29，2008，http：//newsroom. ucla. edu/releases/admissions-statement-59419.

映加州人口的多样化。

值得指出的是，尽管 UCLA 声称不考虑族裔身份，有学者批判 UCLA 并没有遵守《209 法案》，数据证明 UCLA 给予非裔学生显著倾斜并歧视亚裔，对亚裔的歧视不仅仅是基于阶层的倾斜的副产品，而是族裔倾斜的结果。比如，一位富裕的非裔学生的录取率几乎是贫穷亚裔的两倍，即使两位申请者拥有一致的高中成绩、SAT 分数和在其他因素上的相同表现。[①] 从下列 UCLA 对此批判的回应中可以看出该校强烈否认了这一点，表示录取非裔学生数量增多的原因在于申请者库人口学特征本身的变化，但迫于政治压力也不得不专门聘请该校社会学系教授罗伯特·梅尔（Robert D. Mare）对自身的录取决策实践开展全面的调查。罗莎·皮门特尔也对使用族裔倾斜的指责予以否认，表示："我们不使用族裔身份作为标准之一。如今，大多数高校都有不少亚裔学生，但这不意味着我们会在后续中减少录取亚裔学生。我们不会因为某一族裔代表性非常低而过度录取，反之亦然。非裔学生数量的确非常低，但这并不意味着我们会仅仅因为非裔身份而过度录取该种族学生。录取是基于他们的成就以及是否符合录取资格。"[②] 当笔者谈及 UCLA 的录取决策时，UNC 的 AO 指出 UCLA 面临巨大的政治压力："加州大学现在处于非常有趣的形势，招生成本、正在发生的事情、政治压力，我不能想象在那里从事招生工作。"另外，表 4－6 中 UCLA 和 UCSD 的数据亦显示在 2003—2009 年，少数族裔的录取率一直低于所有申请者以及贫困学生、"第一代大学生"，不过这也不必然表示两校没有使用族裔倾斜。因为有些少数族裔申请者可能得到倾斜，但少数族裔学生的整体成就可能较弱，从而拉低了录取率。

---

① Tim Groseclose, *Cheating: An Insider's Report on the Use of Race in Admissions at UCLA*, Indianapolis, IN: Dog Ear Publishing, 2014.

② Renzo San Juan, "How Colleges Pick Who Gets in", 2012, http: //www.layouth.com/how-colleges-pick-who-gets-in/.

UCLA仍然相信，任何录取过程的最佳研究都是回答这个问题的答案：我们的招生过程是否正确地识别了那些做好了准备在UCLA取得成功的学生？而且UCLA相信，如果不考虑被录取学生跨时间的表现，不可能回答这个问题。然而，教授提出了一个相关的问题，即自从我们转为使用整体性体系以来，族裔身份是否在UCLA的录取决策中扮演了不合法的角色。由于这个问题对公共政策的重大影响，我们正在进行一项客观的研究，试图为教师和UCLA共同体回答这个问题……申请者库人口构成的年年波动是正常的，而录取者库的规模近年来相当稳定。因此，被UCLA录取的非裔学生数量的增加将自动意味着从其他族群录取的学生的减少。UCLA不会根据族裔身份来控制录取过程的结果——这样做是不合法的。UCLA正在全面审阅其整体性录取过程，并将在审阅中检视该体系是否为亚洲学生的录取设立了任何非法障碍。①

第二节　社会经济地位

我们致力于使本校对任何家庭背景的学生都具有可能性。

—（WFU 受访 AO）

与族裔多样化自民权运动开始就受到广泛重视相比，美国精英高校近年来才普遍增强了关于如何开展录取工作带来更大的社经地位（SES）多样化、使大学成为更丰富的学习场所和更好的社会流动引擎的对话。② 案例校对SES多样化的考虑主要通过“支付能力”

① University of California, Los Angeles, “Campus Explains Holistic Review Admissions Process”, September 5, 2008, http://newsroom.ucla.edu/stories/080905_holistic-admissions_reed.

② Frank Bruni, “Hidden Gold in College Applications”, *The New York Times*, March 5, 2016.

和“第一代大学生”因素体现。

一 支付能力

支付能力，即申请者是否具备支付学杂费的能力，是否需要申请助学金完成学业。在对待支付能力的态度上，七所案例校出现不考虑支付能力的“无视需求”（need-blind）和考虑支付能力的“意识需求”（need-aware）两种政策[①]。

（一）“无视需求”

案例校中三所公立大学、私立大学 USC 和文理学院 Davidson 均使用无视需求政策，将录取决定和财政补助分离，在不考虑支付能力的情况下提供录取。尽管申请者可以报告家庭收入，申请材料在一定程度上也能反映个人经济状况，但其财政需求并不影响录取决策。UNC 招办主任史蒂芬·法默即表示“作录取决定时我们不知道申请者的财务状况，也不想知道”[②]，该校受访者也指出不将家庭收入信息导入决策系统。各校在作出录取决定后，学生资助办公室开始计算每位学生的需求，并通过奖学金、联邦和高校助学金、兼职工作、贷款等方式提供资助。UNC 在 2003 年出台了一项名为“卡罗莱纳契约”（Carolina Covenant）的无贷款资助项目，承诺被录取的贫困学生可以从 UNC 无负债毕业。该项目向学生提供包含助学金、奖学金和半工半读工作机会的大礼包，并给予学业和个人指导以帮

---

① 本节对支付能力的探讨指对美国本土学生的政策。国际学生因为没有纳税不能够获得美国联邦政府或案例机构提供的助学金，需要具备支付能力以获得录取资格，但可能获得奖学金。例如，Davidson 受访者即指出“我们对非美国公民使用意识需求政策，对本土学生是无视需求政策”。另外，在提前和常规录取阶段，越来越多的高校通常不考虑支付能力，但在递补录取阶段通常会考虑申请者的经济状况，该情况在案例机构是否发生尚不清楚。

② Edward B. Fiske，“The Carolina Covenant”，in Richard D. Kahlenberg，ed.，*Rewarding Strivers*：*Helping Low-Income Students Succeed in College*，New York：The Century Foundation Press，2010，p. 30.

助他们顺利且按时的毕业。[①] Davidson 也从 2007 年开始向所有符合条件的贫困学生提供类似的无贷款项目——“Davidson Trust”。另外，从表 4 -3 可以看出，除了 UCLA 和 UCSD，其他高校（包括实行意识需求政策的高校）均如 USC 所言“满足 100% 财政资助申请者的需求”[②]。

表 4 -3　　案例校 2015 级新生的资助状况及需缴纳费用

相关指标	公立大学			私立大学		文理学院	
	UCLA	UCSD	UNC	USC	WFU	Pitzer	Davidson
满足新生资助需求比例	82.0%	86.1%	100%	100%	100%	100%	100%
新生资助包平均金额（美元）	24163	22955	19087	48812	44598	46651	40939
学费（美元）	11220/35928	12294/38976	6648/31730	49464	48746	50160	47897
总费用（美元）	26580/51288	27182/53864	19493/44575	65915	64056	68192	61923

注：数据源自各校 2015—16 年 CDS，金额的单位为“美元”，总费用指学费、住宿费等所有费用，其中三所公立大学学生的费用“/”前为州内学生需缴纳的费用，“/”后为州外学生和国际学生需缴纳的费用。

> Davidson 在我来之前就使用了无视需求政策，我是 2005 年来到 Davidson。Davidson 使用无视需求政策已经很长的时间。我不知道具体是什么时候开始使用的……<u>一旦录取决策敲定，我们学生资助办公室开始计算每位学生的家庭需要</u>。所以我们的工作在录取决策给出后开始，<u>致力于满足每位学生的财政需求</u>……申请材料中有一些信息会允许招生人员在一定程度上了解学生的财政背景……但是家庭的支付能力不是考虑因素……我们<u>为</u>

① UNC-Chapel Hill, “The Carolina Covenant”, http://carolinacovenant.unc.edu.

② University of Southern California, “USC Announces Class of 2019 Statistics”, September 30, 2015, https://pressroom.usc.edu/usc-announces-class-of-2019-statistics/.

> 所有符合需求资助的学生提供无贷款政策。没有家庭收入阈值来界定授予资格，如果学生有条件从 Davidson 获得基于需求的财政资助，不管学生是低收入、低收入高需求、中等收入中等需求还是高收入低需求，那么财政资助包中就不包括贷款。(Davidson-AO-3-160512)

五校之所以不考虑支付能力，与通过提供公平的入学机会履行促进社会流动的办学使命有关。

一是，作为由纳税人资助办学的公立旗舰大学，UCLA、UCSD 和 UNC 有政治和社会责任排除财政和历史障碍，为学业合格的弱势学生提供入学机会。而且，大学并非只向特权阶层子弟打开大门，这也是道德要求。UCLA 和 UNC 的 AO 均表明了这一点。UCLA 和 UCSD 所在的加州大学亦指出其作为公立赠地大学的使命之一在于为来自贫困家庭的学生提供教育机会，以促进经济发展。[①] 威廉·鲍恩呼应了这一点："为所有学生提供教育机会很重要，这一点已经成为共识。社会的长期健康发展依赖于社会流动性的存在和关于来自少数族裔和贫穷家庭的学生有真正的机会可以往上发展这一广泛分享的信念。收入和财富上日益增长的不平等凸显了分享教育机会的重要性，而非扩大获得社会上最有权力和最具声望的职位的机会差距。"[②]

> 在这个国家的历史上，读大学不是一个人人都有的机会……我认为我们需要非常认真地传递出这个消息，即这是一个欢迎每

① University of California Board of Admissions and Relations with Schools, *Comprehensive Review in Freshman Admissions at the University of California* 2003 – 2009, BOARS CR Report, June 22, 2010, p. 36.

② William G. Bowen, Mattew M. Chingos, and Michael S. McPherson, *Crossing the Finish Line: Completing College at America's Public Universities*, Princeton, NJ: Princeton University Press, 2009, p. 10.

个人的地方，任何做好准备的、对大学教育感兴趣的学生都应该有机会。是的，我们具有选拔性，但我们仍然想要学生明白这个地方真的重视来自各种背景和经历的学生。（UCLA-AO-1-151218）

二是，作为并不受到州政府资助的私立高校，USC 和 Davidson 亦认识到自身作为公共产品应该承担的社会使命和社会援助责任，主动选择重视扩大入学机会的价值（主要通过吸引更多弱势学生进行申请来实现，也包括公平地审阅每位申请者），寻求 SES 和族裔多样化，因而不使财政因素成为录取优势。而且 USC 的 AO1、AO2 和 AO4 一致表示应将大学录取资格视为向所有能够完成大学学业的学生提供的公平机会，而不是对已有成就的奖励，比如："作为一所私立高校，我们可以选择想要的任何学生，但我们选择重视这些价值……我们试图通过招募，来实现扩大入学机会的理念。"（USC 受访 AO）换言之，每所高校在录取实践中承担着提供机会和促进公平的责任，应该打开大门而非以淘汰的理念主导录取决策。尽管基于办学规模有限的事实，精英高校不能录取每一位合格的申请者，但可以塑造 SES 多样化的年级，为学生提供可能实现美国梦的机会。不过，USC 的 AO 指出该校的入学机会给予与其匹配的生源，未必是高中成绩最优秀的学生，并表示私立大学招办最重要的是使自己、教师和董事会满意，不受到政府的管控。USC 官方呼应了这一点："我们是私立的，隔离了政治控制，强烈致力于学术自由，并自豪于我们企业家的遗产。"① 当然，五校不考虑支付能力的原因也源于追求上文所述的 SES 多样化带来的教育益处，并与高校的财政实力有关（详见下文阐述）。

这所学院有许多优先事项。我们寻求各种类型的多样化。

① University of Southern California，"Mission Statement"，https：//about. usc. edu/policies/mission-statement/.

这是真的。Davidson Trust 项目是我们对 SES 多样化的承诺。这里不应该是一所富裕学生的高校，而应该是一所向所有社经阶层学生开放的高校。这里不应该是一所只有白人学生的高校，而应该拥有所有的族群。所以我们的优先事项之一是族裔身份和 SES 的多样化……但这意味着对这些群体定向配额吗？不。但它意味着我们尽可能地录取这些学生，不只是在录取决策过程中，还包括招募过程。我们与咨询师建立联系，与特定组织建立联系。他们可以帮助我们拓展，使一些原本不知道 Davidson 或认为 Davidson 费用太贵的学生了解 Davidson Trust 项目可以提供资助。（Davidson-AO-4-160512）

（二）“意识需求”

私立大学 WFU 和文理学院 Pitzer 都采用意识需求政策，即在录取决策中了解每位申请者的财政状况和所需资助，支付能力会影响最终决定的作出。WFU 在 2008 年可免试入学改革前使用无视需求政策，但在改革后第二年（2009 年）开始考虑申请者的支付能力，无视需求政策被意识需求政策取代。

1. WFU

在 WFU 使用无视需求政策时期，学生资助办公室完全不介入录取决策过程，“只是简单地给予注册的、提交了资助申请的贫困学生资助”。但是转为意识需求阶段后，高校需要“在最终决定录取一位学生前，基于大学的财政资助预算以及学生的总需求，考虑能负担多少位贫困学生的资助需求”，因此学生资助办公室开始“评估每位申请资助的学生的需求，并将相关信息递交给招办。如此一来，AO 在考虑是否录取学生时知道将花费多少”。该校 AO 呼应道：“在录取决策过程中，我们与学生资助办公室沟通，确保有足够的经费覆盖录取学生的需求。我们不会录取学生后说‘我们知道你需要资助，但不会给你’，不会这么做。”

虽然无视需求政策是“择优录取的支柱”[①]，但意识需求政策的使用不代表只录取富裕的学生、拒绝贫困的学生，而是事先知道需要资助哪些贫困学生，不同于无视需求政策中录取结束后才知道给予哪些学生资助。WFU 的 AO 表示：“我们意识到学生是否需要资助来就读，但不意味着如果学生贫穷，就不会录取……我们仍然给予资助，而且知道资助花在哪些学生身上。在以前的无视需求时期，我们不知道资助会花在谁身上。”而且在 WFU，实行意识需求政策后录取的贫困学生更多，“因为增加了对学生的资助金，使得这个成为大学的高度优先事项。随着招收的贫困学生增加，我们提高了额外的资助金以满足他们的需求”。WFU 的“意识需求政策比无视需求政策更有利于低收入家庭学生”的证据是，政策改变后一年内获得联邦授予的佩尔助学金（Pell Grants）[②] 的学生比例从 3% 上升至 11%[③]，而且与 2008 级新生（最后一届要求提交考试分数的新生）相比，2015 级新生中申请和获得经济援助的学生占比分别上涨了 33.5% 和 30.5%。[④] 当然，因为无法录取所有的贫困学生，且需要考虑对学生的投资是否划算，这也使得贫困学生往往需要表现出更高的成就，录取概率才更大。WFU 受访者即指出：“我们需要考虑在所有需要资助的学生中，哪些学业能力最强，因为没有办法录取所有的贫困学生。”

---

① ［美］杰罗姆·卡拉贝尔：《被选中的：哈佛、耶鲁和普林斯顿的入学标准秘史》，谢爱磊、周晟、柳琳等译，中国人民大学出版社 2009 年版，第 676 页。

② 佩尔助学金往往被视为贫困学生的象征，因为这一助学金通常发放给家庭年收入少于 20000 美元的学生。但各校可能有不同的标准，在加州大学低收入学生是学生自己在申请表中填写的父母年收入低于 43000 美元的学生，这个标准是加州有中小学适龄子女家庭第 30 百分位的年收入，也就是说在 2007 年，有 30% 的加州适龄中小学生的家庭年收入低于 43000 美元。参见常桐善《大学招生“综合评价”中审核学生课外活动参与程度的重要性》，《中国高等教育评论》2017 年第 1 期。

③ Joseph A. Soares, “Conclusion”, in Joseph A. Soares, ed., *SAT Wars: The Case for Test-Optional College Admissions*, New York, NY: Teachers College Press, 2012, pp. 201 – 211.

④ 数据源自该校 CDS。

WFU之所以从无视需求转向意识需求，原因在于实施可免试入学改革后，WFU的贫困申请者更多，而学校一直坚持100%满足录取学生资助申请的原则。然而，该校办学经费有限，如果不提前控制录取贫困学生的数量，满足每一位学生需求的承诺难以为继。就贫困申请者而言，SAT/ACT分数与SES之间的关联前文已有论述，移除考试分数这一要求后，WFU申请者中贫困学生的数量有所增长："实行可免试入学的第一年，我们收到了更多的贫困学生递交的申请材料。"就满足每一位录取学生的需求而言，受访者做出如下回应："不会只录取贫困学生而不提供他们所需的财政资助。这不是正确的做法，如果我们录取这些学生，就会资助他们。我们希望他们在这里取得成功、拥有所需的资源，不用借太多的钱"；"有些高校录取学生后不满足他们的需求，我们仍然会满足录取的贫困学生的100%需求"。当然，录取不等同于注册入学，但对于那些低收入或中等收入家庭面临经济障碍的学生，按需资助的原则在于为被录取的贫困学生提供可观的学费和生活费资助，保证他们能够顺利完成学业，这无疑增加了高校对他们的吸引力。[①]

> 我当时并未意识到SAT分数与SES之间有多相关。但索尔斯教授知道，他做了许多研究，知道新生中会有更多贫困学生，对此有所预测。我认为实行"意识需求"的财政援助政策是件正确的事，我们应该消除障碍，将最优秀的学生带到WFU，应该基于学生在高中的成就、他是什么样的人、对他人有多在乎、对改变这个世界有多在乎等来选拔学生。所有这些对WFU都很重要，所以我当然支持可免试入学。我认为几乎所有人都支持它，我们感觉到这是一件正确的事。我很高兴这么做了。<u>因为这个改革，我们不再能负担无视需求政策，这是财政现实。</u>

---

① ［美］亨利·罗素夫斯基：《美国校园文化：学生·教授·管理》，谢宗仙、周灵芝、马宝兰译，山东人民出版社1996年版，第71页。

（WFU-FAP-160523）

就办学经费而言，WFU 的财政实力有限，主要依靠学费办学。为了保持学术的杰出性，WFU 必须要具备负担高薪老师和昂贵教学资源的能力。而要具备这个能力，WFU 就需要招收能支付全额学费、能捐资支持学校运转的学生。事实上，WFU 生均享有的捐赠资金少于同类院校，一直面临着严峻的财政挑战。该校前教务长吉尔·蒂芬塔勒即指出："财政问题依然是 WFU 接下来所要面临的最大挑战。在吸引教师和学生方面，WFU 一直以来都在用各种方式与我们的同类院校竞争，而且学校给出的待遇、拥有的捐赠比许多同类院校少得多……所以，最大的挑战就是要筹集资金以便在提供学生经济资助方面能与同类院校竞争。"① 因此，学费成为 WFU 的主要收入来源。据约瑟夫·索尔斯教授向笔者介绍，WFU 将近 60% 的本科生全额支付学杂费和住宿、生活费，没有这些学费收入，它无法满足每年的财政预算。该校 AO 呼应了这一点："WFU 需要大部分学生能够支付全额费用，所以我们不能如所期待的一样实现完全的公平。"

> 捐赠基金大概为 12 亿美元，其中近乎一半属于医学院，并由医学院独立管理。所以这不仅是总捐赠额的问题，而是捐赠基金服务了多少学生，每位学生享有的捐赠基金是衡量一所大学财政实力的真正标准。与我们相竞争的高选拔性、费用相同但有更多佩尔助学金获得者的高校相比，如果查看它们的总注册人数，你会发现它们的每位学生享有的捐赠基金显著高于我们。（WFU-FAP-160523）

① Maria Henson, "Tiefenthaler's Take on Wake Forest", *Wake Forest Magazine*, June 3, 2011.

基于保证每位录取的贫困学生能够在大学取得成功的理念，WFU 必须考虑自身有限的经费能够接纳多少贫困学生，包括贫困学生的总资助需求是多少，当前学校的资金状况如何满足他们的需求，以及特别贫困的学生实际所需的资助可能超过预先的资助预算。概言之，在实施可免试入学改革的第一年（2008 年），WFU 录取决策仍然不考虑申请者的支付能力。然而，该校很快意识到处于“无视需求”但却缺乏可以预筛选全额支付能力的 SAT/ACT 分数这一工具的两难困境，即在贫困申请者大量增长的情况下，本校财政无法满足每一位录取的贫困学生的需求，因此 WFU 不得不从“无视需求”转向了“意识需求”。WFU 受访者对此给出了详细的解释：

> 我们从第一年的改革实践中意识到，来自贫困家庭的申请者比以往多很多。如果像之前一样百分百满足贫困申请者的资助需求，大学需要付出非常高的经济代价。我们很快意识到不能继续像以前一样。对通过可免试入学政策招收的新生群体的资助花费了财政预算的 37%。本科生群体由四届学生组成，从理论上来说，我们不应该花费超过财政预算的四分之一在每届学生身上。37%，与之前最多在一届学生资助上投入 27% 有着巨大的差异，［因此无视需求政策］在财政上难以为继。所以大学很快意识到我们在录取决策过程中不能继续使用这一政策，没有资金来满足被可免试入学政策吸引的大量贫困申请者的资助需求。大学董事会决定变无视需求政策为意识需求政策。（WFU-FAP-160523）

实行意识需求政策后，尽管申请者中高财政援助需求的学生仍然很多，但录取者中低收入学生的占比在财政上变得可控，“资助需求的数量回落到了对我们来说更正常的水平上”。换言之，WFU 实行可免试入学改革前，即使实行“无视需求”政策，招办也可以依赖高家庭收入与高考试分数之间的相关性，来确保将近 60% 的新生会支付就读费用，因为“当我们要求考试分数时，录取的学生更富裕”。随着可免试入学政策的实施，WFU 为低收入、“第一代大学生”和少数族裔学生提供了更多的入学机会，但是它平衡财政预算的能力不再完全取决于标准化考试分数这一带有 SES 偏见的工具，而是通过在选拔过程中的提前干预，根据能够提供的资助数额控制贫困学生的占比，以保证满足被录取的每位学生的资助需求。因此，WFU 采用意识需求政策实乃财政资源有限形势下的无奈之举[①]，并非背弃为贫穷学生提供入学机会的承诺。事实上，从该校 AO 的论述中可以看出，WFU 作为私立高校，与 USC 和 Davidson 一样，具有主动满足社会需求、履行办学使命的意识，致力于为所有背景的学生提供机会：“我们不希望 WFU 变成一所只有百万富翁子女就读的大学，而是希望它更好地映射美国的社会现实。我们致力于使这个地方对不管家庭背景如何的学生而言，都是一个可能性。”

2. Pitzer

WFU 受限于学费需求不得不考虑申请者支付能力的局面也出现在 Pitzer。作为办学规模小、其他收入来源缺乏的文理学院，其存亡依赖于注册足够优秀的学生以及足够优秀的能支付学费的学生[②]。Pitzer 高度依赖学费收入维持高质量的教育，并对录取的贫困学生做出资助承诺，不希望出现注册后因难以支付后续费用而辍学的情况。出于社会责任感和对提升大学教育质量的追求，AO 希望录取尽可能多的贫困学生。但限于财政需求，招办必须满足注册目标以获得充足的学费支持办学运转。该校一位受访者坦白了这一点：“我们希望能

---

① 在 20 世纪 90 年代，哥伦比亚大学、康奈尔大学、布朗大学等也曾因机构财政资源有限放弃过无视需求政策。第一所实行无视需求政策的耶鲁大学也一度讨论迫于经济危机是否改变政策，但最终出于保持在高校市场中的领导地位的意图而放弃。参见［美］杰罗姆·卡拉贝尔《被选中的：哈佛、耶鲁和普林斯顿的入学标准秘史》，谢爱磊、周晟、柳琳等译，中国人民大学出版社 2009 年版，第 676 页。

② Elizabeth A. Duffy and Idana Goldberg, *Crafting a Class: College Admissions and Financial Aid 1955 – 1994*, Princeton, NJ: Princeton University Press, 1998, p. 2.

给出大量的财政资助，希望贫困学生占比较大。但现实是，学费是这所高校最大的收入来源，不管学生支付全额学费还是半额学费，都是收入。这是我们办公室清单上列举的内容，以确保高校可以支付我们和所有教职工的工资，而且可以给贫困学生提供财政资助。”因此，支付能力在 Pitzer 的常规录取阶段成为考虑因素并且是“加号因素”（plus factor），即成就不错同时可以支付学费的生源拥有更高的录取概率。例如，在可免试入学政策下，该校会录取其他高校可能拒绝的考试分数低但高中学业记录不错、同时具备支付能力的申请者。

> 显然我们希望学生不管最终进入的是哪所高校，都尽一切可能获得学业和人生的成功。但是高校在一定程度上也是由学费驱动的，我们不希望学生来到这里后辍学去其他地方。我们有学生在 Pitzer 的保留率以及从事感兴趣的活动的数据。我们的录取决定很大程度上受到学费的影响。所以如果我们一直录取因难以支付学费而不能继续学业或因为不喜欢这里而转学的学生，便会影响维持学校运转所需的费用问题……如果一所高校全是富裕的学生，那么他们很难了解世界是什么样的，贫穷的人是什么样的。拥有各种类型的多样化很重要……由于Pitzer 是由学费支撑运转的，所以我们投入金钱在招募学生、在全国和全世界做宣传以告知学生 Pitzer 的情况和核心价值观，吸引他们来申请。他们来这就读后，我们便可拥有多样化的生源群体，支持核心价值观、支持学费收入，学生也得到物有所值的大学教育，至少我们认为如此。所以每年录取一届好的生源有助于实现这些目标。（Pitzer-AO-3-151217）

（三）高校财政资源的影响

多位受访者一致指出意识需求不是高校追求的理念，而是受到有限财政资源的现实制约。如果高校足够富裕，收入主要来源并非学费，而是捐赠基金或其他，便有能力在录取决策中无视需求。USC 的

AO 即指出该校有财政资源支持使用无视需求政策："大部分大学如果可以无视需求都会喜欢这么做，但这需要相应的资源来支持。许多大学没有这个资源，没有财政支持，所以不能这么做。但如果可以选择，每个人都想要无视需求。所以我们是幸运的。"表 4－3 也显示 USC 给出的新生资助包金额最大，实际上该校"每年分配超过 3 亿美元的财政资助"①。在 2015 级新生中，USC 获得某种形式财政资助者超过 60%②，同样实行无视需求政策的 Davidson 亦有 51.5% 获得财政资助。③ 另外，表 4－4 显示，在私立高校中，USC 本科生中佩尔助学金获得者比例最高，不过这不全归功于本科新生的录取决策，还源于该校通过接收转学生促进社会流动。USC 指出其"在全美私立研究型大学中拥有的低收入学生数量位居前列……从新生到所有在读本科生的佩尔助学金获得者的数量差异与 USC 正在努力接受高成就的转学生、特别是社区学院的转学生直接相关"④。

> 支付能力在一些高校是加号因素，因为学费有助于高校维持自身的运转，也帮助其他不能负担的学生。高校希望为所有人提供入学机会，不管其经济状况如何，但是往往大部分高校无法做到。它们只能提供一些资助。高校要支付办学账单，同时招募所有人和维持对最贫困学生的资助政策，不得不采取"意识需求"政策，所以支付能力近年来成为一项加号因素。它从来不是我们追求的理念，但它是如今的现实。（USC-AO-4-

① University of Southern California，"USC Announces Class of 2019 Statistics"，September 30，2015，https：//pressroom. usc. edu/usc-announces-class-of-2019－statistics/.

② University of Southern California，"Freshman Profile and Admission Information 2015－2016"，https：//about. usc. edu/files/2015/10/USCFreshmanProfile. pdf.

③ 数据源自 https：//www. davidson. edu/admission-and-financial-aid/class-of-2019－profile. 另外，该校授予的平均奖学金为 23972 美元，有 10.9% 的学生获得体育援助（Athletic aid），平均体育奖金为 14392 美元。

④ University of Southern California，"USC Announces Class of 2019 Statistics"，September 30，2015，https：//pressroom. usc. edu/usc-announces-class-of-2019－statistics/.

151215）

表 4－4　　案例校 2015 年本科生的 SES 状况　　（%）

指标	公立大学			私立大学		文理学院	
	UCLA	UCSD	UNC	USC	WFU	Pitzer	Davidson
佩尔助学金获得者占比	36	43	21	23	12	17	13
“第一代大学生”占比	34	38	18	22	12	19	10

注：（1）数据源自 http：//washingtonmonthly. com/college_ guide? ranking = 2016 – rankings-national-universities；http：//washingtonmonthly. com/college_ guide? ranking = 2016 – rankings-national-universities-liberal-arts.（2）CDS 并没有包含这两个指标的数据，有些高校会在宣传时给出相关数据，有些则并不予以公布。为了便于比较，笔者采用公布的本科生数据辅助揭示相关情况。虽然有吸纳来自弱势群体的转学生等因素影响各校本科生的 SES 分布，该数据在一定程度上可以反映本科新生的录取决策对于贫穷学生和“第一代大学生”的考虑。

尽管三所公立大学均采用无视需求政策，但财政现实对加州大学的录取决策仍具有一定的影响。加州大学在辩护近几年录取更多州外学生的原因时即表明：“州外本科生提供的显著额外收入（在 2016—2017 年度估计接近 5.5 亿美元，扣除教育费用）是使加州大学在州政府资助增长未能跟上花费增长的情况下，得以维持加州学生高质量学术项目的关键。这些额外收入使得加州大学可以提升教学的质量和有效性——比如，增加可选的课程数量，以使学生能够按时毕业。另外，州外学生 2016—2017 年为加州学生的助学金贡献了超过 7 千万美元的学费，相当于每位加州学生财政资助获得者得到 700 美元。”① 换言之，加州大学面临一个两难问题，“如欲维持一所几乎所有人都同意是世界上最好的公立大学系统的办学质量，

① University of California, *Discussion Item*: *Policy on Nonresident Student Enrollment* (*for Meeting of March*, 2017), March 16, 2017, http：//regents. universityofcalifornia. edu/regmeet/mar17/b4. pdf. 另外，据统计，2008 年美国州立大学的生均（每年）拨款为 7924 美元，到 2013 年已降至 6105 美元。引自 State Higher Education Executive Officers, *State Higher Education Finance FY* 2013, SHEFFY13 –2, 2014.

必须拥有充足的资金"[①]。UCLA 校长吉恩·布洛克指出："美国公立大学面临的首要挑战是经济挑战，挑战之一是如何保持入学率、让人们上得起学……作为公立大学，UCLA 不但要像所有公立大学一样解决社会需求问题，同时还要保持和提高学术水平。"[②] 而加州大学的资金来源也是有限的，包括州拨款和州内外学生的学费等。在 UCLA 和 UCSD，州外和国际学生需要缴纳的学费和总费用分别是州内学生的三倍有余和两倍左右（见表 4－3），因此在州政府财政拨款缩减的情况下，学业成就不错且往往更高、同时带来经济贡献的州外学生和国际学生得到更多的录取机会，从而使两校优先录取州内学生的承诺受到影响。

（四）无视需求政策更具象征意义

值得指出的是，是否考虑支付能力并不必然造成贫穷学生入学机会的差异，无视需求政策的影响更具有象征意义而非实际意义。一方面，在私立高校，实行无视需求的 Davidson 在为贫穷学生提供入学机会上并不比考虑支付能力的 WFU 和 Pitzer 做得更好，原因之一如 Davidson 的 AO 指出录取变成了零和博弈，即在招生总额固定的情况下，任何致力于提升某类学生群体的录取率都会以牺牲另一类学生群体的录取率为代价[③]。换言之，SES 多样化意味着生源群体需要覆盖来自高、中、低家庭收入各个阶层，为了平衡代表性，招办需要控制不同类别生源群体的占比。而 Davidson 需要来自中等收入家庭的学生，因此不能录取过多贫困生源。另外，尽管该受访者

---

① California State Auditor, *The University of California: Its Admissions and Financial Decisions Have Disadvantaged California Resident Students*, State Auditor Report 2015－107, March 29, 2016, p. 92.

② 熊建辉、潘雅：《创建 21 世纪美国公立研究型大学的典范——访美国加州大学洛杉矶分校校长吉恩·布洛克》，《世界教育信息》2013 年第 24 期。

③ 零和博弈存在于每一所机构，比如 1990 年民权办公室对哈佛亚裔歧视调查的结果为：无歧视，引起录取差异的原因在于对校友子女及现役运动员的倾斜。引自［美］杰罗姆·卡拉贝尔《被选中的：哈佛、耶鲁和普林斯顿的入学标准秘史》，谢爱磊、周晟、柳琳等译，中国人民大学出版社 2009 年版，第 651 页。

没有指明，但各校不只追求 SES 多样化，还追求族裔身份、才能等各维度的多样化，贫困学生的录取份额也受到其他优先项的影响，比如对于族裔身份的关注日益以牺牲经济困难学生的入学机会为代价。Pitzer 的 AO 指明了这一点："因为我们具有较高的选拔性，需要合理使用高校资源，我们也尝试招募国际学生，但一届不会超过 60 名学生。我们能做的很有限，需要权衡许多相互竞争优先权的议题。" UCLA 的历史实践也表明了这一点：1981 年，为了录取更多的少数族裔学生，UCLA 对白人和亚裔学生提高了 GPA 要求，并对 SAT 以及学科测验分数给予更多的权重。1984 年，UCLA 减少了低收入学生、大部分是欧裔学生和亚裔学生的录取名额，以支持录取主要来自中产家庭的少数族裔。①

> 我们也希望为家庭收入范围中不同水平的学生提供入学机会，否则我们会说"我们需要搞清楚，我们录取的学生只是可以支付全额费用的学生，或只是佩尔助学金获得者？如果我们有 25% 的佩尔助学金获得者，对来自中等收入水平家庭的学生又意味着什么？"不管你是否为无视需求，取决于你如何定义财政资助预算，你会有许多学生需要得到部分资助。如果你真的需要某些人，另外一些人就得被移除。我不能增加全额支付学生，总数量已经设置好了，这是零和博弈。如果你希望增加一些人，就需要移除一些人……我认为在某种程度上，佩尔助学金获得者是入学机会如何的人造代表，高校给出了什么类型的入学机会，因为另外一个问题是"告诉我来自中等收入家庭的学生分布如何，我也需要这些学生"，答案是我们的确需要来自中等收入家庭的学生。如果我们得到更多低收入学生，那么得

① John Aubrey Douglass, *The Conditions for Admission: Access, Equity and the Social Contract of Public Universities*, Stanford, CA: Stanford University Press, 2007, pp. 131 – 132.

到他们的代价是损失了中等收入学生。（Davidson-AO-1-160512）

贫穷学生在 Davidson 占比不大的原因之一是录取决策本身没有向低收入家庭申请者倾斜，该校主要通过吸引他们申请并给予平等的考量以及获得录取资格后提供资助免除经济负担来促进公平。换言之，贫穷学生自身需要具备高成就才可能被录取。从 WFU 受访者的描述亦可看出，尽管该校致力于“尽可能多地录取能负担的贫困学生”（WFU 受访 AO），但也需要这些学生具备高成就、修读 IB/AP 项目。然而，修读 IB/AP 项目和高成就本身与 SES 存在正相关，这就带来学术质量与公平倾斜之间优先权的博弈，即如果不在录取决策中实施类似种族的基于 SES 的肯定性行动，这一状况难以改善。另外，优秀的贫困学生是各校争抢对象，而这会导致生源流失，录取学生中贫穷学生的比例远远高于注册学生（佩尔助学金的计算以注册学生为准）。因此，以新生年级的特征来检验公平达成度，不是完全公允的。同时，佩尔助学金的计算方式使得许多贫困学生没有获得资助资格：“我认为我们有大量学生离佩尔助学金授予资格只差 1000 美元，联邦政府不将这种情况考虑在内。”（Davidson 受访 AO）Davidson 的情况在美国私立高校并非个案，而是普遍存在于美国众多精英私立高校中，即使在财政实力雄厚、拥有大量捐赠基金、同样实行无视需求政策的 HYP，三校 2015 年本科生获得佩尔助学金的比例也分别只有 11%、13% 和 12%①。

当我 2005 年来到校园时，只有 6% 或 7% 为佩尔助学金获得者，随着时间的推移该比例在增加。而且这是我校的工作重点之一。困难和挑战之处在于学业优秀且为潜在的佩尔助学金获得者也是其他高校追逐的对象，WFU 是其中之一。许多高校

① 数据源自 http://washingtonmonthly.com/college_guide?ranking=2016-rankings-national-universities.

试图得到这些学生，竞争非常激烈。即使我们提供财政资助，其他高校也会提供类似的资助和奖金。所以它取决于学生的决心——这所高校的环境是否适合我？是否有一个合适的共同体？我们希望给予学生选择，也希望成为一个可行的选项。为了使学生来这里注册，我们非常努力地工作。我们的招生职员尽力与学生建立关系，尽量让学生感觉到舒适、没有担心，以便他们最终确定 Davidson 是否为一个花费四年时间的地方……这一届学生中多少人注册在八月份会有答案，录取学生中 58% 的学生有资格获得佩尔助学金，这是一个非常高的比例。即录取者中有 311 人有资格获得佩尔助学金，其中 73 人注册。一开始佩尔助学金获得者的数量相对较小，增加这个数量是个挑战……在录取决策过程本身不会对他们有所倾斜，我们会招募低收入的学生进入申请者队伍……一旦进入申请者队伍，他们得到的审阅与其他申请者是相同的……我认为 Davison Trust 政策的实施本身就是肯定性的，它提供相应的资助，使 Davidson 的教育变得可以负担。但我们不使用配额制，只是实施拓展策略使低收入学生对这里感兴趣。（Davidson-AO-3-160512）

与此同时，在同样实行无视需求的公立大学，UNC 提供的入学机会与全美人口的家庭收入并不匹配，而且落后于 UCLA、UCSD 以及全美平均水平。首先，UNC 新生中来自于家庭年收入不低于 7.5 万美元、10 万美元者分别有 71.6% 和 53.9%，来自于家庭年收入在 5 万美元以下者仅有 12.7%。[①] 但在北卡，家庭年收入不低于 7.5 万美元属于家庭收入分布中的前 25%，在 5 万美元以下为后 50%。同时在全美，对应区间的美国家庭占比分别为 50%、33.4%、42.8%

① Edward B. Fiske, "The Carolina Covenant", in Richard D. Kahlenberg, ed., *Rewarding Strivers: Helping Low-Income Students Succeed in College*, New York: The Century Foundation Press, 2010, p. 44.

（详见图9－5）。因此，数据表明UNC偏向于富裕子弟，其新生的贫富分布远远不能代表北卡和美国家庭的状况。其次，从表4－4可以看出，UNC的佩尔助学金获得者及“第一代大学生”比例远远低于UCLA和UCSD，特别是与UCSD相比不及后者一半。从全美范围看，2015—2016学年有33%的本科生获得佩尔助学金[①]，比UNC高12%。而且，非政府机构——教育信托会（Education Trust）开展的研究表明，2009年UNC有15%的低收入家庭学生获得佩尔助学金，但全美22所最优秀的旗舰公立大学的平均水平为21%。同时，在50所各州的旗舰公立大学为贫穷学生提供的入学机会比较中，UNC位于后25%之列。[②] 另外，值得指出的是，UNC学生的SES组成几乎与一级私立大学相同，一级大学中有79%的学生来自于SES属于前25%的家庭。[③]

UNC贫穷学生数量有限的原因应与Davidson在录取政策中没有对贫穷学生的倾斜相同，即在无视需求政策下，学校几乎没有对录取者库进行控制。作为一所竞争激烈的高校，它必须把录取学生限定为高中教育阶段学业表现优秀者，而高中学业成功和SES之间有着密切关联。[④] UCLA的AO呼应了这一点，指出对申请者学业成就和潜力的要求制约了更多入学机会的提供，精英高校未必是促进社会流动的领导者：“我想我们给许多能够来到这里的‘第一代大学生’或未被充分代表的学生带来了明显的不同，但就促进社会流动

---

① College Board, *Trends in Student Aid* 2016, College Board Report, 2015, https: //trends. collegeboard. org/sites/default/files/2016 - trends-student-aid. pdf. p. 25.

② Kati Haycock, Mary Lynch, and Jennifer Engle, *Opportunity Adrift: Our Flagship Universities are Straying From Their Public Mission*, The Education Trust Report 2010 - 01, 2010, p. 18.

③ Joseph A. Soares, “Private Paradigm Constrains Public Response to Twenty-First Century Challenges”, *Wake Forest Law Review*, Vol. 48, No. 2, 2013, pp. 427 - 443.

④ Edward B. Fiske, “The Carolina Covenant”, in Richard D. Kahlenberg, ed., *Rewarding Strivers: Helping Low-Income Students Succeed in College*, New York: The Century Foundation Press, 2010, p. 22.

而言，并不一定总是高选拔性大学做得最好，可能是选拔程度一般的高校，比我们更能产生重要的、广泛的影响。”另外，尽管与其他旗舰型公立大学相比，UNC 的学费一直比较低，许多贫困但成就卓著的学生还是以为 UNC 的花费超出了他们的承受范围，① 甚至因此不会申请 UNC，从而导致按其成就本应进入更好高校、实际上却就读更差高校的低配现象。②

不过与私立高校相比，UCLA 和 UCSD 仍然拥有明显更多的贫穷学生。从同届学生的数据来看，UCLA 2015 级录取州内学生中 30% 为贫困学生③，UCSD 录取学生中 34% 属于低至中等偏低收入背景④。但 2015 级新生中佩尔助学金获得者在 USC 的比例为 17%⑤，在 Davidson 的比例约 14%⑥，均明显更低；从表 4－4 的本科生数据来看，UCLA 和 UCSD 的佩尔助学金获得者比例均超过 35%，而其他案例校最高不超过 25%。其中，UCSD 的佩尔助学金获得者更是 WFU 的四倍左右。因此，批判 UCLA 使用族裔倾斜的理查德·桑德教授也肯定了该校的 SES 多样化程度：“大多数常春藤高校只有大概十分之一的学生获得佩尔助学金。所以尽管我批判 UCLA，但它在阶层多样化上做得很好，比任何一所常春藤的 SES 多样化程度都高。”

---

① Edward B. Fiske，“The Carolina Covenant”，in Richard D. Kahlenberg，ed.，*Rewarding Strivers：Helping Low-Income Students Succeed in College*，New York：The Century Foundation Press，2010，p. 23.

② 详见：William G. Bowen，Mattew M. Chingos，and Michael S. McPherson，*Crossing the Finish Line：Completing College at America's Public Universities*，Princeton，NJ：Princeton University Press，2009.

③ University of California，Los Angeles，“UCLA Offers Admission to More Than 16000 Talented Students for Fall 2015”，July 2，2015，http：//newsroom. ucla. edu/releases/ucla-offers-admission-to-more-than-16－000－talented-students-for-fall-2015.

④ University of California Board of Admissions and Relations with Schools，*Annual Report on Undergraduate Admissions Requirements and Comprehensive Review* 2016，BOARS 2016 Report to Regents，February，2016，p. 38.

⑤ 数据源自：https：//pressroom. usc. edu/usc-announces-class-of-2019－statistics/.

⑥ 该校并未公布相关数据，但其 AO 表示：“在我们每级学生中，佩尔助学金获得者大概占 14%、15%。我不认为下一级会有所变化。”

二　“第一代大学生”

“第一代大学生”（first-generation college students）指“父母均没有获得大学学士学位的学生”①，是美国高校都注重招募并提供支持的群体之一。与 Duke 一样，“第一代大学生”是 WFU “努力增长并确保会提供支持的群体”，并为“第一代大学生”设立了奖学金和帮扶机制②。在 2015 年，除了 WFU 和 Davidson 的数据缺失，其他各校“第一代大学生”的占比均超过 10%，其中 UCLA 最多，且公立大学明显高于私立高校：在公立大学，UCLA 录取的州内学生中将近 31% 为“第一代大学生”③，UCSD 录取的学生中有 22% 为“第一代大学生”④，UNC 注册学生中“第一代大学生”的占比为 19%⑤；在私立高校，Pitzer 录取和注册学生中“第一代大学生”的占比分别为 11.8% 和 14.6%⑥，USC 注册学生中有 14% 为“第一代大学生”⑦。

虽然“第一代大学生”往往来自低收入家庭，但二者并不等同。因此 UNC 的 AO 指出该身份“本身并不获得倾斜，读者会结合家庭经济状况来考察”，数据也表明“第一代大学生”和贫穷学生在该校的录取率低于所有申请者（见表 4－5）。UCLA 亦指出因为已经注

---

① UNC-Chapel Hill Advisory Committee on Undergraduate Admissions, 2014 – 2015 *Annual Report*, UAD2014 – 15, February 19, 2016.

② Arika Herron, “Dynamic Decade: Hatch Reshapes University With Eye Toward Future”, *Winston-Salem Journal*, August 2, 2015.

③ 数据源自 http://newsroom.ucla.edu/releases/ucla-offers-admission-to-more-than-16 – 000 – talented-students-for-fall-2015.

④ University of California Board of Admissions and Relations with Schools, *Annual Report on Undergraduate Admissions Requirements and Comprehensive Review* 2016, BOARS 2016 Report to Regents, February, 2016, p. 38.

⑤ 数据源自 http://admissions.unc.edu/files/2016/09/Class-Profile2015.pdf; http://faccoun.unc.edu/files/2010/10/UAD2014 – 15.pdf。

⑥ Pitzer 数据基于 536 位录取学生的情况，不含后来递补的学生，引自 http://pitweb.pitzer.edu/admission/explore/at-a-glance/class-of-2019 – enrollment-data/class-2019 – data/.

⑦ 数据源自 https://about.usc.edu/files/2015/10/USCFreshmanProfile.pdf。

册了很多贫困学生，所以低收入家庭和/或属于“第一代大学生”本身不足以获得倾斜。[①] 表4 -6 中 UCLA 的录取率数据呼应了这一点：2003—2009 年，低收入家庭学生、“第一代大学生”以及兼具两种身份者的录取率均不高于所有申请者的录取率。在 UCSD，“第一代大学生”在 2003—2005 年的录取率高于所有申请者，在 2006—2009 年则低于所有申请者，低收入家庭学生和兼具两种身份者的录取率则一直高于所有申请者，表明低收入学生在 UCSD 很可能获得录取优势。需要说明的是，虽然“第一代大学生”的录取率在 UCLA 和 UNC（以及 UCSD）更低，但不代表其在三校的实际录取决策中没有获得倾斜，录取率的差异可能是由于该类申请者的已有成就与其他学生差距较大引起的。一般来说，如果与其他申请者各方面资格相似，贫穷的“第一代大学生”可以获得倾斜。UCLA 招办协理主任罗莎·皮门特尔即表示：“UCLA 和其他顶尖大学一样，在每届新生中寻求一系列宽泛的个人背景和经历。SES 多样化是一个‘加号’。”[②]

尽管案例校都重视招募“第一代大学生”，受访者对其学业表现却持不同的态度。在高中取得的学业成就上，WFU 的 AO1 否认了笔者提出的对“第一代大学生”使用肯定性行动的说法，表明“许多‘第一代大学生’很有才能，学业记录与来自中等收入和高收入家庭的学生一样优秀”（WFU-AO-1-160518）。在大学学业表现上，USC 指出该校低收入学生、“第一代大学生”和少数族裔学生的毕业率与全体本科生的毕业率（92%）基本相当[③]。但 UNC 受访者承认“会特别留意‘第一代大学生’的保留率”。换言之，贫穷的“第一代

---

① Robert D. Mare, *Holistic Review in Freshman Admissions at the University of California-Los Angeles* (2012 *report*), UCLA Report on Holistic Review in Freshman Admissions, January, 2012, pp. 154 – 155.

② Rotem Ben-shachar, “Counselor Gains Insight into Admissions Process”, *Daily Bruin*, April 13, 2010.

③ University of Southern California, “USC Announces Class of 2019 Statistics”, September 30, 2015, https://pressroom. usc. edu/usc-announces-class-of-2019 – statistics/.

大学生”可能因为家庭原因更容易辍学。

表 4-5　UNC 不同学生群体的录取率　单位：%

年份	费用豁免者	“第一代大学生”	州内校友子女	州外校友子女	所有校友子女	亚裔	非裔	白人	西班牙裔	所有学生录取率
2011	24.4	27.6	62.2	42.3	56.4	27.7	27.4	33.1	34.6	31.4
2012	20.2	23.5	58.0	42.4	53.5	23.6	24.6	27.0	29.0	26.6
2013	20.6	24.7	59.2	45.5	55.1	24.5	22.8	28.5	27.0	26.7
2014	24.0	24.7	60.1	49.6	57.1	25.8	26.9	29.6	29.5	28.5
2015	25.7	27.5	59.6	50.2	57.0	27.4	25.9	31.1	30.6	29.8

注：费用豁免者指免除申请费用的学生，可被视为贫穷学生。

数据源自 UNC-Chapel Hill Advisory Committee on Undergraduate Admissions, 2014-2015 *Annual Report*, UAD2014-15, February 19, 2016.

表 4-6　UCLA 和 UCSD 不同学生群体的录取率　单位：%

高校	年份	2003—2004 年	2004—2005 年	2005—2006 年	2006—2007 年	2007—2008 年	2008—2009 年	2009—2010 年
UCLA	总录取率	23.5	27.1	26.9	25.8	23.6	22.9	21.9
	“第一代大学生”	20.4	21.9	24.7	22.5	16.9	17.2	16.8
	低收入家庭	22.8	22.9	25.8	23.5	18.5	17.9	17.5
	“第一代大学生”和低收入家庭	23.5	22.2	26.5	23.7	16.9	17	16.6
	少数族裔	18	20.9	19.5	16.9	16.8	16.3	15.5
UCSD	总录取率	40.3	41.3	43.8	48.5	42.3	41.3	37.4
	“第一代大学生”	41.1	41.5	43.9	47.5	41.7	40	36.7
	低收入家庭	45.1	45.1	47	50.2	46.5	43.5	40.3
	“第一代大学生”和低收入家庭	45.8	44.7	47.2	50.8	46.5	43.5	40.4
	少数族裔	33.9	33.6	36	38.6	34.7	32.3	29.1

注：数据源自 University of California Board of Admissions and Relations with Schools, *Comprehensive Review in Freshman Admissions at the University of California* 2003-2009, BOARS CR Report, June 22, 2010, pp. 64, 70.

“第一代大学生”身份之所以是所有高校考虑的因素，首先在于向“第一代大学生”传递欢迎的信号，并帮助他们从潜在的高等教育入学机会中获得向上流动的通道。“第一代大学生”的父母没有接受高等教育的经历，很难为子女申请大学和在大学取得成功提供必要的信息和支持。来自低收入家庭的“第一代大学生”更是面临有限的经济资源和有限的信息资源的双重障碍。高校通过给予这些学生认真的考量，不仅可能帮助他们在大学以及人生取得成功，走出经济困境，也可能帮助其家庭未来几代人“改变轨迹”。高校亦因此履行了促进社会流动的使命。

> 在这个国家的历史上，读大学不是一个人人都有的机会。所以我们需要确保最重要的指标之一是你的父母是否上过大学。当你开始回顾历史，你会看到在未被充分代表的社区里有大量的“第一代大学生”，因为他们的父母没有接受高等教育的机会。我们需要非常认真地传递出这个信息，即这是一个欢迎每个人的地方，任何做好准备的、对大学教育感兴趣的学生都应该得到申读机会。（UCLA-AO-1-151218）

“第一代大学生”得到考虑的原因，还关乎培养高素质的劳动力服务所在州和国家的经济发展需要，以及提高在校学生群体的教育质量。一方面，公立大学在做录取决策时，需要考虑所在州的需求。UNC 的受访者就指出所在州的劳动力市场需求驱使着该校对“第一代大学生”的支持：“北卡有许多学生具备‘第一代大学生’身份。我认为到 2018 年，北卡 58% 的工作需要大学学历。为了本州的繁荣，我们需要为他们提供入学机会。”的确，对 UNC 来说，北卡的经济基础正从依靠传统农业、手工业逐年转向依靠知识密集型产业，比如金融、生物技术和信息技术。作为北卡的旗舰型公立大学，UNC 需要构建更为多样化的学生群体、特别是纳入许多传统上未享受高等教育机会的“第一代大学生”，以满足对劳动力日益复杂的技术要求的挑战。[①] 实际上，不仅北卡需要更多接受过大学教育的劳动力，加州和全美也同样如此。据加州公共政策研究机构预测，到 2030 年，加州 38% 的工作要求至少获得学士学位，然而加州人口和受教育状况的趋势显示只有 33% 的加州适龄成年人届时将有学士学位——差额为 110 万大学毕业生。因此，加州需要显著增加大学生数量。[②] 从全美范围来看，美国正在面临受过高等教育训练的公民数量下降的挑战，“到 2025 年，美国将短缺大学毕业的成年劳动力 1600 万人”，具有大学学位的年轻人比例需要“由目前的 39% 提高到 2025 年的 60%”[③]。因此，作为为社会培养和输送人才的基地，美国高校无论办学类型如何，都在主动招募和支持“第一代大学生”，以满足国家和社会对高素质劳动力的需求，促进美国的经济发展和社会稳定。与此同时，“第一代大学生”身份属于多样化因素之一，可以带来不同的经历和视角，有益于提升其他学生的大学教育体验。因此，招募“第一代大学生”是对国家/州、该类学生以及其他学生均有益的选择，是符合多重利益的选择。

> 从长期来看，是为了符合公共利益的要求。因为我们的社会在变化，我们需要培养广泛的公民。但它也是政府的利益，是商业利益、政治利益，当然也是个人和家庭的利益。我们想要改变社会的本质，想要更坚挺的经济，想要人们参与其中。美国在多年前领导了增加获得学位的成人百分比的运动，但是

① Edward B. Fiske, “The Carolina Covenant”, in Richard D. Kahlenberg, ed., *Rewarding Strivers: Helping Low-Income Students Succeed in College*, New York: The Century Foundation Press, 2010, p. 22.

② California State Auditor, *College Readiness of California's High School Students: The State Can Better Prepare Students for College by Adopting New Strategies andIncreasing Oversight*, State Auditor Report 2016 – 114, January 28, 2017, p. 1.

③ ［美］约瑟夫·索尔斯：《私立大学招生模式抑制公共部门应对 21 世纪的挑战》，郑若玲译，《教育与考试》2014 年第 3 期。

后来停止了快速增长，我们对于经济实力有一些担忧。这是一项崇高的实验，我们有着比其他国家更多样化的群体。（USC-AO-4-151215）

第三节　家庭联结

家庭联结（family relation），即申请者的家庭成员与申请高校具备某种关联。其中，校友联结是最常见的形式。另外，虽然未被CDS列出，但捐赠等事业发展贡献联结和教职工联结，也属于家庭联结或者说“遗赠”（legacy）特权的范畴，在录取决策中扮演着一定的角色。

一　校友联结

校友联结，是美国高校招生中最有名和最被广泛使用的特权，几乎存在于所有私立高校，甚至一些旗舰公立大学。① 校友联结通常指向父母曾经在本校获得本科学位，但不同高校对于录取决策中校友范围的认定有细微差异。UNC在数据统计时将其定义为“申请者的父母、继父继母或者法定监护人至少在本校就读过一个秋季或春季学期，不管是否获得学位”②，在WFU，“校友子女的定义是父亲、母亲、继父或继母曾经就读过本校”。Davidson的AO则表示祖父母为校友也属于校友联结：“我会说最大的倾斜来自于有校友关系联结的群体，即你的父亲、母亲和祖父母曾经就读于Davidson。如果没

---

① Daniel Golden, “The preferences of privilege”, in Joseph A. Soares, ed., *SAT Wars: The Case for Test-Optional College Admissions*, New York, NY: Teachers College Press, 2012, p. 15.

② UNC-Chapel Hill Advisory Committee on Undergraduate Admissions, 2014 – 2015 *Annual Report*, UAD2014 – 15, February 19, 2016.

有，那么你的联结更少。”[①] 在案例校中，除了 UCLA 和 UCSD，其余高校均将校友联结列为“考虑”因素，包括公立大学 UNC。“考虑”意味着校友子女通常会获得录取倾斜，也是各高校主动招募的生源。Davidson 受访者即承认其为该校给予录取倾斜最多的群体。当然，校友联结在各高校都“不能保证申请者被录取”（Pitzer 受访 AO）。

校友子女获得倾斜的原因很多，包括有助高校传承、提高注册率以及回报办学支持，因此该倾斜是私立高校录取决策中坦率声明的优先项之一。在有助高校传承上，校友子女更“知根知底”，即更为了解和认同高校的历史、文化和办学情况。如果校友子女申请后被录取，高校传统得以延续，校友和高校的联系也将继续维持。在提高注册率上，Davidson 的 AO 指出校友子女优势在该校的绑定性提前录取阶段最为明显，因为提前录取意味着被录取则必须注册。如果校友子女只是申请常规录取，那么即使给予录取倾斜，也难以保证他们会注册，从而可能造成倾斜的浪费。在回报办学支持上，校友会通过多种方式支持母校办学，包括慷慨捐赠、担任志愿者、扩大高校影响力等方面，给予了母校“才能、时间和财富”（Davidson 受访 AO）。其中，捐赠在许多高校可能是使得校友子女录取倾斜存在的主要原因。例如，HYP 之一的某 AO 指出“如果父母从来没有捐赠，那么他们对我们就不那么有用”，并表明未来在录取决策中可能会考虑校友的捐赠行为。[②] 不过，WFU 的 AO 并不认同这一观点，

---

① HYP 之一的招生人员指出只有父母在本科就读于该高校的学生被视为“遗赠者”（Legacy），如果父母是在研究生阶段就读或者兄弟姐妹在本科就读该高校都不属于“遗赠者”范畴。但有些高校，申请者的兄弟姐妹就读本高校也属于“遗赠者”范畴。另外，校友子女的录取优势可用在录取中提供“挂钩”（hook）来形容。“双腿”（double-leg）用于描述双亲均就读于该高校的申请者，但尚不清楚录取概率是否更大。引自 Anna Mountford Zimdars, *Meritocracy and the University*: *Selective Admission in Englandand the USA*, London, UK: Bloomsbury Academic, 2016, pp. 83 – 84.

② Anna Mountford Zimdars, *Meritocracy and the University*: *Selective Admission in Englandand the USA*, London, UK: Bloomsbury Academic, 2016, p. 85.

指出“只有一小部分校友会捐赠”。另外，有学者指出如果校友子女不能支付学费，那么倾斜的可能性几乎完全消失，校友子女倾斜政策背后的经济动机变得日益透明化。①

> 我们有自己的根基，了解自己的历史，并希望能传承下去。校友子女也了解这些根基，可能也想让 WFU 成为人生经历的一部分，因为他们听说过父母曾经做过的事情，他们也想要这种经历。了解过去，了解 WFU 是什么样的，了解对其父母意味着什么，所以校友子女平均而言的确有更高的录取概率……我们的确主动招募校友子女，因为这很重要，我们想要他们申请并注册，因为他们了解 WFU 是什么样，可以继续传承历史。WFU 非常具备创新精神，我们有许多想法，我们试图成为创新引擎，但校友子女倾斜政策使得我们可以回到根基，允许我们维持特定的遗产，维持独特的环境。所以既脚踏实地，又非常具有前瞻性思维。(WFU-AO-6-160518)②

作为公立大学，UNC 考虑“校友联结”是针对州外申请者而言

① Daniel Golden, “The preferences of privilege”, in Joseph A. Soares, ed., *SAT Wars: The Case for Test-Optional College Admissions*, New York, NY: Teachers College Press, 2012, pp. 15 – 16.

② 该受访者解释了招募校友子女的一种形式：“我们在这个秋季会召开校友招生论坛，会邀请校友带着高中年纪的子女来到校园，我们安排专门的时间面试他们。他们平常什么时候来都可以，但这个活动是周五召开，所以我们安排周四和周五的面试时间供家长选择。同时，我们分享各种有关评价过程的细节，不只针对 WFU，因为我们希望他们关注 WFU，这是他们成长过程的过分经历，但我们主要是给予支持，所以我们会介绍美国大学评价的整体情况。校友子女可以是高二、高三的学生，有时候高四学生也会过来，他们会了解高校一般在评价过程中关注什么，从而高二学生可以提前计划在高三、高四修读什么课程，高四学生可以知道面试应该怎么准备。我们主要是给予他们有关大学招生过程中的一些指导，即关乎 WFU，也关乎给予支持……我们与校友办公室合作，校友办公室邀请他们认为有高中年纪的子女的校友来参加活动。校友可以得到一些关于录取的好信息，也可能会碰到同学。”（WFU 受访 AO）

的。UNC 招办主任表示会留意所有申请者（包括州内和州外）的校友子女身份，而且承认“对于州外的学生，校友子女的地位在录取过程中是非常重要的考量因素”。[①] 表4-5 即显示州外校友子女在该校的录取率远远高于所有学生，在 2015 年更将近是后者的 1.7 倍。而且，州内校友子女的录取率实际上更高于州外校友子女。另外，在 UNC 的 2015 级新生中，校友子女占 18.6%，其中州内校友子女占 15.5%，州外校友子女占 3.1%。[②]

从以下 UNC 的表述中可以看出，UNC 的校友子女比例几乎与私立大学 USC 持平[③]，其原因除了给予州外校友子女的倾斜，还在于州内校友子女本身往往比普通申请者成就更高，因此具备自然竞争优势。的确，高选拔性高校的校友子女一般来自文化、经济地位较高的家庭，可以保证其学业和个人表现的卓越。基于 UNC 的公立大学身份，该校表明不会给予州内校友子女录取倾斜，因为州内毕业校友太多，不具备区分意义，而且受到州政府资助，需要给予州内所有申请者同等的考虑以保证公平。同属旗舰公立大学的 UCLA 和 UCSD 不考虑校友联结因素的原因也在于此，即州政府的拨款可以使两校避免面临牺牲宝贵的公共资源给不合格的校友子女这个两难问题。[④] 校友规模制约校友子女的倾斜效应也得到了 WFU 受访者的呼应：“有些高校说校友子女不起作用，是因为它们是大型高校，在全世界有大量的校友。但对我们而言，校友子女很重要，因为我们是一所小型大学，每年的毕业生更少，校友更少，所以我们会对校友

① Students For Fair Admissions, *SFFA-v. -UNC-Complaint*, November, 2014, https://studentsforfairadmissions.org/wp-content/uploads/2014/11/SFFA-v.-UNC-Complaint.pdf, pp. 40-41.

② UNC-Chapel Hill Advisory Committee on Undergraduate Admissions, 2014-2015 *Annual Report*, UAD2014-15, February 19, 2016.

③ USC 的 2015 级新生中校友子女也占 19%。数据源自 https://about.usc.edu/files/2015/10/USCFreshmanProfile.pdf.

④ John Aubrey Douglass, *The Conditions for Admission: Access, Equity and the Social Contract of Public Universities*, Stanford, CA: Stanford University Press, 2007, p. 258.

子女身份做标记，会招募这些学生来申请，并使之注册。”

> 对于州内申请者，尽管我们一直欢迎了解更多关于申请者的背景以及他们与学校联系的机会，在录取决定中校友子女身份并不会影响录取结果。因为本州的毕业校友非常多，而且我们是州政府支持的院校，给州内属于校友子女的申请者倾斜对北卡罗来纳州的其他纳税者来说不公平。然而，我们的确发现本州的校友子女在申请条件上一般都更好，因为他们通常做好了在 UNC 取得成功的充足准备。对于州外申请者而言，如果你的父母或者继父继母曾经在 UNC 求学，那么家庭联系在录取决定中的确发挥一些细微的作用。但是总的来说，我们把你当作申请者看待，而不是看重你的母亲就读于该校时的成就。[①]

二 其他关系联结

其他关系联结主要指向事业发展贡献联结和教职工联结。首先，事业发展贡献联结指申请者为对学校事业发展做出金钱贡献或声望贡献等人士的子女，其中前者可称为（大额）捐赠者子女，后者包括明星、总统等有高声望者的子女。就捐赠者子女而言，USC 的 AO2 指出私立高校都会给予倾斜，以获得办学经费，捐赠收入也有助于其他学生。同时，从其描述中可以看出，该校申请者中有 2% 左右为捐赠者子女及其他事业发展贡献者子女。的确，与公立大学可以获得州政府的拨款资金不同，私立高校不得不依靠富裕学生贡献的学费和捐赠，来维持学术水准[②]和资助贫困学生。例如，在 WFU，“捐赠基金通常用于支付教师工资或为学生提供奖、助学金，有时也

① UNC-Chapel Hill Undergraduate Admissions, “Admissions Mythbusters: Application Edition”, August 29, 2014, http://admissions.unc.edu/admissions-blog/2014/08/29/admissions-mythbusters-application-edition/.

② Joseph A. Soares, *The Power of Privilege: Yale and America's Elite Colleges*, Stanford, CA: Stanford University Press, 2007, p. 17.

会用来建新楼”。因此，基于私人捐赠是保持卓越地位的基础所在，许多精英私立大学都在录取决策中给予捐赠者子女倾斜。杜克大学的“助力发展人员子女录取案例”① 便是知名案例，德州大学校长比尔·鲍尔（Bill Powers）也被曝利用整体性因素录取许多学业不合格的捐赠者子女。② 不过，Davidson 的 AO1 指出申请者需要落实捐赠，且在提前录取阶段提交申请，才能享受录取优势。如果在常规录取阶段，捐赠者子女需要具备学业竞争力和能够胜任大学学业。但这也意味着在提前录取阶段，Davidson 可能会录取极少数学业不合格的捐赠者子女。不过，受访者表明：“因为捐赠而录取不能胜任学业的人，结果他在第一个学期或一年后辍学，这种情况从未发生过。”（Davidson 受访 AO）。

> 我认为所有私立高校都存在这种现象。招办主任每年追踪与董事会、校长、教务处长、各学院院长相关的各种利益。我们有大概 900 位学生反映了一些人的利益诉求，但这不意味着 900 位学生都会被录取。900 位学生中的许多人表现不错，不管怎样都会被录取，所以一些重要人士的请托并不重要。对有些学生来说，利益是他们被录取的原因，但是我们知道捐赠也会帮助许多其他的学生。我们会考虑校友子女身份和捐赠者子女身份，但这通常是招办主任与各种利益相关者之间的事情。（USC-AO-2-151215）

尽管 WFU 的 AO 在访谈中没有回答关于捐赠者子女倾斜的问题，曾担任过该校招生指导委员会成员的某位教授告知笔者 WFU 的

① 详见 Daniel Golden, *The Price of Admission: How America's Ruling Class Buys Its Way into Elite Colleges and Who Gets Left Outside the Gates*, New York, NY: Grown Publishers, 2006, pp. 49 – 82.

② Kevin Carey, “Goodbye, SAT: How Online Courses Will Change College Admissions”, *Washington Post*, 2015.

发展事务办公室（Development Office）可能会向招办传送一张列有主要捐赠者子女的名单，并表明“请尽可能录取这些人”，招办也许会在3%的灵活计划内录取这些学生。因为如许多私立大学一样，WFU依赖捐赠和学费办学，给予捐赠者子女倾斜是与“邪恶力量”进行的交易。捐赠者子女倾斜是否存在于公立大学尚不清楚，笔者怀疑也可能存在，因为随着公立大学对增长的学费和获得捐赠资金、引进新设备越来越关注，财政压力越来越影响录取决策[①]。公立和私立高校因此被部分学者视为“无可救药的乞讨者”。[②] UCLA校长吉恩·布洛克也表示：“UCLA虽然是公立大学，私人资助也是学校资金的来源之一，并且变得越来越重要，我们不断收到来自校友、洛杉矶当地以及全国各地热心父母、朋友们的慷慨捐赠，这些私人捐赠资金大大支持了UCLA对一流学术和教学的巩固和发展。”[③] 尽管私人捐款可以保证学术自由和资金支持，但也使得公立高校不得不面临是否优先招收捐赠者子女以回报其支持的拷问。[④]

不过，公立精英大学即使给予捐赠者子女录取倾斜，其倾斜程度可能比私立高校更低，因为基于世袭身份的遗赠特权既与公立大学的道德意识不符，也与公立大学促进社会流动的理念和政治责任不符。在1996年，加州大学系统只有UCLA和伯克利分校的录取政策被允许与政治联结或者潜在的资助有关，但在真实录取过程中得到倾斜的人很少。随着与肯定性行动有关的争辩以及两校录取竞争日益激烈，加州大学董事会声明“对加州大学或者其运作、功能或项目，礼物、贡献、赏钱或者其他的考虑不应该在

---

① John Aubrey Douglass, *The Conditions for Admission: Access, Equity and the Social Contract of Public Universities*, Stanford, CA: Stanford University Press, 2007, p. 258.

② ［美］威廉·G. 鲍恩：《汲取经验：普林斯顿大学校长的反思》，王天晓译，高等教育出版社2012年版，第117页。

③ 熊建辉、潘雅：《创建21世纪美国公立研究型大学的典范——访美国加州大学洛杉矶分校校长吉恩·布洛克》，《世界教育信息》2013年第24期。

④ ［美］丹尼尔·金：《美国顶级大学招生标准及其对中国教育的启示》，姜天海、张潇方译，《中国教师》2011年第23期。

任何录取决策中起作用”，从此禁止教职工子女、捐赠者子女、政治官员子女等倾斜。[①] 在加州大学的创建特许状中，董事会确立了指导加州大学招生实践、选拔品德和教育合格的生源（或者说“德智双向选择的录取标准”[②]）的三条原则，第一条便是录取决策非世俗和非政治化，即生源的选拔和奖学金的授予应该免于世俗和政治影响。[③]

此外，作为教师或者管理、行政人员的子女在公立大学中一般不具备录取优势，在私立高校则可能获得倾斜。上文已表明加州大学禁止对教职工子女的倾斜，但 HYP 之一的某位 AO 指出可能因为吸引或保留教职工而给予录取倾斜[④]，圣母大学（Notre Dame University）也存在对该校教师子女的“破格录取”现象。[⑤] 不过同为私立大学的 WFU 表示教职工子女不具备录取优势，被考虑的主要形式是享受学费优惠政策。如果申请者是 AO 子女，在录取决策阶段该招办人员需要遵循回避原则，不参与对其子女的材料审核。该校 AO5 即指出：“我有双胞胎女儿明年开始上高中。如果她们来到 WFU，有资格获得教职工学费优惠。”丹尼尔·戈登在谈及教职工子女录取问题时也表明：“破格录取为大多数高校给教职工子女学费补贴的边际效应，而且招办主任在拒绝有声望的教授或者位高权重的管理人员的子女时会相当谨慎，因为这意味着这些父母不仅仅会尴尬，而

---

① John Aubrey Douglass, *The Conditions for Admission*: *Access*, *Equity and the Social Contract of Public Universities*, Stanford, CA: Stanford University Press, 2007, p. 258.

② 周作宇、常桐善：《美国最大公立大学系统怎样招生》，《中国教育报》2009 年 2 月 17 日第 4 版，第 1 页。

③ John Aubrey Douglass, *The Conditions for Admission*: *Access*, *Equity and the Social Contract of Public Universities*, Stanford, CA: Stanford University Press, 2007, pp. 17 – 20.

④ Anna Mountford Zimdars, *Meritocracy and the University*: *Selective Admission in Englandand the USA*, London, UK: Bloomsbury Academic, 2016, p. 85.

⑤ 详见 Daniel Golden, *The Price of Admission*: *How America's Ruling Class Buys Its Way into Elite Colleges and Who Gets Left Outside the Gates*, New York, NY: Grown Publishers, 2006, pp. 177 – 194.

且不得不在其他院校付全额学费。”①

第四节 地理位置

由于美国精英高校吸引着来自全世界的申请者，而这些高校又都致力于组建一届来自不同国家、不同地域的多样化生源群体，申请者的“居住地”成为各校AO的考虑因素。同属于地理位置范畴的“本州居民”是公立大学视为“非常重要”、但私立高校“不考虑”的因素。

一 居住地

案例校在录取决策中都会考虑申请者的居住地，体现为追求地域多样化（regional diversity）/地域代表性（regional representative），即注重录取来自不同地域、包括全美不同的州和世界不同国家的学生。例如，在Davidson，“学生来自47个州、43个其他国家。我们追求多样性”（Davidson受访AO），UCLA招办协理主任罗莎·皮门特尔表明：“加州大学每所分校都致力于获得生源群体的多样化。UCLA也重视多样化，但不仅仅是族裔多样化，也是‘学生来自哪里’？也许他们来自北卡或大峡谷的某个小镇。我们想要那里的更多生源。”② 案例校、特别是私立院校都喜欢表明生源来自美国多少个州和多少个国家，并给出最具代表性的地域信息。

（1）USC指出“2015级新生是一届竞争激烈和高度多样化

---

① Daniel Golden，“The preferences of privilege”，in Joseph A. Soares，ed.，*SAT Wars：The Case for Test-Optional College Admissions*，New York，NY：Teachers College Press，2012，p. 18.

② Renzo San Juan，“How Colleges Pick Who Gets in”，2012，http：//www.layouth.com/how-colleges-pick-who-gets-in/.

的学生群体，有着非常广阔的地域代表性”，并表明生源中43%来自加州，17%来自东海岸（USC史上最高比例），国际学生占15%，来自52个国家或地区。除加州外，人数最多的州是德克萨斯州、纽约州、伊利诺伊州和华盛顿州。美国以外最具代表性的地域是中国、印度、加拿大、韩国。①

（2）在WFU，2015级申请者来自35个国家，录取学生中6%为国际申请者，22%来自北卡，最具代表性的六个州是北卡、佛罗里达、纽约、弗吉尼亚、加州和佐治亚。②

（3）Davidson以生源的高中所在地为统计口径，表明2015级新生中来自中—大西洋者占13.6%，来自中西部者占9%，来自东北部者占17%，来自东南部者占40.8%，来自西部占12.5%，来自其他国家者占7.1%。③

（4）在Pitzer，2015年入学的学生来自43个州，国际学生占10.8%，来自17个国家和地区；④

（5）在UNC，2015级新生代表的州有44个，北卡的县有97个，国家（包括美国在内）有21个；⑤

（6）在UCLA，2015年入学的州内学生覆盖州内每一个县，州外录取学生覆盖美国各州以及84个其他国家或地区。⑥

---

① University of Southern California，“USC Announces Class of 2019 Statistics”，September 30，2015，https：//pressroom. usc. edu/usc-announces-class-of-2019 – statistics/.

② 数据源自 http：//fromtheforest. admissions. wfu. edu/2015/03/wonderful-applications-difficult-decisions/.

③ 美国共50个州和1个特区。数据源自 https：//www. davidson. edu/admission-and-financial-aid/class-of-2019 – profile.

④ 数据源自 http：//pitweb. pitzer. edu/admission/explore/at-a-glance/class-of-2019 – enrollment-data/class-2019 – data/.

⑤ UNC-Chapel Hill，2015 *Entering Class Profile First-Year Students*，UNC ClassProfile2015，September，2016.

⑥ University of California，Los Angeles，“UCLA Offers Admission to More Than 16000 Talented Students for Fall 2015”，July 2，2015，http：//newsroom. ucla. edu/releases/ucla-offers-admission-to-more-than-16 – 000 – talented-students-for-fall-2015.

与私立高校的地域多样化内涵主要强调生源代表全美和全世界相比，公立大学的地域多样化概念首先在于州内地域的代表性，即录取生源应来自所在州的各个地理区域。宾州州立大学在建立初期曾基于宾州每个县的人口进行指标分配，录取学生需要满足三个条件，包括年满 17 岁、拥有良好的道德品质和一封来自所在县的推荐信。尽管加州大学从来没有采取类似模式分配招生名额，但直到 20 世纪 60 年代，地域代表性一直是招生中重要的价值理念。“地域代表性和高等教育参与，为加州大学决定在各地建立分校、将加州划成不同的服务区域提供了逻辑基础。”① 加州大学董事会确立的生源选拔原则之一为追求地域代表性，录取生源应均衡地代表加州、特别是代表加州的地理区域，反映加州人口的地理分布，以确保服务整个加州，使所有加州居民都有入学机会。②

各校之所以追求地域多样化，原因包括重视其带来的教育价值和贡献以及对高校声望的追求。就教育价值和贡献而言，不同地域的学生在个人经历、文化意识、学识、看待问题的视角等方面都可能存在差异，聚集在一起可以互相学习，因此地域多样化对每一位学生都有益。例如。UCLA 招办协理主任罗莎·皮门特尔表明：“如果你来自纽约，你会有不同的视角。而且带入国际学生进校园对我们也非常重要，加州学生可以从他们身上学习，反之亦然。”③ UNC 亦指出：“意识到州外学生在学校项目中的参与，会对北卡州内学

---

① John Aubrey Douglass, *The Conditions for Admission: Access, Equity and the Social Contract of Public Universities*, Stanford, CA: Stanford University Press, 2007, p. 18.

② John Aubrey Douglass, *The Conditions for Admission: Access, Equity and the Social Contract of Public Universities*, Stanford, CA: Stanford University Press, 2007, pp. 17 – 20. 另外：就免学费政策而言，加州大学建立初期，学生入学无须缴费的原则慢慢演变为需要为招生过程支付一定的费用，比如缴纳考试费用。宾州州立大学建立初期，曾经要求学生缴纳 100 美元的学费和住宿费，是本州其他大多数学院的 1/3，后来该校董事会也取消了学费要求。

③ Renzo San Juan, “How Colleges Pick Who Gets in”, 2012, http://www.layouth.com/how-colleges-pick-who-gets-in/.

生、对学校以及北卡州带来教育和其他方面的价值，UNC 可以招收不超过 18% 的州外学生。”① USC 的 AO 则表明“教育全球公民”是该校追求的目标，“达成这个目的的唯一方式在于把人们聚集在一起，让他们一起生活、一起学习”，同时国际化是该校历来重视的价值。另外，由于高校追求地域多样化，来自历史生源输送较少的区域的申请者可能会受到倾斜。② 不过 Davidson 的 AO1 指出在常规申请阶段，不会因为对地域多样化的追求而降低标准。

> 我们希望拥有多样化的学生，因为它对每一个人都有益。如果一届学生中一半来自希腊，一半来自中国，那么很可能希腊学生会聚焦在一起，中国学生会聚集在一起，因为语言和文化相同，这不会对离开希腊和中国来到美国读书的学生有益……我们的理念是注册多样化的国际学生，但是我们录取的是最具资格的学生。我不会说因为已经有了几位来自希腊的学生，所以不能录取更多的希腊学生，尽管这些申请者很聪明、很有才能。我不会这么做……在常规申请阶段，我们不会为了得到更大的代表性而限制符合资格的学生数量。（Davidson-AO-1-160512）

就声望而言，地域多样化往往被视为高校声望的象征指标之一，反映高校提供的教育对学生的吸引力。换言之，地域代表性越广，在全美和全世界的声望往往越高，是“在国家和世界地位上升的标志”③。例

---

① UNC-Chapel Hill，2014－2015 *Undergraduate Bulletin*：*Admissions*，December 17，2014， http：//www. unc. edu/sacs/Jan2015/Document% 20Repository/CS% 203. 4. 3% 20Admissions% 20Policies/WEB-2014 － 2015% 20UNC-CH% 20Undergraduate% 20Bulletin. pdf.

② Anna Mountford Zimdars，*Meritocracy and the University*：*Selective Admission in Englandand the USA*，London，UK：Bloomsbury Academic，2016，p. 94.

③ Anna Mountford Zimdars，*Meritocracy and the University*：*Selective Admission in Englandand the USA*，London，UK：Bloomsbury Academic，2016，pp. 91 －92. 该书作者提到其采访的高选拔性机构招办人员表示：“我们现在发展为国家性、也是真正国际性的机构，吸引来自美国每个州和 65 个国家的本科生和研究生。”

如，USC 指出："我们是在全球中心的全球化高校，近年来比其他美国大学吸引了更多国际化的学生。"[①] UCLA 亦表示："证明了加州、全美和全世界的学生对 UCLA 提供的世界一流教育的兴趣在持续增长。"[②] WFU 在 1834 年建校之初为区域性学院，第一届学生只有 16 人。到 1994 年，该校跻身至全国性大学中的一级大学之列，其地位的提升即主要受益于在全美范围内扩大招生。[③]

二 本州居民

作为由州政府投资兴建和支持的高校，公立大学有义务满足州内居民的教育需求，优先录取州内符合学业资格的高中毕业生。这既关乎公平，也是政治诉求。加州大学即表示"作为一所公立赠地大学，加州大学以优先注册加州学生感到自豪。优先体现在多个方面，包括：该大学长期致力于招收每位符合加州大学录取标准的州内申请者，并至少注册符合州资助数量的加州学生；州外申请者的最低学业标准更高的事实；学术评议会制定的录取政策——在录取至同一分校时，州外学生必须比加州学生'更好'（compare favorably)"[④]。的确，在学业标准上，从表 4－7 可以看出，UCLA 的州外学生，无论是申请者、还是录取者，在体现学业成就的各项指标上均高于州内学生，表明其学业实力更强。但出于政治目的，UCLA 仍需要倾斜州内学生。这一点适用于 UNC，表 4－8 显示 2015 级新

---

① University of Southern California, "Mission Statement", https://about.usc.edu/policies/mission-statement/.

② University of California, Los Angeles, "UCLA Offers Admission to More Than 16000 Talented Students for Fall 2015", July 2, 2015, http://newsroom.ucla.edu/releases/ucla-offers-admission-to-more-than-16－000－talented-students-for-fall-2015.

③ Joseph A. Soares, *The Power of Privilege: Yale and America's Elite Colleges*, Stanford, CA: Stanford University Press, 2007, p. 181.

④ University of California, *Discussion Item: Policy on Nonresident Student Enrollment (for Meeting of March, 2017)*, March 16, 2017, http://regents.universityofcalifornia.edu/regmeet/mar17/b4.pdf.

表4－7　　UCLA申请2015年入学学生的地域分布及学业档案

维度	加州学生	州外学生	国际学生	总计
申请者（人）	57756	18645	16327	92728
录取者（人）	9358	4323	2335	16016
注册者（人）	4083	954	643	5680
录取率（%）	16	23	14	17
录取注册率（%）	44	22	28	35
占总申请者的比例（%）	62	20	18	100
占总录取者的比例（%）	58	27	15	100
占总注册者的比例（%）	72	17	11	100
加权 GPA 中间50%	3.63—4.29/4.30—4.58	3.85—4.45/4.30—4.73	3.64—4.09/4.00—4.40	3.68—4.30/4.26—4.60
未加权 GPA 中间50%	3.35—3.87/3.86—4.00	3.46—3.92/3.85—4.00	3.47—3.93/3.86—4.00	3.38—3.90/3.86—4.00
ACT 总分 中间50%	23—31/27—34	27—33/31—34	27—32/31—34	25—32/29—34
SAT 总分 中间50%	1550—2020/1820—2240	1790—2130/2020—2260	1850—2140/2100—2260	1640—2070/1930—2250
大学预备课程门数中间50%	10—20/16—24	12—29/18—34	无	10—21/17—26

注：（1）在GPA、考试分数和大学预备课程中，“/”之前代表申请者的数据，“/”之后代表录取者的数据；（2）所有的GPA只计算10—11年级修读课程的成绩：加权GPA指对包括AP、IB、高中荣誉课程和可转换的大学课程在内的成绩为C或以上的大学预备课程赋予1个额外的成绩点，最高值为5.00；未加权的GPA即不对大学预备课程进行加权计算，最高值为4.00；（3）大学预备课程指10—12年级修读的大学预备课程，以一学期课程为一门、一学年课程被视为两门为统计口径；（4）数据整理自 https：//www.admission.ucla.edu/prospect/Adm_fr/Frosh_Prof15.htm.

生中，州内学生的各项平均SAT分数均低于州外学生。不过在录取率上，与UNC州内学生录取率一直高于州外学生相比（见表4－9），UCLA州内学生的录取率更低。另外，有数据显示，在2003—2006年，UCLA州内学生录取率一直高于州外学生，但2006—2010

年，州内学生录取率均低于州外学生。①

表4-8　　UNC 2015 级新生的 SAT 分数　　单位：分

分数	州内学生	州外学生
平均 SAT 阅读分	641	662
平均 SAT 数学分	649	693
平均 SAT 总分（阅读+数学）	1290	1355
平均 SAT 写作	631	673

注：数据源自 https：//oira. unc. edu/files/2016/03/FY-FT-Profile_ Fall-2015. pdf.

表4-9　　UNC 州内、州外学生分布

年份	申请者			录取者			录取率	
	州内（人）	州外（人）	州内占比（%）	州内（人）	州外（人）	州内占比（%）	州内（%）	州外（%）
2011	9429	14324	39.7	4876	2593	65.3	51.7	18.1
2012	9979	19518	33.8	4972	2875	63.4	49.8	14.7
2013	9893	20942	32.1	5043	3200	61.2	51.0	15.3
2014	9756	21575	31.1	5138	3792	57.5	52.7	17.6
2015	10287	21666	32.2	5330	4180	56.0	51.8	19.3

注：州外学生包括国际学生在内，占比和录取率数据为笔者自行计算所得。数据源自 http：//faccoun. unc. edu/wp-content/uploads/2010/10/UAD2014-15. pdf.

为了追求地域多样化、同时保证州内学生的利益，公立大学 UNC 采用了每年招收的州外学生不超过 18% 的配额政策。这也是 UNC 唯一的配额形式，一如该校所指出："对于高中、城市、学校系统、州内县或者地区均没有配额。这可能很难令人相信，因为州内一些县在新生档案中有更高的代表性，但这只是因为这些地区有许多具备竞争

① 具体而言，在 2003—2010 年，UCLA 州内学生录取率分别为 24.2%、28.1%、27.8%、25.9%、23.8%、22.3%、21.6%，州外学生录取率分别为 19.1%、20.6%、21.5%、26.9%、24.7%、27.4%、26.2%。数据源自 University of California Board of Admissions and Relations with Schools, *Comprehensive Review in Freshman Admissions at the University of California* 2003-2009, BOARS CR Report, June 22, 2010, p. 64.

力的申请者。招办的唯一配额是州内和州外居住者。”[①] 公立大学 UCLA 和 UCSD 及其所属的加州大学系统一直没有类似 UNC 的州内外学生配额政策，也没有实行基于高中的配额制或其他形式的配额制：“没有配额规定从一所高中录取多少名学生，可能一年从一个高中录取 20 名学生，下一年 10 名，再下一年 30 名……不存在给高中分配的具体数字。”（UCLA 受访 AO）。

值得指出的是，加州大学系统 2016 年在政治压力下开始提出州外本科生在所有分校的总占比不超过 20% 的限额提案。具体而言，2008 年金融危机之后，加州政府对加州大学的资助下降，原先计划的 7.28 亿美元州拨款并没有实际支付。[②] 为了满足办学的财政需要，加州大学决定降低对州外学生的录取标准，以注册更多支付高额学费的州外学生。2011 年招生与中学关系委员会删除了 2009 年制定的关于州外学生录取原则的陈述——州外学生“应该证明比州内学生更强的录取成就，一般应相当于符合录取资格的加州学生的前 50%”，改为州外学生应该比加州学生更好，即并没有限定州外学生必须达到前 50% 州内学生取得的成就。[③] 换言之，虽然对州内学生的倾斜仍然存在，但倾斜力度有所下降，这也解释了为何 UCLA 州内学生的录取率更低，且仅比国际学生高两个百分点（见表 4－7）。是故加州大学系统录取的州外学生在 2014—2015 年比 2010—11 年增加了 182%，但州内学生只有 4% 的增长。[④] 于是 2016 年，州立法

---

① UNC-Chapel Hill Undergraduate Admissions, “Admissions Mythbusters: Application Edition”, August 29, 2014, http://admissions.unc.edu/admissions-blog/2014/08/29/admissions-mythbusters-application-edition/.

② California State Auditor, *The University of California: Its Admissions and Financial Decisions Have Disadvantaged California ResidentStudents*, State Auditor Report 2015－107, March 29, 2016, p. 93.

③ California State Auditor, *The University of California: Its Admissions and Financial Decisions Have Disadvantaged California Resident Students*, State Auditor Report 2015－107, March 29, 2016, p. 26.

④ California State Auditor, *The University of California: Its Admissions and Financial Decisions Have Disadvantaged California Resident Students*, State Auditor Report 2015－107, March 29, 2016, p. 23.

者威胁加州大学如果不设立州外学生的限额，他们将收回 1850 万美元的拨款。加州大学最终给出了回应，提出限额方案并发誓要继续给予加州居民最高优先权。这是加州大学第一次设立州外学生注册数量的限制，加州大学官方希望它将足以促使州官员发放拨款。①

私立高校并不由州政府供养，因此没有服务本州的义务，可以不用考虑向本州居民倾斜。与公立大学相比，私立高校也录取和注册了一定比例的州内学生，但占比明显更低。例如，在 2015 年录取学生中，WFU 州内学生占 22%，Pitzer 占 40.3%，均小于 UCLA（58%）、UNC（56.0%）。在注册学生中，WFU 州内学生占 21%，Pitzer 占 38.5%，亦小于 UCLA（72%）、UNC（80.5%）。② 同时，私立高校不存在任何形式的配额，Davidson 和 WFU 的 AO 均表明了这一点，比如“没有给予高中的配额”（WFU 受访 AO）、“没有针对在家上学学生和来自纽约市的高中生的配额”（WFU 受访 AO），原因在于“配额路径不是建立共同体的最佳方式”（Davidson 受访 AO）。不过，各校在生源的地域分布、族群分布等维度仍然有大致的量化目标，且这一目标是灵活的，不是固定的，每年可能根据申请者和在校生的情况进行调整，一如 USC 的 AO 指出该校招办“基于地域内申请者的质性和量化因素（比如在申请者中的占比），为各地域分配了大致的录取份额”。当被问到“在录取决策中是否会留意需要录取多少

① Teresa Watanable, “UC Proposes Its First Enrollment Cap—20%—on Out-of-State Students”, *Los Angeles Times*, March 6, 2017, p. 23.

② WFU 录取数据源自 http://fromtheforest.admissions.wfu.edu/2015/03/wonderful-applications-difficult-decisions/.；Pitzer 录取和注册数据基于 536 位录取学生的情况，不含后来递补的学生，引自 http://pitweb.pitzer.edu/admission/explore/at-a-glance/class-of-2019-enrollment-data/class-2019-data/；UCLA 数据源自 https://www.admission.ucla.edu/prospect/Adm_fr/Frosh_Prof15.htm；UNC 数据源自 http://fac-coun.unc.edu/wp-content/uploads/2010/10/UAD2014-15.pdf. 另外，我没有找到 UCSD 新生的地理分布数据，但该校 2015—2016 学年在读本科生中 77% 来自加州，5.5% 来自其他州，17.5% 来自其他国家。数据源自 http://studentresearch.ucsd.edu/_files/stats-data/profile/Profile2015.pdf.

名特定地域的学生或少数族裔学生或贫困学生”时，该AO指出会有大致的数量概念。

第五节　其他因素

注册兴趣和宗教信仰是CDS中列出的因素，同时AO在访谈中也提及了就读高中和性别，本节一并论述如下。其中，注册兴趣和就读高中更为重要，性别、宗教信仰有时会被考虑，但一般不影响录取资格。

一　注册兴趣

注册兴趣是私立高校都会考虑的因素。在公立大学，虽然UCLA、UCSD和UNC均表明不考虑该因素，但UNC表示“我们真正喜欢的是学生发邮件表达对某位教授的兴趣。我们乐于看到他们展示主动性。”① 换言之，如果申请者主动表达注册兴趣，也是公立大学乐见的。而且，有研究指出有些选拔性公立大学会出于提高录取注册率的目的，逆向歧视学业表现优秀者。② 在私立高校，一如

---

① Sam Shaw, “UNC's Head of Admissions Stephen Farmer Focuses on Opportunity”, *The Daily Tar Heel*, September 30, 2014.

② 研究者指出：“不管是公立还是私立高校，出于注册管理的考虑，都会拒绝一些学业标准达标甚至高于机构标准的申请者，比如一位进入私立学院就读的学生是该校有影响力校友的儿子，他也曾经申请过一所在美国新闻与世界报道的全国性大学排名位于第二级的东北部公立大学，这所大学正在积极尝试提高它的排名。尽管这位申请者的资格（考试分数、年级排名和GPA）都比该公立大学典型申请者的资格要高，但他被拒绝了。不过，他收到一封来自这所机构一位招生人员的信，表明如果这位申请者声明他如果被录取便会入学的意向，这所公立大学将会录取他。显然，这所大学的这种行为是用于降低其录取率、提高录取注册率，但我们肯定会质疑这种行为是否真的道德。”引自Ronald G. Ehrenberg, “Reaching for the Brass Ring: The U. S. News & World Report rankings and competition”, *The Review of Higher Education*, Vol. 26, No. 2, 2002, pp. 145 – 162.

Pitzer 的 AO 指出的，注册兴趣很重要，它可以满足注册目标这一高校的优先项，因为显示出注册兴趣的申请者对高校更了解，注册概率也更大。

> 注册兴趣意味着你在申请材料或在与 Pitzer 的互动中揭示了你对 Pitzer 做了研究，了解来到 Pitzer 后面临的环境。在一定程度上，如果我们在常规招生阶段录取了你，你注册的概率更大。这是我们考虑的一个因素，如果我们认为你是一位适合文理教育的好学生，但没有看到为何你适合 Pitzer，你也没有与我们联系，从来没有出现在我们的宣讲会或大学展览上，我们便知你接受 Pitzer 录取的概率更低，从而会影响我们的录取注册率和候补名单。有些学生会来到校园，给我们发邮件，在申请材料中阐明为什么 Pitzer 是意向高校，并提及想与之合作的教师，这些会向我们揭示如果你被录取的话，注册的可能性很大。这会影响我们的数字，所以它对我们很重要。（Pitzer-AO-2-151217）

注册目标之所以重要，在于美国大学生源市场竞争激烈，学生往往申请多所高校。在全美，2015 级新生中申请七所甚至更多的高校（不包括最终就读的高校）的学生比例占 28.5%，比 2005 级新生中同类学生的比例超过两倍，其中申请 11 所或更多的学生比例占 7.6%。[①] 多位 AO 指出“学生申请高校的数量较以往一直在增长，有些学生甚至申请 20—30 所高校”。因此，依赖生源带来的学费收入办学的私立高校往往需要“售卖”自己，使用提前录取、提前行动、授予奖学金等方式，吸引获得录取资格的渴求生源选择注册，以完成每年的招生名额。USC 的 AO 即指出该校授予优秀奖学金的目的并非全

---

① Kevin Eagan, Ellen Bara Stolzenberg, Joseph J. Ramirez, Melissa C. Aragon, Maria Ramirez Suchard, and Cecilia Rios-Aguilar, *The American Freshman: Fifty-Year Trends*1966 - 2015, CIRP Report, 2016.

部是奖励学业成就，还包括“诱使”一些高校渴求的候选者注册。

> 我认为招办内部和外界理解常常存在分歧的地方在于优秀奖学金（merit scholarships），家长和学生认为优秀奖学金是奖励学习优秀者，实际上不一定如此。在一定程度上，情况确实如此，但是我们也使用奖学金来诱使出于种种原因我们真正想要的学生在录取后选择在USC注册就读。这些原因可能是一个高的考试分数，或者来自一所我们之前没有收到过申请的好学校的州外学生，或者一位颇具代表性的学生。外界可能将奖学金视为一种奖励，但我们将之视为吸引特定学生选择在USC而非别的学校注册的诱因。所以有时候当学生有很高的分数但没有获得奖学金时，他们会带来电话说“我值得获得奖学金”，但这并不是我们给予奖学金的原因，我们不是为了奖励学生而授予奖学金。我们授予奖学金是为了促进注册率。我认为这是一个学生和家长往往不能理解的有趣的不同。（USC-AO-2-151215）

由于案例校均具备高选拔性，对大量申请者具有较强的吸引力，往往不愁表达注册兴趣的申请者，因此多位AO均表示在录取决策中注册兴趣不会带来录取优势，其中USC的AO指出如果过于强调该因素会带来不公，“因为许多时候学生没有很好地表达自身的兴趣，或者他们没有决定好”。但Davidson的AO表明在非绑定性的常规录取阶段，“更留意这个因素，因为会考虑申请者的注册可能性……它只是我们在作录取决策时对话的部分内容，不会获得录取优势”。USC的AO指出如果申请材料显示学生真的缺乏注册兴趣，只是将USC视为保底选择，则会导致被拒绝。由此可见，注册兴趣仍然是申请者获得录取资格的必备条件。

> 注册兴趣在录取决策中作用很小，但我们会考虑它。如果申请中的所有信息告诉我某些学生不是真的感兴趣，他们申请

USC是因为其高中所有人都在申请USC，或者因为将USC视为保底高校，我可能不愿意录取他们。但显然注册兴趣不是我时刻首先考虑的因素。当然，我们希望录取接到录取通知书的学生会注册就读，学生需要认真考虑选择在哪所高校注册。也许他们不会来USC，这也没问题。相反，如果所有的录取学生都来，那将是个问题。但我不希望他们拿到录取通知后丢到一旁。所以我们寻找自认为在申请阶段至少会考虑进入USC的学生。有时，注册兴趣的确意味着拒绝一些学生，[他们] 在数字上都显示出具备录取资格，但申请中没有一处对将在这里受益什么或为什么要来到这里或为什么会对这里做出贡献给出好的说明。(USC-AO-2-151215)

在注册兴趣的甄别上，AO指出申请提前录取、面试、到校参观、电话沟通等途径均可显示出申请者是否想要进入高校就读，比如学生在短文中往往会主动提及对高校的了解和兴趣。Pitzer即指出“如果你参加了校园参观或宣讲会，这也可以在面试中提及”①。WFU的AO呼应了这一点，并指出除了揭示注册兴趣，到校参观是双向受益、了解彼此匹配度的好方式。另外，美国有些高校会以量化的形式来追踪注册兴趣，比如记录打过几次电话、发了几封邮件、是否进行过面试等信息，但Pitzer的AO表示衡量“注册兴趣不是基于量化指标，而是更主观的评估”，不会依赖特别具体的细节。USC的AO则表示该校会记录相应信息，但记录的主要目的在于开展“对参访高中和本校校园参观等拓展活动有效性的内部评估”，不会作为录取决策依据。

① Pitzer College, “Interviewing at Pitzer: Your Guide to a Successful College Interview! (Online Webinar)”, May 18, 2016, http: //pitweb. pitzer. edu/admission/interviewing-at-pitzer-your-guide-to-a-successful-college-interview/.

我们会问学生是怎么变得对 WFU 感兴趣、火花是什么，许多时候学生会说“WFU 是我的第一选择”。申请提前录取是一个好的揭示指标，因为学生在提前录取中被录取的话便会注册。如果学生申请常规录取，也会让我们知道“WFU 是我的第一选择”，或者我们会看到“相关迹象”。学生会到校参观、参加开放日，与朋友在校园度过一晚，他们会在申请表中让我们知道这些细节，我们也会问他们，因为我们想要了解。我们想要到校参观过的学生，想要面试过的学生，也想要没有做过这些事情的学生。通过各种不同的方式了解学生，帮助我们勾勒一幅学生的完整拼图。到校参观是双向受益的过程，学生可以了解我们，我们也可以了解学生，学生可以看这个地方是否让他们感觉到挑战、感到获得支持。我们通过申请表搜集信息，或者问学生“为什么选择 WFU”“你是怎么对 WFU 感兴趣的”，所以注册兴趣是我们真的想知道的信息。我们想知道学生会来到这里，真正挖掘这里是什么样的，并且真正享受这里提供的机会。当然，教室是我们希望学生享受的第一环境，但饮食、住宿等也是。我们希望学生看到这是一个他们可以挖掘不同领域兴趣的地方，发现这是一个好的匹配，如果他们喜欢博雅教育，而非特别具体的专业课程。我们希望他们了解这个学校，并且对这个学校做一些研究，以明确这里是否是他们想来的学校。(WFU-AO-6-160518)

二　就读高中

美国精英高校招收的生源覆盖公立高中和私立高中，同时在案例校中，无论是公立大学、还是私立高校，来自公立高中的生源的占比均更大。在公立大学 UNC，2015 级新生中公立高中毕业生占 78.7%，私立高中毕业生占 17.7%，来自国际高中、军队高中等其他高中的新生占 3.6%。[①] 在文理学院 Davidson，2015 级新生中

① 数据源自 https://oira.unc.edu/files/2016/03/FY-FT-Profile_ Fall-2015.pdf.

49.9%来自公立高中，40.2%来自私立高中，6.5%来自非传统或国际高中。[①] 私立大学 USC 的数据亦表明不管是申请者还是录取者或注册者，来自公立高中的学生都更多，见表 4－10。同时，USC 州内、州外高中学生占比相差不大，且有超过 10%的学生来自国际高中，再次印证了该校注重地域代表性的理念。USC 每所高中平均录取人数亦显示 AO 并非固定从某些高中选拔生源，而是寻求来自不同高中的学生。作为地域多样化的落脚点，高中多样化是美国高校普遍追求的目标。例如，加州大学戴维斯分校和圣塔芭芭拉分校即会基于高中 GPA，快速定位申请者中在高中年级排名最高的学生，以使得达到加州高中的最佳多样化获得最高优先权。[②]

表 4－10　　USC 申请 2015 年入学者的高中分布

高中	申请学生	录取学生	注册学生
公立高中占比（%）	60	56	51
独立或教区高中占比（%）	40	44	49
加州高中占比（%）	45	44	43
美国非加州的高中占比（%）	41	42	42
国际高中占比（%）	14	14	15
代表的不同高中数量（所）	9930	3238	1575
每所高中平均人数（人）	5.2	2.8	1.9

注：每所高中平均人数由笔者根据 USC 申请者或录取者或注册者总数除以相应的高中数量计算而得，其余数据均源自 https：//about. usc. edu/files/2015/10/USCFreshmanProfile. pdf.

在追求高中代表性的同时，美国高校、特别是私立大学在长期

① Davidson College，“Class of 2019 profile”，https：//www. davidson. edu/admission-and-financial-aid/class-of-2019－profile. 另：该校没有说明为何高校比例数据相加不是 100%。

② University of California Board of Admissions and Relations with Schools，*Comprehensive Review in Freshman Admissions at the University of California* 2003－2009，BOARS CR Report，June 22，2010，p. 33.

的招生实践中形成一些生源基地校（feeder school），即每年都会有来自这些高中的申请，且比其他高中的申请者更多，在注册学生中的占比也往往更大。以 USC 为例，该校注册学生若平均到每所高中不到两人，但实际上 2015 年有 23 人来自公立的阿卡迪亚高中（Arcadia HS）和半岛高中（PV Peninsula HS）——输送生源数量最多的两所高中，有 21 人来自私立的哈佛——西湖高中。而且由于 USC 身处加州，该校的生源基地校亦以加州高中居多。[①] 多位 AO 指出生源基地校的理念在于高校和高中、学生互相颇为了解，更容易达成匹配，其形成与高校的主动参访和招募、学生的“口碑相传”（Davidson-AO-2-160512）有关。

> 我认为生源基地校的概念，不是展示我们对这些高中有多少倾斜，而是我们了解这些高中，了解这些高中的学生是什么样的。WFU 是一个有趣的拥有许多不同高中生源的世界。有时候我们有一些学生来自以前没有多少人就读 WFU 的高中，当一位优秀的学生被 WFU 录取后，其他学生也开始关注 WFU，随后几年我们突然有来自该高中的更多学生申请。所以影响高中成为生源基地校的因素有许多，一旦我们有来自特定高中的一些申请者，通常不是我们知道这些高中，而是这些高中知道我们，学生知道“如果我很优秀，WFU 是一个好的匹配”，这是另一个双向选择的过程。（WFU-AO-2-160523）

除生源基地校外，申请者可能来自之前很少或者没有输送过生源的高中、特别是国外的高中，招办对高中教育环境和学生情况缺乏了解。AO 将之视为挑战，指出会增加录取决策风险，这也是录取学生多来自生源基地校的原因。但通过中学报告、与高中咨询师沟通等途径，可以应付这个挑战：“当我们看到一份随成绩单一起寄来

---

① 详见 https：//about. usc. edu/files/2015/10/USCFreshmanProfile. pdf.

的中学报告是一所之前没有听过的高中时，中学报告可以给予我们信息。我有过这样的经历，我打给了高中的咨询师询问中学报告没有提到但我们通常需要了解的信息。我们有阅读的风格，可以应付这个挑战，这是我们工作的一部分。"（WFU 受访 AO）

三　性别与宗教信仰

女生在美国高等教育中出现普遍增长的趋势。女性申请者占比在案例校中均超过 50%，其中 Pitzer 更是达到 66%，见图 4－1。尽管如此，从录取率维度看，只有 UCLA 和 USC 的女性录取率高于男性（分别高出两个和一个百分点），UCSD 和 UNC 的男女录取率持平。在 WFU、Pitzer 和 Davidson，三校的女性录取率均低于男性，其中 Pitzer 的差距最大（相差六个百分点）。因此，在这些高校，女性

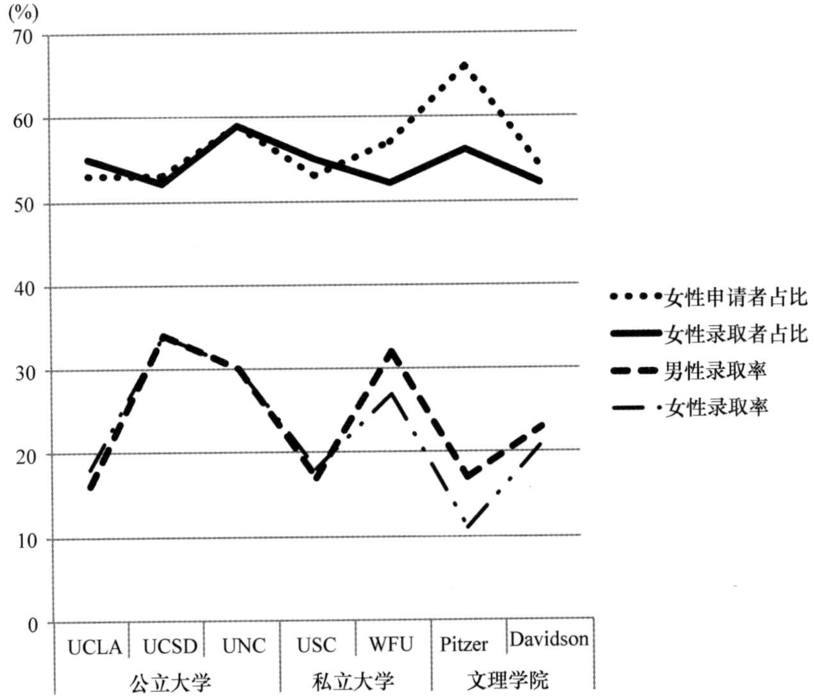

图 4－1　案例校不同性别的录取情况

注：数据源自各校 2015—2016 年的 CDS。

申请者可能需要取得比男性更高的学业成就，才有机会被录取①。

笔者在访谈中询问“女性在录取中是否处于一定程度的弱势地位?”，多位 AO 承认了这一点，并指出女性申请者之所以更难被录取，在于高校希望保持“性别平衡”（Davidson 受访 AO）（WFU 受访 AO）。WFU 的 AO 指出性别平衡不仅对于大学生的社交起重要作用，也反映了社会状况的需要，而且有益于学生之间的互相讨论：“这不仅仅是基于约会的视角，也与课堂中只有一位或少数几位有色学生的情景类似，如果在课堂中只有一位男生或少数几位男生，它的确不利，没有反映出社会的情况……课堂有不同类型的人在讨论很重要。”② USC 的 AO 则表示在宏观层面尚未有意控制性别比例（该校女性录取率更高），但在一些性别特征明显的专业录取决策中会关注性别，以尽量“避免性别失衡”。

> 我们目前还不太担心这个问题。尽管这是我们看到的一个趋势，而且我们会关注它，避免出现性别失衡。但坦率地说，这是美国高等教育普遍存在的问题。这是我们关注的因素，但是目前没有主动采取任何措施，来平衡这些自然的趋势。我也不认为我们将很快有所改变。但是，在一些专业的录取决策上，如果收到过多女生申请工程专业，这是女生通常代表性不足的专业，我们的确会更关注它。如果过多男生申请传播专业，也是一样。所以，在微观视角上，在特定学院的录取决策中，我们会关注性别，但是在宏观视角或整体视角上，我们没有采取措施来控制性别比例。（USC-AO-2-151215）

---

① 索尔斯教授指出高校可以通过姓名或者其他途径判断性别，实施对男生的肯定性行动。如果申请者被判断为女性，她得到的评价可能会偏低。

② 该受访者还指出：“在多样性对话里，有一个关于生物性别的问题，不仅是性取向的问题，我们必须在更广泛的意义上讨论性别。如果性别身份很重要，我们应该如何变得更具包容性。这是我想指出的问题，因为这个对话会变得更为复杂。”的确，如今美国社会对于性别的划分还包括自认为的性别，但本研究不就此展开探讨。

在宗教信仰上，只有 WFU 将其视为考虑因素，其他案例校均不纳入考虑。WFU 考虑的原因在于其建校历史与南方浸信会（Baptist）相关，一如该校官方声明“1838 年被重新批准筹建为维克森林大学——一所坐落于北卡首府罗利郊外的南方教会学校”①。该校 AO 指出 WFU 欢迎持不同宗教信仰以及没有宗教信仰的学生，“允许自由表达”，并乐于见到宗教信仰的多样化，以促进学生之间相互学习。需要指出的是，WFU 并非聚焦于宗教教育，因此宗教信仰不会带来录取优势。另外，Davidson 的建校历史与宗教有关，该校由长老会建立，且基督信仰至今仍然强烈②。但其 CDS 没有将族裔身份视为考虑因素，表明这一因素本身在录取决策中并不起作用。

> WFU 欢迎有各种信仰取向以及没有信仰的学生。WFU 变得越来越多样化，多样化体现在许多方面，其中也包括宗教信仰。我是 WFU 的毕业生，我当时被这所高校吸引是因为班级规模更小、讨论更丰富，以及学生拥有不同的视角。我是多年前毕业的，我认为 WFU 现在比我当学生时更为多样化。我们招办的职责在于使这个地方允许自由表达。正如许多高校一样，我们一直在多样化上取得进展，我的确看到拥有不同信仰取向的学生，比如穆斯林学生、犹太学生、非传统的南方浸信会学生，我们看到不同的信仰背景或无信仰者，这真的很好。我们乐于见到宗教信仰的多样化，因为这允许学生不仅可以在课堂上学习，也可以向不同背景的学生学习，互相分享彼此的故事。（WFU-AO-6-160518）

① Wake Forest University，“Quick Facts”，http：//admissions. wfu. edu/facts/.

② Davidson College，“Statement of Purpose”，http：//www. davidson. edu/about/statement-of-purpose.

第五章

整体性审阅路径（一）：背景考察

整体性审阅是案例校共同采用的评价路径，但它是一个未被明确界定的概念①。笔者认为整体性审阅包括背景考察、个体考察、集体评议三个方面，其中背景考察和个体考察指向如何选拔个体新生，集体评议则指向一届新生的塑造过程。在本章中，笔者先阐明整体性审阅的要素，再对背景考察进行详细的解读。个体考察和集体评议分别在第六章、第七章阐述。

第一节　整体性审阅的要素

美国高校选拔生源，有两种基本路径：第一种是基于数字的公式化路径（formulaic approach），通常使用包括高中 GPA 或年级排名以及考试分数等硬性学业指标进行选拔；第二种是主观评价路径（judgmental review approach），通常意味着对申请者所有信息的审阅。然而，实际的录取决策过程更为复杂。有些高校使用公式来录取或者拒绝某些或所有的申请者，但通常也会因为特殊的考量、特殊的

---

① College Board, *Best Practices in Admissions Decisions*: *A Report on the Third College Board Conference onAdmission Models*, College Board's Admissions Models Project Report, 2002.

项目或奖学金而审阅一定数量的材料。有些高校、通常是具备一定选拔性的高校，则使用更综合的方式来作出录取决定，比如对学业资格使用公式化审阅（通常为计算学业指数[①]），对个人素质进行主观判断。不过，即使是公式化的学业审阅，也可能要求一定程度的主观判断，对个人素质的主观审阅亦可能使用一定的公式。[②] 例如，德州大学奥斯丁分校（University of Texas at Austin）使用包含申请者SAT分数、高中学业表现的“学业指数”和对包括族裔身份在内的多个因素进行整体性审阅的“个人成就指数”（Personal Achievement Index）进行选拔，其中“个人成就指数”是基于对申请者的整体性审阅得出的一个量化分数，它包括申请者的短文、领导力、工作经历、课外活动、社区服务和其他可能让招生委员会了解学生背景的特殊特征。[③]

除了“主观审阅”，还有许多术语被用于描述选拔性录取过程中对申请材料的主观评价，包括“综合评价”（comprehensive review）“整体性审阅”（holistic review）“整体材料审阅”（whole-file/folder review）、“个体考察”（individualized/personalized review）。[④] 在这些术语中，“整体性审阅”是长期以来被广泛使用的概念，也是案例校

① 许多高校使用高中GPA（不管是直接来自成绩单还是重新计算）、年级排名和/或考试分数来计算学业指数（Academic Index）。学业指数中的元素的权重通常基于注册学生的表现的院校研究，通常以预测的大学GPA形式体现。与选拔过程中使用的其他因素一起，用来创造学业指数的元素和权重以及指数如何实际被使用，反映了高校的优先权。在一些情况下，学业指数用来分流申请者至不同的决定类别，在另外一些情况下，学业指数只是简单地变成学生申请材料中额外的元素。引自 College Board, *Admissions Decision-Making Models: How U. S. Institutions of Higher Education Select Undergraduate Students*, College Board's Admissions Models Project Report, 2003, p. 15.

② College Board, *Admissions Decision-Making Models: How U. S. Institutions of Higher Education Select Undergraduate Students*, College Board's Admissions Models Project Report, 2003, p. 9.

③ U. S. Supreme Court, *Fisher v. University of Texas At Austin et al.*, June 23, 2016, https://www.supremecourt.gov/opinions/15pdf/14-981_4g15.pdf, pp. 1-3.

④ College Board, *Selection Through Individualized Review: A Report on Phase IV of the Admissions Models Project*, College Board's Admissions Models Project Report, 2004, pp. 1-2.

在对评价路径的描述中普遍使用的词语。例如，Davidson 表示该校的录取决策过程是“高选拔性和整体性的，招办人员对每位申请者使用整体性审阅”①，Pitzer 也表示使用整体性路径审阅学生②，UCLA 和 UCSD 均采用“单一分数整体性审阅”（single-score holistic review）模式。虽然大学委员会报告指出不同术语揭示的普遍被接受的区别很少，可以被交替使用，但笔者认为案例校使用的整体性审阅可以被进一步界定，以更好地了解这一评价路径。

第一，本文涉及的整体性审阅不同于综合评价，因为在两所案例校——UCLA 和 UCSD，整体性审阅和综合评价属于不同的范畴，分别指向评价路径和录取标准。③ 2001 年，加州大学系统正式出台“综合评价”（comprehensive review）制度，提出利用 14 条标准④测量学生的成就和潜能，同时考虑每位申请者取得学业成就的经历和境遇。⑤ 在这个总体框架下，各分校设计了自主的审阅方式实施综合评价。在 2015 年，六所分校采用了单一分数整体性审阅，其他三所

---

① Davidson College，“Frequently Asked Questions”，http：//www. davidson. edu/admission-and-financial-aid/frequently-asked-questions.

② Pitzer College，“First-Year Applicants”，http：//pitweb. pitzer. edu/admission/first-year/.

③ 如果不严格界定的话，许多时候美国招办或媒体使用的综合评价不专指录取标准，也包括评价路径。

④ 14 条标准包括：（1）高中普通课程，以及在高中时所学的其他加州大学认可的课程成绩；（2）SAT 或 ACT 分数；（3）除了加州大学认可的普通高中课程以外的其他课程的数量、内容以及成绩；（4）诸如 AO、IB 等其他高级课程；（5）符合 ELC 标准；（6）高四课程的种类、数量和成绩；（7）根据申请者所在高中提供教育机会的情况评定的学习成绩；（8）在某一学科的突出表现；（9）在学科领域某一活动项目的突出表现；（10）在学科方面的突出进步；（11）特长；（12）完成与高中课程或者与学校其他活动有关的课题；（13）根据学生的生活经历或者特殊背景来评定学生的学业成就；（14）学生高中毕业学校以及是否为加州居民。另外，前文提到的 UCLA 和 UCSD 的录取标准虽然在表述上与加州大学系统的 14 条标准不完全相同，但内涵是基本一致的。

⑤ The University of California Academic Senate，*First-Year Implementation of Comprehensive Review in Freshmen Admissions：A Progress Report From the Boardof Admissions and Relations With Schools*，November，2002，http：//senate. universityofcalifornia. edu/_ files/committees/boars/yr1compreview. pdf.

采取了公式化审阅的路径。尽管各分校实践不同，所有分校都在评价申请者的才能和潜力时考虑学业和背景性因素。采用整体性审阅的分校认为它是更公平的方式，三所没有采用的分校则相信使用不同的策略得到了期望的结果。[①] 当笔者询问“综合评价和整体性审阅有何区别”时，UCLA 和 UCSD 的 AO 即指出综合评价指向录取标准，是加州大学系统规定的基本录取原则和“大伞”，整体性审阅则指向评价路径，二者性质不同。加州大学系统没有规定分校必须使用统一的评价路径，而是由分校根据高校需要和优先项自行选择合适的路径选拔匹配的生源，因为分校之间存在很大差异。当然，各分校的录取标准需要与加州大学系统设定的 14 条标准保持一致。

> 综合评价真正关乎“什么”（what），即我们在录取过程中考虑什么。加州大学所有分校在作录取决策时都会考虑由教师通过的 14 条标准。整体性审阅真正关乎“如何”（how），即我们如何做出录取决定。所以综合评价存在了相当长的一段时间。整体性审阅的引入基本上是允许分校表达“我们想要在评价学生与本校的匹配度时，能够决定如何使用 14 条标准”。我们不必使用学业指数来录取学生，不必在做出本校的录取决定时被指定使用任何与系统内其他分校相一致的特定方式。可以说，我们是在整体性方式中考量完整的 14 条标准，并为本校决定如何履行这些标准才与 UCLA 相匹配。所以 UCLA 于 2006 年开始使用整体性审阅，2016 年是第 10 年。（UCLA-AO-1-151218）

第二，案例校使用的整体性审阅是范畴更为宏观的评价路径，涵盖了大学委员会所指的整体材料审阅、主观审阅和个体考察。具

---

① University of California Board of Admissions and Relations with Schools, *Annual Report on Undergraduate Admissions Requirements and Comprehensive Review* 2016, BOARS 2016 Report to Regents, February, 2016, p. 33.

体而言，在美国，招办人员、高校和学者使用了不同的定义来解释“整体性审阅”的概念，或者简单指向阅读整份材料，或者指向考虑完整的人，或者指向将学生置于背景中考量。① 例如，由耶鲁大学前招办人员创办的升学辅导机构 IvyWise 在博客中指出：“大部分美国大学在评价申请者时使用整体性审阅过程，这意味着招生人员强调将申请者视为一个完整的人，不仅仅是他或她的学业成就，软因素得到的关注与硬因素中的实证数据一样多。”② 新英格兰高等教育委员会（New England Board of Higher Education）的成员在一份报告中指出：“整体性考虑申请者允许将每位学生置于他或她的个人背景中进行认真的考量，给予申请材料每部分深入的关注和评价。录取决策是基于每位申请者的学业和个人材料的整体做出的，而非只是高中成绩或考试分数。这要求对每位申请者及其学业背景有深入、综合的理解。”③ 美国医学院校联盟认为医学院校招生实践中的整体性审阅是“一种通过对个人经历、特征和学业成就评价指标的平衡考量，来评价申请者能力的灵活的、个体化的方式，并将个人作为医学院校的学生以及未来的医师可能做出的贡献考虑在内”④。美国大学招生研究专家迈克尔·巴斯特多及其合作者指出：“根据我们的研究目的，整体性录取被定义为在学生所处的独特环境的背景中评价学生，录

① Michael N. Bastedo, Nicholas A. Bowman, Kristen Glasener, and Jandi L. Kelly, “What Are We Talking About When We Talk About Holistic Review? Selective College Admissions and its Effects on Low-SES Students”, *The Journal of Higher Education*, Vol. 89, No. 5, 2018, pp. 782 – 805.

② IvyWise, “How College Applications are Evaluated”, https://www.ivywise.com/ivywise-knowledgebase/newsletter/article/how-college-applications-are-evaluated/.

③ Erika Blauth and Sarah Hadjian, *How Selective Colleges and Universities Evaluate Proficiency-Based High School Transcripts: Insights for Students and Schools*, April, 2016, http://www.nebhe.org/info/pdf/policy/Policy_ Spotlight_ How_ Colleges_ Evaluate_ PB_ HS_ Transcripts_ April_ 2016.pdf, p. 2.

④ Alicia D. H. Monroe and Jim Scott, *Roadmap to Excellence: Key Concepts for Evaluating the Impact of Medical School Holistic Admissions*, Association of American Medical Colleges Research Report, 2013, p. ix.

取决策是基于申请者经历的教育、个人和财政状况作出的决定。”①英国学者安娜·芒福德·钦姆达斯（Anna Mountford Zimdars）在研究美国大学招生时也指出：“整体性录取是大学在录取决策时将申请者的背景考虑在内的关键策略，它意味着每位申请者的所有相关信息得到了个体化的审阅。”② 唐·霍斯勒教授则表示：“我认为整体性审阅在各高校的实践有所不同，最佳的说法是‘整体性审阅是高校基于自身价值观开展的审阅过程，录取标准则考虑的是除诸如高中 GPA 和考试分数等学业指标以外的因素’。”

从上述相关描述中可以看出，谈及整体性审阅，最基本的定义是考虑学业表现之外的课外活动、个人背景特征等非学业因素，以审阅整份材料或作为完整个体的学生的方式进行评价。非学业因素也因此被称为“整体性因素”（holistic factors），学业因素则被称为“基础性因素”（foundational factors）③。例如，加州大学的报告认为实行了对非学业因素的主观审阅即体现了整体性审阅的思想：“两阶段或多阶段方法④考虑许多因素，使用人为审阅来对非量化信息做出

---

① Michael N. Bastedo and Nicholas A. Bowman, “Improving Admission of Low-SES Students at Selective Colleges: Results From an Experimental Simulation”, *Educational Researcher*, Vol. 46, No. 2, 2017, p. 76.

② Anna Mountford Zimdars, *Meritocracy and the University: Selective Admission in Englandand the USA*, London, UK: Bloomsbury Academic, 2016, p. 179. 另外，该学者与上一位学者均使用了“整体性录取”，但从其表述可以看出他们谈论的实际上是“整体性审阅”。

③ Jerome A. Lucido, “How admission decisions get made”, in Don Hossler, Bob Bontrager, and Associates, eds., *Handbook of Strategic Enrollment Management*, San Francisco, CA: Jossey-Bass Press, 2015, pp. 152 - 154.

④ 两阶段或多阶段方法指某些分校采用对学业资格的公式化审阅和对个人素质的主观审阅。例如，2003—2009 年，加州大学尔湾分校使用两阶段材料审阅：第一步为基于电脑的学业档案审阅（Academic Profile Review），评价量化的学业信息（比如 GPA、考试分数、A-G 课程修读数量）；第二步为每份申请被整体性的审阅 1—2 次，可能会有第三次。申请者所有的成就，包括学业和非学业的成就，被置于机会和人生境遇的背景中考虑。学业成就被置于高中背景中考虑，包括提供的荣誉/AP 课程以及其他因素。背景考察也考虑申请者在拥有的机会中做出贡献的潜能。引自 University of California Board of Admissions and Relations with Schools, *Comprehensive Review in Freshman Admissions at the University of California* 2003 - 2009, BOARS CR Report, June 22, 2010, p. 100.

判断、给予评分，从这个意义上看这种方法也是整体性的。总的来说，通过个体考察得到的多项分数构成了对学生背景和成就的综合评价。这种方式与单一分数整体性审阅的主要区别，在于基于分校教师委员会制定的录取原则和理念对学业和个人成就标准的具体分值和权重的分配，读者会受到与理念相一致的阅读材料和分配分值的培训。在其他方面，阅读过程与单一分数整体性审阅是类似的。”① UCSD 的 AO 指出：“圣塔巴拉拉分校在使用某种形式的混合范式，阅读是整体性的，但打分是基于分值的。尔湾分校也是。因此所有分校都使用某种形式的整体性审阅。”在这个层面上，高校经常使用“个体考察”（individualized/personalized review）一词来描述整体性审阅。例如，UNC 表示“本科招生中的所有申请者，包括所有潜在的学生运动员，是被综合性、个体化地评价的”②，Pitzer 声明其“选拔过程高度个人化，招生委员会审阅每位申请者，辨别他们胜任大学生活的准备度和潜力”③。USC 也表明“通过一个将许多因素考虑在内的个体化的、综合审阅的过程来评价潜在的生源”④。笔者出于更好地介绍这一方式的目的，对二者进行了人为区分，将个体考察视为整体性审阅的要素。

整体性审阅还包括将每位申请者置于所处的背景中进行评价，笔者将该方式称之为背景考察（contextualized review）。因为在描述本校录取过程时，有些高校会同时提到个体考察和背景考察，比如非案例校 Duke 表示：“Duke 的录取过程非常个人化和背景化，仅看

---

① University of California Board of Admissions and Relations with Schools, *Comprehensive Review in Freshman Admissions at the University of California* 2003 - 2009 , BOARS CR Report, June 22, 2010, p. 30.

② UNC-Chapel Hill Advisory Committee on Undergraduate Admissions, 2014 - 2015 *Annual Report*, UAD2014 - 15, February 19, 2016.

③ Pitzer College, "First-Year Applicants", http://pitweb.pitzer.edu/admission/first-year/.

④ University of Southern California, "FAQs: Admission Standards", http://admission.usc.edu/faq/admission_ standards.html.

学业资格不可能预测申请者的录取机会。”[①] 另外，美国的精英高校不仅仅是对生源个体的选择，也是在塑造一个由期待生源组成的年级。年级塑造的过程是通过多名 AO 共同决策的集体评议 实现的，在这一点上并不存在模糊性。集体评议也属于整体性审阅方式的构成要素，是从审阅主体的角度对整体性审阅的阐释，背景考察和个体考察则是从审阅客体的角度对整体性审阅的解读。因此，完整、深入地了解整体性审阅方式，离不开对背景考察、个体考察、集体评议三个方面的分析。

第二节 背景考察的维度与实施

申请者取得的所有成就，包括学业和非学业的成就，都被置于其拥有的机会的背景中考虑。读者会基于申请者如何尽可能地利用机会来评价申请者。[②]

—UCLA

了解整体性审阅的运作机制，背景考察是一个最佳切入点。因为个体考察是尤为主观、没有固定规则的方式，在熟悉背景考察方式后，可以更容易理解何谓个体考察。

一 背景考察的内涵与维度

基于案例校的解释，背景考察指 AO 将申请者取得的学业和个人成就置于其在学校和生活中拥有的资源和机会的背景中考察，并基于申请者如何尽力利用外界提供的资源和机会做出评价。例如：UCLA 表示“在整体性审阅过程中，AO 将评价申请者的学业成就和

---

① Duke University, “Application Overview”, http://admissions.duke.edu/application/overview.

② University of California, Los Angeles, “Freshman Selection-Fall 2016”, http://www.admission.ucla.edu/Prospect/Adm_fr/FrSel.ht.

个人成就等全面信息，同时学业和个人成就被置于每位申请者面临的机会和挑战中考察”①，该校 AO 也指出“我们将每份材料置于学生所处的背景中审阅”②；UCSD 声明“申请材料被置于申请者拥有的资源和机会的背景中查看”③，该校 AO 指出“加权 GPA 和 A-G 课程的数量，所有这一切都会背景化，加州大学分数和考试分数亦是如此”；WFU 受访者言道“WFU 的录取决策过程是高度背景化的，即不仅仅关乎你的学业表现、课外活动、人们在推荐信中对你的观点以及你在短文中的陈述，也关乎你的表现、行为和观点的背景”；Pitzer 前代理招办主任指出“我不能说哪个因素更重要，学业表现当然重要，但是所有的因素都被置于背景中考察”。

通过招办网页、与受访者的交谈，笔者发现 AO 考察的背景包括三个维度——申请者在高中的教育背景、个人的成长背景和申请者库的实力背景，其中对前两个维度的考察在于了解申请者是否积极利用了所处背景提供的资源和机会发展自己，这也是背景考察的主要维度和非严格意义上的所指，对第三个维度的考察则在于选拔出高校寻求的生源。例如：UCLA 招办声明该校审阅过程“反映了读者对申请者全部信息的慎重考虑，即基于申请材料提供的所有证据，并将之置于申请者的学业和个人背景以及 UCLA 申请者整体实力的背景中进行审阅。”④ 非案例校杜克大学的 AO 关于该校背景考

① University of California, Los Angeles, “UCLA Statement on Admissions Process”, August 29, 2008, http://newsroom.ucla.edu/releases/admissions-statement-59419.

② Rotem Ben-shachar, “Counselor Gains Insight into Admissions Process”, *Daily Bruin*, April 13, 2010.

③ University of California, San Diego, “2016 Freshman Application Workshop (Online Webinar)”, http://admissions.ucsd.edu/events/index.html.

④ University of California, Los Angeles, “Freshman Selection-Fall 2016”, http://www.admission.ucla.edu/Prospect/Adm_fr/FrSel.ht. 另外，加州大学使用公式化路径的分校也有考虑背景的理念，这是加州大学系统综合评价标准的要求，但是这些分校将背景因素量化处理，例如默塞德分校对社经地位因素和高中背景分配一定的权重，而非由 AO 基于专业经验进行质性评价。在 UCLA 和 UCSD，AO 不会将背景考虑量化。换而言之，公式化路径对背景的考虑是量化的理念，整体性审阅方式对背景的考虑是质性的理念。

察的描述颇为完整并具有代表性：

> 我们在学校背景中评价学生，查看他们是否利用了高中提供的最难课程并取得好的成绩，以及是否在课外参与了活动；我们在成长背景中评价学生，查看他们面临的挑战、努力获得的机会，特殊才能和将为我们这个共同体带来的视角；最后，我们在整个申请者库的背景中评价学生，试图选中能够为Duke做出最大贡献、并获益于Duke提供的独特资源和共同体氛围的学生。我们在评价学生时，会问自己“他们如何玩好被分配的牌”（how have they played the cards that they have been dealt）。这句话的意思是我们意识到所有的学生在个人境遇和所获资源上是不同的，希望学生尽可能利用提供给他们的资源。（Duke-AO-1-160506，个人邮件）

就高中教育背景而言，AO会留意申请者就读高中各方面的办学情况，包括课程体系、师资力量配备、高中的经济状况、升学文化等办学质量方面的信息，也包括在教学风格、学期设置、课程成绩评定方式、课外活动文化等教育风格方面的信息。例如，UCLA 2010年秋季用以培训读者的文件指出了录取决策考虑与高中有关的七个方面将近28项数据。（1）学校档案（school profile）：地理位置、办学环境（城市、郊区、农村）、学年设置（year round）、加州大学校长办公室认证的课程名单、年级跨度（例如9—12年级）、属于SES弱势状态、注册情况。（2）办学质量（performance）：API州排名、低SAT五分位（quintile）。（3）办学状态：处于警示状态（on emergency credentials）的教师数量、生师比、英语为非母语者的数量、符合免费/减免午餐资格的学生数量、符合“第一代大学生”身份的学生数量、10年级保留率、没有完成A-G课程的学生数量、该校申请加州大学的学生的平均家庭收入。（4）高四学生的情况：高中毕业生数量、申请任一加州大学分校的情况、已经申请加州大学的学生比例。（5）特定分校的申请者库：申请者、录取者、注册意向。（6）毕业生在标准化考试的平均表现：SAT 阅读分、SAT 数学分、SAT 写作分。（7）学校提供的荣誉课程：每年提供的 AP 课程、估算的（estimated）荣誉课程（AP \ IB \ HL）。[①] 通过这些数据，UCLA 可以很好地掌握申请者在高中能够利用的资源和机会。

> 我们将学生就读的学校考虑在内，查看他们是否就读于一所位于非常富裕地区的私立学校，通常存在这种情况。也有学生就读于午餐费减免比例超过66%的学校，还有许多学校并不如此。在本州，许多学生只是去学校以得到免费午餐……这些都是整体性审阅允许我们留意的。（UNC-AO-AM-160505）

需要说明的是，招生人员对高中教育背景的考察并非强调申请者来自资源丰富的好高中，而是基于对高中资源的了解，评价学生是否最大化地利用了高中提供的学业和个人发展资源来取得成功，比如是否修读高中提供的最难课程、是否参与高中提供的各类课外活动。UCLA 即指出“在评价申请者取得成就的背景时，读者考虑高中课程的优势，包括高中开设荣誉课程、AP 和 IBHL 课程的情况，高中提供的大学导向课程总数以及其他资源”[②]。WFU 招办主任亦声明：“我们评价学生时会考虑他们接受教育的背景，包括课程的严格度、课堂上的竞争以及提供给学生的机会。总之，无论怎样考量，评价都是基于个体的情况。不怎么出名的学校会有很出色的学生，特别好的学校也会有不那么出色的学生。我们寻找那些‘在所处的成长环境中能够光荣绽放’的学生，这些学生会修读能

---

① University of California Board of Admissions and Relations with Schools, *Comprehensive Review in Admissions at the University of California: An Update* (*September* 2012), BOARS Comprehensive Review 2012, Octorber 4, 2012, p. 99.

② University of California, Los Angeles, "Freshman Selection-Fall 2016", http://www. admission. ucla. edu/Prospect/Adm_ fr/FrSel. ht.

选择的最具挑战的课程，并比期待的表现更好，展现出强烈的学习动机和求知欲。”[①] 多位 AO 呼应了这一点，列举如下：

> 我主要关注学生在学校背景中表现如何，是否修读了所在高中的难度课程。比如某所高中有一门特别难的 AP 经济课程，而你在这门课程中得了 B，这说明你的表现真的不错。因此，关注背景是整体性审阅的部分过程，不是直接看你是否拿了 A 或者 B，而是关注你在哪里修读了这些课程，以及所在高中学生修课的常态如何。（USC-AO-3-151215）
>
> 我们花费大量时间去了解成绩单和课程难度，了解哪些是学生可利用的资源，如何将学生的表现置于其所处背景中考察……我的确认为成绩单很重要。我不喜欢对考量因素进行重要性排名，因为这取决于申请材料本身，但我的确认为核心元素在于成绩单和他们在中学可利用的机会。（Pitzer-AO-1-151217）

就个人成长背景而言，AO 会留意申请者个人的家庭状况以及成长经历，包括家庭收入、父母婚姻状况、家庭人口数量、家庭成员教育经历、在家使用语言、居住社区、遭遇的诸如亲人死亡或父母离异的家庭变故等。个人的教育经历，比如是否转学、辍学、在家上学等，身份特征也被考虑在内。例如，UCLA 声明“考虑其他直接影响申请者成就的背景性因素，包括语言背景、父母受教育水平和其他显示家庭支持的指标”[②]。加州大学定义的人生经历和特殊境遇包括“残疾、低家庭收入、‘第一代大学生’、工作、弱势的社会或教育环境、个人和家庭的困难、难民或退伍军人身份”[③]。如果申

---

① Martha Allman，“Top 10 Admissions Questions”，http：//admissions. wfu. edu/apply/top-10/.

② University of California，Los Angeles，“Freshman Selection-Fall 2016”，http：//www. admission. ucla. edu/Prospect/Adm_ fr/FrSel. ht.

③ University of California，“How Applications are Reviewed”，http：//admission. universityofcalifornia. edu/freshman/how-applications-reviewed/index. html.

请者在成长中遭遇逆境的情况下仍然取得优秀的学业成就，往往是被奖励的对象。

就申请者库的实力背景而言，AO 通过“比较”，了解每位申请者在所有申请者中具备的相对竞争优势和占据的相对位次。这是录取名额有限的精英高校筛选众多申请者的必要手段。UNC 即指出“即使考试分数和 GPA 被要求置于背景中解读——比较可以使得数字有意义”①。在加州大学系统，申请者库包括分校申请者库和加州大学总的申请者库②。UCSD 的 AO 就指出“我们高度重视两方面的信息：候选者在 UCSD 的申请者中表现如何，以及在加州大学系统的申请者中表现如何”。

二　了解背景的途径

案例校会通过多种途径了解申请者的高中教育背景和个人成长背景，主要包括中学报告③、与高中咨询师沟通、申请材料揭示的背景信息、高中数据系统、与在校大学生互动等。另外，AO 会借助网络资源对高中进行调查，招办不同 AO 之间也会互相交流和请教，获取不熟悉高中的信息。由于这两点比较简单，且 AO 在受访中论述甚少，故下文不再展开。

（一）中学报告

中学报告是 AO 了解申请者高中教育背景的核心途径。与成绩单提供申请者的学业信息不同，中学报告提供高中开设的课程情况及相应难度、成绩范围及评定方式、年级排名计算方式、标准化考

---

① UNC-Chapel Hill Advisory Committee on Undergraduate Admissions, 2013 - 2014 *Annual Report*, UAD2013 - 2014Corrected, April 24, 2015.

② University of California Board of Admissions and Relations with Schools, *Comprehensive Review in Freshman Admissions at the University of California* 2003 - 2009 , BOARS CR Report, June 22, 2010, p. 29.

③ 美国高校对中学报告的描述包括中学报告（secondary school report）、中学档案（secondary school profile）、中学陈述（secondary school statement），本文统一称为“中学报告”。

试表现、高等教育参与历史、学校和当地社区的人口学参数等方面的信息。中学报告还使得高中拥有阐明和凸显与其他高中不同的重要特征的机会，这对 AO 的评价尤为有帮助。[①] 中学报告由高中咨询师负责填写，并提交给大学。UNC 即表明“咨询师会代表你提交中学报告。这个信息会帮助我们了解你的高中和高中提供的课程”[②]。基于中学报告提供的信息，AO 可以对高中的教育水平和生源质量有初步的判断。例如，查看一所高中通常有多少毕业生申请和进入四年制大学时，如果发现比例较高，一般来说该高中的办学质量较好。如果比例低，则 AO 容易对生源质量心存疑虑。另外，尽管公共申请平台和高校申请表都提供了专门的中学报告栏供高中咨询师填写，但不是所有的高中都会按照要求提供完整的信息。如果高中咨询师不了解相关信息，AO 并不希望他们胡乱填写，以免导致不公平的竞争。另外，许多高中可能提交自行设计的中学报告代替大学的版本，但详尽程度同样不一。[③]

---

① Erika Blauth and Sarah Hadjian, *How Selective Colleges and Universities Evaluate Proficiency-Based High School Transcripts*: *Insights for Students and Schools*, April, 2016, http://www.nebhe.org/info/pdf/policy/Policy_ Spotlight_ How_ Colleges_ Evaluate_ PB_ HS_ Transcripts_ April_ 2016.pdf, p. 3.

② UNC-Chapel Hill, “The First-Year Application”, http://admissions.unc.edu/apply/first-years/the-first-year-application/.

③ 鉴于中学报告的重要性，大学委员会建议中学报告需要全面、准确地描绘学校的独特性，应该包含的关键元素为学校的联系方式、社区和学校的信息、课程、成绩评定和排名方式、考试分数信息、高等教育参与历史、课外活动机会等。其中在课程方面，中学报告应该描述的信息包括：（1）已有的学业项目、特殊文凭项目以及任何非传统的课程；（2）AP 和荣誉课程目录；（3）AP 课程的修读政策（开放还是选拔性）和参与情况，比如学生总数和修读 AP 课程、参加 AP 考试的学生数量和比例；（4）毕业要求。在成绩评定和排名方式上，应该解释使用的权重系统和成绩单上出现的任何电脑代码。在高等教育参与历史上，应该包括进入两年和四年制高校、州内和州外高校的学生比例，以及近年来毕业生进入的高校名单。任何打分和排名政策的变化，以及课程的变化都应突出显示。中学报告需包括有助区分学校和项目的信息或数据。引自 College Board, “Creating Your School Profile”, https://professionals.collegeboard.org/guidance/counseling/profile. 另外，美国有商业机构推出帮助高中设计和填写中学报告的生意，比如“Your School Profile”网站。详见 http://www.yourschoolprofile.com。

> 我们通常查看中学报告里的信息，比如就读四年大学的学生比例，大部分私立高中为99.95%、接近100%，与一所只有17%或18%的学生就读四年大学的大型公立高中相比，私立高中显然占优势。这些信息帮助我们了解“这是一个所有学生都计划上大学的环境”，因此知道这是一所优秀的高中。中学报告里还包括学生进入的高校、学生在高中修读的课程。有些学校报告会告诉我们许多关于其毕业生有多优秀的细节，有时甚至解释AP或IB之外的课程的信息。（WFU-AO-2-160523）

高中在提供资源和教育风格上存在差异，是导致许多高校依赖标准化考试分数的理由，但可免试入学高校Pitzer和WFU的AO一致表示中学报告有助于解决高中差异问题，是“了解学生在已有的资源下表现如何的最佳方式”。因为中学报告往往会指出毕业生的成绩范围和分布，AO可以得知每位申请者的课程成绩和年级排名在所属高中一届毕业生中的位次，从而判断其在所处背景中取得的成就以及进入大学后利用资源的能力。

> 在中学报告中，即使高中不提供年级排名，通常也会给予我们一个GPA的范围，加权的或未被加权的，或有时候提供十分位（decile）或五分位数的信息。所以即使没有显示学生的具体位次，比如在480名学生中排第十，我们仍然会大概了解学生是否处于年级排名前10%或20%。但有些高中只是说“平均GPA是3.3”，我们便无从判断学生是处于年级前列还是末尾……所以高中提供的年级排名或者给的大概信息，有助于我们了解高中，了解学生是否利用了高中提供的环境，从而揭示他们被录取后能否利用WFU提供的资源。（WFU-AO-2-160523）

（二）与高中咨询师沟通

除了中学报告，招生人员也常常与美国和世界各地的高中咨询师沟通，获取关于申请者背景的细致信息。根据案例校 AO 的解释，与咨询师沟通的方式多种多样，包括电话沟通、会议交流、高中实地参访等："如果在审阅时碰到一些好奇的信息，我可以打电话给相应的高中咨询师。他们在提供学生更多的背景信息上相当有帮助"；"我多年来一直拜访这些中学，非常了解哪些是最好的课程"；"通过参加不同的工作坊、参加会议，我可以与咨询师见面，学习和理解中国的课程，并掌握政府的政策变化"；"参加许多包括大学招生咨询师和高中咨询师在内的会议"。

（三）申请材料揭示的背景信息

申请表供学生填写的人口学数据、家庭情况、高中学业记录等信息都颇为具体、细致，有助 AO 深入了解申请者的背景。以 WFU 2016 年申请表的"家庭数据"一栏为例，学生可以填写父母的婚姻状况、健康状况、联系方式、工作职位、雇主、本科和研究生毕业高校、获得学位的年份（如有），以及兄弟姐妹的年龄和接受高等教育的情况。当然，家庭数据和诸如族裔身份、性别等人口学信息，申请者可以选择是否提供，但招办会建议学生填写，以便有更多的了解。UCSD 即声明"家庭信息是可选的，但它对招办了解你作为一名学生拥有的资源和机会非常有帮助"①。

前两章的描述亦指出一些考量因素本身即揭示了申请者的背景信息，例如成绩发展趋势揭示 GPA 的背景，年级排名可以反映学生在所处高中取得的成就，教师和咨询师在推荐信中可以说明相关的背景。Pitzer 前代理招办主任即表示："推荐信将学业档案置于背景中……短文没有对错，是了解学生的途径之一。它可以使我们将申请材料的所有内容置于背景中考量。我们可能知道你是一位网球明星，了解你的课外活动。在短文中你再度提及这些内容，并与生活和故事联系起来，所以短文刻画出了你是谁。"加州大学同样表示：

---

① University of California，San Diego，"2016 Freshman Application Workshop（Online Webinar）"，http：//admissions. ucsd. edu/events/index. html.

“个人陈述为申请材料的其他部分增加清晰度、深度和背景。”① 写作在揭示背景信息上的作用得到了其他高校 AO 的回应，其中大多数 AO 着重强调了写作有助于“揭示成绩波动的原因”（Davidson 受访 AO）。在非常重视面试的 WFU，其 AO 也指出面试具备同样的价值。另外，许多招办人员表明通过学生的论文、教师推荐信、父母受教育程度、是否就读“资源不足”的贫困高中以及类似的指标，可以有效招收一些他们认为经济上处于弱势的学生。②

> 写作和面试，特别是面试，给予了学生表达机会。比如学生会说“我希望在面试中谈到几点”，或者我会问学生“有什么希望我们知道的”。有时候我还没有提问，学生会说“你看到我的成绩在高一并不好，是因为家里发生了一些事情”。面试使学生有机会告诉我们有什么特定的原因使得成绩处于下降趋势，而不是让我们猜测为什么成绩下降。这是学生可以利用面试或短文的另一种方式，他们可以询问自己有什么想让 WFU 知道的。（WFU-AO-2-160523）

（四）高中数据系统

公立大学 UCLA 和 UCSD 有存储加州高中详尽办学情况的高中数据系统辅助录取决策，数据信息源自加州大学校长办公室、加州教育厅、大学委员会等多个渠道。例如，大学委员会开发了“注册计划服务”（Enrollment Planning Service），为高校提供了美国各州中

---

① University of California, “Personal Statement Guide for Freshman Applicants”, 2015, http://admission.universityofcalifornia.edu/counselors/files/uc-personal-statement-guide-freshman-2015.pdf.

② Caroline M. Hoxby and Christopher Avery, *The Missing “One-Offs”: The Hidden Supply of High Achieving, Low-Income Students*, 2013, https://www.brookings.edu/bpea-articles/the-missing-one-offs-the-hidden-supply-of-high-achieving-low-income-students/.

学的 SAT 分数表现等信息[①]。加州大学校长办公室则会统一收集州内高中的信息，并分享给各分校。该办公室开发了对加州大学所有录取生源开展中学和家庭背景调查时使用的“涵盖性指标”体系，收集了加州高中的 10 年级入学人数、中学毕业生数、完成加州大学 A-G 课程人数、参加考试人数等信息，以及申请者的家庭收入和父母受教育程度。而且，该指标体系基于毕业生被加州大学录取的情况，将加州的公立高中分为 10 组，组别序号越大，办学质量越高，即第一组内中学没有学生被加州大学录取，第十组内中学的录取率最高。[②] 除提供背景信息外，涵盖性指标体系也被作为帮助加州大学了解其招生政策是否履行了代表“加州每一个部分”的使命的工具。[③]

尽管美国联邦政府没有覆盖全国中学的数据库，但一些州会基于州标准化考试结果对州内公立中学进行排名，以辅助教育决策需要。加州教育厅（California Department of Education）即基于多项考试结果制定了学业表现指数（Academic Performance Index，简称 API）分数[④]，并形成了 API 全州排名（API Statewide rank）和 API

① 详见：https：//collegeboardsearch. collegeboard. org/pastudentsrch/support/licensing/college-board-search-services/enrollment-planning-service.

② “涵盖性指标”体系包括“中学背景”和“家庭背景”两个一级指标、五个二级指标及若干参数，其中“中学背景”包括“阶段性”“录取率”和“差异性”三个二级指标，指标参数包括 10 年级入学人数、中学毕业生数、完成加州大学 A-G 课程人数、参加考试人数等等，“家庭背景”包括家庭收入和父母教育程度。引自常桐善、李佳《加州大学本科招生政策评价“涵盖性”指标体系探究》，《考试研究》2015 年第 1 期。

③ Tongshan Chang，“Inclusiveness Indicators（Introduction and Explanation）”，May 28，2007，http：//senate. universityofcalifornia. edu/_ files/committees/boars/boars. indi

④ API 分数范围为 200—1000 分。该排名基于包括加州标准测验（California Standards Tests）、加州提升测验（California Modified Assessment）、加州替补绩效测验（California Alternate Performance Assessment）和加州高中毕业考试（California High School Exit Examination）等全州评价手段的结果，来反映一所中学或一个当地教育机构或一组学生群体的表现水平。引自 California Department of Education，“Executive summary：Explaining the Academic Performance Index（API）”，http：//www. cde. ca. gov/ta/ac/ap/documents/apiexecsummary. pdf.

相似性排名（API Similar rank）。前者将加州所有的公立中学基于API分数进行排名，后者将有相同人口学档案（包括父母受教育水平、贫穷程度、学生流动性、学生族裔身份）的中学进行排名。中学的排名得分为1—10分，其中10分表示该校的API指数属于前10%，位列加州最好的学校。[①] UCLA的AO即表示通过API指数可以了解申请者的教育机会。另外，加州教育厅有中学问责报告卡（School Accountability Report Card），涵盖学校的保留率、毕业率、母语为非英语的英语学习者的学习进度以及不同年级科目标准化考试的表现等信息，也可以为两校提供加州高中的办学情况。

> 我们设计了一个系统装载所有的信息，有关于意向专业、居住地、课程目录、就读中学等信息，也有关于学校环境的信息，比如教师是否处于教学危机状态。所以有大量中学的背景性信息。我们知道加州教育厅如何给中学排名，比如［API指数为］10的学校是加州最好的学校之一，也有高中毕业年级的信息，比如多少人申请加州大学。我们通过大学委员会、加州教育厅、加州大学校长办公室等途径获取收集学校和毕业年级等所有的教育数据，其中大部分信息来自加州大学校长办公室，得到信息后再导入自己的系统。（UCSD-AO-1-160107）

通过多种渠道，UCLA和UCSD对州内高中有全面的了解，而且UCSD每两年更新一次关于高中资源的信息，并使用数据系统构建对加州后40%高中的测量，测量指标包括用以揭示高中升学文化的高中毕业率、大学预备项目和AP/IB/荣誉课程注册学生的比例、被加州大学/加州州立大学录取的学生比例、参加SAT或ACT等大学入

① California Department of Education, "Executive summary: Explaining the Academic Performance Index (API)", http://www.cde.ca.gov/ta/ac/ap/documents/apiexecsummary.pdf.

学考试的学生比例。[①] 不过 UCLA 也指出在考察州外和国际申请者的高中教育背景时面临挑战："UCLA 很幸运拥有大量关于加州高中的学校背景和课程信息（API 指数、开设课程、加州教育部数据等），但仍然面临挑战，缺乏来自美国非加州的和国外的高中的类似信息。阅读这些学生、特别是国际学生的申请材料，需要 AO 具备更多专业知识。培训阅读这些申请材料的评价者的工作更有挑战性，因为缺乏与学校相关的有用信息。UCLA 希望加州大学继续开发收集和分享关键的高中信息的方法，以更好地完善审阅过程。"[②]

私立高校也非常了解高中，但与 UCLA、UCSD 有州内高中排名的信息不同，私立大学 WFU 和文理学院 Davidson 的 AO 均表示没有内部的高中排名。美国有多个商业机构对全美高中进行排名，如美国新闻与世界报道的最佳高中排名、Niche 网站的最佳高中排名和华盛顿邮报的美国最具挑战性高中排名等。[③] 这些排名会揭示许多高中在师资、大学预备课程等办学资源和质量方面的信息。笔者好奇 AO 是否会将商业排名作为了解高中的途径之一，以及高校是否对高中进行内部排名，WFU 和 Davidson 的 AO 回应表示不太关注商业排名，学校也没有对高中进行排名，而是通过各种途径了解每所高中的具体背景。而且 AO 一致表示非常了解申请者的高中、特别是其生源基地校，对其学生"会达到什么样的成就有高度自信，因为了解这些中学的教学方式和评价方式"（Davidson 受访 AO）。其中 WFU 的

① University of California Board of Admissions and Relations with Schools, *Comprehensive Review in Freshman Admissions at the University of California* 2003 - 2009 , BOARS CR Report, June 22, 2010, pp. 35 - 36.

② University of California Board of Admissions and Relations with Schools, *Annual Report on Undergraduate Admissions Requirements and Comprehensive Review* 2016, BOARS 2016 Report to Regents, February, 2016, p. 35.

③ 美国新闻与世界报道的最佳高中排名见 http://www.usnews.com/education/best-high-schools)；Niche 网站的最佳高中排名见 https://k12.niche.com/rankings/public-high-schools/best-overall/；华盛顿邮报的美国最具挑战性高中排名见 http://apps.washingtonpost.com/local/highschoolchallenge/。

AO4 指出不喜欢依据排名的方式筛选申请者，决策过程应该更主观，并应花时间认识高中的差异。

> 这也许是我唯一有点自大的一次表述，我们办公室非常自豪的一点是我们非常了解申请者就读的高中。如果发现在考察一所之前从没收到过申请的高中，我会打电话给这所高中的咨询师，或上网做一些研究，尽量使自己更好地了解这所高中，因为不是所有的高中都是一样的……我们不喜欢将所有人的成绩输入电脑中，让电脑进行排名计算，将整个申请者群体的 GPA 标准化，然后进行比较。我们认为审阅过程应该主观得多，但这么做需要付出努力去了解高中。如果我阅读申请材料时不够深入，只是猜测，比如说今年阅读来自 400 所高中的 2000 份申请，我即刻就了解所有 400 所高中的信息吗？当然不。但我即刻就了解上百所高中吗？是的，我了解。我有一个询问学生甚至成年人曾经在哪读高中的“坏习惯”，因为我知道这个国家的许多高中，而且知道哪些是好高中，哪些一般。但高中一般不意味着学生不好，在差的高中也有许多优秀学生，所以我们花费许多时间来认识高中之间的差异。（WFU-AO-4-160517）

（四）与在校大学生互动

AO 会直接与在校大学生互动，了解他们毕业高中的教育背景。例如，WFU 表示“通过参访高中、中学报告，以及与来自特定高中的学生进行互动的经历，招办人员得以收集数据用于辅助对不同中学的评价”①，Davidson 受访者指出“还有与来到这里的学生对话。我与我们的国际学生有密切的关系，通过他们了解其高中课程是什么样的，是否感觉到自己做好了就读 Davidson 的准备”。

---

① Martha Allman，“Top 10 Admissions Questions”，http：//admissions. wfu. edu/apply/top-10/.

三　申请者库考察

根据受访 AO 的解释，申请者库考察中的“比较”不是指将一位申请者与另一位申请者进行两个人之间的横向比较，也不是一所高中与另一所高中的直接比较，而是在以下三个层面的比较：与来自同一高中的申请者进行比较；与申请者库的平均表现进行比较；与录取标准进行比较。需要强调的是，任何层面的比较都不是比较之后就直接决定哪位申请者胜出或被淘汰，而是会结合个体的背景进行综合考虑。

（一）非直接比较

AO 一致表示由于个人背景和高中教育背景的不同，招办不会直接横向比较申请者或高中，而“只关注每份申请本身”（Pitzer 受访 AO）。换言之，“录取决策从来不是两个人之间的比较，而是将学生视为整体”（USC 受访 AO），学生不会因为高中而被置于有利或不利地位，出自优秀高中未必能获得录取优势。脱离背景解读量化的指标以及进行直接的比较，被视为是不公平的方式。因为高中并不足够标准化，所以不能进行“不同筐里的苹果与苹果”之间的比较，仅仅是年级排名第一不自动意味着这位申请者比另一位年级排名前 15% 的申请者更具竞争力。[①] UNC 的整体性审阅过程从来不将两位申请者直接互相比较。[②] 另外，Davidson 的 AO 指出选拔“不是学生之间的竞争”，而是“大学的工作”，是招办基于录取标准寻找匹配生源的过程。这一观点得到 WFU 的 AO2 的呼应。笔者曾经询问“如果两位候选者在高中学业和个人成就上类似，但其中一位考试分

---

① Kat Cohen，“10 College Admissions Secrets：An Inside Look From an Elite College Counselor”，October 21，2015，https：//www. noodle. com/articles/10 – college-admissions-secrets-from-an-ivy-league-counselor.

② Office For Civil Rights，*Compliance Resolution*：*University of North Carolina*，*Chapel Hill*，（*NC*），November 27，2012，http：//www2. ed. gov/about/offices/list/ocr/docs/investigations/11072016 – a. html，p. 5.

数高 50 分，是否录取概率更高”，WFU 的 AO 表示在考试分数是唯一差异的情况下基本成立，但招办并不以考试分数高低作为录取依据，并不比较两位学生，而是查看学生与高校的匹配度，真正进行整体性审阅。

> 我认为最难的部分在于当学生想到整体性的评价过程，他们认为我们会比较两位学生并只录取其中之一。实际上我们考察的是学生个人是否选择了正确的地方，以及是否选择了正确的学生。所以一次性查看两位学生，发现唯一的差异为考试分数，这不是我们评价过程实施的方式。我们不会拿一位学生与另一位相比较，而是查看个体是否与学校相匹配。因为考试分数对我们而言只是拼图中的一块，而且不是一大块。考试分数高或者低，或者在中间 50% 的范畴，取决于学生自身的解读，认为“考试分数印证了我在高中的成就，或是比我高中的表现更好，或与我在高中的努力学习不相称”。我们常常使用“整体性”这个单词，但真的是整体性审阅……这与学生如何在背景中脱颖而出有关……我常常不愿将不同高中进行相互比较，不存在说两位高中学业记录相同的学生，来自这所高中的学生被录取，来自另外一所超级高中的学生没有被录取。我会好奇什么组成了学业记录，这两位学生虽然学业记录相同，但来自不同的环境，因为有一些无形的要素在驱动学业记录……我不喜欢比较两位学生，并表明他们拥有相同的学业记录。（WFU-AO-2-160523）

尽管 AO 均声明不比较两所高中、不根据高中评价学生，也不强调申请者来自资源丰富的好高中，但在实践中，一方面高校基本上都主要从优秀高中获得生源，因为优秀高中的学生往往拥有相对更高的学业和个人成就[①]，比如考试分数更高、写作技能更好等等。UCLA 的申请者即多数出自实力超过平均水平的优秀高中[②]，从 WFU 的 AO 的表述可看出尽管开展背景考察，高校还是会以学生的普遍成就来评价高中的竞争性。另一方面，虽然来自好高中的优秀学生通常在评价过程中占据自然优势，但高校也越来越注重吸引和倾斜在差高中就读但有优秀表现的学生。有时候，学生因为来自一所好高中得到“加号”；也有的时候，来自一所鲜少输送生源，或资源有限，或学业水平低，或学生注册率低，或大学已经与之建立特别拓展关系的高中会得到类似的奖励。[③] 因为这些高中往往拥有大量的低 SES 和少数族裔学生，在这些高中、特别是以少数族裔为主的高中就读的顶尖学生在精英公立大学往往能获得相对优势。[④]

> ［我们首先查看］他们在高中土壤中成长得如何，然后我们会评价：这块土壤肥沃吗？还是比较贫瘠？<u>土壤中的学生普遍成就如何？</u>在一些小型的农村高中，也许只有 50% 的学生上四

---

① 在哈佛大学的历史上，精英新英格兰预备学校的学生有自己的分类，大部分东北地区的公立和私立学校是被分开考虑的。引自 Penny Hollander Feldman，*Recruiting an Elite*：*Admission to Harvard College*，New York，NY：Garland Publishing，1988，pp. 224 – 225.

② Robert D. Mare，*Holistic Review in Freshman Admissions at the University of California-Los Angeles*（2012 *report*），UCLA Report on Holistic Review in Freshman Admissions，January，2012，p. 17.

③ College Board，*Admissions Decision-Making Models*：*How U. S. Institutions of Higher Education Select Undergraduate Students*，College Board's Admissions Models Project Report，2003，p. 22.；College Board，*Best Practices in Admissions Decisions*：*A Report on the Third College Board Conference on Admission Models*，College Board's Admissions Models Project Report，2002，p. 24.

④ Michal Kurlaender，Elizabeth Friedmann，and Tongshan Chang，“Access and Diversity at the University of California in the Post-Affirmative Action era”，in Uma M. Jayakumar，Liliana M. Garces，and Frank Fernandez，eds.，*Affirmative Action and Racial Equity*：*Considering the Fisher Case to Forge the Path Ahead*，New York，NY：Routledge，Taylor & Francis Group，2015，p. 84.

年制大学，其他的人可能进入体力劳动市场或技术劳动市场，那么这块土壤的肥沃度不够有竞争性。（WFU-AO-4-160517，）

（二）比较同一高中的申请者

由于同一高中的教育背景相同，学生在高中能够利用的资源和机会也基本相同，直接比较便有意义且可行，能够有效判断每位申请者的相对成就。UCLA 指出“如果合适且可行的话，读者会比较来自同一所高中的申请者取得的成就，并认为他们拥有相似的机会”①。加州大学系统表明优先权给予每所高中的最优秀申请者。② Davidson 的 AO 指出来自生源基地校的申请者不一定录取率更高，“因为如果你来自生源基地校，你是 18 或 20 位学生之一，而不是四或五人之一”。换言之，招办会控制同一所高中生源的比例，而生源基地校内的竞争对手也更多。对案例校一致最重视的信息——“学业严格度”——的审阅最能体现对同一高中申请者的比较。非案例校 Guilford 招办主任对此给出了详细的解释，即对来自同一高中的两位申请者来说，在学业上谁更具优势可体现为：（1）修读的大学预备课程门数更多；（2）同一科目课程的修读年限更长；（3）同一科目课程的修读难度更高；（4）难度课程的成绩为 B，比容易课程的 A 更好。另外，因为背景相同，来自同一所高中的申请者中 GPA 和年级排名更高者，更具竞争优势。课外活动亦可进行比较，因为同一所高中提供的社团和学生组织信息是一致的，如果两位申请者参加同一社团，其中 A 担任领导职位，B 只是参与其中，显然 A 更为优秀。

---

① University of California，Los Angeles，“Freshman Selection-Fall 2016”，http：//www. admission. ucla. edu/Prospect/Adm_ fr/FrSel. ht.

② University of California Board of Admissions and Relations with Schools，*Comprehensive Review in Freshman Admissions at the University of California* 2003 – 2009 ，BOARS CR Report，June 22，2010，p. 35.

> 可以这样理解：也许我修读了英语、数学、历史、生物和物理课，除了数学和物理课之外，另外三门课都为大学预备水平，因此我有三门大学预备水平课程和两门非大学预备水平课程，这是我的情况。你修读了英语、数学、历史、生物和物理课，全部都是大学预备水平。所以我有三门预备水平课程，你有五门大学预备水平课程，尽管你我所有课程的成绩全部为 A，但是你的 A 比我的 A 更有分量。这就是我们说的课程优势，你有更强的课程。可能有一年我没有修读外语课，但是你有。你有四年的外语课，我只有三年，所以你的课程更具优势。课程优势是最重要的，因为它展示了高中生努力修读最具挑战性的课程，不畏惧挑战。如果成绩为 B 也没问题，但是如果你努力还是可以得到 A，一门有难度课程的成绩为 B，比一门容易课程的成绩为 A，更具优势。（Guilford-AO-AC-151002）

需要指出的是，如果同一所高中的申请者不止一人，精英高校、特别是私立高校不一定总是录取有最高 GPA 或最多 AP 课程的学生，因为录取决策是个体化的，也是基于多样化、匹配、注册目标、贡献能力等高校优先项的考虑[①]。私立大学 WFU 的 AO6 指出不会对同一高中申请者进行排名，需要确保同一高中生源的多样化，并表明录取为校园文化和学业带来贡献的生源是招办的责任和优先项。WFU 招办主任亦指出："高校对学生的选择是基于院校自身的需求。这个学生会给学校带来我们所看重和需要的吗？这个学生会对我们重视的学业或者课外活动项目有所贡献吗？这个学生会给学校带来活力以及可能的不同的视角吗？首先也是最重要的，大学必须选择在学业上达标的学生，但满足了这一点，录取决策过程就是关于如

---

① College Board, *Admissions Decision-Making Models: How U. S. Institutions of Higher Education Select Undergraduate Students*, College Board's Admissions Models Project Report, 2003, pp. 16 – 17. 另外，该报告建议不录取成就最突出的学生需要得到基于高校优先项的内部合理性的支持，以解释为什么有些学生被录取，其他学生却没有。

何构建一届新生群体并吸纳多样化的个体，以传承办学使命并使校园更丰富多彩。”① 文理学院 Pitzer 的 AO 也强调了未必会录取高中年级排名第一者，因为只要申请者具备胜任大学学业的能力，匹配而非学业优秀成为更重要的录取标准：“当我们在审阅顶尖学生时，不会因为学业优秀便录取他们，而是录取我们认为与 Pitzer 最匹配的学生。”

> 我们的录取决定并不是基于数字本身做出的……我们不会以任何方式对学生进行排名。我们同样要确保来自相同高中的学生也具备多样性……我们希望学生会成功，所以优先项是录取会为校园带来贡献的学生，有些学生在实验室很积极，会开展研究，或者擅长艺术、演奏乐器，我们的责任是获得会给 WFU 这个共同体带来贡献的学生，这很重要……学业贡献对我们很重要，文理教育的理念在于学生在我们的学术共同体中会很活跃。（WFU-AO-6-160518）

（三）与平均水平相比较

个体申请者的实力往往需要不低于平均水平，才能参与录取竞争。读者在审阅各项硬指标时，会下意识地将个体申请者的成就与同年所有申请者的平均水平做比较，以及与往年录取学生的平均水平做比较，也知晓可以录取大概何种成就水平的申请者。这一点从各校关于高中学业记录中各因素的描述即得到体现。在高中 GPA 上，UCSD 的 AO 在向笔者展示评价案例时，会将申请者的 GPA 与录取年级的平均 GPA 相比：“你已经看到这份材料中存在的问题，GPA 为 2.9，几乎不合格。UCSD 录取年级的平均 GPA 是 4.11”。在年级排名上，“USC 审阅申请者是一个将许多因素考虑在内的个体化

① Martha Allman, “Top 10 Admissions Questions”, http://admissions.wfu.edu/apply/top-10/.

的、综合评价的过程。不过，大部分新生的年级排名在高中位列前10%"①。在课程门数上，Davidson 虽未指明推荐学生在高中修读的课程门数，但其招办网站表示"Davidson 录取的学生修读的课程平均门数为20"。② 笔者询问"为何是20门"，该校 AO 表示："竞争导致了这一现象，现实情况是我们申请者库中的大部分学生在英语、数学、社会科学、自然科学、外语五类课程中均修读了四年。即使我们提出了一些要求，这些也是最基本的情况，没有四年则竞争性不够。"在课程成绩上，WFU 的 AO 指出："成绩单上都是 C 和 D 的学生不具备竞争性。当然对竞争优秀奖学金的学生来说，成绩单往往是全 A。"非案例校 Duke 的 AO 呼应了这一点："不需要拿到全 A，但应该好于平均表现。"

相比 AO 强调申请者的高中学业记录至少需要达到平均水平，对考试分数的要求则较为灵活和特殊，考试分数低于平均水平的申请者被录取的现象更为常见。一方面，从 UCLA 的 AO1 前半部分的论述可以看出该校会将申请者的考试分数和 GPA 与平均水平相比，同时 UCLA 招办在解释为什么申请者会被拒绝时指向了录取年级在加权和未加权 GPA、考试分数、A-G 课程上的平均值和分布③，即是为了使学生了解需要至少达到平均水平才具备竞争性。另一方面，从 UCLA 的 AO 的后半段描述也可看出，考试分数低于平均值、但高中学业记录优秀者也会被录取，因为高中 GPA 显示了该生能够获得大学学业成功，同时 AO 发现这种学生也会给校园带来贡献。需要指出的是，即使是不低于平均水平、甚至是各方面优秀和匹配的申请者，也难以保证在激烈的录取竞争中脱颖而出。UCLA 即表示：

① University of Southern California，"FAQs：Admission Standards"，http：//admission. usc. edu/faq/admission_ standards. html.

② Davidson College，"ApplicationRequirements"，https：//www. davidson. edu/admission-and-financial-aid/how-to-apply/admission-policies/application-requirements.

③ 详见：University of California，Los Angeles，"FAQs From Denied Freshman Applicants"，http：//www. admission. ucla. edu/faq/FR_ Not_ Adm. htm.

"通常来说，我们必须拒绝许多符合录取资格的学生的主要原因只是因为竞争……在被拒绝的申请者中，有许多是最具潜力、最有成就的州内高中生，几乎所有人都符合加州大学的学业资格。"①

> 所有的一切都是相对的。去年我们收到92000份申请。我们知道当我们设立关于寻求特征的标准时，我们期待只有小部分学生会位于顶端，所以我们设立的标准看上去像一个选拔性更低的学校。如果一位GPA为4.0、考试分数为2100的学生申请后被拒绝，他们对此会感到震惊。但这对我们只是平均水平。这是基于我们［申请者］库的质量。所以，当我们表明这是申请者库中的最顶尖学生，他们是以一种整体性的方式被评价，成就、领导力、高中成绩、课程、考试分数，他们是优中最优……对于刚才我描述的GPA为4.0但考试分数偏低的学生，我可能仍然会录取他，尽管其考试分数低于平均值，但只要有足够的证据使我相信这位学生能够在大学取得成功、并做出相应贡献。（UCLA-AO-1-151218）

（四）与录取标准相比较

在精英高校，选拔是将个体申请者的各方面素质和特征与录取标准相比，寻找脱颖而出的学生。前两章关于各因素的论述已表明在体现学业和个人成就的各项指标上，申请者的表现越好，被录取的可能性越大，比如在投入时间越多的课外活动中担任越重要的领导者角色，比蜻蜓点水地参与几项活动、没有担任领导者角色或只是担任初级的领导者角色，更容易被录取。而且，在可测量的各项学业指标上，"越高越好"（高中GPA、年级排名、考试分数）或"越多越好"（大学预备课程数量）是基本成立的。尽管受到高校利

① University of California，Los Angeles，"FAQs From Denied Freshman Applicants"，http：//www. admission. ucla. edu/faq/FR_ Not_ Adm. htm.

益和优先项的影响，最高或最多者不能保证一定被录取，但是高或多能够赋予申请者参与录取竞争的资格。[①] 虽然 UNC 表示“在评价录取候选者时，不会刻意寻求最大化录取新生群体的最终平均 GPA”[②]，但该校 2015 级新生的平均 GPA 高达 4.63。而且基于申请北卡州立大学系统分校和 UNC 的北卡州内 1999 级高中生的真实录取结果数据，研究者发现 SAT 分数不低于 1300（总分为 1600）和高中 GPA 不低于 4.3 的申请者 100% 被录取。[③] 当然，这不一定表明这些学业特别突出的申请者个人成就一般，亦有可能很优秀。从 AO 的表述也可看出高校出于吸引申请者和维持自身声望的需要对高数字的追求。

> 我之前在另一所要求提交考试分数的高校工作，我那里的同事可能比我用得多。自从我们走向可免试入学后，我会争论高中成绩变得更重要，但是困难在于我以前负责的一些中学没有一个学生有 4.0 的成绩，在圣路易斯（St. Loius）有所中学，我想最高的 GPA 是 3.4。任何招生委员会委员见到 3.4 和 3.9，很难去争辩［3.4 比 3.9 更好］。你必须能够［向委员会］表达你不理解为何在夏威夷（Hawaii），3.9 不是一个高的 GPA，这只是评定成绩的方式之一。我们需要对这些差异有所了解。但另一方面，我们向董事会报告录取新生的平均 GPA，3.9，我们也会在意这个数字，因为你不会想告诉你的领导“今天我们的录取率是 11%—12%，但是 GPA 是 3.6 而非 3.9”。我不认为我

---

① Anna Mountford Zimdars, *Meritocracy and the University: Selective Admission in Englandand the USA*, London, UK: Bloomsbury Academic, 2016, p. 56.

② Students For Fair Admissions, *SFFA-v. -UNC-Complaint*, November, 2014, https://studentsforfairadmissions.org/wp-content/uploads/2014/11/SFFA-v.-UNC-Complaint.pdf, p. 31.

③ William G. Bowen, Mattew M. Chingos, and Michael S. McPherson, *Crossing the Finish Line: Completing College at America's Public Universities*, Princeton, NJ: Princeton University Press, 2009, pp. 101 - 102.

们可以远离数字，领导者仍然想要告知公众“我们做了了不起的事情，这是一个更好的年级，因为GPA更高，或者新生修读的AP课程数目更高”，因为这是用以招募明年新生的促销工具。（Pitzer-AO-2-151217）

第三节　实行背景考察的多重动因

了解每位申请者的细节，进行有深度的阅读，深入了解学生的背景，是招生人员在审阅申请材料时的责任。

——（Davidson 受访 AO）

对于“为什么将申请者取得的成就置于高中教育背景和个人成长背景中审阅”这一问题，受访者的回答涉及三个方面：首先，弱势学生拥有的资源有限，致使学业和个人成就的达成度受到影响，实施背景考察能够为尽力利用了一切资源发展自己的弱势学生提供入学机会；其次，在弱势背景中取得高成就的学生具备大学成功的潜力；最后，高中教育风格不同，需要在背景中解读许多考量因素呈现的信息。至于为何将申请者的成就置于申请者库实力背景中考察，则如上文指出是源自筛选申请者的需要，此处不再展开。

一　“创造公平竞争环境”

案例校均认识到申请者的高中教育资源和个人成长环境存在差异这一事实，并了解个人拥有的资源可能会对学业和个人发展形成阻碍，使用背景考察可以为来自弱势背景的高成就申请者提供公平的竞争机会。

（一）高中教育资源的差异影响成就

不同高中提供的硬件设施、财政投入、学业辅导等多方面的教育资源不尽相同，但AO主要强调不同学校申请者享有的课程和师资资源存在明显差异，进而影响着在大学预备课程门数、推荐信等因素的表现。弱势学生在高中学业成就上存在差距是不争的事实。因此，在高度不平等和隔离的教育体系中，对学生成就的背景考察很关键。[①]

1. 课程资源不均衡

申请者是否修读了高中开设的最难课程挑战自己是案例校一致最为重视的信息，然而，不同高中提供的课程资源、特别是最受重视的大学预备课程并不相同，在贫困地区就读的学生拥有 AP 和 IB 课程的可能性更低[②]。例如在加州，州内边远地区以及少数族裔相对集中的地区的高中在教学条件和质量上相对较差，有的学校甚至没有条件开齐加州大学要求的 A-G 课程，更遑论开设高难度的大学预备课程了[③]。据统计，加州 40% 的高中在 2014—2015 学年提供少于五个科目领域的 AP 课程。[④] 在全美，不同类型的中学在大学预备课程供给及其平均注册情况上存在显著差异，详见表 5－1。另外，在 2015 年的全美新生调查中，5. 8% 的学生表示就读高中没有提供 AP 课程，59. 0% 的学生表示高中没有提供 IB 课程。[⑤]

---

① Nicholas A. Bowman and Michael N. Bastedo, “What Role May Admissions Office Diversity and Practices Play in Equitable Decisions?” *Research in Higher Education*, No. 59, June 2018, pp. 430 – 447.

② Paul Attewell and Thurston Domina, “Raising the Bar: Curricular Intensity and Academic Performance”, *Educational Evaluation and Policy Analysis*, Vol. 30, No. 1, 2008, pp. 51 – 71. ; Kristin Klopfenstein, “Advanced Placement: Do Minorities Have Equal Opportunity?” *Economics of Education Review*, Vol. 23, No. 2, 2004, pp. 115 – 131.

③ 常桐善：《试述利用高中和标准化考试成绩确定大学申请学生的合格性——美国加州大学的经验与启示》，《考试研究》2008 年第 3 期。

④ California State Auditor, *College Readiness of California's High School Students: The State Can Better Prepare Students for College by Adopting New Strategies and Increasing Oversight*, State Auditor Report 2016 – 114, January 28, 2017, p. 63.

⑤ Kevin Eagan, Ellen Bara Stolzenberg, Abigail K. Bates, Melissa C. Aragon, Maria Ramirez Suchard, and Cecilia Rios-Aguilar, *The American Freshman: National Norms Fall 2015 – Expanded Edition*, CIRP Report, February, 2015.

表 5－1　　美国高中提供的大学预备课程情况（2013 年）　　单位：%

	AP 课程		IB 课程		强化课程		DE 课程	
	提供该课程的高中比例	注册学生的平均比例	提供该课程的高中比例	注册学生的平均比例	提供该课程的高中比例	注册学生的平均比例	提供该课程的高中比例	注册学生的平均比例
总数	83.5	36.3	5.2	38.9	87.0	49.0	72.9	16.8
办学类型								
公立	80.7	29.1	5.5	30.2	85.1	41.4	86.8	17.5
私立	90.0	50.2	4.6	59.4	91.4	64.2	41.5	12.8
私立非宗教性	85.1	55.4	6.5	65.3	88.1	67.1	35.3	9.9
私立宗教性	98.7	41.9	—	—	97.5	59.1	52.6	16.4
在校生规模								
少于 500 人	63.8	39.0	1.3	48.7	75.7	48.7	67.8	21.1
500—999 人	90.6	37.7	4.6	57.5	92.6	52.2	66.2	15.3
1000—1499 人	96.9	34.3	5.5	45.6	95.5	47.5	78.3	14.6
1500—1999	98.0	27.1	10.2	47.3	90.2	39.7	86.3	14.1
2000 或者更多	100.0	37.3	16.4	11.7	94.9	49.7	88.1	12.3
享有免费和减免午餐的学生比例								
1%—25%	89.4	39.2	4.4	48.9	92.1	53.9	77.4	15.8
26%—50%	83.8	23.5	7.0	23.1	84.1	35.8	86.3	18.8
51%—75%	72.6	19.5	6.0	13.0	79.3	34.8	86.2	18.3
76%—100%	68.2	28.8	4.7	26.7	80.3	32.4	85.1	16.1
生—咨询师比								
100 或更少	75.3	38.2	2.8	—	82.2	47.1	65.3	15.8
101—200	84.9	42.0	3.3	48.5	84.7	56.4	62.9	19.4
201—300	87.3	36.9	4.8	33.5	90.0	48.4	77.4	16.5
301—400	83.2	34.2	6.4	29.5	88.5	45.8	79.4	15.4
401—500	81.8	29.4	7.3	28.5	92.9	44.8	75.0	18.1
多于 500	84.6	23.3	10.5	60.8	84.2	43.1	78.9	11.8

注：2013 年 NACAC 咨询动态调查的对象为美国 10000 所中学，其中 2047 所中学（含公立和私立）为其会员，另外 7953 所公立高中为随机样本。调查结果共使用 729 份回收问卷数据。数据源自 National Association for College Admission Counseling, *State of College Admission* 2014, NACAC 2014 SOCA, May, 2015, p. 33.

基于 AP 项目在大学招生中的价值，联邦和州政府为了推广该项目做了很多努力，包括提供专门的财政投入引导高中开设 AP 课程、增加和培训 AP 课程师资（比如美国前总统乔治·布什曾于 2006 年号召增加 7 万名 AP 科学与数学教师）、向主要服务少数族裔或贫困学生的学校定向提供 AP 激励项目。[①] 但不同高中学生拥有的 AP 课程资源仍然存在差距，更富裕社区的高中和顶尖私立高中确实提供更多的高级课程和 AP 课程[②]。AO 呼应了这一点，但也指出有许多好高中故意不开设 AP 和 IB 课程，因此需要了解申请者可以选择的课程资源，避免造成不公。至于不开设大学预备课程的原因，Pitzer 的 AO 表示精英私立中学不需要依赖该类课程吸引生源，Davidson 的 AO 则指出与避免应试教育效应有关："许多好中学没有 AP 课程，其中有些是故意不开设的，因为它们认为 AP 或 IB 过于为考而教。"另外，部分高中缺乏相应的财政和师资资源开设该类课程，有些高中也认为 AP 课程内容窄化、严格程度不够以及越来越多的大学不再给通过 AP 考试者转换大学学分，因而不开设 AP 课程。[③]

> 值得注意的是，并不是每一所美国的高中都设有大学先修课程。相对于贫穷的地区来说，富裕地区有更多高中开设该类课程。高中成绩对于学业部分是最重要的，我们通过查看高中

---

① Kristin Klopfenstein, "The Advanced Placement Expansion of the 1990s: How Did Traditionally Underserved Students Fare?" *Education Policy Analysis Archives*, Vol. 12, No. 68, 2004, pp. 1 – 14.; Cecilia Speroni, *Determinants of Students' Success: The Role of Advanced Placement and Dual Enrollment Programs*, February 10, 2012, https://ccrc.tc.columbia.edu/media/k2/attachments/advanced-placement-dual-enrollment-role.pdf.

② Pamela Burdman, "Extra Credit, Extra Criticism", *Black Issues in Higher Education*, Vol. 17, No. 18, 2000, pp. 28 – 33.

③ 详见 http://www.huffingtonpost.com/alex-mallory/private-schools-AO-tests_b_823616.html; https://www.theatlantic.com/national/archive/2012/10/ap-classes-are-a-scam/263456/; http://newyork.cbslocal.com/2017/02/16/college-a-p-courses/。感谢美国 FairTest 的负责人 Robert Schaeffer 提供的信息。

> 成绩单了解学生是否不仅课程成绩不错，而且选择了所在高中提供的难度课程。每所高中提供的资源不同，在洛杉矶一所高中就读的学生拥有的课程，不同于在密歇根私立高中或其他全国性高中就读的学生可选择的课程。所以我们总是将学生就读高中的背景考虑在内，了解学生能够选择的课程资源后，再解读成绩单。（Pitzer-AO-3-151217）

由于可以利用的课程资源不尽相同，体现学业成就的指标之一——申请者修读的大学预备课程数量会受到影响，因此 AO 表示会“具体情况具体分析”，将成绩单显示的数字背景化，而非直接以数字的多少定义成就的高低。一方面，如果学生在提供大学预备课程的高中就读，但没有修读该类课程或者修读的门数很少，那么即使 GPA 高达 4.0 也不具备竞争力。另一方面，如果就读高中没有开设或者开设少量的该类课程，那么学生没有修读或者修读的数量有限，也不会被轻视或置于不利地位。UNC 表明为了公平起见，会考虑申请者的课程是否受到外部资源、时间冲突或者可选择课程的限制。如果确实受限，UNC 会查看其他能够说明学生挑战自我的事迹，比如是否参加暑期项目或者在当地社区大学就读。① 另外，前文提到 UNC 推荐申请者在可能的情况下修读六到七门 AP 课程以及最好在五门核心科目中各有一门，对此 WFU 的 AO 一再强调取决于高中的具体情况。但需要指出的是，不管高中资源如何，申请者是否修读高中已经开设的最难课程是案例校审阅的重点，正如 USC 所表明的：“我们认识到个体的才能、境遇和机会差异很大，所以对具体的课程没有规定或要求。但是我们期待你会完成高中提供的在英文、数学、自然科学、社会科学、外语和艺术科目上最有难度的课程。”②

---

① UNC-Chapel Hill，“Before You Apply”，http：//admissions. unc. edu/apply/first-years/before-you-apply/.

② University of Southern California，The Admission Process：Ready to Join a Tradition of Excellence？http：//admission. usc. edu/firstyear/prospective/adminprocess. html.

特别是有些来自农村地区的学生，当地高中本身没有开设高级课程，所以在高二和高三时上当地的社区学院是修读难度课程的选择之一。审阅是具体情况具体分析，查看高中已有的资源以及如何利用它……我们将学生置于所处高中的背景中，不会因为不存在的资源而置学生于不利地位。我们最终从学业记录中获取信息……我们希望看到在所有核心科目都有难度课程。我不会说五门，因为它取决于高中提供了多少门 AP 课程。有些学生可能不喜欢《AP 微积分》，所以没有修这门课。但学校报告显示该校有其他的微积分课程，学生有修读，只是没有修有 AP 称号的那门课。所以尽我们所能了解高中很重要……我们喜欢看到学生利用机会，但也不希望学生承担过多的功课压力。我原来就读的高中开设了 30—35 门的 AP 课程，其他高中可能有 10 门。我们也将高中的建议考虑在内，有些高中不鼓励学生每年修读的 AP 课程超过两或三门，有些高中学生太多，没有得到许多课程修读上的指导。所以我尽量避免武断结论，比如应该有多少门 AP 课程或 IB 课程，因为这真的取决于高中[的具体情况]……我们知道在高中每天努力学习的学生，在大学也会有不错的表现。但据我所知，没有设定好的公式或量化的要求。(WFU-AO-2-160523)

2. 师资配备差异

在美国，高中的教师和咨询师对学生的学业成就和大学申请起着关键的作用，但两类师资的配备在不同高中均存在差异。就教师而言，教师资格、特别是认证资格，对高中生的学业成就有显著影响①，然而获得认证的、有经验的师资资源并非均匀分布各高中。据

① Charles T. Clotfelter, Helen F. Ladd, and Jacob L. Vigdor, "Teacher Credentials and Student Achievement in High School: ACross-Subject Analysis With Student Fixed Effects", *The Journal of Human Resources*, Vol. 45, No. 3, 2010, pp. 655－681.

美国教育部的数据显示，在2011—2012学年，尽管总体而言，公立高中的学生有93.3%享有经州认证的师资，79%享有教学经验超过五年的师资，但两项比例均随着学校的类型、学生的背景特征和地域发生变化。例如，城市学校与乡村或郊区学校之间的师资实力存在明显差距，少数族裔学校和贫困学校的任教师资中获得相应资格认证的偏少，拥有5年以上教龄和高学历教师的比例同样很小。[①] 加州教师尤为紧缺，生师比多年来位居美国各州之首[②]。在2014年，全国公立中小学的平均生师比是16：1，但加州高达23.6∶1，相比之下，北卡只有15.6∶1。[③] 在2011—2012年，全美高中学科课程的平均班级规模是24.2人，加州达到30.0人，北卡则位于平均水平（24.3人）。[④] 另外，大学委员会2016年对至少参加过一门AP考试的4万名学生进行调查，将近四分之三的学生认为高中最好的教师是AP课程教师，[⑤] 但上文已指出并非所有高中都设有AP课程。而且，尽管AP和IB课程本身的知识内容和课堂结构设计是标准化的，学生受到的真实教育却并非标准化，因为不同中学的教师在讲授AP和IB课程的方式上因能力而异：一些教师知识量相当丰富，同时愿意和有能力胜任非常结构化的课程，可以满足高能力学生的需要；一些教师则对讲授科目不够精通，或对资优学生缺乏足够的了解，

---

① Taslima Rahman, Mary Ann Fox, Sakiko Ikoma, and Lucinda Gray, *Certification Status and Experience of U. S. Public School Teachers: Variations Across Student Subgroups*, March, 2017, https://nces.ed.gov/pubs2017/2017056.pdf, p.9. 数据源自：p.9, p.vii.

② Linda Darling-Hammond, Roberta Furger, Patrick M. Shields, and Leib Sutcher, *Addressing California's Emerging Teacher Shortage: An Analysis of Sources and Solutions*, LPI Report, 2016, p.13.

③ 数据源自 https://nces.ed.gov/pubs2016/2016076.pdf, p.7.

④ 数据源自 https://nces.ed.gov/surveys/sass/tables/sass1112_2013314_t1s_007.asp.

⑤ College Board, "2.7 Million Students Expected to Take Nearly 5 Million AP Exams in May", April 26, 2017, https://www.collegeboard.org/releases/2017/students-take-ap-exams-in-may.

从而无法发挥这些课程的价值。①

就咨询师资源而言，咨询师是协助学生申请大学的关键角色②，但不同办学类型、规模和州的申请者在享有的咨询师资源上存在明显差异。在美国，高中均配备咨询师负责学生的升学辅导、学业、职业、心理辅导等方面的事务，其中在升学辅导上开展的活动包括帮助学生："修读最有挑战性的课程，以丰富大学申请的选择范围；明确和达到大学入学要求；导航与财政资助、大学选择以及其他相关的流程。"③ 然而，咨询师的配备和工作重点在不同办学类型、不同办学规模、不同州的中学都存在差异，申请者享受的升学辅导服务并不均等。

首先，咨询师的配备和工作重点会因高中的办学类型和规模而发生变化。一方面，NACAC2014 年对 1360 所中学的咨询趋势调查（Counseling Trends Survey）显示（见表5－2），在公立中学，每位咨询师和只负责升学咨询、不负责其他事务的升学咨询师辅导学生的数量大于私立中学；办学规模越大的中学，每位咨询师需要服务的学生越多，其中在校生规模不少于 2000 人的中学，学生与咨询师之比更是达到 510:1。另外，73% 的私立中学表明雇用至少一名辅导员（全职或兼职）专门负责升学辅导，但只有 30% 的公立中学有专门的升学咨询师，而且学生与咨询师之比偏高的中学有专门升学咨询师的可能性更低。另一方面，公立中学咨询师的工作以提供学业指导为核心和优先事项，私立中学咨询师则更专注于升学辅导。公立中学、特别是低收入中学的咨询师更为注重帮助学生做好就业准备，

---

① Carolyn M. Callahan, "Advanced Placement or International Baccalaureate?" August 29, 2006, https://tip.duke.edu/node/815.

② Mary E. M. McKillip, Anita Rawls, and Carol Barry, "Improving College Access: A Review of Research on the Role of High School Counselors", *Professional School Counseling*, Vol. 16, No. 1, 2012, pp. 49－58.

③ Melissa E. Clinedinst, Anna-Maria Koranteng, & Tara Nicola. NACAC's 2015 state of college admission. https://www.nacacnet.org/globalassets/documents/publications/research/2015soca.pdf. 2017－06－04, p. 23.

私立中学和学生与咨询师之比偏低的中学则更关注促进学生的个人发展。公立中学咨询师在升学辅导事务上花费的时间占比为22%，私立中学则为55%。[①]

> 学生如果没有意愿读大学，不一定会去接触高中咨询师。咨询师可能在楼道处理斗殴事件，在有些学校大部分时候可能在处理比引导大学兴趣层次更低的事情。但在另一些学校、特别是私立高中，咨询师也会做这些事情，但并不经常如此。（UNC-AO-AM-160505）

表5－2　　2014年不同高中提供的咨询师资源

	生—咨询师比	生—升学咨询师比
参与调查的高中	285:1	350:1
办学类型		
公立	303：1	358：1
私立	222：1	323：1
在校生规模		
少于500人	214：1	246：1
500—999人	288：1	361：1
1000—1499人	306：1	378：1
1500—1999人	377：1	492：1
2000人或更多	403：1	510：1

注：该调查包括1043所公立中学、214所私立非教会中学和96所私立教会中学。2014年，全美有41778所中学，其中公立中学有30668所（占73.4%），私立非教会中学3560所（占8.5%），私立教会中学有7550所（占18.1%）。源自National Association for College Admission Counseling，*State of College Admission* 2015，NACAC 2015 SOCA，2016，p. 29.

① National Association for College Admission Counseling，*State of College Admission* 2015，NACAC 2015 SOCA，2016，pp. 25－26.

其次，咨询师的配备在各州存在差异。2013—2014 年全美中学平均的学生与咨询师之比为 285∶1（包括公私立高中及兼职咨询师），已经超过了美国中学咨询师联盟（American School Counselor Association）推荐的最大比例——250∶1，且只有三个州——新罕布什尔、佛蒙特州和怀俄明州（New Hampshire, Vermont, Wyoming）——比例低于 250∶1，最高值为亚利桑那州（Arizona），达 941∶1。加州则位居第二，其公立中学的注册学生共 6236018 人，咨询师共 7676 人，学生与咨询师之比平均为 812∶1。北卡公立中学的注册学生共 1499879 人，咨询师共 4040 人，学生与咨询师之比平均为 371∶1，不到加州的一半。①

最后，案例校均意识到不同高中的咨询师资源和学生得到的升学辅导存在明显差异，因而强调将内容会反映申请者成就的咨询师推荐信置于背景中查看。前文提到 UCLA 和 UCSD 之所以不考虑推荐信，原因之一即为不同中学咨询师撰写的推荐信质量不同导致机会不均等。视推荐信为非常重要或重要指标的 Davidson、WFU、Pitzer 同样意识到中学的规模和办学类型会影响咨询师推荐信的质量，私立中学咨询师出具的推荐信往往比较优秀且信息具体；公立高中的咨询师工作量大，不一定了解每位申请者，出具的推荐信往往较为平庸且提供的信息有限。但是，WFU 的受访者也表明来自私立高中的申请者可能面临更高的录取标准，从而印证了基于背景评价申请者的意图在于为弱势群体提供机会，即申请者拥有的资源越好，AO 对其的成就期待越高，拥有的资源更差，则 AO 越可能给予适当的倾斜。

> 理想上来说，即使在最偏远的农村地区，也会有优秀的学生，毕业生中会有 20%—30% 选择就读四年制大学，也会有拥有大学学位的文学教师和咨询师可以提供帮助。也许更有问题、更

---

① National Association for College Admission Counseling, *State of College Admission 2015*, NACAC 2015 SOCA, 2016, pp. 23 – 24. p. 37.

讽刺的是，有些大型公立高中的年级规模大得多，咨询师需要为许多学生写推荐信，他们能够得到的个人关注远不如就读于高中咨询师一共只需接待50位学生、对学生了如指掌的私立高中的学生。有些学生比其他人有更多的优势、更好的资源，WFU对此已有所意识，其他高校也需要认识到这一点。这意味着我们会对来自私立高中的学生比没有受到相同关注的学生使用更高的标准吗？我认为这是事实。我们需要在审阅过程中查看学生来自哪里，了解学生的背景和局限。（WFU-AO-5-160518）

3. 弱势学生难以追平的高中学业成就

在美国，SES和族裔身份是界定弱势学生身份的核心维度，因此弱势学生一般包括低收入家庭学生、“第一代大学生”、少数族裔学生。尽管研究显示高中学业记录与SES、族裔的关联不强，但不同SES和不同族裔的学生在高中学业成就上存在差距是不容忽视的事实，多个相关指标的数据可以说明这一点。图5-1显示就加州高中的大学导向课程完成率而言，不仅加州不同学区之间有显著差异，各学区内白人/亚裔与少数族裔之间也明显不同。族群差距在旧金山学区体现得尤为突出，2013年弱势少数族裔的大学导向课程完成率比白人/亚裔低46%，2015年差距有所缩小，但仍高达37%。在大学预备课程上，一方面，22%的贫困学生在高中完成了该类课程，但非贫困学生的完成比例为38%[①]。另一方面，属于亚裔/太平洋岛民的高中毕业生完成难度课程的比例最高（29%），位列其后的分别是白人（14%）、西班牙裔（8%）和非裔（6%）。[②] 在高中GPA

① Leticia Oseguera, *High School Coursework and Postsecondary Education Trajectories: Disparities Between Youth Who Grow Up in and Out of Poverty*, January, 2012, https://pathways.gseis.ucla.edu/publications/201201_OsegueraRB_online.pdf.

② National Center for Education Statistics, *America's High School Graduates: Results of the* 2009 *NAEP High School Transcript Study*, April 13, 2011, https://nces.ed.gov/pubsearch/pubsinfo.asp?pubid=2011462, p. 2.

上，图5－2显示在六届高中毕业生中，亚裔/太平洋岛民学生的平均GPA一直处于领先地位，白人学生次之，非裔学生位居最后。尽管所有族裔的平均GPA在1990—2009年均有增长，但非裔学生和亚裔学生、白人学生的差距却在扩大，从1990年的0.42、0.31分别增长至2009年的0.57和0.4。USC的AO亦指出"在一个多样化的社会，我们要解决的问题日益增多，美国不同人群在教育上的进展和成就并不均等，正在增长的少数族裔，特别是拉丁裔以及其他族裔移民，平均受教育程度更低"。

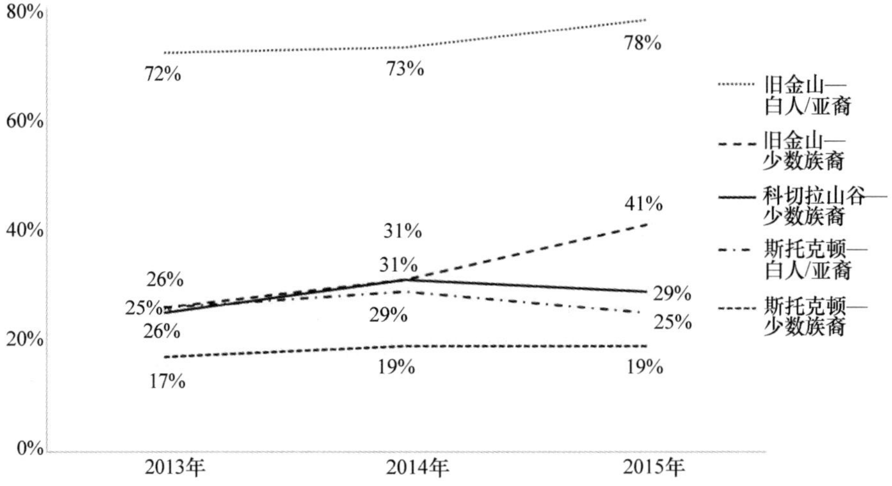

图5－1　加州不同学区不同族裔学生的大学导向课程完成率

注：大学导向课程包括加州大学和加州州立大学要求申请者在高中修读的学术类课程。源自：California State Auditor，*College Readiness of California's High School Students：The State Can Better Prepare Students for College by Adopting New Strategies and Increasing Oversight*，State Auditor Report 2016－114，January 28，2017，p. 26.

造成SES和族群之间的高中学业成就差距的原因，不能简单归结于弱势学生本身能力的不足，也与他们拥有的教育资源休戚相关，这是AO一致认识到的事实。高中的学业指导质量、在升学服务上

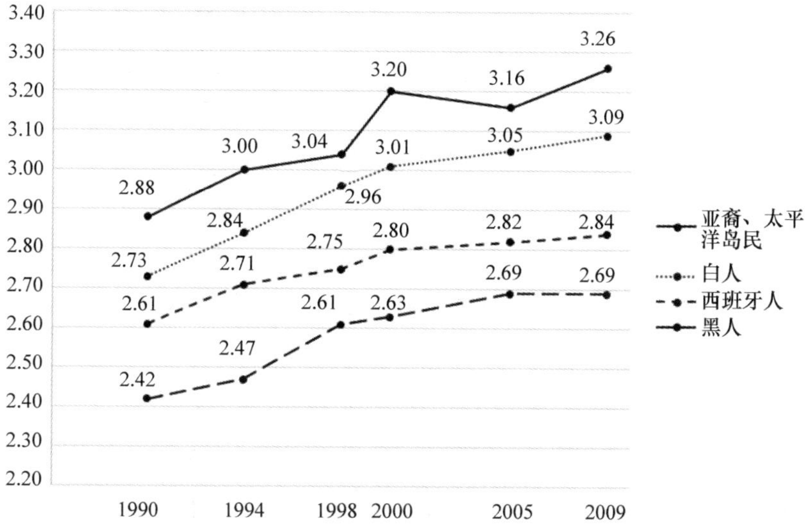

图 5－2　美国 1990—2009 年不同族裔高中毕业生的平均 GPA 趋势

注：图片源自 National Center for Education Statistics，*America's High School Graduates*：*Results of the* 2009 *NAEP High School Transcript Study*，April 13，2011，https：//nces. ed. gov/pubsearch/pubsinfo. asp？pubid＝2011462，p. 39.

提供的支持等都影响着低收入学生的大学入学机会①。WFU 的 AO 即指出少数族裔资源的匮乏是美国种族社会的产物，他们在历史中处于边缘地位，且多数人属于低 SES 群体，就读于资源缺乏的公立中学。因此在阅读申请材料时，留意其生活背景和有限资源造成的影响，是高校的社会责任，也是考察背景的原因之一。UCLA 的 AO 就指出希望给予在弱势高中教育背景中尽最大努力利用机会的申请者入学机会。

> 当我们阅读少数族裔的申请材料时，思考他们的生活背景如何影响了修读的课程情况以及在课程中表现如何，思考他们拥有的资源，这很重要。据研究显示，在美国一些地方，许多

① Leticia Oseguera，*Importance of High School Conditions for College Access*，November，2013，https：//pathways. gseis. ucla. edu/publications/201307_ HSConditionsRB. pdf.

少数族裔属于SES较低的学生。由于公立高中依赖特定地区的税费办学，所以贫穷地区存在许多资源缺乏的公立中学，教育对象基本上都是非裔和印第安裔。这是美国历史和当代的产物。资源缺乏的中学甚少提供AP和IB课程，我们也希望这些中学有优秀的教师和行政人员给学生营造有利的学习环境，但这无法被保证。这些学校的课程不仅仅是为进入大学就读的学生设置，实际上有升学计划的学生比例较低，所以课程也需要相应调整。教育不仅仅是升学教育，还包括培养有各种人生计划的公民。当查看来自这种背景的申请材料时，我们需要考虑所有的因素。尽管SES在一些情况下是族群的代名词，但我们也需要考虑背景。比如我修读了高中仅有的两门AP课程，我被视为一名在质量不高的环境下获得高成就的学生。这不关乎有利还是不利，只是考虑到学生在所处环境中达到已有成就的难度，进而做出相应的决策，并且希望使用申请材料的其他内容来填补某些空白。所以优先考虑学业准备度，并在短文中搜寻与个人情况相关的内容，包括兴趣和爱好，查看学生如何思考、如何表达自己，并聆听咨询师和教师对学生的看法。考察背景的部分原因与历史边缘化带来的社会责任有关，我认为这不一定是申请者的优势或劣势，而是关乎背景，学生在所处背景中表现如何是值得被考虑的。（WFU-AO-8-160518）

（二）个人成长背景影响成就

由于家庭的文化、经济和社会资本有限，以及美国种族隔离历史的影响，弱势学生享有的资源和机会有限，导致学业和个人成就普遍偏低。而且，家庭资本优势渗透于多个考量因素、特别是考试分数，使得脱离背景的评价容易产生偏向性。“高校招生的问题在于对教育机会没有绝对的测量标准，这些标准看上去高度客观，但实际上与家庭收入相关，不能准确反映学生的智力水平”（USC受访AO）。因此，考察个人成长背景，可以为家庭资本有限的贫穷学生和少数族裔学生提供补偿。另外，个人遭遇的家庭变故对成就的影响一般体现为成绩的波动，而且并不总与 SES 和族裔有关，富裕学生也可能遭遇父母离婚或死亡等变故。前文已提到招生人员会留意到成绩发展趋势，此处不再赘述。

1. 固化不平等的考试分数

前文已提到案例校都意识到考试分数存在族裔身份和 SES 偏见，WFU 和 Pitzer 也部分出于这个原因走向可免试入学。在考试非可免的五所高校，尽管考试分数是“非常重要”或“重要”的指标，为了公平，AO 会结合申请者的背景谨慎使用考试分数，并录取一些分数低的学生。例如，UNC 声称“鉴于 SAT 分数与 SES 之间的强相关性，很多高校、包括 UNC，选择了结合学生的社会经济环境来考量其 SAT 分数，以弱化标准化考试更多地衡量了特权而非学业准备的效应……不同类别学生的平均 SAT 分数以及个体学生的分数都应该得到谨慎的审阅，并与其他指标一起来评判学生的学业准备程度”[①]；UCLA 表示“考试分数将被置于申请材料所有学业信息的背景中评价”[②]，其 AO 在访谈中也表明由于 SES 会影响考试表现，审阅中会将考试分数背景化并将学生作为整体评价。同时对于罗伯特·梅尔（Robert Mare）教授在 UCLA 整体性审阅调查报告提到的考试分数为该校录取决策中第二重要的因素[③]，该 AO 表示“持保留意见”，因为考试分数的重要性取决于学生的教育和个人背景，弱势学生的分值可能受到背景的影响；UCSD 的 AO 表明不会将没有条件接受考试辅导的学生“置于不利地位”，并指出给予许多弱势学生入

① Students For Fair Admissions, *SFFA-v. -UNC-Complaint*, November, 2014, https: //studentsforfairadmissions. org/wp-content/uploads/2014/11/SFFA-v. -UNC-Complaint. pdf, pp. 30 – 31.

② University of California, Los Angeles, “Freshman Selection-Fall 2016”, http: //www. admission. ucla. edu/Prospect/Adm_ fr/FrSel. ht.

③ Robert D. Mare, *Holistic Review in Freshman Admissions at the University of California-Los Angeles* (2012 *report*), UCLA Report on Holistic Review in Freshman Admissions, January, 2012.

学机会、“创造公平的竞争环境”是考察背景的原因；USC 和 Davidson 的 AO 亦提到考试辅导产业导致不公平竞争，因此不将考试分数作为决定性的因素。而且，考试分数和接受的教育都与家庭收入有关，每个人的起点不同，没有绝对的公平。其中 USC 的 AO 更指出“试图将所有因素置于背景中考察”。

> ［背景考察］关乎录取可能没有丰富资源的学生。我们有国际学生，他们的家庭有足够的金钱支付就读 UCSD 的教育费用，我们不向国际学生提供经济资助。但是加州学生不同，有些很有可能父母一方或双方没有工作，家庭没有足够的金钱负担他们读大学，没有任何的资源支付 SAT 或 ACT 考试辅导项目。也许他们幸运地可以参加周六免费辅导课，但必须调换兼职工作时间参加 SAT 考试，因为他们必须工作来帮助家庭。为什么这些贫困学生与有钱支付考试辅导项目的学生相比就该处于劣势地位？我们不想将需要兼职工作来支撑家庭的学生或仅因没有与其他学生一样的资源的学生置于不利地位，这是为什么考察背景的原因。我们认为加州大学给予了许多本来没有机会被录取的学生入学机会，从而有助于创造公平的竞争环境。（UCSD-AO-2-160107）

一如受访者指出，考试分数的族裔和 SES 偏见体现为受限于家庭资源的限制，弱势学生不一定有机会参加多次考试和接受辅导来提高考试分数，不同群体学生在考试分数上存在差距是不容忽视的事实。数据显示多次参加各类考试者占比不低：在 SAT 上，大学委员会 1998 年开展的一项研究显示，美国高中生参加 SAT 的平均次数为 1.62，其中参加 1 次的比例为 51%，参加 2 次者占 38%，参加 3 次者占 10%，参加 4 次者比例为 1%。[①] 美国许多考试辅导机构亦建

① Julie S. Nathan and Wayne J. Camara, *Score Change When Retaking the SAT: Reasoning Test*, College Board Research Notes RN-05, 1998.

议学生参加 SAT2－3 次即可，最多不超过 4 次[①]；在学科性测验上，2015 年参加 SAT 科目测验 1 次者占 13%，参加 2 次者占 41%，参加 3 次者占 35%，参加 4 次以上者占 12%。[②] 该年参加 AP 考试 1 次者占 54.4%，参加 2 次者占 24.4%，剩下 21% 的学生参加过 3 次至 22 次。[③] 尽管存在考试费用减免政策，同时将近一半的州付费让公立高中的学生参加考试[④]，许多弱势学生仍然需要自行支付费用。

与考试费用相比，昂贵的考试培训产业更凸显了考试分数加剧的社会不平等。大学委员会提供的含 DVD 的官方 SAT 学习指南和官方 SAT 在线培训课程分别标价为 31.99 美元和 69.95 美元[⑤]，美国考试培训巨头 Kaplan 提供的最受欢迎的 18 小时 SAT 培训课程标价为 699 美元，私人一对一的 20 小时培训费用高达 3499 美元。[⑥] 据估算，2014 年考试培训产业达到 8.4 亿美元[⑦]。就不同群体学生在考试分数上的差距而言，有数据显示 SAT 各部分的分值随着家庭收入的增长而提高，SAT 也因此被戏称为"学生财富测试"。[⑧] 同时，少数族裔的 ACT 总分持续低于白人和亚裔学生，且低于平均值。[⑨]

---

① 一个例子可见：https：//www.higherscorestestprep.com/how-many-times-can-you-take-the-sat/。

② College Board，*Total Group Profile Report*（2015 *College-Bound Seniors*），College Board Report，https：//secure-media.collegeboard.org/digitalServices/pdf/sat/total-group-2015.pdf，p. 10.

③ College Board，"Number of AP Exams Per Student-2015"，https：//securemedia.collegeboard.org/digitalServices/pdf/research/2015/Number-of-Exams-per-Student-2015.pdf.

④ Caralee J. Adams，"State Initiatives Widen Reach of ACT，SAT Tests"，October 28，2014，http：//www.edweek.org/ew/articles/2014/10/29/10satact.h34.html.

⑤ 数据源自 https：//sat.collegeboard.org/practice。

⑥ 数据源自 http：//www.kaptest.com/sat/sat-prep-course/course-options。

⑦ 数据源自 http：//www.washingtonpost.com/blogs/wonkblog/wp/2014/03/05/why-giving-away-test-prep-for-free-wont-change-much/。

⑧ 详见 Karen Hua，"Merit before money：Free SAT prep means greater college opportunity"，*Forbes*，June 2，2015.

⑨ 详见 ACT，*Profile report-National*（*Graduating Class* 2015），ACTNationalProfileReport2015，http：//www.act.org/content/dam/act/unsecured/documents/ACT-National-Profile-Report-2015.pdf，p. 8.

2. 易被辅导的面试和写作

面试表现和写作质量也受到辅导效应的影响。就面试而言，前文已阐述有些高校没有将它作为重要工具的原因之一在于考虑到辅导效应带来的不公，此处不再赘述。就写作而言，尽管 AO 建议学生可以寻求咨询师或父母的帮助来提高写作质量，但不同学生群体得到的外部支持并不均等。一方面，贫穷高中的咨询师数量有限且本身工作量大，往往不以辅导申请材料的撰写、大学选择等升学事宜为工作重心。另一方面，“第一代大学生”、贫穷学生和少数族裔学生通常没有来自父母的辅导，因为这些家庭的父母不一定有能力、有时间提供有价值的帮助。另外，AO 知晓“写作可以由他人代笔”（Pitzer 受访 AO）。同时，父母本身的背景会影响子女的写作质量。美国社会学家米切尔·史蒂文斯（Mitchell L. Stevens）指出富裕候选者“装载了大量原材料”，用于为招生委员会制作“令人信服的故事”。相比之下，来自低 SES 的申请者鲜有材料可以加工，且往往在如何最好地展现自己上缺少相关知识。[①] 一项英国的研究亦显示不同背景申请者提交的个人陈述存在明显差异：来自低收入家庭的申请者在个人陈述中描述看电视、紧跟时尚或者在当地酒吧工作的经历；来自富裕家庭的候选者有更多令人印象深刻的经历，比如“为巴基斯坦驻联合国大使工作的经验”。[②]

许多有条件的学生选择付费聘请私人咨询师提供升学辅导和写作“包装”服务，以试图迎合 AO 的喜好。美国辅导业巨头 Princeton Review 提供的大学申请咨询综合服务项目起价为 2499 美元[③]，这

① Mitchell L. Stevens, *Creating a Class: College Admissions and the Education of Elites*, Cambridge, MA: Harvard University Press, 2007.

② Steven Jones, “‘Ensure that You Stand Out from the Crowd’: A Corpus-Based Analysis of Personal Statements According to Applicants' School Type”, *Comparative Education Review*, Vol. 57, No. 3, 2013, pp. 397 – 423.

③ 详见 https://www.princetonreview.com/med-school-admissions/med-school-counseling?ceid=nav-admissions.

对贫穷学生是近乎奢侈的服务。与上述 AO 的看法不同，WFU 的 AO 指出写作的辅导效应是一个问题，高校补充性写作的设计有助于降低被辅导的可能性，同时强调学生不必刻意追求完美的文笔，而是展示真实的自己："文笔完美的写作不是我想看到的，我在乎的是学生如何思考、思考了什么以及如何表达出来。"该校 AO 亦表明"希望听到青少年的真实声音，而非父母的声音"。招办主任也表达了同样的观点："请注意避免论文不是你自己写的，注意外在影响。成年人或者专业人士代写的论文通常移除了招生人员真正想看到的内容。"① 另外，Pitzer 从选择的多样性强调了设置补充写作是为了以背景考察来促进公平的理念，具体表现为该校提供了二选一的写作机会，并指出"如果学生有与我们的核心价值观相关的丰富经历，可以选择第二个题目，比如你在高中创立了环保社团，获得资金并做了一些了不起的事情，你的价值观如何被改变。如果有一些很好的理念，但还没机会实现，则可以回答第一个问题（见表 2－11）。所以我们为来自不同背景的学生提供相应的解决方案"。②

3. 资本加持的课外活动

学生的个人成长背景对其在课外活动的参与以及取得的成就上有客观影响，不同 SES 和族裔的学生存在显著差异。就课外活动参与而言，富裕学生可以获得父母的经费支持发展足球、骑马、芭蕾舞等兴趣，弱势学生则往往需要兼职工作补贴家用。加州大学的数据显示少数族裔学生和"第一代大学生"参与课外活动、义务工作、社区服务的程度更低。③ 一项对高选拔性高校入学机会的全国性研究指出申请者在表演艺术、社区服务和兼职工作三项活动的参与率因

① Martha Allman，"Top 10 Admissions Questions"，http：//admissions. wfu. edu/apply/top-10/.

② Jamila Everett，"Agents of Change：A Look at Pitzer's Application Process"，October 7，2015，http：//pitweb. pitzer. edu/admission/tag/webinar/.

③ 常桐善：《大学招生"综合评价"中审核学生课外活动参与程度的重要性》，《中国高等教育评论》2017 年第 1 期。

SES 的不同而有明显变化。[①] 就取得的成就而言，申请者中担任领导者角色和获得奖项的表现在族裔维度上存在差异：亚裔的成就最高（平均值为 2.3 项），其次是西班牙裔（2.2 项）、白人（2.0 项）、非裔（1.8 项）。在 SES 维度上的差异更为显著：工薪、中产、上层—中产、上层均有约 20% 的申请者有四项及以上的奖项或领导职位，低收入阶层只有 6% 。[②] 前文已提及案例校均意识到弱势群体拥有的课外活动机会有限，并将工作经历纳为考量因素之一，两位 AO 进一步指出会基于学生的背景和机会进行评价："基于学生自身的学校或家庭情境，理解学生可以利用的机会是什么，以试图纠正评价偏见"（UCLA 受访 AO）；"每位招生咨询师实施全面性的整体审阅，努力了解学生的经历"（Davidson 受访 AO）。加州大学常桐善博士亦表明对领导力的评价是多样化的，不偏向于富裕学生。

二　识别大学成功潜能

除了基于促进社会流动的公平考虑，背景考察被案例校一致使用的原因还与识别申请者、特别是弱势高成就学生在克服障碍的历史中展现出的大学成功潜能有关。下文首先阐释各校的相关论述，进而叙述 UNC 和 Davidson 的相关录取故事。

（一）识别大学成功潜能

申请者是否具备在大学取得成功的潜能是美国精英高校的重要录取标准，而对大学成功潜能的识别，离不开对学业和个人成就基于背景的人为解读和考察，离不开对非数字化的软因素和所有信息的主观判断。具体而言，传统的指标、特别是考试分数是有限制性

---

① Thomas J. Espenshade and Alexandria Walton Radford, *No Longer Separate, Not Yet Equal: Race and Class in Elite College Admission and Campus Life*, Princeton, NJ: Princeton University Press, 2009, p. 31.

② Thomas J. Espenshade and Alexandria Walton Radford, *No Longer Separate, Not Yet Equal: Race and Class in Elite College Admission and Campus Life*, Princeton, NJ: Princeton University Press, 2009, pp. 34 – 35.

的，只提供了对潜能的部分测量，而且加强了基于族裔和SES的社会不平等。[①] 例如，有位学生的SAT写作部分为480，在一般情况下这是偏低的分数，但与某所特定学校的所有学生相比，该生的分数却处于前20%之列。[②] UCLA指出美国精英高校“都有可能以具有近乎完美的标准化考试分数和GPA的申请者组成每届新生。然而，所有这些高校，包括UCLA，都明白在大学取得成功的能力远远不止取决于单独测量的考试分数或GPA，所以检视作为整体的申请者以及在其得到的机会的背景中评价他或她的成就。”[③] USC的AO表明一方面，就非弱势背景的学生而言，如果高中学业成就差，在大学也难以成功。另一方面，就诸如“第一代大学生”的弱势学生而言，由于机会和资源的匮乏，有一些潜能和才华未被绝对的数字所反映，背景考察可以判断对已有机会的利用及从中体现出的成功潜能。

> 整体性审阅有许多不同的用途，我们发现只关注考试分数或高中成绩不会告诉我们希望了解的与学生潜力相关的所有信息……在美国社会，未来增长的适龄大学生几乎全部来自于传统上没有就读大学的家庭，所以我们需要以不同的方式来评价他们，因为他们拥有的机会更少，不熟悉这个国家，英语并非第一语言。我们需要将他们置于成长背景中进行评价，有许多学生很有才华却未被识别……已有成就的确可以预测大学潜能，如果学生的考试分数和高中成绩差，在竞争性大学也可能不会有好的表现。在教育机会缺乏的情况下，有一些潜能可能未被

① Jerome A. Lucido, “How admission decisions get made”, in Don Hossler, Bob Bontrager, and Associates, eds., *Handbook of Strategic Enrollment Management*, San Francisco, CA: Jossey-Bass Press, 2015, p. 166.

② College Board, *Selection Through Individualized Review: A Report on Phase IV of the Admissions Models Project*, College Board's Admissions Models Project Report, 2004, p. 12.

③ University of California, Los Angeles, “Campus Explains Holistic Review Admissions Process”, September 5, 2008, http://newsroom.ucla.edu/stories/080905_holistic-admissions_reed.

> 察觉，但可以增加预测效度。如果一位学生在好中学就读却表现不佳，那么很可能他在大学表现也一般。如果一位学生无论背景如何都表现不错，比如就读中学的教学质量低于平均水平，但学生本身在该校出类拔萃——虽然可能不及一所优秀中学学生的平均水平，这位学生的潜能可能就未被察觉，因为没有得到充分发展的教育机会，没有接受良好的学习指导、没有与优秀教师和具备相同抱负的学生互动等。这是个人的观点，但我从事招生工作已经很长一段时间，我认为这是大部分招生人员的理念。（USC-AO-4-151215）

背景考察对高成就的贫穷学生和少数族裔尤为关键，因为这种方式最能甄别出他们具备的大学成功潜能。正如 AO 所言，在弱势背景中取得高成就的学生虽然在直接比较的层面可能不如申请者库的其他学生，但他们主动利用有限的资源在所处环境中表现优异，揭示了自身具备被录取后也能利用大学提供的资源取得成功的潜能："学生应该积极利用已有的资源，展示出决心和主动性，这也与匹配相关，WFU 需要这些素质"（WFU 受访 AO）；"高中表现是最终的因素，正如喝茶时，奶油是最好的部分，往往会浮在顶层，即学生当下的表现优秀，在下一阶段也会脱颖而出……学生不管在哪，应该利用所处背景的优势"（WFU 受访 AO）。大学委员会报告亦表明"脱离了背景的学业表现只是对个人完成了什么的静态测量，需要对申请者的大学准备程度做更动态的评价。学生为自己做好大学准备的过程可能与他获得的绝对的准备水平一样重要"[①]，学生未被发觉的潜能是积极的特征。[②]

---

① College Board, *Toward a Taxonomy of the Admissions Decision-Making Process: A Public Document Based on the First and Second College Board Conferences onAdmissions Models*, College Board's Admissions Models Project Report, 1999, p. 15.

② College Board, *Best Practices in Admissions Decisions: A Report on the Third College Board Conference on Admission Models*, College Board's Admissions Models Project Report, 2002, p. 3.

与 WFU 一样，其他案例校也认识到在所处背景中表现优异、但在全国范围或者说申请者库中竞争性不足的弱势学生具备大学成功的潜能，因为他们在资源有限的情况下仍然可以跨越障碍、获得蓬勃发展。换言之，只要给予入学机会、提供发展平台，这些学生在大学往往会积极利用机会取得成功。这得到了实证研究的支持，有研究发现，高成就、低收入的学生一旦注册，往往能够取得学业成功，毕业率也很高。[①] UCLA 表示“整体性审阅有助大学识别不管族裔如何的所有申请者的潜力。尽管面临困难，他们可能已经表现出取得成功的能力。在如今的社会，有些困难可能会与种族相关（比如，少数族裔学生就读配备有经验的教师以及提供大量 AP 课程的学校的机会更少），但整体性录取过程侧重于通过克服障碍的历史展现出的取得成功的潜能，而不是族裔身份”[②]。

（二）录取故事：“小池塘里的大青蛙”

识别量化因素、特别是考试分数无法充分证明的成功潜能，是案例校为弱势群体提供入学机会的重要依据。在美国，在所处背景中表现优异、但在全国范围或者说申请者库中竞争性不足的学生被称为“小池塘里的大青蛙”[③]。UNC 与 Davidson 的两个具体故事可以很好地解释 AO 如何基于背景录取该类具备大学成功潜能的生源。

> 在 UNC2014 年录取季期间，一位来自北卡农村地区的男生 ACT 分数为 22（总分为 36），是移民的儿子，家长英语不流利。自六年级开始，家庭依赖他进行翻译，甚至处理银行事务。他

① William G. Bowen, Mattew M. Chingos, and Michael S. McPherson, *Crossing the Finish Line: Completing College at America's Public Universities*, Princeton, NJ: Princeton University Press, 2009.

② University of California, Los Angeles, “Campus Explains Holistic Review Admissions Process”, September 5, 2008, http://newsroom.ucla.edu/stories/080905_holistic-admissions_reed.

③ Anna Mountford Zimdars, *Meritocracy and the University: Selective Admission in England and the USA*, London, UK: Bloomsbury Academic, 2016, p. 158.

> 每周投入30个小时在家庭生意中。他的教师在推荐信中写道“他需要一座桥梁通向他的未来”。他被录取了，大一第一学期的成绩平均为A-。招办主任法默认为这位学生的表现证明了“如果以单一视角看待每一个人，我们不能清楚地了解大多数人。所以需要调整视角，不然会错过大量有才能的人”……在Davidson，一位2015年录取的女生ACT分数为25，低于四分之三的学生。她就读于波士顿一所小型的特许中学，成绩是一系列A和B-的混合，成绩和课外活动令人有印象但并非杰出，与许多高中毕业生类似。但是她由单亲母亲抚养长大，有一个六岁的弟弟。在过去几年，她一周需要花三个晚上为弟弟准备晚餐和帮他入睡。由于母亲工作收入微薄，她在学校可以享受免费午餐。在这些压力的背景下，她的AP课程和志愿服务工作变得更闪亮。尽管在高中与咨询师接触不多，但她认真研究了Davidson，并且在申请中提出了一个令人信服的、复杂的理由证明Davidson对她是匹配的选择。Davidson招办主任克里斯托弗·格鲁伯（Christopher J. Gruber）表示“她完美地研究了这个地方，而且很有可能完全是自己做的功课”。所有的信息表明她的成熟度、独立和决心，尽管ACT分数一般。她是Davidson愿意做出的一个赌注，因此在提前招生阶段被录取了。①

笔者就上述故事与Davidson受访者进行了交流，该校AO表示“除了将考试分数列为可免要求，还有了解学生优势的其他方式。我们会录取考试分数低的学生，因为他们还有其他的优点”。Davidson招募的Posse学者也是体现弱势背景下高成就学生能够在大学取得成功的典型故事。Posse学者是由德博拉·贝尔（Deborah Bial）带领下的Posse基金会于1989年开发的美国知名的大学入学和青年领导

---

① Frank Bruni，“Hidden Gold in College Applications”，*The New York Times*，March 5，2016.

力发展项目，该项目利用独特的评价工具——“动态评价过程”（Dynamic Assessment Process，简称 DAP），识别在传统的大学选拔过程中被轻视、但能够在选拔性高校取得成功的青年领导者，把他们输送至合作的美国精英大学，并提供四年全额奖学金和其他支持。[①] Davidson 从 2014 年开始与在迈阿密的 Posse 项目合作，从 1300 位申请者中选出十位进入该校 STEM 项目（科学、科技、工程和数学）。

就 Posse 学者的选拔方式而言，DAP 由大组和小组面试以及个人面试组成，其中大组和小组面试形式为学生参与互动式工作坊[②]，展示在团队中解决问题的能力，个人面试形式为学生展示成绩单和陈述自己的学业和领导力的历史。Posse 基金会声称在工作坊面试中得高分者倾向于在大学成功并做出贡献，也有更高的 GPA。Posse 项目宣传负责人拉森·萨兰迪（Rassan Salandy）表示，“通过 DAP 面试过程，学生的综合图像得以浮现，这是仅从成绩单、考试分数和短文难以得知的信息”[③]。Davidson 的 AO 指出 Posse 学者的选拔方式使得选拔者了解学生成功的潜能，为没有机会参加多项课外活动的贫穷学生提供了升学支持，同时澄清尽管 Posse 学者的考试分数整体而言可能偏低，但该校 Posse 学者情况并非如此。

Posse 学者项目的发起人贝尔会说除了考试分数，还有其他

① 详见 https：//www. possefoundation. org/about-posse.

② Posse 基金会的互动工作坊使用 Bial-Dale Adaptability Index（简称为 BDI）方法，对 10—12 组的学生进行几次合作练习来评价学生。一个练习是让学生使用乐高块学习组建机器人，然后通过分享集体记忆来尝试重建它。其他的练习为让学生对有争议的话题进行即兴讨论，比如基因测试，或者合作创建公共服务公告。这些练习的目标在于识别能够主动、协同完成任务并具备坚持不懈的精神的学生。源自 Steven G. Brint, *Merit Square-Off*：*The Fight Over College Admissions*, September 13, 2015, https：//lareviewofbooks. org/article/merit-square-off-the-fight-over-college-admissions/.

③ Rassan Salandy，“The Posse Foundation：Moving Beyond Test Scores to Identify High-Potential Youth”, 2006, http：//www. hfrp. org/evaluation/the-evaluation-exchange/issue-archive/building-and-evaluating-out-of-school-time-connections/the-posse-foundation-moving-beyond-test-scores-to-identify-high-potential-youth.

方式甄别才能。他们在选拔过程中会了解学生是否拥有丰富的资源，如何提问题，以及学生认为帮助是什么、当需要帮助时会怎么做、如何在小团体内与他人互动。这些评价使得选拔者了解学生无论如何都会取得成功。所以如果学生考试分数低，也没问题。Posse 学者整体而言可能考试分数偏低，但是在两届注册的 Posse 学者中，我们没有发现他们的考试分数明显更低，甚至平均值还更高。迄今为止，没有数据证明我校的 Posse 学者考试分数偏低，也许其他组织会得到这样的结论……传统的选拔过程注重课外活动。但有些学生因为需要兼职工作以维持家庭开支，没有能力参与许多课外活动。当你关注他们的个人表现时，他们可能每天在 Burger King 汉堡店工作，这是课外的一切活动。因为来自低收入家庭，所以这些学生通常不会关注像 Davidson 这样的学校。Posse 项目找到并帮助他们。(Davidson-AO-1-160512)

就 Posse 学者在大学的表现而言，虽然他们来自弱势背景，但最终均以高成功率从大学毕业。Davidson 副校长兼招办主任克里斯托弗·格鲁伯公开撰文声明该校注册的 Posse 学者具有成为“校园和公民领袖的毅力和潜能”，入学后也修读了难度课程和利用了高校提供的研究机会发展自己。他还指出 Posse 学者的选拔方式使得他们思考招募识别发展潜力的更好途径：

通过最新的合作伙伴 Posse 基金会，我们已经在一个招生季中完成了许多高校多年来努力的目标——吸引拥有多样化生活经验和广泛背景的具备求知欲的、高成就的学生，这些学生具有成为校园和公民领袖的毅力和潜能。我们与 Posse 的合作凸显了 Davidson 的使命——协助学生发展领导力和公民服务所需的人性化本能、纪律性和创造性的思想。而且我们有信心 Davidson 将会是一个更美好的地方，因为这些来自迈阿密的学业上优秀、有见地和活力的年轻学生真正体现了本校对教育卓越和入学机会的长期承诺……Davidson 的第一届 Posse 学者已经修读了有难度的学业课程和利用了校园提供的研究机会。我们很期待看到他们将在未来四年内取得什么成就。尽管对大学毕业率在 90% 以上的 Posse 学者来说，传统的录取过程可能过于僵化，我们对这些学生在学习上的渴望、抱负以及对个人发展的追求感到欣慰……招募 Posse 的过程已经激发了我们更创造性地思考录取方式，以及如何使用创新的方法来识别、招募和注册将在 Davidson 蓬勃发展的学生。①

三　决策最优化的需要

案例校的招生范围覆盖全美和全世界，不同地域、国别的高中除了资源和质量差异，本身的教育风格也有所不同。一方面，美国的高中教育体系与其高校一样具有多样化的特点，因为美国的教育事务历来有分权式管理传统，② 由州政府和学区而非联邦政府负责③。例如，美国高中的学期设置不尽相同，有些为双学期，有些为三学期。尽管美国 42 个州和哥伦比亚特区已经推行了州共同核心课

① Christopher J. Gruber and Magdalena Maiz-Pena, "Miami Students Will Be Welcomed, Nurtured at Davidson College", *Miami Herald*, December 26, 2014.

② William G. Bowen, Mattew M. Chingos, and Michael S. McPherson, *Crossing the Finish Line: Completing College at America's Public Universities*, Princeton, NJ: Princeton University Press, 2009, p. 88.

③ 加州的教育体系涉及全州和地方实体（local entities）。州教育委员会（The State Board of Education）是州幼儿园至 12 年级的决策高校，它还制定学业标准和开展评估，制定模板供地方控制和问责计划使用。加州教育部（The California Department of Education）负责执行州教育委员会制定的政策和监督学区，也通过一个名为“加州学生成就数据系统长期调查”（California Longitudinal Pupil Achievement Data System）的数据库从学校收到关于毕业率、入学率和其他统计数据。另外，58 个县教育局负责审批学区预算。县教育局还可以提供或帮助制定新的课程和教学材料以及培训和数据处理服务。2015—2016 学年，加州高中生将近 180 万人，有 420 个包括幼儿园至 12 年级的高中学区和统一的学区。源自 California State Auditor, *College Readiness of California's High School Students: The State Can Better Prepare Students for College by Adopting New Strategies andIncreasing Oversight*, State Auditor Report 2016 - 114, January 28, 2017, p. 7.

程标准（Common Core State Standards Initiative），[①] 州政府也会为州内高中设定最低教育标准，但是不同州、不同学区的公立高中在课程体系、成绩评定方式、年级排名政策、毕业要求等实践操作上都可能存在差异，更遑论私立高中自主办学下出现的多样化教育风格。另一方面，国际高中在课程、教学方式、课外活动等方面与美国高中也不尽相同。因此，AO 需要了解申请者所在高中的教育风格，并结合风格审阅其成就，以做出最佳录取决定。

（一）课程体系与教学风格的差异

美国不存在一个全国性或全州性的高中课程体系[②]。在加州，州法律设定了全州高中生在课程修读上的最低毕业资格，并要求各学区为所有合格的学生提供满足大学招生需求的大学导向课程，但各学区可提出自己的要求，比如学生需修读难度高于州要求的数学或外语课程才能毕业，或者完成大学导向课程才能毕业。旧金山、圣地亚哥和洛杉矶联合学区等都要求学生在毕业之前完成一整套的大学导向课程。[③] AO 特别强调了理解国际学生的课程体系差异，其中负责国际招生的 Davidson 受访者还以中国学生为例，指出需要了解国际学生的课堂学习风格。因为美国大学注重讨论的教学风格不同于中国传统的讲授、记忆式风格，学生能否适应并融入其中，决定着大学学业成功的可能性大小。

国际学生既有修读传统中国课程的，也有修读 A-level 和

① Common Core State Standards Initiative, "Frequently Asked Questions", http://www.corestandards.org/about-the-standards/frequently-asked-questions/.

② William C. Hiss and Valerie W. Franks, *Defining Promise: Optional Standardized Testing Policies in American College and University Admissions*, May 2, 2014, http://www.nacacnet.org/research/research-data/nacac-research/Documents/DefingPromise.pdf, p. 5.

③ California State Auditor, *College Readiness of California's High School Students: The State Can Better Prepare Students for College by Adopting New Strategies andIncreasing Oversight*, State Auditor Report 2016 - 114, January 28, 2017, pp. 6 - 7.

AP 课程，各种不同的背景……中国的高中课程有许多是两门数学课和两门科学课，但在美国，学生每年只修读一门数学课和一门科学课。世界各地都不一样。在中国，我看到许多学生每年都上生物、物理和化学课，这在许多高中都是如此，所以不难理解中国学生在数学和科学科目的优势，我希望看到他们在社会科学、人文课程或写作上也有优势。中国学生有一个问题是课堂参与和美国学生很不相同，中国传统高中课堂的学习环境与 Davidson 的非常不同。在美国，学生是被期待积极提问的，但在中国正好相反，有时甚至不允许学生提问。所以，既要了解学生就读的高中背景，也要了解学生的学习风格，比如是否一直为讲授式、记忆式的风格？如果是基于讲授和记忆的方式，学生能否在这里蓬勃发展？（Davidson-AO-2-160512）

（二）成绩评定方式的差异

美国的高中或学区大多数情况下拥有成绩评定的特权[①]，因而课程成绩评定的方式和标准并不一致[②]。

首先，不同高中计算每门课程成绩的形式存在差异，有些高中使用百分制，有些高中使用等级制，比如：位于加州的伍德布里奇高中（Woodbridge HS）提供两种成绩评定方式，第一种是在商业、英语、科学等多数科目中使用“A、B、C、D、F”，第二种是在诸如生理教育和工作体验等少数科目中使用“通过”或“不通过”；[③]位于北卡的约翰斯顿中学（Johnston County Schools）从 2015—2016

---

① College Board, *Selection Through Individualized Review: A Report on Phase IV of the AdmissionsModels Project*, College Board's Admissions Models Project Report, 2004, p. 11.

② David J. Woodruff and Robert L. Ziomek, *Differential Grading Standards among High Schools*, ACT Research Report Series 2004 - 2, 2004.

③ Woodbridge High School, "Grades 9 - 12 Course Description Catalog 2014 - 2015", 2014, http://woodbridgehigh.org/wp-content/uploads/2014/04/Course-Catalog.april29. - 2014.pdf, p. 34.

学年开始在所有科目中使用以下方式：A 为 90—100 分，B 为 80—89 分，C 为 70—79 分，D 为 60—69 分，F 为 60 分以下。①

其次，不同高中的 GPA 范围不同且计算方式有差，有些高中对 GPA 进行加权处理，即给予荣誉或 AP 课程额外的学分，有些高中则不加权，即相同对待所有课程，没有额外的学分给予更具挑战性的课程。例如，4.0 的 GPA 在一些情况下被视为最好的成绩，但调整课程难度后，它可能使得学生处于年级中靠前的位置，但并非顶尖行列。② 因此，Pitzer 的 AO 指出“这是为什么我们将高中学业表现置于背景中考察的原因，这很重要”。还有些高中不给成绩，但是招办了解其背景，也可能授予录取资格。UNC 的 AO 就谈道：“我们谈论的这所学校甚至不给成绩。这很有趣，但显然来自这所学校的学生很优秀，因为那是很个人化的学习环境。他们真正动手操作，也付出精力和得到蓬勃发展。”

最后，有些高中成绩评定较为宽松，有些高中评定标准更为严苛。多位 AO 一致表明由于评定的差异，脱离背景解读成绩会得到不准确的信息，比如同一 GPA 的含义不同，所以不把申请者进行互相比较。而且，即使是同一门课程，不同高中教师的成绩评定标准也可能不同。③ 例如，成绩评定标准的差异存在于课程结构标准化的 AP 和 IB 课程中，因为“AP 和 IB 课程成绩的评定是教师和中学（可能还包括学区）基于多个标准自行确定的”④。USC 的 AO 呼应了这一点：“不同高中的教师对 AP 课程成绩的评定并不一样。学生

① Johnston County Schools, “High School Course Catalog 2016 - 2017”, http://www.johnston.k12.nc.us/common/pages/DisplayFile.aspx? itemId = 3399061.

② Robert J. Sternberg, *College Admissions for the 21st Century*, Cambridge, Massachusetts: Harvard University Press, 2010, p. 37.

③ David T. Conley, “Who is Proficient? The Relationship Between Proficiency Scores and Grades”, paper presented at the Annual Meeting of the American Educational Research Association, New Orleans, April 4, 2000.

④ Kelly E. Godfrey, *Investigating Grade Inflation and Non-Equivalence*, College Board Research Report 2011 - 2, 2011.

每年在学年末参加的 AP 考试是相同的，但是成绩为 A、B 或 C，是由教师决定的。在 AP 课程中，教师有特定的内容需要讲授，但是这所高中的教师对课程项目或测验的打分，可能比马路那边的高中更难。”

国际高中的成绩评定方式与美国相比更是迥异，尤为需要被置于背景中考察。例如，当笔者问到“为何 2015 年 UCSD 录取学生档案显示有 1% 的学生 GPA 低于 3”时，UCSD 的 AO 解释原因在于有些国际生的“GPA 与美国的评定方式完全不同”，且该校不重新计算国际学生的 GPA。该校负责国际招生的 AO2 也指出国际学生的课程和成绩评定的标准有别于美国。另外，当笔者询问如何评价中国学生的高中成绩时，该 AO 的回答也反映了对我国高中教育背景的理解，比如指出来自传统中国高中申请者的课程成绩即为考试分数，不包括课堂参与等其他形式的主观评价，因为中国是“一个应试教育系统”。

［中国学生的成绩］取决于高中选择提交的内容，不管是成绩还是其他方面。在大多数情况下，我们的理解是中国学生的成绩只是考试分数，因为<u>它是一个应试教育系统</u>，所以得到的可能是<u>期中考试分数和期末考试分数</u>。这取决于课堂成绩的评定形式、家庭作业和评分以及其他评价……在美国，<u>成绩的评定标准包含类似课堂参与等主观标准</u>。我可以想象应试教育体系下成绩的评定完全基于考试、记忆等，<u>很难实施一些主观的评价，将诸如观点、课堂参与等因素考虑在内。中美高中的成绩评价不同</u>，我可以想象在中国，考试分数为白纸黑字，你的考试分数是这个，这就是你在考试中的表现，也是你的最终成绩。（UCSD-AO-2-160107）

（三）年级排名的政策差异

除了因为 GPA 计算方式的差异而有不同的内涵，年级排名的形式本身也不一样，包括具体的名次、百分比、四分位、十分位等等，同时前文已提到并非所有的高中都提供年级排名。有些中学只是提供百分位或分为四组，展示学生是否处于年级前25%、50%、75%。有些中学则使用百分位指出年级前10%或15%的学生，对低于该排名的学生并不给出相应信息。[①] 根据NACAC的调查，一方面，80%的高中指出会揭示年级排名靠前者，比如致告别辞的最优秀毕业生（valedictorian）和第二名（salutatorian），55%的高中指出会给出百分位排名，65%基于GPA阈值将学生分组，比如将所有学生分为“A”“B”或者“优等毕业生”“荣誉毕业生”或者做一些其他形式的区分。另一方面，只有61.1%的高中提供学生排名的具体数字，26.3%提供百分位排名，40.3%为毕业年级提供成绩分布。[②] 受访者亦指出“许多高中没有年级排名，只提供一段关于学生的质性评价，这对我们来说很有趣”（Pitzer 受访 AO）。

考察高中教育背景对于来自不提供年级排名的高中的申请者尤为重要。将年级排名视为“非常重要”因素的WFU即会考虑不同高中在年级排名政策上的风格差异，如果高中不进行排名，AO会尽可能了解高中以使“评价尽可能充分”，同时会公平对待没有提供该信息的申请者。UNC的AO也指出申请者信息的缺失使得采用包含背景考察在内的整体性审阅是最佳决策方式。

> 读者得到的是一长串信息，会了解到毕业年级的情况、学生的表现。当学校不提供年级排名时，阅读变得相当有挑战性，但同样变得很有趣，因为可以看到为什么私立高中不管怎样，都倾向于被整体性审阅。为什么大学最好采用整体性审阅的决

---

① Christine Sarikas, “What Is Class Rank? What Is A Good Rank?” October 19, 2015, http://blog.prepscholar.com/what-is-class-rank-why-is-it-important.

② National Association for College Admission Counseling, “Class Rank”, 2007, http://www.nacacnet.org/research/publicationsresources/marketplace/documents/class-rank.pdf.

策方式，因为大量的中学不再提供不想报告的内容。（UNC-AO-AM-160505）

（四）课外活动和推荐信的文化差异

美国高中无论在贫富、办学规模、学生族裔构成等方面的差异如何，几乎都会为学生提供艺术、学业、体育等类型的课外活动。[①]然而，不同国家的课外活动文化各不相同，比如中国传统高中的学生学业任务重，不一定参与课外活动，因此“需要理解学生的背景、体系或学校中提供的资源”（UCSD 受访 AO）。在 AO 看来，由于文化的不同，对中国学生在课外活动上提出与美国学生同样的要求并不合理：“如果想招收国际学生，那么文化认知也随之而来。你需要知道国际学生不可能有相同的活动，比如与美国学生从事一样的活动，因为高中是不同的，在中国情况更不一样，比如你们没有西班牙俱乐部。”（USC 受访 AO）USC 的 AO 更表明这种不合理的要求带来的压力是导致中国学生在课外活动材料上作弊的原因之一，并指出美国有些高校没有区别对待国际学生课外活动类型的原因，在于没有投入相应资源开展正确的录取。

我注意到中国学生有参加课外活动的趋势。中国有许多传统音乐，学生可能长期练习钢琴或中国乐器，也有运动项目，但更多的是音乐、绘画。我也意识到没有在国际中学就读的学生，也有机会参加课外活动，但并不容易，因为学习在中国是优先项。许多学生是寄宿在校的，周末也学习。[要求中国学生参加课外活动]是一个现实的期望吗？应该要求中国学生的课外活动时间与世界其他学业压力更低的地方的学生一样吗？……我想看到学生在课外活动中做了什么来挑战自己。我

① National Center for Education Statistics, *Extracurricular Participation and Student Engagement*, NCES 95 - 741, June 15, 1995.

> 们也了解志愿者和实习机会在世界各地并不相同，会了解学生可利用的资源有哪些。如果学生所在高中有不同的社团，他们的参与程度如何。（Davidson-AO-2-160512）

与课外活动一样，Davidson 的 AO 提到对推荐信的评价也需要置于背景中，因为不同国家高中的推荐信风格不一致：“对课外活动的审阅是背景驱动的，推荐信也是如此。当我看到一封来自德国或英国公立高中的推荐信，与美国的风格非常不同。美国的推荐者给学生打气，谈论学生在课堂中表现多好以及其他所有好的素质。英国的推荐者可能会强调一些负面素质，但这实际上被认为是一种恭维，因为推荐者是在赞美学生可以改进的素质。所以需要将推荐信置于背景中，这正是我在阅读海外申请材料时通常的做法。”

第六章

整体性审阅路径（二）：个体考察

个体考察是美国精英高校在评价路径上有别于具备选拔性、但选拔程度更低的高校的核心特征。换言之，美国许多高校都声称自己使用整体性审阅路径，并将部分申请者取得的成就置于背景中查看，也采用集体评议选拔部分生源，然而它们并没有如案例校一样面向所有申请者开展实质性的个体考察，而是使用公式化路径与某种程度的个体考察相结合的方式塑造一个年级。本章先界定个体考察的内涵与特征，再以 UCSD 和 UNC 为例介绍如何实施个体考察，最后分析实行个体考察的多重动因。

第一节　个体考察的内涵与特征

录取决策的底线是关于个体。

——（UNC 受访 AO）

美国精英高校和许多 AO 在表达中有时会使用“整体性审阅”一词指代笔者区分的“个体考察”。为了保持数据的完整性，笔者没有进行更改。但笔者所判定的整体性审阅指向为个体考察而非背景考察和集体评议的依据，是本节论述的个体考察的内涵和特征。

一 个体考察的内涵

根据案例校的官方声明和受访者的解释，“个体考察”指将每位申请者视为“一个整体”（as a whole person）与“一个个体”（as an individual）。“一个整体”的角度，强调每位 AO 查看申请材料中提供[①]的学业和非学业方面的完整信息，而非只关注某一维度、特别是学业维度，以数字来定义申请者。例如，UNC 表示“当阅读申请时，我们会尽全力去了解你，了解你的长处和短处、你的希望和梦想”[②]。UCLA 的整体性审阅改革可谓最佳解释案例：在 2007 年改革之前，两位读者审阅每份申请的不同部分——一位 AO 负责评价学业成就材料，一位非招办职员（通常是高中咨询师、退休教师或学业拓展团队成员）负责评价个人成就和生活挑战材料。在这个体系下，没有一位 AO 能够将申请者作为“一个整体”来评价，比如根据申请者的个人境遇来评价其个人成就和学业成就。整体性审阅则是读者基于所有材料对每位申请者进行评价的过程。因此，改革之后每位 AO 对每份申请的审阅是一个整合（integrated）的过程，将学生的成就、经历以及面临挑战的全部信息考虑在内，提供更细致的个性化评估和质性评估[③]，比如“如果申请表中出现迎接生活的挑战，将是整体性审阅考虑的一部分，我们不再单独记录该信息”。

“一个个体”的角度，则强调 AO 以非机械化（non-mechanistic）

① 大学委员会指出“尽管许多申请材料提供的信息很全面，读者不可能了解申请者的一切。正如一位招办主任指出，整体材料审阅意味着对申请材料的全面审阅，而非申请者整个人生的全面考察（full-life review）”。引自 College Board, *Selection Through Individualized Review: A Report on Phase IV of the AdmissionsModels Project*, College Board's Admissions Models Project Report, 2004, p. 3.

② UNC-Chapel Hill, “Why Should I Apply to Carolina?” https://unc.askadmissions.net/ask.aspx.

③ University of California, Los Angeles, “Campus Explains Holistic Review Admissions Process”, September 5, 2008, http://newsroom.ucla.edu/stories/080905_holistic-admissions_reed.

的方式对每位申请者开展细致、灵活的审阅，即基于具体情况具体分析的路径做出录取决策，而非以量化的、粗线条的、一刀切的方式或者标准评价所有申请者。案例校并没有设立固定的、精确的录取标准，比如表明达到某个条件便授予录取资格。UCLA 即表示“选拔生源时没有一套狭窄的标准用于评价申请者”①。UNC 亦声明“我们收到的有才华学生的申请比每一届能够录取的新生名额多，那么如何作决定呢？我们致力于使选拔尽可能聪明、谨慎，而且最重要的是保持热忱。我们不使用公式或分数线或阈值，没有人因为单个数字自动被录取或被拒绝。我们深入阅读每一份申请……你来到 UNC 的路与其他人都不一样，我们乐见录取学生带来的兴趣、背景和志向的多样化。我们致力于将申请者视为独立的个体，并在录取决策过程中付诸实施。录取决策中没有公式，我们为此感到自豪”②，“录取的基本标准是学生具备胜任 UNC 学习任务的能力。除了这个标准，录取没有公式，也没有每位学生必须达到的固定标准”③。

需要说明的是，个体考察和背景考察并非泾渭分明的概念，而是相互包含、互为补充的评价路径，共同构成对每位申请者的整体性审阅。一方面，个体考察内含对申请者背景的考虑，而且个体考察的目的是为了更好地进行背景考察。加州大学就指出“确保所有的申请者得到个体化的审阅，即经过培训的读者检视申请者的完整材料，以在机会背景中评价他们的成就”④。另一方面，背景考察本身就是个体化地考察申请者，而且背景考察离不开个体化的路径。

---

① University of California Board of Admissions and Relations with Schools, *Annual Report on Undergraduate Admissions Requirements and Comprehensive Review* 2016, BOARS 2016 Report to Regents, February, 2016, p. 35.

② UNC-Chapel Hill Undergraduate Admissions, “Who We Want”, http://admissions. unc. edu/apply/who-we-want/.

③ UNC-Chapel Hill Advisory Committee on Undergraduate Admissions, 2014 – 2015 *Annual Report*, UAD2014 – 15, February 19, 2016.

④ University of California Board of Regents, “Regents Policy 2108: Resolution Regarding Individualized Review and Holistic Evaluation in Undergraduate Admissions”, January 20, 2011, http://regents. universityofcalifornia. edu/governance/policies/2108. html.

例如，迈克尔·巴斯特多等指出，“在大学招生中，整体性审阅被描述为AO用以确保所有申请者，不管家庭境遇或高中质量如何，拥有被选拔性高校录取的机会。但是，整体性路径只能是在对高中背景的个体化和综合评价中才能成功”①。当然，二者也有细微差别，在于对整体性审阅方式解读的角度不同，背景考察强调将申请者的成就与背景相关联，个体考察强调将申请者作为完整的个体考虑。

二 个体考察的特征

尽管个体考察在美国不同高校的实践不一致，但七所案例校在做法上呈现出一些共同特征，包括没有阈值（cutoff/threshold）、没有公式、没有单一的决胜因素。案例校也没有对申请者进行基于身份的分流审阅②。当笔者询问“在录取决策过程中是否会给学生贴标签，比如一组是‘第一代大学生’、另一组是低收入学生”时，得到的回答是“绝对不”。由于该点较为简单，本文不再展开论述。另外，尽管美国一些使用公式化路径的高校会使用个体考察录取一部分生源③，但案例校均声明对所有申请者都开展个体考察。

---

① Michael N. Bastedo and Nicholas A. Bowman, “Improving Admission of Low-SES Students at Selective Colleges: Results From an Experimental Simulation”, *Educational Researcher*, Vol. 46, No. 2, 2017, p. 76.

② 大学委员会报告指出申请材料的分流方式包括基于地域的审阅、基于高校所设专业或学院的审阅（即如工程、护理、建筑、音乐、艺术等特定专业或学院有特殊的录取要求，申请材料由这些领域的专家完成。当录取名额有限时，除需满足专业要求外，学业标准变得颇为重要）、基于学业指数群体的审阅（即根据学业指数进行初步筛选，有时对处于学业指标顶端和底端的学生直接做出决定，再对中间群体的大部分进行额外的审阅）、基于特殊类型的审阅（即有些高校标识出特殊类型的学生，比如运动员、少数族裔、校友子女等，由专家或高级招办人员审阅）、基于接收顺序的审阅（即有些高校使用滚动录取，接收的申请材料一旦齐全即进行审阅）、基于字母的审阅（即有些高校基于字母分发申请材料给不同的招办人员，从而容易得知谁在负责哪位学生的申请材料）。引自 College Board, *Admissions Decision-Making Models: How U. S. Institutions of Higher Education Select Undergraduate Students*, College Board's Admissions Models Project Report, 2003, pp. 16 – 18.

③ College Board, *Selection Through Individualized Review: A Report on Phase IV of the Admissions Models Project*, College Board's Admissions Models Project Report, 2004, p. 3.

（一）没有阈值

案例校均声称没有录取阈值，即不存在基于 GPA、考试分数、年级排名、大学预备课程门数等硬指标高于或低于某个临界值即被自动录取或拒绝的情况，所有申请材料都会被完整、深入地阅读。在基于阈值自动录取的情境中：一方面，美国一些选拔程度低的高校会基于 GPA 和/或考试分数录取学生。例如，密西西比大学（University of Mississippi）自动录取所有满足条件的州内学生，包括完成大学导向课程并且 GPA 不低于 3.2，或者 GPA 不低于 2.50 同时 ACT 总分不低于 16，或者年级排名位于前 50% 同时 ACT 总分不低于 16，或者 GPA 不低于 2.00 同时 ACT 总分不低于 18。[①] 另一方面，美国一些颇具选拔性的公立大学，使用基于年级排名或学业指数的阈值自动录取符合资格的州内学生的前百分比计划。加州大学系统目前使用前 9% 的 9×9 方案，保证录取在参与高中的年级排名为前 9% 和在加州高中毕业生中学业指数排名为前 9% 的州内学生进入其中一所分校就读（但不保证进入意向分校）。[②] 德州大学系统其他分校均

---

① 申请者也可以以 SAT 代替 ACT，SAT 的分数要求详见：http：//www.olemiss.edu/info/admissions/admissions-guides/。

② 加州大学从 1931 年起，申请者在中学时修的课程被纳入确定申请者是否合格的标准之一 。不久后，加州大学决定如果申请者排名位于就读高中的毕业生的前 10%，且高中最后两年六门课的成绩不低于 B，亦符合加州大学录取标准，则无须参加大学入学笔试。在 1960 年，加州高等教育规划确立了三级大学体系，并为每级大学确立了生源资格，加州大学作为第一级大学，需录取州内高中毕业生排名位于前 12.5% 者。1968 年，加州大学正式接受 SAT 分数作为录取标准之一，同时取消高中成绩排名前 10% 的评定标准，以适应加州《高等教育总体规划》的要求，却严重影响了少数族裔学生的录取机会。在 1999 年，加州大学重新提出前 4% 计划，即加州合作高中的毕业生中年级排名为前 4% 可被保证在加州大学系统获得一席之位，并于 2001 年秋季招生时正式实施。2002 年，新的教育规划（Master Plan for Education）出台，要求在使用前 4% 计划的同时，维持全州范围内前 12.5% 的高中毕业生保证可进入加州大学，至此形成加州大学两条自动入学的途径，前者为“地方合格性标准”（local path，也称为 Eligible in the Local Context），后者为“全州合格性标准”（statewide path）。在 2009 年，加州大学提出新的 9×9 计划，于 2012 年秋季招生时生效并延续至今，意味着在地方合格性标准中，参与高中学生的年级排名资格范围由 4% 扩大为 9%，（转下页）

自动录取在高中年级排名为前10%的州内学生，德州大学奥斯丁分校则自2009年开始将前10%改为前7%或前8%，比如2015年为前7%、2016年为前8%、2017年为前7%，每年年级排名的阈值由该校基于州法律要求德州学生在德州大学系统需占据75%的名额的原则和各分校的录取情况来确定。①

相比之下，案例校均声明没有基于阈值实施自动录取或淘汰，而是依次考虑每位申请者，查看每位申请者的完整材料，不会因为学业表现优秀就不查看非学业信息，也不会因为学业表现差就中止审阅。例如，UCLA表示“绝不使用最低分数或者任何形式的阈值”，同时尽管在评价申请者的成就水平时会考虑“与所在高中同年级学生相比的成就，包括申请者是否属于ELC认定的人群范围”②，但不会基于学业指数、ELC或其他指标自动录取学生。在UNC，“录取不设分数门槛或阈值，即不会因为学生分数低于某一

（接上页）同时全州合格性标准的使用范围由12.5%降为9%。两种路径的计算方法分别为基于年级排名和学业指数（也被称为”录取指数”admission index），具体来说：在地方合格性标准中，如果申请者为加州居民，在合作加州高中的毕业生中排名前9%，同时GPA不低于3.0，在10年级和11年级完成了规定给的11门A-G课程，同时GPA不低于所在学校历史上最高的GPA，则该生具备ELC资格。在全州合格性标准中，学业指数根据高中成绩和考试分数计算而得，即加州大学将申请者的SAT或ACT分数转换成加州大学分数（UC score），然后将之与其GPA相匹配。如果加州大学分数等于或大于其GPA对应的分数，那么该申请者便在加州高中毕业生的9%范围内。引自U. S. Commission on Civil Rights and Office for Civil Rights Evaluation，*Beyond Percentage Plans：the Challenge of Equal Opportunity in Higher Education*（*Draft Staff Report*），USCCR Beyond Percent Plans，https：//www. law. umaryland. edu/marshall/usccr/documents/beyondpercentplns. pdf.；University of California，“Statewide Path”，http：//admission. universityofcalifornia. edu/freshman/california-residents/admissions-index/index. html.；University of California，“Local Path”，http：//admission. universityofcalifornia. edu/freshman/california-residents/local-path/index. html.

① University of Texas at Austin，“Admission Decisions”，https：//admissions. utexas. edu/apply/decisions.

② University of California，Los Angeles，“Freshman Selection-Fall 2016”，http：//www. admission. ucla. edu/Prospect/Adm_ fr/FrSel. ht.

数值就拒绝录取，也不会因为超过某一数值而直接录取”[①]。在USC，“对于高中成绩、年级排名或考试分数，我们没有绝对的阈值或最低值。我们对这些元素的相互影响以及个人成就和成功的潜力感兴趣”[②]，其声明得到该校多位AO的呼应，而且AO1指出最具选拔性的高校都是如此，“不做任何筛选，每位学生都得到均等的考虑”，选拔程度更低的高校可能使用阈值。在WFU，该校多位AO一致表示不管学业记录如何、材料多少，都会“阅读每一份申请”，不存在阈值和自动淘汰。在Pitzer，以前曾经自动拒绝GPA很低者，但现在已经取消这一做法。另外，非案例校杜克大学的AO同样指出申请者被“作为个体看待”，并非“数字的总和”，“SAT为满分也不能保证被录取”。当然，前文已经指出，公立大学往往设有学业资格的最低要求以确保被录取者能够完成大学学业，私立高校则倾向于强调推荐申请者应该达到的学业准备度。但在所有精英高校，申请者如果没有达到最低或推荐要求不会直接被拒绝。UCLA就表明申请者不管是否满足加州大学的最低资格性要求，材料都会被审阅，这使UCLA可以为不寻常的案例提供特殊录取的机会。[③]

> 如果学生考试分数低，我们还会查看其他因素，不会直接扔了申请材料……我们仍然会阅读每一份申请，不存在SAT阈值。考试分数可能会让我有不同的考虑，比如这块信息没用，

① UNC-Chapel Hill Advisory Committee on Undergraduate Admissions, “Guidelines For Standardized Testing”, November 8, 2011, https://admissions.unc.edu/files/2013/07/Guidelines-for-Standardized-Testing-APPROVED-Updated.pdf.

② University of Southern California Undergraduate Admission, “Application Components”, http://admission.usc.edu/firstyear/prospective/components.html.

③ University of California Board of Admissions and Relations with Schools, *Comprehensive Review in Freshman Admissions at the University of California* 2003 – 2009, BOARS CR Report, June 22, 2010, p. 28.

所以这是学生选择不提交考试分数的原因……有位学生提交26封推荐信，是申请材料中的一部分，我们也会查看，进行一次疲惫的阅读。(WFU-AO-9-150901)

值得指出的是，UCLA 在进行整体性审阅改革之前曾经使用基于学业资格阈值自动录取部分申请者的方式，对照其改革前后的差异可以更好地理解“没有阈值”这一特征。在 1996 年肯定性行动被加州政府禁止使用之前，UCLA 的校长查尔斯·杨（Charles Young）及其职员考虑到不同申请者在高中成绩和考试分数上的显著差异，于 1981 年启动了两类（two-tier）录取体系以提升校园的多样化程度。换言之，一部分学生（主要是白人和亚裔学生）基于 GPA 和考试分数计算得出的学业排名①被录取，对于这些完全由学业标准决定录取命运的申请者，AO 不考虑他们的个人表现和背景特征。剩下的一部分学生（主要是弱势群体）则基于学业排名和以下三个领域内的补充性标准被录取：（1）多样化（比如族裔身份）；（2）遭遇的艰难（残疾、教育弱势和低收入）；（3）特殊才能、兴趣和经历。通过两类录取体系，UCLA 可以自动录取所有满足加州大学系统入学条件的少数族裔申请者。1990 年，UCLA 大幅度扩展了两类录取体系的使用范围，文理学部的新生中将近 50%—60% 基于学业排名被录取。②

在加州禁止实施肯定性行动之后，UCLA 将两类录取体系改为基于三类排名组成的三维矩阵录取体系（2002—2006 年），包括学业成就排名（GPA、AP 课程和考试分数）、个人成就排名（比如获得荣誉、课外活动、领导力、音乐能力、社区服务和工作经历）和

① 与许多高校使用的“学业指数”（Academic Index）一词含义相同。

② John Aubrey Douglass, *The Conditions for Admission*: *Access*, *Equity and the Social Contract of Public Universities*, Stanford, CA: Stanford University Press, 2007, pp. 131 - 132.

生活挑战排名（教育环境、家庭社经地位、个人境遇）。[①] UCLA 根据三类排名的数值将申请者分配至三维矩阵的不同单元格中（排名相同的申请者被置于同一单元格），并结合录取标准和年级规模决定位于哪些单元格中的申请者被录取。在该模式下，族裔因素被剔除在外，三类排名被单独给出、但共同作为录取决策的依据，是一种该校 AO 称之为“选拔的平衡路径”，但是这种路径中录取决策是关于录取哪些单元格或哪类的申请者，而非关于录取哪位申请者。同时，尽管没有对三类排名预先分配权重，数字驱动的学业成就排名显然占据主导地位。[②] 自 2007 年实施整体性审阅改革以来，UCLA 查看每位申请者的完整材料，过去完全依据学业成就录取部分学生的做法不复存在。尽管仍然重视 GPA 和 SAT 分数等传统学业指标，但 UCLA 更强调将每位申请者的学业和个人成就与高中及个人背景联系起来进行个体化的审阅。

（二）没有公式

案例校在录取决策中都没有将各因素量化并纳入数字化的公式，即没有对考量因素预先分配一定的分值（weight/points）或者说数字权重（不过 AO 对各因素还是有相应的观念上的权重或重要性），并通过公式运算得出最终决定。例如，UCLA 表示“整体性审阅采用了许多策略，不过是以一种综合的方式开展，而非公式

---

① University of California Eligibility and Admissions Study Group, *Final Report to the President* (*April* 2004), Study Group Final0404, April 9, 2004, Appendices C－5－2.; Eddie Comeaux and Tara Watford, *Admissions & Omissions*: *How* “*the numbers*” *are Used to Exclude Deserving Students*, Bunche Research Report, June, 2006, p. 5. 其中第二份文献还指出在学业成就排名中，UCLA 设立了 GPA 和 SAT 的阈值，用以决定如何分配不同的等级。在个人成就排名中，大部分因素在正式审阅之前会被提前打分，然后一位志愿读者会查看申请者的写作，视情况对预先的打分进行调整。在生活挑战排名中，UCLA 没有特别侧重哪类因素，而是系统性的“制衡”，以考虑申请者的整体教育经历，并将学业成就置于教育经历中考察。

② Eddie Comeaux and Tara Watford, *Admissions & Omissions*: *How* “*the numbers*” *are Used to Exclude Deserving Students*, Bunche Research Report, June, 2006, p. 5.

化的路径”①、“AO 使用没有预设权重的标准来选拔生源”②。UNC 也声明“所有录取决定，包括对运动员的录取，都没有公式。我们对申请者进行整体考察，广泛而全面地评价每一位学生”③，“没有对任何一个录取标准赋予任何权重，即使有，也是因学生而异”④。其 AO 亦指出“录取决策的底线是关于个体”，不会基于电脑公式自动筛选生源。WFU 和 Davidson 的 AO 都表示本校没有分配权重或分值，因为“所有因素都很重要”，“需要混合考虑”。

> 我们没有给予个人表现分配 10 分，也没有对学业方面的表现打分，审阅非常整体性……评价准则有助对短文和面试有更多的了解，但不给予额外的分值。我们不对面试和写作与否分配分值……审阅的方式是查看所有的因素，得到关于学生的完整拼图。有些高校用 1 表示最好，5 为拒绝录取，使用非常明确的排序，我们不这么做。我们会查看学生是否在特定领域特别优秀，并以整体性的方式来看待，而非聚焦于特定领域。我在阅读时不分配任何的比例，而是类似“告诉我你的故事，你是谁，而不是你申请材料的部分内容如何”。(WFU-AO-2-160523)

UCSD 在实施整体性审阅改革之前使用了分配分值的公式化选拔方式，而且加州大学有些分校目前仍通过分配权重的方式进行录取，

---

① University of California, Los Angeles, “Campus Explains Holistic Review Admissions Process”, September 5, 2008, http://newsroom.ucla.edu/stories/080905_ holistic-admissions_ reed.

② University of California, Los Angeles, “Freshman Selection-Fall 2016”, http://www.admission.ucla.edu/Prospect/Adm_ fr/FrSel.ht.

③ Cole Del Charco, “UNC Reviews Admissions After Wainstein”, *The Daily Tar Heel*, October 22, 2015.

④ Office For Civil Rights, *Compliance Resolution*: *University of North Carolina*, *Chapel Hill*, (*NC*), November 27, 2012, http://www2.ed.gov/about/offices/list/ocr/docs/investigations/11072016 - a.html.

对比其他分校和 UCSD 改革前后的做法，有助我们更好地了解“没有公式”这一特征。就加州大学其他分校而言，2015 年加州大学九所提供本科生教育的分校中，默塞德分校、圣塔芭芭拉分校和河滨分校没有采用单一分数整体性审阅模式：（1）默塞德分校对所有申请者使用对不同因素事先分配权重的公式和人为阅读打分相结合的矩阵评价路径，其中学业因素占 75%，SES、高中背景和人为阅读分数占 25%。（2）圣塔芭芭拉分校的综合评价包括学业准备度评价（Academic Preparation Review）和学业潜力评价（Academic Promise Review）两部分。在学业准备度审阅中，AO 的考察依据为已有学业成就，并基于在整个申请者库中的表现赋予分值，以识别具备最佳准备度和表现的申请者。在学业潜力审阅中，AO 考察申请者的修读课程、课外活动、技能、知识，并结合学业准备度审阅和基于多个因素的 SES 评价，共同判断申请者在该校成功的潜能。综合评价结果是二者的结合，其中 GPA 和考试分数被预先分配 50% 的权重，SES 标准和读者基于学业潜力的指标评价各占四分之一的权重。（3）河滨分校的公式化审阅基于三方面的因素，包括“机读”因素（比如 GPA 和考试分数）、最能预测学生在本校取得成功的因素以及对学生群体多样化做出贡献的因素。同时，该校在计算学业指数分数（Academic Index Score）的公式中，对相应因素事先分配了权重。①

就 UCSD 而言，据其 AO 解释，该校在采用整体性审阅改革之前，曾经使用三种不同的录取决策模式，其中 2001 年随着加州大学系统推广综合评审制度而开始采取、并沿用至 2011 年的“固定权重”（fixed weight）模式的评价方式见表 6－1。从该表可以看出：学业成就的最高分值为 8200，占总分（11100）的约 74%，数字权重最大；个人成就类因素和 SES 因素最多各占 5.4% 和 15.3%；教育

① University of California Board of Admissions and Relations with Schools, *Annual Report on Undergraduate Admissions Requirements and Comprehensive Review* 2016, BOARS 2016 Report to Regents, February, 2016, pp. 36－39.

环境因素指向高中不平等的因素，最多占 5.4%。在对各部分打分后，UCSD 基于总分排序和招生名额录取学生。[①] 因此，固定权重模式属于“基于分值的体系”（point-based system），是严格把各种因素换算成分值进行加总、并根据总分择优录取的数学式录取方式。2011 年，UCSD 试行了一年的双重录取过程，即一半申请者基于固定权重模式被评价，一半申请者基于整体性审阅模式被评价。[②] 2012 年全部使用整体性审阅后，一如该校 AO 指出，审阅的内容和阅读过程没有变化，但不再对各项因素分配离散式的分值，而且对学业表现一般的申请者实施整体性的评价。负责国际招生的 AO 则以国际学生为例，说明会“查看所有的因素”（UCSD 受访 AO），包括课程及课程成绩、考试分数、年级排名、课外活动、个人陈述等等。

> 自我 1995 年在这工作，2003 年担任此职位，我们有过四种不同的录取决策模式。1995 年，我们刚采取《SP1 法案》，排除了对族裔的考虑，提出新生名额的 60% 严格以包括 GPA 和考试分数的学业因素为录取标准，40% 以考试分数、族裔身份和其他因素的混合为录取标准，族裔身份只是考虑因素之一。在《209 法案》通过时，我们的确禁止使用族裔身份因素，新生名额的 50% 严格使用学业因素，50% 使用学业因素和固定权重的混合。然后我们转向了在整个申请者库中使用固定权重，给每个人分配一个综合评价分数。随后，我们在 2007 年研究整体性审阅，并于 2012 年［完全］实施……在曾经使用的综合评价固定权重模式中，我们是分值递增型。我们阅读整体材料，但是

---

① University of California Board of Admissions and Relations with Schools, *Comprehensive Review in Freshman Admissions at the University of California* 2003 – 2009, BOARS CR Report, June 22, 2010, p. 32.

② University of California Board of Admissions and Relations with Schools, *Comprehensive Review in Admissions at the University of California: An Update* (*September* 2012), BOARS Comprehensive Review 2012, Octorber 4, 2012, p. 33.

发现一些因素时，会说“好，给予150分或者300分给领导能力，或者150分给予特殊才能”，并将所有分值相加，得出最终的综合评价分数。

在整体性审阅中，我们仍然做相同的脑力阅读，仍然审阅一切内容，但不会识别变量，说“给这个分值”。我们都阅读所有材料，说“这是整体性的阅读，这位学生是一名真正的明星”。所以，阅读过程是几乎相同的，但最终结果并不是隔离所有的因素，而是基于对整体材料的阅读后分配一个分数。如果得分为1分，则学生为“明星”候选者。如果考试分数或GPA没有优势，课外活动参与不够出彩，个人陈述也没有多少惊喜，那么学生得分止于4.5分[①]……你可以从我分享的案例中看到，不是所有的学生都一样优秀。我们有多种类型的申请者，覆盖所有的群体。第一个案例恰巧是一位表现非常优秀的申请者。我们看到学业表现不优秀的申请者，也会进行整体性的评分，决定是否给予录取资格。（UCSD-AO-1-160107）

表6－1　　UCSD固定权重模式中的分值分配（2001—2011年）

学业成就类因素（约75%）	最高分值（分）
未封顶的GPA	4500
标准化考试分数	3200
超出最低的A-G课程要求	500
个人成就类因素（约15%）	
领导力	300
特长/奖项	300
社区/志愿服务	300
学术预备项目参与	300

① 4分为合格，5分为拒绝。

续表

学业成就类因素（约75%）	最高分值
特殊境遇和/或个人挑战	500
SES 因素（约5%）	
低收入家庭	300
“第一代大学生”	300
教育环境因素（约5%）	
ELC 资格	300
毕业于 API 排名处于第四或第五分位的高中	300

注：“个人挑战”包括个人家庭状况、工作身份、残疾、军人、个人成长和生活变故；“毕业于 API 排名处于第四或第五分位的高中”指向毕业率低、大学导向课程和 AP 课程注册率低、加州州立大学/加州大学录取率低的弱势学校。源自 Eddie Comeaux and Tara Watford，*Admissions & Omissions*：*How “the numbers” are Used to Exclude Deserving Students*，BuncheResearchReport，June，2006，p. 5.

（三）没有单一的决胜因素

在案例校的个体考察中，没有单一的因素使 AO 决定录取或拒绝某位申请者。公立大学 UCLA、UCSD 和私立大学 WFU，都曾经将某些因素视为决胜/主导/决定性因素（a tie-breaker/dominant/decisive factor）。在 UCLA，1996 年加州政府禁止肯定性行动之前，族裔曾经是决胜因素。1994 年，UCLA 有 21000 名符合加州大学学业要求的申请者，然而只能录取 9860 名学生（占约 46%），其中严格基于学业标准被录取的 6800 名学生（占约 69%）基本上全是白人和亚裔学生，非裔和拉丁裔学生分别只占 1.1% 和 4.7%。换言之，少数族裔学生中的大部分人，大约 2140 名，主要因其族裔身份被录取。① 在 UCSD，2011 年实行整体性审阅之前，ELC 资格、低至中等偏低收入背景以及“第一代大学生”身份，都曾经被作为决胜因素

① John Aubrey Douglass，*The Conditions for Admission*：*Access*，*Equity and the Social Contract of Public Universities*，Stanford，CA：Stanford University Press，2007，pp. 131 – 132.

使用。[①] 以 ELC 资格为例，虽然该校没有使用基于前百分比的自动录取计划，但具备 ELC 资格的候选者被录取的可能性远远大于其他学生。2009 年，UCSD 录取学生中符合 ELC 资格者占 39.8%，录取率高达 85.7%，是所有申请者的录取率（37.6%）的两倍多。相比之下，UCLA 录取学生中有 49.0% 符合 ELC 资格，但录取率只有 59.9%。[②]

在 WFU，2008 年实施可免试入学改革之前，该校曾经将考试分数视为决胜因素。招办主任玛莎·阿尔曼即指出“我们曾经将 SAT 分数视为决策的支柱，或者说决胜因素”，招办高级副主任塔玛拉·布洛克尔亦表示高中课程修读情况及成绩是最重要的，但 SAT 分数可“导致学生被录取或不被录取”。[③] 该校 AO 做出了同样的回应：“考试分数曾经是一个支柱。如果对申请者没有把握，我们会使用考试分数作为依靠的支柱，来决定是否给予录取资格。比如某位学生的 SAT 分数为 1400，另一位为 1350，我们可能会录取前者。50 分的差距会决定录取资格，有时候更低，15 分、13 分也可以造成不同。”笔者追问“是否即使某位申请者的高中 GPA 更高，但考试分数比另一位低 50 分，也不会被录取”，该 AO 表示“当我们不是可免试入学时，这种情况会发生”。

如今，对案例校而言，不管办学类型如何，所有因素，包括被视为“非常重要”或“重要”的 GPA、年级排名、考试分数等学业指标和课外活动、才能等个人品质，也包括在实际录取决策中往往

---

① University of California Board of Admissions and Relations with Schools, *Annual Report on Undergraduate Admissions Requirements and Comprehensive Review* 2016, BOARS 2016 Report to Regents, February, 2016, p. 38.

② University of California Board of Admissions and Relations with Schools, *Annual Report on Undergraduate Admissions Requirements and Comprehensive Review* 2016, BOARS 2016 Report to Regents, February, 2016, p. 15.

③ Martha Allman, “Going Test-Optional: A First Year of Challenges, Surprises, and Rewards”, in Joseph A. Soares, ed., *SAT Wars: The Case for Test-Optional College Admissions*, New York, NY: Teachers College Press, 2012, p. 170.

得到倾斜的族裔身份、“第一代大学生”、校友子女等背景特征，都不是决胜因素，而是“众多因素之一”，与其他量化和质性因素共同被考虑。其中，考试分数和族裔身份是诸因素中被尤为强调不会起决胜作用的因素。就公立大学而言，UNC 尽管将考试分数视为“非常重要”，但声明“它并不是单一的或主要的录取标准。相反地，标准化考试分数只是众多因素之一”①。该校 AO 呼应了这一点，指出如果只看考试分数，会错失很多信息，如果不看考试分数，对部分考生也不公平，因此它只是工具之一。UNC 亦表示“在作录取决定时，族裔是很重要、但重要性有限的因素，也只是综合评价众多因素中的一个因素”②。UCLA 声明“录取过程并非基于公式，几乎没有单一的原因（比如考试分数或高中成绩很低），导致个体申请者未被录取”③。UCSD 表示“我们查看所有因素，请记住这些因素没有以任何优先的顺序被审阅”④，其 AO 也指出“没有单一的因素决定学生是否被录取”，比如尽管将 GPA 视为“非常重要”，但不是决定因素。

> 我们要求学生提供考试分数，但是你可以看到如果仅依赖考试分数作决定，不查看其他因素，我们会错失什么……我们完全理解其他学校走向可免试入学，但是对我们而言，考试分数是招生和整体性审阅中的一个工具。它不是需要额外留意的

① UNC-Chapel Hill Advisory Committee on Undergraduate Admissions, "Guidelines For Standardized Testing", November 8, 2011, https://admissions.unc.edu/files/2013/07/Guidelines-for-Standardized-Testing-APPROVED-Updated.pdf.

② UNC-Chapel Hill, *Brief of Amicus Curiae: The University of North Carolina at Chapel Hill Supporting Respondents*, August, 2012, http://unc.edu/files/2014/04/Fisher-Brief-FINAL.pdf, p. 5.

③ University of California, Los Angeles, "FAQs From Denied Freshman Applicants", http://www.admission.ucla.edu/faq/FR_Not_Adm.htm.

④ University of California, San Diego, "2016 Freshman Application Workshop (Online Webinar)", http://admissions.ucsd.edu/events/index.html.

> 因素，不是将人剔除在外的因素，也不是使人被录取的因素。但是如果其它因素缺失，就像前面谈到的录取决策具有神秘性，那么我们会采用使学生受益的方式审阅考试分数，不会使用不利于学生的方式，因为有些学生可能有较低的GPA，也可能不是这样，这很难说。（UNC-AO-AM-160505）

就私立高校而言，在USC，虽然其CDS中考试分数被视为“非常重要”，但一名AO表明其只是“有助读者了解学生读大学的学业准备和匹配度的众多因素之一”，另一名AO也指出尽管它是重要信息，具备预测价值和一定程度上反映学业成就，但“不是我们过分依赖的因素”，还有一名AO则指出SES也不是“一个决定性因素或主要因素”。在实施可免考试入学的WFU，其AO表明“所有因素都很重要”，考试分数只是众多因素之一，AO对笔者提出的“如果考试分数非常高，录取率是否更高”的回答印证了这一点——“取决于成绩单。我们会留意高的考试分数，希望申请材料中的其他内容与之匹配”。文理学院Pitzer的AO表示“不会因为单一因素拒绝学生”，会深入了解申请者，并关注申请材料中不同因素揭示信息的一致性；文理学院Davidson的AO也表示“整体性审阅中的‘整体性’这个词可能有点被过度使用，但没有一个因素可以决定录取与否，这是事实”。

> 我们不会因为单一因素拒绝学生，正如我不认为SAT分数低会使学生被拒录一样。学生不一定需要写出最好的短文，我们还会关注教师对于学生写作能力的评价，以及在申请其他内容中看到的证据。整体性审阅真的很重要，学生被拒绝不会是因为单一的因素。我会关注范式（pattern），尽管我们的录取率非常低，我总是深入阅读申请材料并给予最佳关注。比如我想要录取一些学生，我应该寻求什么特征。当我开始阅读申请材料时，材料内容的范式可能会显示有些学生是不能被录取

的……比如某位学生的高中成绩很优秀，通常推荐信也充满赞誉之词。高中成绩一般，SAT 分数往往也不高。所以在申请材料中通常存在某种一致性。我经常告诉咨询师不要过于关注单一因素，而应该阅读整个故事，关注其中的范式。申请材料中各项信息的一致性通常是我们寻求的特征，除非背景表明有特殊原因导致某些信息不一致。(Pitzer-AO-1-151217)

第二节　个体考察的实施

虽然笔者未能进入案例校的录取决策现场，但 UCSD 的招生人员对该校录取案例进行了详细的描述，美国教育部下属的民权办公室（Office for Civil Rights，简称 OCR）发布的报告也介绍了 UNC 的录取决策细节。透过两校的做法，我们可以一窥个体考察的操作方式。

一　UCSD 的操作方式

UCSD 的 AO 在接受访谈时为笔者展示了两个录取案例：第一个案例为高中学业和考试分数均表现突出、个人成就也很优异的学生，属于“超级明星”，因而赢得“1”（绝对推荐录取）的评分；第二个案例属于学业表现弱的被拒录学生，其高中 GPA 不合格、考试分数没有优势，但部分高中课程成绩不错且学习有进步。AO 查看课外活动、个人陈述等寻找增值信息，发现有一些成就一般的社区服务和课外学业活动，仍难以弥补无法胜任该校严格学业要求的不足，同时个人陈述没有显示出从大学教育机会获益的潜能，也不属于倾斜群体，是故没有从“4”（合格）变为“3”（可录取）。

这个指南是了解我们如何分配分值以及在评价时寻求什么的好方式。你可以看到在培训指南中，我们真的相信学业成就很重要。我们审阅在大学预备课程、个人素质等方面的所有成就。这是某位学生的详细表格。表中有学生曾经就读学校的历史，这位学生同时参加了社区学院和高中，我们有关于学生修读的 A-G 课程信息和他们的真实工作，包括完成的课程目录、课程成绩和取得的进步。所以这一部分是历史信息，我们知道这位学生在10年级修读了 AP 历史课，这就是我们阅读并关注哪些信息的方式。读者阅读学生的学业记录，所有的 A-G 课程。这位学生明显非常优秀，有 AP 微积分、AP 历史，非常好的成绩，所以是一位学业优异的学生。读者会说学业非常优秀，[分值] 应该为 1。同时我们也想看看学生的考试分数如何，我们再一次看到一位非常优秀的学生，AP 考试和 SAT 分数都很高，仍然在 1 的范围。这位学生还参加了 ACT，分数也很高。然后我们看看荣誉和奖项，看看学生在高中的经历，大量的 AP 课程、课外活动、非学业性社会活动，这些信息再次显示这是一位非常优秀的学生，学业非常优秀，可能为 1，考试分数可能为 1。然后我们再看所有其他的方面，如个人陈述等，看看能从中发现什么。我们要求提交两份个人陈述，这位学生有第三份个人陈述，按道理不应该出现，但他使用了该选项。我会阅读个人陈述中展示的一切，我现在知道的是该生具备的长处也应该是 1。

让我们看看一个（大约为）4 的例子，你可以看到一些根本的区别。这位学生的意向专业为生物/生物化学，我们以学业为基础，你已经可以看到这份材料中存在的问题，[GPA 为] 2.9，几乎不合格。UCSD 录取年级的平均 GPA 是 4.11，我们与读者分享此类信息，显然我们看到了这一弱项。我们也没有看到他在考试分数上有多少优势，但我们继续阅读，看是否完成了所有的 A-G 要求。再一次，我们没有看到很多优势，英语还可以，成绩为 As，AP 英语为 Bs，许多处于进步状态，属于合格的挣扎（eligible struggling）。你可以看到为什么从学业开始审阅，学业优势不存在，大约就是4左右，然后你再看在其他方面是否存在增值。在这个例子中，我们寻找是否有任何增值的因素，因为这位学生从学业上看并不优秀。现在我们再看看材料中的其他因素，看是否会表明“这位学生还在做一些其他的事情”。这时我们看到社区服务，了解到这位学生在社区机构工作，参与高级科学项目。然后我们再看个人陈述，是否会表明“虽然这位学生学业上不够优秀，但也许个人陈述中会有一些描述让我们给予其高度的价值”……在这个例子中，我们没有发现增值，因为这位学生的最终分值为4.5，两位接受培训的读者的评价都是4.5，4.5，我们给出的分值也是4.5。我们的目标在于确保没有使某位学生处于不利境地。个人陈述中可能会有一些引人注目的内容，但是如果申请者学业上不合格，我们不想看到一扇旋转的门（a revolving door）。因此我们会尽我们所能公平地评价学生，将大量因素考虑在内，包括学生能否应付本校严格的学业，在这个4.5的案例中这位学生显然不会。

我们刚看的第一位学生的分数是一个明显的1，超级明星，最后一个为4.5的学生则存在很多问题。学业基础是关键，在加州大学系统都是如此。然后材料中是否有其他内容让我们相信虽然学业表现不优秀，但会建议我们给予更好的分数，即增值。所以，从这个意义上说，就像头脑中一开始会有一个分数，然后递增，我们不会减去什么。在第一个案例中，我们没有减去任何内容，也没有增加任何内容，是一个很清楚的决定。在第二个案例中，审阅开始时可能认为这大概是一个4，然后看看学业成就的历史趋势，以及申请材料的其他部分是否存在任何价值可以使其分值变为3，但在这个案例中没有。（UCSD-AO-1-160107）

从UCSD的AO1的描述可以看出，该校审阅申请者的所有信息以做出公平的评价，并以学业表现为评价基础，非学业信息为增值项。

如果申请者的学业表现很弱（低于申请者库平均水平），不具备胜任大学学业的潜能，在其他方面也没有增值，则往往会丧失参与录取竞争的资格，比如第二个案例中不存在学业优势即大致判定不予录取。如果申请者的学业表现非常优秀，则个人成就或其他标准较少得到考虑，比如第一个案例中在阅读个人陈述前即强烈推荐录取。

二　UNC 的操作方式

OCR 于 2006 年 12 月 5 日收到关于 UNC 的控告（complaint），控告声称接受美国教育部资助的 UNC 将族裔和国别作为达成本科新生群体多样化的考量因素的做法，违反了《平权法案》第六条关于禁止高校的族裔、肤色或国别歧视的条款，其录取决策过程歧视白人和亚裔学生，证据包括：（1）就 2005 年秋季入学新生的平均 SAT 分数而言，录取的非裔学生与白人学生相差 176 分，与亚裔学生相差 235 分；（2）曾有一位招办人员在某论坛表示族裔身份被作为"决胜因素"使用。[①] OCR 为此进行了深入的调查，包括查看 UNC 招生文件和数据、具体录取案例、与招办人员访谈取证等，并在 2012 年发布报告表明该校的招生实践合法[②]，即该校对所有申请者使用个体考察的方式，没有将族裔身份和考试分数作为决胜因素，相关内容如下：

> UNC 的招生项目实践了对申请者的灵活的、个体化的审阅。UNC 通常考虑一系列因素……UNC 否认给予任何一个因素特定的权重或分值。招办人员指出分数较低的白人和亚裔申请者可

---

① Office For Civil Rights, *Compliance Resolution*: *University of North Carolina*, *Chapel Hill*, (*NC*), November 27, 2012, http: //www2. ed. gov/about/offices/list/ocr/docs/investigations/11072016 - a. html, p. 1.

② Office For Civil Rights, *Compliance Resolution*: *University of North Carolina*, *Chapel Hill*, (*NC*), November 27, 2012, http: //www2. ed. gov/about/offices/list/ocr/docs/investigations/11072016 - a. html, p. 5.

以因为对多样化的贡献被录取，比如来自低 SES 家庭或者属于"第一代大学生"。而且，族裔身份在录取考量中可能对以下一些申请者是加号因素：比如，在邻居或者学校中少有白人、多数人的英语为第二语言的环境中长大的白人申请者。另外，相对分数较高的非裔申请者可能会被拒绝录取，如果他们对新生年级在其他方面没有贡献，比如缺乏除族裔外的多样化特征，或没有显示出杰出的领导力。OCR 审阅的申请材料和招办人员提供的解释，与 UNC 对于个体化考虑的声明是一致的。比如 OCR 审阅了一位白人申请者的材料，其 SAT 分数显著低于平均值，却被录取了，原因有一部分在于基于非族裔的多样化因素。招生委员会投票结果为录取这位学生，指出"考试分数是我们的担忧之一，写作也一般"，但也指出这位学生是"第一代大学生"，有资格获得费用豁免，且在周末兼职工作。委员会的结论是这位申请者"极有可能促进多样化，且有资格被录取"。一位考试分数低的亚裔学生被录取在一定程度上也与非族裔的多样化因素有关，一位阅读该生材料的招办人员的评语为'可以将之作为第一代大学生录取'。就其他被录取的低分亚裔申请者和白人申请者而言，招办人员标注的非族裔多样化特征包括在印度尼西亚成长、曾被寄养、残疾等。另外，OCR 审阅的材料包括未被录取的相对高分的少数族裔学生。比如，一位非裔申请者尽管 SAT 分数高于平均分，GPA 为 4.310，也拥有'第一代大学生'身份，却因招生委员会发现其学业项目不够有竞争力而被拒录。总体而言，调查显示 UNC 对于申请者的考量没有将族裔身份作为录取与否的决定性特征。

就申诉人关注的申请者在平均 SAT 分数的族裔差异上，OCR 发现SAT 分数不是 UNC 整体性审阅过程的决定性因素，不同族裔群体本身的差异不代表族裔为决定性因素甚至是决胜因素。招办人员一直向 OCR 报告他们关注候选者的 SAT 分数，和关注申请材料中的其他所有信息一样。给予 SAT 分数的权重因学生而异，取决于候选者个人的所有其他特征。OCR审阅的申请者材料显示UNC录取了一些SAT分数较低的白人申请者和亚裔申请者，拒绝了一些SAT分数较高的少数族裔申请者。这支持了UNC关于SAT分数和族裔都不是决胜因素、所有申请者都得到个体化的考虑……UNC在录取过程中不使用任何的配额、权重、分值或族裔身份目标。族裔身份不用于分流申请者，也不用于改变录取标准的影响……族裔身份在给予申请者个体化的整体性审阅中只是众多标准之一。所有族群成员都可以、也的确受益于该标准以及其他的多样化特征，比如符合费用豁免资格、残疾、国际经历或'第一代大学生'身份……OCR也指出在2007—2012年，非裔申请者的录取率与白人申请者的录取率相当或更低。比如，在2012年，白人申请者中27.4%被录取，而非裔申请者中只有24.6%被录取，亚裔为23.4%，西班牙裔为29.5%。[①]

从OCR报告的内容可以看出，UNC将每位申请者视为个体，进行灵活、整体性的审阅，没有分类审阅、阈值、公式和单一的决胜因素。UNC个体考察的证据具体体现为以下三点：第一，族裔身份和考试分数均非决胜因素，因为分数低的白人和亚裔申请者会因为对多样化的不同贡献被录取，分数高的非裔会因为没有做出贡献被拒绝。UNC公开表示："当知道申请者的族裔身份时，UNC通常将其置于申请材料和学生群体中考虑，并结合该学生可能做出的各方面贡献，来决定录取与否。"[②] 第二，族裔身份被作为加号因素使

---

① Office For Civil Rights, *Compliance Resolution*: *University of North Carolina*, *Chapel Hill*, (*NC*), November 27, 2012, http://www2.ed.gov/about/offices/list/ocr/docs/investigations/11072016-a.html, pp. 4-6.

② UNC-Chapel Hill, *Brief of Amicus Curiae*: *The University of North Carolina at Chapel Hill Supporting Respondents*, August, 2012, http://unc.edu/files/2014/04/Fisher-Brief-FINAL.pdf, p. 7.

用，其考量是背景化、非机械化的[①]，并非偏向于特定群体。比如，在非裔环境下成长的白人或亚裔也可能因为族裔身份因素获益。因此，在对整体申请材料的完整背景中考虑族裔身份，对不管族裔身份如何的所有申请者都有益，并不存在对白人和亚裔学生的歧视。第三，非裔申请者的录取率最低，也表明族裔身份并非决胜因素。

值得指出的是，虽然作为公立大学，UCLA、UCSD、UNC 都采用非机械化的个体考察，但基于申请者库的规模，对不同申请者的个体考察程度可能存在差异。例如，有 AO 指出："在一所真正的文理学院里，本科招生的重点在于建立一个每位学生都在校住宿的共同体，如此，审阅过程便为真正的整体性审阅。我认为不同高校整体性审阅的程度不同。"学业表现相对较差的受倾斜群体在各校得到的个体考察往往更为深入，而且精英公立大学个体考察的程度整体而言可能低于私立高校。长期研究大学招生的唐·霍斯勒教授在受访时即表示，一方面，在大部分公立大学、包括精英公立大学，学业成就决定了至少 70% 的录取名额，个人成就和加号因素决定了剩下的名额；另一方面，基于多样化的追求，精英公立大学的确不会使用公式选拔生源。同样研究招生问题的理查德·桑德教授亦指出，"对于美国公立高校和法学院的大量录取过程的分析，证明高竞争性的院校，比如 UNC，给予学业成就和准备度的权重比其他类型的成就和活动更多（族裔倾斜例外）。通常来说，学业因素本身揭示了选拔性高校中录取决定的 80%。"[②]

UCLA 的 AO 的论述亦表明其以学业标准评价 80%—85% 的申请

---

① 在格鲁特案中，当被问及考虑族裔身份的程度时，密歇根大学法学院院长杰弗里·雷曼（Jeffrey Lehma）作证表示对该因素的使用是灵活的："每位申请人的情况不同。在某些情况下，申请人的族裔身份可能不起任何作用，而在其他情况下，它可能是'决定'因素"。引自：U. S. Supreme Court，*Grutter v. Bollinger*，June 23，2003，https：//supreme. justia. com/cases/federal/us/539/306/case. html.

② Richard Sander，"Why Strict Scrutiny Requires Transparency：The Practical Effects of Bakke，Gratz，and Grutter"，in Kevin T. McGuire ed.，*New Directions in Judicial Politics*，London，England：Routledge，2012，pp. 279 – 301.

者（当然并不表示这些学生的非学业情况不会被查看）："如果我审阅 100 名学生，我可能会对 15 或 20 位学生进行基于个人情况的评价。"上文也已指出 UCLA 在整体性审阅改革前有 50%—60% 的学生基于学业指标录取，UCSD 则曾经有 60% 的学生完全基于学业标准录取、40% 基于综合标准录取，以及曾使用 50% 和 50% 的比例。虽然改革后不再使用刚性的比例，而且笔者未能获得案例校的录取学生数据，无法验证案例校的真实操作如何，但基于学业指标被录取的学生应仍属多数。相比之下，私立高校、特别是办学规模小的文理学院，对申请材料的审阅更为灵活、更为质性化。私立大学 WFU 的 AO 即表示"学业记录是申请材料的基础，但不是说我决定中的 70% 与某方面有关"。当然，不管办学类型如何，作为精英高校，案例校在审阅中没有阈值、没有公式、没有单一的决胜因素是事实。

第三节　实行个体考察的多重动因

为了塑造一个年级，这是最成功的方式，它真的有助于全面了解学生。

——（Pitze 受访 AO）

案例校之所以一致采用个体考察的方式选拔生源，与法律要求、实现族裔多样化、保证决策自由度、区分申请者、达成各项招生目标均有关联，本节将一一展开论述。

一　个体考察是考虑族裔身份的合法方式

美国是多种族社会，尽管最高法院一再支持了大学在录取决策中有权考虑族裔身份，以获得族裔多样化带来的教育益处，但它也提出留意族裔身份的录取政策必须能够经受"严格审查"（strict scrutiny review），即它必须表明其"目的或利益在宪法上是允许的和实质性的，并且分类审阅对于达成目的是必需的"①。在1978年最高法院处理的第一起关于留意族裔身份政策的案件——贝基案中，刘易斯·鲍威尔法官即以哈佛大学的招生项目为例，强调只能"将每位申请者视为个体"，如此才能回避所有的法律陷阱——包括配额导致的隔离竞争、将族裔身份视为决胜因素，才能保持足够的弹性（见下述第一段、二段引文）。具体而言，在贝基案中，加州大学戴维斯分校医学院在特殊招生项目上不仅对少数族裔使用配额制，不需要他们达到2.5的GPA最低要求，而且少数族裔候选者无须与其他候选者竞争，只是在少数族裔群体内部相互竞争被分配的16个名额。在16个名额未被录满的情况下，医学院也没有吸纳其他群体的候选者。基于医学院的特殊招生项目"使具有某类渴求资格的申请者免除与所有其他申请者的竞争"，没有"把所有申请者放在同一个基础上考虑"，最高法院判定基于族裔身份分类录取、隔离竞争的特殊招生项目违宪。换言之，仅仅由于族裔身份而注册足够数量的少数族裔学生，以确保特定群体的特定百分比，是明显违宪的行为。② 同时，刘易斯·鲍威尔法官指出族裔身份只能被视为"一个单一的、尽管重要的"加号因素，在具备大学学业成功潜能的符合录取资格的相似申请者中予以倾斜，并与地理位置、成长经历等因素得到同等考虑，以确保每位候选者与所有其他符合资格的申请者相竞争。哈佛大学自身的陈述（见下述第三段引文）也表明录取资格的授予取决于高校的需要和个体申请者的特征，族裔身份只是相关因素之一。

> 近年来，哈佛学院拓展了多样化的观念，将来自经济弱势、族裔弱势群体的学生囊括。哈佛学院现在不仅招募加州人或路易斯安人，也包括非裔、拉丁裔和其他少数族裔学生。在实践

---

① U. S. Supreme Court, *Fisher v. University of Texas At Austin et al.*, June 23, 2016, https://www.supremecourt.gov/opinions/15pdf/14-981_4g15.pdf, p. 2.

② U. S. Supreme Court, *Regents of the University of California v. Bakke*, June 28, 1978, https://supreme.justia.com/cases/federal/us/438/265/case.html.

上，这种对多样化的新定义意味着族裔身份在一些录取决定中已经成为因素之一。当招生委员会审阅大量处于可被录取和证明有能力胜任大学学业的中间群体的申请者时，申请者的族裔身份可能会得到倾斜（tip the balance），就像地理位置或在农场的成长经历会在其他候选者的案例中得到倾斜一样。来自爱达荷州的一名农场男孩可以为哈佛学院带来波士顿居民无法提供的知识。同样地，一个非裔学生通常可以带来一个白人学生不能提供的知识。在哈佛学院的录取中，委员会没有为某一年度的非裔、音乐家、足球运动员、物理学家或加州居民设定录取目标配额……但是，录取超过一定数量的非裔学生的必要性的意识并不意味着委员会设定最低录取数量的非裔或密西西比州西部的人数。这只意味着，在数千名不仅在学业上'可录取的'，而且具有其他强大素质的申请人中选拔生源时，委员会在考虑多个标准的基础上，会留意许多类型和类别的学生的分布。

在这样一个招生项目中，族裔背景可能被视为特定申请者材料中的一个'附加'因素，然而它没有将个体从与所有竞争有限名额的其他候选者的对比中隔离出来。在族裔身份因素并非起决定作用的情况下，当与比如一位意大利裔美国申请者对比时，对某位非裔申请者的材料的评价是审阅其对多样化的潜在贡献，以及是否展示出更可能促进教育多元主义的素质。该类素质可以包括杰出的个人才能、独特的工作或服务经历、领导潜能、成熟度、显示出的同情心、克服困难的历史、与穷人沟通的能力，或其他被视为重要的条件。简而言之，以这样的方式实践录取项目时需要足够的灵活性，以在每位申请者特定的表现中考虑多样化的所有相关元素，并且把所有申请者放在同一个基础上考虑，尽管不一定需要给予相同的权重。这种项目在录取决策过程中将每位申请者视为个体。失去了最后一个录取名额的申请者，被基于族裔背景得到一个'加号'的另一位候选人取代，将不是仅仅因为不正确的肤色或错误的姓氏被排除在竞争该名额的所有考虑之外。这只意味着他的综合条件，可能包括类似的抽象因素，没有超过另外那位申请者。他的资格将会被公平地、竞争性地权衡，而且他不会有根据《第十四修正案》投诉不平等待遇的根据。

招生委员会在只剩下几个名额需要填满的时候，可能会发现自己被迫在A，一位成功的非裔医生的子女、拥有卓越学业表现前景，和B，一位在城市贫民窟长大的非裔半文盲父母的子女、学业成就更低但是表现出能量和领导力以及对非裔力量具备明显的、持续的兴趣，之间选择。如果已经被录取的非裔学生很多像A、但很少像B，委员会可能更倾向于录取B，反之亦然。如果C，一个具有非凡艺术才能的白人学生，也在剩下的名额候选中，他的独特品质可能会给予他超过A和B的优势。因此，关键标准往往是个体的素质或经历，不取决于族裔身份，但有时与它相关联。①

虽然个体考察的概念源于贝基案，但其确立和推广是在2003年的格鲁特案。在格鲁特案中，最高法院正式认可了哈佛大学招生项目强调个案处理的招生策略，指出密歇根大学法学院②与哈佛大学一样，合法地将每位申请者视为独立个体进行评价，没有以族裔身份

① U. S. Supreme Court, *Regents of the University of California v. Bakke*, June 28, 1978, https://supreme.justia.com/cases/federal/us/438/265/case.html.

② 密歇根大学法学院对其招生政策的描述为“聚焦于学生的学习能力，以及灵活评估其才能、经历和潜力。该政策要求招生人员基于申请材料中提供的所有信息审阅每位申请人，包括个人陈述、推荐信、描述申请人如何为法学院生活和多样性做出贡献的短文，以及申请人的本科GPA和法学院入学考试（LSAT）的分数。此外，AO必须超越成绩和分数，查看所谓的‘软变量’，如推荐者的热情、本科院校的质量和申请人的短文，以及本科课程选择的科目和难度。该政策并不仅仅是在族裔身份维度界定多样性，而且并不限制符合‘重要权重’的多样化贡献的类型”。引自U. S. Supreme Court, *Grutter v. Bollinger*, June 23, 2003, https://supreme.justia.com/cases/federal/us/539/306/case.html.

作为录取决策的主导因素，而是考虑为多样化教育环境做出贡献的所有因素，包括工作经历、特长等等。同时，最高法院表明在严格审查的标准下，对族裔的使用必须“严格适用”（narrowly tailored）于多样化的利益诉求[①]。多个标准用于决定录取决策时，对族裔身份的使用是否是严格适用的，包括大学是否真心诚意考虑了可行的族裔身份中立替代方案、招生项目是否对申请者提供了灵活的和个体化的审阅、是否加重了任何族群学生的负担、对族裔身份的考虑是否局限于一定的时期，以及是否被定期审查[②]，其中个体考察是首要的。自从格鲁特案后，“个体考察”一词开始广泛传播[③]，个体考察的实践也在更广范围内被使用。例如，该案裁决后不久，密歇根大学招生办公室开始转向个体考察。之前的审阅过程也是为所有申请者提供的“个体考察”，但是是以一种机械化、非整体性的方式实施[④]，即非实质意义的个体考察，而只是考虑了申请者的综合表现、并基于公式开展录取。

> 在大学招生中使用族裔身份作为一个“附加”因素时，大学的招生项目必须保持足够的灵活性，来确保每位申请者是作为独立个体被评价的，而不是以使申请者的族裔身份成为他或她的申请的关键特征的方式。在留意族裔身份的招生项目中，

---

① Office For Civil Rights, *Compliance Resolution*: *University of North Carolina*, *Chapel Hill*, （*NC*）, November 27, 2012, http: //www2. ed. gov/about/offices/list/ocr/docs/investigations/11072016 – a. html, p. 2.

② Office For Civil Rights, *Compliance Resolution*: *University of North Carolina*, *Chapel Hill*, （*NC*）, November 27, 2012, http: //www2. ed. gov/about/offices/list/ocr/docs/investigations/11072016 – a. html, p. 3.

③ College Board, *Selection Through Individualized Review*: *A Report on Phase IV of the Admissions Models Project*, College Board's Admissions Models Project Report, 2004, pp. 1 – 2.

④ College Board, *Selection Through Individualized Review*: *A Report on Phase IV of the Admissions Models Project*, College Board's Admissions Models Project Report, 2004, pp. 23 – 24.

> 个体化考虑的重要性是首要的……［密歇根大学］法学院对每位申请者的材料使用高度个体化的、整体性的审阅，对申请者可能给多样化教育环境带来贡献的所有方式给予认真的考虑。法学院对所有族群的申请者使用个体化的考虑。任何法律上的，或者实际上的，基于单一的“软”变量的自动化录取或拒绝政策都不存在……法学院意识族裔身份的招生项目充分确保了对学生群体多样化有贡献的所有因素在录取决策中都与族裔身份一样得到有意义的考量……法学院并不限制考虑给学生群体多样化带来有价值的贡献的广泛素质和经历……法学院认真考虑每位申请者通过特殊的长处、成就或特征——比如不同寻常的智力成就、工作经历、非学业表现或个人背景——给年级做出显著贡献的潜能……而且，除了族裔身份，法学院实际上对多样性因素给予了很大的重视。法学院经常录取高中成绩和考试分数低于被拒绝的少数族裔申请者（和其他非少数族裔申请者）的多数族裔学生，这表明法学院重视族裔身份之外的许多其他多样化因素，这些因素对于非少数族裔申请人来说也是真实的、有决定意义的差异。通过这种灵活的方法，法学院在实践上和理论上充分考虑到有助学生群体多样化的族裔身份之外的各种特征。①

二　个体考察是州禁令下达成族裔多样化的必要方式

由于加州政府实行肯定性行动禁令，UCLA 和 UCSD 不能像其他高校一样考虑族裔身份因素，但是两校又先后实行了整体性审阅改革，由公式化路径转向个体考察，最主要和最直接的原因在于个体考察是州禁令下两校实现族裔多样化承诺的必要方式。1998 年，本科招生项目禁止使用族裔身份因素后，加州大学系统的少数族裔学

① U. S. Supreme Court, *Grutter v. Bollinger*, June 23, 2003, https://supreme.justia.com/cases/federal/us/539/306/case.html.

生数量迅速下降[①]，其中在最具选拔性的伯克利分校、UCLA 和 UCSD，下降尤为明显。在伯克利分校，少数族裔在录取学生中的占比由 1997 年的23%降至 1998 年的 10%，其中非裔学生损失最为严重，占比下降了 66%。[②] 在 UCLA，少数族裔在注册新生中的占比从 1997 年的24.4%降至 1998 年的 17.5%，其中非裔在新生中的占比从 1997 年的 6.5% 降至 1998 年的 4.2%，拉丁裔从 16.8% 降至 12.9%，美国印第安人从 1.1% 降至 0.4%。白人则从 34.4% 升至 35.4%，亚裔成为最大和增长最快的群体，占 45.1%。[③] 在 UCSD，非裔学生的录取率同样从 1997 年的 55%降至 1998 年的 28%，拉丁裔的录取率从 79%降至 36%[④]。这一结果导致了加州从政府部门到纳税人的强烈抗议和遣责，并强制加州大学寻找公平且能考虑加州多元文化、族群分布等特征的本科招生政策。[⑤]

为了应对少数族裔数量代表性不足的危机，加州大学各分校和系统层面均采取了相应的措施。伯克利分校率先设计使用新的评价路径来改变本科生的生源结构，将申请者的成就置于个体面临的挑战和机会的背景中审阅，以此作为扩展少数族裔学生入学机会的重

---

① 肯定性行动禁令对少数族裔的影响同样体现在其他州，比如密歇根州 2006 年通过禁令后（Proposition 2），少数族裔学生在新生中的比例从 2006 年的 12.7%降至 2007 年的 11.4%。源自 Thomas J. Espenshade and Alexandria Walton Radford，*No Longer Separate，Not Yet Equal：Race and Class in Elite College Admission and Campus Life*，Princeton，NJ：Princeton University Press，2009，p. 5.

② Thomas J. Espenshade and Alexandria Walton Radford，*No Longer Separate，Not Yet Equal：Race and Class in Elite College Admission and Campus Life*，Princeton，NJ：Princeton University Press，2009，p. 347.

③ Diana De Carden，"Diversity Hit Hard，Fall Admissions Statistic Show"，November 9，1998，http：//newsroom. ucla. edu/stories/981109diversity.

④ 数据源自 Robin Nicole Johnson，Cynthis Mosqueda，Ana-Christina Ramon，and Darnell M. Hunt，*Gaming the System：Inflation，Privilege，& the Under-Representation of African American Students at the University of California*，Bunche Research Report，January，2008，p. 22.

⑤ 常桐善、杜瑞军：《再论大学招生的卓越性与公平性——兼谈中国人民大学自主招生"圆梦计划"的价值与局限》，《考试研究》2012 年第 2 期。

要途径。[①] 为了确保每份申请得到深入的评价，从 1998 年开始，伯克利分校废除州禁令之前使用的包含族裔身份倾斜的三类录取体系[②]，改为使用更为整体性的评价路径，即对每位申请者分配一个学

① Robin Nicole Johnson，Cynthis Mosqueda，Ana-Christina Ramon，and Darnell M. Hunt，*Gaming the System*：*Inflation*，*Privilege*，*& the Under-Representation of African American Students at the University of California*，Bunche Research Report，January，2008，p. 8.

② 实际上，在平权法案发布后，伯克利分校大部分教师仍然要求录取具有最优秀学业才能的聪明学生，但这个结果导致大量白人和亚裔学生入学。随着艾拉·迈克尔·海曼（Ira Michael Heyman）新校长的到任，他认为伯克利分校作为加州大学最老的校区，它的责任与其他分校不同，需要在为少数族裔提供入学机会上起到示范作用。为了扭转这个局面，他用以增加少数族裔注册率的路径相当激进。当时伯克利面临的政治压力也巨大，立法者和许多董事会成员都希望看到该校的少数族裔学生快速增长。因此，招办发明了三类录取体系，以创造多种方式将种族偏好融入录取政策中，建立一个依赖学生的主观因素和 SES 背景的极度微妙的录取过程。第一类体系严格遵守学业标准，将近 50% 的申请者将会在此类别下被录取。在参考加州大学系统使用的资格性指数和其他分校使用的公式的基础上，伯克利分校创造了自身的学业指数，即基于 GPA、SAT 以及三门成就测验的分数得出的一个分数，GPA 和考试分数的权重基本上相同。第二类体系对申请材料进行更广泛的审阅，常规录取中大约 50%—60% 的申请者是基于学业指数和所属打分系统中的补充性标准被审阅的。补充性标准包括加州居民、高中课程（比如是否修读了大学预备课程以及所在中学是否提供该类课程）、音乐和话剧等领域的特殊才能、EOP 身份、包括短文评价以及遭遇特殊境遇的主观标准。第三类体系最为主观，学生仅需满足加州大学系统入学要求，同时具备一项或更多特征，主要为属于代表性不足的补偿性群体，包括运动员、残疾人士、来自农村地区的学生、属于肯定性行动范畴的学生（具体指黑人、西班牙裔、土著美国人，曾经有段时间包括低收入的亚裔学生）以及在音乐、戏剧、辩论等领域拥有特殊才能的学生，其中运动员、残疾人士和属于肯定性行动范畴的学生，只要满足加州大学资格性要求，即可自动被录取。该类体系录取的学生数量每年随着第一类和第二类体系录取的学生数量而变化，但由于伯克利分校的新录取政策给偏好族裔身份的补充性标准以重要的位置，前两类体系录取的学生数量呈减少态势，第三类体系下录取的学生数量则相应增长。比如在 1986 年，通过第一类体系被录取的学生比例从往年的 50% 降至 40%，通过第三类体系被录取的学生从 1986 年的 28.1% 上升至 1988 年的 38.9%。上文提到的 UCLA 的两类录取体系也是寻求增加少数族裔学生数量的产物。引自 John Aubrey Douglass，*The Conditions for Admission*：*Access*，*Equity and the Social Contract of Public Universities*，Stanford，CA：Stanford University Press，2007，pp. 128 – 130.

业成就分数和一个单独的考虑社会和个人障碍、挑战的综合分数①，同时“超过50位专家阅读将近30000份申请材料，选拔显示出创造性或品格、才能或坚韧的学生”。② 然而，该年三位被伯克利分校拒绝录取的少数族裔学生发起诉讼（Jesus Rios VS The Regents of the University of California，1998），控告伯克利的录取过程给予修读AP课程奖励分值以及过于依赖考试分数，恢复了原来对权势阶层子女的倾斜。③ 在诉讼案的推动下，2001年伯克利分校再次改革，率先采用单一分数整体性审阅方式④，除了仍然将学生成就置于挑战和机会中审阅，更为注重以个体化的路径评价每位申请者。加州大学系统于2001年采用综合评价制度，根据14个学业和非学业标准共同评价申请者的成就和潜能。同时，加州大学系统及分校还采取了一些其他的干预措施以扭转少数族裔学生数量减少的现象⑤，包括开展更多面向中小学的拓展活动、采用ELC计划、实行面向社区学院转学生的双注册项目、改变考量因素的权重⑥、招募“第一代大学生”

---

① Michael Hout, *Berkeley's Comprehensive Review Method for Making Freshman Admissions Decisions: An Assessment*, Academic Senate at UC-Berkeley Hout Report 2005, May, 2005, p. 3.

② Pamela Burdman, *UC Berkeley Struggles to Live With Race-Blind Admissions Policy*, April 6, 1998, http://www.sfgate.com/bayarea/article/UC-Berkeley-Struggles-to-Live-With-Race-Blind-3009654.php.

③ Robin Nicole Johnson, Cynthis Mosqueda, Ana-Christina Ramon, and Darnell M. Hunt, *Gaming the System: Inflation, Privilege, & the Under-Representation of African American Students at the University of California*, Bunche Research Report, January, 2008, p. 8.

④ Michael Hout, *Berkeley's Comprehensive Review Method for Making Freshman Admissions Decisions: An Assessment*, Academic Senate at UC-Berkeley Hout Report 2005, May, 2005. p. 3.

⑤ Patricia Gandara, *California: A Case Study in The Loss of Affirmative Action*, Civil Rights Project Report, 2012.

⑥ 另外，Guerrero指出为了应对加州肯定性行动禁令，伯克利分校法学院教师投票决定降低LSAT成绩以及其他量化指标的重要性，从原来的“最重要”降为“重要”。源自Andrea Guerrero, *Silence at Boalt Hall: The Dismantling of Affirmative Action*, Berkeley, CA: University of California Press, 2002.

等等。①

UCLA 同样意识到州禁令对族裔多样化带来的负面影响，并采取了一些积极补救措施。1998 年，UCLA 时任校长艾伯特·卡尼塞尔（Albert Carnesale）表示："非常失望的是，今年少数族裔新生注册的数量更低，而且我们决心在法律允许范围内尽我们所能，以增加这类学生的人数……在这个后肯定性行动时代，UCLA 面临的挑战是设法增加在教育上处于弱势的高中学生的学业表现，以便让更多的人可以参加 UCLA 的入学竞争。只有当我们作为一个共同体一起工作，增加多样化和进入大学的最终目标才能实现。"② 为了确保生源群体的族裔多样化，UCLA 以提高少数族裔申请者的数量为切入点，制定了一项包含短期和长期目标的拓展计划，与洛杉矶郡中小学的教师和行政人员合作，为他们改进课程和职业发展，并制定旨在提高所有学生学业竞争力的新拓展项目。③ 同时，在加州大学的综合评价制度指导下，UCLA 改变了评价路径，由州禁令颁布之前使用的包含族裔身份考虑的两类录取体系，改为剔除族裔身份因素的三维矩阵录取体系。

然而，当时 UCLA 的改革效果不尽如人意，非裔学生数量代表性严重不足，与洛杉矶拥有大量非裔人口的局面失调明显（2004 年，洛杉矶有全美城市第二大人口数量的非裔人群）④。在 1995—

---

① Michal Kurlaender, Elizabeth Friedmann, and Tongshan Chang, "Access and Diversity at the University of California in the Post-Affirmative Action era", in Uma M. Jayakumar, Liliana M. Garces, and Frank Fernandez, eds., *Affirmative Action and Racial Equity: Considering the Fisher Case to Forge the Path Ahead*, New York, NY: Routledge, Taylor & Francis Group, 2015, p. 85.

② Diana De Carden, "Diversity Hit Hard, Fall Admissions Statistic Show", November 9, 1998, http://newsroom.ucla.edu/stories/981109diversity.

③ Diana De Carden, "Diversity Hit Hard, Fall Admissions Statistic Show", November 9, 1998, http://newsroom.ucla.edu/stories/981109diversity

④ Tara Watford and Eddie Comeaux, *"Merit" Matters: Race, Myth & UCLA Admissions*, Bunche Research Report, September, 2006.

2006年，UCLA录取的非裔学生减少了65%，成为加州大学系统中下降幅度最大的分校[①]。而且在2006年，非裔在UCLA的新生中只有96人（占2%），比州禁令生效前一年（1997年）注册的一半还少，成为自1973年以来三十年内的最低值。[②] 于是，2006年5月，200至300名学生聚集在UCLA校长办公室的走廊，其中许多人身穿印有“录取黑人学生？”（Got black students?）的T恤，对这一录取结果表示抗议。[③] 2007年，在校领导的指示下，UCLA招办决定借鉴伯克利分校的做法，在伯克利分校模式的基础上加入了一些本校的元素，成为加州大学系统第二所采用整体性审阅的分校。改革实施后，UCLA非裔新生的注册数量立刻翻倍，录取率也由2006年的12%升至2007年的16%[④]。UCLA副校长凯文·里德（Kevin Reed）对改革过程做了如下详细的解释。

> 所有的招办人员和读者收到族裔身份在对候选者的排名中不扮演任何角色的明确指令。虽然族裔身份在任何个体的录取决策中不起作用，但UCLA可以而且必须采取措施，确保其录取过程总体上保证来自加州所有族群的杰出候选者有公平的录取机会……因此，UCLA会定期审查招生政策，以确保不会将

---

① 1994—2004年间，在加州大学各分校中，UCLA非裔加州学生的申请者数量最多，但录取的数量却几乎最少。所以UCLA的非裔学生少，与该类申请者数量本身不足无关。源自：Eddie Comeaux and Tara Watford, *Admissions & Omissions: How "the numbers" are Used to Exclude Deserving Students*, Bunche Research Report, June, 2006, p. 1.

② Tara Watford and Eddie Comeaux, *"Merit" Matters: Race, Myth & UCLA Admissions*, Bunche Research Report, September, 2006. 该报告还指出：在2005年注册的非裔学生中，UCLA的非裔学生占比低于UNC和USC，具体为UNC有11.1%，USC有4.8%，UCLA只有2.7%。

③ Tim Groseclose, *Cheating: An Insider's Report on the Use of Race in Admissions at UCLA*, Indianapolis, IN: Dog Ear Publishing, 2014, pp. 4－5.

④ Robin Nicole Johnson, Cynthis Mosqueda, Ana-Christina Ramon, and Darnell M. Hunt, *Gaming the System: Inflation, Privilege, & the Under-Representation of African American Students at the University of California*, Bunche Research Report, January, 2008, p. 20.

具备在 UCLA 取得成功的素质的学生不恰当地排除在外……教师招生委员会研究转向整体性路径的可能性不止一年。2006 年非裔高中生被 UCLA 录取的数量惊人地下滑——包括少数被推举就读本校的非裔学生——成为 2006 年考虑转变录取过程的催化剂，这一改变受到 UCLA 管理者的强烈鼓励，其中包括当时的代校长诺曼·艾布拉姆斯（Norman Abrams）。这种改变是为了提高录取过程的公平性和准确性而进行的，旨在选拔最有可能在 UCLA 取得成功的生源。它不是设计用以增加录取非裔新生数量，但之前的录取体系下非裔的数量非常少，导致 UCLA 怀疑当时的录取过程是否服务了 UCLA 在确保平等的入学机会上的令人信服的利益。①

与伯克利分校和 UCLA 一样，UCSD 的校园多样化程度自州禁令实施以来很不乐观，尤其是非裔学生的注册数量和录取率颇低。在 1997 年至 2007 年期间，UCSD 的非裔新生一直少于 90 人，其中 2007 年占新生总数的 1.7%②。为应对族裔多样化危机，UCSD 于 2002 年采用综合评价固定权重模式，并起到一定效果，尽管效果不够显著且缺乏持续性：非裔申请者的录取率在 2002 年较之前有约 5% 的增长，但 2003 和 2004 年又有轻微下降（在 2002—2007 年，录取率一直在 25% 左右徘徊）；拉丁裔学生的录取率从 2002 年的 29% 增长至 2006 年的 38%。③ 为了更好地提升非裔学生的代表性，

---

① University of California, Los Angeles, "Campus Explains Holistic Review Admissions Process", September 5, 2008, http://newsroom.ucla.edu/stories/080905_ holistic-admissions_ reed.

② Robin Nicole Johnson, Cynthis Mosqueda, Ana-Christina Ramon, and Darnell M. Hunt, *Gaming the System: Inflation, Privilege, & the Under-Representation of African American Students at the University of California*, Bunche Research Report, January, 2008, p. 21. 其中 2007 年的数据源自该报告第 41 页。

③ Robin Nicole Johnson, Cynthis Mosqueda, Ana-Christina Ramon, and Darnell M. Hunt, *Gaming the System: Inflation, Privilege, & the Under-Representation of African American Students at the University of California*, Bunche Research Report, January, 2008, p. 22.

UCSD 在加州大学董事会的推动下[①]，于 2012 年跟随 UCLA 的脚步，成为加州大学系统第三所实施整体性审阅方式的分校[②]。加州大学 BOARS2010 年的会议记录即揭示“整体性审阅帮助 UCLA 解决了多样化的危机……如果改为使用整体性审阅没有导致更多的非裔学生注册，UCSD 会很失望”[③]。

基于伯克利分校、UCLA 在促进族裔多样化上取得的成效，加州大学 BOARS 建议单一分数整体性审阅应该成为所有分校实施综合评价制度的方式。当然，分校可以保持灵活性，使用其他可以满足校园和大学目标同等有效的路径。[④] 例如，BOARS 主席希尔维亚·乌尔塔多（Sylvia Hurtado）曾表示：“综合评价制度包括三个主要元素：使用多个标准评价优秀；评价学生背景和/或机会背景；对学生的个体考察。其中，基于人为阅读的个体考察是整体性审阅的核心。有些分校将个体考察融入非整体性过程中。对大多数人而言，‘整体性’意味着在读者审阅完整体材料后达成一个单一分数。校长相信个体化的人为审阅，以及或许单一分数体系，对于达成他增加多样化的目标是至关重要的。尽管不同体系有所差异，各分校的目标都是确保拥有一个公平、公正的体系。”[⑤]

---

① UCSD Guardian，“Quick takes：Holistic Admissions Process”，*UCSD Guardian*，May 29，2012.

② 2015 年，加州大学九所分校中六所采取了单一分数整体性审阅模式，分校名单及采用年份如下：伯克利分校（2001）、UCLA（2007）、UCSD（2011）、戴维斯分校（2012）、尔湾分校（2012）、圣塔克鲁兹分校（2012），基本上各校采用该方式的目的均以促进族裔多样化为主。

③ University of California Board of Admissions and Relations with Schools，“Minutes of Meeting（20100507）”，http：//senate. universityofcalifornia. edu/committees/boars/.

④ University of California Board of Admissions and Relations with Schools，*Annual Report on Undergraduate Admissions Requirements and Comprehensive Review* 2016，BOARS 2016 Report to Regents，February，2016，p. 8.

⑤ University of California Board of Admissions and Relations with Schools，“Minutes of Meeting（20100507）”，http：//senate. universityofcalifornia. edu/committees/boars/.

三 个体考察是保证决策自由度的更好方式

案例校一致采用个体考察，也与更好地保证决策自由度有关。在美国，如何选拔生源是法律赋予高校的学术自由之一。Title VI 法案即规定接受联邦资助的高校在决定使用何种录取标准上有学术自由裁量权，包括如何使用考试分数。① 最高法院表示："学术自由，尽管不是具体列举的宪法权利，但长期以来被认为是《第一修正案》的特别关注点。大学做出自己判断和教育的自由包括对学生群体的选拔。"② OCR 在 UNC 族裔政策使用报告中也表明不会代替大学的判断，提出 SAT 分数的权重应该比 UNC 赋予的更多，这是大学的学术自由裁量权。③

个体考察并非机械化的路径，可以更好地保证 AO 较为自由地运用录取标准，查看所有因素并具体情况具体分析，进而保留在录取学业竞争力相对不强但符合高校利益的生源时需要的自由度。UCLA 和 UCSD 之所以采用整体性审阅促进族裔多样化，即在于意识到这是一种招办具有颇高决策自由度的方式，可以弹性解读学业成就。在解释 2007 年实施整体性审阅后非裔学生的录取数量增加了 100% 的原因时，UCLA 就提到"整体性审阅是基于读者查看所有相关信息——学业和非学业——进行评价，给每位申请者打分时也是如此。UCLA 以前的录取体系不允许读者在申请者遭遇的经历和挑战的完整背景下解读学业成就。当同时考虑所有因素时，许多非裔学生以及所有其他群体的申请者，面临的挑战和机会很有可能得到更充分的评估，而之前录取体系中的分离式路径造成录取障碍，从

---

① Office For Civil Rights, *Compliance Resolution*: *University of North Carolina*, *Chapel Hill*, (*NC*), November 27, 2012, http://www2.ed.gov/about/offices/list/ocr/docs/investigations/11072016 - a.html, p. 4.

② U. S. Supreme Court, *Regents of the University of California v. Bakke*, June 28, 1978, https://supreme.justia.com/cases/federal/us/438/265/case.html.

③ Office For Civil Rights, *Compliance Resolution*: *University of North Carolina*, *Chapel Hill*, (*NC*), November 27, 2012, http://www2.ed.gov/about/offices/list/ocr/docs/investigations/11072016 - a.html, p. 4.

而主要影响非裔学生。”① 不过，个体考察也因此成为一种不够透明的评价路径，“因为学生不知道哪个标准最被重视，也无法计算自己的分数来评价录取的可能性”②。确实，在 UCSD 实行整体性审阅改革之前使用的固定权重模式中，公式化的录取过程是透明的，决策方式精细化和结构化，可以向未被录取的学生解释他在每个因素上得到的分值以及总分是低于录取阈值的情况下被拒绝的（如果他们提出质疑录取决定的话）③。相比之下，个体考察方式中 AO 的评价变得更模糊、更难为外人说道。

个体考察在保证决策自由度上的作用，从最高法院关于不强迫高校采用自动录取的前百分比计划的解释以及案例校不主动实施该计划的原因即可得到印证——最高法院在格鲁特案中对密歇根大学法学院没有采取前百分比计划的回应是“美国拥护前百分比计划……但即使这种方式是族裔身份中立的，他们也可能排除了个体化评价，而个体化评价正是大学组建一届不仅族裔多样化而且在大学重视的所有素质方面均会多样化的新生所需要的。我们对法学院充分考虑了以族裔身份中立替代方案产出足够数量的少数族裔感到满意，不强迫法学院抛弃其教育使命的支柱——学术竞争性”④；UNC 也表示，“我们选择使用整体性审阅，而非任何严格的数学或机械的公式，比如前百分比计划”⑤。笔者在与私立高校 AO 访谈时

---

① University of California, Los Angeles, “Campus Explains Holistic Review Admissions Process”, September 5, 2008, http://newsroom.ucla.edu/stories/080905_holistic-admissions_reed.

② University of California Board of Admissions and Relations with Schools, *Comprehensive Review in Freshman Admissions at the University of California* 2003 – 2009, BOARS CR Report, June 22, 2010, p. 29.

③ UCSD Guardian, “Quick takes: Holistic Admissions Process”, *UCSD Guardian*, May 29, 2012.

④ U. S. Supreme Court, *Grutter v. Bollinger*, June 23, 2003, https://supreme.justia.com/cases/federal/us/539/306/case.html.

⑤ UNC-Chapel Hill, *Brief of Amicus Curiae: The University of North Carolina at Chapel Hill Supporting Respondents*, August, 2012, http://unc.edu/files/2014/04/Fisher-Brief-FINAL.pdf.

曾询问“为何不使用前百分比计划”，多位 AO 明确表示“喜欢更个人化的审阅”、“害怕死板，希望在录取决策中有自由度”选拔能够做出贡献的生源、考虑到高中的差异以及查看所有因素。另外，WFU 的 AO2 指出公立大学采用前百分比计划的原因之一可能在于“保留州内真正优秀的学生”，并表示没有适合不同高校的一刀切的有效录取方式。

不过，大学的决策自由仍然有边界，而且与私立大学相比，公立大学的决策自由度受到更多的限制。最高法院即表示，“尽管大学在做出应该录取谁的敏感判断时必须有广阔的自由权，但不能忽略保护个体权利的宪法限制。”① 继 2006 年被控诉后，公立大学 UNC 在 2014 年又被一个名为“公平招生”（Students For Fair Admissions）的非政府组织控告（该组织一并控告了哈佛大学），声称 UNC 在作录取决定时将族裔作为“一个决定性的因素”而不只是“加号因素”，对白人和亚裔申请者不公平。② UNC 的 AO 即表示“现在的整体性录取处于一个更诡异的时期，因为它往往不基于数字。你需要谨慎，因为可能会卷入一场诉讼”（UNC-AO-AM-160505）。从公立大学 UCLA 的 AO1 对带有限制亚裔学生入学比例含义的《第五修宪案》（SCA5）的态度，也可以看出其希望能够自由录取高校期待生源的渴望，但在州禁令下却不能公开使用肯定性行动。相比之下，私立高校可以自由采用肯定性行动和选择考量因素。

> “SCA5 限制亚洲申请者”这个说法对我来说是个不幸的阐释，因为加州大学入学机会竞争激烈，特别是在加州的许多亚裔团体，他们恐惧如果《209 法案》被推翻，或 SCA5 或其他允

---

① U. S. Supreme Court, *Regents of the University of California v. Bakke*, June 28, 1978, https://supreme. justia. com/cases/federal/us/438/265/case. html.

② Students For Fair Admissions, *SFFA-v. -UNC-Complaint*, November, 2014, https://studentsforfairadmissions. org/wp-content/uploads/2014/11/SFFA-v. -UNC-Complaint. pdf.

许在录取过程中考虑族裔身份的修正案被提议，那么亚裔团体的成员会认为那将以牺牲亚裔学生为代价，事实上并非如此……现在假设我是在之前的私立大学工作而非在UCLA，从招生的角度讲，我想要使用肯定性行动。首先，录取的学生来自未被充分代表的背景或不合格本身就是一个族裔主义和错误的假设。这经常发生，人们会设想学生被录取是因为他们是拉丁裔或非裔美国人，这是他们被录取的原因，而忽视了这些学生实力很强，表现很好、很成功，忘记了学生的肤色并不是导致录取的因素之一……但从我的视角来看，少数族裔、“第一代大学生”、低收入家庭学生在高等教育中都未被充分代表，有这些视角的学生会给我们的本科教育质量带来价值。我们非常肯定地说“我们想要这些学生出现在我们的校园里，想要确保我们得到一个非常多样化的学生群体”，这并不意味着我们要剥夺其他学生的机会，而是想确保我们的年级是真正多样化的、真正全面发展的。当人们认为录取名额属于他们时，上述假设可能会发生，即如果你是一名优秀的学生，年级排名最靠前，你会认为“那个席位是我的，如果你给了别人，就会剥夺我的席位”，但实际上从一开始这个席位就不是你的。它属于高校，直到高校把名额给予他们认为是一个好的匹配的学生，以及他们想要录取的学生。在肯定性行动的环境中还存在另外一些挑战，当我在私立大学工作时，有许多白人和亚裔家庭在录取通知发放后过来找我，说“你把我的席位给了不太够格的弱势学生”。对此我常很困惑，不仅仅因为刚提到的原因，而且因为为什么他们不认为是另外一个亚裔学生得到那个席位，却假设是弱势学生占据了那个席位。所以我认为有很多潜在的原因导致不被录取。SCA5导致亚裔席位受损的说法于我而言根本就是欺骗性的、完全错误的，它不在于减少加州大学校园里亚裔美国学生的数量，而是督促人们提出为目前加州大学校园里分布较少的弱势群体提供更好机会的法案，采取一些让校园真正更加多样

化的肯定性措施。（UCLA-AO-1-151218）

四　个体考察是区分申请者的有效方式

在入学竞争激烈的精英高校，大部分申请者在学业上都符合录取资格且数字反映出的成就彼此类似，使用个体考察可以全面了解每一位学生，从而有效地进行区分。首先，精英高校的申请者大部分都颇具竞争力，而且课程成绩、考试分数、大学预备课程门数、课外活动数量、年级排名等量化指标表现较为接近，公式化路径很难做出区分。UNC 即指出："招生人员都非常擅长于使用个体考察。对有着相似学业资格的学生分出差别，证明了我校个体考察的杰出成效，因为相似的考试分数和课程成绩使申请者在基于公式的录取方式中很难被区分。"[①] 非案例校杜克大学 AO 亦表示"申请者太多，从数字上看都具备竞争力，所以不开展基于数字的审阅，没有公式"。

个体考察在区分数字成就类似的申请者上的作用，从其与高校选拔性之间的关系可以一探究竟。一般来说，不管办学类型如何，选拔性越高的高校，越会使用个体考察[②]。而且整体性录取过程的形成被视为应付日益增多的申请者和注册学生的方式。[③] 一方面，如

① UNC-Chapel Hill, *Brief of Amicus Curiae: The University of North Carolina at Chapel Hill Supporting Respondents*, August, 2012, http://unc.edu/files/2014/04/Fisher-Brief-FINAL.pdf.

② 这一点基本成为美国招生相关人员的共识。另外，在选拔程度更低的高校，比如笔者走访的2015年录取率为62.2%的文理学院——Guilford，几乎会保证录取学业成就优异的学生。具体来说，当笔者询问："如果一位申请者有非常好的学业记录，但是其他方面非常糟糕，是否仍然会被录取？"该校 AO 答道："非常好的概率。因为学生在课堂的表现非常重要。我可能有糟糕的人格，或者我可能挑战了教师，对每位教师提出了质疑，他们不喜欢我这么做，认为我可能太聪明、太多质疑，所以提供一份很差的推荐信。但是如果我在所有课程的成绩全部为 A，我会被录取，我会在大学做得很好。"

③ Michael S. Schudson, "Organizing the 'Meritocracy': A History of the College Entrance Examination Board", *Harvard Educational Review*, Vol. 42, No. 1, 1972, pp. 34-69.

USC 的 AO 指出，个体考察的传统主要存在于私立高校，其概念虽然在 2003 年的格鲁特案中才被正式提出，但其实践在诸如常春藤的顶尖私立高校被广泛使用了至少几十年①。同时，该校的 AO 指出随着优秀申请者数量的增多，“量化方式的区分度变得越来越低”，“质性的测量指标变得更加重要”，因此采用了更为个体化和整体化的评价路径。

> 美国有高选拔性的公立高校，也有高选拔性的私立高校。UNC、弗吉尼亚大学（University of Virginia）、加州大学伯克利分校和 UCLA 都使用且忠于整体性审阅。公立大学对州内学生使用与州外学生略微不同的录取标准，可能更坦率地使用学业标准，但审阅仍然是整体性的，仍然希望学生具备领导力、参与课外活动和社区活动。一般来说，公立大学忠于整体性审阅的程度更低，因为他们倾向于服务公众，且有公开的资格性录取标准，即如果达到一定的高中 GPA 和考试分数，则被自动录取。然而随着公立大学越来越具选拔性，它们使用更多的整体性因素，包括族裔多样化、地理位置多样化、思维方式多样化等，这在公立大学日趋普遍。私立大学在整体性审阅上有着更强的传统，但也有一些选拔性不高的私立大学只要学生达到一定的成绩便予以录取。（USC-AO-4-151215）

另一方面，曾经使用公式化路径的公立大学也会随着选拔性的提高，引入个体考察方式区分众多合格的申请者。UCLA 即指出“从 2007 年秋季新生招募开始，UCLA 采用整体性审阅的过程，它

① College Board, *Selection Through Individualized Review: A Report on Phase IV of the Admissions Models Project*, College Board's Admissions Models Project Report, 2004.; Jerome A. Lucido, "How admission decisions get made", in Don Hossler, Bob Bontrager, and Associates, eds., *Handbook of Strategic Enrollment Management*, San Francisco, CA: Jossey-Bass Press, 2015, p. 161.

在加州大学伯克利分校已经使用多年，也被用于常春藤盟校和大多数高选拔性高校”[①]。UCSD 卫报职员阿扬·库萨利（Ayan Kusari）亦表明“更具选拔性的高校使用整体性审阅已多年。在录取决策中使用整体性审阅有助于区分高度合格的候选者，使其成为正在快速变得更具选择性的 UCSD 的完美选择……在过去五年，UCSD 的录取率从 2006 年的 43% 降至 2011 年的 37% ……很显然，选拔性越高的高校，越需要整体性审阅。在接近一半的申请者被录取时，UCSD 使用固定权重模式时是有效的，但是当需要区分更高成就的候选者时，它的用处更少。UCSD 选择采用整体性审阅这一方式来选拔新生是与该校与日俱增的选拔性相匹配的。”[②] 当笔者询问“是否选拔性越高的高校，评价方式越具整体性”，UCSD 的 AO 答道：“是的，伯克利分校、UCLA、UCSD 是加州大学系统中竞争最激烈的三所分校，均使用整体性审阅。这是一种时尚。”曾经就职于精英私立高校的 UCLA 的 AO1 表达了类似观点：“对于我而言，从我的背景来看，整体性审阅无处不在，加州大学是局外人。大部分高选拔性学院和大学都在使用整体性审阅，所以我认为加州大学系统只是追赶。就选拔性招生的实践而言，整体性审阅几乎是惯例。因此当分校变得更具选拔性，并考虑增加州外学生的注册率时，使用整体性审阅来支持评价过程是可以理解的。”

其次，数字因素只能反映申请者的部分特征，个体考察可以查看完整信息，准确而全面地了解申请者，进而根据高校需求做出区分。具体而言，高中成绩和考试分数体现出的学业成就本身无法充分反映申请者的特征和个人品质，数字不能讲述完整的故事。录取决策的目的在于录取一个人，而一个人是被多维度进行评价的，学

---

① University of California, Los Angeles, “Campus Explains Holistic Review Admissions Process”, September 5, 2008, http://newsroom.ucla.edu/stories/080905_holistic-admissions_reed.

② UCSD Guardian, “Quick takes: Holistic Admissions Process”, *UCSD Guardian*, May 29, 2012.

业只是故事的一部分。[1] AO 均表示寻求最全面发展（well-rounded）的学生群体。个体考察使得 AO 可以考虑多个方面，比如运动才能、族裔身份和课外参与，虽然这些因素不一定直接促进对录取资格的学业判断的理解。[2] 只查看学业表现显然无法达成这一点。

> 我们相信通过整体性审阅可以得到一届更好、更全面的新生。我们发现查看多个因素，而非只是单一的考试分数或者高中成绩，可以对学生有完整的了解，包括是否做好在 USC 就读的准备、在这里取得成功的可能性、给我们的课堂环境和生活环境带来哪些贡献、对这所大学的兴趣、与大学的匹配度，这些都是我们从单一的学业表现本身无法了解的信息。（USC-AO-2-151215）

在“获取学生全貌”的基础上，个体考察可以帮助 AO 甄别每位申请者为大学共同体做出贡献的潜能，进而做出区分。精英高校历来不缺学业表现不错的申请者，它们更需要能够带来不同贡献的学生，增加数字的深度。而贡献本身是宽范畴的，贡献的形式亦是多样化的，比如肤色差异也会带来贡献。这就需要 AO 基于学生个体的情况进行主观判断，挖掘每位申请者的独特之处及其可能带来的独特贡献。UNC 即指出“每位申请者被当作个体对待，因为每个人都是不同的，都有一些重要的方面可以提供”[3]。另外，当笔者询问“如何公平地选拔学生”，从 Davidson 的 AO 的回答中可以看到因为高校寻求具备最大贡献能力的学生，公平招生的要素——选拔过程的透明化难以做到，因为录取决策并非机械化的公式录取。

---

① Anna Mountford Zimdars, *Meritocracy and the University: Selective Admission in Englandand the USA*, London, UK: Bloomsbury Academic, 2016, p. 36.

② Anna Mountford Zimdars, *Meritocracy and the University: Selective Admission in Englandand the USA*, London, UK: Bloomsbury Academic, 2016, p. 74.

③ UNC-Chapel Hill, “Why Should I Apply to Carolina?” https://unc.askadmissions.net/ask.aspx.

> 我们是这样一个地方：人们希望了解录取公式是什么，我们拒绝学生不是因为他们不能完成学业，大概85%到90%的申请者可以胜任这里的学业，而现实是，我们一届录取500名新生，我们使用最佳判断来选拔能够为这个共同体做出最大贡献的学生。选拔不一定总是公平的，因为有些人会说“如果以量化指标来评价，我比另外一些人表现更好”，但是这些人会带来什么？另外那些人在综合表现上更优秀。所以我认为这仅是招办15个人在支持一些学生，并告诉教师“这是招生目标，这些学生是我们以尽可能公平的方式选拔出来的。”（Davidson-AO-1-160512）

由于大学教育是包含课堂学习和课外生活的完整经历，AO更重视通过个体考察，选拔能够在胜任学业之余、为校园文化生活带来贡献的生源，基于量化学业指标的机械化评价无法做到这一点。因此，案例校往往不寻求数字最大化，而是希望建立一个全面发展的年级，从而为大学共同体、所在州和国家做出贡献。例如，UNC表示“UNC的本科招生教师咨询委员会，由董事会授权设立本科招生的评价准则，在2007年表达了拒绝给标准化考试分数主导性权重的体系：在评价录取候选者时，我们不寻求新生年级的平均SAT分数或平均GPA最大化。相反，我们寻求塑造一个年级，它的集体优势会促进UNC共同体的卓越，提高每位在读学生的教育体验，为本州和全国的教育、政府、科学、商业、人文、艺术和专业机构输送领导者，并丰富北卡所有居民的生活”①。UCLA指出“给予每位申请者的整体材料严格的、个体化的、质性的评价，以确保审阅是基于多个标准，包括在高中背景中的课堂表现、寻求挑战的动机、课程严格度。学业成就不是录取的唯一标准，UCLA寻求全面发展的学

① Office For Civil Rights, *Compliance Resolution*: *University of North Carolina*, *Chapel Hill*, （*NC*）, November 27, 2012, http://www2.ed.gov/about/offices/list/ocr/docs/investigations/11072016-a.html, p. 4.

生，这些学生具备杰出的个人成就、才能和为UCLA、加州和美国做出显著贡献的潜能”①。

> 整体性录取之所以重要，是因为我们试图在大学建立一个共同体。大学体验不仅仅是学业生活，还包括社交经历、社区参与经历。所以我们试图发现来自不同背景、拥有不同世界观的学生，以及来到大学后会发出挑战、提问题并对探索新机会感到兴奋的学生。我认为一门考试难以决定学生的学习能力和适应大学的能力，我们需要各种各样的途径寻找能够帮助我们完成大学使命的学生。整体性审阅是解决方案，显然学业审阅很重要，即审阅学生的高中成绩单，有时候也包括考试分数，以及中学教师的推荐信。我们也查看课外活动、个性素质等学生带入大学的所有因素。我们应该回答两个问题：第一，他们在我们这个团体中将成为什么类型的学生；第二，他们在课堂内和课堂外如何互动。我们需要收集大量的信息来建立回答这两个问题的拼图。（Pitzer-AO-1-151217）

五　个体考察是达成各项招生目标的最佳方式

不管办学类型如何，案例校都期望通过录取决策过程，公平地选拔出高校期待的生源，组建一个卓越的、多样化的年级，并满足各项高校利益，个体考察被案例校视为是达成这些招生目标的最佳方式。

（一）达成塑造卓越年级的目标

案例校均寻求多维度的卓越生源组成一个卓越的年级，个体考察可以满足这一目标。Davidson 即指出“出于尊重大学应该聚集拥

① University of California Board of Admissions and Relations with Schools，*Annual Report on Undergraduate Admissions Requirements and Comprehensive Review* 2016，BOARS 2016 Report to Regents，February，2016，p. 35.

有不同生活经验的人的理念，我们的招办职员寻求来自不同背景的学生。我们也考虑一系列宽泛的成就，认识到卓越有多种形式。”① 该校 AO 呼应了这一点：“我们是高校，所以卓越需要包括学业领域。我们也希望卓越体现在体育、艺术、社会正义、社区参与领域，学生、教师、职员和这个共同体生活的人做事情时都寻求取得最高水平。”对每位申请者进行个体考察，则可以掌握每个人可能具备的卓越形式。UNC 即表示：“这是为什么我们非常仔细地阅读每一份申请，并且在给出录取决定前讨论相当长的时间。选拔下一届加入一所过去 25 年拥有比其他任何一所公立研究型大学更多罗德学者的大学的学生并不容易，但我们无法通过其他方式达到这一点。”②

（二）达成塑造多样化年级的目标

案例校均追求“录取尽可能多的具备不同视角的学生”（WFU 受访 AO），以塑造一个多样化的年级，而多样化的形式同样是宽泛的、多维度的。例如：UCLA 校长吉恩·布洛克指出“我们所指的多样化是指不同的个人经历、不同的价值观、由不同文化和背景带来的不同的世界观，这些不同构成了广义的多样化，包括不同族裔、民族、性别、年龄、信仰、语言、性取向、残障与否、SES、地理区域等等。UCLA 给予‘多样化’最大的包容，并不断将之丰富，成为学校的优势和特色之一”③；UCSD 表明重视文化、SES 和知识的多样化④；UNC 表明“每年致力于建立一个多样化的年级。这个年级在族裔身份、SES、地理位置、父母受教育水平等方面都呈现多样化”⑤；USC

---

① Davidson College，“Application Selection Process”，https：//www. davidson. edu/admission-and-financial-aid/how-to-apply/admission-policies/application-selection-process.

② UNC-Chapel Hill，“Apply”，http：//admissions. unc. edu/apply/.

③ 熊建辉、潘雅：《创建 21 世纪美国公立研究型大学的典范——访美国加州大学洛杉矶分校校长吉恩·布洛克》，《世界教育信息》2013 年第 24 期。

④ University of California，San Diego，“Freshman Application Review”，http：//admissions. ucsd. edu/freshmen/eval-process. html.

⑤ UNC-Chapel Hill Undergraduate Admissions，“How Diverse is Carolina?” https：//unc. askadmissions. net/ask. aspx.

指出“USC是多样化的，欢迎各族裔、信仰和背景的杰出人群”①；Davidson表明“作为一所欢迎来自各国别、族群和传统的学生、教师和职员的学院，Davidson重视每种形式的多样化，在提供一系列有助于丰富的思想和精神的尊敬、民事辩论和教学的机会的同时，认识到每个人的尊严和价值”②，该校AO也一致表示多样化涵盖族裔身份、性别、地理位置、SES、年龄、国别、家庭收入等容易测量的维度，也包括想法、学识、个性、个人经历、才能、学习兴趣、观念、文化、视角等较难量化的角度。当然，族裔多样化仍然是最重要、最受关注的维度。显然，集成塑造一个有趣的多样化年级所需的不同碎片，个体考察是最佳的方式，一刀切的公式化路径不可能做到这一点。

（三）达成公平选拔的目标

案例校均注重给予每位申请者公平的考虑机会，个体考察可以服务这一目标，“因为它允许我们更好地了解申请者”（Davidson受访AO）。UNC即指出个体考察有助于达成其通过提供广泛而平等的入学机会服务本州的目标：“UNC明白它现在和以后的前景依赖于从各个领域挑选具有不同才能的学生，包括多山的西部县中位置最偏远的村庄，最东部的外海岸，以及东西部之间的每一所学校。UNC采用整体性审阅作为实现这一社会服务目标的唯一途径，因为这样可以单独考虑每一位潜在生源的才能、学业成就、个性，和超越诸如贫困家庭或者就读低等级标准的中小学等所在家庭和社区环境局限的主动性。”③ 上文提到，UCLA和UCSD实行了单一分数整

---

① University of Southern California，“Mission Statement”，https：//about. usc. edu/policies/mission-statement/.

② Davidson College，“History & Traditions”，https：//www. davidson. edu/about/history-and-traditions.

③ UNC-Chapel Hill，*Brief of Amicus Curiae*：*The University of North Carolina at Chapel Hill Supporting Respondents*，August，2012，http：//unc. edu/files/2014/04/Fisher-Brief-FINAL. pdf，p. 3.

体性审阅的改革，其改革原因之一即是个体考察有助于促进公平：UCLA 表明“学术委员会做出改变，是因为教师相信对每位申请者的整体材料进行更个体化和更质性的评价是公平的，也能更好实现加州大学董事会制定综合评价政策的目标”①；UCSD 的 AO1 也指出，相比之前使用的综合评价固定权重模式，个体考察能够更公平地评价每位申请者，从而对高校和学生是双赢的选择。加州大学系统亦表示“整体性审阅被视为更公平的方式”②。两位受访者均指出个体考察有利于一些难以通过传统学业指标证明自身成功潜能的申请者：“如果我们不整体性地审阅学生，会错失大量真正优秀的学生”（WFU 受访 AO）；“使用非学业因素意味着高校在支持一些本来可能没有机会证明自身能够成功的学生，在为他们提供入学机会”（IUB 受访教授）。

（四）达成满足高校利益的目标

除了卓越、公平与多样化，案例校还会考虑如何通过录取决策服务高校自身的利益或需求。这些需求也被称为“机构优先项”（institutional priorities）。实际上，杰罗姆·卡拉贝尔提出美国精英高校的录取体系信奉一条“铁律”——录取政策是为自身利益服务的，即“录取政策只有在其结果与高校利益一致的时候才能够保持其地位不受动摇”，或者说“只有在录取政策符合学校的自身利益时，一所大学才可能维持这些政策不变”，“在某套特定的选拔程序不再能够带来所期望的结果时，高校便会放弃它。”③ “塑造一个年级”虽

① University of California, Los Angeles, “UCLA Statement on Admissions Process”, August 29, 2008, http://newsroom.ucla.edu/releases/admissions-statement-59419.

② University of California Board of Admissions and Relations with Schools, “Minutes of Meeting (20100507)”, http://senate.universityofcalifornia.edu/committees/boars/.

③ 杰罗姆·卡拉贝尔指出“HYP 漫长的招生历史中有很多此类实例，比如 20 世纪 60 年代的肯定性行动，20 世纪 20 年代发生的转折——从非常客观的标准转到非常主观的、相对的标准是最典型的。”参见［美］杰罗姆·卡拉贝尔《被选中的：哈佛、耶鲁和普林斯顿的入学标准秘史》，谢爱磊、周晟、柳琳等译，中国人民大学出版社 2014 年版，第 252 页，序言 2，第 155 页。

经常被用来描述为任何招办普遍的工作目标，但它最适用于录取决策高度重视通过引入一届新生满足特定的机构利益的实践操作。[①] 有 AO 即坦承采用个体考察的路径关乎“满足所有不同的优先项”（Pitzer 受访 AO），比如获得办学收入。

> 从财政的角度来看，高校使用整体性审阅做出录取决定，在一定程度上是因为如果高校只使用考试分数和高中成绩来选拔学生，他们便无法注册足够多的学生来支付大学所需花销。（IUB-P-DH-160205）

在每所高校，录取决策服务的高校利益并非单一的需求，而是涵盖声望、财政需求、多样化等多个目标：“注册管理者处于一个有趣的交叉地位，需要管理、兼顾和平衡声望、收入、入学机会和多样化。因为大部分高校在所有这些领域都有目标。”（IUB 受访教授）。的确，即使是公立大学，也追求不断提高声望，比如 UCSD 指出招办的使命包括“面向可能的学生及其家长、高中和社区学院人员以及公众开展市场、促销和招募活动，增加 UCSD 的存在感”[②]。伊丽莎白·达菲（Elizabeth Duffy）等指出，精英高校招办最关心的三个目标通常是：注册充足的全额支付学费的生源以满足最低财政需求，注册一届能够完成学业、学业潜能够满足教师期望的新生，以及塑造一届在族裔身份和其他维度上多样化的新生。[③] 其中学业卓越和生源多样化如上文指出是各校的共同目标，满足财政需求和族

---

① College Board, *Toward a Taxonomy of the Admissions Decision-Making Process: A Public Document Based on the First and Second College Board Conferences onAdmissions Models*, College Board's Admissions Models Project Report, 1999, p. 19.

② UCSD 招办的使命还包括鼓励和增加 UCSD 与加州高中、社区学院、教育组织的合作教育关系。源自 University of California, San Diego, "About Admissions: Mission and Purpose", http://admissions.ucsd.edu/contact/mission.html.

③ Elizabeth A. Duffy and Idana Goldberg, *Crafting a Class: College Admissions and Financial Aid 1955 – 1994*, Princeton, NJ: Princeton University Press, 1998.

裔多样化则往往成为一些高校的优先目标。例如，在UCLA和UCSD，保证族裔多样化成为录取决策服务的优先项，这一点从BOARS会议记录中关于整体性审阅改革的讨论中得到体现："对大量申请者使用多个权重和因素进行评价的分校可能没有考虑到拥有特殊境遇和潜能、可以被其他标准单独录取的小部分学生。人为阅读允许分校识别这些少量的学生，但是有人质疑是否应该改变目前的体系以使1%的学生受益。"① 这段话表明加州大学分校进行整体性审阅改革的根本目的可能在于使1%的非裔学生受益。相比机械的、没有弹性的公式化路径，灵活的个体考察方式显然是服务高校利益的最佳方式，它可以使那些没有最好的学业成就、但能够以其他方式为大学共同体做出贡献的申请者被录取。大学委员会对此给出了如下详细解释：

> 一所公立大学可能被要求从支持它办学的政治实体中录取一定比例的新生；一个有着较强宗教联结的高校可能主要从具备相同信仰的成员中录取学生；一些将使命作为创造一个特殊的学习群体的高校，比如文理学院，可能寻求录取会进入特定项目的学生以维持良性的学科平衡；一所全国性的高校可能会从特定的地域录取学生，以维持广阔的地域代表性。它同样意味着对高校重视的特定群体学生给予额外的关注——比如说校友或杰出贡献者。这常常意味着对当下学生群体的录取考量是有分歧的——一所高校可能需要两名额外的高素质的大提琴手或一名曲棍球队守门员……尽管通常来说所有候选者都至少应满足一定的学业标准，但在一些特定群体中，学业质量、准备程度和成就在满足最低资格后，经常成为次要的考量。一所高校往往致力于录取具备最优秀学

① University of California Board of Admissions and Relations with Schools, "Minutes of Meeting (20100507)", http://senate.universityofcalifornia.edu/committees/boars/.

业资格的学生，然而，在有些情况下，招办也会仅仅因为某位学生满足高校需求而录取他，忽略在评价其他候选者使用的所有的或者部分的标准。①

① College Board, *Toward a Taxonomy of the Admissions Decision-Making Process: A Public Document Based on the First and Second College Board Conferences onAdmissions Models*, College Board's Admissions Models Project Report, 1999, p. 19.

第七章

整体性审阅路径（三）：集体评议

美国精英高校的新生并不是由电脑或单名读者选拔出来的，而是会经历集体评议的过程，比如得到至少两名读者的评价。本章首先介绍案例校在集体评议上采用的模式，其次描述使用集体评议产出一级新生的操作路径，最后展示各校 AO 关于“录取决策是一门艺术”的观点。

第一节　集体评议的模式

我们拥有一个多样化的阅读申请材料和给出推荐意见的群体，这是唯一的方式。它吸纳了一群受信任的人的集体智慧，并运用主观判断进行决策。

—（USC 受访 AO）

从宏观层面来看，美国高校招办使用集体评议选拔一届新生的模式主要包括以下七种：“多名读者审阅、委员会作决定”（multiple readers to committee for decision）、“团队审阅即达成录取决定或进一步审阅”（team readings to decision or further review）、“单名读者达成录取决定或进一步审阅”“读者评分即录取决定或进一步审阅”“电脑评分、委员会作决定”“电脑评分与读者审阅共同作决定”“电脑评分即录取决定或进一步审阅”。① 七所案例校使用的选拔模式只涉及前两种：私立大学 USC、WFU 以及文理学院 Pitzer、Davidson 使用

① 除了前两种模式，其余五种模式的含义如下：（1）“单名读者达成录取决定或进一步审阅”（single reader to decision or further review）指单名读者往往是地域代表或学生申请的学术部门的专家，主要根据具体的录取标准指南给出推荐录取决定。如果申请者不满足所有的录取标准，则其材料递由高级招办人员负责。该模式在选拔性较低（接受 50—90% 的申请者）的公私立高校使用最多。（2）“读者评分即录取决定或进一步审阅（reader to computer for decision or further review）。一名或更多读者对每位申请者的学业和非学业因素进行单独打分或合并打分，根据分值做出不同的录取决定。该模式在选拔程度不同的各类型高校均有所使用，是关于录取决策如何兼具客观公式和主观判断的使用的典范。（3）“电脑评分、委员会作决定”（computer to committee for decision）。电脑先基于学业指数将申请者分类（比如分为学业表现优异、一般、较差的申请者），各类学生再由相应的委员会进行审阅并做出初步录取决定。该模式在少数选拔性公立高校被使用，但也可以被用于不同类型的高校。（4）“电脑评分与读者审阅共同作决定”（computer plus reader rating for decision）。电脑先基于学业指数将申请者分类，后续步骤与第四种模式类似，即学业指数显示值得进一步考虑的申请者，由最少两名读者进行完整的审阅并评分，初步录取决定基于评分自动做出。学业指数或作为分数线决定哪些申请者可以获得读者的进一步审阅（但拥有最低学业指数的学生通常会得到读者的审阅，以确保没有情有可原的特殊状况影响其学业表现），或与读者的评分合并后形成一个最终的分数。该模式主要用于规模巨大的高校，便利于分流申请者库，给予最有成功希望的学生仔细的审阅。（5）“电脑评分即录取决定或进一步审阅”（computer to decision or further review）。电脑筛选需要对于课程的综合审阅以确保达到核心要求，同时包含基于课程成绩、排名、考试分数的学业指标。该模式常被用于选拔程度相对较低或有多种入学方式的大型高校，特别是拥有满足规定学业标准即可保证入学方案的公立高校。另外，大学委员会还提到有一些其他的录取决策达成模式，包括：基于州高中毕业考试表现录取学生的“州资格考试或证书表现即录取决定”；基于学生的申请材料以及在校园的面试表现实施当场录取的“即时或现场录取”模式；在满足最低学业要求的学生中随机抽取录取者的“彩票式录取”（lottery），该模式由质疑主观判断的公平性和相信考试分数在目前的选拔过程中被过度使用的人提出。该模式由至少一所美国高校在几十年前开始试验，在当表现优异的申请者没有被选中、而来自同一所中学学业记录较弱的学生被录取时，被放弃使用；允许招办人员基于任何自身追求的标准录取一小部分学生的“百搭牌”（wild cards）模式，只要用以对给读者带来深刻印象的高风险学生或拥有某种特长、但学业表现处于边缘状态的学生的录取；电脑算法基于模型对整个申请者库进行筛选、读者再行审阅并做出最终决定的“自动选择”（automated selection）模式。引自 College Board，*Admissions Decision-Making Models*：*How U. S. Institutions of Higher Education Select Undergraduate Students*，College Board's Admissions Models Project Report，2003，pp. 39 – 46.

“多名读者审阅、委员会作决定”模式（可简称“委员会讨论模式”）；公立大学UNC、UCLA和UCSD使用“团队审阅即达成录取决定或进一步审阅”模式（可简称“团队审阅模式”）。

一　委员会讨论模式

委员会讨论模式是私立选拔性高校最常使用的方式，通常由两名独立读者（其中一位为地域主管）先行审阅与委员会会议讨论两个阶段组成。在读者的独立审阅阶段，第一名读者对多个因素进行评价，做好关于申请者重要信息的书面摘要，并给出推荐录取意见，其阅读通常比后续读者的阅读更具深度、总结也更详细。第二名读者倾向于在第一名读者的基础上，要么同意、要么不同意第一名读者的评价结果，并就个人推荐意见写下书面评语。如果两位读者意见不一致，可能会召集第三名读者。所有的读者评语一般总结在一个单独的评价表或推荐表或文件夹的封面。读者阅读完毕后，所有申请材料以及读者的评价表（通常还包括候选者名册）被呈交招生委员会进行讨论。在委员会的会议讨论阶段，一位委员会成员（通常是第一名读者）先行陈述申请者的情况，并就其中的特殊案例做特别说明。在接下来的讨论中，没有读过完整申请材料的委员会成员可以查阅实际材料以提供咨询意见。随后，委员会就最终决议投票。① 四所私立案例校均使用委员会讨论模式，即每位最终被录取的学生都会经历“第一名读者——第二名读者——可能的第三名读者——委员会讨论”的评价流程，且审阅通常是按地域进行的。

---

① College Board, *Admissions Decision-Making Models: How U. S. Institutions of Higher Education Select Undergraduate Students*, College Board's Admissions Models Project Report, 2003, pp. 39 -40.

（一）基于地域的审阅

申请材料并非被随机分配给读者审阅或被分流审阅等[①]，而是根据地域及地域内的高中被分组，由负责地域市场拓展活动的地域主管（regional representative）[②] 作为主要责任读者。地域主管不一定负责首轮阅读，比如在 USC、Pitzer 和 Davidson 为第一名读者，在 WFU 则为第二名读者，但审阅辖域内所有申请者的材料，为其他读者提供背景信息，并可能推荐候选者至委员会讨论。有时，地域主管与其他被分配阅读同一地域申请的读者在各自阅读后会面，得出一致推荐意见。[③] 同时，USC 身处管理层的 AO 指出会协助地域主管推荐公平份额的候选者至委员会讨论，以避免审阅“过于宽松”或严苛。

> 每位地域主管推荐来自其辖域的一组学生，我猜不同主管对自身推荐的组内学生最终能否被录取的信心有所差异。我的部分工作在于帮助每位地域主管了解他们各自拥有的公平的录取份额，即基于地域内申请者的质性和量化因素，应该推荐多少位学生获得录取资格。如果推荐的数量大于我们预先确定的

---

① “高校组织申请材料进行审阅的基本方式有六种，但这些方式经常被混合使用，要么按照连续顺序，即高校会首先审阅所有的申请材料，再根据地域等特征进行第二次审阅，要么按照层次顺序，即高校分流一些特定群体的学生，比如运动员、音乐专业的学生、校友或教师职工子女、学业指数低的学生，供高级招办人员或者专家审阅，同时大部分其他的申请材料是基于地域被审阅的。”源自 College Board, *Admissions Decision-Making Models: How U. S. Institutions of Higher Education Select Undergraduate Students*, College Board's Admissions Models Project Report, 2003, pp. 16 – 18.

② 美国大学的招办会对美国的 50 个州和哥伦比亚特区以及世界不同国家进行划分，由不同的 AO 负责。地域主管负责的地域数量通常根据招办人员的数量、主管本身的职能和各州申请者的情况而定。例如，在 WFU，有地域主管负责 2 个或 5 个州，也有地域主管负责 25 个州。详见该校招办网站 http://admissions.wfu.edu/contact-us/.

③ College Board, *Admissions Decision-Making Models: How U. S. Institutions of Higher Education Select Undergraduate Students*, College Board's Admissions Models Project Report, 2003, p. 16.

> 份额，使得来自你地域的学生占据了候选者库，你的审阅便过于宽松。如果推荐的数量少于确定的份额，基于你地域学生在申请者库中占的比例，说明你可能没有给予辖域内学生公平的待遇。（USC-AO-2-151215）

从AO的解释中可以得知，基于地域分配阅读任务的原因在于地域主管甚为了解辖域内不同高中的办学情况，“了解各高中提供的课程和GPA计算方式”（WFU 受访 AO），能够使自己和其他读者将申请者的成就置于高中背景中考察，从而确保对来自同一所高中多位申请者的审阅是准确和公平的。同时，地域主管也负责招募，在拜访高中的过程中与咨询师建立了联系，并且可能已经见过申请者，对他们有直接的了解，可以为审阅提供便利。另外，虽然基于地域的审阅可能存在利益冲突，“地域主管也许不如与申请者没有接触的读者客观，但是关于申请者当地情况的额外知识的优势比担忧更重要”①。

> 在许多方面，我们的确与高中有紧密联系。这是为什么我们想要招募者和读者是同一批人的另一个原因。当我阅读来自加拿大和英国的申请时，拿起一份来自我参访过的高中的申请，可以更了解那所高中提供的资源和学校文化，了解申请者是否修读了已有的难度课程，我知道某位教师教学特别严苛。所以我能够在委员会面前将申请者置于合适的背景中陈述，比如“这位学生的GPA可能比申请者库的整体表现低一点，但比其就读高中的平均GPA高得多。这所高中是一所竞争相当激烈的学生，很难拿到高的GPA”。了解申请者的背景在录取决策过程

① College Board, *Admissions Decision-Making Models: How U. S. Institutions of Higher Education Select Undergraduate Students*, College Board's Admissions Models Project Report, 2003, p. 17.

中非常重要。我们需要了解高中背景，将学生的成就与高中建立联系很重要。(USC-AO-2-151215)

（二）委员会讨论

理解委员会会议讨论的情况，需要首先明确委员会的构成。在美国高校，招生委员会（admissions committee）的成员构成不尽相同，且有些规模很大，有些偏小。大学委员会报告指出："在一些高校，招生委员会是制定广泛录取标准的政策委员会，AO 独立执行录取标准。在另外一些高校，招生委员会由所有的 AO 组成，有时还包括一些管理人员、教师甚至校友[①]。录取材料通常由 AO 独立阅读（基本上没有委员会会议期间所有成员阅读所有材料的情况），其录取建议会进入招生委员会的讨论。在一些高校，录取决定由招生委员会的子委员会（通常是两或三个成员）作出。"[②] 第一种政策委员会指向由教师组成的不参与日常录取决策过程的教师招生指导委员会，存在于所有案例校。第二种和第三种存在于除 UCLA 和 UCSD 之外的五所案例校，而且均不包括非招办人员。在 UNC，"招生委员会由 35—40 名读者组成。他们也是招募职员，工作是去招募'申请者'和组建一个年级"（UNC 受访 AO）。在 WFU、Pitzer、Davidson，负责最终录取决定的招生委员会由招办所有人员组成，称为"整体委员会"："招生委员会由八位咨询师组成"（Pitzer 受访 AO）；"15 位读者是委员会成员，阅读申请材料，在委员会中谈论每一位申请者，给出推荐录取意见"（Davidson 受访 AO）；"最终决定由整体委员会做出"（WFU 受访 AO）。

---

① 比如乔治·华盛顿大学的招生委员会除了招办人员，还包括教师和学生。源自 Nick Anderson, "Inside The Admissions Process at George Washington University", *Washington Post*, March 22, 2014.

② College Board, *Admissions Decision-Making Models: How U. S. Institutions of Higher Education Select Undergraduate Students*, College Board's Admissions Models Project Report, 2003, p. 16.

USC 由于申请者数量多，其录取决定由中高级 AO 组成的子委员会（sub-committee）负责。

委员会会议会对所有申请者或者被推荐录取的学生进行民主讨论，并集体投票作决定（一般是一人一票制），投票往往根据地域和地域内的个体高中进行①。具体而言，WFU 和 Davidson 的招生委员会讨论所有申请者，但在 USC 和 Pitzer，得到两票“拒绝”的申请者即被淘汰，两票“录取”者进入委员会讨论环节，两票不一致则召集第三名读者。在委员会讨论中，地域主管可以在同事面前为自己负责的受到争议的学生辩护并争取录取资格。当然，委员会会议并非只召开一次，而是举行多次（可能每周都会召开），直至最终产出意见一致并满足高校各项目标的一届新生。在 WFU，每周就有一天“以整体委员会的形式进行讨论” （WFU 受访 AO）。在讨论效率上，受访 AO 没有提供该信息，但案例校可能与乔治·华盛顿大学的情况相差无几，即“追求效率，通常招生委员会讨论时有三人，一人陈述材料，两人聆听并有所回应。他们精力旺盛，委员会一小时可以决定 20 份或更多的材料，每位申请者得到三分钟的讨论时间。”② USC 的 AO 对其委员会会议的过程描述如下，从中可以再次看到招生目标在宏观层面主导着录取决定，而且注册满足招生计划的足够数量的匹配学生被该校视为最重要的目标。

> 在委员会上，“地域主管”有时会说“我们绝对需要录取这位学生，使其秋季入学”，有时会说“我想要这位学生来到 USC，秋季或春季都可以，因为仍然在审阅过程中，但他们必须出现在新生名单中”，有时则会说“这些学生不错，做了一切

① Anna Mountford Zimdars, *Meritocracy and the University: Selective Admission in Englandand the USA*, London, UK: Bloomsbury Academic, 2016, p. 137.

② Nick Anderson, “Inside The Admissions Process at George Washington University”, *Washington Post*, March 22, 2014.

值得被录取的事情，是好学生。但是没有任何理由使我认为必须录取他。不过如果需要他们，确定在某些方面可以满足我们对数字的追求，他们是不错的选择”。然后，招办的几位领导会综合所有的推荐意见，审视目前的拟录取情况如何，比如是否满足了各种不同的目标。如果一些目标没有被满足或者在录取决定上意见不同的话，申请材料会被返回给读者进行第二次或第三次的阅读，以确保取得一致意见。委员会基本上是在综合地域主管所有的推荐意见之后，基于我们的目标来塑造一个年级。我们最重要的目标是满足USC每个学院的合适的录取数量，比如是否录取了120名戏剧专业的学生，或者400名工程学院的学生……我们的读者不一定会想到这一层。我会告诉他们“选拔你地域内最优秀的学生”，这通常是在选拔文理学院就读的学生，除非工程学院和商学院也想录取他们。但是，确保我们有合适数量的商学院学生和工程学院学生是招办领导的工作。这是招办领导需要操心的事情，以“如果你需要他们”类型的学生（if-you-need-them students）来填补空缺。但是AO只会被告知“你们不需要担心学科的问题，只需阅读并找出最佳的学生即可”。（USC-AO-2-151215）

二　团队审阅模式

团队审阅模式没有招生委员会集体讨论所有申请者或被推荐录取学生的环节，读者团队的一致推荐意见可以成为初步录取决定，有争议者则被进一步审阅后得到初步录取结果，招办的中高级AO通常是读者团队的成员之一和最终读者。这是不管规模如何的公立选拔性高校最常使用的模式。需要指出的是，读者团队可能以委员会的形式组织，也经常成为一个更大委员会的小组（subset），即建立子委员会。尽管阅读和录取决定是独立发生的，团队成员也偶尔会碰面（有时是每周一次），以讨论不寻常的案例或确保所有读者在使用同一评价标准。[①] UCLA、UCSD 和 UNC 即使用该模式，但 UCLA 和 UCSD 的录取决策过程更为复杂，有多个审阅阶段，具体如下。

（一）UCLA 和 UCSD

两校单一分数整体性审阅的决策过程依次包括常规审阅（regular review）、决定性审阅（final review）[②]、补充性审阅（supplemental review）和高中调查（school review），但并非所有的申请材料都会经历四种审阅。只有最初的常规审阅是所有申请者都会经历的审阅阶段，也是唯一一个使用外部读者的阶段。首先，在常规审阅中，两校将申请者的材料随机分配给由外部读者和招办 AO 组成的不同资源组，不开展基于地域的审阅。各资源组均有一名由高级 AO 担任的负责人，监督阅读过程和跟进读者的问题。每份材料由两名读者[③]进行盲读/背靠背审阅（blind read），读者之间的阅读和评价是相互独立的，没有一名读者知道谁在审阅同一份申请，[④] 也没有 AO 的预先审阅。为了确保一致性和公平性，如果两名读者评分差异超过 1，则由中高级 AO 担任第三名读者开展进一步审阅，即进入其他审阅阶段。

---

① College Board, *Admissions Decision-Making Models: How U. S. Institutions of Higher Education Select Undergraduate Students*, College Board's Admissions Models Project Report, 2003, p. 40.

② 该审阅阶段并非真正的最后一个阶段的审阅，为避免歧义，笔者将其译为决定性审阅。

③ 在加州大学六所使用整体性审阅的分校中，并非都有两名读者阅读同一份申请，比如戴维斯分校在 2015 年，只有一名受过训练的读者审阅每份申请。当读者的分数与根据申请材料中的量化数据产生的数字式分数有显著差异时，第二名读者才会审阅相应申请。源自 University of California Board of Admissions and Relations with Schools, *Annual Report on Undergraduate Admissions Requirements and Comprehensive Review* 2016, BOARS 2016 Report to Regents, February, 2016, p. 34.

④ University of California, Los Angeles, "UCLA Statement on Admissions Process", August 29, 2008, http://newsroom.ucla.edu/releases/admissions-statement-59419.

> 外部读者（outside/external readers），职员读者（staff readers），所有人都和我一样阅读申请材料并打分，没有预审阅过程（pre-review）。材料到达后，被分发给读者。材料有两次被盲读的机会，即一名读者先审阅一份材料，我再行审阅，不会看到你是如何打分的，我的审阅是独立的。与综合评审模式类似，不同读者的评价是独立进行的。（UCLA-AO-1-151218）

其次，其余三个审阅阶段给部分特定的申请者提供了被多次评价的机会。就决定性审阅而言，进入该阶段的申请者包括在常规审阅中没有被录取的一部分学生（比如2008 年整体分数为2.5 或2.75者），两位读者的评分差异超过1.0 者，以及没有得到有效评分者（比如评分不好但有优异的GPA，或者评分不错但GPA 低）。就补充性审阅而言，常规审阅或决定性审阅中没有被录取的一部分申请者会经历该阶段。读者如果在常规或决定性审阅中认为无法基于申请材料包含的信息给出评分，或者认为申请材料反映的个人境遇值得给予申请者特殊考虑，可以向所在组负责人推荐将他们转至（refer to）补充性审阅，但哪些申请者实际上得到该审阅由负责人决定。①

---

① UCLA 给出的推荐补充性审阅的标准包括："学业记录显示有显著进步，但竞争实力尚未达到常规审阅中的标准，同时成就弱的原因符合政策意图；在某一领域具备突出的才能，但总的表现不足以被常规审阅阶段录取；尽管在其他方面存在劣势或特殊情况，但学业成就突出或具备胜任 UCLA 学业的潜能；学业成就揭示了具备在 UCLA 取得成功的潜能，但是申请材料中缺乏足够的信息支持这个结论，读者感觉到需要申请者提交完整的问卷和高四上学期成绩，以给出合理的评分，该类申请者需要曾参与过拓展项目和/或展示出克服逆境的能力，如果读者对是否推荐至补充性审阅存在疑问，参与过拓展项目这一信息本身足以获得推荐资格；在特定领域的激情和持续投入并取得杰出的成就（例如，学识或创造性活动、运动、领导力或社区服务），或者具备能够对 UCLA 校园生活做出显著贡献的很大可能性的品质特征；相对缺乏获得升学咨询或修读 A-G、荣誉课程或 AP 课程、要求的大学入学考试的支持"。源自 Robert D. Mare, *Holistic Review in Freshman Admissions at the University of California-Los Angeles* (2012 *report*), UCLA Report on Holistic Review in Freshman Admissions, January, 2012, pp. 154 – 155.

对被选中的申请者，招办会发送一份问卷让其提供关于个人境遇的额外信息（包括家庭和高中背景），并提交高四上学期的成绩单表明学业表现的最新进展，以了解学生是否遭遇了变故并成功克服。就高中调查而言，AO 会基于申请者就读高中的特殊情况对一小部分未被其他阶段录取者开展进一步的审阅，包括：申请者本身的学业表现优秀，但是由于所在高中拥有大量高成就的学生，使其与同伴相比表现较弱；申请者在高中表现相当出色，但在常规审阅阶段得到的评分很低；高中的整体学业水平每年波动比较大。在各阶段，AO 均会为每位申请者分配一个与常规审阅范围相同的评分（11 个分数之一）作为录取决定的依据。①

每份材料被审阅两次，有时候是三次或四次，因为我们有一个叫补充性审阅的过程。如果读者发现某材料内容有异常之处，则会直接进入该阶段。我们会给相应学生额外的问卷，会询问［高中］第七个学期的成绩，因为我们想了解是否有人口学上的变动趋势，导致学生开始从各种可能的变故中恢复过来，这是补充性审阅所要了解的内容……有些录取的学生考试分数低，是因为我们录取的学生范围颇广。尽管他们的考试分数低，但可能有非常高的 GPA，因此带来增值。（UCSD-AO-1-160107）

四个审阅阶段在设置目的上存在差异，其中补充性审阅阶段主要服务于弱势群体、特别是少数族裔。具体而言，常规审阅阶段以相同的标准统一审阅所有申请者，而且录取标准以学业成就为主，即高中 GPA 对申请者的评分影响最大，其次为 SAT 或 ACT 分数，随后是关于高中学业成就的其他量化指标，包括大学预备课程的数量和 AP 考

① Robert D. Mare, *Holistic Review in Freshman Admissions at the University of California-Los Angeles* (2012 *report*), UCLA Report on Holistic Review in Freshman Admissions, January, 2012, pp. 21 – 25.

试分数。同时，其他因素，比如申请者的课外活动是否令人印象深刻、是否展示出在高中或当地社区的参与、是否进行课外学业提升、是否为家庭兼职工作等，均对评分有影响。UCLA 招办协理主任罗莎·皮门特尔即表示："学业驱使着最终的分值，申请中的其他信息会提升分值。"① 数据也显示在常规审阅阶段，不同族裔学生之间的整体性分数差距非常小。② 决定性审阅阶段的设置主要是关注常规审阅中可能出现的异常评价现象。高中调查阶段属于招生季末审核的一部分，其设置目的在于根据高中的具体背景调整一些录取决定。

补充性审阅阶段的设置目的在于对接近正常可录取范围、同时经历逆境（hardship）或申请材料缺乏必要信息导致没有被录取的申请者开展额外审阅，特别是为在特定领域具备特殊才能或经历艰难处境后仍然取得成就的学生提供接受加州大学教育的公平机会。不过尽管 UCLA 认识到申请者经历的逆境或受限的学业机会有各种情况，但由于已经接收了许多贫困学生，来自低收入家庭和/或属于"第一代大学生"本身并不足以得到该校的补充性审阅。③ 实际上，该阶段主要是为少数族裔群体设置的，而且录取标准低于常规审阅，即被录取的学生在学业和个人成就上表现相对较弱，经历的逆境、挑战和学业成就的受限背景受到相当的重视。该校 2007—2011 年的数据显示："经历补充性审阅的申请者更多来自低 SES 家庭，包括低于贫穷线和父母没有完成高中学业的申请者。非裔和拉丁裔申请者比其他族裔更容易进入补充性审阅阶段（即使控制了生活挑战等指标，表明来自相同 SES 水平的家庭），而且录取决定与高中学业成就

① Rotem Ben-shachar, "Counselor Gains Insight into Admissions Process", *Daily Bruin*, April 13, 2010.

② Robert D. Mare, *Holistic Review in Freshman Admissions at the University of California-Los Angeles*: 2009 – 2011 *update* (2014 *report*), May 27, 2014, http://www.senate.ucla.edu/committees/cuars/documents/3G_ Mare text to CUARS.pdf.

③ Robert D. Mare, *Holistic Review in Freshman Admissions at the University of California-Los Angeles* (2012 *report*), UCLA Report on Holistic Review in Freshman Admissions, January, 2012, pp. 154 – 155.

和考试分数的关联较常规或决定性审阅阶段更弱。”① 在决定性审阅和补充性审阅阶段，与拥有类似的学业资格、个人特征、挑战和逆境的其他族裔相比，非裔申请者得到更有利的评分，亚裔申请者则情况相反。②

> 我们也查看除学业成就的其他因素，了解学生的学业成功背后是否存在逆境。这是有补充性审阅的原因，我们会询问额外的信息。今年我们有 84000 位申请者，数量巨大，每位申请者被审阅两次、三次甚至四次，取决于是否进入补充性审阅阶段。这是令人难以置信的工作量，尽管如此，我认为这是评价申请者材料的更公平的方式。（UCSD-AO-1-160107）

总的来说，在 UCLA，遭遇更多困境以及来自低收入家庭的申请者得到更有利的评分，非裔申请者得到的评分也比条件类似的其他族裔学生更有利。③ 有趣的是，自从受到学者的指责和罗伯特·梅尔教授开始进行调查，少数族裔得到的倾斜开始减少。数据显示从 2007 至 2011 年，非裔和拉丁裔在审阅中获得的优势大幅下降④。另外，需要指出的是，尽管给予了少数族裔倾斜，但 UCLA 强调通过补充性审阅阶段录取的几乎所有申请者都符合加州大学的资格性要

---

① Robert D. Mare, *Holistic Review in Freshman Admissions at the University of California-Los Angeles* (2012 *report*), UCLA Report on Holistic Review in Freshman Admissions, January, 2012, pp. 67 -68.

② Robert D. Mare, *Holistic Review in Freshman Admissions at the University of California-Los Angeles* (2012 *report*), UCLA Report on Holistic Review in Freshman Admissions, January, 2012, p. 81.

③ Robert D. Mare, *Holistic Review in Freshman Admissions at the University of California-Los Angeles* (2012 *report*), UCLA Report on Holistic Review in Freshman Admissions, January, 2012, p. 68.

④ Robert D. Mare, *Holistic Review in Freshman Admissions at the University of California-Los Angeles*: 2009 - 2011 *update* (2014 *report*), May 27, 2014, http://www.senate.ucla.edu/committees/cuars/documents/3G_ Mare text to CUARS. pdf.

求，事实上绝大部分超过了最低要求。因为根据教师委员会制定的指导原则，通过补充性审阅录取的申请者必须证明自己具备在高校所提供的学业和个人支持服务下能成功毕业的个人素质和学业准备度。[①] 与 UCLA 相比，UCSD 则更为坦承，该校一方面表明“具备杰出个人成就和/或遭遇生活挑战，但没有证明优秀的学业成就，可能不满足本校的选拔标准”，另一方面也允许一小部分的学业不合格学生可在特殊的境遇下被录取。[②]

四个审阅阶段在读者角色和录取情况上也存在差异。一方面，与常规审阅相比，AO 在其他阶段扮演更为关键的角色，决定哪些申请者进入这些阶段，并全权负责评价工作，外部读者不再参与其中。另外，AO 负责常规审阅中评分属于边界线的录取决策。例如，在 2008 年 UCLA 的常规审阅中，申请者的评分不大于 2.25 者全部被录取，大于或等于 3.0 者几乎均被拒绝，为 2.5 或 2.75 者则由 AO 进一步审阅。[③] 另一方面，尽管各审阅阶段都会录取学生，但录取数量和录取率存在明显差异。从表 7-1 可以看出：常规审阅作为最主要的阶段，申请者和录取者的数量都最多，其录取者占比说明了该校 80% 的录取学生是主要基于学业标准被评价的；决定性审阅中的申请者和录取者次于常规审阅，但录取率更高；补充性审阅阶段的录取率最低，其录取者占比反映了该校倾斜的少数族裔和具备多重弱势身份标志的学生大约为 5% 左右（以少数族裔为主，特别是非裔学生），其录取率最低在一定程度上反映了 UCLA 虽给予学业表现相

---

① Robert D. Mare, *Holistic Review in Freshman Admissions at the University of California-Los Angeles* (*2012 report*), UCLA Report on Holistic Review in Freshman Admissions, January, 2012, pp. 154-155.

② University of California Board of Admissions and Relations with Schools, *Comprehensive Review in Freshman Admissions at the University of California* 2003-2009, BOARS CR Report, June 22, 2010, p. 33.

③ Robert D. Mare, *Holistic Review in Freshman Admissions at the University of California-Los Angeles* (*2012 report*), UCLA Report on Holistic Review in Freshman Admissions, January, 2012, pp. 21-25.

对较差的弱势学生额外的审阅机会、但录取决策也较为慎重的态度；不到1%的申请者经历了高中调查。

表7－1　　2011年UCLA不同审阅阶段的录取情况

	申请者	录取者			录取率（%）
	数量（人）	占比（%）	数量（人）	占比（%）	
常规审阅	52304	85.1	12544	80.1	24.0
决定性审阅	5312	8.6	2002	12.8	37.7
补充性审阅	3282	5.3	681	4.4	20.7
高中调查	378	0.6	254	1.6	67.2
总数*	61446	99.6	15651	98.9	25.5

注：表格未包含单独审阅的运动员数据，因此四种类型的学生数量相加不等于总数。另外，虽然各阶段评价的学生可能存在交叉，但表中并未重复计算。源自：Robert D. Mare，*Holistic Review in Freshman Admissions at the University of California-Los Angeles*：2009－2011 *update*（2014 *report*），May 27，2014，http：//www.senate.ucla.edu/committees/cuars/documents/3G_MaretexttoCUARS.pdf，表格3b。

（二）UNC

在UNC，申请材料同样会被随机分配给不同的读者，每份申请至少被两名读者审阅。[①] 首先，每份材料被随机分配给“第一名读者”，其审阅完材料后会输入“推荐录取决定”（可能是同意、拒绝、延迟或者候补），并输入评语以支持给出的决定。然后，材料会被分配给“第二名读者”重复上述过程。如果申请者是北卡居民并且两名读者意见一致（即都是“录取”或“拒绝”），或者申请者来自州外并且两名读者的建议都是“拒绝”，那么就会成为一个“暂定录取决定”。如果两名读者意见相左，或者如果申请者来自州外并

① UNC-Chapel Hill，*Brief of Amicus Curiae*：*The University of North Carolina at Chapel Hill Supporting Respondents*，August，2012，http：//unc.edu/files/2014/04/Fisher-Brief-FINAL.pdf，p.9.

且“推荐录取决定”为“录取”，那么材料会被交由招办主任或副主任审阅，或者是由高级 AO 组成的子委员会投票，然后输入“暂定录取决定”。[①] 从审阅过程可以看出，UNC 对州外申请者的录取更为严格，即使两名读者一致推荐“录取”，招办负责人或子委员会也会开展进一步评价。另外，UNC 没有对个体申请者开展更多阶段的或单独的审阅[②]。

三　两种模式的比较

委员会讨论模式和团队审阅模式在操作上存在一些差异，但在本质上是相同的。一方面，两种模式的差异，首先体现在阅读任务分配上，私立高校的申请者范围广泛分布于美国各州，使用地域主管负责制是实施背景考察的最佳方式。相比之下，公立高校的申请者和录取对象主要为州内学生，可以随机审阅材料。其次，在录取决定达成方式上，私立高校的招生目标更为多样和复杂，因而需要委员会把控录取决定。同时，私立高校的申请者规模一般更小（USC 例外），委员会有能力讨论所有申请者或者被推荐录取的候选者。限于申请者的规模和招办资源，公立大学以读者决定为主，没有耗时、耗力的委员会讨论投票形式。

另一方面，两种模式本质上都是高度依赖人为经验和汇集集体智慧（collective wisdom）的协作式决策。在依赖人为经验上，读者而非电脑是审阅的主体，录取决策过程高度基于读者对申请者个体情况的主观判断，是一个非常人为化而非机械化的过程。当阅读申

---

① Office For Civil Rights, *Compliance Resolution*: *University of North Carolina*, *Chapel Hill*, (*NC*), November 27, 2012, http://www2.ed.gov/about/offices/list/ocr/docs/investigations/11072016 - a.html, p. 2.

② Office For Civil Rights, *Compliance Resolution*: *University of North Carolina*, *Chapel Hill*, (*NC*), November 27, 2012, http://www2.ed.gov/about/offices/list/ocr/docs/investigations/11072016 - a.html, p. 4.

请材料时，读者是在个人的层面上了解申请者[1]，通过阅读短文和推荐信、直接交流等方式互动，并勾勒申请者的整体画像。UNC 招办主任史蒂芬·法默即指出“我们的录取决策过程过于全面，依赖基本的‘人为经验’，因而难以提供单一角度的逻辑解释”[2]。在汇集集体智慧上，每份材料至少被两名读者共同审阅，没有单一的读者可以作决定。如果两名读者意见不一致，则有更多读者或委员会介入。在四所私立高校，如 AO 指出，读者之间往往还可以看到彼此的评价记录，每位申请者最终得到的评价结果都是个体判断与集体智慧的结晶，是一种有效的工作方式：“因为这给予个体评价足够的空间，又是集体讨论。”（USC 受访 AO）

> 招办职员每周开会，常常讨论面试进行得怎么样，哪些问题有效、哪些问题无效。我们经常互相交谈、互相提醒，比如“可能在课外活动上问得太多，不要忘记关注他们喜欢学什么”。我们对每个面试做记录，也可以阅读其他人的面试记录。有些特定区域的学生我虽然不面试，比如我负责纽约市，但可以查看加州学生的面试记录，所以知道其他人在问什么问题，知道其他人如何获取信息。我们一直都会得到相互的反馈。（WFU-AO-4-160517）

尽管不同读者都是独立阅读申请材料并做出个体判断，但录取过程中有大量的团体讨论和经验分享。从 AO 的表述可以得知，各高校招办基本上每周都开会，讨论评价案例、出现的问题、录取决策中的重要信息、面试情况等等，读者在审阅中没有把握也可以寻求集体帮

---

① Kat Cohen，“10 College Admissions Secrets：An Inside Look From an Elite College Counselor”，October 21，2015，https：//www. noodle. com/articles/10 – college-admissions-secrets-from-an-ivy-league-counselor.

② Corey Risinger，“UNC to grant students’ requests for admissions files under FERPA”，*The Daily Tar Heel*，May 23，2015.

助。同时，在日常工作中，招办职员之间会有许多自发的交流和请教。UNC 官方亦表示“一旦发现任何异常问题，招办会联系申请者进行核实，并且进行团队讨论”。[①] 另外，Davidson 的 AO 指出在大学部门之间有许多合作，比如与英语系的同事定期见面，讨论录取国际学生在大学的写作表现，并将获得的启示运用至生源选拔中。

> 我们每年有不同的评价方式，会改变如何给不同因素打分，但不会规定说读者只能以这种方式评价，电脑必须以那种方式阅读。在基于讨论的录取决策（discussion-based admissions）中，我们以团体的形式进行讨论……每周在职员会议后，我们会讨论一些新出现的问题，或者读者有问题，不确定应该给出什么样的推荐录取意见，想要更多的建议，我们以委员会的形式作决定……招生委员会每周都会开会，不管是否在培训时间。（UNC-AO-AM-160505）

案例校之所以都采用汇集集体智慧的协作过程，在于其既可以确保公平的审阅，又可以满足机构需求。公平的审阅主要体现为两点：第一，协作决策有助于更好地了解申请者。WFU 的受访者即指出聚集来自不同背景、负责不同地域申请的 AO 进行讨论，可以“得到申请者和被录取者的全面拼图”（WFU 受访 AO）。这一点在委员会讨论模式中体现得更为明显，比如 Davidson 表明“招办人员对每位申请者进行整体性审阅。申请材料被个体读者深入地检视，然后在委员会会议中被讨论，有时委员会讨论的时间很长。这些讨论让我们对申请者作为一个个体和作为一个我们学生群体的潜在成员都有更好的了解”[②]。第二，协作决策有助避免单一评价的诸多缺

---

① UNC-Chapel Hill，“Who We Want”，http：//admissions. unc. edu/apply/who-we-want/.

② Davidson College，“Frequently Asked Questions”，http：//www. davidson. edu/admission-and-financial-aid/frequently-asked-questions.

点，比如片面性、同质性、偏见或串通，多名读者的把关可以有效规避这一点。“每份申请得到多名读者的审阅，以及每当两名读者的评估差异很大时高级评审者的介入，旨在防止不正当的偏见……共同预防了对特定学生的串通。”① 同样地，委员会讨论模式在这一点上可能更有效。例如，USC 的 AO 指出委员会讨论模式可以避免单一评价者以同样的标准和自身的喜好审阅所有申请者，是吸纳集体智慧的民主决策方式，其他 AO 也指出“少有诱因或原因来试图腐败录取决策”（USC 受访 AO）、“没有看到多少人为腐败的存在”（USC 受访 AO）。大学委员会亦指出“使用委员会讨论模式作决定，不仅是因为它具有民主性，还因为持有这样一种信念：任何委员会成员的个人偏见都可以通过其他委员会成员的意见得到纠正”。②

> 在选拔性招生中，有可能你阅读一份申请，并且见到这位学生，然后说“他不错”。但问题是当说了 20000 次、30000 次、40000 次后，你没有足够的录取名额。因此你开始说“OK，我喜欢这位学生的这些方面，喜欢那位学生的那些方面”。它就像一个老式的平衡秤，你将所有积极的因素放在一边，所有不那么积极的因素“放在另一边”。当然不是每一个元素都有相同的权重，但我们不使用公式，不使用数字化的等式。因此，录取决策是真正的主观判断，这是为什么不是一个人作决定，而是委员会机制。是的，我有最终的决定权，但我并不评价每位申请者。我们是协作式工作，由委员会而非个人负责。“我喜欢俄亥俄（Ohio）州棕色头发的学生，所以每位俄亥俄州棕色头发的学生都可以被录取”，这并不是我们的工作方式，你明白我

① University of California, Los Angeles, “Campus Explains Holistic Review Admissions Process”, September 5, 2008, http://newsroom.ucla.edu/stories/080905_holistic-admissions_reed.

② College Board, *Selection Through Individualized Review: A Report on Phase IV of the Admissions Models Project*, College Board's Admissions Models Project Report, 2004, p. 6.

的意思。如果只有一个人负责做出所有的决定，将非常容易变成只有一种观点。我们有许多人。（USC-AO-1-151214）

就满足高校的需求而言，多名读者、特别是中高级 AO 对录取决策结果的把关，可以确保对录取生源特征的控制，从而塑造符合高校需求的一个年级。在 UCLA 和 UCSD，之所以由高级 AO 负责实施补充性审阅，原因在于为具备特殊才能或弱势背景下的高成就学生（主要是少数族裔学生）提供入学机会。UNC 招生委员会阶段性地检查申请材料的目的之一，即在于确认给予了部分申请者额外的考虑。USC 的 AO 亦指出多名读者的共同审阅可以确保高校拥有需求的各类生源："每份申请至少会被阅读两次，通常多于两次。因为需要确保在特定的类别内拥有关于学生特征的正确数字，或想要增加更多的科学专业申请者，所以有许多不同的读者一直在审阅申请。"

第二节　集体评议的路径

从微观层面来看，精英高校开展集体评议的路径，始于单名读者对每份申请材料的分项或整体评价，其次为更多读者的审阅和/或讨论，最后是确定一届新生名单的招生季末审阅。

一　分项评价与整体评价

美国高校通过整体性审阅实施选拔的路径有多种，包括由 1 名或更多评价者对每份申请材料的大致阅读、达成单一的总评分，以及对每份申请材料多个不同因素的高度结构化的分析。[①] 换言之，评价路径包括两种基本的类型——分项（analytic）评价和整体（holis-

---

① College Board, *Selection Through Individualized Review: A Report on Phase IV of the Admissions Models Project*, College Board's Admissions Models Project Report, 2004, p. 3.

tic）评价，前者为 AO 对每位申请者不同方面的表现分别做出评价，后者为 AO 将每位申请者的所有信息视为一个整体，只提供一个单一的总评价结果。[①] 根据笔者掌握的资料，七所案例校使用的评价路径可概括为基于量化评级的分项评价和基于质性评语的整体评价，如下。

（一）基于量化评级的分项评价

七所案例校中只有两所文理学院——Pitzer 和 Davidson 使用分项评价路径，依据评价准则（rating rubric）对申请者在多个维度的表现逐一进行量化评价，并记录在评价表中（rating sheet）。在 Pitzer，对单份申请材料的评价分为学业、匹配度和课外活动三个维度，AO 对各维度下的多个具体因素分配不同等级的字母（A、B、C、D、E）或数字（1、2、3、4、5）。最终的评价结果为各部分字母和数字的组合（比如 A111）。在 Davidson，评价分为学业和个人两个维度，AO 对每个维度下包含的不同元素分配相应的分值，同时每一维度得分最高不超过 10 分。最终的评价结果为两个维度的独立分值，并非二者相加形成的一个总分。两校 AO 均表示没有录取阈值[②]，不

---

① 大学委员会以 SAT 作文部分的打分为例说明两类评价路径的区别：在分项评分中，读者必须评价短文的不同维度上的表现，比如拼写、词汇量深度、句子结构、组织和原创性。每个维度获得独立的分数，独立的分数再以一定方式被合并成一个总分，以反映评价的整体意图。在整体评分中，作文是被作为一个完整的工作得到考虑的，作文整体大于各部分之和，作文的总体质量得到整体性的评价。读者不会基于不同维度的特征来做出评价，而是基于作文造成的总体印象做出评价。整体性打分认识到一篇作文的真正价值不能通过仅仅是各维度的分值相加而确定，而是关于各维度如何融合在一起，成为重要的整体。源自：College Board，*Selection Through Individualized Review*：*A Report on Phase IV of the Admissions Models Project*，College Board's Admissions Models Project Report，2004，p. 17，pp. 29 – 30.

② 在笔者走访的选拔程度更低的 2015 年录取率为 62. 2% 的吉尔福德学院（Guilford College，简称 Guilford），该校也使用分项评价，但评价结果存在阈值。具体来说，在该校 2014 年使用的评价表中，GPA 最多占 5 分（包括 0 分、1 分、2 分、3 分、4 分、5 分六个等级），课程优势最多占 4 分（包括 0 分、1 分、2 分、3 分、4 分五个等级），考试分数最多占 4 分（包括 0 分、1 分、2 分、3 分、4 分五个等级），年级排名最多占 2 分（包括 0. 5 分、1 分、1. 5 分、2 分四个等级），个人表现最多占 4 分（包括 0 分、1 分、2 分、3 分、4 分五个等级），匹配占 1 分，总分为 20 分。2014 年，录取阈值为 8 分，即申请者评价表的总分大于或等于 8 分即被录取。

是字母和数字的组合或者分值落在哪个区间即被录取，评价结果只是用来了解申请者的工具，并非直接决定录取资格。例如，Pitzer 的 AO 指出 A111 或 B332 都可能被录取，因为该校寻求申请者在不同维度的表现的平衡。Davidson 的 AO 则指出“尽管学业指数越高，录取机会越大，但录取结果也与其他指数相关”。

> 我们查看三个方面，有评价表帮助我们做出评价。我们有学业评价、匹配度评价和课外活动评价……在学业评价上，评价是一系列因素的混合。如果学生提交考试分数，我们会查看，但只是很小的一部分。还有 GPA、课程优势、推荐信中的见解，评价是从 A-E。课程的严格度也有相应的数字，为 1—5。我们对课外活动的评价不是基于活动的数量，而是参与的深度，与核心价值观是否匹配。然后是匹配度评价，该评价完全以我们的核心价值观为基准。我们会得到最终的评价，你可能认为 A111 为录取，但也可能是 B332。它只是帮助我们了解学生可能落在哪个区间，并非一个负面的排名。我们没有给录取分配阈值，因为学生可能在学业上得到一个 C，在匹配上得到 1，在课外活动上得到 2，我们会寻求平衡。我们基于在申请者高中背景中看到的信息，选择具备学业潜能、会在这里取得成功的学生。评价表是帮助我们做出录取决定的工具，是申请材料中所有信息的反映。（Pitzer-AO-1-151217）

作为辅助录取决策的工具，评价表是“申请材料中所有信息的反映”，因为评价表除了记录各维度的评分，还有与申请者有关的数据，即在学业和个人方面的基本数据（比如性别、族裔身份、校友身份、GPA、年级排名等）以及相关的额外信息（比如是否参加过入学机会拓展活动等）。而且，尽管分项评价路径以结构化的量化打分为主，读者也会对一些未被量化打分的“软因素”（比如成绩发展趋势、个人品质等等）和/或整体申请材料给出个人评语，并记录在评价表中。读者通过查看每位申请者的评价表，即可快速掌握其整体情况，并在表中给出对推荐录取意见（以及可能的奖学金或项目推荐意见）。[①] 因而，作为申请材料关键要素总结的评价表往往成为录取决策最终依赖的工具，服务于后续的委员会讨论环节。

由于审阅过程包括对不能量化的因素的评价，所有实行个体考察的高校一般都使用标准化的评价准则帮助读者审阅申请材料[②]，Pitzer 和 Davidson 并不例外。通常，招办在征得教师的建议和同意后，制定关于生源特征的具体定义作为评价准则的主体内容，以使读者得以聚焦[③]。同时评价准则明确描述不同评级对应的标准或成就，并基于往年录取学生的特征设定考量要素的评价基准作为参照（并非最低录取线）[④]。AO 通过将申请者的表现与基准相比较，确定个体学生的相对位次。例如，假设上一年录取学生的平均 SAT 分数是1800，那么它将作为评价这一年申请者的基准。如果申请者的 SAT 分数高于 1800，则可能会在这一维度得到相应的高分；如果刚好是 1800 左右，则会得到中间分数；如果低于该平均值，则得到一个低的分数。[⑤] 因此，WFU 的受访者指出“AO 都有一定的偏见，但遵守的评价准则是标准化的”，可保证公平审阅。需要指出的是，不

---

① 笔者并未看到案例校的评价表，因为评价表（和评价准则）在美国高校的录取决策中属于最高机密，是录取实践最真实的反映，因此颇为敏感，案例校并不愿公开该表格。但笔者有幸得到使用分项评价路径的吉尔福德学院（Guilford College）和使用整体评价路径的普及桑大学（University of Puget Sound）的评价表。尽管这两所高校选拔程度更低，2015 年的录取率分别为 62.2% 和 79.2%，但笔者认为两校的评价表具有一定的代表性。本文所述相关的信息即总结自这两所高校的评价表。

② College Board, *Selection Through Individualized Review: A Report on Phase IV of the Admissions Models Project*, College Board's Admissions Models Project Report, 2004, p. 4.

③ College Board, *Selection Through Individualized Review: A Report on Phase IV of the Admissions Models Project*, College Board's Admissions Models Project Report, 2004, p. 17.

④ Kat Cohen, "10 College Admissions Secrets: An Inside Look From an Elite College Counselor", October 21, 2015, https://www.noodle.com/articles/10 - college-admissions-secrets-from-an-ivy-league-counselor.

⑤ IvyWise, "How College Applications are Evaluated", https://www.ivywise.com/ivywise-knowledgebase/newsletter/article/how-college-applications-are-evaluated/.

同高校使用的评价准则详尽程度不尽相同，一些高校为读者提供关于在哪些申请材料里寻求特定特征（比如领导力、特殊才能、对共同体的忠诚）的证据的具体指南，一些高校则假定读者能够从整体的申请材料中甄别出相关信息。①

在 Pitzer 学业维度的评价准则中②，它指明申请者被评价的学业因素包括 GPA、考试分数（如提交）、年级排名（如提交）、项目优势、个人陈述、教师和咨询师推荐信以及申请者自行提交的相关信息，建议的评价顺序为 GPA、年级排名（或十分位）、项目优势（比如高中的学业严格度以及学生的课程优势）、个人陈述（写作的水平和质量）、推荐信（关于学生学业优势的描述）、学生自行提交的信息。就 GPA、考试分数和年级排名而言，三类指标均被划分为五个等级（A、B、C、D、E），A 为最佳，E 为最差，比如“A”的范畴包括 GPA 为 4.00—3.85、ACT 分数为 36—28/SAT 分数为 1600—1250、年级排名为前 10%，“C”的范畴包括 GPA 为 3.59—3.35、ACT 分数为 32—26/SAT 分数为 1400—1200、年级排名为前 25%。就项目优势而言，评价也是五个等级（1、2、3、4、5），1 为最佳，5 为最差，比如：“1”为最严格的项目，指向在高中修读的多个科目下的荣誉课程、AP 或 IB 课程（或学校提供的最难课程）不低于五门的情况，同时所在高中有 70%—100% 的毕业生进入四年制大学就读；“3”为一般的项目，指向三至四门高级课程的情况，同时少于 39% 的毕业生进入四年制大学就读。通过依据评价准则对申请者各指标进行结构化打分，AO 可以一目了然地判断申请者的学习实力。

---

① College Board, *Admissions Decision-Making Models: How U. S. Institutions of Higher Education Select Undergraduate Students*, College Board's Admissions Models Project Report, 2003, p. 14.

② Pitzer 的 AO 为笔者提供了 2014 年使用的学业评价准则，但由于该说明比较敏感需要保密，笔者不能公开展示，只能选择性的陈述需要的信息。

（二）基于质性评语的整体评价

三所公立大学——UCLA、UCSD 和 UNC，以及两所私立大学——USC 和 WFU，均使用整体评价路径。在这个路径中，AO 也查看申请材料的不同部分，但不会进行结构化的打分，而是给出质性评语，并基于对申请者的总体印象做出决定。尽管基本模式一致，UCLA、UCSD 与另外三所高校在实践操作上存在一些差异。

1. UCLA 和 UCSD

实行整体性审阅改革之后，两校 AO 均基于对申请材料的完整阅读，对每位申请者给出单一的“整体分数”（holistic rank/score）[①]作为评价结果，不再像改革之前那样对学业成就、个人成就、生活挑战等不同方面进行评分并形成多个分值。每位 AO 给出的分数选项包括“1”（绝对推荐录取）（emphatically recommend for admission）、“2”（强烈推荐录取）、“2.5”（推荐录取）、“3”（可录取）、“4”（合格）、“5”（推荐拒绝），其中“1”分配给所有方面都优秀以及在背景中取得突出成就的申请者，“5”往往分配给学业成就很薄弱的学生，包括“即使拥有优秀的领导力”或“处于明显弱势地位”的学生，再次印证了学业成功是基本的录取标准。而且，招办对评分的分布有预先的规划，即读者给出的不同评分的数量是有限的（1 为5%，2 为10%，2.5 为10%，3 为15%，4 为50%，5 为10%），每位读者被鼓励选拔能够反映申请者库整体分布的候选者。[②] 与其他高校不同，UCLA 和 UCSD 基于分数设置了录取阈值，具体为：每份申请由至少两名读者进行完整的审阅并给出评分，平均后得到总分，因此整体分数可能出现 11 种情况（1、1.5、2、

---

① 此处将“rank”译为“分数”而非“排名”，因为还有 4.5 分和 2.5 分形式的分数，与我们传统意义上的排名含义不同。

② Robin Nicole Johnson, Cynthis Mosqueda, Ana-Christina Ramon, and Darnell M. Hunt, *Gaming the System: Inflation, Privilege, & the Under-Representation of African American Students at the University of California*, Bunche Research Report, January, 2008, p. 15.

2.25、2.5、2.75、3、3.5、4、4.5、5）。如果两位读者的评分差异不超过1.0，则二者的平均分数即为决定录取资格的整体分数。另外，许多高校在录取决策过程中使用多种路径，比如使用整体评价达成初步的录取结果，同时包括对多个维度的分项评价。① 但UCLA和UCSD并非如此，只采用了单一的整体评价路径。

> 分数为1的拥有优异的学业成就、领导力、公共服务、特殊才能和其他成就，所有因素都非常优秀。如果学业成就薄弱，则该生的分数可能为5，就算拥有优秀的领导力或处于明显弱势地位，仍不足以补偿学业表现的弱势，该生不会被我们录取。1是绝对推荐录取，因为他们显示出了在个人境遇和机会的背景中取得的学业成就，我们相信该生能够真正取得成功，因此分配分数为1。分数为2的，所获成就也很优秀，但不如前者，其余分数依此类推。（UCSD-AO-1-160107）

当然，整体评价路径不代表AO不会对申请者各项表现有相应的评价或判断，相反，在阅读过程中AO会查看不同维度的信息，一般遵循申请表内容的排列顺序，依次查看背景信息——高中学业记录——考试分数——推荐信/写作/面试记录（如有）/课外活动，并在需要时输入质性评语（notes），这也属于开展某种形式的"分项评价"，但是并非上文所述的对各部分进行结构化的量化评价。这一点从UCSD的AO对笔者问题的回答即可得到印证。基于UCLA和UCSD使用分数的形式表示评价结果，笔者询问"是否仍有实质意义上的分项打分？比如发现学业表现非常优秀便分配一个'1'，个人素质突出又分配一个'1'"，UCSD的AO表示会在脑海中对各部

---

① College Board, *Selection Through Individualized Review: A Report on Phase IV of the Admissions Models Project*, College Board's Admissions Models Project Report, 2004, p. 17, pp. 29 – 30.

分做出大致的评价，但不会真正给出分数，而是在查看完所有内容后打分。UCLA 的 AO 也表示“如果我们关注申请材料的特定部分，我们会输入一些叙述性的评语，诸如设置一些语境等，但在评语文本中没有打分”。但 UCLA 和 UCSD 对质性评语的依赖可能不如其他实行整体评价路径的高校。

> 我们不是这么表达的，因为现在是整体性审阅。审阅者在头脑里谨记，这位申请者学业非常优秀，应该属于分数为 1 的范畴，然后继续阅读材料中的其他内容，也许记得是个2，但我们从不给出分数，直到读完整个材料，将所有对这位申请者的了解汇总后分配一个最终分数……我们从不单项打分，而是审阅材料中的所有内容后在评价结束时分配一个分数。（UCSD-AO-1-160107）

2. UNC、USC 和 WFU

UNC、USC 和 WFU 同样使用非精确性的整体评价路径，但三校不以“数字形式”表示评价结果，而是使用描述性的词语，比如推荐、一般推荐、不推荐或高、中、低。同时，三校读者在阅读过程中会如 USC 的 AO 所言“写下大量的评语”，对申请者多方面的表现[①]、特别是具备突出优势的表现做记录和/或给出评价。UNC 的质性评价过程颇为典型，具体如下：在对成绩发展趋势的评价中，读者会标注如“呈下降趋势”或“课程难度在增加”；在对写作质量的考察中，读者会评估行文是否具有说服力和独特的视角、是否显示出申请者具备丰富的知识储备，并写下评语，比如“她这篇相当

---

① 在对考量因素的审阅中，有些高校进行分组审阅（比如关于某位学生的课外活动参与或者特殊才能和奖项的所有信息被放在一起审阅），有些高校则进行逐个审阅，比如可能具体表明评价多个（比如 20 个）不同的素质。源自 College Board, *Admissions Decision-Making Models: How U. S. Institutions of Higher Education Select Undergraduate Students*, College Board's Admissions Models Project Report, 2003, p. 20.

自信的论文减缓了我对其高年级学习成绩下滑的恐惧”，或“这篇论文既可预测又很直白，无惊喜可言”；在推荐信部分，读者会记录教师或咨询师给出的重要信息，比如“高中咨询师表明某申请者出于对乐队的热爱，很刻苦地修读相关的高难度课程”；在个人成就部分，读者会强调突出的领导经历和才能，比如“他是一位多才多艺的艺术家”“是一位杰出的领导者”;① 在审阅完各部分的表现后，读者会给出推荐录取意见并输入支持其意见的评语。因此，即使没有结构化的量化打分，对申请材料不同部分的质性评语也能确保整体评价路径中录取决策的一致性和可信度。

> 我们有评价结果，但不是数字形式的。对我们而言，它更像从一般到杰出的更描述性质的，而非实际意义的数字量化指标，类似推荐、不推荐、一般推荐、部分推荐等，所以并非是量化的量表。有许多高校，比如加州大学伯克利分校，使用整体性审阅，对不同的整体性要素审阅后形成一个量化分数来自动决定录取与否。我们的整体性审阅并非如此，基本上是你查看申请中的不同元素后，对申请中找到的质性的和量化的优势和劣势写下大量的评语，然后做出是否录取学生的决定。（USC-AO-2-151215）

USC 和 WFU 的 AO 在受访时均以对面试部分的评价为例，说明了整体评价的操作方式。在 USC，该校设计了面试评价表，包括学生的个人信息、对面试表现六个维度的评价（分五个等级）、面试过程记录、面试总结性评语以及面试结果（比如强烈推荐/不推荐给录取委员会）等多个部分的内容。不过其 AO 表示，这个表格作用不

---

① Office For Civil Rights, *Compliance Resolution*: *University of North Carolina*, *Chapel Hill*, (*NC*), November 27, 2012, http://www2.ed.gov/about/offices/list/ocr/docs/investigations/11072016 - a.html, p. 2.

大（前文表明 USC 并不重视面试），而且面试者不需要对各维度进行打分并给出推荐意见，只需写下面试总结性评语作为录取决策参考即可。在 WFU，面试表现是重要的考量因素和评价内容，AO 在面试时会对面试过程和申请者的表现做较为详尽的记录并做出评价。面试记录经简化整理后，形成面试报告被添加至申请材料中。①

> 我们看到的申请材料第一页实际上是面试记录（interview write ups）。我们会将面试时做的笔记整理成一两段，变成一篇关于面试如何实施、谈论了什么的段落，不会将所有的笔记都放进申请材料。我们做的记录类似于“我 2016 年 5 月 17 日面试了万圆，她在 XX 高中读了四年。我们有一段非常愉快的对话，从她对医学的兴趣开始谈起，她母亲是一名医生，她也想成为一名医生……”，这是谈论优点的另一种方式，有时这里有 8—10 句话。最后一句话是“如果成绩单支持录取，我乐于在 WFU 见到她”，或者“即使成绩单很优秀，但她在面试中没有表现出求知欲，只是一直坐在这里，谈论如何挣钱、如何获得一份好工作”。这种学生在哪里都存在。我们在每个面试记录结尾处都会给予评价性的总结。（WFU-AO-4-160517）

与 Pitzer 和 Davidson 一样，使用整体评价路径的五所案例校也使用评价准则和集中反映申请材料内容的表格记录评价信息。受访者就指出“我们有标准化的评价准则，是大家一起制定的，包括如何对面试进行评价”（WFU 受访 AO）、“我们有评价准则”（USC 受访 AO）。首先，尽管五所高校没有精细化的评分表为录取决策提供参考，但都有指导 AO 对各部分内容如何审阅的评价准则，以确定

① 大学委员会指出许多高校会形成面试报告，报告往往是非结构式的叙述，有时有一个总评分或推荐意见。分别源自 College Board, *Selection Through Individualized Review: A Report on Phase IV of the Admissions Models Project*, College Board's Admissions Models Project Report, 2004, p. 13.

申请者的优势和是否满足大学的录取标准。在整体评价路径中，由于缺乏分项评价路径中使用的结构化评价表，课外活动和短文等软因素更难被评价，评价准则会使得录取决策过程更简单。例如，高校可能在评价准则中列明对短文的内容和写作格式的评价指导①，一篇文笔优美并且使读者对申请者有深入了解的短文可能获得较好的评价，一篇文笔不错但让读者对申请者了解不多的短文则得到一般的评价。② 另外，为了便于了解申请者的相对位次，UCLA 和 UCSD 使用的阅读表在高中学业和考试分数成就部分，记录了每位申请者的加权和未加权 GPA、A-G 课程、荣誉课程数量以及考试分数在当地高中、分校申请者库和加州大学认证高中的百分位排名。其他高校的评价准则也会给出相应的评价参考。

其次，UCLA 和 UCSD 使用电子版的阅读表（read sheet）辅助录取决策（见图 7 – 1），阅读表内容包括申请者的人口学数据、高中学业和考试分数成就、高中背景、拓展活动参与以及读者的评语和推荐录取意见，但没有记录写作、课外活动等软因素的信息。由于该表格同时展示个人的学业数据和教育背景、成长背景数据，包括高中的 API 分数、可修读的“A-G”和荣誉课程的数量、SES 指标以及申请者与同伴相比之下的学业成就，AO 可以方便、有效地将申请者的学业成就置于拥有的机会和申请者库中审阅，并达成单一的阅读分数决定录取资格。WFU 也使用阅读表，而非真正的或严格意义的评价表。根据 WFU 的 AO 的解释，阅读表与评价表的概念不同，通常评价表是指用于量化打分的表格，阅读表则是记录质性笔记和/或评语的表格。当然，除了质性评语，WFU 的阅读表也包括

---

① 大学委员会指出对写作的阅读通常是对申请材料整体评价的一部分，但至少有一所高校有单独的受过训练的一群读者专门评价写作。源自 College Board，*Admissions Decision-Making Models：How U. S. Institutions of Higher Education Select Undergraduate Students*，College Board's Admissions Models Project Report，2003，p. 23.

② IvyWise，“How College Applications are Evaluated”，https：//www. ivywise. com/ivywise-knowledgebase/newsletter/article/how-college-applications-are-evaluated/.

申请者的人口学数据、学业数据、读者的录取推荐意见等内容。

> 我们没有评价表，而是大致评估。我听到一些高校好奇为什么我们没有系统的打分表。我们寻求的是优点，寻求良好的写作意识，寻求答案中的创造性，寻求合理的争辩等。我们使用 8 分的量表，但不是把其中的 3 分给予语法、标点符号和语句表达，2 分给予创造性。如果我们都坐下来阅读相同的写作段落，可能会有相同的评价，但我们不会给出 7.5 分。我们会做笔记，不是在申请材料上，有一张专门的阅读表可以记录关于申请的评价，比如"简答题的答案非常好"、"第五位申请者的写作是我最喜欢的，值得关注"，然后便会吸引其他读者的注意。（WFU-AO-5-160518）

二　招生季末审核

在完成对所有申请材料的审阅、给每位申请者分配了一个初步的录取决定后，案例校均会实施年级塑造的最后一步——"招生季末审核"（end-of-season review），以确定最终的录取名单并发放录取通知。在招生季末审核阶段（也被称为"复审阶段"），"一些高校由招办主任或中高级职员审阅记录所有申请者的总结卡片，还有一些高校由有经验的团队领导者审阅和确认所有最终的决定。"[①] 根据相关文本和 AO 的解释，案例校在为期几周的招生季末审核阶段主要开展四方面的工作，包括确定录取学生数量、平衡不同学生群体的分布、开展高中审核和调整录取决定。

首先，完成注册名额是各校招生工作的重要目标之一，案例校需要确定给出多少录取资格才能完成注册目标。招办会基于往年的录取注册率等历史数据和拟录取学生的所有信息（特别是注册兴

---

① College Board, *Selection Through Individualized Review: A Report on Phase IV of the Admissions ModelsProject*, College Board's Admissions Models Project Report, 2004, p. 21.

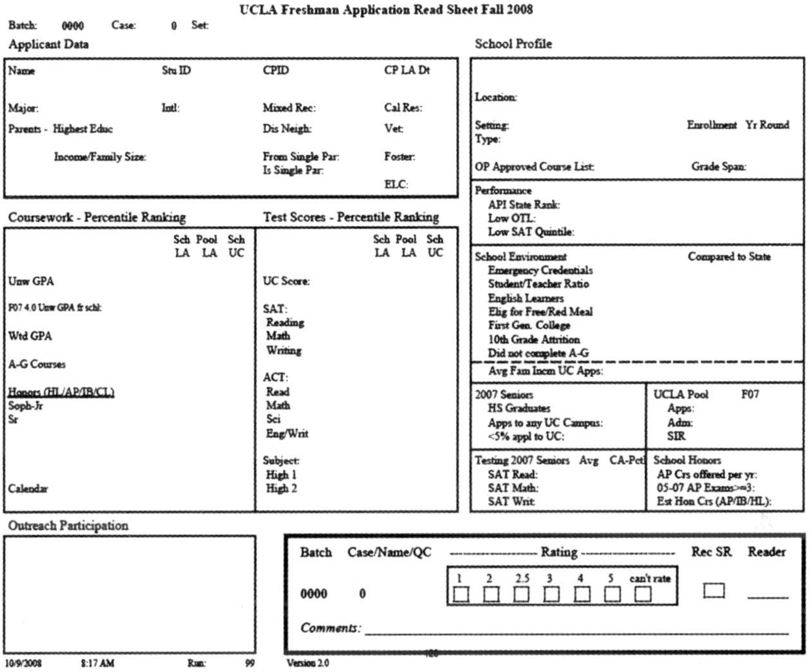

UCLA Freshman Application Read Sheet Fall 2008

Batch: 0000 Case: 0 Set:

Applicant Data

Name　Stu ID　CPID　CP LA Dt

Major:　Intl:　Mixed Rec:　Cal Res:

Parents - Highest Educ　Dis Neigh:　Vet:

Income/Family Size:　From Single Par:　Foster:

Is Single Par:

ELC:

Coursework - Percentile Ranking

Sch LA　Pool LA　Sch UC

Unw GPA

F07 4.0 Unw GPA fr schl:

Wtd GPA

A-G Courses

Honors (HL/AP/IB/CL)

Soph-Jr

Sr

Calendar

Test Scores - Percentile Ranking

Sch LA　Pool LA　Sch UC

UC Score:

SAT:

Reading

Math

Writing

ACT:

Read

Math

Sci

Eng/Writ

Subject:

High 1

High 2

School Profile

Location:

Setting:　Enrollment　Yr Round

Type:

OP Approved Course List:　Grade Span:

Performance

API State Rank:

Low OTL:

Low SAT Quintile:

School Environment　Compared to State

Emergency Credentials

Student/Teacher Ratio

English Learners

Elig for Free/Red Meal

First Gen. College

10th Grade Attrition

Did not complete A-G

Avg Fam Incm UC Apps:

2007 Seniors

HS Graduates

Apps to any UC Campus:

<5% appl to UC:

UCLA Pool　F07

Apps:

Adm:

SIR

Testing 2007 Seniors　Avg　CA-Pctl

SAT Read:

SAT Math:

SAT Writ:

School Honors

AP Crs offered per yr:

05-07 AP Exams>=3:

Est Hon Crs (AP/IB/HL):

Outreach Participation

Batch　Case/Name/QC　---------- Rating ----------　Rec SR　Reader

1　2　2.5　3　4　5　can't rate

0000　0

Comments:

10/9/2008　8:17 AM　Run:　99　Version 2.0

图 7－1　UCLA2008 年使用的阅读表

注：引自 Robert D. Mare，*Holistic Review in Freshman Admissions at the University of California-Los Angeles*（2012 *report*），UCLA Reporton Holistic Reviewin Freshman Admissions，January，2012.

趣），建立统计模型来预测这一季的注册情况，并结合可容纳的新生规模确定录取人数。例如，UNC 指出“在输入所有候选者的暂定录取决定后，招办会基于被标注为‘录取’的申请者信息，建立数据模型来预测一级新生的注册数量”①。在加州大学，使用整体性审阅的分校“根据申请者的整体分数和诸如完成学院和专业的注册目标的具体因素进行录取。当分校选拔了足够数量的学生满足注册目标后，如果需要确保自己能满足州内和州外的注册目标，它还会录取

① Office For Civil Rights，*Compliance Resolution*：*University of North Carolina*，*Chapel Hill*，（*NC*），November 27，2012，http：//www2. ed. gov/about/offices/list/ocr/docs/investigations/11072016 – a. html，p. 2.

额外的申请者”①。

> 我们会查看整个录取年级的情况，考虑哪些学生会注册，根据过去的历史来预测这个数字，这是有根据的推测，学生的注册兴趣此时变得重要。所有的因素都在起作用，我们基于多年的经验决定应该录取多少学生才能组建所期待的年级，多数情况下八九不离十，有些年、比如今年，可能有一定的出入。(WFU-AO-3-160517)

其次，案例校会查看拟录取的一届新生在多个维度的数字特征，并基于高校需求平衡具备不同特征的学生群体的代表性，避免在单个维度上失衡。换言之，各校、特别是私立高校致力于在整个学生群体中让各类学生的比例保持某种合理的平衡，以达到塑造一届平衡的多样化新生群体的目的。例如，当进入招生季末审核阶段，UNC“会留意目标新生群体的所有特征，比如族裔身份构成，有多少是外国国籍，有多少在高中学校排名前3%的学生，有多少表现出特殊才能，有多少在某种程度上修读了大学预备课程，有多少符合申请费用豁免，有多少是‘第一代大学生’身份、校友子女或者来自其他州。”② WFU 的 AO 表达了相同的观点。

> 我们会了解各项数值特征，比如多样化学生群体的数值看上去怎么样，有多少来自不同地理位置的学生，多少是国际学生，多少是“第一代大学生”，等等。这样做不是为了达成具体

① California State Auditor, *The University of California: Its Admissions and Financial Decisions Have Disadvantaged California Resident Students*, State Auditor Report2015 - 107, March 29, 2016, p. 33.

② Office For Civil Rights, *Compliance Resolution: University of North Carolina, Chapel Hill*, (*NC*), November 27, 2012, http://www2.ed.gov/about/offices/list/ocr/docs/investigations/11072016 - a.html, pp. 4 - 5.

的指标，而是确保我们对录取生源的各维度数值感到满意，没有录取得过多或者过少。这是基于曾有的历史数据来推测新一届学生状况的数学运算过程。（WFU-AO-6-160518）

再次，由于不同高中在教育资源和风格上存在差异，各校会集中查看来自相同高中的申请材料，包括确认同一所高中不同申请者提供的大学预备课程数量、GPA 量表等办学数据是否准确、一致，也包括了解来自同一所高中的拟录取学生在学业资格上是否存在异常，以确保对就读于相同高中的不同申请者的评价结果是公平且有效的。例如，UNC 实施“高中分组审核”（school group review，简称 SGR）①，产生一个报告展示来自同一所高中的每位申请者，并依据 GPA 从最高到最低排列。招办主任表示这么做是出于公平考虑，因为读者需要一致地根据高中提供的课程资源进行评价，以确保录取决定在学生就读的高中背景是“可辩护的”，即“尽管在审阅过程中不会根据申请者所在高中进行分组，而且来自同一所高中的申请者本身并不会互相竞争，但对申请者的评价是基于他们如何利用所在高中提供的最难课程做出的”②。

需要强调的是，尽管 UNC 声明同一高中的学生之间不会互相竞争，并不代表不会进行实质上的比较。UNC 实施 SGR 还有一个目的，即甄别在评估候选者学习项目时出现的异常现象。换言之，AO

---

① 以前，UNC 招办曾经实施至少两轮独立的“招生季末审阅”，第一轮审阅的意图在于根据可容纳的新生规模校准预测的注册人数。因为预测的注册人数几乎总是超过可容纳的规模，这一审阅过程被称为“肃清”（purge）。在第一轮审阅结束后，招办会出于质量把关的目的实施 SGR。但近年来，不同审阅在 SGR 阶段同时实施。源自 Office For Civil Rights，*Compliance Resolution*：*University of North Carolina*，*Chapel Hill*，（*NC*），November 27，2012，http：//www2. ed. gov/about/offices/list/ocr/docs/investigations/11072016 – a. html，p. 6.

② Office For Civil Rights，*Compliance Resolution*：*University of North Carolina*，*Chapel Hill*，（*NC*），November 27，2012，http：//www2. ed. gov/about/offices/list/ocr/docs/investigations/11072016 – a. html，p. 2.

会查找一些“异常”（outlying）的决定，比如某位被拒绝的学生GPA比相同高中被录取的学生还高。如果看到这种异常情况，AO会核查该申请者的材料。“如果这个决定是基于申请者的整体材料做出的合理判断，就继续维持该决定。然而，这个决定也有可能被改变，比如该决定是基于对高中项目的错误理解给出的，或者只是单纯的输入错误。”① 在UCLA和UCSD，两校在高中审核阶段也查看“来自同一所高中的申请者的一系列量化学业数据，以验证录取决策或识别明显的异常情况”②。WFU也会集中查看同一所高中的申请者，以确保课程、成绩等数据的准确性。

最后，在招生季末审核阶段，案例校可能会更改一些录取决定，对初步录取名单做相应调整，包括将其中一些学生从名单中删除③或增加一些学生④，直至预测可以产出期待的录取和注册年级档案，比如拥有合理的录取、注册人数和多样化的学生群体。大学委员会报告指出在“录取”和“拒绝”类别中，大部分高校有许多中间决定

---

① Office For Civil Rights, *Compliance Resolution*: *University of North Carolina*, *Chapel Hill*, （*NC*）, November 27, 2012, http: //www2. ed. gov/about/offices/list/ocr/docs/investigations/11072016 – a. html, p. 2.

② University of California Board of Admissions and Relations with Schools, *Comprehensive Review in Admissions at the University of California*: *An Update* (*September* 2012), BOARS Comprehensive Review 2012, Octorber 4, 2012, p. 29.

③ 在某文理学院，校友子女、招募运动员或少数族裔以及来自州内之前没有生源的地域的学生是不能被删除的，他们已经“被挂钩”（hooked）。某常春藤盟校表示该校学生“被挂钩”的顺序是“运动员、少数族裔、校友子女、艺术生”。源自Anna Mountford Zimdars, *Meritocracy and the University*: *Selective Admission in Englandand the USA*, London, UK: Bloomsbury Academic, 2016, p. 142.

④ 大学委员会指出：“许多高校对一些已经得到‘拒绝’录取决定的学生使用特殊的最终审阅，有时这需要额外的阅读来确认这个决定，有时其申请档案会被送至招办主任或高级招办人员来在决定上签名。有时学生被要求提交额外的信息，或者邀请参加面试，偶尔他们也被建议修读一定的课程（诸如在社区学院成功完成特定课程），使得未来可以有资格被录取”。源自College Board, *Admissions Decision-Making Models*: *How U. S. Institutions of Higher Education Select Undergraduate Students*, College Board's Admissions Models Project Report, 2003, p. 37.

类型（比如倾向于录取、倾向于拒绝、候补），以便可以在录取过程末期重审申请材料，从而满足招生计划。这种微调往往由招办主任做出，尽管有些情况下一些被标记为中间决定的材料需要拿到招生委员会再行讨论以达成最终录取决定。[①] UCLA 即表明在该阶段会开展“后决策阶段审阅（post-decision reviews），决定是否有一些初步决定需要在授予录取资格之前被重新考虑。”[②] WFU 和 Pitzer 的 AO 均指出“在复审阶段，许多初步决定会被更改”（WFU-AO-3-160517），所有的因素都可能影响调整的结果，取决于高校能够投入的财政资源和高校对于注册数量和学生带来的贡献等方面的需求。在这个阶段，多样化因素，比如属于某个特定的族裔身份或地理位置的学生或拥有特定的才能，往往比 GPA 和考试分数更重要。[③] Davidson 的 AO2 即说明了高校的财政预算如何改变一些初步决定。

> 有学生获得全额奖学金，家庭每年支付 500 美元即可。有些家庭需要支付全额的学杂费，有些家庭支付 30000 美元，有些家庭支付 20000 美元。不同家庭支付的费用有所不同，我们会基于家庭支付能力开展需求分析。我和同事们一起审阅申请材料，我首先考察申请者是否具备竞争力，是否可以录取，是否为 Davidson 的好匹配。在招生季末审核时，发现因为预算我们无法负担这个年级，需要开展财政资助的分析，在这个资助水平上谁是最具竞争性的学生，全世界的学生财政需求各有不同。（Davidson-AO-2-160512）

---

① College Board, *Admissions Decision-Making Models: How U. S. Institutions of Higher Education Select Undergraduate Students*, College Board's Admissions Models Project Report, 2003, p. 40.

② University of California Board of Admissions and Relations with Schools, *Comprehensive Review in Admissions at the University of California: An Update* (*September* 2012), BOARS Comprehensive Review 2012, Octorber 4, 2012, p. 29.

③ Anna Mountford Zimdars, *Meritocracy and the University: Selective Admission in England and the USA*, London, UK: Bloomsbury Academic, 2016, p. 141.

招生季末审核结束后，每位申请者都会得到相应的录取结果。其他案例校的录取决定类型均为录取（admit）、拒绝（deny）和候补（waitlist），但 USC 没有候补名单。不过，USC 指出申请秋季招生的极少数学生可能会被推迟至春季入学，而且经验证明“在春季入学的学生也容易适应 USC 共同体的生活，并在学业上有不错的表现”①。另外，在 WFU、Pitzer、Davidson 的提前录取阶段（其他四所高校没有该阶段），录取决定为录取、拒绝和延迟考虑（defer），即将申请者延迟到常规录取阶段再行审阅，“学生无需遵守绑定协议，可能在常规录取时被重新考虑或被拒绝，这很难说”（WFU-AO-6-160518）。Pitzer 前代理招办主任对延迟考虑的原因给出了详细的解释：“比如感觉到学生的成绩不如期待的优秀，希望看到更多的学业表现，或者希望看到申请者库中其他学生的表现，或者你是一位优秀的学生，但我们不十分确信你是一个匹配的学生。不过，我们不会延迟大量的学生。”另外，从候补名单中选择学生递补的过程与常规审阅过程类似，但更为强调注册兴趣。WFU 一位 AO 对该过程进行了详细描述。

> （选择候补者）类似另一个阅读评价过程。我们会给候补学生写信，告诉他们“我们还有空缺，如果你提交一张明信片，即成为有效的候补人选之一，我们会审核你们的申请材料”。有些学生会告诉我们“我不想被考虑，请取消我的资格”，或者不寄回明信片。我们只会考虑有效的候补人选，寻求对我们感兴趣的学生。他们会发送成绩、额外的推荐信、写作样本、展示注册兴趣的信等，表明“WFU 是我的第一选择，我从两岁开始就喜欢 WFU”，所以我们会知道学生的注册兴趣，但 WFU 具备选拔性，所以我们会重新评价有效的候选人选，包括成就和注

① University of Southern California, The Admission Process: Ready to Join a Tradition of Excellence? http://admission.usc.edu/firstyear/prospective/adminprocess.html.

册兴趣。在选中学生后，我们会打电话，给他们 24 小时答复。这可能发生在夏季任何时间，五月一日是全国的注册答复日。当我们看到注册数字后，如果需要从候补人选中选拔学生，我们会开展重新评价过程，直至八月一日发布候补人选录取通知。(WFU-AO-6-160518)

第三节 录取决策的艺术性

尽管有大致的录取标准、具体的考量因素以及评价准则和评价表等工具，有背景考察、个体考察、集体评议的理念和操作流程，精英高校的录取决策实践仍然被视为“一门艺术”（admission is an art），因为这是一项基于过去的成就推断未来表现的“猜测工作”（guesswork），高校很难真正知道哪位学生入校后一定会获得大学学业成功、会做出最大的贡献。一方面，可以测量的学业指标再优秀也不能保证学业成功，同时不一定具备高校寻求的领导力、服务精神等品质。最好的统计模型亦无法解释大学成绩的全部差异，这使得录取决策的艺术成分仍然大于科学成分。[①] 另一方面，录取决策是人为判断，一些无关的因素可能影响着最终的结果，有时候很难合理解释为什么各方面表现类似的申请者有的被录取，有的却被拒绝。因此，多位 AO 均表示非常主观的录取决策并非完美的科学，WFU 的 AO 则表示它更多的“是一门艺术，而非科学”，并以对注册的推断为例展开了阐述。斯坦福大学招办主任理查德·肖（Richard Shaw）也曾指出“录取决策过程既是艺术，也是科学。每一届新生都可被视为一首交响乐，有自己独特的作曲和声音；最后的花名册是为了创造和谐，这意味着一些低音演唱者不会在这里找到属于自

---

① Joseph A. Soares, ed., *SAT Wars: The Case for Test-Optional College Admissions*, New York, NY: Teachers College Press, 2012, p. 7.

己的位置”①。

> 在USC，考试分数和高中成绩加起来可以预测大一GPA60%的差异，这相当不错，同时也意味着40%的差异没有被解释。我认为在美国，一个重要的事实是高中生太年轻，他们不一定具备我们期待的所有技能，比如时间管理能力。但这也是整体性因素起作用之处，我们希望USC拥有真正优秀的学生，而不仅仅是最聪明的学生。有时我们读到很有趣的故事，发现一些领导者往往不一定有最高的考试分数或高中成绩。(USC-AO-3-151215)

在笔者访谈的案例校24位AO中，UNC的AO最为频繁提及录取决策的艺术性。例如，当笔者询问“如果中学没有报告年级排名，如何处理”时，该AO表示：“为了完成与录取无关的报告要求，我们会做出最佳预测。这很难，不是完美的科学，不是量化的。”笔者又询问“如何知道学生会在大学取得成功”，该AO认为难以准确预测18岁青年的发展，预测成功的因素很复杂，被拒绝的学生可能会表现得很好。当笔者追问“如何得知学生会利用大学项目的优势”时，该AO仍表示是一种猜测，虽然知道大部分学生会利用项目优势，但利用程度如何不得而知。

> 18岁青年的思维方式是最多样的，少男和少女也有所不同，取决于他们在生活中的目标是什么以及目标如何产生影响。我们有快速适应的学生，也有不太适合马上进入大学的学生，但是来这里后也表现得很好。因此，非常难预测学生的发展……我们有没有拒绝一些可能在刚才谈到3项因素的表现上不那么优秀但在

① Richard H. Shaw, “Rejected by Stanford? You'll Live”, *Los Angeles Times*, March 20, 2007.

另外一些方面做得很好、并最终会在 UNC 更为成功的学生？当然有，WFU 也每天在这么做！神秘的录取决策工作有点类似魔术，在不能被我们录取的学生看来很难理解这一点。有时你可能会发现，尽管有些学生没有进入意向的高校，但在被录取的高校学习更努力，而且比进入他们意向高校的人表现更好。因此有些学生不能理解“为什么我没有被录取，而是录取了那些人”。这很难说，这不是我们喜欢的方式，因为没有人喜欢拒绝能够获得成功的学生……什么因素能够带来大学成功真的很复杂。（UNC-AO-AM-160505）

与 UNC 的 AO 一样，USC 的 AO 多次提到录取决策不是完美的、精准的自然科学，而是具有艺术性的社会科学。例如，当笔者询问“如何知道学生会在大学取得成功”时，该 AO 基于自身经历表明许多学业优异的申请者入学后并不成功，有些学业一般但具备某些杰出的个人才能者却能成功。同时，该 AO 指出，尽管拒绝不是随机的，但不能表明被拒绝的学生就不能成功，也有许多是好的匹配的学生未被录取，只是录取名额有限必须拒绝很多合格的申请者。的确，在绝大多数顶尖高校，可能可以组建第二个、甚至第三个与被录取学生一样合格且多样化、全面发展的年级。① 因此，选拔性高校的录取决策既是选拔的艺术，也是淘汰的艺术，是高校对于拒绝哪些申请者的挣扎的过程。② 另外，该 AO 也指出录取决策实践的特征与高校选拔程度的高低有关，非精英高校的录取阈值更低。

我想美国长期以来的传统为对于优秀没有完美的测量。所

---

① Kat Cohen，“10 College Admissions Secrets：An Inside Look From an Elite College Counselor”，October 21，2015，https：//www. noodle. com/articles/10-college-admissions-secrets-from-an-ivy-league-counselor.

② Anna Mountford Zimdars，*Meritocracy and the University：Selective Admission in Englandand the USA*，London，UK：Bloomsbury Academic，2016，p. 154.

以，很多是主观判断，它既是量化的，也是质性的……我们不会在每位申请者身上找到证据，但是作为一个实践者，我从事这项工作已经25年了。我用自己的眼睛看到，我看到数字上优秀的学生，拥有了一切，他们的AP课程为全A，他们有几乎完美的考试分数，但他们来到大学后并不成功。同样地，尽管不常发生，我见过有学生表现一般，可能高中成绩不是非常优秀，但我们看到学生身上有一些闪光之处，他们来到这里并得到成功发展。这就是为什么我认为录取工作不能被简化为基于数字的录取，不能被简化为使用电脑算法。那么做，你也许会比较接近，但永远不是完美的。我不知道我们是否达到了完美，但是就像你刚才询问关于标准化考试的问题，我们知道只使用考试分数可以让我们达成部分想要的结果。因此，我们不放弃使用考试分数，因为放弃了的话会得到更少的预测效度，但我们也知道它不会回答我们的所有问题。我们可以泛泛地说，如果你有优秀的考试分数和高中成绩，可能比没有这些的人录取的概率更高，但这并非百分之百如此，因为标准化考试与社会阶层和财富之间的关联已经被充分证明。因此，没有完美的科学，这是社会科学，是与人打交道。我们一直在说这是一门艺术，而非科学。我确信我们录取的一些学生最终可能不是一个“好的匹配”（a good fit），我也确信许多“好的匹配”的学生被我们拒绝了，因为我们存在容量问题，并非所有想要来的学生我们都能录取。（USC-AO-1-151214）

第 八 章

录取决策的质量控制

我们对录取决策过程有大量的控制。

—（USC-AO-1-151214）

在高度依赖人为经验的整体性审阅中，为了达成目标，录取决策的质量尤其需要得到控制。质量控制（quality control）即指向招办为了保障录取决策的质量使用的多种控制手段以及高校对招办录取决策的监督。本章首先描述开展质量控制的原因，其次分别论述质量控制的相关手段，包括质量检查技术、专业的评价团队、大量的审阅投入、教师和董事会的监督。

第一节 开展质量控制的原因

检视自身的录取决策实践是否运作良好、录取决策结果是否达到预期目标，是招办的责任，这一点基本成为美国高校的共识。案例校均开展了质量控制工作，UCLA 就表示："招生主管在录取决策过程中会对评价的一致性和完整性进行多次的质量检查。尽管评价过程是基于人的判断，而非将考量因素量化并纳入数字化的公式，但对读者的大量培训、对每份申请材料的完整审阅和多轮阅读以及质量检查等监督程序，确保了录取决策过程是高度可信的，也与教师制定的政策能保持一致。”① UCSD 也设计了多个内部手段确保质量控制和识别特定人群。② 大学招生从本质上讲是对人才的科学选拔，属于测量学的范畴，即以考量因素作为测量工具，筛选高校期待的生源。对录取决策的检视即与测量学的信度、效度等概念有关，案例校对录取决策进行质量控制的原因在于保证信度和效度。

一 保证信度

信度、效度源于教育和心理测试，其中信度（reliability）指“当对由个人或亚群体组成的总体重复进行测试时，所得测量结果的一致性程度”。③ 整体性审阅中的信度并非注重内部一致性信度（internal consistency reliability），即个体读者对申请材料不同组成部分（比如短文、成绩单、课外活动、面试等）的评价的一致性，而是注重“读者间信度”（inter-reader reliability），即“两名或更多的读者对同一份申请材料的评价的一致性”④。换言之，当读者评价缺乏信度时，多名读者对同一份材料的评价结果往往不同。公平选拔过程的元素之一为不管读者是谁，类似境遇的申请者应该得到相同的考虑和相同的期望。⑤

然而，在主观、灵活的整体性审阅中，不同读者对申请材料的

---

① University of California, Los Angeles, “Freshman Selection-Fall 2016”, http://www.admission.ucla.edu/Prospect/Adm_ fr/FrSel.ht.

② University of California Board of Admissions and Relations with Schools, *Annual Report on Undergraduate Admissions Requirements and Comprehensive Review* 2016, BOARS 2016 Report to Regents, February, 2016, p. 38.

③ ［美］美国教育研究协会、美国心理学协会、全美教育测量学会：《教育与心理测试标准》，燕娓琴、谢小庆译，沈阳出版社 2003 年版，第 38 页。

④ Emily J. Shaw and Glenn B. Milewski, *Consistency and Reliability in the Individualized Review of College Applicants*, College Board RN-20, October, 2004. 读者间信度概念的本身还包括当只有一个读者评价一份申请材料的情况下，不同读者之间评价的一致性。但这不是个体考察模式的情况。

⑤ College Board, *Selection Through Individualized Review: A Report on Phase IV of the Admissions Models Project*, College Board's Admissions Models Project Report, 2004, p. 21.

人为评价差异是客观存在的，体现为个人偏见和评价风格不同两个方面。

第一，正如我们每个人往往对一些事物存在某种偏见或偏好，读者受个人背景、成长经历等因素影响，对某些类别的申请者（比如富裕学生）也难免存在偏见。大学委员会就表示“某位委员会的成员可能常常会对获得鹰派童子军奖章的申请人印象深刻，其他的成员则可能喜欢古典钢琴家或者科技竞赛获得者”[①]。UCSD 卫报的职员切尔茜·戴维斯（Chelsey Davis）认为 UCSD 从更客观的固定权重模式转向尤为主观的整体性审阅后，读者偏见成为影响学生录取资格的最终决定因素：“在选拔学生的过程中有太多的主观性……1 是强烈推荐录取，5 是推荐拒绝。但是这个分数不是一位 AO 的最终决定——一些学生可以被录取，而另一些学生不能被录取，即使这些学生在同一个分数组中，这个过程不能被他们清楚地解释。这两个招生过程之间的巨大差异使得读者的偏见成为学生是否被录取的最终决定因素。”[②] 另外，在面试中，面试者对理想的成功申请者可能具有刻板印象，一些面试者对合格的申请者给出不利的打分，因为他们不符合其关于理想候选人的刻板印象。[③]

> “学生的申请材料是否通过，也与评审人员的个人因素有一定关系。我记得，有个大学招办主任如果看到一些来自新英格兰地区的骑马女孩的申请表，一般都不自己看，而是让同事看，因为他觉得看了这些申请表会对学生产生偏见。比如说这些女孩所在高中是私立高中，或者是住校高中，又学了骑马，那她

---

① College Board, *Selection Through Individualized Review: A Report on Phase IV of the Admissions Models Project*, College Board's Admissions Models Project Report, 2004, p. 6.

② UCSD Guardian, “Quick takes: Holistic Admissions Process”, *UCSD Guardian*, May 29, 2012.

③ Emily J. Shaw and Glenn B. Milewski, *Consistency and Reliability in the Individualized Review of College Applicants*, College Board RN-20, October, 2004, p. 3.

们肯定是来自富裕家庭、上流社会的孩子，他一看到这类学生的申请表就难免会产生偏见。为了保证公平性，他就转给同事评审。所以，这种人为的、非学生能掌控的因素肯定会存在。"[1]

第二，对申请材料的审阅与读者个人的风格和认知密切相关，不同读者对同一份材料可能有不同的评价。即使是同一招办的 AO 未必有相同的评价理念，遑论外部读者。WFU 的 AO 即指出"文笔完美对我来说不是关键，但对于招办其他人而言可能更重要。在同一个招办的读者查看的信息会存在差距"。Davidson 的 AO 也表明"有些读者打分趋于膨胀，给学生过高的评价，有些则趋于保守"。一项实验研究证实，与白人和男性 AO 相比，女性或少数族裔 AO 更容易倾向于低收入学生，而且女性总体来说比男性给出的录取建议更友善。同时，将近一半的从所在高校毕业的 AO 相对更容易倾向富裕的高成就学生。[2] 因此，为了保证整体性审阅的公平性，读者间评价的一致性和信度问题必须得到考虑。[3] 尽管案例校的评价过程是基于人为判断的，招办需要将不同读者存在的客观评价差异控制在合理范围内，为所有申请者提供展示自身相关信息的机会，避免个人的偏见以及评价风格影响录取决策。

二　保证效度

效度（validity）指"根据指定用途支持分数解释的那些事实和

---

① 万圆：《美国大学招生的考量因素及动向——美国加州伯克利认证升学咨询师张郑倩访谈》，《教育测量与评价》2016 年第 8 期。

② Nicholas A. Bowman and Michael N. Bastedo, "What Role May Admissions Office Diversity and Practices Play in Equitable Decisions?" *Research in Higher Education*, No. 59, June 2018, pp. 430 – 447.

③ Emily J. Shaw and Glenn B. Milewski, *Consistency and Reliability in the Individualized Review of College Applicants*, College Board RN-20, October, 2004.

理论的有效程度”。[①] 整体性审阅中的效度指向录取决策是否产出高校期望的结果，如果使用既定的考量因素和评价路径选拔出一届满意的新生，其录取决策实践可被视为具备效度。在个体考察中，效度的概念在录取决策过程中比信度更重要[②]，因为生源是高等教育的命脉，高校的办学使命通过招生得以传承。[③] 术语“招生”（admission）源自拉丁语，可以被译为“朝向使命的”（toward the mission）。[④] 根据多位 AO 的解释，生源质量非常重要，因为录取的学生会对高校做出贡献，并影响高校的声誉。招收的在校学生以及校友都代表着学校的形象，学生在校的表现和毕业后的成就也都凸显了高校的个性和传统。招办则是控制生源质量、使高校能够达成社会使命和教育目标的核心部门，因为它在帮大学塑造一个由期待学生组成的年级：“招生的重要性，部分在于如果我们不做好工作，就无法帮助大学最终实现它的使命。”（USC 受访 AO）例如，在 Davidson，招办会依据本校的办学使命选拔生源，先判断申请者的大学学业成功能力（特别是毕业和转学的可能性），再查看申请者为校园做出贡献的能力，并保证为大学各项目注册充足的学生，从而服务于高校的使命和需求。因此，招生工作的重要性往往得到高校的认同，并“得到了大量支持”（UCLA 受访 AO）。相应地，招办需要确保录取标准被所有读者正确地理解并运用至审阅中，以选拔出符合高校需求的生源，避免录取决策结果的无效性。

USC 认为招生工作非常关键，因为如果没有它，我们对谁

---

① ［美］美国教育研究协会、美国心理学协会、全美教育测量学会：《教育与心理测试标准》，燕娓琴、谢小庆译，沈阳出版社 2003 年版，第 38 页，第 12 页。

② College Board, *Selection Through Individualized Review: A Report on Phase IV of the Admissions Models Project*, College Board's Admissions Models Project Report, 2004, p. 22.

③ Joseph A. Soares, ed, *SAT Wars: The Case for Test-Optional College Admissions*, New York, NY: Teachers College Press, 2012, p. 1.

④ James Jump, "Admission, Heal Thyself: A Prescription for Reclaiming College Admission as a Profession", *Journal of College Admission*, No. 184, 2004, p. 16.

加入学者群体就无法很好地控制。所以我认为招办真的是“在边缘工作”（work on the margins）。如果关闭招办，由于USC的声誉，我们可能仍然会有上千的申请书，但我认为招办使大学真的可以按照他们认为应该有的方式来塑造一届新生。我们有特定的哲学，有特定寻求的学生特征，招办则是允许我们去发现期望学生的办公室。我们反映学校的哲学、学校的目标，尽管学校有许多不一定与学生群体的组成直接相关的目标。我们是使大学能够满足其目标的核心领域之一……尽管许多大学看上去十分类似，但每一所都非常自豪于自身的传统与独特历史，所以我们突出自己的方式之一，就是通过招办选择录取并注册的学生，不仅是关注学生在校期间的表现，也包括他们毕业后的成就。每个人都想吹捧自己的校友、毕业生，所以有一些致力于录取能够成功毕业的生源的想法……大学非常满意我们取得的成功，我们也因此获得了来自大学的大力支持。（USC-AO-1-151214）

第二节　质量检查技术

为了保证录取决策的信、效度，案例校会进行专门的信度与效度检验。同时，申请材料、特别是国际生申请材料的真伪是精英高校的关注之一，AO使用多种手段来验证其真伪。本节对两方面的技术分述如下。

一　信度与效度检验

质量检查通常通过信度检验和效度研究来实施。案例校中公立大学会定期开展信度检验，同时所有高校都会开展效度研究。一是，上文提到三所公立高校采用团队审阅模式，没有招办AO集体投票的环节，所以三校招办均会定期开展对信度的正式检验，以确保读者间信度。在 UCLA 和 UCSD，两校会开展常规的信度分析（reliability analyse），交叉校验（crosschecking）不同读者给出的整体分值[①]，计算在同一份申请上读者评分一致以及差距在一分以内和以上的频率，并跟进出现第三名读者的情况以及阅读进展。每位读者每周可能会得到周报，包括阅读材料的数量、与第二名读者意见一致的次数以及导致材料需要被第三名读者审阅的次数。[②] 在 UNC，“申请材料会阶段性地由六到七名 AO 组成的招生委员会进行检查，以确保录取决定的一致性和对某些申请者授予额外考虑的机会”[③]。相对于公立高校而言，私立高校由于使用委员会讨论模式，招办 AO 共同讨论申请者的情况，并投票达成一致的录取决定，因此往往不开展正式的信度检验来检查不同读者的评价情况。是故 USC 的 AO 指出：“我们对这个‘录取决策’过程有大量的控制，但并不是纯粹的基于数字或基于量表的体系，而是更随性。”

二是，评价录取决策正确与否的传统方式，是检验录取学生在校园表现如何的效度研究。[④] 与效度相关的统计概念包括相关性和差异性。美国高校招办一般都会开展常规的效度研究，来理解考量因素与录取学生大学表现之间的相关性，以及考量因素对于大学表现差异的解释功效，或者说考量因素对于预测大学成功的贡献。有些

---

① University of California Board of Admissions and Relations with Schools, *Annual Report on Undergraduate Admissions Requirements and Comprehensive Review* 2016, BOARS 2016 Report to Regents, February, 2016, p. 29.

② College Board, *Selection Through Individualized Review: A Report on Phase IV of the Admissions Models Project*, College Board's Admissions Models Project Report, 2004, p. 21. 该报告还指出一些高校会测量读者的打分严格度，这在一份材料的整体或部分仅有一位读者评价时特别重要。

③ UNC-Chapel Hill, *Brief of Amicus Curiae: The University of North Carolina at Chapel Hill Supporting Respondents*, August, 2012, http://unc.edu/files/2014/04/Fisher-Brief-FINAL.pdf, p. 9.

④ College Board, *Admissions Decision-Making Models: How U. S. Institutions of Higher Education Select Undergraduate Students*, College Board's Admissions Models Project Report, 2003, p. 47.

因素对于大学成功的预测的贡献比其他因素更高，同时不同高校具备预测效度的指标存在差异，而且随着时间的变化也可能会改变。[①]效度研究经常被高校用来判定考量因素的有效性和在录取决策中占据的相对权重。例如，UNC 的 AO 表示该校之所以将修读大学预备课程的情况、课程成绩和考试分数作为支持录取的主要因素，在于效度研究显示它们是大学学业成功的有效预测指标。前文也提到 UNC 于 2013 年开展了大学预备课程数量与大一 GPA 的相关性研究，以确定对该因素的决策规则（见“学业严格度”一节）。PSU 招办的数据分析师亦告知笔者每年都会追踪录取学生的多项大学表现数据，以评价录取决策的效果和生源质量[②]。USC 的 AO 表示开展预测效度研究是“一项负责任的工作”。在加州大学，“数据分析非常综合，包括长效性的发展动态以及申请、录取和入学的比较，也包括学生进入大学后的表现情况”。不过，UNC 招办主任史蒂芬·法默也指出：“在招生行业，实践方式是多年来传承的，许多方式或多或少地缺乏检验。当最终被检验时，结果不总是与一线人员预期的一致。”[③]

在效度研究的统计模型中，具体使用哪些指标作为自变量和因变量，由高校基于需要自行确定。就自变量而言，效度研究可以检视几乎录取决策中考虑的所有因素，不仅仅是高中 GPA、年级排名、大学预备课程数量、考试分数、参与课外活动的数量、获奖数量等容易统计的量化因素，也包括写作、面试、诸如领导力和坚毅的个人素质、个人身份特征等质性因素。一所高校如果决定给予短文或面试或领导素质更多的权重，这些因素也可以被量化并包含在统计

---

① Jerome A. Lucido, “How admission decisions get made”, in Don Hossler, Bob Bontrager, and Associates, eds., *Handbook of Strategic Enrollment Management*, San Francisco, CA: Jossey-Bass Press, 2015, p. 151.

② 该受访者不同意录音，因此没有相关引用信息。

③ Jen Kretchmar and Steve Farmer, “How Much Is Enough? Rethinking the Role of High School Courses in College Admission”, *Journal of College Admission*, Summer 2013, p. 29.

模型中。[1] 不过，高中 GPA 和考试分数是最常被使用的两个指标，大学预备课程的数量则因校而异。例如：加州大学对高中 GPA、考试分数与大学成绩的相关性进行了长期的研究[2]；Pitzer 已经开展了考试分数提交者和不提交者在大一 GPA 上的差异研究，并拟追踪更多领域的大学表现差异。

就因变量而言，追踪录取学生进入大学后的哪些表现才能验证录取决策的效度，与高校追求的使命和目标有关。促使高校采用特定的录取决策方式可能有多种原因，然而只有产出了期望的结果，它才是最终有效的。[3] 在案例校，注册能取得大学学业成功、从大学经历获益、为大学做出贡献的生源均是追求的目标，因此各校会关

---

① College Board, *Admissions Decision-Making Models: How U. S. Institutions of Higher Education Select Undergraduate Students*, College Board's Admissions Models Project Report, 2003, p. 47.

② 详见：Saul Geiser and Roger Studley, "UC and the SAT: Predictive Validity and Differential Impact of the SAT I and SAT II at the University of California", *Educational Assessment*, Vol. 8, No. 1, 2002, pp. 1 - 26.

③ 大学委员会指出，对于录取决策的准确性的最终检验在于产出了一个成功的年级，不仅仅是得到有好的大学成绩和能够毕业的生源，而且关乎毕业生在离开大学后的作为是否符合高校的期待。如果高校的使命在于培养未来的领导者，那么界定学生在大学是否成功，必须超越大学成绩及是否获得学位，考虑诸如学生的大学经历是否允许其在毕业后能够在所在州和全国扮演领导者的角色（包括智力上的、科学上的、文化上的、政治上的、艺术上的等等）的问题。如果高校的使命在于注册具备从大学经历获益的潜能的学生，评价学生如何确实从大学经历中获益就很重要。如果对大学校园社区的贡献是重要的目标，评价应该检视在选拔中被视为具备贡献潜力的学生在大学生涯中是否真的做出了积极贡献。另外一种判断录取决策适切性的方式是回到录取决策过程的哲学目标。如果潜在的高校目标是奖励具有特定个人品质的学生（比如社区服务）或者具有成就的学生（比如克服逆境），那么录取决策结果应该，至少是部分，基于这些标准被评价。其他期待的结果可能是注册能够为校园共同体带来贡献的学生或者为课堂讨论增加活力或带来不同视角的学生。除了基于高校使命和录取决策模型中的哲学视角，回答高校如何录取学生的问题，还可以寻找高校对于“成功”的定义，大部分学院都想录取会取得成功的学生，也可以寻找高校对于录取年级应具备的特征的蓝图。源自 College Board, *Selection Through Individualized Review: A Report on Phase IV of the Admissions Models Project*, College Board's Admissions Models Project Report, 2004, p. 22, p. 11, p. 47.; College Board, *Admissions Decision-Making Models: How U. S. Institutions of Higher Education Select Undergraduate Students*, College Board's Admissions Models Project Report, 2003, p. 5.

注录取学生在大学学业以及校园生活中的表现，并使用大学第一年GPA、四年累积GPA、保留率、毕业率、参与志愿活动的比例等多个指标来检验录取决策的有效性。Davidson的AO就指出学生参与志愿活动的高比例以及高保留率和毕业率表明招办的决策是正确的。在诸多指标中，大一GPA和大学四年累积的GPA是最经常被使用的效标，原因在于它是量化的和便利的，也代表了不同教师对于学生不同课程学业表现的判断①，以及学业是大学教育的基本组成部分。另外，尽管招办会收集申请者的数据为有效开展招生工作提供实证性依据②，招办本身往往并不负责追踪录取学生的后续表现，而是由专门的机构、一般是院校研究办公室（Institutional Research Office）负责，并向招办和全校提供反馈。但是招办通常最为关注大学第一年的GPA，因为它与录取决策的关联最大。

二 验证申请材料真伪

录取决策的有效性首先建立在申请材料的真实性的基础上，如果申请者本身提供的信息是不准确的或者伪造的，新生的质量便无从谈起。下文将分别论述作弊行为的存在与原因、材料真伪的验证方式以及作弊处理措施。

（一）作弊行为的存在及原因

大学申请过程的复杂性和压力，的确会使一些申请者做出诸如作弊和伪造申请材料以便在录取中占据优势的不良行为，因此美国高校招办和公众一直关注申请者提供信息（特别是短文）的真伪。

---

① College Board, *Toward a Taxonomy of the Admissions Decision-Making Process: A Public Document Based on the First and Second College Board Conferences on Admissions Models*, College Board's Admissions Models Project Report, 1999, p. 11.

② 美国高校开展的实证研究包括对中学毕业生情况的分析、劳动力市场的需求分析、大学生学业完成的预测因素研究、招生结果的多元化分析、学生入学后的学业成绩分析。参见常桐善《以美国大学为例：谈大学本科“综合评价”的招生力》，载袁振国等《高校招生能力建设七人谈》，《华东师范大学学报》（教育科学版）2017年第1期。

随着高校越来越注重将学生的成就置于成长经历中考察，人们开始担忧申请者可能试图夸大或捏造信息、以说服读者相信其已克服许多困难。另外，辅导产业的增长和网络上可以利用的大量资源，使得招办对申请材料中有多少是学生自身的原始工作存有质疑。[①] 尽管美国本土学生也存在作弊现象，但多位受访 AO 表示国际生、特别是中国学生的作弊更为常见，比如 Davidson 每年都遇到国际申请者的作弊事件。而 AO 并不太担心本土申请者材料的真实性，因为学生的许多材料（如成绩单、咨询师推荐信等）由高中官方寄送以及美国本身具备诚信文化。对于中国学生在申请材料上作弊的原因，Davidson 的 AO 表明他们“了解竞争的激烈程度，了解学生及家长对排名的期待”，寻求中介的付费服务是中国文化的体现，USC 的 AO1 则指出许多学生不了解美国高校并非在寻求完美的人。

> 我们对作弊有所意识，但这不会引起很多问题。我们感觉到录取决策是有效的，录取热爱自己所作所为的学生。学生应该了解我们并非在寻求完美，有时候发生的情况是申请材料太完美了。我们知道 17 岁或 18 岁的人没有哪位能做到完美，但有些材料太完美了。对于不了解美国体系的人而言，这是个不幸的动机。他们认为所有的一切都必须完美，而这不是事实。我们因为学生的本质而给予赞许与认同。（USC-AO-1-151214）

（二）材料真伪的验证方式

案例校均很重视申请者是否诚信，并会采取多种方式验证申请材料（特别是写作部分）的真实性。例如，UCSD 表示“我们将努力做好核对工作，因为对学生来说，他们没有说谎或者伪造信息，

① College Board, *Selection Through Individualized Review: A Report on Phase IV of the Admissions Models Project*, College Board's Admissions Models Project Report, 2004, p. 15.

是至关重要的”①，UCLA 在“审阅过程中会查询可疑的材料”②，Davidson 的两位 AO 亦表示“尽所能辨别真实性”；“第一，我们不愚蠢。第二，我们会核查尽可能多的材料”。根据 AO 的解释，案例校验证材料真伪的方式，主要包括使用正式的验证程序、交叉验证申请信息、关注细节、联系申请者或相关人员核查信息、亲自见面建立联系等。

1. 使用正式的验证程序

有些高校使用一些正式的验证程序来甄别申请者的信息。在 UCLA 和 UCSD，加州大学校长办公室会统一实施对录取学生的随机验证过程（random verification process），即随机抽查 10% 的录取学生开展调查，验证提供信息的真伪。USC 使用在线抄袭检测网站检查申请者的短文内容。虽然 WFU 没有表明使用该类网站，但该校 AO 指出会开展网络搜索以核查写作内容。尽管不常发生，有些高校的确看到不同申请者提交几乎一样的短文，而且有些短文可以在网上找到。③ 另外，USC 的 AO 指出该校教育学院注册管理研究中心正在研发“入学资格认证和咨询系统”（admission credentials and counseling system），目的在于为美国高校提供对中国学生申请材料的系统验证。

> 这个系统旨在做三件事，首先希望提供匹配的信息，如果没有好的信息就无法实现匹配，所以系统的部分内容在于将美国高校和中国高中的特征和相关信息集成至电脑系统中，使得跨太平洋的两端更好地了解对方。其次，该系统寻求能够验证

---

① University of California, San Diego, “2016 Freshman Application Workshop (Online Webinar)”, http: //admissions. ucsd. edu/events/index. html.

② University of California Eligibility and Admissions Study Group, *Final Report to the President (April* 2004), Study Group Final0404, April 9, 2004, p. C－5－5.

③ College Board, *Selection Through Individualized Review: A Report on Phase IV of the Admissions Models Project*, College Board's Admissions Models Project Report, 2004, p. 15.

来自中国的证书。中国证书被伪造的方式有许多种，我曾经见过伪造的成绩单。中国也有许多考试突击辅导机构。美国的高校对于来自中国的证书的真实性颇为担忧。所以他们希望建立一个美国高校与中国高中合作的系统，当我们拿到成绩单时，可以通过系统来验证真伪，并表示“这是匹配的，学生真的在这所高中就读，成绩与系统记录一致”。如果不一致，就发现了欺骗现象。美国高校有过尝试，但是是通过第三方来开展的，第三方可以做出任何声明。最后，这个系统希望可以为美国高校、中国高中和中国学生创建更好的联结，即如果我们有疑问，可以打电话或发邮件，我们可以说“告诉我你的情况，或者告诉我这位学生的情况，这个申请是否真实，告诉我你的中学情况”。这些都是该项目的目标，但这个项目的效果如何，目前尚不清楚。(USC-AO-4-151215)

与正式的验证程序相比，其他案例校倾向于“依赖学生的诚实性”，信任签名和诚信准则具备的约束效力。一方面，几乎所有高校都会在申请表中让申请者签署诚信声明，表示提交的所有信息是真实的。在 Davidson，被录取的学生在注册前需要再次签名保证递交材料的真实性。另一方面，许多高校都有诚信准则（honor code），属于高校文化的组成部分，可以约束学生的行为和吸引有诚信品格的学生①。美国有些高校还会在申请表中标明相应语言来打消学生作弊的念头，比如在申请表中询问学生是否在准备个人陈述时得到他

① 大学委员会为高中咨询师列明了指导学生大学申请的基本申请道德规范，包括确保学生知道：不能伪造或者夸大参加过的活动或取得的成绩；不能由他人代写或者大篇幅改写短文；当在申请表上直接询问有无违纪行为时，未能诚实告知自己的违纪行为；在谈及第一志愿学校时，不止一所；在意向专业上误导高校，仅仅因为觉得这可能有助于录取；接受录取通知时，没有通知其他学校已被录取。引自：College Board，“Application Ethics”，https：//professionals. collegeboard. org/guidance/applications/ethics.

人的帮助，如果是，这种帮助对提交的写作有何影响。[①] 当然，所有高校都会使用一些非正式的验证手段来留意或核查申请者、特别是国际申请者（以中国申请者为主）材料的真实性。另外，当笔者指出"中国推行综合评价改革的主要反对声音是担心申请材料作弊"时，USC 的 AO 表示可以理解其中的难度，因为申请者的规模有一定影响，并强调美国高校的录取决策"是基于信任开展的"，同时单一的评价手段容易导致作弊，多渠道的信息来源可以增加信任度。

> 因为你们规模更大，有 900—1000 万名高中毕业生，我们只有 300 万。而且在美国录取过程很大程度上是基于信任开展的，这在美国谈论的不多，当然这不是秘密，人们只是很少谈论。我只是就本土学生而言，如果学生说这是他们取得的成就，我们会相信。如果有人写一封［推荐］信，我们相信他们告知的内容，我不认为信任被滥用。我所说的是我们真的没有办法去验证它，在一定程度上我们只能验证申请表的这些内容。我想有些人会比较激进，大胆编造一些内容。这是我为什么喜欢标准化考试的另一个原因，它增加了更多的效度，如果你所掌握的所有信息来自一个方面，就会打开缺乏信任的大门，但是如果你有标准化考试分数、高中成绩单和面试，那就不同了。因此，我们的录取决策是建立在信任基础上的，如果大部分人决定开始作弊，那对我们而言会变成一个大问题。（USC-AO-1-151214）

2. 交叉验证申请信息

深入阅读整体申请材料，交叉验证不同部分的内容在质量或风格上是否契合，是辨别不合理信息真伪的传统方式。就写作而言，读者会查看英文课程的成绩、标准化考试中写作部分的分数以及推

---

① College Board, *Selection Through Individualized Review: A Report on Phase IV of the Admissions Models Project*, College Board's Admissions Models Project Report, 2004, p. 15.

荐信，并对比写作的质量，留意是否存在明显的差异。如果一篇出色的短文由一位文学成绩平庸、SAT 写作分数低、推荐信也没有提及其沟通技巧出色的学生所写，可能容易令人生疑。[①] 如 USC 的 AO3 指出，短文内容与历史材料相似，或者短文风格与整体材料不符，或者话题不真实，也都是揭示作弊的迹象。但在对可疑情况无把握时不应对学生作不利判定，信任学生会更公平。[②] 就考试分数而言，对照申请者自我报告的信息与官方文件是否一致是交叉验证申请材料真伪的重要手段。案例校在审阅考试分数时均会查看测试机构报告的官方 SAT/ACT 分数，而非依赖申请者或咨询师填写的分数。UNC 要求收到测试机构寄送的考试分数官方报告，才会考虑给学生发放录取通知[③]。就高中成绩而言，AO 一般会对照高中的成绩单，不过在 UCLA 和 UCSD，录取决策参考的高中成绩为申请者自我报告的信息，而非高中寄送的官方成绩单，原因在于申请者数量多。为提高效率，AO 会依赖学生自我报告的高中成绩。但招办会提醒学生报告成绩时要根据成绩单填写准确的成绩而非记忆中的成绩[④]，而且两校在录取过程结束后，会根据官方成绩单核对所有注册学生自我报告的学业信息的准确性。[⑤]

我们对此一直在留意，比如这位学生表现一般，但是短文

---

① College Board, *Selection Through Individualized Review: A Report on Phase IV of the Admissions Models Project*, College Board's Admissions Models Project Report, 2004, p. 15.

② Matthew E. Kahn, "The 'Magic Formula' for Being Admitted at UCLA?" March 28, 2007, http://greeneconomics. blogspot. com/2007/03/magic-formula-for-being-admitted- at. html.

③ UNC-Chapel Hill Advisory Committee on Undergraduate Admissions, "Guidelines For Standardized Testing", November 8, 2011, https://admissions. unc. edu/files/2013/07/Guidelines-for-Standardized-Testing-APPROVED-Updated. pdf.

④ University of California, San Diego, "2016 Freshman Application Workshop (Online Webinar)", http://admissions. ucsd. edu/events/index. html.

⑤ University of California Eligibility and Admissions Study Group, *Final Report to the President (April 2004)*, Study Group Final0404, April 9, 2004, p. C-5-5.

非常优秀，这可能是作弊。我们也许需要另一份写作样本，或者教师提到他是一位优秀的作家，只是没有表现出来。短文风格与学生展现出的风格不匹配，或者话题看上去不太真实，也会令人生疑。有时学生的短文看上去与售卖短文写作网站中的短文类似，或者与我们之前阅读过的短文类似，可能是他们的兄弟姐妹写过的短文。这是为什么我们阅读所有历史材料的原因，我们可以将信息串联起来进行比较，从而甄别学生材料的真实性。（USC-AO-3-151215）

3. 关注细节

招办会通过申请材料在内容和包装上的细节来查验真伪，比如签名、检查地址和邮件、同一所高中的成绩单是否格式相同以及提供的信息是否一致、信封是否完好无损等："有时你甚至会发现签名是父母的、而非子女的，这些现象也经常发生。我们可以寻求这样一些细微的迹象"（USC 受访 AO）；"我们会交叉对照地址和邮件，我们擅长检查高中记录和其他内容"（USC 受访 AO）；"有时，成绩单没有信封包裹，学生坚称就读学校没有信封，他们无法将成绩单放在信封里，或其他情况，这时我们就不能将材料作为官方材料"（UCSD 受访 AO）。

4. 核查信息

招办在必要时会联系申请者或相关人员核查信息。就学生本人而言，AO 会与感兴趣的国际申请者通话，以验证其真实能力，避免录取不能胜任大学学业的学生。有些高校为了解短文是如何写出的，会让学生描述短文写作准备过程，包括寻求了谁的建议、建议是否被采用等。[1] 有时学生会被要求提交额外的信息，以证实申请材料中

---

① College Board, *Admissions Decision-Making Models: How U. S. Institutions of Higher Education Select Undergraduate Students*, College Board's Admissions Models Project Report, 2003, p. 24.

提供的信息。就相关人员而言，AO 可能会联系高中咨询师、推荐者、家长[①]、活动组织机构等等，以验证有关学生的特定信息。在发现可疑信息时，AO 会联系高中咨询师或推荐者获得更多信息，查出存在的问题。加州大学在申请表的课外活动部分即要求申请者提供参与活动的组织机构及其联系信息（如电话、邮件、地址等），以便存在质疑时能够求证信息的真实性。[②] 另外，咨询师、枪手或其他学生可能会主动告知知情的作弊者和相关信息。在公共申请平台申请表中，有一栏即表明高中咨询师“如果希望与招办通过电话讨论这位申请者，请勾选”。

5. 亲自见面建立联系

对于国际申请者，案例校不会使用中介代为招生，而是尽可能与申请者及其所在高中咨询师亲自见面并建立联系。USC 的 AO 指出亲自与学生见面是甄别中国申请者材料真实性的最好方式之一，且“有办法识别是否有中介参与申请事宜”。Davidson 的 AO 也表明了解中介的情况，但更喜欢与学生和咨询师有个人接触。亲自前往中国招募学生并建立关系很重要，不仅有利查验信息，而且可以了解教育环境、认识学生及家长等，为审阅及招募工作带来便利。当然，限于精力，AO 无法见到每位中国学生。

> 我们不使用任何中介机构来招募学生，因为这是我们的工作。我们喜欢与学生有个人接触。的确有教育公司联系我们，中国有一个文理学院巡展，有许多高校参加，我与 3 至 4 所文理学院的同事同行，比如阿默斯特学院（Amherst College）。我

① 如果在申请材料中发现严肃的问题，有一所高校会给学生家长打电话，使家长有所意识。源自 College Board, *Selection Through Individualized Review: A Report on Phase IV of the Admissions Models Project*, College Board's Admissions Models Project Report, 2004, p. 15.

② 常桐善：《大学招生“综合评价”中审核学生课外活动参与程度的重要性》，《中国高等教育评论》2017 年第 1 期。

> 们［向中国学生及家长］展示文理学院和自己的学校。建立关系对我们很重要，认识中国高中的咨询师是件好事。如果对成绩单或申请材料有疑问，我可以拿起电话或发邮件给他们，我们知道应该联系谁。参观中学同样是件好事，因为我们可以了解教育环境，也可以一对一地认识学生，还可以见到学生家长，因为家长不仅在做一个大的财政投资，也在将子女送到国外，他们希望“认识一个我小孩即将就读的高校的人”，所以建立关系是国际生招生过程中的重要部分。(Davidson-AO-2-160512)

6. 其他方式

尽管有诸多技术可以验证申请材料的真伪，但几位 AO 都指出能做的毕竟有限，“仍有许多不完善之处”（UCSD 受访 AO），比如不能拜访每一所中国高中。同时，读者的审阅经验最为关键，因为读者了解申请者的教育背景，比如高中提供的课程资源、成绩单样式、教师，也了解地址格式、中介机构信息等等。USC 的 AO 也指出学生进入大学后的学业表现能证明真伪，因为作弊的学生可能难以胜任大学的学业，同时对国际生教育和生活背景的了解有助提高审阅质量。另外，招办主任往往害怕出现申请者作弊的情况，如果被录取的学生在大学出现学业问题或遭遇严重学业失败，该生的申请材料可能会被调出来，并重新审核任何可能的学业不诚信迹象。如果的确存在不诚信，教师和院系主任便会质疑招办主任为何录取该学生。

> 我们的技术并不完美，我相信你也知道存在被录取的学生递交不真实的材料。我不认为这样的学生有很多，因为一旦学生来到这里，真伪自然会被证明。事实上，我们的中国学生作为国际学生的保留率和毕业率与美国学生非常类似。所以如果没有作弊，我们选中的学生都满足我们的标准，也令我们的教师满意……再次就像我说的录取决策不可能完美，我们无法见

到所有人，但我认为拥有对国际申请长期的追踪记录使得我们变得更熟悉学校、更熟悉城市、更熟悉事务运行的方式，我认为审阅质量每年都在变得更好。(USC-AO-1-151214)

(三) 作弊处理

一旦发现学生提供的信息存在欺骗行为，几乎所有的美国高校都会撤销申请或录取资格。例如，UCSD 表示“不诚信将导致严重后果，如果申请被扣压了，比如发现学生有伪造信息的行为，申请资格将被取消，我们对此非常严肃”①，该校 AO 也表明“尽所能验证真实性，当发现成绩单与申请不匹配时，我们不得不取消学生的录取资格，这种现象有时会发生”。Davidson 也不例外，该校两位 AO 即指出“发现后会立刻拒绝录取，而且不会告知学生我们发现了作弊行为”；“如果发现一些伪造的材料，学生会被开除。自我任职以来，我校这么做过”。在 WFU，如果发现申请者作弊，“会首先让作弊者与招办副主任会面，随后招办主任也会过来，我们会问许多问题，学生需要给出各种细节解释，然后我们会投票做出一个决定。如果学生已经注册了，作弊问题又很严重的话，我们会以委员会的形式见面讨论”。

第三节　专业的评价团队

评价团队本身的专业性是保证评价信度和效度的重要手段之一。在使用公式路径的高校中，评价团队不一定需要丰富的主观审阅经验，依赖数据作决定即可满足需求。但在非机械化的整体性审阅中，录取决策尤为依赖受过训练的读者的经验和智慧。本节首先介绍专

① University of California, San Diego, “2016 Freshman Application Workshop (Online Webinar)”, http: //admissions. ucsd. edu/events/index. html.

业团队的构成，其次描述读者培训的相关信息。

一 团队构成

在美国，AO“近年来被视为专业人士（professional）”（USC 受访 AO）。“二战”之前，申请者规模较小，许多大学由教授亲自挑选生源，但战后随着申请者急剧增加，教授无法应付繁重的招生工作量。同时，越来越多的学生前往距家更远的地方上大学，这就要求招办选拔生源时需要考虑不同的教育背景。因此，AO 开始成为专业人士，对申请者深入的考察依赖经验而非数据，如 WFU 声明“招生委员会拥有超过 100 年评审申请材料的经验，我们很擅长评估你的故事以及洞悉你所能提供的一切”①。

> 我认为二战是分水岭，因为二战前进入大学就读的人群不如现在这么多，许多大学由教授做出录取决定，有点像如今的研究生院的招生。但二战后更多的人读大学，人群急剧增长，工作量太大，教师不再参与招生工作成为共识。另外一个原因是越来越多的学生从遥远的地方来上大学。招生人员开始成为专业职务。因此，我们是代表教师从事招生工作，我们在录取过程中以代表他们的某种方式进行录取……录取决策并不是数据驱动的，而是基于经验的。（USC-AO-1-151214）

专业的评价团队体现为“具备丰富经验的中高级 AO + 以本校毕业为主的初级 AO + 精心挑选的外部读者”的组合模式。

首先，由于案例校、特别是私立高校具有长期对申请者进行综合评价的传统（在公立大学，至少对部分申请者也长期使用综合评价），具备多年工作经历的中高级 AO（即中高级管理者）在主观审

① Arron Marlowe-Rogers，“Interviews”，November 9，2015，http：//fromtheforest.admissions.wfu.edu/2015/11/interviews-2/.

阅上拥有丰富的专业经验，其中不乏以招生事务为终身职业者。从表1－6可以看出在笔者访谈的24位案例校AO中，工作年限近20年者有五人，超过20年者有八人，其中更有一人超过40年、两人超过30年。长年的工作经验使得他们非常善于通过阅读材料来判断候选者的成就和潜质。而且中高级职员队伍往往较为稳定，对所在高校很了解，熟悉高校的办学使命和需求、教育教学实践、校园生活等各方面的情况。在他们的带领下，初级AO即使流动偏频繁，也能保证评价团队较好地完成审阅任务。WFU的AO即指出“我们有许多年轻的职员为招生咨询师，会在这里呆几年，但惊喜的是，中高级职员队伍在过去这些年相当稳定，一直在这里工作了相当长的一段时间”。

其次，招办职员、特别是私立高校的初级AO（即咨询师），多为所属高校的毕业生，对高校的学业和文化氛围有亲身经历，颇为有益于审阅的实施。WFU招办就有18位AO，除两人外，其他本科均毕业于WFU。在一项面向311位就职于高选拔性高校招办的职员的研究中，校友AO占参与者的45%。① 根据受访者的解释，校友AO的身份可以为招生工作的开展带来以下三点益处：第一，作为局内人，校友AO可以基于自己的经历判断什么样的学生适合母校和做出贡献。这种局内人的视角非常有助于甄别能够带来贡献的生源。第二，出于对母校的热爱，校友AO往往很享受这份工作，乐于为母校选拔共同体成员。的确，笔者在与受访者的接触中，感觉到许多AO对工作都很有激情，没有将工作视为枯燥的任务，而是表现出一种通过选拔生源为母校做贡献的使命感和自豪感，同时也为能够帮助学生感到开心。WFU的AO表明了这一点，指出这是一份令人满意和有回报性的工作，乐于见到自己选中的学生在大学和人生

---

① Nicholas A. Bowman and Michael N. Bastedo, “What Role May Admissions Office Diversity and Practices Play in Equitable Decisions?” *Research in Higher Education*, No. 59, June 2018.

取得成功。第三，因为初级 AO——招生咨询师负责拓展活动，母校毕业的经历使他们能更好地向申请者传达高校的情况，从而胜任“大学的使者”这一角色。不难想象，这种经历有助于校友 AO 在塑造一个高校期望的年级中发挥积极的作用。

> 当我阅读到这些有才能的学生的简答题或短文或面试记录时，我感觉到自己变成了一个更好的人，因为我从学生身上学到了一些东西。他们在挑战我的想法。在我阅读完申请材料或面试完学生后，我会回想我们的对话，就像看完一场电影，你会思考，会与别人进行讨论。周一有一位我曾经面试的学生刚毕业，在面试时她说的话让我难以忘怀——因为她的觉悟水平、同情心等。我甚至被邀请参加她的毕业聚会，因为她认为我对她的道路产生影响，我也感觉她对我的道路产生影响，她让我感觉到是有才能的。当认识到学生会做出了不起的事情，他或她已经开始在做且会继续做的时候，我会非常激动，或者我可以感觉得到会做大事情的潜质。我也可以将学生介绍给这里认识的教师，让他们合作，让教师成为支持学生的资源。我们可以看得到、可以分辨，这是一种感觉。我喜欢这份工作的另一个原因是当与学生交谈或者阅读申请时，我会开始以不同的方式思考世界和看待学生。当我阅读到学生感兴趣的但我不太了解的内容时，我会去做研究。这是我为什么喜欢这份工作的原因，它使得我更具学识，成为一个终身学习者，成为一个更好的人。我的成长不是因为好奇心，而是通过向学生学习。我可以看到他们将对这个共同体和世界都产生影响。（WFU-AO-6-160518）

最后，外部读者是经过精心挑选的多样化队伍，往往需与大学招生工作存在某种形式的关联，且具备丰富的审阅经验。一方面，高校在招募外部读者时有一定的背景要求。在 UCLA，外部读者

（仅限于加州人士）的最低申请要求包括“学士学位、参加要求的到校概览和规范部分、成功完成培训/认证过程的能力、能够完成一周阅读/评分的工作量、拥有可以上网的电脑、可以参加在11月中旬到1月末的培训和阅读工作、愿意在11月至1月专门为UCLA阅读申请材料”。由于竞争非常激烈，选拔标准为：“（1）有在大学咨询领域的工作经历。额外的考量给予目前在高中工作的咨询师，特别是来自低API学校的咨询师。（2）在促进和/或学生做好就读大学准备的领域或项目的经验和/或雇佣经历。（3）与UCLA的关联（如属于校友委员会成员、担任多个UCLA活动的志愿者、在职/退休招办职员等等）。（4）UCLA工作人员，主要是与大量学生或学生组织有密集互动的职员。”[①] 从UCLA的要求可以看出，该校招募的外部读者要么属于大学外部具备大学咨询工作经验者，其中来自不同高中、特别是办学质量较差的高中的咨询师为首选，要么属于大学内部的管理层、教师、学生、校友等等，且以与学生有过互动者为佳。UCSD与UCLA类似，读者团队是校内外不同身份人员的混合，而且注重保持读者在不同维度上的多样化，以带来不同的审阅视角。

> 我们的外部读者是高中咨询师、高中校长、项目管理者、我们的本科生学院的一些人员、学业建议办公室主任等一系列人的混合。我们尝试确保读者团体的多样化，包括：地理分布上的多样化；学校类型的多样化，即涵盖公私立学校；支持计划读大学的学生的项目的多样化。所以我们有一个多样化的群体，因为它会带来非常不同的视角。（UCSD-AO-1-160107）

UCLA也追求读者团队的多样化，注重招募“能够反映加州高

① University of California, Los Angeles, “Details About the Fall 2017 Holistic Review”, July 28, 2017, http://www.admission.ucla.edu/prospectivereader/.

中多样化的个体，以确保来自精英高中的咨询师不会过多”①。除了高中的办学类型维度，读者本身的族裔身份也是重要考虑之一，以确保实现生源多样化的目的。在 2007—2008 年的审阅过程中，UCLA 雇佣的外部读者大概四分之一为非裔美国人。但由于该年申请者库中只有 5% 为非裔学生，有公众担心非裔读者的高比例是否存在利益冲突、违背州肯定性行动禁令，并提出应该控制其数量。UCLA 表示经过培训的外部读者是专业人士，不会带来审阅偏见："UCLA 很幸运，2006 年出现的非裔美国人的录取危机激发了有才能的非裔美国人致力于成为读者。我们的招生小组过去是、现在也是，对所有具备服务录取过程所需技能的人开放。我们拒绝批评者提出应该在招聘读者中使用族裔配额的建议。我们非常有信心所有的读者，无论族裔身份如何，都是高技能、经过精心培训，并致力于对白人、亚裔或拉丁裔的每位申请者进行公正的审阅。”②

另一方面，外部读者的审阅经验颇为重要。依赖外部读者资源支持审阅工作的 UCLA 习惯选用参与多次审阅的同一批兼职读者。有些老外部读者已经参与阅读工作 10—15 年，选拔生源的经验不亚于许多招办职员。因而 UCLA 每年招募的新外部读者数量甚为有限，倾向于读者每年的变动最小化。只有在人手不够的情况下，才会吸纳有限数量的新读者。该校 2016 年和 2017 年招生季都没有新读者的加入，但 2018 年计划招募少量的新读者③。与 UCLA 注重维持读者队伍的一致性不同，UCSD 注重保持新老读者混合的状态，既有一

---

① University of California Board of Admissions and Relations with Schools, *Comprehensive Review in Freshman Admissions at the University of California* 2003 - 2009 , BOARS CR Report, June 22, 2010, p. 37.

② University of California, Los Angeles, "Campus Explains Holistic Review Admissions Process", September 5, 2008, http: //newsroom. ucla. edu/stories/080905_ holistic-admissions_ reed.

③ University of California, Los Angeles, "Details About the Fall 2017 Holistic Review", July 28, 2017, http: //www. admission. ucla. edu/prospectivereader/.

些长期合作的老读者，也使用“开放”读者招募政策[①]，每年主动从不同的背景中招募一些新的外部读者。UCSD 的 AO1 指出新老读者的混合模式是增值的，因为老读者具备丰富的审阅经验且能在培训中帮助新读者快速掌握审阅技能，新读者则可以带来新视角。

> 有一些读者帮助我们超过十年，所以我们有一些长期合作的读者，但每年我们也会招募一队新读者，因为我们相信新读者带来不同的视角。那些为我们阅读多年的读者，他们已经了解录取过程，我们采取综合评价固定权重模式时他们就参与其中，现在实行综合评价整体性审阅模式，他们能将评分的多样化带入讨论。而且他们在培训中能帮助新读者快速理解和掌握正在发生的事情。所以这是为什么我们保持老读者和新读者混合的原因。它是增值的。（UCSD-AO-1-160107）

二　读者培训

读者培训一致被认为是确保读者间评价一致性的首要、也是最重要的手段[②]，有助于减少测量误差，特别是对非量化因素做出主观判断的评价误差。[③] 美国高校培训读者的方式有所不同：一些高校（往往是公立大学）为所有新读者提供精心策划的要求参加的正式、多日的培训，包括一个星期或更多时间的动手操作培训、家庭作业和最终的认证；一些少有流动读者、由 AO 负责审阅全部材料的小

---

① Eddie Comeaux and Tara Watford, *Admissions & Omissions: How "the numbers" are Used to Exclude Deserving Students*, Bunche Research Report, June, 2006, p. 6. 该研究认为 UCLA 使用相同读者存在问题，特别是招募较多来自私立高中的志愿读者会导致阅读偏见。相比之下，UCSD 的做法有利于将读者偏见最小化。伯克利分校与 UCSD 一样使用开放读者招募政策。

② College Board, *Selection Through Individualized Review: A Report on Phase IV of the Admissions Models Project*, College Board's Admissions Models Project Report, 2004, p. 21.

③ Emily J. Shaw and Glenn B. Milewski, *Consistency and Reliability in the Individualized Review of College Applicants*, College Board RN-20, October, 2004.

型高校，其培训可能相对非正式，一般将新读者与有经验的招办人员配对。在有提前申请方案的高校，新读者往往与有经验的 AO 一起阅读，以在收到主要的申请材料之前熟悉门道。许多高校为读者提供描述高校寻求注册的学生类型和素质、评价准则等信息的综合培训手册，并提供往年录取年级的信息，作为确保所有读者使用相似标准的方式。同时，案例研究，通常是以往年份经评价的申请样本，往往在培训中被使用。① 整体性审阅模式的可信度和有效性尤为依赖于有一批培训有素的读者，案例校招办对新手读者——包括新招募的外部读者和新入职的内部职员——均会开展培训，同时对全体职员也会定期开展培训。各高校的培训方式与全美的概况类似，出现两种类型，具体如下。

（一）公立大学的培训方式

在 UCLA 和 UCSD，两校非常注重对外部读者的培训，且培训方式与招办新职员培训是类似的。具体而言，由于两校使用大量的外部读者，且其单一分数整体性审阅模式没有使用量化的分项评价路径，因而在外部读者开始评价第一份申请材料之前，两校均开展正式的集中培训，以保证审阅的信效度。结合表 8-1、UCSD 受访者的描述以及相关文件，笔者发现两校培训外部读者的过程被称为“规范申请阅读”（norming applications）过程，包括自行熟悉培训材料、参加到校概览培训、在家模拟评价历史申请材料、参加小组培训讨论模拟评价案例、认证五个步骤。第一步，外部读者自行熟悉收到的培训材料，包括经教师招生委员会审议通过的培训手册②，用于帮助识别突出的

---

① College Board, *Admissions Decision-Making Models: How U. S. Institutions of Higher Education Select Undergraduate Students*, College Board's Admissions Models Project Report, 2003, pp. 15 - 16.

② 不同高校使用的培训手册风格不同，有些可能相对较为宽泛，也可能高度具体化，比如指出读者应该如何寻求期望申请者具备的特定素质。举例而言，在评价申请者对于学识、社交和文化差异上的认同度时，可能会建议读者寻求学生已经踏出舒适区、并参与要求的团队活动的证据。源自 College Board, *Selection Through Individualized Review: A Report on Phase IV of the Admissions Models Project*, College Board's Admissions Models Project Report, 2004, p. 18.

学生组织、活动、奖项和季节性运动[①]，以及加州大学系统制定的政策、分校的选拔理念和寻求特征、往年录取情况等等。第二步，外部读者到校参加为期一天的概览培训。招办会给所有读者详细介绍招生过程、阅读方式、如何使用“整体性审阅”应用程序开展在线阅读等事项，以使他们对加州大学系统和高校的招生政策和审阅实践有初步的了解。随后，招办将外部读者分组培训（UCSD 为 30 人一组），由招办 AO 担任的资源团队组长带领组内读者一起审阅匿名的样本申请和阅读表（往年的真实申请案例），以确保受训读者理解如何利用申请材料的所有信息进行评分，并且传授处理不同材料之间信息不一致（比如阅读表与成绩单的 GPA 差异）等情况的技巧。第三步，概览培训会结束后，招办为每位读者分配 20 份历史申请材料作为第一次家庭作业，供他们进行模拟评价。读者得到的申请材料均经过招办 AO 预先评分，以便比较二者的评分结果。

前三步均为准备阶段，后面两步进入正式的规范和认证阶段。第四步为第一次规范阶段，即读者参加小组培训，分享各自对历史申请材料模拟评价的过程和给出相应评分的原因，并对照招办的实际评分。如果评分存在差异，读者进行讨论，同时组长给予相应的指导或纠正，以规范其阅读和评价。在小组培训结束后分配第二次家庭作业，为模拟评价阅读 60 份经评分的申请材料（20 份为一批），并分三批发还给招办[②]。第五步为读者认证阶段，招办会审阅读者第二次模拟评价的情况，并提供反馈。只有评价结果的误差小于可以接受的统计数值[③]，外部读者才能获得认证。在所有步骤中，

---

① University of California Board of Admissions and Relations with Schools, *Comprehensive Review in Freshman Admissions at the University of California* 2003 – 2009, BOARS CR Report, June 22, 2010, p. 29.

② University of California Board of Admissions and Relations with Schools, *Comprehensive Review in Freshman Admissions at the University of California* 2003 – 2009, BOARS CR Report, June 22, 2010, p. 37.

③ 常桐善：《以美国大学为例：谈大学本科“综合评价”的招生力》，载袁振国等《高校招生能力建设七人谈》，《华东师范大学学报》（教育科学版）2017 年第 1 期。

外部读者的模拟评价以及招办给予的反馈是培训的核心内容。如果读者的评价结果达到要求，则可获得认证，并开始正式阅读申请材料。没有通过培训的外部读者不会被雇佣。招办的新职员也会经历类似的培训过程，并被重复培训，直至获得认证。在一月份，UCLA为所有读者提供一场更新培训[①]，也作为对新读者的第二次规范过程。

> 我们让读者知道如何阅读，给他们分配电子版阅读表，让他们了解如何给学生评分。我们会说你给出了多少个1等级或者4、5等级。我们开展集中培训，帮助他们了解如何评分。我们使用所有的信息来培训读者如何阅读。培训过程为期2天，我们有130名读者，第一天我们花时间帮他们理解招生过程、阅读过程、期待等所有的事项，然后我们与他们一起审阅样本申请。我们将这个过程称为“规范申请阅读”。他们以小组形式工作，我们征求反馈，确保他们理解如何给每位学生评分。然后我们给他们布置家庭作业，他们带回去，一切都在网上进行，每个人自行阅读20份新的申请。我们将其阅读新申请的评分放在下一个培训过程，我们当然会事先对这些家庭作业给予评分，以便比较。然后我们再培训，每个人都谈论一下他们是如何评分的以及为何那么评分，他们也会看到我们事先的评分。在最终认证前，他们进行第三次申请阅读，看他们经过我们的培训后做得怎么样。最后我们给出一个最终认证说“现在你可以正式阅读了”。这是我们的读者培训过程。
>
> 我们使用在线评价。每年，教师会审阅培训指南并通过，这一份是2016年通过使用的……作为阅读申请材料的读者，我

---

① University of California Board of Admissions and Relations with Schools, *Comprehensive Review in Freshman Admissions at the University of California* 2003 - 2009, BOARS CR Report, June 22, 2010, p. 37.

们会进行如何实施整体性审阅的培训。我们培训读者使用“整体性审阅”程序，这不是一个公开的程序，只供内部使用。我们给予读者相关信息、欢迎语，每30名读者分配一位资源团队组长。在概览培训中，我们谈论认证过程，谈论如何处理阅读表与高中GPA之间的错配，谈论我们与之分享的所有信息。阅读表与高中GPA之间的错配表示阅读表上有一个GPA，阅读表代表着申请者自我报告的最终就读高中，然而学生高中生涯的大部分时间是在另一所高中度过的，地理位置的变迁导致呈现不准确的信息，我们告诉接受培训者并展示这种情况的案例。一位学生可能一年内就读多所高中，导致GPA与阅读表不匹配。读者可能指出他们读不懂那份材料，则这份材料会被传送给组长。我们尝试给予受训者所有这些技巧。当我们谈论阅读表时，以上过程我们称之为“规范申请阅读”。这是他们进入的工具，点击一位学生，则学生的阅读表会出现。样本阅读表是匿名的……他应该是个1，所以我现在要回头看看我们给出的规范分值，我们将之规范为1，读者的评分也是1，这可以给你关于我们如何培训读者的概念……这些是被规范后的申请材料，我的团队、组长、我自己，会先行阅读所有材料，并分配我们希望受训者给出的等级，然后当读者来接受培训时，我们已经知道给这些学生的等级。在这个案例中，刚好是1。组长与评价不一致的读者交谈，这个过程我们一直在持续……所以如果我回到申请材料规范过程，你可以看到我们评价为4的学生，我们希望受训者评价也为4。（UCSD-AO-1-160107）

表8－1　UCLA外部读者的培训安排

时间	工作阶段	工作内容
11月早期	准备阶段	熟悉整体性审阅的概览、指南和其他培训材料，以及参加一场全天的到校概览培训和在培训后完成3—5小时的家庭作业

续表

时间	工作阶段	工作内容
12 月第一周	规范阶段 1	参加一场到校半天的后续规范培训。招办将审阅外部读者之前的家庭作业，即对用于培训的申请材料的阅读情况。在这个培训后，外部读者会收到用于培训的额外申请材料作为家庭作业
12 月早期/中期	认证阶段	在家完成规范阶段 1 分配的家庭作业，费时约 5—10 个小时。在这个过程中，UCLA 招办会通过邮件和/或电话跟进外部读者的进度，并提供反馈
12 月中旬至次年 1 月末	正式审阅阶段	一旦外部读者成功完成培训过程，招办将分配真实的申请材料让他们阅读并在家评价。所有的申请材料都在网上阅读、审阅
次年 1 月早期	规范阶段 2	参加一场两个小时的后续在线培训

注：整理自 University of California，Los Angeles，“Details About the Fall 2016 Holistic Review”，http：//www. admission. ucla. edu/prospectivereader/.

从两校的培训安排可以看出，开展培训可以帮助外部读者熟悉高校的整体性审阅方式，并将其运用至个人操作中。通过对超过 200 个往年实践案例的讨论和模拟评价，两校的新手读者学会专业评价，包括将申请者视为完整的人、在背景中考察成就、认识到个人可能存在的偏见并避免偏见等等[①]，并最终学会甄别能够在 UCLA 取得成功并为校园带来一些特殊的、也许是难以描述的贡献的生源[②]。UCLA 的 AO 即指出“关于非认知因素的培训旨在培训读者寻求相关信息，了解申请者拥有或没有的机会”。在 UCSD，招办开展的大量研究显示外部读者的审阅结果是有效的，所以在正式审阅中不再刻

① Rotem Ben-shachar，“Counselor Gains Insight into Admissions Process”，*Daily Bruin*，April 13，2010.

② Matthew E. Kahn，“The ‘Magic Formula’ for Being Admitted at UCLA?” March 28，2007，http：//greeneconomics. blogspot. com/2007/03/magic-formula-for-being-admitted- at. html.

意搭配 AO 和外部读者审阅同一份申请①，而是随机分配申请材料。USC 的 AO4 亦指出通过培训可以使读者熟练运用整体性审阅，特别是识别质性的非认知因素。

在 UNC，不管是否招募新读者，招办都会在每年十月阅读季开始前对全体读者进行一周的固定培训，同时每周也有简短的更新培训，即在每周的职员会议后全体读者或同组读者会面，讨论阅读过程中出现的新问题或有疑问的案例。对新读者的集中培训则在暑假阶段进行。至于为何要开展对全体读者的年度培训，UNC 的 AO 指出原因包括录取决策本身是主观的、每年高校对招生有不同的需求，以及外部环境在变化等，高校需要做出相应的调整，以保证每年的审阅达到目的和使得不同读者之间的评价保持一致。

> 我们每年有培训，培训的主要原因在于有许多非量化的因素会影响到 UNC 的录取决策。我们在每年的十月有一周的培训，即使读者是相同的一批人，因为每年有不同的考虑，对招生有不同的想法。大学招生业务也在增长。我们有更多的中学咨询师来拜访，他们都来参加展览会，让读者知道学校情况。SAT 也有所改变。我们需要确定用以招生的所有工具。年度培训真的非常重要……新读者大约从暑假开始或在暑假后期有一个培训，然后是针对所有读者的培训。我们每周还有只针对读者的更新培训，只是一个小单元，不像一周的培训那么长。(UNC-AO-AM-160505)

---

① 大学委员会提到至少有一所高校会在新读者开始正式阅读时配备一位有经验的读者开展“影子”（shadow）阅读，以确保新读者正确使用评价准则。大部分高校，特别是提供了集中培训的高校，发现读者评价意见一致的比例达到 90%—97%。如果特定读者经常与其他读者的评价不一致，招办会提供额外的培训。源自 College Board, *Selection Through Individualized Review: A Report on Phase IV of the Admissions Models Project*, College Board's Admissions Models Project Report, 2004, p. 21.

（二）私立大学的培训方式

在USC和WFU，两校招办对全体职员的培训均不是纯粹意义上的“培训”，而是功能更为综合的“休假式培训”，包括设计写作和面试题目、讨论评价案例、休假等等。USC的该类培训每年有3次，分别在参访高中前、开始阅读申请前以及阅读结束后录取决策讨论开始前的三个阶段。WFU每年也有休假式培训，比如在一轮招生季结束后会有一次为期两天的培训①。通过休假式培训，招办以委员会的形式确定每年的招生方案，同时全体职员对录取政策和践行方式有更好、更一致的认知，并掌握需要寻求的信息和审阅重点等。在USC，培训会“给出具体评价案例，以确保读者的评价方式保持一致”，比如“了解考试分数的真正使用方法，它能起到什么作用，不能起到什么作用，以及如何恰当地使用它”。另外，WFU对新成员的培训不同于三所公立大学提供的正式培训，而是将新读者与有经验的招办人员配对，通过观摩老职员的面试现场、阅读老职员的面试记录和阅读表等工作材料、模拟阅读申请材料等形式开展。

> 我们每年都有休假式培训，讨论申请表上的写作问题设计。有些是每年重复的，通常重复的问题是对我们有用的问题。我头脑中最好的问题是允许出现各种答案的问题。每个人都可以提出一个问题……我们会有一些新的招生咨询师，通常为WFU的新晋毕业生。他们通常会有培训，包括在面试时坐在旁边了解我们是如何开展的，并在他们亲自开始面试前阅读大量的笔记，了解我们在评价过程中寻求申请材料的什么信息。我们会在培训中告诉他们是怎么做的，并一起讨论。（WFU-AO-5-160518）

---

① 笔者与该校招办AO预约访谈时间时，被告知2016年19、20日两天（美国时间），该校招办不办公，全体外出进行休假式培训。

第四节　大量的审阅投入

读者是录取决策的行使主体。除了培训，影响读者评价信度和效度的因素还包括“一些更模糊的考量——读者的动机、对于高校的了解、录取反映高校目标的学生的渴望、显示审阅工作有效运行的迹象、读者是否有充足的时间保证有质量的阅读”。[①] 在这些考量中，对审阅时间的投入显得最重要，其他方面要么可以通过培训来解决，要么与个人的性格有关难以改变。另外，高校对录取决策的资源投入，也与录取决策质量密切相关。精英高校都非常注重招生工作，投入大量的人力和财力去招收“最优秀、最有潜力”的生源。

一　时间投入

案例校的读者均投入了时间保证审阅的质量，这一点可以从招办对审阅工作的整体安排和读者对每份材料投入的审阅时间得到体现。

首先，从招办对审阅工作的整体安排来看，对申请材料的审阅季一般约五个月左右[②]，而且均有让读者专心阅读的安排。一方面，招办往往在秋季花上两个月、次年春季花三个月左右的时间来完成录取决策。例如，USC“在11月开始阅读申请，并在三月结束，阅读所有的申请大概需要五个月的时间”，UNC开始阅读的时间更早，从每年的10月开始，并持续到第二年三月。其他高校的审阅工作安排大致类似，因为申请者一般从八月一日开始申请（公共申请平台系统和加州大学申请系统的开放时间），招办接到申请后需要完成集

① College Board, *Selection Through Individualized Review: A Report on Phase IV of the Admissions Models Project*, College Board's Admissions Models Project Report, 2004, p. 18.

② 当然，实际审阅时间可能更短，因为美国11月份有一周的感恩节假期，12月份有两周的圣诞节假期。

成材料[①]、规范学业记录、计算学业指数、分流申请材料等正式审阅前的准备工作，而高校的录取通知发放时间一般多为来年的四月一日之前[②]。另一方面，各校基本上都有让AO在家阅读或者脱离其他责任专心阅读的安排。例如，UNC的AO“每周花三天时间专门阅读材料，不做其他工作”。

> 有在家阅读日（home reading days），每周两天，没有电话响起，也不需要查看邮件。但我们会保持邮件畅通，以与其他读者之间通过邮件讨论问题等。我们可以静下心来阅读申请，以确保完成阅读量。所以每周有两天在家阅读的时间，另外两天待在办公室，一天所有人都到齐，以整体委员会的形式讨论任何需要讨论的问题。（WFU-AO-6-160518）

其次，从审阅每份申请的时间来看，读者通常花费15分钟左右审阅一份未被他人评价的材料[③]，审阅已被他人评价的材料则用时更

---

① 大学委员会指出“集成材料供审阅有不同的方式。尽管大量高校声称已经采用了无纸化申请过程，大部分高校仍然集成包含学生所有证明文件的纸质材料。一些高校将整体材料扫描，供审阅者在电脑屏幕上完成所有的工作。但大多数高校在审阅的不同阶段仍然使用纸质材料。集成材料中不同材料的顺序在许多情况下是随机的，但也有高校列出详细的排放顺序显示不同的材料应该出现在什么位置。后者有利于确保每位审阅者以特定的视角评价每位申请者。通常，申请材料中排名靠前的材料为申请表、成绩单或个人陈述。许多高校也会准备对基本背景信息的电子或纸质总结，一些高校会加入对学业表现的总结，另一些高校则加入对材料其他信息的总结。在一些情况下，总结表变成了主要的审阅文件，但大部分情况下它在审阅过程中与整体材料被共同查看。另外，许多高校也制作所有申请者的总结性花名册（通常是以州、高中或意向专业为维度）。”源自 College Board，*Admissions Decision-Making Models：How U. S. Institutions of Higher Education Select Undergraduate Students*，College Board's Admissions Models Project Report，2003，p. 14. 在案例校中，其余高校均使用网络阅读，只有WFU还阅读纸质材料。

② 详见各高校CDS。

③ College Board，*Selection Through Individualized Review：A Report on Phase IV of the Admissions Models Project*，College Board's Admissions Models Project Report，2004，p. 23.

短，但实际花费时间取决于申请材料的情况、读者的个人经验和工作量。就阅读的具体时间而言，如果是审阅未被评价的材料，即读者的第一轮阅读，在私立大学 USC 和 WFU，12—15 分钟较为普遍。少于 10 分钟往往表明阅读不够充分，超过 15 分钟则可能效率太低，同时理想时间为 12 分钟。在文理学院 Pitzer，该校读者的阅读时间比其他私立大学更长，如 AO 表示花费约 20 分钟，AO 指出 15 分钟是理想状态。如果是审阅已被评价的材料，即读者实施的第二轮阅读，由于已经有第一名读者的把关和评价意见供参考，阅读所需时间更短，USC 的 AO 表明大约 10 分钟即可。当然，不管是在哪所高校和哪轮阅读，如果需要查找与申请者相关的更多信息，读者都需要花费更长的时间。尽管如此，受访者指出“这很值得，因为每次打开申请档案时，我们会给申请者一个有质量的审阅，会花时间了解学生付出的努力并回报以尊重”（USC 受访 AO）。就读者的个人经验对阅读时间的影响而言，在刚接触审阅工作时花费的时间较长，随着审阅的推进，读者会逐渐找到自己阅读的节奏，因此速度会加快。新读者比经验丰富的读者花更多的时间来审阅材料。在一定程度上，这是因为经验丰富的读者对申请材料的所有方面都非常熟悉，他们知道如何查看具体的、关键的信息，能够迅速发现与众不同或者显著的要素。[①] Pitzer 的 AO 就表明自己是新读者，需要 30 分钟查阅申请中的所有信息。

> 平均来说，我阅读每份申请的时间为 12 或 15 分钟，也许是 20 分钟，取决于申请材料的情况。我们所有人都希望把时间花在评价申请上，我认为申请材料是展示学生及其想法的窗户，审阅就像我们坐在这里与学生对话。我喜欢面试和写作，这是

---

① College Board, *Selection Through Individualized Review: A Report on Phase IV of the Admissions Models Project*, College Board's Admissions Models Project Report, 2004, pp. 23 –24.

> 申请材料中我最喜欢的部分，因为可以了解学生的许多信息，了解他们的生活、想法，你几乎可以听到他们在课堂上发言、了解他们的想法。这真的非常有趣，这是为什么我如此喜欢我的工作，因为可以了解学生。我是一个人物观察者（people watcher），对我来说享受阅读材料的过程是很自然的，因为它就像我坐在那里，观察他们的日常生活，或观察他们在课堂的表现，或聆听他们在讨论中说了什么。所以我们花费时间，因为学生付出了时间，他们在申请材料中体现的想法、观点、写作能力，是他们四年课堂内、外的综合努力的一种展示。（WFU-AO-6-160518）

就工作量而言，读者在每份申请上投入的时间与需要完成审阅的申请数量有关。各校AO的工作量如下：在USC，中高级职员AO2共阅读1000份左右的申请，其中第一轮地域阅读大约700份，初级职员AO3第一轮地域阅读为1500份（这也是该校初级职员的平均工作量）。WFU的AO每年所有的阅读量在2500份左右，每天的阅读量约35—60份。在Pitzer，初级职员通常一天阅读25—35份申请，在审阅季共阅读大约1000份申请（每轮500份）。在三所公立大学UCLA、UCSD和UNC，每位读者在一轮阅读中平均审阅的材料大约为550份左右，在文理学院Davidson则为359份，详见表8-2的“生—读者比”。文理学院的申请者数量更少，可以投入更多的时间阅读每份申请，其他公、私立大学的申请者规模更大，出于对审阅效率的追求，其阅读时间相应更短一些。概言之，尽管同一高校每位AO的阅读量并不相同，视工作职责而定，但在至少两轮阅读的模式下最终都审阅了大量的申请，其中USC读者的工作量最大。

> 我的总阅读量是1000份左右，我负责第一轮阅读的申请大约700或750份，另外300份左右是第二轮阅读的数量。每位读者负责对各自区域范围内申请的第一轮阅读，即大约700份。

在初次阅读完毕后，我会再次查看我阅读的每一份申请，不一定是重新审阅所有的信息，而是阅读我之前做的笔记。所以对我负责区域内的每份申请，我至少会审阅两次。我也审阅来自其他读者负责的区域的申请，所以在这个意义上，可以说我审阅了1400次。但在第二次审阅中，我不会阅读所有的信息。(USC-AO-2-151215)

每份申请之所以在两轮阅读过程中至少得到共半小时的审阅时间，在于读者需要充分阅读完整的申请材料，以区分大量的申请者，并选拔出一个满足高校各项目标的多样化年级。在选拔性低的高校，AO的审阅过程相对更快，因为审阅主要是为了确定申请者是否具备完成大学学业的能力。但在竞争激烈的精英大学，申请者数量多且绝大部分都很优秀，AO需要花时间深入阅读完整的材料，以优中选优，选拔出既胜任大学学业、又能从大学教育中获益并为高校做出贡献的匹配生源。WFU即声明“我们花费数千个小时阅读短文，讨论简答题，审阅成绩单和推荐信。我们的招生委员会会议时间很长，持续到晚上。这一切都是为了给WFU共同体建立一个多样化的、有趣的新年级”[1]。如果不阅读完整的材料，会违背整体性审阅的理念。因此，尽管花费不少时间在阅读每份申请上，多位AO均表示是值得的投入，而且申请者付出了时间和努力，深入阅读每份材料也是对学生的尊重。当然，由于审阅长篇大论的写作颇为耗时，一个附加的简答题就会增加审阅一份申请材料的时间，因此招办会确保所有申请材料的信息对录取是真正有意义、有帮助的，以助提高审阅效率。[2] 当笔者询问“在阅读过程中，哪个部分费时最多？是

---

① Martha Allman, “Wonderful Applications, Difficult Decisions”, March 26, 2015, http://fromtheforest.admissions.wfu.edu/2015/03/wonderful-applications-difficult-decisions/.

② College Board, *Selection Through Individualized Review: A Report on Phase IV of the Admissions Models Project*, College Board's Admissions Models Project Report, 2004, p. 25.

写作还是高中学业记录?”，WFU 的 AO 的回答再次印证了高中学业记录的重要性，以及整体性审阅的理念。

> 在二者之间，最重要的信息是高中学业记录，查看学生在过去四年修读的课程以及成绩，但我也花时间阅读简答题和短文。我们分配时间在申请材料的每个部分，阅读课外活动、面试记录、推荐信，很难具体切割。高中学业记录是最重要的部分，但其它部分共同构成完整的学生。(WFU-AO-6-160518)

二 人力投入

整体性审阅的开展不仅耗时，更需要人力投入，充足的读者资源是使每份申请材料能够被多名读者完整阅读的重要保障，更是产出期待年级的核心手段。加州大学 BOARS 会议记录就显示：“希望每位学生，不仅仅是一小部分人，被综合性地审阅。但是分校、特别是最具选拔性的几个分校，需要有足够的资源才能这么做。”① 在 AO 看来，“投资人力进行整体性审阅，可以带来有趣和令人兴奋的大学校园”(USC 受访 AO)，是塑造一个优秀年级的唯一方式，仅基于 GPA 和 SAT 分数筛选生源的公式化路径无法达成目标。

> 我们的整体性过程变成一个耗费劳动力的过程。如果只在乎 GPA 和 SAT 分数，我们可以一小时内利用电子表格完成新生的录取，也能免去许多麻烦，但这不会带来一个教师真正感兴趣进行教学的年级，也不会给本科经历带来一届充满活力的互动的新生……我们是以一个非常劳动力密集的方式在进行审阅，要求由人而非电脑做出评价，包括是否参与课外活动、一周参

① University of California Board of Admissions and Relations with Schools. Minutes of Meeting (20100507). http://senate.universityofcalifornia.edu/committees/boars/. 2015-11-10.

与多少个小时，在个人陈述中分享了什么，比如学生得到一个红色预警，但是在个人陈述中他们告诉我有一些特殊情况，我就会将之考虑在内。你需要人来做这个工作，这需要时间，需要大量的工作，但这是唯一正确的方式。如果我们以仅基于数字的方式进行审阅，我们可能会错失大量的优秀学生，数字不会为他们讲述完整的故事。（UCLA-AO-1-151218）

由于申请者库规模存在显著差异，七所高校拥有的读者数量明显不同，读者身份也存在差异。在四所私立高校，申请材料基本上由 AO 阅读。例如，在 Davidson，“15 个人阅读申请材料，没有聘请外部读者，都是全职员工负责阅读”。但非案例校——文理学院 Bates “在阅读季，有时会额外聘请两至三人来阅读申请材料”。相比之下，三所公立大学为了在既定时间内完成对大量申请者的整体性审阅工作，均聘请了外部人员作为“季节性读者”（seasonal readers）[①] 帮忙审阅申请者：UNC 招办一共有 53 名全职和兼职工作人员[②]，其中大约 40 名 AO 阅读申请材料，同时该校聘请了 20 名左右外部读者；作为加州大学分校中收到最多申请的 UCLA，招办人员大约 50 人，其中大约 45 人阅读材料，并聘请了超过 100 位的外部读者[③]；UCSD 招办在 2015 年一共有 42 位工作人员，其中 28 人阅读申请，并雇用了 140 位外部读者。[④] 另外，除了读者，招办还需要配备操作人员负责检查和准备申请材料等后勤工作，但他们不参与阅读。

各高校所有读者和招办 AO 的数量都随着申请者库规模的扩大

① 美国许多高校、特别是公立大学都聘请兼职人员以补充招办的读者队伍，尤其是在审阅高峰期的时候。

② 数据源自 http：//provost. unc. edu/about-the-office/executive-staff/stephen-m-farmer/.

③ University of California，Los Angeles，“Campus Explains Holistic Review Admissions Process”，September 5，2008，http：//newsroom. ucla. edu/stories/080905_ holistic-admissions_ reed.

④ University of California Board of Admissions and Relations with Schools，*Annual Report on Undergraduate Admissions Requirements and Comprehensive Review* 2016，BOARS 2016 Report to Regents，February，2016，p. 38.

而增加。前文已提到 WFU 实行可免试入学改革后，为应付增长的申请者而招募了新职员。在 UCLA，2008 年该校申请者共 55437 人，读者数量为 168 名，而 2007 年申请者共 50755 人，读者只有 157 名。[①] 在 UCSD，招办 AO 在 2003—2009 年有 25 人（期间雇佣外部读者 100 名左右）[②]，2015 年增长至 28 人[③]。实际上，在 UCSD，自从 2014 年申请者有将近 6% 的增长，有人担心招办在有限的时间内无法成功完成整体性审阅的阅读过程。该校通过招募和培训外部读者、提升在线整体性审阅工具以及更有效地使用与 UCLA 和伯克利分校的共享分数[④]、重新分配人员等措施，以应对增长的申请者数量，同时按时完成审阅工作，在三月中旬发布录取通知。UCSD 领导者也提供了额外的资源来支持整体性审阅过程。其中，AO 的增长主要体现为负责审阅国际申请者的专家团队的扩张。因为 2015 年与 2014 年相比，国际申请者数量增加了 15%，基于国际高中教育环境的特殊性，国际申请者的材料没有分配给外部读者，而是由受过专

---

① 读者数据源自 Robert D. Mare, *Holistic Review in Freshman Admissions at the University of California-Los Angeles*（2012 *report*），UCLA Report on Holistic Review in Freshman Admissions，January，2012，p. 12. 申请者数据源自该校 2007—08 和 2008—09 年的 CDS。

② University of California Board of Admissions and Relations with Schools，*Comprehensive Review in Freshman Admissions at the University of California* 2003 – 2009，BOARS CR Report，June 22，2010，pp. 105，38.

③ 数据为笔者根据该校招办网站列出的招生人员信息计算所得。

④ BOARS 发现几乎没有证据支持单一的加州大学系统分数是有效的，因为各分校的文化、选拔性和打分方法不一致。但有些分校认同共享分数的价值。有意思的是，圣塔克鲁兹分校在 2015 年申请季中决定不使用伯克利分校和 UCLA 的分数，以确保所有的申请者打分与本校的标准保持一致。UCSD 也没有使用尔湾分校和戴维斯分校的分数，因为该校与 UCLA 和伯克利分校的申请者库有大量的交叉（分别是 60% 和 70%）。源自 University of California Board of Admissions and Relations with Schools，*Annual Report on Undergraduate Admissions Requirements and Comprehensive Review* 2016，BOARS 2016 Report to Regents，February，2016，p. 41. 在 2011 年春季，加州大学 BOARS 通过了所有分校应该共享分数的政策。源自 University of California Board of Admissions and Relations with Schools，*Comprehensive Review in Admissions at the University of California*：*An Update*（*September* 2012），BOARS Comprehensive Review 2012，Octorber 4，2012，p. 33.

门培训的 AO 负责。为了确保这些材料得到及时的阅读，UCSD 增加了阅读国际申请的内部职员数量，并重新设计了专门的评价工具。①

从表 8－2 可以看出，读者数量的多少不仅与申请者库规模有关，也与招办本身的资源有关，申请者数量多的高校不一定就拥有更多的读者。从私立高校看，USC 作为美国著名的大型私立大学，拥有美国最大的招办之一，招办专职读者数量在七校中也最多。同样作为私立大学的 WFU，办学规模、招办规模和申请者规模均不比 USC，拥有的读者数量不及其二分之一，而且仅比文理学院 Davidson 多 3 人。Davidson 的申请者数量比同类高校 Pitzer 仅多 1000 余人，但读者数量约是后者的两倍，招办资源更为丰富。从公立高校看，三所公立高校由于聘请了外部读者，所有读者数量均多于私立高校，

表 8－2　　案例校的读者数量　　单位：人

相关指标	公立大学			私立大学		文理学院	
	UCLA	UCSD	UNC	USC	WFU	Pitzer	Davidson
申请者	92728	78056	31953	51924	13281	4149	5382
专职读者	45	28	40	50	18	8	15
所有读者	168	168	60	50	18	8	15
生一读者比	552:1	465:1	533:1	1039:1	738:1	519:1	359:1

注：（1）申请者数量为 2014 年申请 2015 年入学的学生数量，源自各校 2015—16 年的 CDS；（2）所有读者的数据为招办专职读者和外部读者之和，其中 UCLA 的所有读者数量为 2008 年的数据，没有 2015 年的数据（2015 年应该更多），UNC 以读者最多的情况来计算。其他高校均为 2015 年的数据，源自 AO 的访谈表述和高校招办网站数据计算：USC 有 50 位读者，不过笔者根据该校招办网页只发现 47 位 AO，所以可能有兼职读者或者招办网页数据尚未更新；WFU 有 18 位读者，虽然该校 AO 在访谈中表示有 17 位专业职员，但其未把 2015 年新加入的一位 AO 计入在内；Pitzer 有 8 位读者。Davidson 招办虽然有 18 位 AO，但因与学生资助办公室合署办公，所以有几位可能不阅读申请，因而读者数量以 AO 告知的 15 人为准。

① University of California Board of Admissions and Relations with Schools, *Annual Report on Undergraduate Admissions Requirements and Comprehensive Review* 2016, BOARS 2016 Report to Regents, February, 2016, p. 38.

其中 UCLA 和 UCSD 的所有读者数量是 UNC 的将近 3 倍。

表 8 - 3　　美国高校的招办读者和花费情况　　单位：美元

相关指标	平均生—读者比	招生预算不包括职员工资和福利的高校			招生预算包括职员工资和福利的高校		
		用于每位申请者的平均花费	用于每位录取学生的平均花费	用于每位注册学生的平均花费	用于每位申请者的平均花费	用于每位录取学生的平均花费	用于每位注册学生的平均花费
所有高校	/	283	412	1，610	384	654	2，231
公立高校	914：1	93	145	331	271	382	1194
私立高校	411：1	349	505	2102	510	925	3346
办学规模少于 3000 人	316：1	337	487	1978	658	1122	3722
办学规模为 3000—9999 人	661：1	159	243	916	387	603	2381
办学规模不少于 10000 人	1241：1	69	109	260	184	322	826
录取少于 50% 的申请者	923：1	149	595	1261	231	577	1802
录取 50%—70% 的申请者	593：1	223	358	1464	445	740	2524
录取 71%—85% 的申请者	480：1	296	382	1741	399	501	2102
录取多于 85% 的申请者	327：1	490	518	2012	554	791	2467

注：办学规模指在校本科生的数量，对表格中为斜体的数据的解释应该慎重（因为样本量本身小，不超过 15 所高校）。生——读者比数据为 NACAC 2015 年招生趋势调查的数据，反映受调查高校 2014 年招生季的情况，样本量为 687 所高校（占美国所有经认证的、非营利性的、授予学士学位的 Title-IV 高校的 38%），源自 National Association for College Admission Counseling，*State of College Admission* 2015，NACAC 2015 SOCA，2016，p. 9. 招生费用数据为 NACAC 2014 年招生趋势调查的结果，反映受调查高校 2013 年招生季的情况，样本量为 352 所高校（占美国所有经认证的、非营利性的、授予学士学位的 Title-IV 高校的 19%），源自 National Association for College Admission Counseling，*State of College Admission 2014*，NACAC 2014 SOCA，May，2015，p. 48.

从表 8 - 3 的数据可以看出，与全美同类高校的平均水平相比，除三所公立大学的读者数量较多外，其他案例校的招办人力资源都不够充足。首先，从办学类型来看，在三所公立大学，每位读者阅读的申请数量至少比美国公立高校的平均水平少 350 份。但在四所私立高校，只有 Davidson 招办的读者数量高于美国私立高校的平均水平，其中 USC 每位读者阅读的申请数量更是比平均水平多 628 份。其次，与同类办学规模高校的平均水平相比：七所案例校中在校本科生少于 3000 人的高校为文理学院 Pitzer（2015 年为 1784 人）和 Davidson（2015 年为 1067 人），两校的生——读者比均更高；WFU 的在校本科生在 2015 年为 4871 人，其生——读者比也更高；私立大学 USC 和三所公立大学的在校本科生均超过 1 万人（在 2015 年分别为 18810、29585、26590、18425 人），其生——读者比均更低。换言之，如果以美国高校平均水平为衡量读者投入的参照①，案例校中 USC、UCLA、UCSD、UNC 为开展审阅工作配备的读者数量是足够的，WFU、Pitzer 和 Davidson 则需要投入更多的读者。假设在办学规模不少于 1 万人的高校，1241 位申请者应该配备 1 名读者，那么 UCLA、UCSD、UNC、USC 分别应该配备读者 74 人、63 人、26 人、42 人，四校实际拥有的读者数量均高于假设值；假设在办学规模为 3000—9999 人的高校，661 位申请者应该配备 1 名读者，那么 WFU 应该配备读者 21 人，该校实际拥有的读者数量低于假设值。尽管如此，WFU 的 AO 表示该校“有足够多的职员阅读申请材料中的所有信息”；假设在办学规模不足 3000 人的高校，316 人应该配备 1 名读者，那么 Pitzer、Davidson 分别应该配备读者 13、17 人，三校实际拥有的读者数量同样低于假设值。最后，从选拔率来看，案例校均录取少于 50% 的申请者。除了 USC，其他各案例校每位读者阅读的申请数量均少于美国同类选拔度高校的平均水平。

三　财力投入

由于招生工作的重要性，美国高校用以招生的财政投入普遍不

---

① 大学委员会指出，对于录取人数超过 2 万的高校来说，阅读材料的招生人员的平均人数是 35 人。大多数大型高校收到的申请数高达 4 万份。源自 College Board, *Selection through Individualized Review: A Report on Phase IV of the Admissions Models Project*, College Board's Admissions Models Project Report, 2004, p. 23.

低。招办预算涵盖多项开支，包括职员工资和福利、印发出版物给潜在的生源和录取通知给录取学生、出于招募和吸引学生注册目的的职员出差、申请表印刷和审阅、网站维护和完善、招办或合作第三方举行的其他活动等①。根据 NACAC2014 年的调查（见表 8 - 3），在参与调查的招生预算包含职员工资和福利的所有高校，2013 年用于每位注册学生上的平均花费（包括招募、审阅材料、职员工资等所有费用）为 2231 美元，同时不同类型、规模和选拔程度的高校存在差异。首先，私立高校用以招生的财政投入明显高于公立高校。在招生预算包含职员工资和福利的私立高校注册一位学生所需花费为 3346 美元，是公立高校的 2. 8 倍。其次，高校的办学规模与招生费用呈负相关。在申请、录取、注册的各招生阶段，规模更小的高校在每位学生上的花费均更高。最后，高校的录取竞争激烈程度与财政投入没有线性关系，但录取率低于 50% 的高校在注册每位学生上的费用最低。这可能是因为高选拔性高校的申请者基数大，平均下来花费相对更少。

个体化的审阅过程无疑更为昂贵，因为它完全是劳动力密集型的过程，依赖于有经验的职员和外部读者的专业性与监督。② 在实行个体考察的高校，招办主要的经费用于真正的材料审阅过程，花销数额通常取决于申请者规模、每份申请材料包含文件的数量以及读者需要做出的区分类型，其中申请者规模可能是最重要的影响因素。③ 大学委员会的报告显示：在个体考察中，由于审阅申请材料的 AO 是专业人士，高校支付给他们的工资大约占招生开支的四分之一。假定

---

① National Association for College Admission Counseling, *State of College Admission 2014*, NACAC 2014 SOCA, May, 2015, p. 45.

② University of California Board of Admissions and Relations with Schools, *Comprehensive Review in Freshman Admissions at the University of California* 2003 – 2009 , BOARS CR Report, June 22, 2010, p. 29.

③ College Board, *Selection through Individualized Review: A Report on Phase IV of the Admissions Models Project*, College Board's Admissions Models Project Report, 2004, p. 24.

每所高校有 13 名招生人员，他们赚取的薪水为平均数①，那么审阅申请材料的开支大约是 14 万美元。汇集和管理申请者的文件也是一笔办公费用，假设每所高校平均有 5 名操作人员，其工作时间至少有一半用于整理申请文件，那么此时审阅材料的费用上升至 20 万美元。假定高校平均要审阅 34008 份申请（UNC 与之较为接近），则审阅一份申请材料需要 59 美元。某所竞争非常激烈的高校曾经计算该校审阅一份申请需要花费 109 美元。另外，兼职读者的报酬为 12 至 30 美元/小时。2004 年的标准是 25 美元/小时，假设一位兼职读者每小时可以阅读四份申请材料，那么支付兼职审阅的费用是每份申请为 6. 25 美元。虽然启动外部读者比雇佣 AO 的财政效率更高，但大多数高校还是认为拥有经验丰富的专业人士是很重要的。概言之，给个体考察的实际开销指定一个确切的数字是不可能的，但是估算审阅的实际开销，即花在审阅每位申请者材料的费用为 50 美元左右至 100 多美元，是合情合理的。鉴于大多数申请费用都在 35—60 美元之间，审阅申请的开支很大一部分都应该来自于各校的财政预算。②

笔者曾询问案例校 AO 用于招生的经费投入，得到的答复是不便分享该信息。如果以 NACAC 调查结果为参照标准模拟案例校在招生事务上的财政投入，案例校录取率均低于 40%，表 8 - 3 显示在录取率低于 50% 的招生预算包含职员工资和福利的高校，用以注册每位学生的平均费用为 1802 美元。那么 UCLA、UCSD、UNC、USC、WFU、Pitzer、Davidson 在 2015 年分别应该投入约 1000 万、950 万、

---

① 大学委员会报告没有给出平均数的数据。但在美国，招生咨询师、招办副主任、招办主任、注册管理副校长在 2013—14 年的年工资的中位数分别为 36402、57064、88080、134716 美元，不同类型高校的具体情况详见 College Board, *Selection Through Individualized Review: A Report on Phase IV of the Admissions Models Project*, College Board's Admissions Models Project Report, 2004, p. 47.

② College Board, *Selection Through Individualized Review: A Report on Phase IV of the Admissions Models Project*, College Board's Admissions Models Project Report, 2004, pp. 23 - 24.

730 万、530 万、230 万、48 万、90 万美元。如果不包括职员工资和福利，以注册每位学生需要花费 1464 美元为基准，那么七校在 2015 年分别应该投入约 831 万、774 万、596 万、431 万、187 万、39 万、74 万美元。如果只关注对审阅过程的投入，以大学委员会报告数据为标准进行模拟，即使审阅每位材料的费用只需 50 美元，UCLA、UCSD、UNC、USC、WFU、Pitzer、Davidson 在 2015 年也分别要花费约 460 万、390 万、160 万、260 万、66 万、21 万、27 万美元。

另外，2003 年美国最高法院就格鲁特案和格拉茨案做出裁决后不久，密歇根大学招办即开始制定对本校申请者库的 2.5 万学生实施个体考察的计划。由于这次改革范围大、完成时间短，其全部审阅费用预计在 140 万美元左右。一旦个体考察过程变得更为常态化，与之前的审阅过程相比，每年额外的费用预计将达到 100 万美元。[①] 因此，WFU 的 AO7 指出申请者更多的大型高校实施依赖于个体考察的可免试入学改革“在财政上颇具挑战”。当笔者询问“是否选拔程度更高的高校，审阅路径更质性?”，唐·霍斯勒教授表示：“我认为这是对的，部分原因在于他们这么做能负担得起。”同时他指出个体考察的实施离不开经费的支持，限于财政经费，选拔性不高的印第安纳大学无法实现对众多申请者逐个进行个体考察的承诺。尽管个体考察成本很高，但它在美国高等教育界被认为是挑选未来学生的最佳实践方式[②]，是值得投入大笔费用的方式。长期使用某种类型的个体考察的高校坚信其适合性和效度。关于个体考察来组建年级所产生的影响的正式研究还比较少，但已有一些研究报告显示教师、招办和大学管理层均对录取结果感到满意，也有人假定个体考察长期的积极效应可能包括学生比以前更挑战自己，因为他们不再期望

---

① College Board, *Selection Through Individualized Review: A Report on Phase IV of the Admissions Models Project*, College Board's Admissions Models Project Report, 2004, p. 24.

② University of California Board of Admissions and Relations with Schools, *Annual Report on Undergraduate Admissions Requirements and Comprehensive Review* 2016, BOARS 2016 Report to Regents, February, 2016, p. 35.

仅通过高中成绩和考试分数便获得自动录取资格。[1]

> 尽管我认为所有高校都应考虑采取可免试入学，但它对大型高校来说很难。作为一所小型大学，我们可以花大量时间来考虑每位申请者具备的独特素质。读者阅读每份申请，面试大多数申请者，开展认真的、个体化的、具体情况具体分析的审阅。规模更大的高校会发现这么做更昂贵，所以它们会争辩考试分数是筛选学生的非常便利的方式。采取可免试入学对这些高校来说在财政上颇具挑战，因为如果不使用考试分数，则需要查看许多因素……而且越来越多的中学不对学生进行排名，很难将这个中学的 A 与另外一所中学的 A 进行对比。所以高校需要对中学很了解。大型公立大学要做出这些区分是很难的。（WFU-A0-7-150901）

第五节　教师和董事会的监督

美国高校之间的录取决策权利结构各不相同，一个极端是校长负责制下招办主任向校长提供关于所有录取决策、从整体的注册管理计划到个体的录取决定的建议，另一个极端是招办主任对招生政策和个体决定负全责。一些州有立法规定的政策，一些州立大学系统有监督委员会，拥有对不同类型招生政策的最终权威解释。较为普遍的权利结构是教师进行一定程度的参与和监督，一般以教师招生委员会的形式存在，定期会面讨论招生政策的制定或修订，也许会讨论一些特殊的录取决定，其意见起绝对作用或者起建议作用。教师也经常以不同

---

① College Board, *Selection Through Individualized Review: A Report on Phase IV of the Admissions Models Project*, College Board's Admissions Models Project Report, 2004, p. 25, p. 31.

的形式参与对个体申请者的评价，比如有高校曾经由教师负责所有学生的面试和录取决定。① 在制定所寻求的生源特征时，有些高校由校长或系主任直接描述注册目标、资格和其他期望的特征，教师则往往通过招生政策委员会传达认为有价值的生源特征。② 案例校中教师监督的具体形式及其原因、董事会的监督论述如下。

一 教师监督的形式

在案例校，不管办学类型如何，招生政策和实践均受到教师的监督。教师招生指导委员会主导招生政策的制定，并评估招生结果，但不介入具体的录取决策过程③。换言之，与招办负责实施生源选拔的招生委员会不同，教师招生指导委员会属于制定广泛录取标准的政策委员会。招生政策的制定和实施分别由教师招生委员会和招办负责，从而形成内部的监督机制。④ 例如，在 UCLA，“每年，教师招生指导委员会（faculty Committee on Undergraduate Admissions and Relations with Schools）对 UCLA 的招生过程进行审阅和调整”⑤，并监督和评估招办在录取标准、评价路径、录取结果等方面的情况；UCSD 声明“教师招生指导委员会每年都会审阅录取结果、注册年级的学业表现和保留率，并对选拔标准、权重和过

---

① College Board, *Best Practices in Admissions Decisions: A Report on the Third College Board Conference on Admission Models*, College Board's Admissions Models Project Report, 2002, p. 15.

② College Board, *Admissions Decision-Making Models: How U. S. Institutions of Higher Education Select Undergraduate Students*, College Board's Admissions Models Project Report, 2003, p. 5.

③ 一些特殊项目除外，Pitzer 的 AO 就指出：“有一些项目，比如联合医学项目，我们的确有教师审阅申请材料，但这是申请者库中的相当小部分人。”

④ 常桐善：《以美国大学为例：谈大学本科“综合评价”的招生力》，载袁振国等《高校招生能力建设七人谈》，《华东师范大学学报》（教育科学版）2017 年第 1 期。

⑤ University of California, Los Angeles, “Campus Explains Holistic Review Admissions Process”, September 5, 2008, http://newsroom.ucla.edu/stories/080905_holistic-admissions_reed.

程做可能的调整"[①]；Pitzer 和 WFU 的 AO 亦指出本校教师"没有介入具体的录取决策，更多的是参与政策层面的战略规划"。前文也已提到两校采用可免试入学政策是教师主导的结果，而 Davidson 不走向可免试入学是因为教师喜欢使用考试分数选拔生源。

> 我们有教师招生指导委员会，他们监督招生政策。所以他们决定招生政策的内容，他们支持我们如何使用综合评价中的元素、分配整体分值的方式、录取过程的结果，监督我们是否满足州内和州外名额的分配，这是每年都应满足的目标。他们不直接审阅申请者，但他们会在不同时间点评估我们的录取过程，以及对我们的工作过程和方式的满意度。（UCLA-AO-1-151218）

在评估招生结果上，UCLA 和 UCSD 的教师都曾对单一分数整体性审阅的改革结果进行评估。在 UCLA，该校聘请社会学系杰出教授罗伯特·梅尔进行了两次评估[②]。UCLA 学术委员会主席安德鲁·洛伊希特（Andrew Leuchter）谈及第二份报告的出台目的时表示："教师委员会和我都同意罗伯特·梅尔教授的建议，应该在第二份报告中加入更多的数据，这份更新版和扩展版的报告将允许我们继续监督整体性审阅过程，并跟进需要提升或改善的地方。"[③] 在 UCSD，2012 年夏天，教师招生指导委员会成员和招办 AO 组成团队，共同

---

① University of California Board of Admissions and Relations with Schools, *Comprehensive Review in Freshman Admissions at the University of California* 2003 – 2009 , BOARS CR Report, June 22, 2010, pp. 32 – 33.

② 评估报告为：Robert D. Mare, *Holistic Review in Freshman Admissions at the University of California-Los Angeles*（2012 *report*）, UCLA Report on Holistic Review in Freshman Admissions, January, 2012. ; Robert D. Mare, *Holistic Review in Freshman Admissions at the University of California-Los Angeles*: 2009 – 2011 *update*（2014 *report*）, May 27, 2014, http: //www. senate. ucla. edu/committees/cuars/documents/3G_ Mare text to CUARS. pdf.

③ Ricardo Vazquez, "Independent Report Confirms UCLA Admissions Process Working As Intended By Faculty", May 17, 2012, http: //newsroom. ucla. edu/stories/independent-report-confirms-ucla-234132.

研究如何更好地改进单一分数审阅过程，以确保录取年级反映学校对入学机会和卓越的重视，分析的因素包括ELC、低至中等偏低收入背景以及“第一代大学生”身份。①

另外，在UCSD和Davidson，经评价的申请材料会被两校的教师招生指导委员会随机抽查，以便把关评价质量。UCSD指出：“教师招生指导委员会随机审阅材料，以了解评分过程和最终决定是否与政策一致，这也有助于教师在未来提出政策建议。参与材料随机审阅的一些教师会参加读者培训。”② 在Davidson，教师招生指导委员会随机阅读约4%已经被AO评价的申请。如果教师的评价结果与招办不一致，二者会讨论导致差异的原因，并通过协商达成一致的决定。通过这个过程，不仅录取决策的质量会得到控制，而且教师和招办对彼此在生源选拔上的理念有更好的了解，从而有助于招生政策被更好地制定和践行。

> 教师招生指导委员会每年阅读大约200份我们给出了录取决定建议的申请材料，但他们阅读时并不知情，并做出自己认为合适的决定，然后我们再查看教师的决定是否与我们给出的一致，如果不一致，我们会讨论原因是为什么，“我是怎么想的，你是怎么想的”，这是我们与教师建立连接的方式……教师委员会阅读大概4%的申请者。因为他们还有全职的教学任务，这是他们需要从事的社区服务，可以让他们或多或少地了解我们的工作。他们对申请材料的阅读是随机的，可能查看的是运

① University of California Board of Admissions and Relations with Schools, *Annual Report on Undergraduate Admissions Requirements and Comprehensive Review* 2016, BOARS 2016 Report to Regents, February, 2016, p. 38.

② University of California Board of Admissions and Relations with Schools, *Comprehensive Review in Freshman Admissions at the University of California* 2003 - 2009, BOARS CR Report, June 22, 2010, p. 106. 该报告还指出在伯克利分校，教师招生委员会还对100位在资格性指标上评分最低的录取学生进行审阅，以确认最终的决定。

> 动员、音乐家等。我们和教师需要在最终录取决定上取得一致意见。如果意见不一致，比如招办认为这位学生应该被录取，教师认为应该被拒绝，我们会进行讨论。我可能会说“作为招生委员，你给出的录取决定是对的，我同意”，许多情况下教师可能会妥协或者我们妥协。所以是一个讨论过程，且通常与背景联系起来，比如在单独审阅一位学生时，我们可能没有意识到还有三位申请者来自同一所高中，这是我们录取的第三位学生，但教师或者我们只希望录取一位。所有的冲突在协商后解决，没有哪个人有最终的话语权，所有的录取决策都是在团体和委员会中做出的。教师是随机核查申请材料，称为“随机阅读”（random reads）。（Davidson-AO-1-160512）

虽然不直接审阅申请材料，但教师会以审阅特长、参与奖学金面试等形式参与到选拔过程中。视觉艺术类、体育类等专业性强的院系的教师会审阅申请者的专业资质，并提供推荐意见供招办参考。招办则把关学业资格和区分专业实力相近的申请者，并做出最终的录取决定。在 WFU，招办会考虑教师对具体录取决定的意见，也会参考与学生有接触的教师的推荐意见，同时有一位退休教师参与学生面试和奖学金获得者的选拔。另外，各校教师在招办需要时会给予帮忙，如参与为申请者上课等拓展活动。由于教师忙于自身的教学和研究工作，因此不参与常规的学生面试和审阅工作。由此可看出，与我国许多高校的自主招生、综合评价等项目主要由教师亲自审阅候选者不同，对生源的实际选拔在美国是招办的专业事务。

> 大部分时间为招办做出录取决定，我们有来自学术院系的录取指南，但有时也直接介入，特别是商学院的世界双向贸易项目（World Double Trade），该院系会说“这是我们寻求的生源，这些学生我们最感兴趣”。艺术项目会说“我们真的喜欢这

份档案袋，你能否确信他们来到这里后学业上会有不错的表现?”所以我们与学术院系合作，但大部分时间是我们与他们给予的录取指南打交道，这是一个好的混合工作模式……教师在学业奖学金评审过程中扮演着重要角色，他们开展多个面试，因为显然候选者将成为所在年级的领导者。但我们没有教师委员会监督招生事务的实施。我们邀请一组候选者来到校园参加学业奖学金的面试。一位教师、一位职员和学生共同面试一组候选者，教师和学生来自候选者的意向专业。教师会提交面试笔记，提供对学生的评价反馈。我认为教师喜欢在录取决策过程中起一些作用。(USC-AO-3-151215)

二 教师监督的原因

根据受访者的解释，之所以由教师监督招办，在于招办是代表教师在选拔课堂中的学生，教师招生指导委员会的监督可以确保招办了解教师期待的教学对象的特征。课堂教育是大学教育最重要的部分，案例校都很强调学生与教师之间的互动，特别是私立大学和文理学院生师比和班级规模偏小（见表 8 - 4），二者的互动更是密切。例如，WFU 在招生宣传材料中指出：“11：1 的生师比允许大一学生了解学校的教授。大多数课堂的学生少于 25 人，大一学生至少有两门少于 20 人的研讨式课程。除了体育课和一些实验课程外，所有的课都是教师在上，而非研究生。”[①] UCLA 也指出“70% 的本科生课程拥有少于 30 名学生，可以最大化地与教师进行个人互动”[②]。因此，录取学生在课堂是否会与教

---

① Wake Forest University, “Admissions Viewbook 2015 - 2016”, http://static.wfu.edu/files/pdf/admissions/2015 - 2016 - viewbook.pdf, p.62. 另外，招生宣传材料表明的生师比 11：1 与表格中 WFU 的 10：1 不一致的原因在于二者可能不是同一年的数据。

② University of California, Los Angeles, “Overview”, http://www.ucla.edu/academics/.

师互动并有令教师满意的学业表现，是招办做出录取决定的基本出发点。

> 学业是最重要的部分，我们这里由教师治理……我们由教师招生委员会监督，这个委员会有我和六位教师，旨在帮助招办了解录取的学生是否为教师在课堂中真正想要的学生……教师招生委员会有权监督招办，因为招办的角色是塑造一个年级……我们不会走向可免试入学，部分原因在于招办是高校和教师的延伸（extension）。我们的招生实践受到教师的影响，而教师喜欢考试分数。所以如果教师在某个时候说“让我们采取可免试入学”，我会很惊讶。（Davidson-AO-1-160512）

表 8－4　　案例校的本科生师比和班级规模

相关指标	公立大学			私立大学		文理学院	
	UCLA	UCSD	UNC	USC	WFU	Pitzer	Davidson
生师比	17:1	19:1	14:1	9:1	10:1	10:1	10:1
20 人以下班级的占比	51%	35%	42%	61%	58%	73%	73%

注：数据源自各校 2015—16 年的 CDS。另外 Pitzer、Davidson 没有 50 人以上的班级，WFU 只有 10 个 50—99 人的班级。

为了选拔教师期待的教育对象，招办会通过会议汇报、培训和私下交流等途径与教师保持沟通，吸纳教师关于期望学生素质的意见，并融入至审阅实践中。例如，AO 在审阅材料时往往会从教师的视角思考优秀的学生应该具备什么素质。USC 的 AO 即指出在阅读过程中会时刻回想课堂需要什么样的学生，能否为课堂带来贡献、挑战教师、受益于该校提供的教育。对录取学生的质量，教师也会根据学生在课堂的表现给予招办反馈。如果学生在大学课堂表现不好，教师可能会有所抱怨。例如，USC 表示“教师肯定会对 2015 级新生的学习实力、求知欲和族裔多样性留下深刻印象。不管如何测量，这些新生都是卓越的，不仅会对这所大学产生深刻的影响，对整个世界亦是如此。”① WFU 的 AO 提到实行可免试入学改革后，“有教授来到招办感谢我们，因为课堂对话现在变得不同，因为学生变得不同”。

> 通常我们的学生表现相当不错。我们在培训时的确会得到反馈，教师会过来与我们交谈，反馈他们希望在课堂看到的元素，比如他们期待看到学生喜欢挑战、喜欢进行批判性思考等。我们总是尽力将教师的反馈融入我们寻求的生源特征中。我发现 USC 的教师真的很棒，如果他们看到一位学生表现不好，或者处于挣扎中，他们会伸出援手提供帮助，给予学生需要的资源以取得成功，这是一个很特别的地方。我确信有高校会一直抱怨录取的学生和教师。但是我们很幸运，我们的教师真的很有帮助。（USC-AO-3-151215）

三　董事会的监督

除了为教师选合适的教育对象，招办也在为包括校长在内的董事会选拔生源，因此录取决策实践同样接受他们的监督，以满足高校的各项使命和利益。例如，高校使用多种方法来发展或确认评估申请者的方式是否合适，除了效度研究和教师共识，董事会的决议也是决定如何评价申请者的常用方法。② WFU 的 AO 即指出：“招办主任的工作之一是与教师沟通，确保我们的工作得到教师肯定。她与大学管理层沟通，谈论学校的需求、需要的学生特征，确保我们得到最佳的混合。”加州大学校长办公室常桐善博士表示：“加州大

---

① University of Southern California，“USC Announces Class of 2019 Statistics”，September 30，2015，https：//pressroom. usc. edu/usc-announces-class-of-2019 – statistics/.

② College Board，*Admissions Decision-Making Models*：*How U. S. Institutions of Higher Education Select Undergraduate Students*，College Board's Admissions Models Project Report，2003，pp. 33 – 34.

学招生委员会每年必须向大学董事会提交一份招生综合研究和评价报告，向董事会汇报招生政策以及招生结果。”当2001年加州大学系统采用综合评审政策时，董事会即指出应该公平地使用该政策，各分校也应遵守《209法案》，不在录取决策过程中使用任何形式的族裔照顾政策①，同时要求每年以及每五年对政策实施的学业和财政影响进行评估并发布报告，以支持这项行动的开展。不过与教师直接负责招生政策的制定不同，董事会的监督更为间接，以把控宏观方向为主。

高校外部的专业协会、媒体等亦会起到间接监督的作用，但不具备管理功能。例如，于1937年建立的NACAC是指导、规范美国大学招生实践的主要专业协会，会员以大学的招生专业人士以及高中的咨询师为主。该协会制定了《最佳实践原则声明》（Statement of Principles of Good Practice），是建议会员在招生实践中遵守的行为准则。② 大学委员会也提出了高校录取决策最佳实践的概要，包括：“（1）提供比高校使命陈述更详细的关于高校目标和优先事项的机构优先项声明，并认识到在不同的目标（比如提升质量、有限增加助学金）之间可能存在折中/权衡利弊，为录取决策的做出提供指导。（2）制定关乎目标达成的战略规划，表明测量目标进程和成功将会使用什么样的参数以及何时使用。（3）制定实施计划，描绘招募学生的方式和录取过程中使用的标准。（4）制定实证评估计划。（5）根据评估结果修订各项计划的重组过程。”③ 同时，大学校报、

---

① University of California Board of Admissions and Relations with Schools, *Annual Report on Undergraduate Admissions Requirements and Comprehensive Review* 2016, BOARS 2016 Report to Regents, February, 2016, p. 3.

② 该协会每年会发布《大学招生报告》（State of College Admission），公布申请者、生源招募、考量因素的使用等多方面的情况，并召开年度会议，促进AO和咨询师的交流。

③ College Board, *Best Practices in Admissions Decisions: A Report on the Third College Board Conference on Admission Models*, College Board's Admissions Models Project Report, 2002, p. 9.

社会媒体会发布与大学招生相关的新闻或故事，从而共同参与对大学招生的监督。大学也可以利用社会媒体和网络来主动增加透明度，以及拓展可能的生源群体。

第九章

多重逻辑作用模型的建构

美国精英高校在选拔生源上的考量是很复杂的，对其的解读需要置于历史的、社会的、政治的、市场的、文化的和高校自身的教育背景中。驱动美国精英高校录取决策行为的多重逻辑作用模型的建构，离不开对其实践及影响环境充分、深入的研究。本章首先梳理扎根于一手数据的研究发现，进而对发挥作用的各项逻辑进行解读，并构建多重逻辑作用模型，最后对美国精英高校在提供入学机会上面临的挑战进行讨论。

第一节　研究发现

一　录取决策的目标与铁律

尽管七所案例校使用的考量因素、评价路径和具体的质量控制手段不完全一致，但各校都追求公平地塑造一个卓越的、多样化的年级，同时致力于服务机构利益和使命。在这一点上，不存在办学类型的差异。

（一）共同目标：卓越、公平与多样化

卓越、公平与多样化是美国精英高校共同追求的招生目标，其

中卓越和公平也是各国大学招生的共同目标（但内涵不一定相同[①]），多样化则是美国的特色目标。这三个目标的内涵及其形成原因、三者之间的互动关系如下。

1. 卓越

“卓越”指向高校在众多学业合格的申请者中成功挑选出最优秀（best）、最有前途（brightest）的生源，组成一个卓越的年级。与中国基本上将高考分数优秀的学生定义为卓越的学生所不同，美国社会认同的“卓越”具有丰富的形式，而且既关乎个体学生，又关乎作为整体的一级新生。一是，在挑选个体生源时，卓越的学生体现在“最优秀”和“最有前途”两个维度：“最优秀”指向全面发展的学生，即不仅学业杰出，还显示出在个人能力、成就和兴趣等多方面的优势，其中学业表现优异是核心特征；“最有前途”的学生包括两类，一类为学业本身并非最优秀、但具备杰出的个人品质或才能的学生，比如有突出领导力或者在社区服务方面有突出贡献的学生，另一类为学业本身并非最优秀、但克服了逆境取得成功的学生，比如在弱势背景下取得高成就的Posse学者。二是，通过汇集具备不同卓越特征的生源，高校可以获得一个学业上杰出并全面发展的卓越年级，其中学业卓越是核心特征。这个年级不仅有擅长学业和考试的学生，也包括拥有杰出领导才能、为家庭或者社区服务做出突出贡献的学生，以及在运动、音乐、艺术等领域有特长的学生等。这个年级在以数字衡量的成就上未必最佳（比如其GPA可能低于以公式化路径录取的年级），但具备集体大于个人的效应，即它的集体优势会促进大学共同体的卓越。最有前途的学生往往被视为具备成为校园和公民领袖或者成功的执行者的潜能。

美国精英高校均追求多维度卓越的原因，在于使个体学生受益

---

① 例如，在牛津大学，卓越理念体现为选拔具有优异学业成就和专业成功潜力的生源，公平理念既包括考量因素的公平性，也体现为申请机会、竞争机会和录取概率的公平。

并满足社会需求。一方面，AO 通过挑选最优秀和最有前途的生源，为他们提供平台创造性地、最大限度地发挥自己的潜能，从而将其培养成为成功的公民和政治、商业、科技等各行各业的领袖。另一方面，卓越的学生不仅会为高校做出贡献，也会造福政府和民众，为本州或整个社会做出显著贡献，因为所有的人都会受益于社会各领域拥有的尽可能多的人才。因此，在招生中追求多维度的卓越是符合个体、高校和社会共同利益的选择。

2. 公平

"公平"指向高校通过公正、透明的方式选拔不管背景如何的卓越生源（如图 9－1）。就"公正"而言，一是，它意味着选拔方式是中立的、不偏不倚的，即选拔方式对所有学生保持一致，不受个人偏见或外界力量的干扰或影响。换言之，无论族裔身份或 SES 等个人特征如何，招办为所有申请者提供展示自身相关信息的机会，并运用相同的标准和路径进行评价。这一点属于教育平权中的程序性正义，与服务于社会正义（social justice）、社会效率（social efficiency）的诉求有关：一方面，联邦法律规定接受联邦资助的高校的招生政策中不允许存在基于族裔身份、肤色、宗教、国籍、年龄、残疾、性取向或性别的歧视（法律豁免除外）。私立高校也遵守反歧视的法律准则，但是政府基于私立高校的特许状给予了一些弹性空间，比如单一性别的私立女校是合法的；另一方面，基于成就的择优录取机制是促进社会阶层流动、民主治国的有效途径，因为"奖励一个人做了什么而非他是谁，以及个人的发展是起是伏取决于个人的能力"①，是界定追求个体自由和个人成就的"美国梦"的一部分。

二是，公正还蕴含着对弱势群体的扶持，因为美国社会不同阶层和群体所处的教育环境和社会环境很不一样，弱势群体享受的教

① Joseph A. Soares, *The Power of Privilege: Yale and America's Elite Colleges*, Stanford, CA: Stanford University Press, 2007, p. 1.

育机会和资源远远比不上出自拥有丰富文化、经济和社会资本的家庭的子女，其达到的成就也很可能受到限制。换言之，竞争起跑线的差异使得“一刀切”的公平本身就不公平，教育平权中的补偿性正义要求 AO 必须考虑每位学生所处的学校、家庭及社区的状况，使付出最大努力取得成就的优秀学生能够在所处背景中被发现和选中。为弱势群体提供接受卓越高等教育的机会是服务社会发展、促进社会阶层流动的需要，也是精英高校的办学使命之一。

就“透明”而言，它意味着选拔方式和结果的公开。也就是说，以什么样的标准选拔生源、具体如何选拔以及最终录取的生源具备什么样的特征等，都应该被公众知晓，而非隐藏的秘密。因为美国政府和社会都希望高等教育保持透明度和责任感，特别是依赖州政府拨款办学的公立大学，更需要接受问责。目前，美国高校的招生工作比我国透明得多，招办和大学层面一般都会发布较为详细的选拔标准和过程，招生季结束后也会公开新生档案等数据，表明新生在地理位置、学业表现等方面的特征。

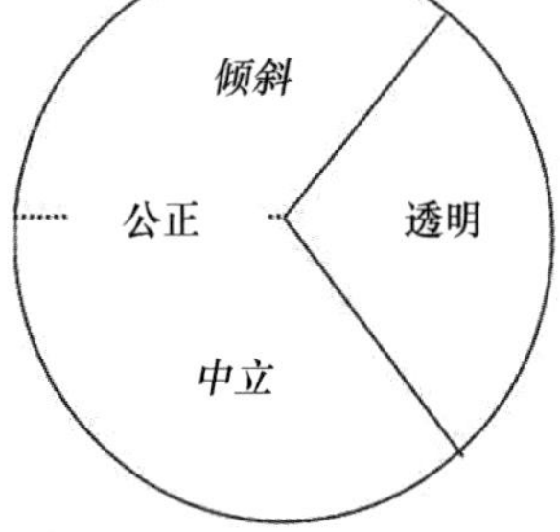

图9-1　公平的维度

注：本图为笔者自行绘制。

3. 多样化

“多样化”指向高校招收的新生群体代表了社会成员展示出的各类特征，包括族裔身份、SES、性别、居住地（美国）、国别、年龄等容易测量的人口学特征，以及个人品质、学习兴趣、个人兴趣、教育背景（高中）、生活经历、文化、才能、学识、视角、信仰等较难量化的个人特征（如图9－2），范围十分广泛、难以穷尽。换言之，高校塑造的年级是有趣的、最佳平衡的各类群体混合体，包括学者、最有可能成为未来经济和政治领域的精英、运动员、拥有杰出音乐和艺术及其他特殊才能的学生、来自美国不同地域和全世界不同国家的学生、来自不同族群的学生、校友子女、“第一代大学生”等等。在所有的维度中，族裔身份的多样化是多样化理念普及的缘起，全美范围对多样化的强调源自民权运动时期肯定性行动的推广。如今，族裔身份仍然是最受公众关注的维度，也是一直被高校最常使用和最重视的维度。SES 多样化则是次重要的维度，近年来才被广泛关注。需要指出的是，虽然塑造一个多样化的年级是不同精英高校共同的目标，多样化本身并不是一个通用的概念，而是本质上为各校特有的概念。换言之，尽管有许多共同的元素，但高校的多样化追求因各自的教育任务、培养理念、利益需求不同而有所差异。① 例如，在私立高校，多样化年级还包括捐赠者子女等特殊利益群体，但这一点在公立大学是不被允许的。而且，多样化不存在一个统一的既定理想比例，比如少数族裔占比应该达到多少最佳，而是因高校而异。

精英高校一致追求生源群体的多样化，在于其可以带来诸多教育和政治益处，同时满足机构优先项。第一，多样化可以营造更好的课堂和校园环境，从而提高每位学生的教育体验，并帮助学生习得适应多样化环境的技能，为他们融入日益多样化的职场和社会做好准备。这被各校视为应该承担的教育任务。第二，通过招收来自社会各类群体的成员，高校可以为美国社会培养涵盖各领域的良好公民和杰出领导者，也有助于打破不同群体之间的隔阂，从而打造

① Amy N. Addams, Ruth Beer Bletzinger, Henry M. Sondheimer, S. Elizabeth White, and Lily May Johnson, *Roadmap to Diversity: Integrating Holistic Review Practices into Medical School Admission Processes*, Association of American Medical CollegesResearch Report, 2010, p. ix.

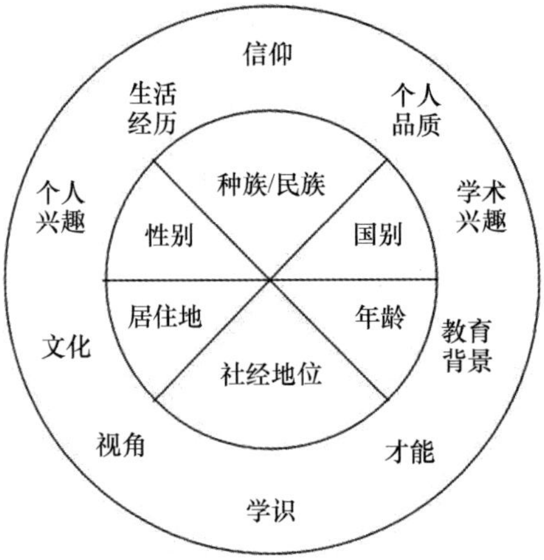

图9-2 多样化的维度

注：参考自 Marilyn Loden，*Workforce America*：*Managing Employee Diversity As a Vital Resource*，New York，NY：McGraw-Hill Education，1990，p. 20.

一个更强、更民主、更具包容性的国家。这不仅仅具备教育价值、有益于学生本身，也具备政治价值、使政府和社会获益。政治益处在族裔多样化上表现得尤为突出，目前美国仍然是种族社会，依然存在显性或隐性的种族歧视，需要高校带入“足够数量”的少数族裔，为促进学生之间的跨族裔理解和族裔融合做出贡献，同时也为社会培养优秀的少数族裔公民和领导者。第三，汇集具备各类特征的学生，可以满足高校一系列的利益诉求。

4. 三者的互动

卓越事关选拔学生已经取得的成就和未来发展的潜能，公平事关录取决策过程和结果的公正和透明，多样化关乎招收具备所期望特征的混合学生群体。三者是精英高校追求达到的共同招生目标，是“而且、和”的关系，而非“三者之一、或”的关系。[①] 同时，

① Santa J. Ono，“Holistic Admissions：What You Need to Know”，April，2016，https：//www. agb. org/trusteeship/2016/marchapril/holistic-admissions-what-you-need-to-know.

三者并非彼此独立的概念，而是被精英高校视为相互依存、相互强化的关系，可以说“卓越”离不开“公平”“公平”造就了“多样化”“多样化”促进了“卓越”，而且三者的位置可以随意调换。首先，有效地招收多样化的卓越生源，需要通过公正、透明的方式实施。只有公平选才，才可以塑造真正卓越的年级。例如，公式化的评价路径难以了解作为整体的申请者，也难以看到申请者未来发展的潜能。其次，公平旨在“包容”（inclusive）而非“排斥”（exclusive），这正是“卓越”和“多样化”内含的精神。公平要求意识到申请者的教育背景和成长环境，这就为选拔在不同背景下取得高成就的卓越的、多样化的生源提供了机会。最后，多样化的努力有助于达成卓越和公平，特别是卓越被视为是基于多样化的卓越。一方面，校园多样化是卓越教育的重要组成部分，只考虑学业因素有损教育质量。加州大学伯克利分校校长罗伯特·伯达尔（Robert Berdahl）就表示：“更应该说当我们追求多样化时我们将保持卓越，而非当我们追求卓越时我们将保持多样化。”① 辛辛那提大学（University of Cincinnati）校长桑塔·奥诺（Santa J. Ono）也强调“多样化不是一个拥有会添彩的插件，而是成功必须拥有的元素”。② 另一方面，精英高校都想获得最优秀的学生，如果不注重多样化则会错失许多来自弱势背景的非常聪明和努力的生源，因其不认为自己可以被录取或受欢迎，或仅仅因为不能负担高昂的学费，从而不去申请，这也就有损公平。

不过，笔者认为尽管卓越、公平与多样化之间可以互相促进，但其互动关系是一把双刃剑，三者之间需要互相妥协也是事实，对

---

① Pamela Burdman, *UC Berkeley Struggles to Live With Race-Blind Admissions Policy*, April 6, 1998, http://www.sfgate.com/bayarea/article/UC-Berkeley-Struggles-to-Live-With-Race-Blind-3009654.php.

② Santa J. Ono, “Holistic Admissions: What You Need to Know”, April, 2016, https://www.agb.org/trusteeship/2016/marchapril/holistic-admissions-what-you-need-to-know.

任一方面的追求都可能以牺牲其他两方面的诉求为代价。在公立高校，对大学卓越教育的追求与为州内居民优先提供入学机会的承诺、族裔多样化之间存在妥协。加州大学近几年为了获得更多学费收入，录取了更多州外和国际学生，使优先服务州内学生的承诺打了折扣。同时，受到倾斜的少数族裔成就相对偏低，一定程度上影响了其卓越水平，对其他成就更高的非少数族裔学生可能也存在不公。在私立高校，学业质量与学费、捐赠之间存在交易，对卓越的追求伤害了机会公平和 SES 多样化。大学学业的卓越性总是要靠金钱关系维持其需求①，依赖市场办学的私立高校必须要在招收能够支付全额学费和提供捐赠的富裕年轻人与招收更多来自中下阶层的年轻人并为贫困学生提供奖学金之间寻求平衡，从而在某种程度上造成了生源社会阶层偏向于富裕学生。

（二）铁律：服务机构利益和使命

前文提到杰罗姆·卡拉贝尔认为精英高校录取政策中的铁律在于为自身利益服务，笔者认为录取决策不仅仅是为自身利益服务，还为自身使命服务，即录取决策的铁律在于服务高等教育机构自身的利益和使命。

1. 服务机构利益

笼统地看，精英高校的利益诉求包括满足注册目标、满足财政需求、吸引更多申请者、提高声望和排名、增加选拔性、追求领导者地位、促进族裔多样化、保持校园体育实力、反映州内人口分布等等。即使是公立大学，也追求不断提高自身声望。即使是私立高校，也主动追求族裔多样化。不过，具体到个体机构，各校的利益诉求和优先项不尽相同，在不同办学类型和同一办学类型内部都可能存在差异。例如，满足财政需求和注册目标往往是私立大学和文理学院的核心利益诉求（资金充裕的常春藤大学可能例外），依赖自

① Joseph A. Soares, *The Decline of Privilege*: *The Modernization of Oxford University*, Stanford, CA: Stanford University Press, 1999, p. 15.

身资金办学的私立高校均需要确保注册满额的生源以获得学费和捐赠收入，因为这是它们赖以生存和发展的基础。但对同为私立大学的 USC 和 WFU 而言：前者本身的财政实力雄厚，获得学费收入并非其优先项；后者相对财政实力不足，故需要优先考虑支付能力以获得充足的学费收入。相比之下，促进族裔多样化和反映州内人口分布则是依赖州政府拨款的公立大学的核心利益诉求，但对同为公立大学的 UCLA 和 UNC 而言，UCLA 以追求族裔多样化为主要优先项，因为加州人口的族裔多样化特色突出，UNC 的族裔多样化压力则相对更小。另外，同一所高校的利益优先项在不同时期也可能有所差异。以 WFU 为例，该校在可免试入学改革之前生源主要是白人学生，但在多重动因下实现族裔多样化成为改革的目标和重点。同时，在改革初期，该校优先录取了许多学业表现优秀的国际申请者以获得学费收入和族裔多样化。但在国际学生占比达到 10% 以后，该校希望维持这一比例而非继续扩张，以寻求地域代表性的平衡。基于录取政策需要满足许多不同的优先项，大学委员会指出："一些学生确实应该由于某些背景特征或特殊才能得到倾斜待遇。在精英高校，许多高学业成就的学生不会被录取的事实，仅仅是对这些学生及其家庭不公平。"① 当然，录取工作的底线仍然是做出艰难的选择，从合格的大量申请者中决定应该录取哪些学生，而非应该拒绝哪些学生。

2. 服务机构使命

招生工作在美国高校被视为传承办学使命的手段，各校的录取决策是朝向办学使命的，体现为录取决策的理念和实践被置于高校战略目标的背景中考量，每所高校如何定义它的社会使命是讨论的基础。换言之，关于录取谁的决定、使用什么标准以及如何进行审

---

① College Board, *Admissions Decision-Making Models: How U. S. Institutions of Higher Education Select Undergraduate Students*, College Board's Admissions Models Project Report, 2003, p. 53.

阅，取决于高校主动追求或被要求、被强迫扮演的社会角色①。一个成功的录取决策过程必须服务于高校的办学使命。作为高等教育机构，尽管办学类型不同，公立大学、私立大学、文理学院在本科阶段的核心使命均为培养公民和公民领导者以及服务社会。在办学使命的驱动下，各校卓越、公平和多样化都不是单一维度的概念，而是具备丰富的内涵，并均在审阅申请材料时寻求体现领导才能、公民素质和服务社会的证据，比如申请者是否积极参加课外活动和志愿服务。不过，对于培养的公民和公民领导者应该具备什么样的特征，各校的界定不一定完全相同，往往取决于机构特定的教育理念与院校文化风格，从而导致录取决策实践存在一些差异。例如，各校都注重培养学生的领导力、创造力、社会责任感、服务精神等，但重视学业诚信的 Davidson 特别强调自律性的养成，在录取决策中也相应地看重与其学业诚信文化的匹配。这一点在非本文研究范围的宗教性高校、单一性别高校、专业学院等特色高校体现得更明显，比如宗教性高校以培养宗教领袖为其办学使命。

在服务社会上，公、私立高校都承担社会责任，致力于促进社会发展和阶层流动，但与私立高校没有服务地域的限制所不同，公立大学存在为本州服务的社会契约，在制定招生政策时需要考量州劳动力的需求和迎接当地存在的持续挑战（比如促进族裔融合）。因此，公立大学不仅要为本州所有符合录取标准的申请者提供平等的被考虑机会，也需注重招收"第一代大学生"和学业竞争力可能不足的少数族裔，以促进所在州的健康和长远发展。例如，对身处族裔混合程度高的加州的 UCLA 和 UCSD 来说，坚持严格以高中 GPA 和 SAT 分数来定义学业成就，将会导致大量白人和亚裔学生被录取，这不是大学领导者政治上可以接受的路径。而且这不仅仅是一个政

---

① Jerome A. Lucido，"How admission decisions get made"，in Don Hossler，Bob Bontrager，and Associates，eds.，*Handbook of Strategic Enrollment Management*，San Francisco，CA：Jossey-Bass Press，2015，p. 149.

治问题，加州大学承诺其生源群体分布会反映加州迅速增长的少数族裔。[①] 换言之，如果不能回应人口学的需求，两校也就不能达成其服务加州的办学使命。

二　招生目标的达成方式

为了实现卓越、公平与多样化的共同目标，并服务于自身使命和利益，在宏观层面，案例校在录取决策中都采用了基于多个标准的综合评价和兼顾公平与效率的整体性审阅路径，并使用了多种手段进行质量控制。换言之，各校对申请者的评价遵守目标导向的、服务自身利益和使命的录取决策原则。当然，在微观层面，各校的操作细节存在一些差异。

（一）基于多个标准的综合评价

不管办学类型如何，精英高校在录取决策中均综合考虑学业表现类、个人成就类、个人背景类三大维度下的多个具体因素。当然，并非各校都查看所有的因素，同时各因素的功能及其重要性本身不尽相同，并可能随机构而变化。通过这些因素，高校可以推断申请者的大学成功潜能、贡献潜能以及获益潜能，这也是各校选拔卓越的、多样化的生源时共同使用的三个录取标准（如图 9－3）。各录取标准的内涵及综合评价中的决策规则阐述如下。

1. 录取标准的内涵

大学生活由学业和校园生活两部分组成，大学成功潜能包括在大学取得学业成功和取得个人成功两个维度。就取得学业成功而言，录取的学生能否在本校持续学习（不转学）并顺利毕业、获得学位，是精英高校在录取决策中的基本考量。各校主要通过考察申请者已经取得的学业成就来推断其在大学取得学业成功的潜能，包括学业严格度、高中 GPA、成绩发展趋势、年级排名等在内的高中学业记

① John Aubrey Douglass, *The Conditions for Admission*: *Access*, *Equity and the Social Contract of Public Universities*, Stanford, CA: Stanford University Press, 2007, p. 127.

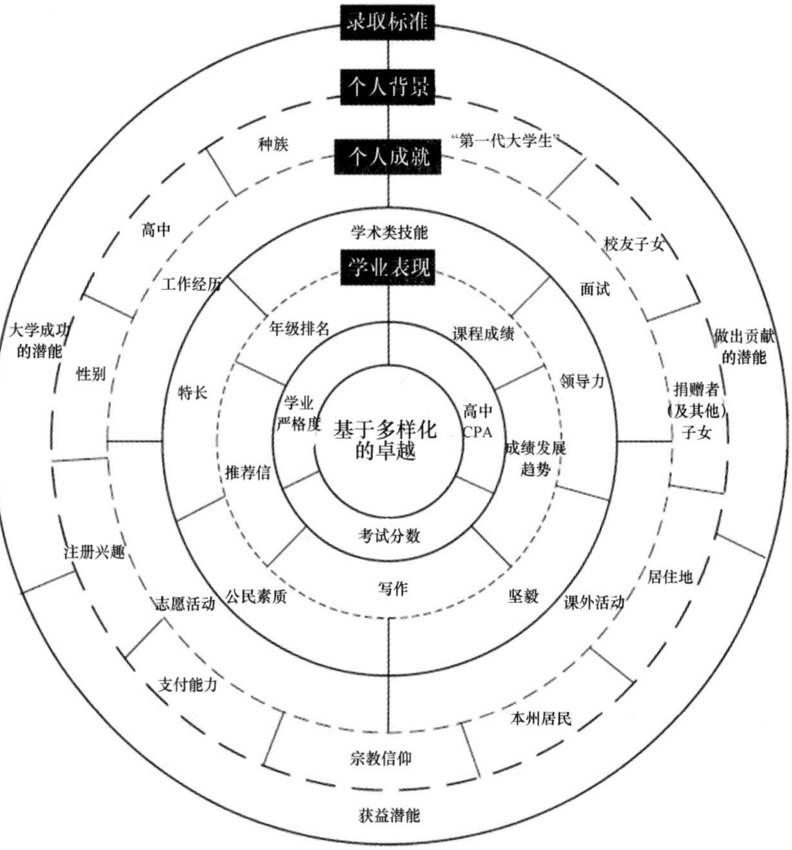

图9－3　综合评价模型

注：参考 Alicia D. H. Monroe and Jim Scott, *Roadmap to Excellence*：*Key Concepts for Evaluating the Impact of Medical School Holistic Admissions*, Association of American Medical Colleges Research Report, 2013, p. A－1.

录是体现学业成就的最重要信息，其中学业严格度是最重要的单个指标，考试分数、写作、推荐信等其他学业指标反映的学习能力则是判断学业成就的重要参考。不过，由于操作的便利性，体现了学业严格度的高中GPA和考试分数成为揭示生源优秀程度的最常用的传统指标。就取得个人成功而言，申请者入学后能否积极融入校园生活并从中获得蓬勃发展（比如成长为领导者），也是精英高校的重要考量。各校主要通过查看申请者在高中和所在社区已经取得的个人成就来甄别未来取得个人成功的潜能，个人品质和才能因素是直接体现个人成就的重要指标，面试、课外活动、志愿服务和工作经历则是反映个人成就的测量因素。当然，属于学业表现类因素的推荐信和写作也可反映个人成就，坚毅等个人品质亦与学业成就密切相关。

与“大学成功潜能”这一标准关乎申请者自身的成就和品质相比，“贡献潜能”标准关注的是潜在的生源给高校以及毕业后给社会带来的贡献。贡献的范畴很宽，对高校的贡献包括对师生课内、课外的学识交流等学业方面的贡献，也包括对校园生活、社团活动等文化方面的贡献，还包括对达成三大目标和不同办学使命以及满足机构各项利益的贡献。对社会的贡献则关注给社会带来的长远益处，比如促进社会发展、维护政治稳定、提供人力资本等。相应地，申请者可能做出的贡献形式多种多样，包括提高大学教育体验的整体质量、丰富校园文化、积极参与公民服务、带来财政收入、促进生源多样化、满足注册目标等等。概言之，只要契合高校的需求，都可称之为贡献。例如，高校有许多不同的学术院系需要学生注册就读，也有大量的社团组织需要学生加入并推动其进一步发展。

当然，高校最重视的是申请者能够带来的有意义的、独特的贡献，特别是能够填补机构在某方面的不足或空缺。如果在校生的人口学分布显示非裔学生占比严重偏低，那么招办往往会优先录取非裔申请者，并将之视为对促进学生群体多样化的贡献。因此，相对于以在大学取得成功的潜能为标准是对申请者已有学业和个人成就的奖励，以做出外在贡献的潜能为标准则是对满足高校需求的回报。基于贡献的广泛内涵，各校对做出外在贡献潜能的甄别是通过对所有因素的考量实现的。例如，具备批判性思维、领导力、公民素质、坚毅等个人品质的申请者可以做出的外在贡献，包括成为对大学学业和校园文化生活的贡献者，也包括毕业后成为继续有益于社会发展的贡献者。其中，个人背景类因素主要服务于对达成高校的公平与多样化目标、办学使命和自身利益做出的贡献，比如各校对“第一代大学生”身份的留意主要在于促进入学机会公平和生源多样化，完成服务社会的使命。

与“贡献潜能”标准是站在潜在生源能为高校带来什么的立场不同，“获益潜能”标准是站在高校如何影响学生的立场，强调考察申请者能否从机构提供的各类资源和平台中受益。虽然匹配指向的是涵盖文化、个性、学业等维度的全方位匹配，满足所有标准的生源才是匹配的生源，但学生是否有获益潜能这一标准尤为关键，最为凸显高校与学生双向匹配的理念。一方面，高校特别看重申请者是否具备利用所处环境提供的机会发展自己的能力，因为该类生源入校后可以最大限度地利用大学教育资源取得成功，并对所在领域和社会发展做出有价值的或者显著的贡献。另一方面，不同申请者的学习兴趣、个人兴趣、个人特长等存在差异，而美国高校提供的教育项目、教学资源和社团活动等不尽相同，特别是私立高校由于办学风格、定位和传统的缘故，特色往往更鲜明。因此，学生的需求与高校的教育理念和提供的资源之间是否匹配变得颇为重要，匹配的生源才是在混合学生群体中适切的生源。各校主要通过坚毅、求知欲等个人品质和写作、推荐信、面试等个人成就的测量指标，来甄别申请者的获益潜能。

2. 决策规则

理解综合评价中的决策规则，角度之一是依据学业表现的差异，将精英高校的申请者分为四类。第一类是具备在大学学业表现突出、取得高 GPA 的潜能的申请者，可称之为“杰出的学生”（excellent students），即申请材料揭示其拥有优异的、明显高于申请者库平均水平的学业成就，体现为高中 GPA 在没有上限的情况下一般为 4 及以上（如果 GPA 上限统一被规范为 4 的话则一般落在 3.75—4 的区间）（见表 2 - 5），在所属高中的年级排名一般为第一或第二名，考试分数一般会落在新生群体考试分数分布前 25% 的区间（见表 2 - 8）。第二类是具备在大学学业表现不错、取得较高 GPA 的潜能的申请者，可称之为“不错的学生”（good students），即学业成就属于良好、彼此之间差距很小、位于申请者库平均水平附近的中间群体，体现为高中 GPA 在没有上限的情况下一般为 3.75—4（如果 GPA 上限为 4 则一般是 3.50—3.74），年级排名一般位于前 10%（见表 2-6），考试分数一般落在中间 50% 的区间。第三类是能够完成大学学业并毕业、大学 GPA 表现一般者，可称之为“合格的学生”（qualified/admissible students），即学业成就达到录取的最低要求但表现一般、低于申请者库平均水平的学生，体现为高中 GPA 在没有上限的情况下一般为 3.75 以下（如果 GPA 上限为 4 则一般是 3.5 以下），年级排名位于前 10%—50%，考试分数一般落在后 25% 的区间。第四类是在大学未必能够顺利毕业、大学 GPA 表现很差者，可称之为“不合格的学生”（unqualified students），即学业成就没有达到高校设定的最低录取标准、位于申请者库末端的学生，一般高中 GPA 在 3.0 以下，年级排名位于后 50%，考试分数一般落在后 10% 的区间。

在四类申请者中，第一类——学业上杰出的申请者基本都会被精英高校录取，除非在个人成就上有负面影响（比如人格有明显的欠缺、高中没有课外活动），才会撤销其学业上的优势。换言之，这些学生即使个人表现平庸也会脱颖而出，因为学业卓越是多样化的形式之一。该类学生在新生中的占比可能约为 10%（私立高校）或 15%（公立大学）。第二类——学业上不错的申请者的录取概率为 50%，因为虽然都具备录取资格，但精英高校中该类申请者太多、远远超出可录取的名额，需要进一步基于个人成就被评价。该类学生在新生中的占比可能约为 60%（私立高校）或 70%（公立大学）。第三类和第四类——学业上合格和不合格的申请者多数被淘汰，被录取的少数为“第一代大学生”、少数族裔等高校希望扶持的弱势群体（录取理由是具备获益潜能）和校友子女、捐赠者子女等利益相关者（录取理由是为机构利益做贡献），在新生中的占比可能约为 30%（私立高校）或 25%（公立大学）。而且，在这两类被录取的学生中，大部分属于学业合格者，在新生中可能约占 27%（私立高校）或24%（公立大学）。学业不合格但被破格录取者很少，在新生中可能约占3%（私立高校）或1%（公立大学）。这两类学生经历的审阅阶段更多，例如：在UCLA，除了常规审阅，还有补充性审阅；在私立高校，他们也会得到委员会的更多讨论。概言之，前两类学生是被录取的大部分人，而且都是以学业成就为前提被录取的，当然这些学生往往在学业和个人方面是平衡发展的。后两类学生是被录取的小部分人，主要以背景特征取胜。

理解综合评价中的决策规则，角度之二是从考量因素所属的维度进行解读。

首先，学业成就是对所有申请者评价的基础，也是几乎所有申请者参与入学竞争或者得到录取决定的必要条件。如果学业不合格，即使其他方面再出色，也基本会被淘汰（破格录取的极少数族裔和捐赠者子女例外）。另外，在众多体现学业成就的指标中，如果高中学业记录缺乏竞争力（比如年级排名位于后50%、高三或高四成绩较弱），特别是学业严格度不够（比如学生只修读容易的课程却忽略可选的更难课程），则高的考试分数和其他学业因素的优秀表现可能无法弥补其不足，往往导致申请者被拒绝的命运。但是如果考试分数偏低或其他学业因素表现一般，而高中学业记录表现不错，则可能被录取。① 换言之，高的GPA和低的分数比低的GPA和高的分数更好。

其次，个人成就有助于区分属于中间群体的学业上“不错的学生”，是帮助他们赢得入学竞争的核心因素。前文已论述短文、推荐信、面试具备区分作用，而且中间群体往往需要在这些指标上都有

① 在UNC，有考试分数显著低于平均值、写作表现一般的申请者因为对多样化的贡献被录取，也有一位SAT分数高于平均分、GPA为4.310、拥有“第一代大学生”身份的非裔申请者因为学业项目不够有竞争力而被拒绝，这可以表明学业严格度的重要性。详见“个体考察”部分。另外，UCLA的AO曾表示“对于刚才我描述的GPA为4.0但考试分数偏低的学生，我仍然会录取他，尽管其考试分数低于平均值，但有足够的证据使我相信这位学生能够在大学获得成功、并做出相应贡献”。

好的表现。实际上，在体现学业和个人成就的各项指标上（如修读最难课程的门数、考试分数、所获奖项级别、在社团中担任的领导职务级别等），申请者的表现越好，录取概率越高。尽管受到机构利益和优先项的影响，最高或最多者不能保证一定被录取，但能保证竞争优势。

最后，加号因素（即倾斜因素）有助学业和个人成就相似（other-things-being equal basis）的中间群体和“合格的学生”赢得竞争，也可使“不合格的学生”以降低学业标准的形式被录取。而且，加号因素的存在促成了“分类优势”，即不同类别的申请者之间往往不互相竞争，而是在同一类别内部竞争，并且每一类别的学生都占据一定的份额。加号因素主要指个人背景类因素中的族裔身份（主要是少数族裔）、“第一代大学生”、较强支付能力、校友联结和捐赠者子女，地理位置和就读高中有时候会因为对多样化的贡献而被计入加号因素，州内居民则因为基数大一般不算加号因素，宗教信仰与录取优势无关，性别带来的优势尚不明显。个人成就中的运动才能也属于加号因素。除了申请者个体，加号因素是否生效还取决于高校的录取者库和在校大学生的特征，本质上都与高校的需求有关。同时，某位申请者拥有的加号因素越多，录取概率越高，比如具备非裔、“第一代大学生”和贫困学生的多重身份，往往比只属于贫困学生者更易被录取。不具备任何加号因素的学业表现和个人成就并非杰出者则很难被录取。值得一提的是，美国学界对于少数族裔倾斜的一种批判性观点，是精英高校倾斜的少数族裔以富裕家庭子女出身者为主，因为该类学生可以满足政治需求和财政需求的双重目标。

综上所述，通过大学成功潜能、做出贡献的潜能以及从大学教育中获益的潜能三个标准，精英高校可以获得一届卓越且多样化的生源，达成办学使命和回应自身利益诉求。除了审阅申请者时使用的录取标准是多重的，选拔一个年级时使用的录取标准也是多重的，体现为对不同的学生群体使用差异性标准，一部分申请者因为学业成就被录取，一部分因为个人成就被录取，一部分因为加号因素被录取。而且，不同录取或审阅阶段实际上存在不同的标准。在 Davidson，该校就坦承常规录取阶段由于不能保证申请者的注册结果，加号因素带来的倾斜力度小得多。在 UCLA，常规审阅阶段以学业标准为主导评价所有申请者，补充性审阅阶段则降低学业标准，主要基于贡献和获益潜能来评价弱势群体。尽管有看似明晰的录取标准指导着录取决策过程，精英高校的录取决策仍然具有艺术成分，是质性考虑与量化评价的结合，是艺术与科学的结合。

（二）兼顾公平与效率的整体性审阅路径

整体性审阅是具备高选拔度的公、私立精英高校为了达成各项目标一致使用的评价方式，因为其包含背景考察、个体考察和集体评议，可以兼具公平与效率。就背景考察而言，首先，将每位申请者取得的成就置于高中教育背景和个人成长背景中考察，考虑其拥有的资源和机会，可以实现公平的竞争。换言之，背景考察致力于将个体学生取得的成就与生活、学习背景联系起来，通过对背景深入、综合的理解，关注起点和过程的差异，从而实现公平的竞争。一方面，脱离背景查看每个因素得到的信息往往是片面的、不够准确的和具有偏见的，背景考察则可以保持评价的中立性，因为高中教育资源存在差异（包括课程资源、教师和咨询师资源、硬件设备等方面的差异），高中教育风格也不尽相同（包括课程体系与教学风格、成绩评定方式、年级排名政策、课外活动和推荐信文化等方面的差异），考试分数、课外活动等因素与 SES 和族裔身份存在正相关。另一方面，在弱势背景中取得高成就的学生能够主动利用有限的资源发展自己，具备大学成功潜能，这为倾斜弱势群体提供了合理的理由。因此，精英高校会通过中学报告、与高中咨询师沟通、申请材料揭示的背景信息、高中数据系统、与在校大学生互动、网络调查等多种途径来了解申请者的教育背景和个人背景。其次，将每位申请者置于申请者库中考察，即与来自同一高中的申请者、与平均水平以及与录取标准之间进行比较，而非脱离背景的横向比较两位申请者或两所高中，从而公平、有效地筛选大量申请者。

就个体考察而言，将申请者视为“一个整体”和“一个个体”，没有阈值、没有公式、没有单一的决胜因素，是高校达成寻求卓越生源、塑造多样化年级、公平选拔、满足自身使命和利益、保证决策自由度和区分申请者等目标的最佳方式。相比之下，依赖量化因素的公式化路径无法满足所有的目标。具体而言，高校寻求的卓越生源和多样化生源的内涵是多维度的，期待通过招生满足的自身使命和优先项也是多维度的，个体考察可以更好地了解每位申请者，甄别其特征与理想生源素质和机构使命、优先项之间的匹配程度。同时，依赖任何单一的考量因素都不是完美和明智的决策。每个因素都有着或多或少的不足，只有寻求关于申请者成就和潜能的多方面证据，才能择优录取并尽力避免偏向特权阶层，从而满足公平的诉求。而且，灵活度高的个体考察路径，可以保证招办的决策自由度，使得录取学业竞争力不够但契合机构使命和利益的申请者成为可能。因此，个体考察是最高法院批准的考虑族裔身份的合法方式，也是州禁令下 UCLA 和 UCSD 达成族裔多样化的必要方式。另外，非机械化的个体考察可以有效区分申请者。

就集体评议而言，其操作程序有效地保证了各项招生意图的实现与招生目标的达成。在委员会讨论模式或团队审阅模式下，一届新生产出的路径始于单名读者对每份申请材料基于量化评级的分项评价或基于质性评语的整体评价，并经历至少两名读者的评价以及委员会讨论或高级 AO 的审阅，止于确定一届新生名单的招生季末审核。每一步都兼顾了决策公平与效率的考虑，具体为：（1）每位读者通过对每份申请材料的阅读，获取关于每个申请者的完整信息，并结合背景对其学业表现和个人成就进行个体考察，有助于甄别生源的大学成功潜能、贡献潜能和获益潜能。其中，私立大学开展基于地域的审阅，可以确保对来自同一所高中多位申请者的评价是准确和公平的。（2）协作式决策有助于更好地了解申请者，也有助于避免单一评价的片面性、偏见或串通等缺点。（3）招生季末审核阶段开展四项工作，包括确定录取学生数量、平衡不同学生群体的分布、开展高中调查和调整录取决定，旨在服务满足注册目标、塑造一个多样化年级和公平选拔等目的。

（三）融合多种手段的质量控制

为了完成传承办学使命的任务，各校招办均对录取决策过程和结果进行质量控制，并接受高校多方力量的监督，以确保录取决策的准确性、可靠性和有效性。

其一，案例校录取决策过程本身的设计可以较好地保证评价信效度：（1）每位读者的深入阅读有助于确保评价信度①，同时每位读者结合教育和成长背景解读申请者的学业和个人成就，不以数字或公式或单一因素来机械化地、片面地做出评价，有助于甄别生源的学业和贡献潜能，从而确保评价效度。（2）至少两位读者阅读同一份材料、必要时更多读者的介入，以及录取过程中的大量团体讨论和经验分享，可以避免单一评价的不足，也可以更好地了解申请者及确保对录取生源特征的控制。（3）描述不同评级对应标准或成就的评价准则有助于评价过程的标准化，提升读者评价的一致性，也可以表明对高校重要的信息。②（4）各高校均有招生季末审核阶段，该阶段开展的两项工作——高中审核和平衡不同学生群体的分布——均是确保录取决策具备信度和效度的质量控制手段，前者的目的在于确保对同一高中申请者的评价是公平且有效的，后者的目的在于达成塑造多样化年级的目标。另外，UCLA 和 UCSD 设置的决定性审阅阶段、补充性审阅阶段都与开展质量控制有关，因为前者关注常规审阅中可能出现的异常评价现象，后者旨在为具备特殊才

---

① 一般被评价者的信息越完整，评价信度越高，比如大学委员会指出“搜集关于申请者的额外信息，比如增加对申请者的面试，也是提高信度的一种方式。”源自 College Board, *Selection Through Individualized Review: A Report on Phase IV of the Admissions Models Project*, College Board's Admissions Models Project Report, 2004, p. 22.

② College Board, *Selection Through Individualized Review: A Report on Phase IV of the Admissions Models Project*, College Board's Admissions Models Project Report, 2004, p. 41.

能或弱势背景下的高成就学生提供入学机会①。

其二，各校招办使用了专门的质量控制手段，具体如下：（1）使用质量检查技术，包括进行专门的信效度检验，以及使用多种手段来验证申请材料的真伪。（2）组建专业的评价团队，体现为“具备丰富经验的中高级 AO + 本校毕业的初级 AO + 精心挑选的外部读者”的组合模式。同时，对新招募的外部读者和新入职的内部职员开展严格的以模拟评价为主的集中培训，对全体职员也会定期开展培训，以保证每年的审阅达到目的，并使得不同读者之间的评价能保持一致。（3）投入大量的时间、人力和财力。在时间上，共有五个月左右的审阅季，每份申请在两轮阅读过程中得到约半小时的审阅时间；在人力上，尽可能保证充足的读者资源，其中公立大学，尤其是申请者库规模庞大的 UCLA 和 UCSD，聘用大量的外部读者缓解审阅压力；在财力上，由于招生工作的重要性，美国高校用于招生的财政投入普遍不低，个体化的审阅过程更为昂贵。（4）接受教师和董事会的监督。教师招生指导委员会主导招生政策的制定，并评估招生结果。招办则通过会议汇报、培训和私下交流等途径与教师保持沟通，吸纳教师关于期望生源素质的意见，并融入至审阅实践中。董事会也会进行一定的监督，以满足高校的各项使命和利益。

第二节　研究结论

社会事件总是由多重力量和多种动机所驱动，对各项录取决策行为动因的分析一再印证了这一点。基于研究发现，笔者提出影响精英高校录取决策实践的多重逻辑作用模型，论证顺序为各项逻辑的内涵

---

① University of California Board of Admissions and Relations with Schools, *Comprehensive Review in Freshman Admissions at the University of California* 2003 - 2009 , BOARS CR Report, June 22, 2010, pp. 28 - 29.

与体现、多重逻辑作用模型的构建以及多重逻辑作用模型存在的原因。

一　各项逻辑的内涵与体现

笔者认为有六项逻辑同时驱动着精英高校的录取决策，包括学术逻辑、文化逻辑、市场逻辑、政治逻辑、伦理逻辑和成本逻辑。下文将描述每项逻辑的内涵是什么，如何体现于录取决策实践中，为什么会起作用，以及作用程度在各类型高校有何差异。

（一）学术逻辑

学术逻辑指精英高校的教学风格和学业要求影响录取决策，这一点在录取标准、招生目标和多个因素的使用上都有体现。具体而言，精英公、私立大学的文理学部和精英文理学院都是博雅教育的风格，为学生提供多个知识领域的通识课程。同时，精英高校教学质量高且要求严格，具备挑战性，课堂有大量的讨论和写作要求，强调师生互动、生生互动。因此，所有高校均以具备胜任大学学业的潜能作为录取几乎所有候选者的底线录取标准，克服学业方面的不足是很困难的，案例校官方和多位 AO 一致声明不会录取没有做好准备、进入大学后无法顺利毕业和获得学位的申请者。即使是少数族裔、运动员、校友子女、“第一代大学生”等倾斜群体，也需要具备入学后能够完成大学学业的能力，否则招办没有做好本职工作，对高校和申请者都无益。UNC 提高特长生学业标准的改革以及 UCLA 在补充性审阅阶段中照顾录取的少数族裔必须显示出具备成功毕业潜能便是最好的例证。同时，在招生目标上，塑造的卓越年级首先是学业上杰出的年级，以维持高校的学术声誉和实力，每届新生的整体学业水平也是检测招生工作成功与否的首要准则。多样化被追求的理由之一亦为汇集具备不同特征的生源，可以丰富课堂讨论，提高教学质量。

多个因素被重视或使用的原因也是印证学术逻辑的有力证据。七所案例校一致将学业严格度视为“非常重要”的因素以及最重要的单个指标，并特别重视申请者是否修读了高中提供的最难课程，在于其是推测申请者能否在严格的大学教学环境中取得成功的最佳单个指标。各校之所以提出有关高中课程的类别和门数要求，原因在于一致认为申请者需要做好学业准备，同时各校允许申请者保持选课的弹性，部分原因为与大学的自主选课学习方式保持一致。GPA 之所以被看重，在于其为预测大学学业成功的最佳、最可靠的统计指标。AO 乐见课程成绩一直保持优秀或者取得进步，因为它揭示了申请者具备完成有挑战性的大学学业所需的可持续发展能力。高中学业记录作为整体是比考试分数等其他学业表现类因素更重要的信息，缘于其在揭示申请者的大学学业成功潜能上效果更佳。考试分数在一些高校被重视的原因，部分与其具备对大学学业成功的预测效度有关。写作非常重要的主要原因，在于 AO 可以从中推断申请者能否胜任大学的写作要求。五所高校均重视教师推荐信，因为它描述了高中教师视角中申请者的学业表现，从而是推测未来该生的课堂表现能否令大学教师满意的有效依据。坚毅等个人品质被看重的原因，部分与有效预测大学学业成功有关。AO 在面试中也会了解学生的学习兴趣。另外，对大学学业成绩的预测是检验考量因素有效程度的主要标准。

学术逻辑之所以在录取决策中发挥作用，源于高校在本质上是由教师和学生组成的学术共同体，学术是高校保持形象和声望的根基。一方面，大学由教师共同治理，招生政策和实践受到教师的监管。招办是教师的延伸，开展招生工作是代表教师在选拔教学对象。另一方面，学业是学生接受大学教育的首要和核心任务，高校以提供优质教育教学为使命。

学术逻辑同时存在于精英公立大学、私立大学和文理学院，但其作用强度在公、私立维度存在细微的差别。首先，不同类型的高校都以学业成就作为评价根基，然后根据自身的优先项来筛选生源。尽管私立高校最重视领导力等个人才能，也往往需要率先保证学生能够成功完成大学学业。其次，学术逻辑在公立大学的作用更强一些，体现为公立大学更受限于使用狭窄的学业标准（高中学业记录和/或考试分数）进行选拔，给课外成就和多样化因素的回旋余地更少。相比之下，私立大学和文理学院视不错的学业成就为理所当然，并更多地从个人经历、潜能和多样化的角度来选拔生源。

（二）文化逻辑

文化逻辑指精英高校的校园文化和美国的社会文化影响录取决策，这一点同样体现在考量因素的使用、录取标准、招生目标、评价路径、改革理念等多个方面。在文化的微观层面，案例校都拥有充满活力的校园文化，体现为以下几点：第一，社团组织丰富、多样，学生参与度高，而且高校重视通过组织活动来培养学生的领导力；第二，开展大量的志愿服务活动，在直接服务社会的同时培养学生承担责任、关心他人等公民素质；第三，盛行运动文化，体育赛事受到追捧；第四，大一学生基本上都住校，学生之间互动频繁。因此，课外活动和才能因素在各校的录取决策中一致占据非常重要或重要的位置，AO 希望看到申请者已经具备积极投入课外活动和志愿服务的习惯以及具备领导经验，也乐于见到个人兴趣和才能的多样化，从而可以将惯习、经验、兴趣和才能等迁移到大学生活中，在融入的基础上为充实校园文化生活和达成服务社会、培养公民的使命做出贡献。相应地，在大学取得个人成功的潜能和贡献潜能成为核心的录取标准，个人品质因素则是推断录取学生入学后能否取得个人成功以及能否对校园和社会做出重要贡献的“赌注”。课内、课外全面发展的优秀学生成为卓越生源的主要类型，是与高校教育理念和文化风格匹配者。同时，招办选择使用个体考察考察个人成功潜能和贡献潜能，机械的公式化路径无法做到这一点。另外，运动员的选拔常常是学者和公众关注的话题，学业表现平平的体育特长生在申请者群体中得到的倾斜往往最多，这一点是美国精英高校录取决策的突出特点之一，英国、法国的精英高校都不会这么做①。

① 具有足球运动特长、但学业表现一般的学生无法进入英国的剑桥大学或法国的大学校。详见 Joseph A. Soares, *The Decline of Privilege: The Modernization of Oxford University*, Stanford, CA: Stanford University Press, 1999.

在文化的宏观层面，美国社会具备的熔炉文化、强调成功、追求领导力、突出个人价值、注重服务和贡献等文化特征，均对录取决策实践产生影响。第一，作为移民国家兴建的美国是汇聚不同族群、不同宗教信仰、不同文化特征的人群“大熔炉”，多样化是其熔炉社会的身份和文化标识，被视为促进社会发展和创新的源泉。在这个背景下，生源群体的多样化成为美国精英高校共同追求的特色招生目标，族裔身份维度的多样化则是美国最高法院和高校一致认同的令人信服的利益。第二，美国具备强调成功的实用文化，往往以追求成功结果为导向开展工作。大部分美国高校即视自身的角色为帮助学生成功对接社会和职场需求做好准备。案例校也以申请者是否具备在大学取得学业成功和个人成功的潜能作为录取标准。个人品质因素被一致重视的主要原因，亦在于其被视为揭示学生在高校以及社会上取得成功的积极指标。第三，美国社会强调领导力，强调对所在社区和整个社会产生影响、留下印记。精英高校长期致力于吸引和教育学生能够改变社会，成为各领域的领导者和社会变革者，为社会做出特殊的贡献。[①] 个人成功的核心定义亦在于成为领导者。因此，各校在选拔时特别看重申请者是否具备领导潜质。第四，美国是一个注重个体、突出个人价值的国家。美国高校的办学使命之一便是使个体受益、帮助学生获得发展并实现个人价值。相应地，WFU 的可免试入学改革理念之一，也是强调个体而非数字的价值，认为审阅应该更为关注学生作为独特的个人的一面，整体性审阅的基本理念亦在于将申请者作为完整、独立的个体来看待。第五，在突出个人的同时，美国社会也注重个体能够服务所在集体或社区，从而做出贡献。例如，WFU 指出其本科生院的自我意识源于当地崇尚为社会服务的文化氛围。相应地，各校行使录取决策时考

---

① William G. Bowen and Derek Bok, *The Shape of the River*: *Long-Term Consequences of Considering Race in College and University Admissions*, Princeton, NJ: Princeton University Press, 1998, p. 24.

虑的便不仅仅是申请者作为个体的表现如何，还有申请者作为学生群体的潜在成员的表现如何，即能否能够融入这个共同体并为之做出贡献。

文化逻辑之所以在录取决策中发挥作用，在于美国高校均强调全方位育人的理念，大学教育被视为是包含课堂学习和课外生活的完整经历，学生不仅从课堂中学习，还从课外的活动参与中学习，从与室友、同一组织成员等同伴的人际关系和社交互动中学习。换言之，大学不仅仅是学术共同体，也是校园文化共同体，学生具备学习者和社会人的双重身份，在课堂内、外的体验和成长都很重要。招办不仅仅代表教师在挑选未来的教学对象，也在代表学生挑选未来的同伴。同时，高校是社会系统的有机组成部分，受到社会文化的熏陶和浸润，校园文化是社会文化的反映。

文化逻辑存在于所有类型的高校，公立大学、私立大学和文理学院均具备上述共同特征，但作用强度存在细微差别。小型文理学院的院校文化氛围最强，往往拥有浓厚和独特的组织文化，通常是一个令学生感到特别、同时能够获得个人成长的地方，因为文理学院有特定的源自牛津大学、剑桥大学的学院式办学传统。Pitzer 是这一方面的典型案例，五个核心价值观是其院校文化特性的凝练，形塑着人才培养实践，因此在选拔中最为重视判断申请者与本校核心价值观的匹配度。Davidson 则强调申请者与其学业诚信文化的匹配。相比之下，私立大学的院校文化特性稍弱于文理学院，办学规模大的公立大学则最弱。相应地，文化逻辑的作用强度在公立大学最弱，在私立大学则介于公立大学和文理学院之间，体现为对与院校文化相匹配的强调程度的减弱。但这种差别并不显著，三种类型的高校都强调甄别生源入校后参与校园课外活动并做出贡献的潜能。

（三）市场逻辑

市场逻辑指精英高校在金钱和声望上的市场需求影响录取决策。美国高校招生所处的市场包括消费者市场和院校市场，消费者市场使得高校在招生政策中不得不考虑如何获得足够的消费者以满足财政需求，院校市场则导致不同高校的声望竞争和趋同行为。消费者提供的金钱为实际资本，声望则为象征性资本，尽管二者形式不同，但都服务于高校的市场需求。

市场逻辑在私立大学和文理学院体现得尤为明显。首先，捐赠行为和捐赠潜能、支付全额学费的能力、注册意向等都是衡量申请者经济贡献能力的指标，因而是四所私立高校录取决策中的重要考量。各校均对大额捐赠者子女实施倾斜政策，不仅降低学业标准（比如考试分数降 100 分），并且可能牺牲学业标准录取学业不合格者，同时校友子女被倾斜的原因之一是其未来做出捐赠的可能性较大。体育特长生往往获得最大力度倾斜的原因在于可以立即代表学校参加竞技比赛获得收入，并可能带动校友捐赠。财政实力不足的 WFU 和 Pitzer 不得不考虑申请者支付全额学费的能力，并部分基于学生的财政需求而给予拒绝录取的决定。各校通过高校补充性写作等途径判断申请者的注册兴趣，缺乏兴趣者一定会被拒绝，同时校友子女被倾斜的另一个原因在于其注册率更高。Davidson 在绑定性的提前录取阶段优先录取校友子女、捐赠者子女、带来地域代表性等贡献的申请者，部分原因与保证注册率有关。满足注册目标是各校所考虑的共同且重要优先项，因为可以获得学费收入。

其次，申请者数量、选拔性、代表性、排名、领导者地位都是衡量高校声望的指标，各私立高校均追求在这些指标上有好的表现，体现为：各校考虑族裔身份、看重课外活动并特别重视运动兴趣或特长、追求 GPA 和考试分数等硬指标上的高数字，部分原因均为吸引申请者；领导力被特别重视的原因之一与保持机构声望有关；各校之所以主动追求族裔身份、地域、高中等各维度的多样化，在于一届多样化的年级可以代表整个社会；WFU 和 Pitzer 采取可免试入学改革的主要原因为追求声望，包括吸引申请者、提高选拔性、成为领导者、增加生源多样化，而 Davidson 没有走向可免试入学的主要原因在于其视考试分数为维持学校声望的重要指标。

市场逻辑也存在于公立大学，但强度不及私立高校。一方面，

UCLA 和 UCSD 为了获得办学收入，一度录取更多州外和国际学生，州内学生的录取率则更低。三校在官方网站或报告（比如问责报告）中亦强调扮演领导者角色和自身在全国多项排名中的高位置，同时重视生源群体在全国和全世界的代表性，以及重视招收体育特长生。另一方面，与私立高校相比，三校并不倾斜捐赠者子女，也不考虑支付能力和注册兴趣。而且，UCLA 和 UCSD 拥有明显更多的贫穷学生。

市场逻辑起作用有两方面原因。首要也是最根本的原因在于美国高校的竞争非常激烈，大学之间为师资力量、学生、资金、运动队等资源展开全面的竞争。① 就学生而言，美国高校的招生环境是学生和高校双向选择的市场体制，学生往往申请多所高校，导致生源和声望的“斗争”非常激烈，大学招生被视为“一门生意”。因此，无论办学类型如何，精英高校都不得不参与竞争以获得优质且匹配的生源。同时，精英高校都追求提供卓越的教育和满足所录取的贫困学生的资助需求，做到这两点都离不开充足的资金。自筹经费的私立高校因此选择主动迎合市场游戏以获得更多办学收入，公立大学也在州政府的财政拨款不断削减的情况下寻求来自市场的支持。

（四）政治逻辑

政治逻辑指录取决策受到政治压力的影响。尽管政治压力内涵并不单一，包括各阶层、群体、部门等不同力量的角逐，比如 HYP 录取决策历史的演变揭示了占统治地位的精英阶层主导评价标准，但本文主要探讨国家/政府的政治诉求对高校录取决策的干预。在国家层面，国家需要高等教育机构培养受过训练的、同时来自各种背景的领导者和高素质劳动力、公民，服务于政治诉求和社会发展诉求。而且，作为种族隔离和偏见仍然存在的国家，美国需要高校为

① ［美］德里克·博克：《美国高等教育》，乔佳义译，北京师范学院出版社 1991 年版，第 6 页。另外，作者指出竞争目标不是单一的，对于求生存的学院，目标是提供合适的教育，以防学校关门。

促进族裔融合、维护社会稳定做贡献。在政府层面，政府官员将大学视为推动社会发展、达成其治理目标的关键组织，比如为贫困的优秀学生提供向上流动的机会，可以消除不同阶层固化的危险。[①] 因此，在入学机会上，美国及联邦政府需要精英高校招收学业合格的贫穷学生、“第一代大学生”、少数族裔以及其他未被充分代表群体，以提升美国的实力和凝聚力，并促进社会的长期健康发展。州政府则需要其管辖的公立大学服务本州发展。

政治逻辑的作用在公立大学体现尤为明显，对其录取决策实践有着根本和深远的影响。

首先，公立大学不倾斜和倾斜的人群范围与政治密切相关。就不倾斜群体而言，校友子女、捐赠者及其他关系联结者子女等基于世袭身份的遗赠特权在公立大学是不被允许的，与其承担的政治责任不符。同时，UCLA 和 UCSD 因为州禁令，在名义上是不能考虑族裔身份的。UCLA 的 AO 希望能够自由使用肯定性行动却受到限制，鲜明反映了政治压力的影响。就倾斜群体而言，所有公立大学都倾斜州内申请者，体现为州外申请者需要达到的 GPA、考试分数等最低学业标准更高，同等条件下优先录取州内申请者，以及录取的州内学生的学业成就总体而言低于州外学生。UNC 还采取了每年招收的州外学生不超过 18% 的配额政策。加州大学系统则于 2016 年在政治压力下，提出州外本科生在所有分校的总占比不超过 20% 的限额提案，以此希望追回州政府的拨款。同时，在州内而言，学业合格的每一位申请者需要得到平等的对待，这是政治需要。另外，公立大学都尽可能地倾斜“第一代大学生”和贫困学生，以培养更多的受过高等教育的高素质劳动力服务所在州和国家。

在联邦法律的导向和支持下，没有受到州禁令约束的 UNC 实行留意族裔身份政策，体现为学业表现对一般学生来说是录取的主要

① ［美］乔治·W. 布瑞斯劳尔：《加州大学伯克利分校何以久负盛名：历史性动因的视角》，杜瑞军、常桐善译，《清华大学教育研究》2011 年第 6 期。

标准，但碰到少数族裔学生时则例外[①]。但是，在政治压力下，公立大学开展基于族裔的肯定性行动不断受到挑战。最高法院尽管支持了族裔意识政策，但规定只能将族裔作为有限但重要的众多因素之一和附加因素来考虑，并必须能够经受严格审查。而且，尽管肯定性行动本身的出发点在于弥补过去的错误，为曾被美国社会歧视或忽视的少数族裔提供接受良好的高等教育、获得人生成功的机会，但在敏感的种族政治中，对少数族裔的扶持往往不能被表明是出于补偿历史歧视和隔离带来的不公。最高法院即采用了“大家好才是真的好”的语言风格——获得多样化的学生群体、产出一个对所有人都更好的教育是大学声称的能够经受审查的令人信服的利益[②]——来辩护族裔身份意识政策的合法性，避免导致种族敌意。

其次，公立大学多样化目标的重点、追求原因与政治密切相关。第一，族裔多样化是公立大学多样化目标的首要维度，政治压力促成了对族裔多样化的迫切需求，其重要性超出了 SES 多样化。因为补助性的族裔倾斜政策服务于培养杰出的少数族裔领导者和公民以

---

① Students For Fair Admissions, *SFFA-v. -UNC-Complaint*, November, 2014, https://studentsforfairadmissions. org/wp-content/uploads/2014/11/SFFA-v. -UNC-Complaint. pdf.

② 例如，格鲁特案判决意见中指出“当被问及该政策的‘对族裔身份和族裔多样性的承诺，特别是纳入来自历史上受到歧视的群体的学生’时，密歇根大学法学院莱姆佩特（Lempert）解释说，这种语言并不意图补救过去的歧视，而是纳入可能会向法学院提供一个能够带来与没有遭遇歧视的群体成员的观点不同的学生。莱姆佩特承认其他团体，如亚洲人和犹太人，经历了歧视，但解释说，他们没有在政策中提到这些群体，因为这些群体的成员已经大量的被法学院录取。确实，这些意见中的一些语言可能被看作是表明补救过去的歧视是基于族裔的政府行动的唯一允许的理由。参见，例如，*Richmond* v. *J. A. Croson Co.*, *supra*, at 493，第 493 页指出，除非基于族裔身份的分类是“严格保留用于补救情境，它们实际上可能会促进种族自卑观念并导致种族敌意的政治”。但我们从来没有认为，唯一可以经受严格审阅的对族裔身份的使用是弥补过去的歧视。自从贝基案我们直接在公共高等教育的背景中处理了关于使用族裔身份的问题。今天，我们支持法学院追求实现多样化的学生群体是一项令人信服的利益。”源自 U. S. Supreme Court, *Grutter v. Bollinger*, June 23, 2003, https://supreme. justia. com/cases/federal/us/539/306/case. html.

及促进族裔融合的重要国家和政府目标，追求族裔多样化是“政治正确”的选择。另外，在多样化程度突出的加州，“加州教育法”要求加州大学录取的生源必须反映加州族裔多样化的特征。第二，在地理位置和教育背景的多样化维度上，公立大学有政治考虑，需要考量塑造的一届新生是否代表了所在州的所有人群①。因此，公立大学首先追求州内地理位置和教育背景的代表性，即录取生源应来自所在州的各个地理区域和每所公立高中，以确保服务整个州，使所有州内居民都有公平的竞争机会。

最后，公立大学评价路径的转变是种族政治的直接产物。第一，鉴于最高法院的裁定结果，任何高校想把族裔身份作为录取决策中考虑的因素之一，都必须使用个体考察的某些形式，不得将其作为决胜因素，这是高校对生源多样化坚定承诺的试金石。② 尽管为所有申请者提供个体考察需要投入大量的人力和财力资源，但个体考察是考虑族裔身份的合法方式。同时，个体考察是州禁令下达成族裔多样化的必要方式。为了获得族裔多样化带来的教育价值和政治价值，在州法律规定不能显性考虑族裔身份的 UCLA 和 UCSD，不得不放弃基于学业成就阈值自动录取至少一半申请者的方式，转向使用没有阈值、没有公式、没有单一决胜因素的决策自由度高的个体考察策略选拔所有生源，并设置补充性审阅阶段隐形地使用族裔倾斜，录取一些学业成就相对更低甚至不合格的少数族裔。换言之，种族政治压力使得 UCLA 和 UCSD 的评价路径从明朗、较为透明、较为客观，走向模糊、不透明、甚为主观和难以捉摸，并向私立高校趋同。

第二，背景考察方式的主要使用理由——创造公平的竞争机会

① College Board, *Best Practices in Admissions Decisions*: *A Report on the Third College Board Conference on Admission Models*, College Board's Admissions Models Project Report, 2002, p. 29.

② College Board, *Selection Through Individualized Review*: *A Report on Phase IV of the Admissions Models Project*, College Board's Admissions Models Project Report, 2004, p. 25.

和识别成功潜能，在很大程度上如同多样化是令人信服的利益，是政治压力下对补偿的微妙掩护和合法化辩护。正如在英国，一些主张背景考察的大学和个人，发现基于社会流动和经济回报的论证可以绕过有关公平、生活机会和不平等的社会结构性根源的更具政治分歧性的讨论①，在美国，属于稀缺性资源的精英高校也需要使用一些社会能接受的方式，录取一些虽然在申请者库中表现相对较弱、但在所处背景中取得高成就的弱势群体。

在私立大学和文理学院，虽然政治逻辑的作用很弱，但同样存在。一方面，私立高校受到的政治压力很小，体现为没有政治义务倾斜州内学生，对“第一代大学生”、贫困学生和少数族裔的扶持责任更少，同时既可以自由表明使用基于族裔的肯定性行动（尽管评价路径受到一定的制约），也可以倾斜校友子女和捐赠者子女等特权阶层、满足他们的利益需求。地域和高中多样化的范围不局限于本州，而是全美和全世界。另一方面，私立高校难以避免地受到政治环境的影响，主要体现为不同的族群因自身政治权利的不同和社会政治氛围的不同而受到的待遇颇有差异。作为美国主流人群和拥有话语权的正统白人学生长期是精英私立高校招收的主要对象，属于外来移民的犹太裔学生一度被常春藤盟校排斥入学，诸如非裔、拉丁裔、印第安人等历史上代表性不足的少数族裔，则经历了从种族隔离时期的不受欢迎、到民权运动后的明显倾斜、再到公众反逆向歧视斗争下的有限考虑的过程，在人口上同属少数族裔的外来移民——亚裔学生则因政治上的弱势地位，不属于招生领域中的少数族裔且多被置于不利境地。

政治逻辑之所以起作用，在于高等教育是实现美国国家利益的工具，而公、私立精英高校属于非营利性的准公共物品（public good），

---

① Anna Mountford Zimdars, Joanne Moore, and Janet Graham, “Is Contextualized Admission the Answer to the Access Challenge?” *Perspectives: Policy and Practice in Higher Education*, Vol. 20, No. 4, 2016, pp. 143 - 150.

需要回报政府给予的拨款或资助以及免税组织待遇。第一，高等教育兼具私人物品、收费物品和公共物品的特征，而现代政府的职能之一在于确保（准）公共物品的供给，因此政府可以介入高等教育领域。美国高等教育的管理权在州，高等教育的供给政策、生产政策、融资政策和绩效政策主要由州政府制定和实施，缓解高等教育机构的财政困难、保证其生存和发展是州政府的责任。同时在大学自治的传统下，州政府不直接干预高校的内部管理，主要通过提供拨款、人事任命、计划与协调、制定地方法律等方式间接发挥作用。联邦政府则在评估、提供学生财政资助和研究资助三大领域发挥积极作用。[①]

第二，公立大学主要依靠州政府的财政拨款办学，接受州政府的管理，因此其招生自由受到一定限制，录取决策实践也直接受到来自州政府的政治压力。同时公立大学接受联邦的学生财政资助（比如佩尔助学金）和研究资助，需要遵守联邦法律和教育部设定的联邦准则。相比之下，私立高校并不由政府供养，可以相对隔离政治压力的影响，但也接受联邦资助，从而受到来自联邦政府的政治压力。具体而言，1862 年通过的《赠地法案》并没有把联邦资助的受益者限定为公立大学，从而形成了“联邦政府对私立高校和公立大学一视同仁”的政策惯例。1972 年的《教育修正法案》用“中学后教育”代替了“高等教育”的概念，表明联邦资助的范围不仅包括“职业教育、社区学院、商业学校的学生以及兼职学生”，而且“私立学校也有资格参加资助项目”。至此，所有的联邦资助项目都没有区分办学类型，只要私立高校有助于达成政府目标即可获得资助。[②] 因此，尽管私立研究型大学较少受到当地或国家的政治压力，但他们在从研究审查委员会到生源选拔等一系列议题上都必须遵守联邦规定，以保留联邦资金用于研究和学生财政援助。文理学院开

① 魏姝：《政策中的制度逻辑——美国高等教育政策的制度基础》，南京大学出版社 2007 年版。

② 魏姝：《政策中的制度逻辑——美国高等教育政策的制度基础》，南京大学出版社 2007 年版，第 185 页，第 126 页。

展的研究更少，但接受联邦下发的学生财政资助，在这一点上与公立大学、私立大学并无不同，因此也承受一定的政治压力。

第三，不管办学属性如何，高校可以免税是因为它们以服务社会为目的，而非仅服务于自己。因此，高校需要通过培养所属州和国家需要的社会人力资本和为一些弱势群体提供入学机会给予回报。如果不录取对大学生活和社会劳动力市场、经济发展具备贡献潜能的申请者进入高等教育，则是对人才和社会资源的浪费。[①] 尽管公立大学提供的入学机会更为广阔，但私立院校也会以培养为社会做贡献的人才和为一些弱势群体提供入学机会的方式来服务社会。

（五）伦理逻辑

伦理逻辑指精英高校对公平的主动追求影响录取决策。虽然政治压力会干预高校的招生自由，但高校并非完全被动，也会主动追求社会正义和主动承担社会援助责任，为有才能的弱势群体提供公平的考量机会从而使其获益于优质教育资源，获得向上流动的通道，实现个人的成功。与政治逻辑关注扶持弱势群体对国家和政府具有功用价值不同，伦理逻辑关注对弱势群体本身的实用价值。

伦理逻辑同样体现于录取决策理念、考量因素、评价路径等多个方面。第一，在录取决策理念上，各校 AO 将录取资格视为向所有具备胜任大学学业潜能的学生提供的公平机会，而非对已有成就的奖励，打开大门而非淘汰的理念主导了选拔过程，并希望录取尽可能多的弱势群体。第二，在考量因素上，高中学业记录被重视的原因之一是它比考试分数提供的信息更能体现公平。UNC 主动反思鼓励大学预备课程数量越多越好的行为是否会加重学生课业负担并带来不公。考试分数内置的社会偏见越来越受到重视，较之以往，考试分数的重要程度在所有高校的确都被降低。WFU 和 Pitzer 开展

---

① Anna Mountford Zimdars, Joanne Moore, and Janet Graham, "Is Contextualized Admission the Answer to the Access Challenge?" *Perspectives: Policy and Practice in Higher Education*, Vol. 20, No. 4, 2016, p. 145.

可免试入学改革的主要原因之一在于反思考试带来的 SES 偏见和文化偏见，期望通过改革移除申请障碍，为弱势群体提供公平的考量机会。写作被重视的原因之一在于它是每位申请者都可以提交的信息。UCLA 和 UCSD 不考虑推荐信的原因在于来自弱势高中的学生缺乏获得高质量推荐信的公平机会。兼职工作经历和照顾家庭被视为重要的课外活动。坚毅被看重的原因主要与促进公平有关；考虑“第一代大学生”、贫穷学生、少数族裔等身份，向他们传递欢迎信号，并适当予以倾斜。有财政资源支持的高校无视支付能力，不使财政因素本身成为录取优势。第三，评价路径是伦理逻辑的集中和核心体现：案例校均意识到申请者的高中教育资源和个人成长环境存在差异，以及背景的差异会影响学业和个人成就，从而使用背景考察策略，为来自弱势背景的高成就申请者创造公平的竞争环境；个体考察被使用的部分原因在于更好地了解每位申请者，并为一些难以通过传统学业指标和公式化路径证明个人成功潜能的优秀学生提供入学机会。

伦理逻辑能够发挥作用的原因在于录取决策是办学使命驱动的，而社会包容性和为弱势群体提供入学机会是精英高校教育使命的一部分。高校有通过招收来自不同背景的有才华的学生来促进社会健康发展的责任，是促进阶层流动的“均衡器”和“机会引擎”。

伦理逻辑存在于不同类型的精英高校，但在私立高校的影响相对较弱。私立大学和文理学院也具有社会责任感，有向来自不同背景的学生敞开大门的美好愿望，并为之做了一些努力，但因为需要优先服务获得办学收入等自身利益，所以伦理逻辑的作用程度略弱一些。

（六）成本逻辑[①]

成本逻辑指精英高校限于成本对评价效益的追求影响录取决策。

---

① 笔者原来使用了“实践逻辑”指代该逻辑的含义，后经博士论文答辩委员之一——华中科技大学教育科学研究院陈廷柱教授指点，改为“成本逻辑”，表意更贴切，特此感谢！

换言之，招办需要考虑如何基于工作成本和已有资源投入，以可行、有效并高效的操作方式审阅申请材料，以产出期待的年级，满足各项招生目标。成本逻辑起作用的原因与申请者数量众多以及决策最优化的需求有关。一方面，精英高校的阅读季为五个月左右，招办需要在规定时间内以既定的人手和工作经费完成审阅工作。另一方面，各校的录取决策实践都服务于选拔出满足各项招生目标的一届新生，因此需要决策最优化来保证信效度。由于成本逻辑关乎实践操作，与机构理念、内外部压力等没有直接关联，因此存在于所有高校，其作用的强度也没有办学类型和个体高校层面的差异，而是与高校自身拥有的人力、财力等资源有关。成本逻辑的具体体现如下。

首先，由于各校的申请者数量众多，招办需要标准化的考量因素、量化指标以及具备区分功能的指标和评价方式来提高评价效率。在标准化的考量因素上，考试分数在除 WFU 和 Pitzer 外的五所高校均为申请者必须提交的信息，且在录取决策中发挥非常重要或重要的作用，首要原因即为考试分数是测量申请者学习能力的唯一标准化指标，可以为高中教育背景和风格存在差异的众多申请者提供比较的基准。在 WFU 和 Pitzer，尽管考试分数是可免要求，但学生若提交了也会被查看，而且 Pitzer 因其标准化优点要求国际学生、在家上学学生和高中没有提供成绩的申请者提交考试分数。同时，WFU 在将考试分数列为可免要求后，非常重视年级排名，因为它是对高中的标准化评估工具。另外，AP 和 IB 课程比同为大学预备课程的 DE 课程和高中荣誉课程更被重视的原因，在于其课程内容和课堂结构设计具备标准化的优点，有利于招办对比学生的成就。在量化指标上，各校注重查看高中 GPA、年级排名、考试分数、修读课程门数等硬因素，同时各项硬因素的表现越好，录取率往往越高。在具备区分功能的指标和评价策略上，面试、推荐信、写作之所以重要，个体考察之所以被使用，部分原因在于可以区分出数字成就类似的中间群体，而且申请者的领导职位级别、获奖级别越高，越具备竞争优势。另外，基于申请者的数量，各校对不同申请者的个体考察程度存在差异，学业表现相对较差的受倾斜群体得到的个体考察往往更深入。

其次，申请者库规模的不同，导致各校在一些因素上的使用差异和在评价策略上的部分差异。在年级排名上，Pitzer 的总申请者数量不到同样实行可免试入学改革的 WFU 的三分之一，每位读者审阅的申请材料也少 200 多份，筛选压力更小，因此不如 WFU 重视年级排名，而只是将其列为考虑因素。在考试分数上，三所公立大学 UCLA、UCSD 和 UNC 以及私立大学 USC 四校不走向可免试入学的部分原因，是申请者数量多，招办需要依赖考试分数提高筛选效率。在面试上，三所公立大学均不考虑面试和 USC 不重视面试的核心原因是面试众多申请者费时费力。而 WFU 和 Pitzer 尽管强烈推荐面试且重视面试表现，但随着申请者数量的增长，面试每位学生的愿望变得无法实现，因此两校均不硬性要求面试，也不将没有面试者置于不利地位。在评价策略上，三所公立大学均聘请了外部读者分担审阅任务，其中申请者库规模远远大于其他高校的 UCLA 和 UCSD 更是聘请了超过自身招办读者至少两倍的外部读者。

最后，为了保证录取决策最优化，各校均重视收集充足的信息和使用多种质量控制手段。一方面，充足的信息可以减少决策风险、增加决策信心。各校均综合查看学业表现、个人成就、个人背景特征三大维度下的多个因素，整体性地、充分地了解每位申请者的已有成就和发展潜能，以减少决策的不确定性，同时不同因素可以互相补充并交叉验证，提高决策的准确性。由于不同高中的课程体系、教学风格、成绩评定方式、年级排名政策、课外活动和推荐信等存在差异，各校开展背景考察以及私立高校开展基于地域的审阅可以了解具体情况，有助于做出最优决策。审阅和录取来自以往输送生源少的高中和国外高中的学生时更为谨慎，并被视为审阅挑战，原因在于对高中教育环境了解的缺乏会增加录取决策风险。WFU 进行可免试入学改革后，对一些指标的利用和考察更为深入，包括更加关注高中学业记录、增加简答题、强烈鼓励每位申请者进行面试并评价面试表现，以更好地做出决策。另一方面，各校汇集多名读者、使用评价准则、开展招生季末审核，并使用质量检查技术和专业评价团队、大量投入审阅、接受教师和董事会的监督，原因都在于对录取决策过程和结果进行质量控制，确保录取决策的准确性、可靠性和有效性。

二　多重逻辑作用模型的建构

在不同类型精英高校的录取决策中，学术逻辑、文化逻辑、市场逻辑、政治逻辑、伦理逻辑、成本逻辑的影响同时存在，共同驱动着各校的录取决策实践，但每项逻辑发挥的作用存在差异，具体作用模型见图 9－4。

首先，从导致考量因素重要性的异同角度来看，学术逻辑和文化逻辑是导致各校在对各因素的考虑中存在基本一致性的逻辑，体现为各校都将学业严格度、高中 GPA、写作等学业指标和课外活动、才能、个人品质等个人成就指标视为“非常重要”或“重要”，因为各校本科教育的教学风格、校园文化风格以及美国整体的社会文化是一致的。市场逻辑、政治逻辑、伦理逻辑、成本逻辑则是导致不同类型高校在对各因素的考虑中存在差异性的逻辑，体现为各校对其他指标的考虑出现“非常重要”“重要”与“考虑”“不考虑”的差别，因为各校在办学类型、利益诉求、公平理念、需要遵守的政府法律、人力资源、财政资源等方面不尽相同。

其次，从评价策略的选择的角度来看，采行背景考察和个体考察主要是政治逻辑和伦理逻辑的效能。各校都选择深入了解申请者的教育和家庭背景等各方面的信息，并将申请者视为鲜活的个体，是因为在追求生源多样化、特别是族裔多样化时，需巧妙规避因倾斜取向引发的种族歧视或逆向歧视质疑的政治风险，同时切实履行教育援助责任，为在不利环境中仍然能够取得相对较高成就者提供一个入学机会。采行集体评议则主要是成本逻辑的效能，因为该协

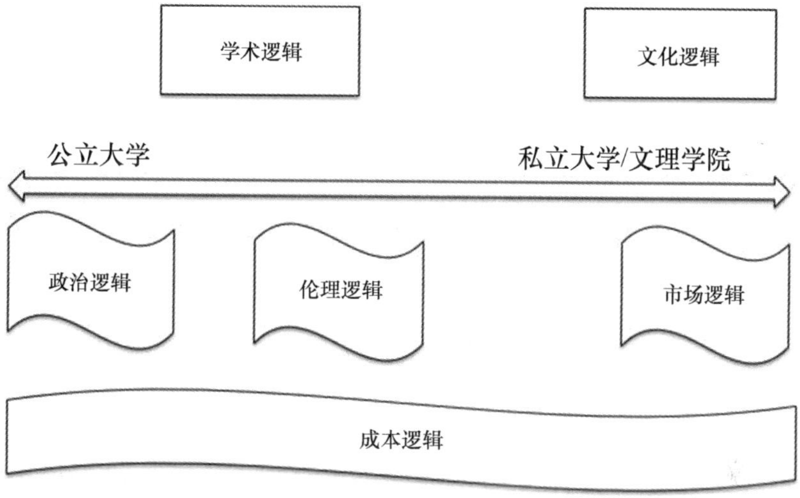

图9－4　多重逻辑作用模型

注：本图由笔者自行绘制。横线上方、下方分别表示导致录取决策一致性和差异性的逻辑，比如学术逻辑和文化逻辑导致了录取决策存在某些方面的一致性，因此位于横线上方。箭头则表示影响的强弱程度，具体而言：政治逻辑的作用强度在不同类型高校之间差异显著，其中在公立大学作用最强，因此直接位于公立大学正下方，也是横线下方最左处；市场逻辑的差异显著且在私立高校最强，故直接位于“私立大学/文理学院”正下方，也是横线下方最右处；伦理逻辑的作用强度差异不显著但偏向公立大学，因此位于横线下方中间偏左的位置；学术逻辑的作用强度差异不显著但偏向公立大学，因此位于横线上方中间偏左的位置；文化逻辑的作用强度差异不显著但在文理学院最明显，因此位于横线上方最右的位置；成本逻辑的作用强度不因办学类型而存在差异，因此跨越不同类型，贯穿横线最下方。

作式决策模式可以实现决策最优化，最有助同时达成多项招生目标。

最后，从各逻辑的作用强度与办学类型的关系角度来看，第一，学术逻辑和伦理逻辑的作用强度在公、私立维度存在细微差别，均在公立大学体现更为明显。第二，文化逻辑的作用强度在公立大学、私立大学和文理学院之间存在细微差别，其中在文理学院体现最为明显。第三，市场逻辑和政治逻辑的作用强度在公、私立维度存在显著差别，其中市场逻辑在私立高校体现尤为明显，政治逻辑则在公立大学体现尤为明显。第四，成本逻辑的作用强度不存在办学类型的差异。另外，除了文化逻辑，其他四项逻辑的作用在私立高校维度内部的私立大学和文理学院之间基本没有差别，出现的差异更多的是在个体高校层面，而非办学类型层面：在市场逻辑上，私立大学 WFU 和文理学院 Pitzer 都面临依赖学费办学、缺乏捐赠基金的问题，但私立大学 USC 和文理学院 Davidson 却不愁经费；在政治逻辑上，私立大学和文理学院的贫困学生都接受联邦政府下发的佩尔助学金；在学术逻辑和伦理逻辑上，私立大学和文理学院的表现没有不同。

三　多重逻辑作用模型存在的原因

多重逻辑作用模型之所以存在于美国精英高校的录取决策中，可以从外部和内部两个角度来解读。从高校外部的角度来看，马丁·特罗（Martin A. Trow）指出美国的高等教育体系与其他国家有着明显的不同，体现为“与市场需求紧密契合、组织和结构的多样化、中央集权的欠缺、本科阶段通识教育的普遍渗透以及从精英高等教育体系到大众化体系再到普及化体系的快速演变”①。这些特征都形塑着美国精英高校的录取决策实践，比如市场导向使得高校不得不考虑录取决策对其排名的影响，组织多样化致使各校的录取决策实践不一，分权式的松散管理使得公立大学的招生更多受到地方政治的影响，通识教育的普遍渗透使得各校录取决策异中有同，不同高等教育阶段的演进也带来录取标准的动态变化。因此，美国高等教育体系的特色导致了多重逻辑的共同作用。

从高校内部的角度来看，不难发现美国精英高校的招办不仅仅是代表高校教师和学生在招生，也是代表高校管理层在招生，以回应政治、经济、人口学的需求。换言之，招办不仅仅是高校教师和学生的延伸，也是高校管理层的延伸，开展招生工作是代表校长、

---

① Martin A. Trow, “American Higher Education: Past, Present, and Future”, *Educational Researcher*, Vol. 17, No. 3, 1988, pp. 13 – 23.

董事会、校友办公室、发展办公室等选拔满足自身利益的生源。招办因此面临源自高校内部的学术权力与行政权力的博弈，体现为管理者需要考虑办学经费的问题，而教师只需考虑学术质量问题。同时，招办面临来自高校外部的政治力量和社会力量的多方压力，体现为社会投票者、政府官员、律师在一些州通常会限制对族裔身份的考虑，捐赠者、立法者和校友也具备一定的影响力。因此，高校的相对招生自主权以及外部力量的牵制，导致多重逻辑的共同作用。

由于多重逻辑的交织作用，我们看到招办的录取决策过程并非没有受到外部的限制，也不都是基于学业标准，并出现多个互相冲突的录取决策行为。一方面，许多公、私立高校主动招收弱势少数族裔。另一方面，一些州的立法政策禁止了其辖管的公立大学对族裔身份的考虑。一方面，许多得到州政府财政支持的公立大学和自身财政实力雄厚、拥有充裕捐赠基金的高校不考虑申请者是否有能力支付学费，并投入大量经费用于资助学生，试图使得精英高等教育的大门能够向更多人开放。另一方面，大量财政实力更弱、捐赠基金更少的私立高校公开承认支付能力是录取决策过程中的考虑因素之一，寻求招募和录取不需要财政资助的全额费用支付者，使得低收入和中等收入学生的入学机会受到限制。同时，多重逻辑作用的存在导致了招办在应然（认为应该如何做）与实然（实际上如何做）之间出现不平衡状态。即使高校能够对学术责任进行理性思考，并不意味着其认同与此相对应的行为并忠实履行。另外，在多重逻辑的共同作用下，择优录取的贤能主义是过于理想的诉求，需要回应多方需求的招办在面对学者指责其远离贤能主义时也就不免感到委屈。

第三节　研究讨论

美国精英高校为公平地选拔卓越的、多样化的新生群体付出了许多努力，也取得了不少成效，但是在为不管个人身份和家庭背景如何的学生提供广泛的入学机会这一点上仍然面临挑战，体现为对少数族裔倾斜的质疑和生源 SES 多样化的不足。本节对这两个现象进行讨论。

一　少数族裔倾斜受到质疑

在为少数族裔提供接受精英高等教育的机会上，美国民众对肯定性行动的态度同意和反对意见几乎各占一半。[①] 很难否认传统上未充分享受优质教育资源的少数族裔通常在学业表现上更弱，因此在精英高校、特别是精英公立大学，对族裔身份的考虑面临严峻的挑战。一方面，在加州，UCLA 和 UCSD 已经被禁止使用留意族裔身份政策，而两校又不得不反映加州人口在族裔身份维度上的多样化，通过整体性审阅改革隐性地、巧妙地给予少数族裔一定的倾斜，但这一做法业已受到学者的批判。另一方面，在全美，最高法院虽然一再维护考虑族裔身份的合法性，但又要求学术机构确保其采用族裔倾斜政策是在没有族裔中立的替代方案可以达到相同的教育益处的前提下被使用的，而且在后肯定性行动时代种族政治愈发敏感，不断有公众批评这一政策并提起诉讼。继 2006 年遭遇诉讼后，UNC 又面临来自“公平入学”（Students For Fair Admissions，简称 SFFA）组织于 2014 年发起的控告（该组织一并控告了哈佛大学），声称 UNC 在录取决策中将族裔身份作为一个“决定性的因素”而不只是“附加因素”，造成对白人和亚裔申请者的逆向歧视。SFFA 的具体证据为：（1）在招生季末审核阶段，UNC 对每个申请者的族裔身份都做了标记，并表明此举是为了追求“足够数量”的多样化目标。但这种做法永远不应该被认可，而且应该被宣布为永久不合法，更何况该校根本没有追求“足够数量”的目标；（2）在族裔中立招生手段可以实现族裔多样化，而且 UNC 明白至少有一种形式的 SES 倾斜

① Jeffrey Selingo，“U. S. Public's Confidence in Colleges Remains High”，The Chronicle of Higher Education，May 7，2004.

手段可以达成多样化目标的情况下，该校仍然考虑族裔因素，令人费解。SFFA 组织列出了一些实证数据证明其指控，包括统计数据显示对于学业指标高于 3.1 的非裔申请者，族裔身份是保证其被录取的决定性因素，而对于学业指标低于 2.6 的亚裔申请者，族裔身份是保证其被拒绝的决定性因素。[①]

总的来说，UNC 和 SFFA 都赞同生源群体中族裔多样化的价值，两者的主要分歧在于，在保持学术质量的同时如何达到族裔多样化的目的。换言之，是否有同样可达目的的族裔中立手段？还是必须使用族裔倾斜政策？自 2003 年格鲁特案判决后，UNC 反复考虑过族裔中立替代方案的可行性，比如 2007 年提出一些族裔中立录取公式（包括给予 SES 最大权重的公式），2012 年对“前 10% 方案”进行分析，每次的结论均为在不影响学业标准的前提下，族裔中立替代方案不能实现该校追求的族裔多样性目标。具体而言，UNC 声明在实行“前 10% 方案”的情境中，新生的预测平均 SAT 分数会下降超过 50 分，预测的平均大一 GPA 会从 3.26 下降到 3.16。[②] 然而，SFFA 指出 UNC 证明“前 10% 方案”无用的理由，比如平均 SAT 分数的小幅度下降，永远逃不过严格的司法审查。因为新生 SAT 分数的差距少于 120 分本身没有意义（这一差距在差异标准误差允许幅度内），而且 SAT 是传递社会偏见且对高中成绩预测效度增值有限的偏见性工具，它不应该被视为学术质量的权威量尺以及 UNC 民主制度的象征。[③]

---

① Students For Fair Admissions, *SFFA-v. -UNC-Complaint*, November, 2014, https://studentsforfairadmissions.org/wp-content/uploads/2014/11/SFFA-v.-UNC-Complaint.pdf.

② Office For Civil Rights, *Compliance Resolution*: *University of North Carolina*, *Chapel Hill*, (*NC*), November 27, 2012, http://www2.ed.gov/about/offices/list/ocr/docs/investigations/11072016-a.html, p. 3.

③ Students For Fair Admissions, *SFFA-v. -UNC-Complaint*, November, 2014, https://studentsforfairadmissions.org/wp-content/uploads/2014/11/SFFA-v.-UNC-Complaint.pdf, p. 32.

在笔者看来，一方面，SFFA 的控诉观点得到有力证据的支持，也提出了一些合理的有助于实现生源多样化的族裔中立替代方案，比如采取“前 10% 方案”来促进 SES 多样化和族裔多样化，实行其他非族裔身份因素的倾斜政策，增强财政资助、奖学金和招募力度，以吸引少数族裔来申请并就读，停止对校友子女的倾斜和提前行动方案的使用等等。[①] 然而，只诉讼族裔倾斜政策，而不控诉其他类型的倾斜政策，比如运动员、校友子女、特长生等方面的倾斜，其实质在一定程度上仍然是假定少数族裔不配或者不值得接受如 UNC 所提供的精英教育的种族歧视主义。另一方面，笔者支持 UNC 使用肯定性行动来招收多样化的学生群体的自由，是基于美国教育和社会环境中存在的差异对少数族裔来说并不公平的事实，这也是完成其教育使命和对于本州当下及其未来发展的承诺的必然之举。[②] 不过，笔者希望 UNC 以最公正、最透明的方式去考虑族裔身份，使得人们不会感觉到正在发生的事情是人为操控的。同时，UNC 不应该将 SAT 分数作为从富裕家庭中选拔有才华者的工具，而应该更为注重高中学业记录，以此扩大选拔优秀贫困学生的入学机会。SFFA 组织的诉讼已促使 UNC 在研究族裔中立政策上付出更多的努力，笔者认为“前 10% 方案”是很值得考虑的途径之一。

二 生源社会经济地位多样化不足

如果说少数族裔倾斜政策备受质疑主要是精英公立大学遇到的问题，那么 SES 分布不均衡则是精英公、私立高校共同面临的挑战。尽管案例校都注重尽可能地拓宽入学渠道，比如 WFU 和 Pitzer 都部

① Students For Fair Admissions, *SFFA-v. -UNC-Complaint*, November, 2014, https://studentsforfairadmissions. org/wp-content/uploads/2014/11/SFFA-v. -UNC-Complaint. pdf.

② UNC-Chapel Hill, *Brief of Amicus Curiae*: *The University of North Carolina at Chapel Hill Supporting Respondents*, August, 2012, http://unc. edu/files/2014/04/Fisher-Brief-FINAL. pdf, p. 5.

分出于这个原因采取了可免试入学改革，其他各校采用了无视需求政策，UNC 和 Davidson 推出了无贷款资助项目，UNC 和 WFU 加入了致力于使贫困学生有更多入学机会的“基于入学机会与责任的协作申请平台”（Coalition for Access & Affordability），但在招收来自 SES 前 25% 以外家庭的学生的表现上并不令人满意，就读于诸如 UNC 的众多精英公立大学和私立高校的低 SES 学生的占比仍然偏低。而且许多公立大学和私立高校的校门没有向中等收入家庭的学生充分敞开，中产阶层子女代表性不足的问题日益凸显。例如，加州大学领导面临的最大挑战之一包括“重新设计政治策略吸引中等阶层的学生”[①]，WFU 和 Pitzer 受访者也告知笔者两校同样存在这一问题。两所高校本科生的社会阶层构成依然偏向特权阶层。因此，各校招收的学生都以位于 SES 金字塔中处于塔尖的学生为主，并为他们铺好了通向商界或政界领导的道路。实际上，这一问题在全美范围的精英高校普遍存在，图 9－5 即显示 2015 年全美精英高校中有 66.9% 的新生来自于家庭收入处于全国前 5% 的家庭（家庭年收入不低于 25 万美元），有 94.3% 的新生来自于家庭收入处于全国前 8% 的家庭（家庭年收入不低于 20 万美元）。生源 SES 多样化存在不足的事实与精英高校孕育了促进社会阶层向上流动和机会平等的美国梦的观点存在出入。UNC 的招办主任史蒂芬·法默承认还有很多地方需要努力，尤其是对低收入家庭学生入学问题的解决还没有达到期待的目标。[②]

导致公、私立高校非富家子弟的入学机会有限的原因有很多，包括校友子女和捐赠者子女等遗赠特权倾斜政策、高度重视课外活动、实行提前招生方案、没有开展基于阶层的肯定性行动等等，这些举措都使得来自富裕家庭的候选者在精英大学的入学机会竞争中

---

① ［美］乔治·W. 布瑞斯劳尔：《加州大学伯克利分校何以久负盛名：历史性动因的视角》，杜瑞军、常桐善译，《清华大学教育研究》2011 年第 6 期。

② Sam Shaw，“UNC’s Head of Admissions Stephen Farmer Focuses on Opportunity”，*The Daily Tar Heel*，September 30，2014.

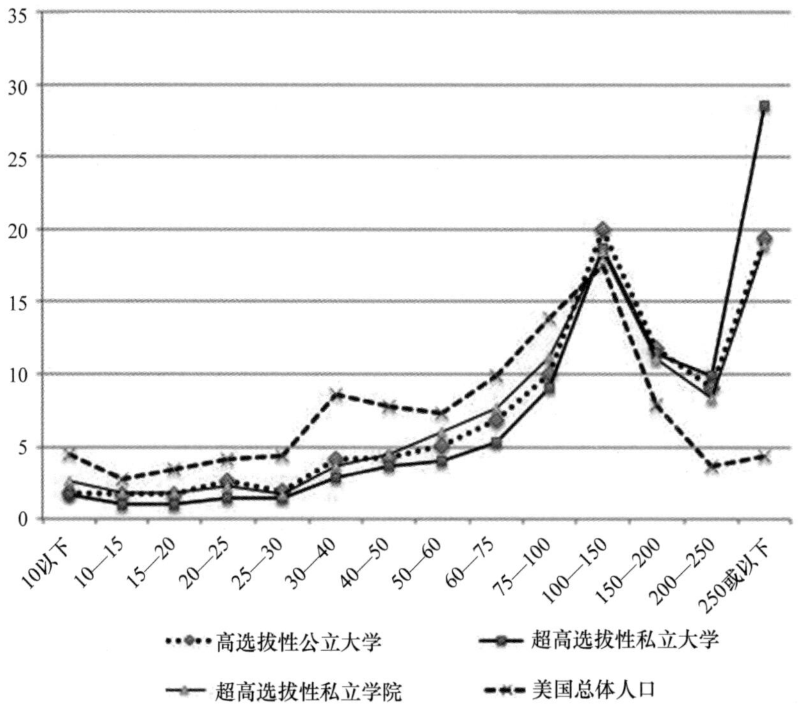

图9－5 美国精英高校2015级新生的家庭收入分布

注：1）横坐标的单位为“千美元”，纵坐标为“百分比”；2）三种类型高校新生的家庭收入数据源自2015年“全美新生调查”（https：//www.heri.ucla.edu/monographs/TheAmerican-Freshman2015－Expanded.pdf）；美国总体人口家庭收入数据源自美国联邦统计局公布的2015年数据（https：//www.census.gov/data/tables/time-series/demo/income-poverty/cps-finc.html）。

排挤了那些够资格被录取的来自工人阶级和中产阶级家庭的学生。首先，在遗赠特权倾斜上，以下事实普遍存在于私立精英高校以及一些公立精英高校中：“金钱和人际联结对美国大学招生的污染愈加明显，侵蚀着美国民主的信誉和价值。”① 例如，为了维持情感纽带、获得捐赠回报等益处，公立大学UNC和所有的私立高校在录取决策中

① Daniel Golden, *The Price of Admission: How America's Ruling Class Buys Its Way into Elite Colleges and Who Gets Left Outside the Gates*, New York, NY: Grown Publishers, 2006, p. 3.

都向校友子女倾斜（其中 UNC 倾斜的是州外校友子女）。私立高校也均为捐赠者子女降低录取标准。其次，在课外活动上，尽管各校会开展背景考察留意课外活动机会的不同，但实践中精英高校在评价大部分学生时通常会挑选一些更有趣的、参加过各种课外活动和展现出领导力的候选者，这方面显然来自家庭资本丰富的年轻人占有优势。因为中上阶层的子女明显参加更多的体育活动、学生自治组织、学生内部联盟或社团，所以 AO 特别重视课外活动的举措在一定程度上是一种挑选和倾斜富裕学生的方法。第三，在提前招生方案上，UNC 一直使用非绑定性的提前行动方案，WFU、Pitzer 和 Davidson 均长期使用提前录取方案。学生及其咨询师都相信通过这两种方案申请高校能够在录取过程中获得一定的好处（尽管提前行动方案的益处更小），但这些方案加剧了已经存在的不平等现象，因为来自低收入家庭或地区的学生更缺乏可咨询的对象和信息，也更缺乏申请大学的经验。[①] 第四，在保证卓越为先的导向下和强调族裔多样化的政治压力下，各校没有开展扶持贫困学生的肯定性行动，无视需求并非“无视财富”，而文化、金钱和社会资本的缺乏，往往导致贫困学生的学业和个人成就输在起跑线上。虽然各校会留意申请者的家庭和教育背景，但主要目的在于为少数族裔服务。而且，在录取总名额既定的情况下，优先录取少数族裔以及其他利益相关者的零和博弈，也造成贫困学生、特别是中产阶层子弟代表性不足的局面，因为优秀要保、弱势要帮，中产阶层子弟在许多时候就成为了最大牺牲群体。另外，日益昂贵的学费问题、财政资助的计算方法等都是造成中、低收入家庭子女入学机会有限的原因，此处不再展开。

为了打破精英高校是特权阶层的堡垒这一广泛传播的观念，笔者认为各校可以从以下方面着手。第一，公立大学应学习英国的剑

---

① Jerome A. Lucido, “How admission decisions get made”, in Don Hossler, Bob Bontrager, and Associates, eds., *Handbook of Strategic Enrollment Management*, San Francisco, CA: Jossey-Bass Press, 2015, p. 165.

桥大学和牛津大学，终结校友子女倾斜政策的实施。将校友子女和其他申请者一视同仁，有助于重建招生公平，为之前未建立起联结的中产阶级和工人阶级子弟提供更多的入学机会。① 第二，结合教育和家庭背景，更深入、更全面地评估课外活动。正如《扭转潮流》报告所建议，招办应该“提倡对他人更有意义的贡献、对公众有益的社区服务和活动，并采用各种能够反映跨族群、跨文化、跨阶层的家庭和社区贡献的方法，评估学生对于其他人的道德贡献，以及采用既能为 SES 多样化的学生提供公平的竞争环境、又能减少巨大成就压力的方式，重新定义成就”②。第三，尽可能取消提前招生方案。公立大学 UCLA 和 UCSD 以及作为私立大学的 USC，并没有实行任何形式的提前招生方案，因此其他公立大学和私立高校也可以考虑取消。当然，使高校、特别是文理学院放弃提前招生和提前录取方案很难，但即使无法取消，至少应该尽更大努力将这些项目信息传达给弱势群体，以最大限度地避免因为缺乏足够的信息和咨询帮助而错失或放弃提前申请机会。第四，在作录取决定时，考虑纳入类似族裔身份倾斜的 SES 倾斜，并在招募来自低收入和中等收入家庭的生源上付出更多努力，比如会见更多的贫困学生，加入对更多贫困高中的拜访。

另外，州立大学系统可以学习加州大学系统实行的前百分比计划，如此能够接收更多具备不同家庭背景、不同族裔身份的有才华的青年，并与州内的高中建立合作，以更好地服务所在州的社会发展，带领高校往目标和使命达成的道路上前进一大步③。当然，州立

---

① Daniel Golden, *The Price of Admission: How America's Ruling Class Buys Its Way into Elite Colleges and Who Gets Left Outside the Gates*, New York, NY: Grown Publishers, 2006, p. 291.

② Making Caring Common Project, *Turning the Tide: Inspiring Concern for Others and theCommon Good through College Admissions*, GSE of Harvard MCC TTT Report, January 20, 2016.

③ Joseph A. Soares, "Private Paradigm Constrains Public Response to Twenty-First Century Challenges", *Wake Forest Law Review*, Vol. 48, No. 2, 2013, p. 443.

大学系统中的具体分校是否需要如德州大学奥斯丁分校一样对部分新生使用自动录取方案，还是如加州大学一样只保证进入大学系统、不保证进入意向分校，可以根据自身情况灵活考虑。

由于公、私立大学财政属性不同，对私立高校在推动入学机会的要求上应该允许差异性的存在，以建立高质量的、公平的招生制度。首先，应该允许私立高校基于办学使命平衡不同的利益考虑，适当保留基于遗赠特权的倾斜。因为私立高校是面向市场办学的，其公平追求需要建立在能够维持自身的办学运转和保证教育质量卓越性的基础上。离开了存在和发展本身，公平也就无从谈起。其次，对私立高校来说，公平的招生制度不仅仅是在考察学习能力的基础上全面审阅每个独立的个体，还应该有一个阈值来界定所有学生的学业录取资格，包括捐赠者子女。这一阈值应该基于高中学业课程的成绩：如果申请者的高中成绩在阈值之下，学生成功完成大学学业的可能性甚微，这对高校和学生自身都无益；若在阈值之上，对生源的选拔应该基于高校自身的使命和利益，比如对族群分布、性别平衡、领导力的不同表现、艺术或者体育特长的期待等。

最后，选拔应该以一种公平的方式开展，即通过挑出在各项特征上最优秀、最具发展前景的候选者，组建一个平衡的、多样化的年级。公平并不意味着高校以同一尺度评判每一个人，而意味着在既定的规则上尽量公正，同时使得基于利益和使命存在的倾斜尽可能透明化，比如为不同类型的生源群体设定录取人数占比的大致区间。以对族裔身份的考量为例，虽然最高法院不允许公立高校这么做，私立高校却可以向公众宣布出于多样化的追求，希望一届新生中有至少 10% 的非裔和 10% 的西班牙裔。事实上，美国所有类型的精英高校都需要更好地践行透明原则，包括告知公众通过灵活性来塑造一个满足机构合理需求的年级的必要性，以及向公众描述自身使用的录取标准和录取决策过程，尽可能使评估申请者的因素和方式透明化——更透明将有利于所有人。当然，提升公平，或者将公平转化为让更广阔范围的学生群体获得高质量的教育机会，是远非一篇论文就能解决或者无需付出代价就能办到的事情。①

① William G. Bowen, Martin A. Kurzweil, and Eugene M. Tobin, *Equity and Excellence in American Higher Education*, Charlottesville, VA: University of Virginia Press, 2005, pp. 4 – 5.

结　　语

美国精英高校的录取决策机制富有隐秘性，大量如何选拔生源的细节未被揭示，同时不同类型高校的录取决策实践呈现出同中有异、异中有同的特点。本研究以多重逻辑为分析思路，借助“国家——大学——市场”铁三角模型等相关理论形成的概念框架，基于对三所公立大学、两所私立大学、两所文理学院的质性研究，细致描述美国精英高校如何使用学业表现、个人成就、个人背景三类维度下的多个具体因素进行综合评价，如何使用背景考察、个体考察、集体评议策略来践行整体性审阅，以及使用哪些手段来保证录取决策质量。本研究发现，美国精英高校均遵循目标导向、服务自身利益和使命的录取决策原则来评价申请者，其中卓越、公平与多样化是各校共同的招生目标，培养公民、公民领导者以及服务社会是各校共同的办学使命（虽然具体内涵有所不同），但各校服务的利益诉求和优先项不尽相同。为了达成各项目标，各校采用了基于大学成功潜能、做出贡献潜能、从大学教育中获益的潜能三个标准的综合评价，兼顾公平与效率的整体性审阅路径，以及多种手段共同保障录取决策质量。基于研究发现，本文提出包括学术逻辑、文化逻辑、市场逻辑、政治逻辑、伦理逻辑、成本逻辑在内的六项逻辑交织形塑着精英高校的录取决策行为，但每项逻辑发挥的作用存在差异。

本研究的理论创新体现为在已有文献的基础上，通过对丰富一手数据的细致分析和谨慎论证，提出了一个原创性的实质理论模型——多重逻辑作用模型，有力地解释了美国精英高校的录取决策行为受到哪些内外部力量的影响，推进了该领域的理论发展。

本研究的学术贡献主要在于为我国了解和研究美国精英高校的生源选拔过程提供了替代性低的知识。国内学界对美国高校招生录取机制的研究不少，呈现研究视角多样化、研究内容多层次、研究方法多维度的局面，但总的来说仍处于初步阶段，主要是对相关文本材料和国外成果进行引介和重新阐释，且实证研究甚少。[①] 因此，有关美国精英高校的招生问题还有许多“迷雾”与“黑幕”待拨撩，特别是究竟如何选拔生源、如何实现机构使命与目标以及录取决策行为背后的驱动逻辑是什么等问题，在已有研究中均未得到很好的解答。本研究基于大量一手访谈和文本资料，对美国精英高校的录取决策过程开展了“近距离的、特写式的”实证研究，“解剖麻雀”式的呈现了七所案例校在考量因素、评价路径、质量控制上的操作细节，并对不同类型高校进行各维度的异同比较，进而归纳提炼出各校通用的招生目标和录取标准，是对美国精英高校录取决策机制的一次系统、深入的描述与分析，填补了国内在该领域的研究空白，也丰富了美国关于该主题的讨论。另外，在研究方法上，质性研究在已有成果中并不多见，且本研究搜集了大量的访谈素材供读者了解来自美国精英高校招生官的内部视角，亦是本文的贡献之一。

本研究开启了多重逻辑作用模型在解释美国精英高校录取决策行为中的运用，但各项逻辑之间的交互作用，比如各逻辑的相对优先顺序以及彼此力量的消减或融合等，都有待进一步阐释。笔者虽然有一些初步的想法，但终究不够成熟，需要未来开展更深入的研究进行有力的论证。本书对卓越、公平与多样化的互动机制，比如彼此之间究竟如何互相促进、如何互相妥协，也只是点到为止，有

---

① 万圆、Joseph Soares：《美国北卡大学教堂山分校本科招生的卓越与公平：基于考量因素的实证研究》，《外国教育研究》2017 年第 7 期。

待未来进一步挖掘。同时，本研究聚焦于美国精英高校招生制度中的录取环节，对申请和注册环节涉及很少，也甚少关注美国精英高校与普通高校在生源选拔上的异同、美国公立大学前百分比计划的实施和效果等等议题。这些内容是全面了解宏观层面的美国高校招生制度不可缺少的部分，也是未来可以深化研究的方向。此外，本研究受到的限制还包括未能进入录取决策现场实施参与式观察，比如观摩读者如何阅读和评价申请材料、观摩委员会如何开展讨论产出录取决定，以及未能获得学生层面的数据。

实际上，不只是美国的高校招生实践中存在多重逻辑作用模型，笔者认为任何国家的高校招生实践中都存在多重逻辑的交互作用，我国亦不例外。虽然我国的招生环境与美国相比更为简单，但也存在学术逻辑（满足大学的知识基础要求）、文化逻辑（人情社会和不患寡而患不均的心态）、政治逻辑（国家和政府维护社会稳定的需要）、成本逻辑（筛选大量学生的效率诉求），这些因素共同影响着我国高校招生考试制度的形成与运作。市场逻辑的作用在我国可能彰显不足，但笔者认为未来会逐渐得到强化。在伦理逻辑上，由于笔者尚未与我国高校招办人员接触，对于其是否超越了政府要求、主动寻思如何扩大入学机会公平，仍然有待验证。另外，虽然多重逻辑的存在是共通的，但各项逻辑发挥作用的体现形式可能存在差异，这都有待于未来的研究给予回答。

参考文献

一　中文文献

常桐善：《美国加利福尼亚大学本科招生综合评定方法阐述》，《清华大学教育研究》2007年第6期。

常桐善：《试述利用高中和标准化考试成绩确定大学申请学生的合格性——美国加州大学的经验与启示》，《考试研究》2008年第3期。

常桐善：《试述大学对入学考试发展与改革的影响——哈佛大学奖学金项目及加州大学综合评审制度之启示》，《中国考试》2008年第11期。

常桐善：《数据挖掘技术在美国院校研究中的应用》，《复旦教育论坛》2009年第2期。

常桐善：《大学招生的卓越性与公平性：美国加州大学的理念及其实践》，《考试研究》2012年第2期。

常桐善、杜瑞军：《再论大学招生的卓越性与公平性——兼谈中国人民大学自主招生"圆梦计划"的价值与局限》，《考试研究》2012年第2期。

常桐善、李佳：《加州大学本科招生政策评价"涵盖性"指标体系探究》，《考试研究》2015年第1期。

常桐善：《大学招生"综合评价"中审核学生课外活动参与程度的重要性》，《中国高等教育评论》2017年第1期。

常桐善：《以美国大学为例：谈大学本科"综合评价"的招生力》，

载袁振国等《高校招生能力建设七人谈》，《华东师范大学学报》（教育科学版）2017 年第 1 期。
陈为峰：《大规模高厉害考试后效研究》，博士学位论文，厦门大学，2012 年。
陈向明：《质的研究方法与社会科学研究》，北京教育科学出版社 2000 年版。
国务院：《国务院关于深化考试招生制度改革的实施意见》，http：//old. moe. gov. cn//publicfiles/business/htmlfiles/moe/moe_1778/201409/174543. html，2014 年 9 月 3 日。
蔺亚琼：《多个案比较法及其对高等教育研究的启示》，《高等教育研究》2016 年第 37 期。
刘希伟：《新试点高考招生制度：价值、问题及政策建议》，《教育发展研究》2016 年第 10 期。
卢晖临、李雪：《如何走出个案——从个案研究到扩展个案研究》，《中国社会科学》2007 年第 1 期。
唐滢：《美国高等院校招生考试制度研究》，华中师范大学出版社 2007 年版。
万圆：《在坚守与改革之间——读刘海峰教授《高考改革论》有感》，《教育与考试》2014 年第 4 期。
万圆、沈曲：《论高校招生采取多元录取标准的必要性及可行路径》，《教育与考试》2016 年第 1 期。
万圆、郭秀艳：《考量慕课表现：美国的探索及启示》，《中国教师》2016 年第 3 期。
万圆：《美国大学招生的考量因素及动向——美国加州伯克利认证升学咨询师张郑倩访谈》，《教育测量与评价》2016 年第 8 期。
万圆、Joseph Soares：《卓越、公平与多样化：美国选拔性高校的招生目标探析》，《中国地质大学学报》（社会科学版）2017 年第 4 期。
万圆：《考察个人背景：英国大学促进招生公平的实践》，《复旦教育论坛》2017 年第 4 期。

万圆、Joseph Soares：《美国北卡大学教堂山分校本科招生的卓越与公平：基于考量因素的实证研究》，《外国教育研究》2017 年第 7 期。

王富伟：《独立学院的制度化困境——多重逻辑下的政策变迁》，《北京大学教育评论》2012 年第 2 期。

王定华：《美国大学招生制度与公平性问题》，《中国高等教育》2003 年第 9 期。

王晶莹：《中美理科教师对科学探究及其教学的认识》，博士学位论文，华东师范大学，2009 年。

魏姝：《政策中的制度逻辑——美国高等教育政策的制度基础》，南京大学出版社 2007 年版。

熊建辉、潘雅：《创建 21 世纪美国公立研究型大学的典范——访美国加州大学洛杉矶分校校长吉恩·布洛克》，《世界教育信息》2013 年 24 期。

徐岚：《中国大陆大学教师的学术责任建构：两所研究型大学之个案研究》，博士学位论文，香港中文大学，2008 年。

尹弘飚：《课程实施中的教师情绪：中国大陆高中课程改革个案研究》，博士学位论文，香港中文大学，2006 年。

张国：《教育部部长陈宝生：2020 年全面建立新高考制度》，http://edu.people.com.cn/n1/2017/1019/c1053 – 29597282.html，2017 年 10 月 19 日。

郑若玲：《高考对社会流动的影响——以厦门大学为个案》，《教育研究》2007 年第 3 期。

郑若玲：《我们能从美国高校招生制度借鉴什么》，《东南学术》2007 年第 3 期。

郑若玲：《美国大学“可免考试入学”改革及启示》，《华中师范大学学报》（人文社会科学版）2016 年第 2 期。

周雪光、艾云：《多重逻辑下的制度变迁：一个分析框架》，《中国社会科学》2010 年第 4 期。
周作宇、常桐善：《美国最大公立大学系统怎样招生》，《中国教育报》2009 年 2 月 17 日第 4 版。
祝贺：《反思布朗案：基于 2001 年至 2007 年间的文献》，《比较教育研究》2013 年第 10 期。
朱志勇：《教育研究方法论范式与方法的反思》，《教育研究与实验》2005 年第 1 期。

二 译作

［德］伍威·弗里克：《质性研究导论》，李政贤、廖志恒、林静如译，台北：五南图书出版社 2007 年版。
［美］阿琳·芬克：《如何做好文献综述》，齐心译，重庆大学出版社 2014 年版。
［美］埃文·塞德曼：《访谈研究法》，李政贤译，台湾：五南图书出版股份有限公司 2009 年版。
［美］伯顿·克拉克：《高等教育系统：学术组织的跨国研究》，王承绪等译，杭州大学出版社 1994 年版。
［美］布瑞恩·K. 菲茨杰拉德、詹尼弗·A. 德莱尼：《美国的教育机会》，载［美］多纳德·海伦《大学的门槛——美国低收入家庭子女的高等教育机会问题研究》，安雪慧、周玲译，北京师范大学出版社 2008 年版。
［美］丹尼尔·金：《美国顶级大学招生标准及其对中国教育的启示》，姜天海、张潇方译，《中国教师》2011 年第 23 期。
［美］德里克·博克：《美国高等教育》，乔佳义译，北京师范学院出版社 1991 年版。
［美］德里克·博克：《走出象牙塔——现代大学的社会责任》，徐小洲、陈军译，浙江教育出版社 2001 年版。
［美］多纳德·海伦：《大学的门槛——美国低收入家庭子女的高等教育机会问题研究》，安雪慧、周玲译，北京师范大学出版社

2008 年版。
［美］赫伯特·鲁宾、艾琳·鲁宾：《质性访谈方法：聆听与提问的艺术》，卢晖临、连佳佳、李丁译，重庆大学出版社 2010 年版。
［美］亨利·罗素夫斯基：《美国校园文化：学生·教授·管理》，谢宗仙、周灵芝、马宝兰译，山东人民出版社 1996 年版。
［美］杰罗姆·卡拉贝尔：《被选中的：哈佛、耶鲁和普林斯顿的入学标准秘史》，谢爱磊、周晟、柳琳等译，中国人民大学出版社 2014 年版。
［美］凯瑟琳·马歇尔、格雷琴·罗斯曼：《设计质性研究：有效研究计划的全程指导》，何江穗译，重庆大学出版社 2015 年版。
［美］罗伯特·殷：《案例研究方法的应用》，周海涛、李永贤、李宝敏译，齐心校，重庆大学出版社 2012 年版。
［美］罗伯特·殷：《案例研究：设计与方法》，周海涛、李永贤、李虔译，重庆大学出版社 2010 年版。
［美］罗纳德·德沃金：《原则问题》，张国清译，江苏人民出版社 2008 年版。
［美］美国教育研究协会、美国心理学协会、全美教育测量学会：《教育与心理测试标准》，燕娓琴、谢小庆译，沈阳出版社 2003 年版。
［美］米切尔·S. 麦克弗森、莫顿·欧文·沙皮诺：《高校资助模式的转变对就学及教育政策的影响》，载［美］多纳德·海伦：《大学的门槛——美国低收入家庭子女的高等教育机会问题研究》，安雪慧、周玲译，北京师范大学出版社 2008 年版。
［美］乔治·W. 布瑞斯劳尔：《加州大学伯克利分校何以久负盛名：历史性动因的视角》，杜瑞军、常桐善译，《清华大学教育研究》2011 年第 6 期。
［美］威廉·G. 鲍恩：《汲取经验：普林斯顿大学校长的反思》，王天晓译，高等教育出版社 2012 年版。
［美］以赛亚·柏林：《自由论》，胡传胜译，译林出版社 2003

年版。
［美］约瑟夫·A. 马克斯威尔：《质的研究设计：一种互动的取向（第2版）》，朱光明译，陈向明校，重庆大学出版社2007年版。
［美］约瑟夫·索尔斯：《高考预测效度研究需包含高中成绩》，万圆译，《教育与考试》2015年第5期。
［美］约瑟夫·索尔斯：《私立大学招生模式抑制公共部门应对21世纪的挑战》，郑若玲译，《教育与考试》2014年第3期。
［美］约瑟夫·索尔斯：《为了强预测力无偏见性的考试》，郑若玲译，《中国考试》2014年第6期。

三　英文文献

Alexander W. Astin, "Student Involvement: A Developmental Theory for Higher Education", *Journal of College Student Development*, Vol. 40, No. 5, 1990.

Alexander W. Astinand Linda J. Sax, "How Undergraduates are Affected by Service Participation", *Journal of College Student Development*, Vol. 39, No. 3, 1998.

Alicia D. H. Monroeand Jim Scott, *Roadmap to Excellence: Key Concepts for Evaluating the Impact of Medical School Holistic Admissions*, Association of American Medical Colleges Research Report, 2013.

American Bar Association, *Brief of the American Bar Association as Amicus Curiae in Support of Respondents and Urging Affirmance*, ABA 14 –981 – bsac-aba, November 2, 2015.

American Council on Education and American Association of University Professors, *Does Diversity Make a Difference? Three Research Studies on Diversity in College Classrooms*, ACE and AAUP 2000_ diversity_ report, 2000.

American Educational Research Association, American Psychological Association, and National Council on Measurement in Education, *Stand-*

ards for Educational and Psychological Testing (2014 *Edition*), Washington, DC: Amer Educational Research Assn, 2014.

Amy N. Addams, Ruth Beer Bletzinger, Henry M. Sondheimer, S. Elizabeth White, and Lily May Johnson, *Roadmap to Diversity: Integrating Holistic Review Practices into Medical School Admission Processes*, Association of American Medical CollegesResearch Report, 2010.

Andrea Fontana and James H. Frey, "Interviewing: the Art of Science", in Norman K. Denzin and Yvonna S. Lincoln, eds, *Handbook of Qualitative Research*, Thousand Oaks, CA: Sage Publications, 1994.

Andrea Guerrero, *Silence at Boalt Hall: The Dismantling of Affirmative Action*, Berkeley, CA: University of California Press, 2002.

Andrew S. Belasco, Kelly O. Rosinger, and James C. Hearn, "The Test Optional Movement at America's Selective Liberal Arts Colleges: A Boon for Equity or Something Else?" *Educational Evaluation and Policy Analysis*, Vol. 37, No. 2, 2015.

Angela Browne-Miller, *Shameful Admissions: The Losing Battle to Serve Everyone in Our Universities*, San Francisco, CA: Jossey-Bass Inc., 1996.

Angela L. Duckworth, Christopher Peterson, Michael D. Matthews, and Dennis R. Kelly, "Grit: Perseverance and Passion for Long-Term Goals", *Journal of Personality and Social Psychology*, No. 92, 2007.

Angela L. Duckworth, *Grit: The Power of Passion and Perseverance*, New York, NY: Scribner, 2016.

Anna Mountford Zimdars, Challenges to Meritocracy? A Study of the Social Mechanisms in Student Selection and Attainment at the University of Oxford, New College DPhil thesis, University of Oxford, 2007.

Anna Mountford Zimdars, *Meritocracy and the University: Selective Admission in Englandand the USA*, London, UK: Bloomsbury Academic, 2016.

Anna Mountford Zimdars, Joanne Moore, and Janet Graham, "Is Contextualized Admission the Answer to the Access Challenge?" *Perspectives: Policy and Practice in Higher Education*, Vol. 20, No. 4, 2016

Annette Lareau, *Unequal Childhoods: Class, Race and Family Life*, Berkeley, CA: University of California Press, 2011.

Anonymous, "Wake Forest Presents the Most Serious Threat So Far to the Future of the SAT", *The Journal of Blacks in Higher Education*, No. 60, 2008.

Anselm Straussand Juliet Corbin, *Basics of Qualitative Research: Grounded Theory Procedures and Techniques*, Thousand Oaks, CA: Sage Publications, 1990.

Arika Herron, "Dynamic Decade: HatchReshapes University With Eye Toward Future", *Winston-Salem Journal*, August 2, 2015.

B. Alden Thresher, *College Admissions and the Public Interest*, New York, NY: College Entrance Examination Board, 1966.

Bernard Grofmanand Samuel Merrill, "Anticipating Likely Consequences of Lottery-Based Affirmative Action", *Social Science Quarterly*, Vol. 85, No. 5, 2004.

Greer Glazer, and Karen Bankston, *Holistic Admissions in the Health Professions: Findings from a National Survey*, Urban Universities for Health Research Report, September, 2014.

Bill Paul, *Getting in: Inside the College Admissions Process*, Cambridge, MA: Da Capo Press, 1997.

California State Auditor, *The University of California: Its Admissions and Financial Decisions Have Disadvantaged California Resident Students*, State Auditor Report 2015 – 107, March 29, 2016.

California State Auditor, *College Readiness of California's High School Students: The State Can Better Prepare Students for College by Adopting New Strategies andIncreasing Oversight*, State Auditor Report 2016 – 114, January 28, 2017.

Camille A. Farrington, Melissa Roderick, ElaineAllensworth, Jenny Nagaoka, Tasha Seneca Keyes, David W. Johnson, and Nicole O. Beechum, *Teaching Adolescents to Become Learners*: *The Role of Noncognitive Factors in Shaping School Performance—A Critical Literature Review*, Consortium on Chicago School Research, 2012.

Caroline M. Hoxby, "The Changing Selectivity of American Colleges", *Journal of Economics Perspectives*, Vol. 23, No. 4, 2009.

Caroline M. Hoxbyand Christopher Avery, *The Missing "One-Offs"*: *The Hidden Supply of High Achieving*, *Low-Income Students*, 2013, https://www.brookings.edu/bpea-articles/the-missing-one-offs-the-hidden-supply-of-high-achieving-low-income-students/.

Cecilia Capuzzi Simon, "The Test-Optional Surge", *The New York Times*, October 28, 2015.

Cecilia Speroni, *Determinants of Students' Success*: *The Role of Advanced Placement and Dual Enrollment Programs*, February 10, 2012, https://ccrc.tc.columbia.edu/media/k2/attachments/advanced-placement-dual-enrollment-role.pdf.

Charles T. Clotfelter, Helen F. Ladd, and Jacob L. Vigdor, "Teacher Credentials and Student Achievement in High School: ACross-Subject Analysis With Student Fixed Effects", *The Journal of Human Resources*, Vol. 45, No. 3, 2010, pp. 655-681.

Chris Gabrieli, Dana Ansel, and Sara Bartolino Krachman, *Ready to Be Counted*: *The Research Case for Education Policy Action on Non-Cognitive Skills*, December, 2015, https://www.transformingeducation.org/wp-content/uploads/2017/04/ReadytoBeCounted_Release.pdf.

Christopher Avery, Andrew Fairbanks, and Richard Zeckhauser, *The Early Admission Game*: *Joining the Elite*, Cambridge, MA: Harvard University Press, 2003.

Christopher J. Gruberand Magdalena Maiz-Pena, "Miami Students Will Be Welcomed, Nurtured at Davidson College", *Miami Herald*, December 26, 2014.

Cole Del Charco, "UNC Reviews Admissions After Wainstein", *The Daily Tar Heel*, October 22, 2015.

College Board, *Toward a Taxonomy of the Admissions Decision-Making Process: A Public Document Based on the First and Second College Board Conferences on Admissions Models*, College Board's Admissions Models Project Report, 1999.

College Board, *Best Practices in Admissions Decisions: A Report on the Third College Board Conference on Admission Models*, College Board's Admissions Models Project Report, 2002.

College Board, *Admissions Decision-Making Models: How U. S. Institutions of Higher Education Select Undergraduate Students*, College Board's Admissions Models Project Report, 2003.

College Board, *Selection Through Individualized Review: A Report on Phase IV of the Admissions Models Project*, College Board's Admissions Models Project Report, 2004.

College Board, *The 10th Annual AP Report to the Nation*, College Board Report, February 11, 2014, http://media.collegeboard.com/digitalServices/pdf/ap/rtn/10th-annual/10th-annual-ap-report-to-the-nation-single-page.pdf.

College Board, *Total Group Profile Report* (2015 *College-Bound Seniors*), College Board Report, 2015, https://secure-media.collegeboard.org/digitalServices/pdf/sat/total-group-2015.pdf.

College Board, *Trends in Student Aid* 2016, College Board Report, 2015, https://trends.collegeboard.org/sites/default/files/2016 – trends-student-aid.pdf.

College Board, *Total Group Profile Report* (2016 *College-Bound Seniors*),

College Board Report, 2016, https://secure-media.collegeboard.org/digitalServices/pdf/sat/total-group-2016.pdf.

College Board, *Class of* 2016 *SAT results*, College Board 2016 State Reports, 2016, https://reports.collegeboard.org/sat-suite-program-results/class-of-2016 – results.

Corey Risinger, "UNC to grant students' requests for admissions files under FERPA", *The Daily Tar Heel*, May 23, 2015.

Daniel Golden, *The Price of Admission: How America's Ruling Class Buys Its Way into Elite Colleges and Who Gets Left Outside the Gates*, New York, NY: Grown Publishers, 2006.

Daniel Golden, "The preferences of privilege", in Joseph A. Soares, ed., *SAT Wars: TheCase for Test-Optional College Admissions*, New York, NY: Teachers College Press, 2012.

Daniel Koretzand Mark Berends, *Changes in High School Grading Standards in Mathematics*, 1982 – 1992, Rand MR 1445, 2007.

David J. Woodruff and Robert L. Ziomek, *Differential Grading Standards among High Schools*, ACT Research Report Series 2004 – 2, 2004.

David Karen, Who Gets into Harvard? Selection and Exclusion at an Elite College, Ph. D. dissertation, HarvardUniversity, 1985.

David Karen, "Toward a Political-Organizational Model of Gatekeeping: The Case of Elite Colleges", *Sociology of Education*, Vol. 63, No. 4, 1990.

David Karen, " 'Achievement' and 'Ascription' in Admission to an Elite College: A Political-Organizational Analysis", *Sociological Forum*, Vol. 6, No. 2, 1991.

David Karen, "The Politics of Class, Race, and Gender: Access to Higher Education inthe United States, 1960 – 1986", *American Journal of Education*, Vol. 99, No. 2, 1991.

David Karen, "Changes in Access to Higher Education in the UnitedStates:

1980 – 1992", *Sociology of Education*, Vol. 75, No. 3, 2002.

David McCauley, *The Impact of Advanced Placement and Dual Enrollment Programs on College Graduation*, May 8, 2007, https://digital.library.txstate.edu/bitstream/handle/10877/3597/fulltext.pdf?sequence=1&isAllowed=y.

David T. Conley, "Who is Proficient? The Relationship Between Proficiency Scores and Grades", paper presented at the Annual Meeting of the American Educational Research Association, New Orleans, April 4, 2000.

Douglas S. Massey, Camille Z. Charles, Garvey F. Lundy, and Mary J. Fischer, *The Source of the River: The Social Origins of Freshmen at America's Selective Colleges and Universities*, Princeton, NJ: Princeton University Press, 2003.

Douglas S. Masseyand Margarita Mooney, "The Effects of America's Three Affirmative Action Programs on Academic Performance", *Social Problems*, Vol. 54, No. 1, 2007.

Eddie Comeauxand Tara Watford, *Admissions & Omissions: How "the numbers" are Used to Exclude Deserving Students*, BuncheResearchReport, June, 2006.

Edward B. Fiske, "The Carolina Covenant", in Richard D. Kahlenberg, ed., *Rewarding Strivers: Helping Low-Income Students Succeed in College*, New York: The Century Foundation Press, 2010.

Edwin Cornelius Broome, A Historical and Critical Discussion of College Admission Requirements, Ph. D. Dissertation, Columbia University, 1902.

Elizabeth A. Duffyand Idana Goldberg, *Crafting a Class: College Admissions and Financial Aid* 1955 – 1994, Princeton, NJ: Princeton University Press, 1998.

Emily J. Shawand Glenn B. Milewski, *Consistency and Reliability in the Individualized Review of College Applicants*, College Board RN-20, October, 2004.

Eric Grodsky, John Robert Warren, and Erika Felts, "Testing and Social Stratification in American Education", *Annual Review of Sociology*, Vol. 34, No. 1, 2008.

Eric Grodskyand Michal Kurlaender, eds., *Equal 0pportunity in Higher Education: The Past and Future of California's Proposition* 209, Cambridge, MA: Harvard University Press, 2010.

Eric Hooverand Beckie Supiano, "Wake Forest U. Joins the Ranks of Test-Optional Colleges", The Chronicle of Higher Education, May 27, 2008.

Eric P. Bettinger, Brent J. Evans, and Devin G. Pope, "Improving College Performance and Retention the Easy Way: Unpacking the ACT Exam", *American Economic Journal: Economic Policy*, Vol. 5, No. 2, 2013.

Erika Blauthand Sarah Hadjian, *How Selective Colleges and Universities Evaluate Proficiency-Based High School Transcripts: Insights for Students and Schools*, April, 2016,

http: //www. nebhe. org/info/pdf/policy/Policy_ Spotlight_ How_ Colleges_ Evaluate_ PB_ HS_ Transcripts_ April_ 2016. pdf.

Eugene M. Tobin, "The Modern Evolution of America's Flagship Universities", in William G. Bowen, Matthew M. Chingos, and Michael S. McPherson, *Crossing the Finish Line: Completing College at America's Public Universities*, Princeton, NJ: Princeton University Press, 2009.

Frank Bruni, "Hidden Gold in College Applications", *The New York Times*, March 5, 2016.

Fredrick Rudolph, *The American College and University*, Athens, GA: University ofGeorgia Press, 1900.

Harold S. Wechsler, *The Qualified Student: A History of Selective College*

Admission in America, New York, NY: John Wiley& Sons, 1977.

Ian Dey, *Qualitative Data Analysis: A User-Friendly Guide for Social Scientists*, London, UK: Routledge and Kegan Paul, 1993.

Jacques Steinberg, *The Gatekeepers: Inside the Admissions Process of a Premier College*, New York, NY: Viking, 2002.

James C. Hearn, "Academic and Nonacademic Influences on the College Destinations of 1980 High-School Graduates", *Sociology of Education*, Vol. 64, No. 3, 1991.

James Crouseand Dale Trusheim, *The Case Against the SAT*, Chicago, IL: University of Chicago Press, 1988.

James Jump, "Admission, Heal Thyself: A Prescription for Reclaiming College Admissionas a Profession", *Journal of College Admission*, No. 184, 2004.

James L. Shulmanand William G. Bowen, *The Game of Life: College Sports and Educational Values*, Princeton, NJ: Princeton University Press, 2001.

Jean H. Fetter, *Questions and Admissions: Reflections on* 100, 000 *Admissions Decisions at Stanford*, Palo Alto, CA: Stanford University Press, 1997.

Jeffrey F. Milem, "The Educational Benefits of Diversity: Evidence from Multiple Sectors", in Mitchell Chang, Daria Witt, James Jones, and Kenji Hakuta, eds., *Compelling Interest: Examing the Evidence on Racial Dynamics in Higher Education*, Stanford, CA: Stanford University Press, 2003.

Jeffrey Selingo, "U. S. Public's Confidence in Colleges Remains High", The Chronicle of Higher Education, May 7, 2004.

Jen Kretchmarand Steve Farmer, "How Much Is Enough? Rethinking the Role of High School Courses in College Admission", J*ournal of College Admission*, Summer 2013.

Jennifer L. Kobrin, Brian F. Patterson, Emily J. Shaw, Krista D. Mattern, and Sandra M. Barbuti, *Validity of the SAT for Predicting First-Year College Grade Point Average*, College Board Research Report No. 2008 -5, 2008.

Jennifer Wallace & Lisa Heffernan, "Advice College Admissions Officers Give Their OwnKids", *The New York Times*, March 17, 2016.

Jerome A. Lucido, "How admission decisions get made", in Don Hossler, Bob Bontrager, and Associates, eds. , *Handbook of Strategic Enrollment Management*, San Francisco, CA: Jossey-Bass Press, 2015.

Jerome Karabel, "The Legacy of Legacies", *The New York Times*, September 13, 2004.

Jesse M. Rothstein, "College Performance Predictions and the SAT", *Journal ofEconometrics*, Vol. 121, No. 1 -2, 2004.

John Aubrey Douglass, *The Conditions for Admission: Access, Equity and the Social Contract of Public Universities*, Stanford, CA: Stanford University Press, 2007.

John Aubrey Douglass, "SAT Wars at the University of California", in Joseph A. Soares, ed. , *SAT Wars: The Case for Test-Optional College Admissions*, New York, NY: Teachers College Press, 2012.

Jonathan P. Epstein, "Behind the SAT-Optional Movement: Context and Controversy", *Journal of College Admission*, No. 204, Summer 2009.

Joseph A. Soares, *The Decline of Privilege: The Modernization of Oxford University*, Stanford, CA: Stanford University Press, 1999.

Joseph A. Soares, *The Power of Privilege: Yale and America's Elite Colleges*, Stanford, CA: Stanford University Press, 2007.

Joseph A. Soares, ed. , *SAT Wars: The Case for Test-Optional College Admissions*, New York, NY: Teachers College Press, 2012.

Joseph A. Soares, "Conclusion", in Joseph A. Soares, ed. , *SAT Wars:*

The Case for Test-Optional College Admissions, New York, NY: Teachers College Press, 2012.

Joseph A. Soares, "The Future of College Admissions: Discussion", *Educational Psychologist*, Vol. 47, No. 1, 2012.

Joseph A. Soares, "Private Paradigm Constrains Public Response to Twenty-First Century Challenges", *Wake Forest Law Review*, Vol. 48, No. 2, 2013.

Judith R. Blau, Stephanie Moller, and Lyle V. Jones, "Why Test? Talent Loss and Enrollment Loss", *Social Science Research*, Vol. 33, No. 3, 2004.

Judy Mandell, "What College Admissions Officers Say They Want in a Candidate", *Washington Post*, August 30, 2016.

Julie S. Nathanand Wayne J. Camara, *Score Change When Retaking the SAT: Reasoning Test*, College Board Research Notes RN-05, 1998.

Karen Hua, "Merit before money: Free SAT prep means greater college opportunity", *Forbes*, June 2, 2015.

Kati Haycock, Mary Lynch, and Jennifer Engle, *Opportunity Adrift: Our Flagship Universities are Straying From Their Public Mission*, The Education Trust Report 2010 – 01, 2010.

Kelly E. Godfrey, *Investigating Grade Inflation and Non-Equivalence*, College Board Research Report 2011 – 2, 2011.

Kevin Carey, "Goodbye, SAT: How Online Courses Will Change College Admissions", *Washington Post*, 2015.

Kevin Eagan, Ellen Bara Stolzenberg, Abigail K. Bates, Melissa C. Aragon, Maria Ramirez Suchard, and Cecilia Rios-Aguilar, *The American Freshman: National Norms Fall* 2015 – *Expanded Edition*, CIRP Report, February, 2015.

Kevin Eagan, Ellen Bara Stolzenberg, Joseph J. Ramirez, Melissa C. Aragon, Maria Ramirez Suchard, and Cecilia Rios-Aguilar, *The A-*

merican Freshman: *Fifty-Year Trends*1966 -2015, CIRP Report, 2016.

Krista D. Mattern, Brian F. Patterson, Emily J. Shaw, Jennifer L. Kobrin, and Sandra M. Barbuti, *Differential Validity and Prediction of the SAT*, College Board Research Report 2008 -4, 2008.

Kristin Klopfenstein, "Advanced Placement: Do Minorities Have Equal Opportunity?" *Economics of Education Review*, Vol. 23, No. 2, 2004.

Kristin Klopfenstein, "The Advanced Placement Expansion of the 1990s: How DidTraditionally Underserved Students Fare?" *Education Policy Analysis Archives*, Vol. 12, No. 68, 2004.

Lani Guinier, *The Tyranny of the Meritocracy*: *Democratizing Higher Education in America* , Boston, MA: Beacon Press, 2015.

Leslie Killgore, "Merit and Competition in Selective College Admissions", *The Review of Higher Education*, Vol. 32, No. 4, 2009.

Leticia Oseguera, *High School Coursework and Postsecondary Education Trajectories*: *Disparities Between Youth Who Grow Up in and Out of Poverty*, January, 2012, https://pathways. gseis. ucla. edu/publications/201201_ OsegueraRB_ online. pdf.

Leticia Oseguera, *Importance of High School Conditions for CollegeAccess*, November, 2013, https://pathways. gseis. ucla. edu/publications/201307_ HSConditionsRB. pdf.

Linda Darling-Hammond, Roberta Furger, Patrick M. Shields, and Leib Sutcher, *Addressing California's Emerging Teacher Shortage*: *An Analysis of Sources and Solutions*, LPIReport, 2016.

Lisa Stampnitzky, "How Does 'Culture' Become 'Capital'? Cultural and Institutional Struggles Over 'Character and Personality' at Harvard", *Sociological Perspectives*, Vol. 49, No. 4, 2006.

Making Caring Common Project, *Turning the Tide*: *Inspiring Concern for Others and theCommon Good through College Admissions*, GSE of Harvard MCC TTT Report, January 20, 2016.

Marcia Graham Synnott, *The Half-Opened Door: Discrimination and Admissions at Harvard, Yale, and Princeton*, 1900 – 1970, Westport, Connecticut: Greenwood Press, 1979.

Maria Henson, "Tiefenthaler's Take on Wake Forest", *Wake Forest Magazine*, June 3, 2011.

Maria Veronica Santelicesand Mark Wilson, "Unfair Treatment? The Case of Freedle, the SAT, and the Standardization Approach to Differential Item Functioning", *Harvard Educational Review*, Vol. 80, No. 1, 2010.

Marilyn Loden, *Workforce America: Managing Employee Diversity As a Vital Resource*, New York, NY: McGraw-Hill Education, 1990.

Martha Allman, "Going Test-Optional: A First Year of Challenges, Surprises, and Rewards", in Joseph A. Soares, ed., *SAT Wars: The Case for Test-Optional College Admissions*, New York, NY: Teachers College Press, 2012.

Martin A. Trow, "American Higher Education: Past, Present, and Future", *Educational Researcher*, Vol. 17, No. 3, 1988.

Mary E. M. McKillip, Anita Rawls, and Carol Barry, "Improving College Access: A Review of Research on the Role of High School Counselors", *Professional SchoolCounseling*, Vol. 16, No. 1, 2012.

Michael Hout, *Berkeley's Comprehensive Review Method for Making Freshman Admissions Decisions: An Assessment*, Academic Senate at UC-Berkeley Hout Report2005, May, 2005.

Michael N. Bastedoand Ozan Jaquette, "Running in Place: Low-Income Students and the Dynamics of Higher Education Stratification", *Educational Evaluation and PolicyAnalysis*, Vol. 33, No. 3, 2011.

Michael N. Bastedoand Nicholas A. Bowman, "Improving Admission of Low-SES Students at Selective Colleges: Results From an Experimental Simulation", *EducationalResearcher*, Vol. 46, No. 2, 2017.

Michael N. Bastedo, Nicholas A. Bowman, Kristen Glasener, and Jandi

L. Kelly, "WhatAre We Talking About When We Talk About Holistic Review? Selective CollegeAdmissions and its Effects on Low-SES Students", *The Journal of Higher Education*, Vol. 89, No. 5, 2018.

Michael S. Schudson, "Organizing the 'Meritocracy': A History of the College Entrance Examination Board", *Harvard Educational Review*, Vol. 42, No. 1, 1972.

Michael Young, *The Rise of Meritocracy*, Abingdon, UK: Routledge, 1994.

Michal Kurlaender, Elizabeth Friedmann, and Tongshan Chang, "Access and Diversity at the University of California in the Post-Affirmative Action era", in Uma M. Jayakumar, Liliana M. Garces, and Frank Fernandez, eds., *Affirmative Action and Racial Equity: Considering the Fisher Case to Forge the Path Ahead*, New York, NY: Routledge, Taylor & Francis Group, 2015.

Michele A. Hernandez, *A Is for Admission: The Insider's Guide to Getting into the Ivy League and Other Top Colleges*, New York, NY: Grand Central Publishing, 2009.

Michelle Hodaraand Karyn Lewis, *How Well Does High School Grade Point Average Predict College Performance by Student Urbanicity and Timing of College Entry?* REL 2017 – 250, February, 2017.

Mitchell Chang, Daria Witt, James Jones, and Kenji Hakuta, eds., *Compelling Interest: Examing the Evidence on Racial Dynamics in Higher Education* , Stanford, CA: Stanford University Press, 2003.

Mitchell L. Stevens, *Creating a Class: College Admissions and the Education of Elites*, Cambridge, MA: Harvard University Press, 2007.

National Association for College Admission Counseling, *Report of the Commission on theUse of Standardized Tests in UndergraduateAdmission*, NACAC ED502721, September, 2008.

National Association for College Admission Counseling, *Factors in the Admission Decision*, NACAC's Research to Rractice Brief, June, 2009.

National Association for College Admission Counseling, *State of College Admission* 2014, NACAC 2014 SOCA, May, 2015.

National Association for College Admission Counseling, *State of College Admission* 2015, NACAC 2015 SOCA, 2016.

National Association for College Admission Counseling, *State of College Admission* 2019, NACAC 2019 SOCA, 2020.

National Center for Education Statistics, *America's High School Graduates: Results of the* 2009 *NAEP High School Transcript Study*, April 13, 2011, https://nces.ed.gov/pubsearch/pubsinfo.asp? pubid=2011462.

National Center for Education Statistics, *Extracurricular Participation and Student Engagement*, NCES 95-741, June 15, 1995.

National Center For Education Statistics, *The Condition of Education* 2016, May 26, 2016, http://nces.ed.gov/pubsearch/pubsinfo.asp? pubid=2016144.

Nicholas A. Bowman, Julie J. Park, andNida Denson, "Student Involvement in Ethnic Student Organizations: Examining Civic Outcomes 6 Years After Graduation", *Research in Higher Education*, Vol. 56, No. 2, 2015.

Nicholas A. Bowmanand Michael N. Bastedo, "What Role May Admissions Office Diversity and Practices Play in Equitable Decisions?" *Research in Higher Education*, No. 59, June 2018.

Nicholas Lemann, *The Big Test: The Secret History of the American Meritocracy*, New York, NY: Farrar, Straus and Giroux, 1999.

Nick Anderson, "Inside The Admissions Process at George Washington University", *Washington Post*, March 22, 2014.

Norman K. Denzin, *The Research Act* (*3rd edition*), Englewood Cliffs, NJ: Prentice-Hall, 1989.

Pamela Burdman, *UC Berkeley Struggles to Live With Race-Blind Admissions Policy*, April 6, 1998, http://www.sfgate.com/bayarea/article/UC-Berkeley-Struggles-to-Live-With-Race-Blind-3009654. php.

Pamela Burdman, "Extra Credit, Extra Criticism", *Black Issues in Higher Education*, Vol. 17, No. 18, 2000.

Patricia Gandara, *California: A Case Study in The Loss of Affirmative Action*, Civil Rights Project Report, 2012.

Patricia Gurin, Eric L. Dey, Sylvia Hurtado, and Gerald Gurin, "Diversity and Higher Education: Theory andImpact on Educational Outcomes", *Harvard Educational Review*, Vol. 72, No. 3, 2002.

Patricia M. McDonough, *Choosing Colleges: How Social Class and Schools Structure Opportunity*, Albany, NY: State University of New York Press, 1997.

Patrick C. Kollyonen, *Measurement of 21st Century Skills Within the Common Core State Standards*, May 7 and 8, 2012, https://cerpp. usc. edu/files/2013/11/Kyllonen_ 21st_ Cent_ Skills_ and_ CCSS. pdf.

Patrick C. Kollyonen, *The Research Behind the ETS Personal Potential Index (PPI)*, ETS Report, 2008.

Paul Attewelland Thurston Domina, "Raising the Bar: Curricular Intensity and Academic Performance", *Educational Evaluation and Policy Analysis*, Vol. 30, No. 1, 2008.

Paul R. Sackett, Nathan R. Kuncel, Adam S. Beatty, Jana L. Rigdon, Winny Shen, and Thomas B. Kiger, "The Role of Socioeconomic Status in SAT-Grade Relationships and in College Admissions Decisions", *Psychological Science*, Vol. 23, No. 9, 2012.

Paul R. Sackett, Nathan R. Kuncel, Justin J. Arneson, Sara R. Cooper, and Shonna D. Waters, "Does Socioeconomic Status Explain the Relationship Between Admissions Tests and Post-Secondary Academic Performance?" *Psychological Bulletin*, Vol. 135, No. 1, 2009.

Paul W. Kingstonand Lionel S. Lewis, *The High-Status Track: Studies of Elite Schools and Stratification*, Albany, NY: State University of New

York Press, 1990.

Penny Hollander Feldman, *Recruiting an Elite: Admission to Harvard College*, New York, NY: Garland Publishing, 1988.

Peter Arcidiacono, Thomas Espenshade, Stacy Hawkins, and Richard Sander, "A Conversation on the Nature, Effects, and Future of Affirmative Action inHigher Education Admissions", *University of Pennsylvania Journal of Constitutional Law*, Vol. 27, No. 3, 2015.

Peter Schmidt, In Admission Decisions, the Deciders' Own Backgrounds Play a Big Role, *The Chronicle of Higher Education*, April 12, 2016.

Philip M. Sadler, Gerhard Sonnert, Robert H. Tai, and Kristin Klopfenstein, *A Critical Examination of the Advanced Placement program* , Cambridge, MA: Harvard Education Press, 2006.

Pierre Bourdieuand Jean-Claude Passeron, *Reproduction in Economy, Society, and Culture*, Beverly Hills, LA: Sage, 1990.

Pierre Bourdieu, *The Rules of Art: Genesis and Structure of the Literary Field*, Cambridge, UK: Polity Press, 1996.

Pierre Bourdieu, *The state nobility: Elite Schools in the Field of Power*, Stanford, CA: Stanford University Press, 1998.

Rachel Rubin, "Who Gets in and Why? An Examinationof Admissions to America's Most Selective Colleges and Universities", *International Education Research*, Vol. 2, No. 2, 2014.

Rachel Toor, *Admissions Confidential: An Insider's Account of the Elite College Selection Process*, New York, NY: St. Martin's Press, 2001.

Rebecca Zwick, *Fair game? The Use of Standardized Admissions Tests in Higher Education*, New York, NY: Routledge Falmer Press, 2002.

Rebecca Zwick, ed. , *Rethinking the SAT: The Future of Standardized Testing in University Admissions*, New York, NY: Routledge Falmer Press, 2004.

Rebecca Zwick, *Who Gets in? Strategies for Fair and Effective College Ad-*

missions, Cambridge, Massachusetts: Harvard University Press, 2017.

Richard C. Artkinson, *Achievement Versus Aptitude Tests in College Admissions*, December, 2001, http: //rca. ucsd. edu/speeches/achieve. pdf.

Richard C. Atkinson & Saul Geiser, "Reflections on a Century of College Admissions Tests", in Joseph A. Soares, ed. , *SAT Wars: The Case for Test-Optional College Admissions*, New York, NY: Teachers College Press, 2012.

Richard D. Kahlenberg, *Affirmative Action for the Rich: Legacy Preferences in College Admissions*, New York, NY: The Century Foundation, 2010.

Richard H. Shaw, "Rejected by Stanford? You'll Live", *Los Angeles Times*, March 20, 2007.

Richard Sander, "Why Strict Scrutiny Requires Transparency: The Practical Effects of Bakke, Gratz, and Grutter", in Kevin T. McGuire ed. , *New Directions in Judicial Politics*, London, England: Routledge, 2012.

Robert D. Mare, *Holistic Review in Freshman Admissions at the University of California-Los Angeles* (2012 *report*) , UCLA Reporton Holistic Reviewin Freshman Admissions, January, 2012.

Robert D. Mare, *Holistic Review in Freshman Admissions at the University of California-Los Angeles*: 2009 – 2011 *update* (2014 *report*) , May 27, 2014, http: //www. senate. ucla. edu/committees/cuars/documents/3G_ MaretexttoCUARS. pdf.

Robert H. Frankand Philip J. Cook, *The Winner-Take-All Society*, New York, NY: Free Press, 1995.

Robert J. Sternberg, *College Admissions for the* 21st *Century*, Cambridge, Massachusetts: Harvard University Press, 2010.

Robert J. Sternberg, Christina R. Bonney, Liane Gabora and Maegan Merrifield, "WICS: A Model for College and University Admissions",

Educational Psychologist, Vol. 47, No. 1, 2012.

Robert K. Fullinwiderand Judith Lichtenberg, *Leveling the Playing Field: Justice, Politics, and College Admissions*, Lanham, MD: Rowman & LittlefieldPublishers, 2004.

Robert Klitgaard, *Choosing Elites: Selecting the "Best and the Brightest" at Top Universities and Elsewhere*, New York, NY: Basic Books Inc., 1985.

Robin Nicole Johnson, Cynthis Mosqueda, Ana-Christina Ramon, and Darnell M. Hunt, *Gaming the System: Inflation, Privilege, & the Under-Representation of African American Students at the University of California*, BuncheResearchReport, January, 2008.

Ronald G. Ehrenberg, "Reaching for the Brass Ring: The U. S. News & World Report rankings and competition", *The Review of Higher Education*, Vol. 26, No. 2, 2002.

Rotem Ben-shachar, "Counselor Gains Insight into Admissions Process", *Daily Bruin*, April 13, 2010.

Roy O. Freedle, "Correcting the SAT's Ethnic and Social-Class Bias: A Method for Reestimating SAT Scores", *Harvard Educational Review*, Vol. 73, No. 1, 2003.

Sam Shaw, "UNC's Head of Admissions Stephen Farmer Focuses on Opportunity", *The Daily Tar Heel*, September 30, 2014.

Sandy Baum, Jennifer Ma, and Kathleen Payea, *Trends in Public Higher Education: Enrollment, Price, Student Aid, Revenues, and Expenditures*, College Board Report, May, 2012.

Santa J. Ono, "Holistic Admissions: What You Need to Know", April, 2016, https://www.agb.org/trusteeship/2016/marchapril/holistic-admissions-what-you-need-to-know.

Saul Geiserand Roger Studley, "UC and the SAT: Predictive Validity and Differential Impact of the SAT I and SAT II at the University of California", *Educational Assessment*, Vol. 8, No. 1, 2002.

Saul Geiserand Veronica Santelices, *Validity of High-School Grades in Predicting Student Success Beyond the Freshman Year: High-School Record VSStandardized Tests as Indicator of Four-Year College Outcomes*, CSHEOccasional Paper Series 6. 07, 2007.

Scott Jaschik, " 'Who Gets in?' New Book Shows the Impact of Grades, Test Scores, Race and Gender on Admission to Competitive Colleges", *Inside Higher Ed*, May 15, 2017.

Sean F. Reardon, *The Widening Academic Achievement Gap Between the Rich and the Poor: New Evidence and Possible Explanations*, July, 2011, https://cepa.stanford.edu/sites/default/files/reardon%20whither%20opportunity%20 - %20chapter%205.pdf.

Shelly Lundberg, "The College Type: Personality and Educational Inequality", *Journal of Labor Economics*, Vol. 31, No. 3, 2013.

State Higher Education Executive Officers, *State Higher Education Finance FY* 2013, SHEFFY13 -2, 2014.

Stephen L. DesJardins, Dennis A. Ahlburg, and Brian P. McCall, "An Integrated Model of Application, Admission, Enrollment, and Financial Aid", *The Journal of Higher Education*, Vol. 77, No. 3, 2006.

Steven B. Robbins, Kristy Lauver, Huy Le, Daniel Davis, Ronelle Langley, and Aaron Carlstrom, "Do Psychosocial and Study Skill Factors Predict College Outcomes? A meta-analysis", *Psychological Bulletin*, Vol. 130, No. 2, 2004, pp. 261 -288.

Steven B. Robbins, Jeff Allen, Alex Casillas, Christina Hamme Peterson, and Huy Le, "Unraveling the Differential Effects of Motivational and Skills, Social, and Self-Management Measures from Traditional Predictors of College Outcomes", *Journal of Educational Psychology*, Vol. 98, No. 3, 2006.

Steven G. Brint, *Merit Square-Off: The Fight Over College Admissions*,

September 13, 2015, https://lareviewofbooks.org/article/merit-square-off-the-fight-over-college-admissions/.

Steven G. Brint and Sarah R. K. Yoshikawa, *The Educational Backgrounds of American Business and Government Leaders: Status Reproduction, Open Elite, or Sector Variation?* No. 96, 2017.

Steven Jones, "'Ensure that You Stand Out from the Crowd': A Corpus-Based Analysis of Personal Statements According to Applicants' School Type", *Comparative Education Review*, Vol. 57, No. 3, 2013.

Students For Fair Admissions, *SFFA-v. -UNC-Complaint*, November, 2014, https://studentsforfairadmissions.org/wp-content/uploads/2014/11/SFFA-v. -UNC-Complaint. pdf.

Susan Cain, "Not Leadership Material? Good. The World Needs Followers", *The New York Times*, March 24, 2017.

Sylvia Hurtado and Adriana Ruiz Alvarado, *Discrimination and Bias, Underrepresentation, and Sense of Belonging on Campus*, October, 2015, https://www.heri.ucla.edu/PDFs/Discriminination-and-Bias-Underrepresentation-and-Sense-of-Belonging-on-Campus. pdf.

Tara Watfordand Eddie Comeaux, *"Merit" Matters: Race, Myth & UCLA Admissions*, BuncheResearchReport, September, 2006.

Taslima Rahman, Mary Ann Fox, Sakiko Ikoma, and Lucinda Gray, *Certification Status and Experience of U. S. Public School Teachers: Variations Across Student Subgroups*, March, 2017, https://nces.ed.gov/pubs2017/2017056. pdf.

Teresa Watanable, "UC Proposes Its First Enrollment Cap—20%—on Out-of-State Students", *Los Angeles Times*, March 6, 2017.

Terrell L. Strayhorn, "What Role Does Grit Play in the Academic Success of Black Male Collegians at Predominantly White Institutions?" *Journal of African American Studies*, Vol. 18, No. 1, 2014.

The University of California Academic Senate, *First-Year Implementation of Comprehensive Review in Freshmen Admissions*: *A Progress Report From the Board of Admissions and Relations With Schools*, November, 2002, http: //senate. universityofcalifornia. edu/_ files/committees/boars/yr1compreview. pdf.

Thomas J. Espenshade, Chang Y. Chung, and Joan L. Walling, "Admission Preferences for Minority Students, Athletes, and Legacies at Elite Universities", *Social Science Quarterly*, Vol. 85, No. 5, 2004.

Thomas J. Espenshadeand Chang Y. Chung, "The Opportunity Cost of Admission Preferences at Elite Universities", *Social Science Quarterly*, Vol. 86, No. 2, 2005.

Thomas J. Espenshadeand Alexandria Walton Radford, *No Longer Separate, Not Yet Equal*: *Race and Class in Elite College Admission and Campus Life*, Princeton, NJ: Princeton University Press, 2009.

Tim Groseclose, *Cheating*: *An Insider's Report on the Use of Race in Admissions at UCLA*, Indianapolis, IN: Dog Ear Publishing, 2014.

Todd Balf, "The Story Behind the SAT Overhaul", *The New York Times*, March 6, 2014.

UCSDGuardian, "Quick takes: Holistic Admissions Process", *UCSD Guardian*, May 29, 2012.

Uma M. Jayakumar, *Why are All the Black Students Still Sitting Together in the Proverbial College Cafeteria? A Look at Research Informing the Figurative Question Being TakenBy the Supreme Court in Fisher*, October, 2015, https: //www. heri. ucla. edu/PDFs/Why-Are-All-the-Black-Students-Still-Sitting-Together-in-the-Proverbial-College-Cafeteria. pdf.

UNC-Chapel Hill, *Brief of Amicus Curiae*: *The University of North Carolina at Chapel Hill Supporting Respondents*, August, 2012, http: //unc. edu/files/2014/04/Fisher-Brief-FINAL. pdf.

UNC-Chapel Hill, 2014 – 2015 *Undergraduate Bulletin*: *Admissions*,

December 17, 2014, http://www.unc.edu/sacs/Jan2015/Document%20Repository/CS%203.4.3%20Admissions%20Policies/WEB-2014 – 2015%20UNC-CH%20Undergraduate%20Bulletin.pdf.

UNC-Chapel Hill, *Response to SACSCOC—Comprehensive Standard 3.4.3Admission Policies*, January, 2015, http://www.unc.edu/sacs/Jan2015/Reports/3.4.3 – Admission.html.

UNC-Chapel Hill, 2015 *Entering Class Profile First-Year Students*, UNC ClassProfile2015, September, 2016.

UNC-Chapel Hill Advisory Committee on Undergraduate Admissions, 2012 – 2013 *Annual Report*, UAD2012 – 2013, April 25, 2014.

UNC-Chapel Hill Advisory Committee on Undergraduate Admissions, 2013 – 2014 *Annual Report*, UAD2013 – 2014Corrected, April 24, 2015.

UNC-Chapel Hill Advisory Committee on Undergraduate Admissions, 2014 – 2015 *Annual Report*, UAD2014 – 15, February 19, 2016.

University of California, *Brief of the President and the Chancellors of the University of California as Amicus Curiae in Support of Respondents*, November 2, 2015, http://universityofcalifornia.edu/sites/default/files/14981bsacThePresidentAndTheChancellorsOfTheUniversityOfCalifornia.pdf.

University of California, *Discussion Item: Policy on Nonresident Student Enrollment (for Meeting of March*, 2017), March 16, 2017, http://regents.universityofcalifornia.edu/regmeet/mar17/b4.pdf.

University of California Board of Admissions and Relations with Schools, *Comprehensive Review in Admissions at the University of California: An Update (September* 2012), BOARSComprehensive Review 2012, Octorber 4, 2012.

University of California Board of Admissions and Relations with Schools, *Annual Report on Undergraduate Admissions Requirements and Compre-*

hensive Review 2016, BOARS2016ReporttoRegents, February, 2016.

University of CaliforniaEligibility and Admissions Study Group, *Final Report to the President* (*April* 2004), Study Group Final0404, April 9, 2004.

U. S. Commission on Civil Rights and Office for Civil Rights Evaluation, *Beyond Percentage Plans: the Challenge of Equal Opportunity in Higher Education* (*Draft Staff Report*), USCCR Beyond Percent Plans, https://www.law.umaryland.edu/marshall/usccr/documents/beyondpercentplns.pdf.

U. S. Department of Justiceand U. S. Department of Education, *Guidance on the Voluntary Use of Race to Achieve Diversity in Postsecondary Education*, October 28, 2015, https://www2.ed.gov/about/offices/list/ocr/docs/guidance-pse-201111.html.

U. S. Supreme Court, *Regents of the University of California v. Bakke*, June 28, 1978, https://supreme.justia.com/cases/federal/us/438/265/case.html.

U. S. Supreme Court, *Gratz v. Bollinger*, June 23, 2003, https://supreme.justia.com/cases/federal/us/539/244/.

U. S. Supreme Court, *Grutter v. Bollinger*, June 23, 2003, https://supreme.justia.com/cases/federal/us/539/306/case.html.

U. S. Supreme Court, *Fisher v. University of Texas At Austin et al.*, June 23, 2016, https://www.supremecourt.gov/opinions/15pdf/14 – 981_ 4g15.pdf.

Valeria Strauss, "The List of Test-Optional Colleges and Universities Keeps Growing—Despite College Board's Latest Jab", *Washington Post*, April 12, 2017.

Wake Forest University, "Wake Forest University Offers Virtual Interviews for Admissions", December 10, 2008, http://www.newswise.com/articles/wake-forest-university-offers-virtual-interviews-for-admissions.

Warren W. Willinghamand Hunter M. Breland, *Personal Qualities and College Admissions*, New York, NY: College Entrance Examination Board, 1982.

Warren W. Willingham, *Success in College: The Role of Personal Qualities and Academic Ability*, New York, NY: College Entrance Examination Board, 1985.

William Bruce Leslie, *Gentlemen and Scholars: College and Community in the "Age of the University"* 1865 - 1917 , University Park, PA: The Pennsylvania State University Press, 1992.

William C. Hiss and Valerie W. Franks, "Defining Promise: Twenty-Five Years of Optional Testing at Bates College, 1984 - 2009", Stanford Graduate School of Business Presentation, June 3, 2011, http://www.npr.org/assets/news/2013/optionaltestingpaper19842009.pdf.

William C. Hissand Valerie W. Franks, *Defining Promise: Optional Standardized Testing Policies in American College and University Admissions*, May 2, 2014, http://www.nacacnet.org/research/research-data/nacac-research/Documents/DefingPromise.pdf.

William E. Sedlacek, *Beyond The Big Test: Noncognitive Assessment in Higher Education*, San Francisco, CA: Jossey-Bass Inc. , 2004.

William G. Bowenand Derek Bok, *The Shape of the River: Long-Term Consequences of Considering Race in College and University Admissions*, Princeton, NJ: Princeton University Press, 1998.

William G. Bowenand Sarah A. Levin, *Reclaiming the Game: College Sports and Educational Values*, Princeton, NJ: Princeton University Press, 2003.

William G. Bowen, Martin A. Kurzweil, and Eugene M. Tobin, *Equity and Excellence in American Higher Education*, Charlottesville, VA: University of Virginia Press, 2005.

William G. Bowen, Mattew M. Chingos, and Michael S. McPherson, *Crossing the Finish Line*: *Completing College at America's Public Universities*, Princeton, NJ: Princeton University Press, 2009.

索引

B

背景考察(contextualized review) 319,324—327,342,349,350,364,367—370,380,383,385,386,451,473,550,563,564,567,569,570,579,583

C

超级计分(super score) 129,130

D

大学预备课程 33,34,97—103,107,109,110,112,115—118,124,251,305,338,343,347,350—353,359,387,401,414,424,446,468,469,484,485,566,568

读者间信度(inter-reader reliability) 478,483

F

分数选择(score choice) 129,165

G

高中学业记录 24,32,79,93—97,111,124—126,137,153,155—157,169,170,173,199,206,278,334,341,345,346,359,461,514,543,548,555,566,570,576

个体考察(individualized review) 81,319,320,322,325,326,383,385,386,396,400,403,405—407,410—412,419—421,424—434,458,473,478,481,520—522,548,550,551,556,563,567—570,583

J

精英高校(elite colleges and universities) 1,3—7,9,12—15,25,28—30,36—38,40,41,43,45—47,49,50,56—59,62,64—67,77,85—87,100,101,123—127,143,148,209,210,214,215,218,237,238,245,267,271,285,300,313,326,331,

344,347,368,369,383,389,407,424,427,432,433,436,455,473,475,482,509,533,534,536—541,543,544,546,547,549,550,553,554,556—558,560,561,564,566—568,570,572—574,577—579,581,583—585

K

可免试入学(test optional) 3—5,13,39,66,67,76,78,80,85,94,95,122,123,128,138,141,146—174,178,179,183,207,232,260,272,274,276—278,333,348,363,397,398,516,522,523,525,529,530,541,557,559,567,569,577

L

录取决策机制(admission decision-making mechanism) 1,4—6,9,10,13—15,20,25,56,58,59,63,64,76,80,83,86,94,583,584

X

效度(validity) 37,57,84,85,87,102,115,116,132,136,137,140—143,153,157,168,173,230,231,240,243,245,370,476,478,480—485,490,495,502,509,522,530,552,553,555,568,575

信度(reliability) 65,84—86,102,145,463,478,480—483,495,502,508,552

学业严格度 93,95—98,103,111,115,124,343,459,484,543,544,548,554,570

Z

招生季末审核(end-of-season review) 447,466,468,470—472,551,552,570,574

整体性录取(holistic admissions) 6,10,12,13,21,29,49,51,81,82,263,267,323,324,371,422,424,429

整体性审阅(holistic review) 12—14,21,29,67,185,249,257,260,263,319—327,329,330,340,341,363,369,371,380,383—386,390—396,398,399,404—407,412,415,417,419—421,425—427,429,431—434,436,444,453,455,460,462,463,467,477—481,495,501—503,505—507,513—516,525,543,550,557,574,583

质量控制(quality control) 14,65,477,478,533,543,552,553,569,570,584

附　　录

访谈提纲

Admission Philosophy and Criteria

1. How do you define excellence? How to understand "excellence comes in many forms"? Why do we need to pursue excellence?

2. How to select students in a fair way? Why do we need to pursue equity?

3. How do you define diversity? Which kind of diversity is more important? Why does diversity matter so much?

4. How do you understand that our university entrusts the missions through admissions? And what role the admission office plays?

5. Why do we need tocraft a class?

6. What kind of criteria are used in the decision-making process? How to understand that there are various ways of making contributions to our institution? How to understand the concept of fit, potential to succeed in college, and potential to benefit?

Admission Factors

1. Why do weplace great importance on HS academic record? What is the most important single factor in HS academic record? Why is the rigor of

curriculum so important? Why is it necessary to notice trends of grades? Why there is a need to look at class rank? Why there is top percent plan? How to deal with the variance across different HSs? How to deal with the academic records from unfamiliar HSs? Do we have limited quota of students in one HS where there are lots of eligible admits? How to deal with missing grades or class rank? Does class rank become less important than before? Do you think HS grade inflation is a problem? How to deal with the non-standardized grades and teaching quality of AP and IB curriculum?

2. Why do we require or don't require standardized test scores? How to understand the importance of SAT and ACT, as well as subject tests? Is applicants' likelihood of being admitted lower if their test scores are below average? What do you think about the new SAT offering free prep? Why isn't HS graduation exam a factor? Do you think test score is a biased tool against minority and poor students? What do you think about test-optional policies? What do you think about that going test optional may increase institutional selectivity and ranking? Will we go test optional? How does the university/college makethe decision of going test-optional? What's the predictive power of test score and HSGPA in your college?

3. How to understand the importance of writing? Whyis there specialemphasis on writing ability? Is the institutional-specific essay more important than the shared essay in Common Application?

4. Whyis a recommendation letter required? What's the difference between teacher's recommendation and counselor's recommendation?

5. Whyis an interview required or not? What's the decision rule of interview? How to conduct the interview?

6. How to understand the importance of extra curriculum activities? What's the decision rule? Why is volunteer service highly valued? Why is work experience considered? Why is importance attached to talent? What

kind of talent is the most important one? How to understand the advantage of athlete talent? Would the academic standard be loweredfor the recruited athletes?

7. How to understand the importance of personal qualities in winning admissions? How to effectively and efficiently identify personal qualities? Will you consider using non-cognitive tests if available? What type of personal qualities are most expected? Why so much attention is paid to leadership?

8. Why is race being considered / not considered? How to understand the importance of race diversity? Have we tried some race-neutral alternatives?

9. Why is the ability to pay being considered/not considered ? Why do almost all American colleges and universities pay special attention to first-generation students? Do you favor using affirmative action to low-income and first-generation students? Why we need to have SES diversity?

10. How to understand the preference for endowments and legacy? Do we have flexible quotas for special admissions, like in some institutions it's 3% percent? How do we consider residence, religion, and applicants' interests of enrollment? Is gender beingconsidered in the decision-making process?

Review Process

1. How to understand the holistic review approach? Why is there need to do holistic review? Do we implement holistic review all the time? How to understand the relationship between selectivity and holistic degree?

2. What's the connotation of individualized review? And how is it implemented? Why is there need to review applicants as an individual and as a whole?

3. How to understand reviewing applicants in their own context? And

why? How to identify each applicant's context?

4. What's the review process for selecting individual students and crafting the class? Is there any supplemental review? How is the end-of-season review conducted? Is there any statistical model to predict the number of entering students based on the applications that have been provisionally marked for admission?

Quality Control

1. How to guarantee that the decision-making process will yield desired outcomes? Why is quality control necessary? What are the techniques being used for quality control purpose?

2. How to identify the authenticity of the applications? Is there any cheating case?

3. How to deal with the workload of screening out huge applications? How many readers do we have? How to train the new readers?

4. How much time do you spend in reviewing one application? How much money is invested in selecting students?

5. Are faculty members involvedin the decision making process? What is the role of faculty in admissions?

后　　记

借着国家社科基金后期资助优秀博士论文出版项目的支持契机，本人得以对2018年1月向母校厦门大学图书馆提交的博士论文进行修改并出版。此次修订，主要任务在于删繁就简、优化表述，特别是大幅度降低对非关键性或偏重复性的访谈观点的呈现。尽管有一点点可惜，由约46万字减至不足35万字，但却是提升本书质量的必要之举。如果有对美国精英高校招生官的表述感兴趣者，可以在知网下载本人的博士论文原文。很多表述其实很有趣、也很宝贵，而且信息量很大，或许会给读者提供一些本书尚未提及的信息或启示，甚至有助自己的理论建构。本研究最大的贡献，可能在于为我国提供了关于美国精英高校录取决策实践的替代性低的知识，因此除了服务学界外，也有益于有意申请美国精英高校的学生，可作为留学申请参考的工具书，因为招生官的“声音”显然比中介更值得信任。

需要说明的是，尽管有专家提出建议，但本人并没有修改博士论文的研究方法部分。因为本研究并未运用扎根理论或编码程序，只是如文中所言使用了三阶段六步骤法展开对获取资料的解读分析，虽然理论提纯不够，但也有效回答了研究问题，是一种较为朴素的资料分析技术。另外，本人曾犹豫是否需要更新数据，比如将案例校的排名情况、录取率、新生数字特征等更新至近两年的节点。但由于全书使用的访谈和文本数据均为彼时收集，考虑到内容的呼应性与资料间的彼此印证，同时数据的时效性并不影响研究发现和结论，即基于当时数据的各项解释如今仍然有效，故除个别地方外（比如加入可免试入学队伍的总量由2017年8月的950所改为2021年10月的1785所），其余数据基本没有更新。

客观而言，限于本人的研究功力，本书在学理性和研究深度上仍然存在明显的不足，比如理论关照和资料与理论的互动有待加强，特别是多重逻辑作用模型的建构并不成熟。从这次修改工作中，本人深深地体会到学无止境、研无止境。未来自己一定加强理论修养，提高研究能力，争取产出更多高质量的成果，以不辜负从各方得到的关心、支持与厚爱。

谨以此书献给我最敬爱的导师——郑若玲教授！

万圆

2021年10月31日

华东政法大学明实楼